河北省社会科学院专家文库

丛书主编／康振海

抗日战争与民主改革

CHINA'S RESISTANCE WAR
AGAINST JAPAN AND DEMOCRATIC REFORM

谢忠厚◎著

河北出版传媒集团

河北人民出版社

石家庄

图书在版编目（ＣＩＰ）数据

抗日战争与民主改革 / 谢忠厚著. -- 石家庄 ： 河北人民出版社，2021.9
（河北省社会科学院专家文库 / 康振海主编）
ISBN 978-7-202-15333-8

Ⅰ．①抗… Ⅱ．①谢… Ⅲ．①抗日战争史－中国－文集②农村革命根据地－历史－中国－文集 Ⅳ．①K265.07-53②K269-53

中国版本图书馆CIP数据核字(2021)第009417号

丛 书 名	河北省社会科学院专家文库
书　　名	抗日战争与民主改革
	KANGRI ZHANZHENG YU MINZHU GAIGE
丛书主编	康振海
本书著者	谢忠厚
责任编辑	段 鲲
美术编辑	秦春霞
责任校对	余尚敏
出版发行	河北出版传媒集团 河北人民出版社
	（石家庄市友谊北大街330号）
印　　刷	河北远涛彩色印刷有限公司
开　　本	787 毫米×1092 毫米 1/16
印　　张	31.25
字　　数	442 000
版　　次	2021 年 9 月第 1 版　 2021 年 9 月第 1 次印刷
书　　号	ISBN 978-7-202-15333-8
定　　价	80.00 元

编委会名单

主　编　康振海

副主编　彭建强　杨思远　孙宝存

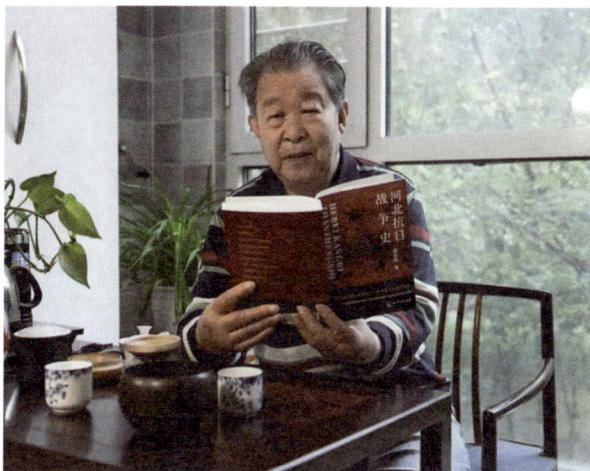

作者简介

谢忠厚，1938 年生于河北省衡水市冀州区陈家庄村，1959 年加入中国共产党，1961 年毕业于冀州中学，1966 年毕业于中国人民大学国际政治系共运史专业。先后在天津市咸水沽中学、河北省肃宁县梁村中学任教，在肃宁县文教局与县委宣传部、中共河北省委办公厅政策研究室工作。1980 年由省委办公厅转调省社会科学院从事中国史研究工作。1999 年退休，仍在历史研究中耕耘。曾任历史研究所副所长兼近现代史研究室主任，现代史研究所所长兼晋察冀研究中心主任，河北省李大钊研究会副会长兼秘书长，河北省晋察冀边区研究会副会长，中国现代史学会理事，中国抗日战争史学会理事、专家组顾问。研究方向：中国近现代史、抗日战争史与抗日根据地史。主持多项国家级和省部级课题及学术活动，在晋察冀抗日根据地史、河北抗日战争史、日本侵略华北罪行史、中共中央在西柏坡历史与西柏坡精神等方面，进行了开拓性的研究。代表作有：《晋察冀抗日根据地史》《关于晋察冀抗日根据地研究的几个问题》《晋察冀边区军政民代表大会之研究》《河北抗日战争史》《抗日与民主改革》《新民主主义社会雏形——彭真关于晋察冀抗日根据地建设的思想与实践》《日本侵略华北罪行史稿》《日本在华北进行的细菌战·日军 1855 部队华北细菌战受害情况调研报告》《日军在华第二个细菌战基地——"北支"甲 1855 部队》《历史转折之魂——西柏坡精神》《关于西柏坡精神研究的几个问题》等。

总　序

　　哲学社会科学是人类认识世界、改造世界的强大思想武器。我们党在革命、建设、改革的伟大历史进程中，始终重视发挥哲学社会科学的重要作用，并将其作为一种宝贵的战略性资源，不断传承和发展。江泽民同志曾经指出，在为建设有中国特色社会主义进行的实践和理论的双重探索中，哲学社会科学具有不可替代的重要作用，哲学社会科学工作者是一支不可替代的重要力量。胡锦涛同志也强调，在全面建设小康社会、加快推进社会主义现代化的历史进程中，在实现中华民族伟大复兴的历史进程中，哲学社会科学具有不可替代的重大作用。党的十八大以来，以习近平同志为核心的党中央更加重视哲学社会科学的地位和作用。习近平同志指出，一个国家、一个民族不能没有灵魂。文化文艺工作、哲学社会科学工作就属于培根铸魂的工作，在党和国家全局工作中居于十分重要的地位，在新时代坚持和发展中国特色社会主义中具有十分重要的作用。习近平总书记关于哲学社会科学工作的系列重要讲话，深入阐述和科学解答了我国哲学社会科学面临的一系列重大理论和实践问题，为新时代加快构建中国特色哲学社会科学提供了根本遵循，指明了前进方向。

　　站在"两个一百年"的历史交汇点上，为进一步深入贯彻落实党的十九大提出的"深化马克思主义理论研究和建设，加快构建中国特色社会科学"的战略任务，总结和展示河北省社会科学院的学术成就，梳理学理脉络，致敬学术人物，传承优良学风，推动学术创新，党组决定从

2019 年开始，对建院以来知名专家学者撰写的优秀学术成果进行精心遴选，分批次编辑出版《河北省社会科学院专家文库》（以下简称《专家文库》）丛书。在全院上下的关注支持下，在作者的辛勤工作和有关部门的共同努力下，本套丛书的首批八卷本终于出版了。

莽莽太行，巍巍长城，古老的河北是中华民族和华夏文明的重要发祥地，有着悠久灿烂的历史文化以及丰富厚重的哲学社会科学资源。在这片燕赵大地上，曾产生过灿若星辰的名家大师，形成了荀学、新儒学、毛诗古文诗学、郦学、北学、颜李实学等学术流派；一批编纂大家奉献出《五经正义》《太平御览》等宋四大书、《四库全书》《大清畿辅书征》《畿辅丛书》等历史文献巨著；燕赵学人开启传承了实事求是、经世致用的学术宗旨和治学精神。煌煌燕赵文化对中华思想文化的发展产生了广泛而深远的影响。近现代以来，在这片革命的土地、英雄的土地、"新中国从这里走来"的土地上，又诞生了李大钊精神、西柏坡精神、唐山抗震精神、塞罕坝精神等，凝练出深沉厚重的革命文化和丰富生动的社会主义先进文化。这些都为当今河北哲学社会科学繁荣发展厚植了历史文化底蕴，提供了求真求新求实的学术滋养，铸就了人民至上的学术灵魂。从这片土地走来的河北省社会科学院，自1963年诞生至今已经走过57个春秋。57年来，在河北省委省政府的坚强领导下，经过几代社科人筚路蓝缕、艰苦创业，省社科院已经发展成为理论积淀丰厚、学科特色鲜明、科研能力突出、名家精品辈出的现代综合性社科研究机构。57年来，省社科院坚持根植燕赵大地，勇担时代重任，在传承燕赵文明、推动理论创新、增强文化自信、服务河北发展等方面发挥了不可替代的作用，在构建中国特色、河北特点、燕赵气派的哲学社会科学中书写出无愧于时代的华彩篇章。

前行有声，岁月无言。我们启动《专家文库》编辑出版工作，旨在深入挖掘凝练专家学者的思想精髓和学术成就，彰显传承发展省社科院生生不息的文化血脉和治学精神。首批出版的《专家文库》著作中，汇聚了诸多学科领域优秀专家学者的精品，主要涵盖马克思主义哲学、马克思主义中国化、中国古代文学、中国现代文学、抗日战争史、语言学、训诂学以及区域经济学等，集中反映了一个时期我院在这些领域的研究水准，体现了以马克思主义为指导和以人民为中心的导向性，立足学科前沿、探讨重大理论和现实问题的学术性，贯彻为国家和地方经济社会发展服务、为党委政府决策服务的应用性。导向性、学术性、应用性的统一，彰显了这些成果的理论价值和实践价值。

虽然这些著作仅仅是我院大量学术精品中的采撷之作，但是仔细阅读，我们可以从中感受到，包括丛书作者在内的代代学人怀着"究天人之际、通古今之变、成一家之言"的学术初心，具有博学审问、慎思明辨的严谨学风和一脉相承、历久弥新的学术品格。追求真理是一个艰辛的过程。通过丛书编纂梳理省社科院科研发展脉络，可以看出，每一项有影响的学术成果的取得，无不映射出河北社科学人与时代同步伐、踏实勤恳为人民做学问的心声。他们秉持科学的态度和实事求是的精神，严谨治学，刻苦钻研，不断提升思想境界和学术素养，创作出经得起时代和人民检验的学术精品。

从这个视角来看，《专家文库》的出版，将会使年轻的学者和科研人员感受到老一代专家的人品学品，并且自觉地学习和传承，有力地推动我院科研队伍建设，为科研创新不断增添新的活力。首批出版的八本著作，既有专家潜心多年的研究心得，又有学科前沿的新资料新发现，视阈广阔，论述充分，探讨的问题、提出的观点对当今中国学术和现实问题研究具有一定的理论意义和借鉴价值。这些成果现经作者加工补充完善结集出版，有些还属于抢救性挖掘整理出版。这无论对于我院还是全省社科界，都是一件有意义的事情，对新时代推动河北哲学社会科学繁荣发展也将产生积极影响。今后，我们还要根据征集和整理情况相继出版第二批、第三批丛书。

一代人有一代人的使命，一代人有一代人的担当。在哲学社会科学大发展的今天，河北省社会科学院已经成为年均出版学术著作30余部、发表学术论文和理论文章300余篇、完成调研报告和舆情报告400余篇的地方社科强院；拥有一批获评全国"万人计划"哲学社会科学领军人才、享受国务院特殊津贴专家、全国宣传文化系统"四个一批"人才、省管优秀专家、省有特殊贡献中青年专家、省社会科学优秀青年专家等荣誉称号的高层次人才；以深入实施哲学社会科学创新工程为契机，破除发展瓶颈、汇聚发展优势、增强发展动力，为出成果出人才上水平提供战略支撑，为"十四五"时期全院大发展奠定了坚实基础。

这是一个需要理论而且一定能够产生理论的时代，这是一个需要思想而且一定能够产生思想的时代。哲学社会科学工作者有幸生活在一个大有作为的时代，立足于理论创新的广阔舞台，应当牢记习近平总书记的嘱托，坚持与时代同步伐、以人民为中心、以精品奉献人民、用明德引领风尚，用脚力深入实践，用眼力透视规律，用脑力咨政辅政，用笔力讴歌时代，为党和人民述学立论、建言献策，为加快构建中国特色哲学社会科学贡献智慧力量。2023年将迎来省社科院建院60周年，谨以《河北省社会科学院专家文库》丛书向院庆60周年献礼！并向曾经和正在为省社科院作出贡献的专家学者致以崇高敬意！

河北省社会科学院党组书记、院长

河北省社科联第一副主席　康振海

2020 年 8 月

自　序

这里，虽然只收入论文 30 余篇，但记录了我研究中国近现代史，特别是抗日战争史和抗日根据地史的实情与感悟。

1938 年冬天，我出生在一个贫苦农家。当时，鬼子时常进村，我的几乎整个童年，是在战火和饥饿中渡过的。解放后，11 岁入学，第一天学会了"一个人"和《歌唱祖国》。1952 年冬天，记得在村里成立合作社那天，我在土坯垒成的课桌上，填写了入团志愿书。1959 年 6 月 30 日，我在冀县一中，同我的高一与初三的同学及班主任陈国青老师等 8 人一起，庄严宣誓：我自愿加入中国共产党，为共产主义事业奋斗终生。那时，我是校团委会副书记，《红旗》《东风》几乎每期借来必读。1961 年，我成为中国人民大学马列主义基础系（后改称国际政治系）共产主义运动史专业的一名新生，从此，研读马列和毛泽东著作。那个年代的风云变幻，我不时感觉，中国革命有别于苏联，研究国际共产主义运动史，应该关注中国经验。"文化大革命"打乱了正常分配，我曾任初中、高中教员，先后在县文教局、县委宣传部、省委办公厅政策研究室工作，一转眼就是 12 年。这些年，有幸了解教育、了解农村、了解县以上党政机关运行机理与实践，这变成了后来研究中国近现代史，特别是抗日战争史和抗日根据地史的取之不竭的给养。

1980 年初，我申请，经中共河北省委办公厅领导批准，调到河北省社会科学院历史研究所，从事中国近现史的研究工作。从此，坐上"冷板凳"，与中国抗日战争史和抗日根据地史结下了不解之缘。1999 年 1 月 1 日退休，或许应该画个句号。可是，我总觉得无职还有责，因此，连个逗号也没有画上。

到河北省社会科学院最初的 10 年，与研究团队一起，集中全力研究晋察冀边区抗日根据地史；继以 5 年时间，以研究河北抗日战争史为中心，将研究领域向晋冀鲁豫和山东抗日根据地扩展；1996 年起，研究领域再向下延伸至解放战争时期，主要研究中共中央在西柏的坡历史和西柏坡精神。1999 年开始，也就是退休以后，以 12 个年头，重点于日本侵华罪行史和日军"北支"（甲）1855 细菌部队的研究；继而又以 10 个年头，进一步深化晋察冀抗日根据地史和河北抗日战争史的研究，重修《晋察冀抗日根据地史》一书，再写《河北抗日战争史》一书。至今 40 年，主编、合作、个人总计发表 3500 余万字，其中，文献整理 2300 余万字，史料整理 490 万字，专著、合著 540 余万字，论文 70 余万字。其中，代表性著作有：《晋察冀抗日根据地史》《河北抗日战争史》《日本在华北进行的细菌战——日军 1855 部队华北细菌战受害情况调研报告》《历史转折之魂——西柏坡精神》等；代表性论文有：《抗日与民主改革》《关于晋察冀抗日根据地史研究的几个问题》《晋察冀边区军政民代表大会之研究》《彭真晋察冀抗日根据地建设思想的理论基础和基本内容》《论二十世纪三四十年代河北社会经济状况》《河北抗战的独特贡献》《日军在华第二个细菌战基地——"北支"（甲）1855 部队》《日军鲁西霍乱作战研究》《关于西柏坡精神研究的几个问题》《西柏坡精神的科学体系》等。

40 年间，我们研究团队有出有进，有增有减，但一直共勉共进，共创共享，没有因我退休而中断。晋察冀抗日根据地史、河北抗日战争史、中共中央在西柏坡历史和西柏坡精神、日本侵略华北罪行史和"北支"（甲）1855 细菌部队等研究课题，不断开拓、创新，相继发展为河北优势特色学科，处于全国同领域研究的前列，在史学界产生一定影响。现在，这个研究团队的成员，有的已是军级、副军级教授，教授、副教授，研究员、副研究员，博士生导师，他们在各自的岗位上，已有着新的研究领域和团队，我为此感到无比兴奋；而年龄最长者、我最敬重的好友肖银成军级教授已经先逝，留下的是他那厚重的人品与佳作。

迄今，40 年如一日，我还是"乐在历史研究中"。时常有人问我：你原来在省委办公厅工作，不是很好吗？为什么申请研究历史，去坐这块"冷板凳"呢？我的回答很简单：我所学专业是国际共产主义运动史，我的职责与兴趣可以融为一体，向世人宣示中国革命和建设成功之奥秘，这也是我为共产主义事业奋斗终生的具体实践。怎样认识和研究中国抗日战争史？怎样认识和研究敌后抗日根据地史？40 年来，有不少感悟。在治史理念上，可以归结为两句话：抗日战争与建立新中国——中华民族复兴之枢纽；中国特色革命之路与中国特色建设之路——中华民族精神之真谛。在治史方法上，也可以归结为两句话：文献整理扎根基，史料整理架桥梁。撰写史书是筑魂，写作论文以点睛。

本文集，分为四个部分：第一部分，理论与方法（综合性）；第二部分，抗日战争史与抗日根据地史研究；第三部分，日本侵华及生化战罪行研究；第四部分，西柏坡精神研究。

希望以此，向研究团队与同事作个交待，对后人也许有所裨益。

目　录

（一）理论与方法

（二）抗日战争史与抗日根据地史研究

（三）日本侵华及生化战罪行研究

（四）西柏坡精神研究

附　录

（一） 理论与方法

抗日与民主改革①

抗日战争是中国复兴的根本转折。8 年全国抗战，中国共产党领导的人民力量迅速壮大，国民党及其政权走向衰落，由此决定了中国的历史命运和前途，尔后仅仅经过 4 年解放战争，共产党夺取全国政权，中国走上了社会主义道路，改变了亚洲乃至世界的政治格局。抗日战争为什么会如此决定性地改变中国内部政治力量的对比呢？研究这个问题，应着眼于近代中国社会历史的发展，把抗日战争作为争取民族独立和改造旧社会、创造新中国的一个有机过程来考察，才能找到共产党与国民党的力量发生上述反向演变的内部动因。

一、抗日战争具有"两重性质"：抗日与民主改革

半个世纪以来，围绕研究抗战时期国共两党的力量决定性地反向演变问题，西方学者提出了各种不同的论点。还在抗战进行中，美国报刊就展开了关于中国的争论。1943 年，克里顿·雷西在《中国是民主的国家吗?》一文中，提出国民党蒋介石政权具有民主性质，认为中国的民主制和中国自身一样古老。许多正直的西方记者、观察家和学者不同意这种看法，他们依据对中国战场的亲身观察，认为国民党并没有履行它在抗日民族统一战线形成时许下的要进行政治、经济改革的诺言，从而出现了国民党统治区"封建的中国"和共产党领导的抗日根据地"民主的中国"两种截然不同的现象，指出共产党得到中国人民特别是农民的广泛支持，它的"胜利是不可避免的"。20 世纪 50 年代初，美国麦卡锡主义横行，一些歪曲的说法被广为宣传，如说共产党是"莫斯科的傀儡"，依靠操纵群众的"技巧"，

---

① 本篇发表于《中共党史研究》1995 年第 5 期。

在抗战中"坐大"等。随着时间的推移,这些谎言被历史事实所打破。60年代起,一些西方学者重新开始从日本侵略引起的民族危机、农村的社会改革等不同角度,来解释中国革命胜利的原因,并进行了长期的争论,主要有以下4种观点:

一是民族主义的论点。查尔莫斯·约翰逊1962年发表《农民民族主义和共产党政权》一书。他认为,中国共产党在抗战时期得到群众的支持,是"利用了农民的民族主义",甚至说如果没有日本侵略带来的危机和由此引起的群众动员,中国共产党将遭到失败;他还认为,"中国化的马克思列宁主义被看作是中国民族主义的附属物",中国拒绝照搬俄国革命的公式,形成了"中国民族共产主义"。[①] 由于约翰逊缺乏对中国共产党的社会政策的理解,他的这种所谓"农民民族主义"和"民族共产主义"的论点,立即在学术界引发了论战。

二是社会经济改革的论点。马克·塞尔登1971年出版《革命中国的延安道路》一书,通过对陕甘宁边区的考察,得出了与约翰逊不同的结论。他认为,农民阶级不是通过民族主义而是通过社会经济改革,才发生革命转变的。他指出:"中国抗日战争的意义超出了民族独立。人民战争不仅是个作战方式问题,而且涉及生活方式……在战争条件下,中国人民不但从日本的统治下获得解放,而且在反对地主、军阀压迫的斗争中掌握了自己的命运,自觉地创造出一些新的社会形式。"他指出陕甘宁边区不仅是中国革命的楷模,而且是第三世界革命的范例。[②] 塞尔登的分析非常精彩,不足之处是忽略了陕甘宁边区与其他敌后根据地的某些差别。

三是政治军事控制的论点。片岗哲谷在1974年出版的《中国的抗战与革命》一书中,对农民民族主义的论点和社会经济改革的论点持怀疑态度,而强调政治军事的控制。他提出:"中国共产党把农民组织起来,这同传统的农村自卫、地方主义、军阀主义并无区别,中国共产党的成就在于把这

---

① 查尔莫斯·约翰逊:《农民民族主义与共产党政权》,斯坦福大学出版社1962年英文版,第9、69页。

② 转引自《中国抗日根据地史国际学术讨论会论文集》,档案出版社1985年版,第114页。

些地方势力加以改造，自下而上完全用现代化的组织把它们联合在一起，成千上万分离的、孤立的细胞（政治性的）单位结合成一种钢铁的结构，然后中国共产党以抗战为掩护，以统一战线相号召，进行全面革命，来巩固其拥有的根据地。"① 由于片岗哲谷忽略了所谓"钢铁结构"的客观基础，他虽然用了很大气力思索中国共产党的政治经济政策，但还是陷入了"抗战掩护"之类的迷雾。

四是农民自发性的论点。拉尔夫·撒克斯顿自1975年起发表了《革命中的佃农：传统道德的韧性》等文，他认为中国共产党在抗战时期之所以取得农民的支持，不在于它给农民带来了什么东西，而在于它使自己适合于农民提出的要求。他说："1949年10月1日是农民自发性向政权基本结构提出挑战的顶点。"② 撒克斯顿把中国革命的胜利说成是农民自发性的结果，这是不能成立的。

上述一些西方研究者的观点，不同程度地反映了中国抗日战争的历史实际，有些提法，如"中国抗日战争的意义超出了民族独立"的提法，是相当深刻的。但是，由于未能站在近代中国历史发展的高度，从总体上将中国抗日战争作为争取民族独立和改造旧社会、开创新中国的一个有机过程来考察，因此，这种观点仍不能深刻揭示抗战时期国共两党的力量发生决定性反向演变的内部动因。

中国抗日战争具有抗日与民主改革"两重性质"。其抗日的民族解放战争性质，是由日本帝国主义对中国的侵略和压迫决定的，任何人不可能改变。但是中国抗日战争不单纯是对外抗日以争取民族独立的问题，更不单纯是武装抗日斗争的问题，同时还伴随着争取民主、改造旧社会、创造新中国的广泛内容和复杂斗争。仅仅把抗日战争当作对外的抗日问题或民族斗争问题来研究，是很不全面的，因为抗日的民族解放战争与国内争取民主改革的阶级斗争是密切联系而不可分割的。两者的性质不同，却处于同

---

① 转引自《中国抗日根据地史国际学术讨论会论文集》，档案出版社1985年版，第97页。
② 转引自《中国抗日根据地史国际学术讨论会论文集》，档案出版社1985年版，第98页。

一过程。不仅要看到后者，还要看到它与前者的区别与联系，才能深刻理解中国抗日战争特别是敌后抗日根据地，才能了解抗日战争引起的中国社会深层的历史变革。

早在抗日战争爆发前夕，毛泽东就指出：抗日战争"也是一个革命的运动，因为抗日斗争伴随着争取民主、争取改善生活条件和经济建设的斗争，在中国，这两者是结合在一起的"。1938 年 5 月，毛泽东发表《论持久战》一文，指出："抗日战争是全民族的革命战争，它的胜利，离不开战争的政治目的——驱逐日本帝国主义、建立自由平等的新中国"。并预言，这场战争必将驱逐日本帝国主义和变旧中国为新中国①。随着抗日战争的进行，敌后根据地不断壮大，其政治、经济的改革与建设日益取得显著成效。1941 年 5 月，毛泽东明确指出："无论就政治、经济或文化来看，只实行减租减息的各抗日根据地，和实行了彻底的土地改革的陕甘宁边区，同样是新民主主义的社会。"②

当抗日战争进行时，有的西方观察家和学者也指出了它的"两重性质"。如欧文·拉铁摩尔 1941 年在《太平洋事务》上发表《四年之后》一文，他认为，中国抗日战争是"争取民族独立和国内民主革命相结合的战争"。指出："对中国人民来说，这 4 年的历史既是争取民族独立的历史，又是国内革命的历史"。国民党右派政府如果得到外国的援助和支持，就能够得以生存，如果日本的进攻大于外国的援助，它不与革命力量合作将寸步难行③。

抗日战争的"两重性质"，是近代中国社会历史的发展形成的，体现着时代的基本要求。近代以来，由于帝国主义、封建主义和官僚资本主义的压迫，中华民族缺少独立自主，中国人民没有民主自由。因此，近代中国社会一直在两个交织的矛盾中运行，一个是对外的民族矛盾，一个是国内的阶级矛盾。争取民族的独立自主，争取人民的民主自由，是近代中国的

---

① 《毛泽东军事文集》第 2 卷，人民出版社 1991 年版，第 479 页。
② 《毛泽东军事文集》第 2 卷，人民出版社 1991 年版，第 785 页。
③ 拉铁摩尔：《四年之后》，《太平洋事务》第 14 卷第 2 期，第 151 页。

两大历史任务。抗日战争时期,中国遭到日本的全面进攻,国内的阶级矛盾受到中日民族矛盾的制约,但两个矛盾依然并立。抗日的民族解放战争必须与国内的民主改革相结合,这是中国抗日战争时期历史发展的客观法则,也是中国抗日战争的一个特点。正如刘少奇在1940年12月所鲜明地指出的:"推翻帝国主义与封建势力的压迫,争取中国的独立自主与人民的民主自由,这就是中国革命目前所要做的相互联结的两件大事。""目前正在进行的抗日战争,是中国又一次伟大的革命运动","主要表现为反对异族敌人的抗日战争"①。

国民党蒋介石从维护其大地主、大资产阶级的既得利益出发,对中国抗日战争的本质有着不同的理解。1938年3月,国民党召开临参会通过《抗战建国纲领》,决定设置国民参政会,组织民众团体,团结全国力量,制止日本侵略,在一定程度上反映了全民族抗战的愿望;但其中心是强调全国抗战力量必须在国民党和蒋介石的"领导之下","抗战"与"建国"同时并进,对共产党及全国民众结束一党专政、成立统一战线政府的要求置之不理,也不提改善人民的生活问题,实质上是要把抗日战争纳入在中国建设国民党一党专政国家的轨道。皖南事变后,蒋介石对居里夫人明确表示,中国抗战一为抵制日本侵略,一为阻止中国赤化②。就是说,在国民党、蒋介石看来,中国抗战只是对外抗日的民族战争,它的目的是维护国民党一党专政的旧中国,如果不能阻止中国"赤化","抗战胜利了也没有什么意义"③。由此可见,中共敌后抗战与国民党正面抗战有着不同的战略目的:抗日战争也是一个革命运动,应当变旧中国为新中国呢?还是抗日战争只是抗日,依旧维持一个旧中国?前者坚持在抗战中实行有利于广大群众,特别是农民的社会改革,后者在抗战中拒绝必要的民主改革。

抗日战争对国共两党来说,是一场严峻的考验,也提供了同等的发展

---

① 《刘少奇选集》上卷,人民出版社1981年版,第170页。

② 转引自刘大年:《抗日战争与中华民族的统一》,《抗日战争研究》1992年第2期,第11页。

③ 金冲及主编:《周恩来传》,人民出版社、中央文献出版社1989年版,第434页。

机会。研究抗日战争，应当把它作为争取民族独立与改造旧社会、开创新中国的一个有机过程，不仅要考察各党、各派、各军、各界以武装斗争为主的抗日问题，而且要考察抗战中他们在何种程度上实行了哪些民主改革。这样，才能揭示出抗日战争发展的基本规律和深远影响，找到国内政治力量发生决定性变化的内部动因。

二、抗日与民主改革必须结合进行

抗日战争时期，抗日高于一切，一切为了抗日战争的胜利，但抗日的民族解放战争是与社会的民主改革相互联结不可分离的，必须同步进行。在日军的进攻下，大片国土沦陷，旧政权迅速崩溃，人民遭受巨大灾难，这表明中国半殖民地、半封建的社会制度已经腐朽。中国人民特别是农民群众，过去长期在这种腐朽制度下过着毫无民主和极端贫困、落后的生活，不改变他们的社会地位和经济生活，就不可能广泛地动员他们起来真正投入抗日战争。毛泽东曾指出：争取政治上的民主自由是"保证抗战胜利的中心一环"。他特别强调："除非发动农民群众的人力和物力，否则中国就不可能打赢这场战争，只有迅速地实行政治和经济的变革，才能得到农民的合作。"[①] 这就深刻地指出了社会的民主改革与反抗日本侵略者的民族利益的一致性，抗日的民族解放战争为社会的民主改革开辟了广阔的道路，社会的民主改革又为这场民族解放战争开掘出取之不竭、用之不尽的源动力，两者相辅相成、互相促进。因此，必须在抗战中创造一种与中国最大多数人民，尤其是农民群众的利益相符合的新的政治、经济的社会秩序，否则就不可能取得抗日战争的彻底胜利。当然，这种社会的民主改革，还不是要消灭地主阶级，而是要有步骤地、适度地削弱它，以利于发动广大人民，特别是农民群众的抗战积极性，同时，团结包括地主在内的一切抗日的阶级、阶层共同抗战。这样抗日与民主改革的有机结合，即是抗日民族统一战线方针的真谛。

---

① 埃德加·斯诺：《人民在我们一边》，伦东·浩斯出版社 1944 年英文版，第 278 页。

中国社会的民主改革，首先是解放农民群众，这是中国抗日战争胜利的前提条件。农民占中国人口80%以上，是抗战和生产的主力军，但农民的生活极端贫困。地主占有大量土地，贫苦农民无地或少地。据冀鲁豫区的调查，在漳河下游地区，60%至70%的土地集中在5%至7%的地主手里。地主对农民的地租剥削，一般占土地收获量的60%至70%，甚至80%以上。地主还隐瞒"黑地"，把公粮负担转嫁到贫苦农民身上。高利贷盘剥更厉害，多数地区有2/3农户负债，年息一般在4分或5分，甚至"驴打滚"。据晋察冀边区的调查，农民交纳田赋和附加税外，还要负担房捐、户口捐、船捐、驮捐、盐捐、棉纱统税、面粉统税、牲畜税等30多种苛捐杂税。在冀西山区，贫苦农民连山上各种树木的叶子都无权采来吃，因为它们属于地主、富农所有。因此，必须迅速地改变农民群众这种生活上毫无保障、政治上毫无地位的境况，才能真正地动员群众，逐步把他们的利益和要求提高到民族的利益的高度，并为抗战胜利而斗争。

基于抗日与民主改革的一致性，中国共产党提出了创建敌后抗日根据地的"双重目标"，即抗日与社会改革。聂荣臻曾回忆说："毛泽东同志在洛川会议上，就曾考虑到打败日本帝国主义之后，建立新民主主义国家的问题。每一个抗日根据地的建立，不只是拖住敌人、配合正面战场作战的问题，也是在为实现这个宏伟目标，进行广泛的实践，为下一步的革命进程，为日后建立新中国，打下多方面的基础，积累丰富的经验。从一定意义上说，根据地的建设具有未来新中国的雏形这样一种性质。"① 抗日战争期间，各敌后抗日根据地创造性地实践了中共中央关于敌后抗日根据地"双重目标"的战略思想。如晋察冀抗日根据地在华北敌后一诞生，就公开申明：它在行政体系上是中华民国的一部分，"它的实际内容是贯彻抗日与真正民主"。就是说，敌后抗日根据地的历史任务是双重的。一方面要进行人民战争，抗击日军，摧毁伪政权、伪组织；另一方面要与此配合，实行必要的社会政治、经济、文化的各项改革与建设，解放农民、团结各抗日

---

① 《聂荣臻回忆录》（中），解放军出版社1984年版，第579页。

阶级和阶层、改造旧社会、开创新制度。因此，所谓敌后抗日根据地，就是中国共产党领导下的一定地域的人民、武装、政权和一定的经济、文化所构成的抗日民主的社会整体力量，是中国人民在敌后进行抗日游击战争的战略基地。它是"抗日的力量"，又是"民主的力量"，即新民主主义社会形态的雏形。

敌后抗日根据地的斗争与建设，实质上是在抗日的民族解放战争中，采取和平的、渐进的改革方式，改造旧的半殖民地、半封建的社会制度，创造新民主主义的社会制度。毛泽东 1939 年 9 月在同埃德加·斯诺的谈话中说：抗战时期，"我们反封建的纲领包括全国性的民主要求和人民生活的改善"。对此，瑞典历史学家达格芬·嘉图评论道："这看起来很简单，对于当时许多西方观察家来说，甚至对于今天的一些中国学者来说，这似乎只需要温和的改革。但他们并没有看到表象背后的东西。他们并不去过问为了实现民主和改善人民生活状况，需要什么样的社会变革，也并不去探讨这对于阶级关系的变化会产生什么结果。"[①] 这一评论，切中一些研究者的症结。的确，在中国共产党领导下，各根据地在极端残酷的敌后抗日战争中，进行了广泛而深刻的社会改革，使社会阶级结构发生了根本性的变化。在经济方面，发动群众实行减租减息，以适当方式和步骤削弱和限制封建半封建剥削，发展生产事业，使根据地经济走上独立自主的道路。在政治方面，建立"三三制"的抗日民主政权，保证了工农基本群众占优势，又联合一切抗日的阶级、阶层、党派和人士共同抗战。在文化方面，坚持为人民大众服务，为抗战服务，发展文教、卫生和科技事业。这些，使广大群众抗战和生产积极性日益高涨；巩固和发展了抗日民族统一战线。这是共产党领导的敌后抗日根据地人民群众充分发动起来，创造出人民抗日战争种种奇迹的根本原因。

国民党蒋介石把对外的抗日与国内的民主改革对立起来。在政治上，

---

① 达格芬·嘉图著，杨建立、朱永红、赵景峰译：《走向革命》，中共党史资料出版社 1987 年版，第 16 页。

蒋介石加紧推行"一个国家,一个政党,一个领袖"的运动,不断强化国民党一党独裁的法西斯统治。在经济上,蒋介石政权为支撑其财源,采取了彻底掠夺民众的政策,实行贸易统治、工农业统治、通货膨胀和田赋征实、粮食征购、粮食征借等"竭泽而渔"的措施。加之国民党军政官员的贪污、腐败和官僚资本的盘剥,使国民党统治区城乡民族企业大量倒闭,农业大幅度减产,人民生活严重下降,出现了民生凋敝、民怨沸腾的局面,壮丁"动员率"只有0.4%,不仅无法同敌后根据地相比,也远远低于二次大战中的其他主要参战国家。对此,美国外交官约翰·谢伟思当时作过分析,他说:"国民党统治是建立在农村乡绅、地主及与军人、高级官员、政府官僚有密切关系的商业银行家这一狭隘的基础上",这是国民党政权一系列"明显自杀性政策的根源"。并指出:"看起来它已不能以新的血液自行更新,它的不变的领导渐趋硬化,失去了感受现实的能力","正在慢性窒息中慢慢死去"。① 这一分析,不管意图如何,客观上深刻地揭露了国民党蒋介石把民主改革与抗日战争割裂开来的根源和必然恶果。

三、实现抗日与民主改革的深远意义

认识和把握民族斗争与阶级斗争的关系,真正实现抗日与民主改革同步进行,是关系中国抗日战争的路线和政策、中国抗日战争的前途和中华民族的命运的关键,具有伟大而深远的意义和影响。

第一,纵观八年抗战的历史,可以看出:中国共产党全民族的抗战路线同国民党的单纯依靠政府和军队的片面抗战路线的根本分歧和实质,在于是否承认和要不要真正实行抗日与民主改革同步进行,特别是要不要实行农村的社会改革。这正是抗战时期共产党领导的人民力量迅速壮大,而国民党及其政权走向衰落的内部动因。对此,毛泽东1944年4月在《论联合政府》报告中作了精辟而尖锐的论断。他说:"在抗日期间,出现了所谓民族革命阶段和民主民生革命阶段的两个阶段论,这是错误的。"国共"两

---

① 《中外学者论抗日根据地》,档案出版社1993年版,第200页。

党的争论，就其社会性质来说，实质上是在农村关系的问题上"。"两条路线：或者坚决反对中国农民解决民主民生问题，而使自己腐败无能，无力抗日；或者坚决赞助中国农民解决民主民生问题，而使自己获得全国人口百分之八十最伟大的同盟者，借以组织雄厚的战斗力量。前者就是国民党政府的路线，后者就是中国解放区的路线。"①

人们通常说共产党的全面抗战路线与国民党的片面抗战路线的分界，是实行或者反对人民战争，这无疑是正确的。然而，更深层的问题是：谁有能力领导进行这样一场需要伴随政治和经济改革的民族战争。国民党蒋介石不愿意也不可能进行这样一场抗日民族战争，因为这种政治和经济改革是与其大地主、大资产阶级的利益尖锐冲突的。因此，国民党蒋介石坚持抗日战争只是对外的抗日，应当维护一个旧中国，虽然他们口头上号召民众参战，但坚决拒绝解决社会的民主改革这个迫切问题，不肯实行真正发动群众起来抗战的民主民生政策，使国民党政府及其军队失去了中国大多数人民，特别是广大农民群众的支持，造成了正面战场抗战之失利。中国共产党坚持抗战也是一个革命运动，应当变旧中国为新中国，因此，在全国各敌后抗日根据地里，正确解决了迫切的民主民生的社会改革问题，因而与中国大多数人民，特别是农民群众建立了最密切的联系，开掘了中国抗战最深厚的力量源泉。由此，决定了中国共产党成为抗日战争真正的主导力量，展示了中国命运之新民主主义航向。

第二，是否承认和要不要真正实行抗日与民主改革同步进行，是抗日战争能否取得彻底胜利的决定性因素。近代以来，中国人民进行了一系列反对侵略、争取民族解放的英勇斗争，但是，这些斗争都未能形成全民族的解放战争。抗日战争是中国人民100多年来反对帝国主义侵略所取得的第一次完全胜利的民族解放战争。完全胜利的决定性因素，是这时中国人民有了经过十几年的革命锻炼，在理论上和政治上已经成熟的中国共产党的政治领导和组织推动，中国共产党正确地认识和把握了民族斗争与阶级斗

---

① 《毛泽东选集》第3卷，人民出版社1991年版，第1076—1077页。

争的关系，真正把抗日与民主改革结合起来。

抗战时期，国民党蒋介石惧怕民主改革，曾多次同日本侵略者谈判、搞反共摩擦，但并未能导致民族分裂、抗日夭折。这与谈判不拢，他们作为炎黄子孙尚有爱国心有关，但至关紧要的因素，是由于中国共产党在抗战中坚持实行有利于广大人民群众的民主民生政策，造成了中国历史上规模空前的抗日民族解放运动。正是共产党领导的人民群众的抗日力量，扼制了国民党蒋介石的分裂投降逆流，使他们留在抗日阵线而不敢丢掉抗日的旗帜。也正因为这样，中国抗日战争才能成为世界反法西斯战争在东方的主要战场，最后在反法西斯同盟国特别是苏联红军的配合下，中国人民取得了抗日战争的彻底的胜利。

第三，是否承认和要不要真正实行抗日与民主改革同步进行，是关系中华民族的命运和前途的关键。在抗日战争中，国共两党都有自己的建国纲领。抗日战争胜利后，随即发生了中国向何处去的问题：或者按照毛泽东在《新民主主义论》中指出的道路，建立无产阶级领导的一切反帝反封建的人们联合专政的新民主主义共和国；或者顺着蒋介石在《中国之命运》中指出的道路，在国民党蒋介石"一党专政"的统治下，重新回到抗日战争以前的半殖民地、半封建国家的老路上去。中国历史没有倒退，原因是抗日战争为新中国与旧中国的决战作了准备，为中华民族的复兴作了准备。这里的关键又在于抗日战争时期，国共两党对这场战争的性质理解不同，实行的路线和政策不同，两党的力量反向演变，国内政治力量对比发生了决定性的变化。

经过抗日战争，国民党蒋介石政权的力量由强变弱，走向衰落。抗战爆发前，国民党蒋介石掌握着很大的国家权力，没有他们的参加，就谈不上全民族的抗战。抗战初期，国民党蒋介石抗日比较积极，其政治地位和实力地位也有所加强。抗战进入相持阶段，国民党蒋介石的政策发生逆转，消极抗日、积极反共，不允许任何重大的民主改革。国民党政权的地位和正面战场的作用急转直下。1941年后，在华北和中原，国民党主力部队已无立足之地；正面战场比较平静，宜昌战役是国民党军队唯一的一次主动进攻；至 1943 年，国民党有 20 名中央委员、58 名将军投敌，几十万部队变为伪军。结果，蒋介石政权民心大丧，国民党军队失去了战斗力，招致了 1944 年豫湘桂战役的失败。与此相反，抗战时期，共产党领导的人民力量由弱变强，迅速发展壮大起来。抗战开始的时候，中国共产党只有 4 万人的军队和 150 万人口的陕甘宁根据地。共产党要合作，国民党说是投诚、收编。由于共产党及其军队全心全意地投入抗日战争，同时有步骤地、适度地实行社会的民主改革，得到各抗日阶级、阶层人民的拥护和支持。到抗战胜利，共产党领导的军队发展到 120 余万人，民兵达 200 余万人，根据地遍布长城内外至海南岛等全国 19 个省区，人口 1.2 亿。同时，以中国民主同盟等为代表的中间势力，经过分化，在政治上反对国民党的独裁统治，成为共产党有力的同盟军。国民党蒋介石政权陷入孤立。达格芬·嘉图曾指出："正是这种阶级关系的基本变化，把抗日战争和解放战争两个时期联系起来了。人们可以说，前一个时期的社会变化为后一个时期推翻国民党的统治奠定了基础。"[1] 历史的选择正是这样，抗战时期国内政治力量对比的决定性变化，准备了两个中国命运的决战，加速了国民党统治的灭亡和中华人民共和国的建立，中华民族大步走向繁荣、振兴的社会主义的前途。

---

[1]　达格芬·嘉图著，杨建立、朱永红、赵景峰译：《走向革命》，中共党史资料出版社1987年版，第15页。

抗日战争与中华民族复兴^①

——以晋察冀抗日根据地为例

20 世纪 90 年代以来，我在一些著述^②中，多次论及抗日战争与中华民族复兴的关联问题。在纪念中国抗日战争暨世界反法西斯战争胜利 70 周年之际，我想以晋察冀抗日根据地为例，再次说明：中国 14 年抗战，其影响首先是争取民族独立，这是中华民族复兴的前提，但是它的影响又远远超出了争取民族独立，广泛而深刻地影响着中国各族人民对国家前途的认同感和对民族领袖的认同感，在抗战中，中国共产党及其领导的革命力量发展壮大，国民党及其领导的旧中国走向衰败，由此决定了中国历史发展的航向，也改变着世界政治格局的发展大势。

之所以以晋察冀为例，这是因为晋察冀边区是敌后第一个抗日根据地，被中共中央誉为"敌后模范的抗日根据地及统一战线的模范区"^③，边区行政委员会是敌后抗日根据地中唯一得到国民政府行政院和军事委员会正式承认的边区政府。它表明，中国抗日战争的胜利，是抗日民族统一战线的胜利，是国共两党、两军、两个战场配合作战的胜利，中国共产党是中国抗日战争的中流砥柱。

---

① 原载河北晋察冀边区研究会、重庆聂荣臻研究会编：《晋察冀根据地与中国抗战文集》，中共党史出版社 2016 年版。

② 一些著述，即：《关于晋察冀抗日根据地史研究的几个问题》，《抗日战争研究》1992 年第 2 期；《晋察冀抗日根据地史》，改革出版社 1992 年版；《抗日与民主改革》，《中共党史研究》1995 年第 5 期；《新民主主义社会雏形——彭真关于晋察冀抗日根据地的思想与实践》，人民出版社 2002 年版，等。

③ 《中共扩大的六届六中全会主席团致晋察冀边区电》，1938 年 10 月 5 日。晋察冀抗日根据地资料丛书编审委员会编：《晋察冀抗日根据地》第 1 册（文献选编上），中共党史资料出版社 1988 年版。

一、伟大的目标

敌后抗日根据地，可以理解为是一块在敌后的抗日阵地吗？从华北敌后晋察冀边区抗日根据地的实际情况来看，我的回答是否定的。因为，敌后晋察冀抗日根据地至少包括着以下重要内容：（1）抗日武装；（2）人民群众及其抗日团体；（3）一定地域上的政权；（4）一定的经济和文化；（5）共产党成为人民、政权、武装和经济、文化的领导者与组织者。这表明，所谓敌后抗日根据地，就是共产党领导下的人民、政权、武装和一定的经济、文化所构成的抗日与民主的社会整体力量，是中国人民在敌后进行抗日游击战争的战略基地。

诚然，每一个敌后抗日根据地，都是一块在敌后的抗日阵地，但是仅只把敌后抗日根据地当作这样一个"抗日的力量"来看待是很不够的，因为它同时又是"民主的力量"，是抗日与民主的一个社会整体力量，即新民主主义社会的一个雏形。聂荣臻曾指出："敌后抗日根据地的建设，决不只是抗日的问题，也不单纯是一个武装斗争的问题，它包括着民主政治的建设，政权机构的改革，经济政策的规划，人民生活的改善，文化教育事业的发展等各个方面的内容。它既是一个对旧社会的改造，又是一个对新社会的开创，具有建设新民主主义新中国雏形这样一个广泛而深刻的性质。"①

聂荣臻这段话，道出了敌后抗日根据地的伟大目标：驱逐侵略者与开创新中国。就是说，敌后抗日根据地的战略目标不是单一的，而是双重的。这是由中国抗日战争的社会属性所决定的。

中国抗日战争作为中国民族民主革命的一个必经的阶段，其抗日的民族解放战争的性质，是由日本帝国主义对中国的侵略和压迫所规定了的，任何人不可能改变。但是中国抗日战争又不单纯是对外进行抗日斗争以争取民族独立的问题。毛泽东在抗日战争前夕，即1937年6月就曾指出：抗日战争"也是一个革命的运动，因为抗日斗争伴随着争取民主、争取更好

---

① 《聂荣臻回忆录》（中），解放军出版社1984年版，第459—460页。

的生活条件和经济建设的斗争。在中国，这两者是结合在一起的"。① 1938年5月，在《论持久战》一文中又指出："抗日战争是全民族的革命战争，它的胜利，离不开战争的政治目的——驱逐日本帝国主义、建立自由平等的新中国。"并预言：这场战争必将驱逐日本帝国主义和变旧中国为新中国。② 随着抗日战争的进展，敌后抗日根据地不断发展，其政治、经济、文化的改革日益取得显著成效。到1941年5月，毛泽东明确宣布："无论就政治、经济或文化来看，只实行减租减息的各抗日根据地，和实行了彻底的土地革命的陕甘宁边区，同样是新民主主义的社会。"③ 这表明，仅仅把中国抗日战争当作对外的抗日斗争问题或民族斗争问题来看待，是很不全面的，因为抗日的民族解放战争与国内争取民主改革的阶级斗争是密切联系而不可分割的。两者的性质不同，但处于同一过程之中。看到了后者，并看到了它与前者的区别与联系，才能深刻理解中国抗日战争特别是敌后抗战，才能了解抗日战争所引起的中国社会深层的历史性变革。

1840年以来，由于帝国主义、封建主义和官僚资本主义的压迫，中华民族缺少独立自主，中国人民没有民主自由。因此，近代中国社会一直在两个交织的矛盾中运行着：一个是对外的民族矛盾，一个是国内的阶级矛盾。中国资产阶级民族民主革命就是半殖民地中国反帝反封建的革命，争取民族的独立自主，争取人民的民主自由，是近代中国资产阶级民族民主革命的两大历史任务。抗日战争时期，中国遭到日本帝国主义的全面进攻，中日民族矛盾上升为主要矛盾，国内的阶级矛盾受到中日民族矛盾的制约，但两个矛盾依然存在。抗日的民族解放战争必须与国内的争取人民的民主自由的斗争相结合，这两者既不能对立起来，又不能分割开来，必须是既抗日又不是简单的抗日，必须在抗战中不仅肃清日本帝国主义的势力，同时又肃清其他帝国主义势力，也逐渐削弱封建势力。这是中国抗日战争时

---

① 达格芬·嘉图著，杨建立、朱永红、赵景峰译：《走向革命》，中共党史资料出版社1987版，第7页。

② 《毛泽东选集》第2卷，人民出版社1968年版，第425页。

③ 《毛泽东选集》第2卷，人民出版社1968年版，第743页。

期历史发展的客观法则，也是中国抗日战争的一个特点。刘少奇曾鲜明地指出："推翻帝国主义与封建势力的压迫，争取中国的独立自主与人民的民主自由，这就是中国革命目前所要做的相互联结的两件大事。""目前正在进行的抗日战争，是中国又一次伟大的革命运动"，"主要表现为反对异族敌人的抗日战争"。[1]

聂荣臻曾十分精辟地指出："毛泽东同志在洛川会议上，就曾考虑到打败日本帝国主义之后，建立新民主主义国家的问题。每一个抗日根据地的建立，不只是拖住敌人、配合正面战场作战的问题，也是在为实现这个宏伟目标，进行广泛的实践，为下一步的革命进程，为日后建立新中国，打下多方面的基础，积累丰富的经验。从一定意义上说，根据地的建设具有未来新中国的雏型这样一种性质。"[2]

晋察冀边区抗日根据地在华北敌后创造性地实践了毛泽东关于敌后抗战的"双重目标"的战略思想。在晋察冀边区抗日根据地里，抗日高于一切，一切为了抗日战争的胜利，而抗日与农村的社会改革又是相互联结、相辅相成，同步进行的。由于日军的进攻，大片国土沦陷，证明半殖民地、半封建的旧制度已经腐败。广大群众特别是农民，过去长期在旧制度下过着贫穷、悲惨的生活，他们没有精力为挽救祖国危亡而战斗。因此，必须创造一种和最大多数群众，特别是农民的利益相符合的新的政治和社会秩序。没有这种社会制度的改革，不足以改善农民的经济生活和政治地位，获得农民强有力的支持，也就不可能取得抗战的胜利。毛泽东曾指出：争取政治上的民主自由是"保证抗战胜利的中心一环"。"除非发动农民群众的人力和物力，否则中国就不可能打赢这场战争，只有迅速地实行政治和经济的变革，才能得到农民的合作。"[3] 但是，这种社会的改革，还不是要消灭封建剥削制度，而是要有步骤地、适度地削弱它，以利于发动广大农民群众的抗战积极性，又团结包括地主在内的一切抗日阶级、阶层共同抗

---

① 《刘少奇选集》上卷，人民出版社1981年版，第170页。
② 《聂荣臻回忆录》（中），解放军出版社1984年版，第579页。
③ 埃德加·斯诺：《人民在我们一边》，伦东·浩斯出版社1944年英文版，第278页。

战。为什么在华北敌后能够形成陷日本侵略者于灭顶之灾的人山人海、汪洋大海？我以为：正是抗日的民族解放战争为社会的民主改革开辟出广阔的道路，而社会的民主改革又为这场民族解放战争开掘出取之不竭、用之不尽的力量源泉，两者不可分离、互相促进。这样抗日战争与民主改革的有机结合，即是抗日民族统一战线方针的真谛。

毛泽东1939年9月在同埃德加·斯诺的谈话中说：抗日战争时期，"我们反封建的纲领包括全国性的民主要求和人民生活的改善"。对此，一位瑞典历史学家评论道："这看起来很简单，对于当时许多西方观察家来说，甚至对于今天的一些中国学者来说，这似乎只需要温和的改革。但他们并没有看到表象背后的东西。他们并不去过问为了实现民主和改善人民生活状况，需要什么样的社会变革，也并不去探讨这对于阶级关系的变化会产生什么结果。"① 的确，这一评论，切中一些研究者的症结。

在共产党领导下，一方面要开展人民抗日战争，抗击日军，摧毁伪政权和伪组织；另一方面与之配合，要争取民主，改善民生，逐步削弱封建势力，实行社会的政治、经济、文化等各方面的改革与建设，改造旧社会，开创新社会，以发动广大人民特别是农民群众，团结各抗日阶级、阶层。这是敌后晋察冀抗日根据地的广大群众充分发动起来，创造出种种奇迹的根本原因。

二、独特的贡献

东北沦陷后，华北成为中日民族矛盾的聚焦点，变为中国的第一国防线，关系中华民族的生死存亡，而地处华北前哨的晋察冀成为关键中的关键。

在中国共产党的领导、推动和影响下，在以1931年九一八事变为开始的中国局部抗战阶段，晋察冀人民与东北人民的抗日斗争相呼应，在关内

---

① 达格芬·嘉图著，杨建立、朱永红、赵景峰译：《走向革命》，中共党史资料出版社1987年版，第16页。

掀起了日益广泛的抗日救亡运动，1933年长城抗战打响了华北武装抗日第一枪，尔后察哈尔抗日同盟军、冀热边孙永勤农民抗日军的英勇抗战，绥远抗战三战三捷，这些对于唤醒全国民众和实现国共合作抗日民族统一战线，起了历史性的促进作用。1937年七七事变中国军队奋起抵抗，燃起了中国全民族抗日战争的熊熊大火，世界反法西斯战争首先在世界东方——中国燃起。

全面抗战爆发后，在国民党军从华北边战边退的危局之下，八路军开赴华北抗战前线。毛泽东1937年9月26日批准朱德、彭德怀、任弼时《关于晋察冀绥作战部署的报告》，划定晋察冀军区、晋冀豫军区的地域范围。1937年10月至12月，聂荣臻率一一五师一部开创了以五台山区为中心的晋察冀边区抗日根据地。几乎同时，冀中地方党、孟庆山领导的河北游击军与吕正操率领的人民自卫军相配合，开创了冀中平原抗日根据地。从而提供了在敌后山岳地带和平原地带建立根据地以坚持抗战的范例，标志着中共中央和毛泽东关于在敌后发动独立自主的游击战争、开辟敌后战场、建立敌后抗日根据地的理论和决策在实践中获得成功。从此，打开了中国抗战的新的一页，对于敌后其他抗日根据地的创建和敌后抗日战场的形成起了重大促进作用，向全国人民和世界人民宣告：日本侵略者虽然占领了中国许多城市和交通线，但是华北不会灭亡，中国不会灭亡，中国人民有能力、有办法坚持持久抗战。

1938年4月，毛泽东与张闻天电示八路军总部："根据抗战以来的经验，在目前全国坚持抗战与正面深入群众工作的两个条件下，在河北、山东平原地区广大地发展抗日游击战争，坚持平原地区的游击战争，也是可能的。"① 同年5月，毛泽东在给新四军的指示中进一步指出："根据华北经验，在目前形势下，在敌人的广大后方，即使是平原地区，极便利于我们的游击活动与根据地的创造。""只要自己不犯严重错误与慎重从事，是没

---

① 《毛泽东、洛甫、刘少奇关于平原游击战争给刘伯承、徐向前、邓小平的指示》，1938年4月21日。中央档案馆：《中共中央文件选集》（10），中共中央党校出版社1985年版。

有甚么危险的。"①据此，八路军由山区根据地，迅速挺进冀、鲁、豫三省广大平原地区，相继建立冀东、冀鲁边、冀鲁豫和山东平原抗日根据地，还建立了白洋淀、微山湖等抗日根据地；新四军迅速开赴苏南、皖南、淮南、皖东等平原地区，开辟了华中抗日根据地，在广大的敌后地区形成了山地、平原、河湖港汊等各种类型的抗日根据地。

1938 年 10 月，中共中央六届六中全会大会主席团在致聂荣臻转晋察冀省委的电报中指出：晋察冀边区"在华北已经和将要尽其极大的战略作用"，"成为全党全国在抗战中最有价值的指南"。1939 年 3 月，毛泽东为聂荣臻关于一年来晋察冀边区抗战总结报告题写书名《模范抗日根据地——晋察冀边区》，与朱德、王稼祥一致称誉边区是"华北抗战的堡垒"，"对于我国的抗战，有着重大而深切的意义"。

八年抗战，晋察冀边区是华北抗战的坚强堡垒。它经常牵制和抗击着1/3—1/2 的华北日军，半数左右的华北伪军以及部分伪蒙军、伪满军、关东军。据不完全统计，1937 年抗击日军 6.2 万人以上，1938 年抗击日军7.6 万人以上，1940 年抗击日、伪军 11 万人以上，1941 年抗击日、伪军 13 万人以上，1942 年抗击日、伪军 18 万人以上，1943 年以后抗击日、伪军达20 万人以上②。八年抗战，边区军民与敌人共作战 3.2 万多次，粉碎敌人千人以上、10 万人以下的大"扫荡"110 多次，每一次"扫荡"与反"扫荡"都是一次较大战役，共消灭日、伪军 35.1 万多人。晋察冀抗日根据地不仅直接威胁着日军后方的平汉、津浦、平绥、正太、北宁、石德、同蒲等铁路交通动脉和北平、天津等中心城市及关内外的咽喉要道，并且与晋冀鲁豫、晋绥、山东、华中等抗日根据地及东北抗日联军相呼应，在军事上、战略上形成了对华北日军及伪华北、伪蒙疆、伪满洲国的犬牙交错的包围态势，使华北日军深陷于人民游击战争的泥潭。这在战略上有力地与国民党正面战场互相配合，使日本法西斯深陷中国持久抗战的泥潭，无法

① 《中央关于新四军行动方针的指示》，1938 年 5 月 14 日，中央档案馆：《中共中央文件选集》（10），中共中央党校出版社 1985 年版。
② 《晋察冀边区七年来军事战果》，载《晋察冀日报》1944 年 7 月 12 日增刊。

抽兵北攻苏联，也不得不推迟南攻美英的时间。

晋察冀抗日根据地在抗战中巩固壮大，成为对日反攻的"前进阵地"。根据中共中央的部署，晋察冀根据地很早就注意了开展平津唐等敌占城市和交通要道的工作。1942年8月，中共晋察冀分局成立了东北工作委员会，以后在冀中、冀东、平北等地和一些重点县份先后成立了东北工作的部门，培养了一批又一批优秀干部，把他们派往东北各地，为收复东北作了多方面准备。1943年后，晋察冀各战略区分别加强了对北平、天津、保定、石家庄、张家口、唐山、沧州等城市和交通要道的工作。1944年，晋察冀抗日根据地的局部反攻持续全年，歼灭日伪军4.5万余人，攻克、逼退敌据点1670多处，解放了拥有9917个村镇、700余万人口的广大国土。1945年春夏季扩大解放区作战，席卷了雁北、察北、热河、辽西，直逼平津张市郊，边区根据地得到迅猛扩大，并夺取了进军东北的前进阵地。晋察冀与敌后各根据地的局部反攻，使日本侵略者企图从中国南方收缩兵力于华北等地，进行"长期持久的防御战"，以准备"本土决战"的计划化为泡影。因而，不仅在战略上配合了国民党正面战场的豫湘桂战役，而且在战略上配合了美英等盟国军队太平洋战场的对日反攻作战。

在大反攻中，晋察冀边区部队向日军在华北的巢穴进攻，收复了张家口、宣化、山海关、秦皇岛等70余座城市，解放了河北省的大部、山西省北部、绥远省东部、辽宁省西部和察哈尔、热河两省的全境。晋察冀边区又调派一部分主力部队和数千名干部进军东北，与苏军会师，并同山东等根据地部队一起，解放了东北广大的国土，为建立巩固的东北解放区打下了基础。中共中央据此及时作出了"向北发展，向南防御"的重大战略决策，这对于尔后夺取新民主主义革命的全国胜利产生了深远的影响。

晋察冀抗日根据地在敌后华北的创立和发展、壮大，在中国抗日战争史上和世界反法西斯战争史上是一个伟大的创造，具有极重大的战略意义。如聂荣臻指出："这在全中国及全人类的历史上都是开辟新纪元的最光辉的一页。"①

三、新中国的雏形

驱逐日本帝国主义和建立自由平等的新中国，是中国抗日战争两大相互联结的政治目的，也是中华民族复兴的必由之路。晋察冀抗日根据地在坚持敌后华北抗战中，树立了新中国的良好"模型"，推进了中国现代化的进程，展示出中华民族复兴的历史航向。

抗日战争打乱和破坏了中国原来的半殖民地、半封建社会的现代化的进程，但该进程并没有中断，而是在国民党统治区继续着。在日本侵略者占领区，所谓现代化则完全是日本独占殖民地化的别名。在中国共产党领导的敌后抗日根据地里产生了新民主主义社会的雏形。中国抗日战争的胜利，宣告了日本独占的殖民地化的现代化的终结，同时也宣告了其他帝国主义殖民地式的现代化的终结；中国原来的半殖民地、半封建社会的现代化受到巨大冲击和削弱；中国新民主主义社会的现代化在敌后战场得到发展壮大，开始为中国各族人民所憧憬、所认同。

敌后抗日根据地的斗争、改革和建设，实质上是在抗日的民族解放战争中，采取和平的、渐进的改革方式，改造旧的殖民地、半殖民地、半封建的社会制度，开创新民主主义的社会制度。晋察冀边区是在中国实施新民主主义制度较早的地区之一。它在华北敌后一诞生，就公开申明：它是中华民国的地方政府，"它的实际内容是贯彻抗日与真正民主"。② 1938 年10 月，彭真在中共中央六届六中全会上的发言中，根据毛泽东《论新阶段》的报告精神，依据开创华北抗日根据地的经验，阐明了在抗日战争中"必须把民族革命与民主革命联系起来"的观点，指出："今天的抗日民族统一战线，也不是简单的抗日"。"现在华北抗日根据地，不仅肃清了日寇的势力……其他帝国主义的统治也将逐渐解决"。"苛捐杂税也将废除，减租减

---

① 聂荣臻：《晋察冀边区抗战十二个月的总结》，载《八路军军政杂志》第 1 卷下册。

② 《晋察冀边区军政民代表大会宣言》，1938 年 1 月 14 日，载《晋察冀抗日根据地》第 1 册（文献选编上），中共党史资料出版社 1988 年版，第 289 页。

息也相当地解决封建的剥削"，"封建势力逐渐削弱"。① 1939 年 1 月，中共中央北方分局代表大会确定了巩固和建设晋察冀边区抗日根据地，为建立三民主义共和国而奋斗的方针，指出：这"是抗战的目标"，"是国共合作的目的"，"是走向社会主义社会必经的阶段"。

晋察冀边区抗日根据地各方面政策和法制建设比较完备。在民主政治建设上，1938 年和 1939 年，两次进行村选，罢免鱼肉村民的旧村长，选举抗日的新村长，为发扬村政民主，建立起村公所及村政会议，进而取消旧的闾邻制、保甲制、排（牌）户制、族长制，建立健全村民代表会议制度，使之成为村政权的最高权力机关。1940 年在边区开展民主大选运动，按照民主集中制原则，贯彻"三三制"政策，在完善村民代表大会制度的基础上，民主选举产生了区民代表会和区公所、县议会和县政府、边区参议会的代表，规定村代表会、区代表会、县议会、边区参议会为各该级最高权力机关，是全权的民意机关，各该同级行政机关村公所、区公所、县政府、边区政府必须服从各该级的民意机关，执行机关和民意机关均实行民主集中制，从而建立健全了边区各级政权的民主政治制度。在 1940 年边区民主选举运动中，中共中央北方分局制定和颁布了《关于晋察冀边区目前施政纲领》（简称"双十纲领"），把边区执行中共中央的抗日民族统一战线各项政策的经验，以纲领形式总结、公布出来，受到边区内外各阶层人民的热烈拥护。中共中央机关报《新中华报》社论指出：这一纲领，是"目前全国模范的抗日民族统一战线的、新民主主义的施政纲领。全国各地，特别是敌后方其他各抗日根据地，在政治、经济、军事、文化设施计划上，都应以它为最好的参考和借镜"。② 1943 年边区第一届参议会，决定将中共中央北方分局《关于晋察冀边区目前施政纲领》作为边区政府的施政纲领，颁布实施了《晋察冀边区参议会组织条例》《晋察冀边区行政委员会组织条例》《晋察冀边区法院组织条例》《晋察冀边区县区村选举条例》《晋察冀

---

① 彭真在中国共产党扩大的六届六中全会上的发言，1938 年 10 月 28 日。原件存中央档案馆。
② 《中共晋察冀边委的施政纲领》《新中华报》，1940 年 10 月 3 日社论。

边区选举条例》等 14 项法规法令，进一步使边区各级政权的人民代表会议制度臻于完善。这样，健全了各级民意机关和行政机关，既保证基本群众占优势，又使根据地内的国民党、各少数民族和各阶层爱国民主人士有更多的参政机会，巩固和扩大了边区抗日民族统一战线。

从边区创建之日起，边区党和政府就在根据地里实行了正确的社会改革和经济、文化建设的方针，在敌后开展了大规模的减租减息运动，充分发动了广大农民的抗战和生产的积极性；建立了边区银行，发行边币；实行了统收统支、救国公粮和军用粮票制度，推行了"合理负担"和比较完备的统一累进税，卓有成效地保障了抗日游击战争的战勤供给，并采取一系列发展农、工、商业和合作运动，奖励生产和技术发明，恢复、繁荣经济，力求自给自足的有效措施。从而使边区根据地的财政经济即使在遇到敌祸、天灾严重破坏的最艰苦时期，仍具有持久的耐力。与此同时，有效地开展对敌货币斗争、粮食斗争和市场、物资的争夺战，并取得决定性的胜利，使日本侵略者"以战养战"和变华北为大东亚战争的"兵站基地"的计划，遭到沉重的打击。边区党和政府领导全体抗日人民，在极端残酷的敌后抗日战争中，成功地改造了殖民地、半殖民地、半封建的旧社会，创造了一个新民主主义的新社会，使全国人民看到了未来新民主主义的新中国的光明前景。晋察冀边区"不但成为模范的抗日民主根据地，而且成为新民主主义的即三民主义的政治、经济、建设的模范，亦成为建国的模范"。①

抗日战争胜利后，由于中日民族矛盾得到基本解决，国内的阶级矛盾上升为主要矛盾，随即发生了中国向何处去的问题：或者按照毛泽东在《新民主主义论》中指出的道路，建立无产阶级领导的一切反帝反封建的人们联合专政的新民主主义共和国；或者顺着蒋介石在《中国之命运》中指出的道路，在国民党"一党专政"的统治下，重新回到抗日战争以前的半

---

① 彭真：《关于我们的目前施政纲领》，1940 年 8 月 19 日，载《晋察冀日报社论选》，河北人民出版社 1997 年版，第 135 页。

殖民地、半封建国家的老路上去。中国历史没有倒退，原因是抗日战争为新中国与旧中国的决战作了准备，为中华民族的复兴作了准备。正如达格芬·嘉图曾指出："正是这种阶级关系的基本变化，把抗日战争和解放战争两个时期联系起来了。人们可以说，前一个时期的社会变化为后一个时期推翻国民党的统治奠定了基础。"①

四、以爱国为核心的民族复兴精神

晋察冀边区党政军民为了中华民族的独立和光明前途，付出了高昂的代价。八年抗战中，日军制造惨案遍及晋察冀边区各市县，据不完全统计达600次以上，一次屠杀民众800人的重大惨案达22宗。日军制造了长城沿线、晋东北、冀晋边境三大块"无人区"和若干小块"无人区"。其中长城沿线"无人区"，包括现今沿长城线25个县的全部或一部，面积约5万平方公里，建"人圈"2506座，被驱赶集家的群众约140万人。日军有组织地、大规模地强奸和残杀妇女。龙华县（今易县）2个村有500名妇女，全部遭日军强奸；阜平县2个村有400名妇女，大部遭日军强奸。日军在晋察冀等地先后实验推广了催泪性、喷嚏性、窒息性和糜烂性的毒气武器。日军"北支"（甲）1855细菌部队，其本部隐蔽在北平城内，其分部遍及天津、保定、石家庄、张家口、太原、大同、包头、郑州、济南等城市，采取极其隐蔽的方式使用细菌武器，往往霍乱、伤寒、鼠疫、疟疾等疫病传染猖獗而广大群众还以为是天灾。日军大量强征劳工，押送到东北、蒙疆、华中甚至日本国内和东南亚去做苦工。日本在"开发""建设"的旗号下，几乎全部霸占了华北地区的金融、工矿、盐业、电力、交通等主要公私企业，大力统制和掠夺煤、铁、盐、粮、棉等战略物资。还千方百计地泯灭中华民族文化精神，大肆破坏和掠夺民族文化遗产。据中国解放区救

---

① 达格芬·嘉图著，杨建立、朱永红、赵景峰译：《走向革命》，中共党史资料出版社1987年版，第15页。

济总会的统计①，晋察冀全区原有 3245 万余人，八年抗战中，伤亡病残者 665 万余人，约占原有人口近 1/5。其中，被日军直接杀死 85 万余人，被日军伤残 73 万余人，被日军抓捕 68.8 万人，患有慢性病者 48.8 万人，因被日军强奸而得性病的妇女 47 万人，另有灾民 436.6 万人。日军在晋察冀边区抢掠和杀死牛、驴、骡、马 93.3 万头，抢杀猪、羊 593 万只，抢掠粮食 26776 万石，烧毁房屋 480 万间，烧毁农具、家具 4241 万件，敌抓夫要工 3.6 亿余个，修碉堡、公路、沟墙占地 889.2 万余公亩。侵华日军不仅给边区的农业，而且给边区的纺织工业、食品工业、公用事业、燃料工业、矿业、金属工业、化学工业、建材工业及商业贸易都造成了极其惨重的损失，仅商业损失即约 15.6 亿美元以上，使边区的整体社会经济基础和社会生态环境遭到严重破坏。据不完全统计，到抗战胜利，晋察冀边区八路军伤亡 11.6 万余人，阵亡的旅及支队长以上干部约 40 人。据不完全统计，边区党政民领导机关区级以上干部人员牺牲、被俘、负伤、病死者，至 1942 年已有 3700 余人。

战争教育了人民、锻炼了人民。在抗战中涌现了无数威武不屈、临难不苟、壮烈殉国、可歌可泣、惊天地泣鬼神的壮烈事迹，高度地表现了极崇高的中华民族精神。著名的"狼牙山五壮士"，回族抗日英雄马本斋和他的母亲马老太太，青年英雄金方昌，少年英雄王璞，战斗英雄邓世军，爆炸英雄李勇、李混子，子弟兵的母亲戎冠秀，人民的好干部周建屏、刘云彪、李光汉、白乙化、王仲华、王平陆、包森、周文彬、鲁贲、常德善、翟晋阶、袁心纯、王先臣、洪麟阁、刘萍等；伟大的国际主义战士加拿大援华医生白求恩和印度援华医生柯棣华等；民族英雄吉鸿昌、孙永勤等；国民党爱国将领佟麟阁、赵登禹、方振武等。晋察冀边区党政军民用鲜血和生命，凝聚了中华民族复兴的伟大精神。

中华民族精神是中华民族 5000 多年历史所形成的，其主体是优秀的，

---

① 中国解放区救济总会 1946 年 4 月编制的《中国解放区抗战八年中损失初步统计》《中国解放区因敌灾天灾所遭受之人口损失及灾难统计表》，1947 年核实编制的《抗日战争时期解放区公私财产损失统计》，此原件存于中央档案馆。

它是中华民族赖以生存、发展和自立于世界民族之林的精神力量；也杂有沉渣糟粕，它是中华民族招致对外妥协投降、对内纷争不已和消极沉沦的精神毒瘤。在艰苦卓绝、威武壮烈的抗日战火中，中华民族精神经受了历史上罕见的巨大冲击和考验，得到净化、发扬、凝聚和升华，一扫过去一百多年屡战屡败的民族失败的心结，中华民族的觉醒、觉悟和民族意识达到历史的新高峰，上升到以爱国主义为核心的中华民族复兴精神。

在晋察冀边区抗战中，国共两党和各族人民、各党、各军、各界人士及海外华侨共同凝聚和升华了"国难当头，捐弃前嫌，团结御侮，共赴国难"的中华民族大团结精神；"国家有难，匹夫有责，同舟共济，同仇敌忾"的国家至上、不畏强敌的爱国主义精神；"自尊自信，浩然正气，舍生取义，视死如归"的国格、人格、民族气节和大无畏的英雄主义精神；"独立自主、自力更生、艰苦奋斗、与时俱进"的创业创新的精神；"马克思主义中国化、实事求是、求真务实"的科学精神和探索精神；一切反侵略、反民族压迫的国家和人士联合起来结成国际反法西斯统一战线的国际主义精神。这些优秀的中华民族精神得到弘扬、丰富、凝聚和升华，成为晋察冀边区人民和中华各族人民广泛认同和接受的思想品格、价值取向与道德规范，处处展现在人民群众的思维方式、行为方式和情感方式上；投敌、叛国、妥协、变节、分裂、顽固、倒退，只顾个人或一党、一派、一军之私，而不顾国家、民族利益的倒行逆施之错误言行，遭到晋察冀边区人民和中华各族人民的口诛笔伐。这一中华民族精神的精华——以爱国主义核心的中华民族复兴，为尔后胜利地进行解放战争奠定了坚实的基础，为建立新中国构建了宏伟的桥梁。

五、应当从这里寻找答案

抗日战争为国共两党提供了同样的历史机遇，同时也使国共两党遇到了同样的严峻考验。实行抗日以争取民族独立，这是国共两党的共同主张。但是，蒋介石及其领导的国民政府要抗日，却要维护一个旧的社会、旧的中国，不肯在抗日战争中实行民主与改善民生，因为这种社会改革与他们所代表的地主资产阶级的利益是相矛盾的。蒋介石及其领导的国民政府因而失去了中国人民特别是广大农民的支持，也失掉了血液与生机而无力抗日。抗战爆发前，蒋介石和国民党掌握着国家权力，没有他们的参加，就谈不上全民族的抗战。抗战初期，蒋介石及其领导的国民政府抗战是比较积极的，其政治地位和实力地位也有所加强。抗战进入相持阶段，他们的政策发生变化，不允许任何重大的民主改革，其在抗战中的地位和作用急转直下。1941年后，正面战场比较平静，没有多少大的主动进攻的战役；在华北和中原，国民党部队走向失利；至1943年，国民党有20名中央委员、58名将军投敌，几十万部队变为伪军，国民党军队失去了战斗力，招致了1944年豫湘桂战役的失败。纵观抗战八年，蒋介石作为民族主义者坚持抗战到底，难能可贵，广大爱国官兵为民族独立解放付出了重大牺牲，可歌可泣。但是，由于胜利不够，失利过多，政治腐败，脱离人民，结果，蒋介石及其领导的国民党、国民政府的民心大丧，陷入孤立。

与此相反，抗战时期，共产党领导的人民力量由弱变强，迅速发展壮大起来。八年抗战，晋察冀边区党和政府领导边区抗日人民在华北敌后改造着旧社会，开创着新社会，不仅树立了新中国的良好模型，而且在抗战中建立健全了主力兵团、地方武装和民兵自卫队三位一体、配合作战的人民战争的武装力量体制，创造了一整套适合于人民战争的后勤供给、兵源补充、伤员救护、敌情侦察、通讯联络等工作系统以及地道战、地雷战、交通战、"麻雀战"、水上游击战等多种游击战法。因而，不仅在山地，而且在平原，成功地动员和组织了千百万群众参战，造成了陷敌于灭顶之灾的汪洋大海，创造了战争史上的奇观。边区八路军在战斗中由3000余人发展到32万余人，[①] 民兵从无到有发展到90余万人。边区根据地由最初的36个县壮大为164个县、27个旗、4个自治区（县），解放国土60余万平方公里（不含东北），人口达3700余万，成为以张家口为中心，包括河北省的大部、察哈尔、热河两省的全部和山西、绥远、辽宁省各一部的纵横千

---

① 包括边区主力部队21.5万人，地方部队10.4万余人。

里的重要战略基地。① 边区共产党组织有很大的发展，1945 年 8 月 20 日北方分局改称中共晋察冀中央局，领导冀热辽分局和冀晋、冀中、冀东区三党委和察哈尔、热河两省委，共产党员由 1937 年初约 4000 余人发展为 33.4 万余人，成为政治上、思想上、组织上、作风上巩固的拥有广大党员群众的无产阶级政党，并培养和锻炼出了数以万计的工农兵干部与知识分子干部相结合、本地干部与外来干部相结合的干部队伍。建立健全了工人、农民、妇女、青年、儿童和文化界、宗教界、工商界等各种群众团体，会员发展达 300 余万人，使边区各级党组织和各级政府与各阶层广大人民群众日益紧密地联系在一起。抗战开始的时候，中国共产党只有约 4 万人的军队和 150 万人口的陕甘宁根据地。到抗战胜利，共产党领导的军队发展到 120 余万人，民兵达 200 余万人，根据地遍布长城内外至海南岛全国 19 个省区，人口 1.2 亿。同时，以中国民主同盟等为代表的中间势力，在政治上反对国民党的独裁统治，成为共产党有力的同盟军。

敌后晋察冀抗日根据地的例证告诉人们：合作抗战，是国共两党的共同主张，不同之点在于要不要实行民主与改善民生。毛泽东 1944 年 4 月对此作了精辟而尖锐的论述。他说："两党的争论，就其社会性质来说，实质上是在农村关系的问题上。""两条路线：或者坚决反对中国农民解决民主、民生问题，而使自己腐败无能、无力抗日；或者坚决赞助中国农民解决民主、民生问题，而使自己获得占全人口 80% 的最伟大的同盟军，借以组织雄厚的战斗力量。前者就是国民党政府的路线，后者就是中国解放区的路线。动摇于两者之间，口称赞助农民，但不坚决实行减租减息、武装农民和建立农村民主政权，这是机会主义者的路线。"② 抗日战争中来华的美国新闻记者约翰·谢伟思，当时敏锐地领悟到了这一点。他说："普通人第一次被给予为之而战斗的东西。和日本人战斗不仅仅因为他们是外族侵略者，而且因为他们阻碍了这场革命。人民将继续和任何限制或者剥夺他们新近

---

① 此系 1945 年抗战胜利后晋察冀边区所辖区域和人口。《晋察冀边区管辖分区村人口土地面积》，中央档案馆藏件 1－687－1。

② 《毛泽东选集》第 3 卷，人民出版社 1968 年版，第 978 页。

得到的东西的政府战斗。正如日军不能征服这些现在富于战斗精神的人民一样，国民党军队也只能是失败。共产党有了这样广泛的基础，所以谁也难以对它进行限制……在相对短的几年时间内，共产党在中国将成为一支突出的力量。"① 抗日战争时期为什么中国共产党领导的晋察冀边区和其他敌后抗日根据地迅速巩固、壮大，能开中国历史之新纪元？抗战中的表现决定人心向背，历史研究者可以从这里寻找答案。

---

① 达格芬·嘉图著，杨建立、朱永红、赵景峰译：《走向革命》，中共党史资料出版社1987年版，第87页。

建设新中国的积极探索[①]

——敌后华北晋察冀边区建设

晋察冀边区是敌后第一个抗日根据地，被中共中央誉为"敌后模范的抗日根据地及统一战线的模范区"。它在抗战中有许多开拓和创造，为中华民族的大团结和抗日战争的胜利作出了辉煌的贡献。

全面抗战爆发后，聂荣臻率领——五师一部开创晋察冀边区抗日根据地。1938年1月10日至15日，晋察冀边区军政民代表大会在河北阜平召开，民主选举产生了晋察冀边区行政委员会。这次大会公开申明：边区行政委员会"是以民族统一战线的政权形式，包含着各党、各派、各阶层及各种民族分子。它的实际内容是贯彻抗日与真正民主"。这是抗战初期在华北敌后最早召开的由边区各党派、各军队、各民族、各阶层和各界抗日人民共同参加的代表大会。

一、边区政治建设

在民主政治建设上，边区政府成立后，两次进行村选，罢免鱼肉村民的旧村长，选举抗日的新村长，建立村公所及村政会议，取消旧的闾邻制、保甲制，建立健全村民代表会议制度。1940年，边区政府开展民主大选运动，贯彻"三三制"原则，按照民主集中制，民主选举产生了区民代表会和区公所、县议会和县政府、边区参议会的代表，边区政府规定村民代表会、区民代表会、县议会、边区参议会为各级最高权力机关，是全权的民意机关，各级行政机关——村公所、区公所、县政府，必须服从各级民意机关的决议，使边区各级政权的民主政治制度更加健全。在边区民主大选

---

① 发表于《中国社会科学报》，2015年10月20日。

运动中，中共中央北方分局颁布了《关于晋察冀边区目前施政纲领》，以纲领形式总结公布了边区执行抗日民族统一战线各项政策的经验，受到边区内外各阶层人民的热烈拥护。中共中央机关报《新中华报》指出：这一纲领，是"目前全国模范的抗日民族统一战线的、新民主主义的施政纲领。全国各地，特别是敌后方其他各抗日根据地，在政治、经济、军事、文化设施计划上，都应以它为最好的参考和借镜"。1943年边区政府召开第一届参议会，修正颁布了《晋察冀边区参议会组织条例》等14项法规条令，进一步健全了各级民意机关和行政机关实施法制。使根据地内的国民党、各少数民族和各阶层爱国民主人士有更多的参政机会，巩固和扩大了边区抗日民族统一战线。

二、边区经济改革

在经济改革上，边区政府1938年2月起持久地、深入地开展大规模的减租减息和改善工人生活的群众运动，充分调动广大工农群众的抗战和生产积极性，团结地主与资本家共同抗日。边区政府实行发展生产、繁荣经济的方针，以"自由贸易、自由竞争"的法则，"启发小生产者和私人企业家的生产积极性和自动性"，取缔奸商的投机操纵；发展农业、工业和林牧副业，振兴和繁荣农村经济，保证最基本的军需民食；边区政府还积极发展公营矿业、制造业和手工业，争取工业品自给自足；促进境内贸易自由，统一制定境外贸易规则；奖励生产和技术发明。1938年3月，边区政府建立边区银行，发行边币，统一金融，打击和驱除伪币。1938年4月，边区政府实行统一的财政税收制度，建立统收统支和预决算制度、救国公粮和军用粮票制度，进而实行由"合理负担"过渡到有免征点及累进最高率的统一累进税政策，使边区经济得到巩固、繁荣与发展。经过一系列的经济建设，边区建立起独立自主的财政经济体系，即使在遇到敌祸、天灾的艰苦时期，边区财政经济仍具有持久的耐力，保障敌后抗战的自给自足。

三、边区文化建设

在文化建设上，边区党组织坚持用反帝反封建的人民大众的文化，同日本侵略者、汉奸、顽固势力的种种歪理邪说展开广泛而深入的斗争，"以共产主义的精神教育群众，用革命的教育扫除反革命的教育，用革命的思想扫除反革命的思想"。为此，边区政府在党的领导下建立新闻出版和发行网络，1938年4月，边区党组织将军区主办的《抗敌报》（后改为《晋察冀日报》）升格为边区党的机关报，创办边区党的机关刊物《战线》，边区政府出版《救国报》《边政导报》，各地委也均有刊物，仅报刊达50多种，还建立了广播电台。边区政府建立中共北方分局文化工作委员会，加强对边区文化建设的统一领导；建立边区文化界抗日救国联合会，广泛团结文化界，开展群众文化运动。在边区党组织的领导下，边区政府开办党政军民的干部教育，建立分局党校和各级党校，办好抗大二分校与军政干校，创办抗战建国学院、群众干部学校及民族革命中学，加强华北联合大学、白求恩卫生学校、蒙藏学校及各种形式的干部短训班，培养各级干部和专门人才。边区党组织还恢复、改革和发展小学，边区小学校及入学人数超过战前水平；开展群众性文化娱乐运动，使边区处处涌现出喜闻乐见的小说、散文、报告文学、戏剧、诗歌、墙报、壁画、宣传画、街头诗等。边区在新闻出版、文化教育、文学艺术等方面都创造了光辉的业绩。整个边区党政军民、工农商学、男女老少都融入抗战新文化的大课堂里，呈现出无限的魅力。

晋察冀敌后根据地的建设，使边区的经济关系和阶级关系发生了根本性的变化：半殖民地半封建性质的经济关系和社会制度基本上被摧毁，根据地建立起新民主主义的政治制度，工人、农民、妇女、儿童、青年得到了解放，社会思想与社会生活发生巨大改变。这样建立起来的"新社会，不但成为模范的抗日民主根据地，而且成为新民主主义的即三民主义的政治、经济、建设的模范，亦成为建国的模范"。中国共产党对晋察冀边区根据地的建设探索，打开了敌后抗战和全国抗战的新的一页，开启了在民族抗战中"改造着旧社会，创造一个新民主主义的社会"的"伟大的工程"。

再论抗日战争史的理论体系与研究方法[①]

考察中国抗日战争和世界反法西斯战争的历史，我们注意到两大基本史实：一方面，中国抗日战争，是由国民党在正面战场，共产党在敌后战场，实施战略、战术之配合，各党、各军、各界和全国各族人民及海外华侨总动员，共同进行的一场伟大的民族解放战争，是中华民族复兴的一次伟大的历史转折，也为世界反法西斯战争的胜利作出了重大贡献；另一方面，在抗日战争时期，国共两党力量沿着反向演变，国民党及其政权走向衰败，共产党及其政权发展壮大，由此决定了中国的前途和命运，尔后4年解放战争，共产党取得了全国政权，中国走上了社会主义道路，从此，改变了亚洲乃至世界的政治格局。美国历史学家詹姆斯·哈里森说："历史上从来也没有一场革命运动发展得如此神速。"[②]

为什么抗日战争会如此决定性地改变中国的政治力量对比和命运与前途呢？这是因为，抗日战争是中国反帝反封建的民族民主革命的一个特殊阶段，它是近代以来中华民族进行的一场反抗外敌侵略的伟大的民族解放战争，但是它不单纯是抗日以争取国家、民族独立的问题，更不单纯是武装斗争问题，它还伴随着争取民主和改善生活条件，变旧中国为新中国的复杂斗争和广泛内容。河北抗战是中国抗日战争的一个重要组成部分，因此它与中国抗日战争一样，具有"两重性质"：抗日与民主（反帝，也伴随着反封建）；"双重目的"：民族独立与建立新中国（争取民族独立，也伴随着开创新中国）。仅仅把包括河北抗战在内的中国抗日战争当作抗日问题或民族独立问题来看待，是不够的，是不全面、不公允的，是错误的，因为

---

① 原载《河北抗日战争史》绪论，未刊稿。

② 詹姆斯·哈里森：《从长征到掌权——中国共产党的历史》，纽约泼莱格出版社1972年英文版，第271页。

抗日的民族解放战争与争取民主、改善生活条件的（阶级）斗争是密切联系而不可分割的。

一、西方学者的解读

半个多世纪以来，围绕研究抗日战争及国共两党的力量演变问题，西方学者提出了各种不同的论点。还在抗日战争进行之中，美国报刊就展开了关于中国的争议。1943 年，克里顿·雷西在《中国是民主的国家吗?》一文中，提出国民党蒋介石政权具有民主性质，认为中国的民主制和中国自身一样古老。但许多西方记者、观察家和学者不同意这种看法，他们依据对中国战场的亲身观察，认为国民党并没有履行它在抗日民族统一战线形成时许下的要进行政治、经济改革的诺言，从而出现了国民党统治区"封建的中国"和共产党领导的抗日根据地"民主的中国"两种截然不同的现象，指出共产党得到中国人民特别是农民的广泛支持，它的"胜利是不可避免的"。20 世纪 50 年代初，美国麦卡锡主义横行，一些歪曲的说法被广为宣传，如：说什么共产党是"莫斯科的傀儡"，依靠操纵群众的"技巧"，在抗战中"坐大"等。随着时间的推移，这些谎言被历史事实所打破。60 年代起，一些西方学者重新开始从日本侵略引起的民族危机、农村的社会改革等不同角度，来解释中国革命胜利的原因并进行了长期的争论，主要有以下 4 种观点：

一是民族主义的论点。查尔莫斯·约翰逊 1962 年出版《农民民族主义和共产党政权》一书，他认为，中国共产党在抗战时期得到群众的支持，是"利用了农民的民族主义"，甚至说如果没有日本侵略带来的危机和由此引起的群众动员，中国共产党将遭到失败；他还认为，"中国化的马克思列宁主义被看作是中国民族主义的附属物"，中国拒绝照搬俄国革命的公式，形成了"中国民族共产主义"[1] 由于约翰逊缺乏对中国共产党的社会政策的

---

[1] 查尔莫斯·约翰逊：《农民民族主义与共产党政权》，斯坦福大学出版社 1962 年英文版，第 9、69 页。

理解，他的这种所谓"农民民族主义"和"民族共产主义"的论点，立即在学术界引发了论战。

二是社会经济改革的论点。马克·塞尔登1971年发表《革命中国的延安道路》一书，通过对陕甘宁边区的考察，得出了与约翰逊不同的结论。他认为，农民阶级不是通过民族主义而是通过社会经济改革，才发生革命转变的。他指出："中国抗日战争的意义超出了民族独立。人民战争不仅是个作战方式问题，而且涉及生活方式……在战争条件下，中国人民不但从日本的统治下获得解放，而且在反对地主、军阀压迫的斗争中掌握了自己的命运，自觉地创造出一些新的社会形式。"他指出陕甘宁边区不仅是中国革命的楷模，而且是第三世界革命的范例。① 塞尔登的分析非常精彩，不足之处是忽略了陕甘宁边区与其他敌后根据地的某些差别。

三是政治军事控制的论点。片冈哲谷在1974年发表的《中国的抗战与革命》一书中，对农民民族主义的论点和社会经济改革的论点持怀疑态度，而强调政治军事的控制。他提出："中国共产党把农民组织起来，这同传统的农村自卫、地方主义、军阀主义并无区别，中国共产党的成就在于把这些地方势力加以改造，自下而上完全用现代化的组织把它们联合在一起，成千上万分离的、孤立的细胞（政治性的）单位结合成一种钢铁的结构，然后中国共产党以抗战为掩护，以统一战线相号召，进行全面革命，来巩固其拥有的根据地。"② 由于片冈哲谷忽略所谓"钢铁结构"的客观基础，他虽然用了很大气力思索中国共产党的政治经济政策，但还是陷入了"抗战掩护"之类的迷雾。

四是农民自发性的论点。拉尔夫·撒克斯顿1975年起发表《革命中的佃农：传统道德的韧性》等文，他认为中国共产党在抗战时期之所以取得农民的支持，不在于它给农民带来了什么东西，而在于它使自己适合于农民提出的要求。他说："1949年10月1日是农民自发性向政权基本结构提

---

① 转引自《中国抗日根据地史国际学术讨论会论文集》，档案出版社1985年版，第114页。
② 转引自《中国抗日根据地史国际学术讨论会论文集》，档案出版社1985年版，第97页。

出挑战的顶点。"① 撒克斯顿把中国革命的胜利说成是农民自发性的结果，这是不能成立的。

上述一些西方研究者的观点，不同程度地反映了中国抗日战争的历史实际，有些提法，如"中国抗日战争的意义超出了民族独立"的提法，是相当深刻的。但是，由于未能站在近代中国历史发展的高度，从总体上将中国抗日战争作为争取民族独立和改造旧社会、开创新中国的一个有机过程来考察，因此，这种观点仍不能深刻揭示抗日战争为什么会决定性地改变国共两党的政治力量对比和中国的前途与命运的内部动因。

二、抗日战争的性质和目的

抗日战争是中国资产阶级民族民主革命的一个特殊阶段，它的性质和目的，不是单一的，而是双重的。它具有"两重性质"：抗日与民主（反帝，也伴随着反封建）；"双重目的"：民族独立与建立新中国（争取民族独立，也伴随着开创新中国）。其抗日的反帝性质和争取民族独立的历史目标，是由日本帝国主义对中国的侵略和压迫所规定了的，是首要的，是主导的，任何人不可能改变。但是抗日战争不单纯是对外抗日以争取民族独立的问题，更不单纯是武装抗日斗争的问题，同时还伴随着争取民主，改善民生，改革旧制度、创造新社会的广泛内容和复杂斗争。因此，抗日战争又伴随着争取民主、改善民生的反封建性质和变旧中国为新中国的另一目标。这是中国抗日战争的特有规律和应有之义，不以任何政党或个人的意志所转移。仅仅把抗日战争当作对外的抗日问题或民族独立问题来看待，是片面的、错误的，因为抗日的民族解放战争与国内争取民主改革的阶级斗争是密切联系而不可分割的。前者与后者的性质不同、目的不同，而处于同一过程之中。看到了后者，并看到了它与前者的区别与联系，才能深刻理解中国抗日战争特别是敌后抗日根据地问题，才能深刻理解各党、各派、各军在抗战大舞台上的表演变幻，从而了解抗日战争所引起的中国社

---

① 转引自《中国抗日根据地史国际学术讨论会论文集》，档案出版社 1985 年版，第 98 页。

会深层的历史性变革。

早在抗日战争爆发前夕，毛泽东就指出：抗日战争"也是一个革命的运动，因为抗日斗争伴随着争取民主、争取改善生活条件和经济建设的斗争，在中国，这两者是结合在一起的"。①"伴随""结合"四个字，极为浅显而深奥！1938年5月，毛泽东发表《论持久战》一文，指出："抗日战争是全民族的革命战争，它的胜利，离不开战争的政治目的——驱逐日本帝国主义、建立自由平等的新中国。"并预言，这场战争必将驱逐日本帝国主义和变旧中国为新中国。② 随着抗日战争的进行，敌后抗日民主根据地不断壮大，其政治、经济、文化的改革与建设日益取得显著成效。1941年5月，毛泽东明确指出："无论就政治、经济或文化来看，只实行减租减息的各抗日根据地，和实行了彻底的土地改革的陕甘宁边区，同样是新民主主义的社会。"③

当抗日战争进行时，有的西方观察家和学者也多少领悟到了它的"两重性质"和"双重目的"。如欧文·拉铁摩尔1941年在《太平洋事务》上发表《四年之后》一文，他认为，中国抗日战争是"争取民族独立和国内民主革命相结合的战争"。指出："对中国人民来说，这四年的历史既是争取民族独立的历史，又是国内革命的历史。"国民党政府如果得到外国的援助和支持，就能够得以生存，如果日本的进攻大于外国的援助，它不与革命力量合作将寸步难行。④

抗日战争的"两重性质"和"双重目的"，是近代中国社会的历史发展所决定的，体现着中国资产阶级民族民主革命时代的基本要求。近代以来，由于帝国主义、封建主义和官僚资本主义的压迫，中华民族缺少独立自主，中国人民没有民主自由。因此，近代中国社会一直在两个交织的矛盾中运

---

① 达格芬·嘉图著，杨建立、朱永红、赵景峰译：《走向革命》，中共党史资料出版社1987年版，第2页。

② 《毛泽东选集》第2卷，人民出版社1991年第2版，第479页。

③ 《毛泽东选集》第2卷，人民出版社1991年第2版，第785页。

④ 欧文·拉铁摩尔：《四年之后》，《太平洋事务》第14卷第2期，第151页。

行，一个是对外的民族矛盾，一个是国内的阶级矛盾。争取民族的独立自主，争取人民的民主自由，是近代中国的两大历史任务。抗日战争时期，中国遭到日本帝国主义的全面进攻，国内的阶级矛盾受到中日民族矛盾的制约，但两个矛盾依然存在。抗日的民族解放战争必须与国内的民主改革相结合，争取民族独立必须与未来建立新中国相结合，这是中国抗日战争时期历史发展的客观法则，也是中国抗日战争的一个特点。正如刘少奇在1940年12月所鲜明地指出："推翻帝国主义与封建势力的压迫，争取中国的独立自主与人民的民主自由，这就是中国革命目前所要做的相互联结的两件大事。""目前正在进行的抗日战争，是中国又一次伟大的革命运动"，"主要表现为反对异族敌人的抗日战争"。①

三、敌后抗日根据地的"总目标"

中国抗日战争的"两重性质"和"双重目的"，决定了中国共产党创建敌后抗日根据地的总目标：改造旧社会、创造新社会，即创建敌后抗日民主根据地，驱逐日本侵略者，创造新民主主义社会的雏形。就是说，创建敌后抗日根据地，不仅是抗日斗争，更不单纯是武装斗争，还包括进行社会的政治、经济、文化等各方面的改革与建设，它既是对一个旧社会的改造，又是对一个新社会的开创。

因此，所谓敌后抗日民主根据地，就是中国共产党领导下的一定地域的人民、武装、政权和一定的经济、文化所构成的抗日民主的社会整体力量，是中国人民在敌后进行抗日战争的战略基地。它是"抗日的力量"，同时又是"民主的力量"，即新民主主义社会形态的雏形。研究河北抗战，应当把它作为中国抗日战争的一个缩影，特别是作为中国共产党领导的敌后抗日民主根据地的一个缩影，把它看作驱逐日本侵略者以争取民族独立、改造旧社会以开创新民主主义社会的雏形这样一个有机过程来考察，不仅要看到各党、各军、各界以武装斗争为主的抗日问题，更要弄清楚敌后抗

---

① 《刘少奇选集》上卷，人民出版社1981年版，第170页。

日民主根据地作为抗日民主的社会整体力量和战略基地，在抗日战争中怎样形成和壮大，如何改革和建设及其历史地位和作用，这样，才能揭示出河北抗战的发展规律及其深远影响。

据聂荣臻回忆，早在洛川会议上，毛泽东就提出了创建敌后抗日民主根据地的宏伟目标，他说："毛泽东同志在洛川会议上，就曾考虑到打败日本帝国主义之后，建立新民主主义国家的问题。每一个抗日根据地的建立，不只是拖住敌人、配合正面战场作战的问题，也是在为实现这个宏伟目标，进行广泛的实践，为下一步的革命进程，为日后建立新中国，打下多方面的基础，积累丰富的经验。从一定意义上说，根据地的建设具有未来新中国的雏形这样一种性质。"①

河北各抗日民主根据地创造性的实践，验证了毛泽东关于中国抗日战争"两重性质"和"双重目的"及创建敌后抗日民主根据地"总目标"思想的客观真理性。晋察冀抗日民主根据地在华北敌后一诞生，就公开申明："它的实际内容是贯彻抗日与真正民主。"② 1938 年 10 月，彭真在中共中央六届六中全会上的发言中，根据毛泽东《论新阶段》的报告精神，及开创华北各抗日根据地的经验，阐明了在抗日战争中要"肃清日寇势力，削弱封建势力"的观点，他说，"资产阶级民主革命就是反帝反封建的半殖民地的革命"，"必须把民族革命与民主革命联系起来"，"即今天的抗日民族统一战线，也不是简单的抗日"。"现在华北抗日根据地，不仅肃清了日寇的势力……其他帝国主义的统治也将逐渐解决"。"苛捐杂税也将废除，减租减息也相当的解决封建的剥削"，"封建势力逐渐削弱"。③ 1939 年 1 月，在中共中央北方分局代表大会，根据中共中央六届六中全会精神，讨论确定了巩固和建设边区抗日民主根据地，为建立三民主义共和国而奋斗的方针。指出："抗日民族统一战线的前途，就是建立三民主义共和国"，这"是抗

---

① 《聂荣臻回忆录》（中），解放军出版社 1984 年版，第 579 页。
② 《晋察冀边区军政民代表大会宣言》，1938 年 1 月 14 日。载《晋察冀抗日根据地》第 1 册（文献选编上），中共党史资料出版社 1988 年版，第 289 页。
③ 彭真在中国共产党扩大的六届六中全会上的发言，1938 年 10 月 28 日。原件存中央档案馆。

战的目标"，"是国共合作的目的"，"是走向社会主义社会必经的阶段"。1940 年，制定《关于晋察冀边区目前施政纲领》，开展民主大选运动，彭真公开宣布：要使晋察冀边区"不但成为模范的抗日民主根据地，而且成为新民主主义的即三民主义的政治、经济、建设的模范，亦成为建国的模范"。① 这表明，中国共产党创建敌后抗日民主根据地的政治目的或总目标，是双重的，不是单一的。在中国共产党领导下，敌后抗日根据地一方面要抗日，进行人民战争，消灭日军，摧毁伪政权、伪组织；另一方面要与此相配合，实行真正民主，进行有利于广大群众的社会政治、经济和文化的各项改革与建设，以和平方式逐步削弱封建势力，解放农民群众，团结各抗日阶级和阶层。从而，改造半殖民地、半封建的旧社会，创造新民主主义的新社会，使河北各敌后抗日民主根据地成为未来新民主主义中国的"模型"。

---

① 彭真：《关于我们的目前施政纲领》，1940 年 8 月 19 日。载《晋察冀日报社论选》，河北人民出版社 1997 年版，第 135 页。

（二）

抗日战争史与抗日根据地史研究

抗日战争时期晋察冀边区的
知识分子政策①

抗日战争时期,华北敌后抗日根据地晋察冀边区党和政府,在同日本帝国主义和国民党反动派争夺知识分子的斗争中,坚持执行正确的知识分子政策,团结和调动了广大知识分子的革命积极性,有力地推动了边区抗日战争和各项建设事业的胜利发展。

毛泽东同志指出:"革命力量的组织和革命事业的建设,离开革命知识分子的参加,是不能成功的。"② 1939 年 12 月,党中央通过了毛主席起草的《大量吸收知识分子》的决定,为放手吸收知识分子指明了正确的道路。晋察冀边区党和政府,在党中央、毛主席的正确理论和方针指导下,逐步形成了一套边区自己的、行之有效的知识分子政策。

边区党和八路军在根据地初创时,就遵照党中央有关指示,注意吸收知识分子参加部队和抗日工作。1938 年 1 月 15 日,刚刚成立的晋察冀边区行政委员会就发表决议说:"吸收边区内外的知识分子,培养健全的军政干部,造就专门技术人才,培养热烈的新青年,以加强抗战力量。"③ 党中央作出《大量吸收知识分子》的决定以后,边区党和政府及时地批评和纠正了一些干部没有认识知识分子的重要性,轻视、恐惧和排斥知识分子,不敢放手地吸收文化人和青年学生的现象。中共中央北方分局 1940 年 8 月 13 日公布了《关于晋察冀边区目前施政纲领》。规定:"优待科学家和专门学者","保护知识青年,抚济沦陷区流亡学生,分配一切抗日知识分子以适

---

① 原载《河北学刊》1984 年第 5 期。

② 毛泽东:《中国革命和中国共产党》,《毛泽东选集》合订本,人民出版社 1964 年版,第 604 页。

③ 晋察冀边区军政民代表大会《文化教育决议案》。

当工作；提高小学教员的质量，改良小学教员的生活"。从此，明确地把吸收知识分子，贯彻知识分子政策，作为边区党的行动纲领固定下来，并在实践中日趋完善起来：

1. 大胆放手地吸收和任用知识分子。边区党政军各级领导机关，对来边区参加革命的知识分子，都热烈欢迎。不分阶级、党派、民族、宗教、职业、性别和年龄，也不分国籍，只要不是汉奸，赞成抗日，都分配适当的工作，用其长，尽其力，充分发挥他们的积极作用。对一些知名的专家学者，边区领导同志都亲自接待，听取本人的意愿和要求，并分别不同情况，有的分配到机要通讯、军工生产等部门搞技术工作，有的到学校当教员，有的则安排在军政机关和群众团体当干部。为了吸收祖国各地来的日益增多的青年学生和知识分子，培养军政干部和专门技术人才，边区党和政府先后举办了华北联大教育学院、抗大二分校、白求恩医学院、民族革命中学等各类学校和各种训练班。据老同志回忆：当时的冀中七分区干校，主要对象是吸收冀中和从北平、天津、保定等城市来的学生和知识分子。每期3—4个月，600—800人，培养了大批的军政干部。据统计，到1939年上半年，边区已有约200名初级专门技术人才；1940年，仅军工生产系统表彰受奖的就有74个工程师和职员，1943年最困难时期，北岳区29个县仍有2399名中小学教师坚守教育岗位。这些材料，虽然很不完整，但从中也可看出，抗战期间边区吸收和任用的知识分子数量是很可观的。这些知识分子，来自全国各地，也有来自海外的。国际主义战士白求恩、柯棣华为边区医疗卫生事业献出了宝贵的生命；美籍物理学家班威廉和英籍教授林迈可、奥地利医学家傅来等国际友人，也都为边区抗战事业作出了贡献。

2. 坚定地提拔知识分子当干部。边区党和政府在当时战争环境和历史条件下，在从工农分子中培养和提拔干部的同时，放手地从革命知识分子中提拔干部，尤其努力于培养和提拔技术干部和专门人才。1939年8月，边委会的各处处长、秘书主任和各专员、各县长中，"大学生的数目是25%的样子，师范生的数目是35%的样子，中学生及其他是40%左右，连冀中估计在内，大学生约占 50%，师范生约占 30%，其他中学生约占 20%。"应当指出，这个统计是在党中央作出《大量吸收知识分子》的决定以前！后来，边区党和政府把吸收知识分子和实行"三三制"政权原则结合起来，并指出"三三制"的重点是"把非党的科学技术专家、文化人、教育家、实业家以及其他方面的优秀人才团结起来"，他们是"发展抗日根据地建设事业和将来建国不可少的人才"。1943 年边区第一届参议会召开时，到会参议员 288 人中，共产党党务人员 41 人，国民党党务人员 13 人，政界 39 人，军界 19 人，民众团体 37 人，商界 4 人，宗教领袖 4 人，地主、士绅等上层分子 50 人，不清者 29 人，而文化人、科学家、医生等名流学者人数最多，计 54 人，约占到会参议员的 19.4%。边区参议会选出的正副议长成仿吾、于力都是大学教授；新选出的边区行政委员会委员聂荣臻、宋劭文、张苏、吕正操、王承周、刘奠基、胡仁奎、刘皡风、王久荎 9 人，大部分是大学生，有 3 人是著名的教育家、铁路工程师、实业家。

在狭隘的观念和偏见面前，在不信任知识分子以为他们"清高""翘尾巴"等议论中，中共中央北方分局明确地指出："我们的老干部和新干部，工农干部和知识分子干部，在创造、发展、坚持与巩固我边区的各种工作中，均起了重大的作用"。"应该把尊重工农出身的干部和尊重知识分子出身的干部、尊重老干部和新干部的方针，同时提出来，并使之亲密团结、合作互助。"

3. 注意吸收革命的知识分子入党。1938 年 3 月 15 日《中央关于大量发展党员的决议》中指出：在发展党员的工作中，要"大胆向着积极的工人、雇农、城市中与乡村中的青年学生、知识分子、坚决勇敢的下级官兵开门。"中央军委 1941 年 4 月 22 日在《关于军队中吸收和对待专门家的政策指示》中指出："非党员的专门人才要求入党时，我们应乐于吸收他们，对他们做苛刻的限制是不适宜的。"遵照这些指示，边区各级党组织始终把在知识分子中发展党员，作为组织工作的一个重要任务。据晋察冀省委 1938 年 7 月 16 日报告，一分区工农成分的党员占 90%，知识分子和其他成分的党员占 10%；二分区工农成分的党员占 70%，知识分子和其他成分的党员占30%；四分区工农成分的党员占87%，知识分子党员占6%，其他成分的占8%（此原件统计，可能略有误——作者注）。随着边区的发展和斗争的深入，边区党的发展基本上面向工农劳苦群众，但"并不丝毫放松吸收革命的知识分子入党"。[①] 而且各级党组织都十分注意把优秀的知识分子党员选拔到党委领导岗位上来。据统计，1940年10月间，晋察冀二、三、五分区党支部委员中，知识分子党员支委占4.4%；1942年3月，平西区党委成员中，知识分子党员领导干部占38.5%；1943年8月，北岳区区级以上党委领导成员中，知识分子党员领导干部占28.4%。在当时条件下，边区各级党组织能够把这样多的知识分子党员选拔到党委领导岗位，使他们发挥领导和骨干作用，这在我党建设史上也是光荣的一页。

4. 改善知识分子的工作条件和生活条件。在敌后生活和工作条件困难的情况下，边区党和政府还是千方百计地为知识分子创造较为稳定和良好的工作、生活条件。规定：对科学家和专门技术人才，按照他们的工作能力、工作成绩和家庭情况，给予特殊的优待和照顾。"要提高小学教员及其他社会教育者的社会地位"[②]，"改善小学教师生活"，"加强小学教师的进修和训练"[③]。边区政府公开申明："政府对于有功的文化教育者将予以特殊的奖励与报酬。"[④] 边区各级领导干部和做后勤总务工作的同志，经常深入实际，同知识分子谈心、交朋友，了解他们的工作和生活情况，并努力解决一些实际困难。聂荣臻同志曾指示，对一批医学教授和技术专家按重病号待遇，要吃细粮、吃鸡蛋。当然，那时环境艰苦，这些同志还是抢着去吃小米饭。边区最艰苦时期，1943年小学教员的待遇，还是和政权工作人员一样按月发粮，每月另有零用费10—12元，虽不算多，也可使他们衣食无忧地进行工作了。党和政府的关怀，使知识分子受到很大教育和鼓舞。

5. 提高知识分子的政治觉悟和业务水平。广大知识分子革命热情很高，

---

① 中共中央北方分局1939年8月11日《对冀中工作的指示信》。
② 中共中央北方分局1940年4月20日关于国民教育的指示。
③ 1943年4月25日《晋察冀边区小学教师服务暂行规程》。
④ 1941年1月15日《晋察冀边区行政委员会成立三周年告全边区同胞书》。

但不少人在来边区以前接触马列主义不多，对中国革命的理论和政策了解甚少，思想作风与工农群众差距很大。边区党和政府为了使他们能够担负起抗战和建设的重任，不仅加强他们的专业知识和技能的训练，尤其注重提高他们的政治觉悟和思想水平。边区行政委员会《关于华北联大教育学院的决定》明确规定：要"贯彻学以致用，理论和实践密切联系的原则，培养干部为抗战、为新民主主义社会建设服务，为群众服务的品质和必要的技能"。边区各类军政干部学校，除了分别开设军事、医药、师范等专业课程外，都开设了马列主义理论、中国革命问题和时事政策等课程。聂荣臻、彭真等边区领导同志经常到学校去作形势任务报告，讲授政治理论课，并亲自做学员的思想工作。边区党和政府特别注意引导知识分子与工农群众相结合，鼓励知识分子深入工农群众，调查研究，参加生产劳动，向老干部和工农群众学习，培养劳动人民的思想感情，以确立自己无产阶级的世界观。同时，要求所有的老干部重视和了解革命的知识分子，带领和培养他们，使他们接受我党、我军的光荣传统。经过学习和锻炼，许多知识分子成为优秀的领导骨干和坚强的革命战士。

晋察冀边区的知识分子政策，是我党领导下各抗日根据地正确的知识分子政策的一个缩影，远非这 5 个方面所能全面概括的。当然，边区在知识分子问题上也不会是没有任何的缺点和错误的。

在战火纷飞的年代，依靠党的领导，执行正确的知识分子政策，组织了浩浩荡荡的革命军，建设了巩固的根据地，战胜艰难险阻，充分发挥了知识分子在革命斗争中不可缺少的作用。今天，党和政府也正在迅速落实知识分子政策，正在更充分地发挥他们的才智和作用。

晋察冀边区抗日民主政权的性质
及其施政纲领①

一、边区抗日民主政权的性质

晋察冀边区抗日民主政权，同其他敌后根据地的抗日民主政权一样，是共产党领导的抗日民族统一战线的民主政权，即新民主主义的政权。毛泽东同志曾经指出："在抗日时期，我们所建立的政权的性质，是民族统一战线。这种政权，是一切赞成抗日又赞成民主的人们的政权，是几个革命阶级联合起来对于汉奸和反动派的民主专政。它是和地主资产阶级的反革命专政区别的，也和土地革命时期的工农民主专政有区别。"②

在中国共产党领导之下，边区军政民代表大会民主选举出边区统一的各革命阶级联合的抗日政权——晋察冀边区行政委员会，并根据党的抗日民族统一战线方针和抗日救国十大纲领，民主讨论确定了边区的各项施政方针。代表大会的宣言说："边区行政委员会，是民族统一战线的政权形式，包括各党、各派、各阶层、各少数民族，它的实际内容是贯彻抗日和真正民主。"毛泽东同志的《新民主主义论》明确地确定了敌后各抗日根据地民主政权的阶级本质和新民主主义的政治、经济、文化纲领，给边区抗日民主政权建设进一步指出了明确的方向和目标。在此基础上，中共中央北方分局提出了《晋察冀边区目前施政纲领》，《纲领》中规定：

"亲密国共合作，坚持团结抗战，坚决保卫与发展边区；肃清一切破坏团结抗战、破坏边区的特务奸细，打击妥协投降派。"（第一条）

"摧毁敌伪政权，没收日本帝国主义的财产，充作对日战费。"（第二

---

① 原载《晋察冀抗日民主政权简史》，河北人民出版社1985年版。
② 《毛泽东选集》合订本，人民出版社1964年版，第699页。

条）

"彻底完成民主政治建设，健全各级民意机关及政府机构，在民意机关和政府人员中，争取并保证共产党员占 1/3，其他抗日党派及无党派人士占 2/3。边区一切人民，只要不投降、不反共，均可参加政府工作。"（第五条）

这就清楚地表明了边区抗日民主政权的民族统一战线性质。这种政权，根本不同于地主资产阶级专政的政权，地主资产阶级专政只代表地主资产阶级利益，对工人、农民和广大人民实行专政；也不同于工农民主专政的政权，工农民主专政代表工农的利益，对地主资产阶级实行专政。抗日民主政权，是各抗日革命阶级联合专政的政权，代表各抗日阶级、阶层人民的利益，反对日本帝国主义，对于卖国的汉奸和反民主的反动派实行专政，"当着各阶层人民内部发生利害冲突与斗争的时候，它就去调解这种冲突与斗争，注意使工农的要求能够满足，同时又照顾到抗日的地主与资本家的利益"。① 边区抗日民主政权的建立和健全，树立了新民主主义共和国的良好的模型，在异常艰苦的斗争中创造了光辉灿烂的历史伟绩。这一政权，为其民族统一战线性质所决定，有着它自己显著的特点：

1. 边区抗日民主政权的阶级内容。它是共产党领导各抗日革命阶级联合起来对于汉奸反动派的民主专政。具体表现为：

（1）边区抗日民主政权是一切抗日人民的民主政权，不仅包括工人、农民和小资产阶级，而且包括抗日的地主和资本家，包括各抗日党派、团体、各少数民族和各界抗日进步人士等一切赞成抗日和民主的人们。毛泽东同志说："这个政府的成分将扩大到广泛的范围，不但那些只对民族革命有兴趣而对土地革命没有兴趣的人可以参加，就是那些同欧美帝国主义有关系，不能反对欧美帝国主义，却可以反对日本帝国主义及其走狗的人们，只要他们愿意，也可以参加。"② 这里主要指开明士绅、地主，民族资产阶

---

① 《刘少奇选集》上卷，人民出版社 1981 年版，第 174 页。
② 《毛泽东选集》合订本，人民出版社 1964 年版，第 142 页。

级和欧美派大地主、大资产阶级。这是因为，在当时的环境下，开明士绅、地主和民族资产阶级是中间势力，他们能够参加抗日；欧美派大地主、大资产阶级是顽固势力，但他们与日本帝国主义有矛盾，也可以反对日本帝国主义。

（2）边区抗日民主政权的专政对象是汉奸和反民主的反动派。边区一切人民，包括大地主、大资产阶级在内，只要不投降、不反共，都不是专政的对象，对于他们和工人、农民同样实行民主，严格保障其人权、政权，特别是财权、地权等。正如毛泽东同志指出的：抗日民族统一战线政权，"是几个革命阶级联合起来对于汉奸和反动派的民主专政"。①

（3）边区抗日民主政权中工农群众处于主体的地位。抗日民主政权，虽然是抗日民族统一战线的，容纳了各反帝反封建的阶级和阶层，但在政权内部各阶级的实力不可能是均衡的，而必须"以工农为主体"，基本群众在其中占优势。从边区政权的阶级成分来看，各级行政机关的党员和进步分子合计都在半数以上。在各级民意机关中，根据冀中区的定南、深极、安平、饶阳、博野、清苑、蠡县7个县的统计，1940年民主选举运动后，工人和贫农在村代表会占49.2%，在区代表会占44.6%，在县议会占30.5%。若把工人、贫农和中农合计起来，则在村代表会占87.1%，在区代表会占91.6%，在县议会占82.1%。这种政权成分的质的变化表明：边区工农群众"已经把自己上升为统治阶级与左翼地主和中等资产阶级共同管理政权，管理国事了，已经把一个封建的国家制度摧毁，建立起一个新的政权了"②。

（4）边区抗日民主政权是由中国共产党领导的。中国共产党是无产阶级的先锋队。加强党的领导，是克服士绅、地主和民族资产阶级的动摇性和妥协性，揭露大地主、大资产阶级的分裂投降阴谋，巩固与扩大抗日民族统一战线，战胜日本帝国主义的根本保证。毛泽东同志说："中国现阶段

---

① 《毛泽东选集》合订本，人民出版社1964年版，第699页。
② 彭真：《晋察冀边区党的工作和具体政策报告》1941年6—8月，原件存中央档案馆。

的革命所要造成的民主共和国"，"是一个工人、农民、城市小资产阶级和其他一切反帝反封建分子的革命联盟的民主共和国。这种共和国的彻底完成，只有在无产阶级领导之下才有可能"。① 抗日战争期间，边区各级抗日民主政权始终处在共产党的领导之下，1942 年 9 月中共中央作出《关于统一抗日根据地党的领导及调整各组织间关系的决定》以后，中共中央北方分局更加明确、具体地规定了党对于政权的领导问题。如晋察冀边区中心区——北岳区党委《关于党的领导一元化的决定》就明确规定："党的领导一元化，是根据地党的建设进入新阶段的特征，一切政权武装群众组织，都应服从党的统一领导。"同时指出，应注意防止在党的领导一元化实现后可能发生的"党权高于一切"等倾向。因而，从根本上保证了根据地的巩固和抗战的胜利。

2. 边区抗日民主政权的人员分配。边区政权的阶级内容，决定了它在人员分配上贯彻统一战线方针，采取"三三制"政权的形式。

"三三制"是我们党的真诚的政策，是调节各抗日阶级内部关系的合理的政治形式。实行"三三制"，一是可以保证党的领导地位。如毛泽东同志所说："所谓领导权，不是要一天到晚当作口号去高喊，也不是盛气凌人地要人家服从我们，而是以党的正确政策和自己的模范工作，说服和教育党外人士，使他们愿意接受我们的建议。"② 因此，必须使占 1/3 的共产党员在质量上具有优越的条件，"只要有了这个条件，就可以保证党的领导权"。③ 二是可以保证政权掌握在工农基本群众手里。因为政权中有 1/3 的"左"派进步分子，加上 1/3 的共产党员，革命的基本动力占了优势，对于发动广大的工农与小资产阶级群众有极大的作用，从而使政权得到巩固和发展。三是在政权中吸收占 1/3 的中等资产阶级和开明士绅的代表，这样，使他们相信党的政策，拥护抗日民主政权，便于争取中间势力，共同抗战，

---

① 《毛泽东选集》合订本，人民出版社 1964 年版，第 612 页。
② 《毛泽东选集》合订本，人民出版社 1964 年版，第 700 页。
③ 《毛泽东选集》合订本，人民出版社 1964 年版，第 700 页。

这"往往可以成为我们同顽固派斗争时决定胜负的因素"。[1]

在中共中央、毛泽东同志提出实行"三三制"政权的政策以前，边区各级政权中就吸收了各党派、各阶层人士和不少爱国知识分子。据1939年统计，边区各级政府干部中，国民党的人数占12%以上，其他的党派占到5%；边区行政委员会的各处处长、秘书主任、各科科长、各专员、各县长中，大学生约占50%，师范生约占30%，其他中学生约占20%；边区行政委员会的秘书中间有4个和尚喇嘛，凡是回民聚居的地方，有许多回民干部；边区政府对200名技术人才和专门人才都给予必要的优待。党中央提出"三三制"政权以后，这一政策原则在边区不断得到深入贯彻。1943年1月召开边区参议会，参议员中有国民党员30余人，有著名的科学技术专家、教育家，有少数民族的代表，有来自敌占区的士绅以及抗战有功的社会人士，女参议员有29人。参议会选举结果，7个驻会代表中，有共产党员2人；9个政府委员中，有共产党员3人，其余为友党及无党派人士。这些充分显示着在边区新民主主义政权中，各抗日革命阶级和阶层均各得其所，占居合理的地位。这样，既保障了党的领导，又团结了一切可以团结的力量，使边区政权真正是统一战线的政权，在领导抗战中发挥了巨大的作用。

3. 边区抗日民主政权的组织原则。边区各级政权，不论是民意机关还是行政机关，都真正实行了民主集中制原则。

毛泽东同志曾明确指出："国体——各革命阶级联合专政。政体——民主集中制。这就是新民主主义的政治，这就是新民主主义的共和国，这就是抗日统一战线的共和国……"[2] "只有民主集中制的政府，才能充分地发挥一切革命人民的意志，也才能最有力量地去反对革命的敌人。"[3] 在党中央和毛泽东同志领导下，边区政府在彻底摧毁旧的封建的国家制度的基础上，按照民主集中制原则建立了一整套新民主主义的政治制度。边区政权的组织机构基本上是三级：村、县和边区，均实行了各级人民代表会议制

---

① 《毛泽东选集》合订本，人民出版社1964年版，第706页。
② 《毛泽东选集》合订本，人民出版社1964年版，第638页。
③ 《毛泽东选集》合订本，人民出版社1964年版，第638页。

度。村有村代表会，县有县议会，边区有参议会，都是有全权的代表机关，由人民用直接、普遍、平等、无记名投票办法选举的人民代表组成，执行选举政府，罢免政府人员，创制法律，复决法律之权，是真正有全权的权力机关。边区的立法、行政、司法，只有职务上的分工，实质上是统一的。边区各级代表机关是全权的权力机关，行使立法权；代表机关选举的政府，是全权的执行机关，政府不能完成或违背代表机关所交付的任务，代表机关可以撤换它；司法机关是边区的执法机关，受政府的领导。立法、行政、司法，完全服从于人民的利益。边区各级政府也都是民主集中制的，下级政府服从上级政府，同级政府内部一切重大事项的处理都取决于会议（边区委员会议、专署署务会议、县务会议、区务会议、村务会议），少数服从多数，集体领导，分工负责。这种民意机关和行政机关的新型关系的确立，是民主集中制原则的具体运用。列宁在谈到巴黎公社经验时，曾指出："公社用来代替被打碎的国家机器的，似乎'仅仅'是更完全的民主：废除常备军，对一切公职人员实行全面的选举制和撤换制。但是这个'仅仅'，事实上意味着一次大更替，即用一些根本不同的机构来代替另一些机构。"①边区真正实现了这种"大更替"。

4. 边区抗日民主政权的方针和任务。边区各级政权"以反对日本帝国主义，保护抗日的人民，调节各抗日阶层的利益，改良工农的生活和镇压汉奸、反动派为基本出发点"。②

边区各级"三三制"政权，主要是反对日本帝国主义的武器。政府的一切政策和法律措施，如对敌斗争、减租减息、废除苛捐杂税，财政经济、生产救灾等各种政策，都是为了抗日人民的利益，照顾到抗日各阶级和阶层，在改善工农生活的前提下，抗日的地主和资本家的利益得到适当照顾。边区政府颁布了保障一切抗日人民的民主权利的法令，规定抗日的地主和资本家与工人和农民有同等的人权、政权、选举权和财权、地权以及言论、

① 《列宁选集》第 3 卷，人民出版社 1972 年版，第 206 页。
② 《毛泽东选集》合订本，人民出版社 1964 年版，第 701 页。

出版、集会、结社、信仰、居住、迁徙等项权利，不受任何非法侵犯，坚决地镇压一切汉奸和反动派。因此，巩固了边区的抗日革命秩序，调动了千百万抗日大军，排除一切困难，坚持根据地斗争，取得了抗日战争的最后胜利。

边区抗日民主政权主要是民族斗争的武器，并不是说它对于各个抗日阶层之间的斗争没有意义，或者是维持各阶级均衡的某种中立的东西。相反，这种政权会同时用来进行阶级斗争。因为在边区各级政权中，工农占着优势，而"优势是决定本质的东西"。只是在抗战中，政权的阶级斗争武器的作用，必须服从民族斗争武器的作用，"否则不利于民族抗战，同时即不利于在政权中占优势的阶级"。共产党领导和工农占优势，使抗日民主政权不单"同时起着它的阶级压迫的作用，并在一定场合下（必要时）完全转化为阶级压迫的武器，用以彻底解决国内的某种矛盾"。① 这正是边区抗日民主政权的深远意义之所在。

上述边区政权的性质和特点，是中国社会和中国革命的产物。晋察冀边区和其他敌后抗日根据地一样，它是从半殖民地、半封建的旧中国的状态中来的。中国的社会历史的条件，以及俄国十月革命后世界处于无产阶级社会主义革命的时代，这种国内国际的环境，决定了中国革命应该造成一个新民主主义的共和国。这种共和国，既不是资产阶级专政的国家，也不是工农小资产阶级专政的国家，而是"一切反帝反封建的人们联合专政的民主共和国"②。由于中国资产阶级的软弱性和妥协性，创造这种民主共和国的领导责任，就不能不落在无产阶级的身上。在抗日时期，"这种新民主主义的国家形式，就是抗日统一战线的形式"。③ 在抗战中，共产党在抗日根据地内所建立的民主政权，只能是一切赞成抗日和民主的人们的民主政权，即"三三制"政权，它所建立的秩序，只能是抗日民族统一战线的秩序，对于一切抗日人民实行民主，对于一切汉奸反动派实行专政。"只有

---

① 彭真：《晋察冀边区党的工作和具体政策报告》，1941 年 6—8 月。原件存中央档案馆。
② 《毛泽东选集》合订本，人民出版社 1964 年版，第 635、637 页。
③ 《毛泽东选集》合订本，人民出版社 1964 年版，第 635、637 页。

这样才能使抗日的各阶层不至在无益的斗争中同归于尽，而亲密团结起来共同抗日"。①

认识边区政权的性质，具有重要的意义。毛泽东同志指出："对于这种政权性质的明确了解和认真执行，将大有助于全国民主化的推动。过左和过右，均将给予全国人民以极坏的影响"。② 又指出："共产党领导的统一战线政权，便是新民主主义社会的主要标志。""各根据地的模型推广到全国，那时全国就成了新民主主义的共和国。"③ 这是我党领导民主革命和在抗日战争中的伟大创造。

二、边区政府的施政纲领

边区抗日民主政权的性质和特点，鲜明而具体地表现于边区政府的施政纲领和基本政策。

边区政府的施政纲领，即《晋察冀边区目前施政纲领》，共 20 条，又称为"双十纲领"。这个纲领，在 1940 年边区民主选举运动中．由中共中央北方分局提拟，并于 8 月 13 日公布，当时作为与各抗日党派和各界同胞共同奋斗的目标和准绳。根据党中央的指示，1943 年 1 月 20 日，在边区第一届参议会上，经中共中央北方分局提议，全体参议员一致通过，确定这一纲领作为边区政府的施政纲领；同时，根据当时"正值黎明前的黑暗时期"，"必须集中一切意志力量，加强对敌斗争，以求克服困难，迅速争取胜利"④，决定了这一纲领的《实施重点》，作为必需的补充和修正。从而，使边区目前施政纲领作为全边区的地方宪法，进一步完善。

《晋察冀边区目前施政纲领》（包括《实施重点》）是根据党中央的抗日民族统一战线方针与抗日救国十大纲领和边区的实际情况而具体制定的。

① 彭真：《晋察冀边区党的工作和具体政策报告》1941 年 6—8 月。原件存中央档案馆。
② 《毛泽东选集》合订本，人民出版社 1964 年版，第 699 页。
③ 《毛泽东选集》合订本，人民出版社 1964 年版，第 743 页。
④ 刘澜涛：在晋察冀边区第一届参议会上《关于"双十纲领"提案的说明》，1943 年 1 月 20 日。

它的出发点是：一是巩固与发展晋察冀边区的抗日民族统一战线，因为只有巩固广泛的边区统一战线，才能巩固与发展边区，以争取抗战最后胜利。二是从政治上、经济上保障工农群众生活的改善，给他们以实际的援助，使他们有精力和时间更积极地参加保卫与发展边区的战斗和建设事业，充分发挥他们的抗战积极性和主动性，因为边区的保卫与发展，以及全国抗战的坚持与胜利，只有依靠广大工农群众才有可能。三是保障边区有坚强的、健康的持久性，使晋察冀边区不但成为模范的抗日民主根据地，而且成为新民主主义的政治、经济、文化建设的模范，奠定战后新中国的良好的模型，也只有这样才能彻底战胜日本帝国主义。这些，是《纲领》的出发点，也是它的基本精神。

这一《纲领》在毛泽东同志的新民主主义理论指导下，科学地总结了边区坚持敌后抗战的经验，正确地规定了边区在政治、军事、经济、文化教育等各方面最适合于抗战需要的统一战线的方针和政策，主要包括以下几个方面：

在政权建设上，与国民党政权实行一党专政和投降分裂倒退方针及官僚主义作风相反，明确规定：（一）"亲密国共合作，坚持团结抗战"。（《纲领》第一条）这是保卫和发展边区，坚持抗战到底的一个重要条件。因为没有全国的团结，没有抗日民族统一战线，就不能抵抗日本帝国主义的侵略，坚持抗战到最后胜利，而全国的团结抗战，必须以国共合作为前提。（二）"摧毁敌伪政权"，严厉镇压汉奸、特务、汪派、托派和投降派。（《纲领》第二条，第一、十七条）只有这样，才能消灭一切阴谋分裂国共合作和抗日民族统一战线的公开的和暗藏的敌人，为各抗日党派、各抗日阶级和民族的亲密合作，扫清道路。（三）"彻底完成民主政治"，在民意机关和政府人员中实行"三三制"。（《纲领》第五条）这是共产党领导的统一战线政权的重要标志。实现"三三制"政权，才能团结一切可以团结的力量，动员千百万群众进入抗日民族统一战线。（四）"实行精兵简政"。（纲领《实施重点》（一））这是休养生息民力，克服严重困难，准备反攻的一个极其重要的政策，也是各级政府发扬廉洁作风，杜绝贪污浪费，克服官僚主义，提高工作效率的一个重要措施。这些规定，具体而明确地提出建设各抗日革命阶级联合专政的民主政权，巩固和发展抗日民族统一战线，反对投降、分裂、倒退，驱逐日本帝国主义及其走狗。这样，就用纲领法律形式把党的民主建政的方针和政策固定下来，使之成为边区全党全军全民共同的奋斗目标和方向。

在土地政策上，和国民党政权保护封建土地所有制和地主阶级利益相反，保障地主的土地所有权，保障农民的土地使用权，调整农民和地主的利益和关系。规定："普遍实行二五减租，保证地租不超过收获总额千分之三百七十五；利息不得超过一分"。（《纲领》第十二条）这完全是为了改善广大农民群众的最低限度的生活，使他们有精力和条件参加抗战。因为农民是抗战的主力军，他们过去长期在高额地租和高利贷的剥削下无以为生，生活没有保障，他们就不可能致力于抗战。同时又规定："保障一切抗日人民的财产所有权"，减租减息后农民须"依约缴租"和"依约偿付本息"。（《纲领》第七条）这是符合抗日统一战线要求的，因为地主是不可缺少和不能丧失的抗日同盟者，适当照顾地主的利益，才利于与他们合作抗日。后来，为活跃金融，增加生产，又规定"借贷利率，应由双方自定。"（纲领《实施重点》（二））这些规定，以照顾全局，调节农民和地主利害关系的形式，巩固了农民已得的利益，和缓了地主与农民间的紧张关系，有利于地主同我们的抗日合作。

在劳动政策上，和国民党政权保护资产阶级利益，置工人死活于不顾相反，规定：改善工人生活和劳动条件，增加实际工资，实行半实物工资制，保护女工、青工和童工，工业部门实行十小时工作制，农村以习惯"日出而作，日入而息"。（《纲领》第十三条，纲领《实施重点》（二））这些规定是在抗日民族统一战线的方针下，同时照顾到劳资双方的，即一方面保障改善工人生活和劳动条件，另一方面顾到资本家（包括富农）的利益。还明确规定："一切契约之缔结，均须双方自愿，契约期满，任何一方均有依法解约之权"。（《纲领》第七条）契约自由和自由竞争，是根据地内调节劳资关系的自然法则。它使资本家（包括富农）发展生产，也可以强制他们改善工人待遇，如果虐待或过分剥削，就会雇不到工人或受到工人反抗。同时，它也强制工人遵守劳动纪律，把改善生活限制在资本家尚能正常进行生产的范围内，不然，就必然会被资本家解雇。这种劳动政策，是以改善工人生活，同时使资本家（包括富农）尚有利可图为出发点的，只有这样，才能保障整个生产的顺利开展，增强团结抗战的力量。

在财政经济政策上，和国民党政权横征暴敛，扼杀民族经济相反。在财政方面，规定：实行每年一次的有免征点和累进最高率的统一累进税，以粮、秣、钱三种形式缴纳；为便利和保护边区的军需民用与民族工业及管理对外贸易，征收出入口税；废除一切苛捐杂税，停征田赋。并规定："非经边区参议会通过，政府不得增加任何捐税。"（《纲领》第七、八条）在金融方面，规定："肃清境内敌寇伪币，巩固边币，维护法币"，"活跃边区金融"。（《纲领》第九条）在经济上，规定："加强对敌经济斗争，发展根据地经济建设。""打破敌寇经济封锁，保存游击区、沦陷区物资，免为敌有。""发展农业，积极垦荒，防止新荒，扩大耕地面积，保护与繁殖耕畜，改良种子、肥料、农具等农业生产技术，有计划的凿井、开渠、修堤、改良土壤。""发展林业、畜牧业及家庭副业。""发展军事工业及公营矿业、制造业和手工业，奖励合作社与私人工业，争取工业品自给自足，以杜绝日货。"发展商业，保障境内正当贸易之自由，严格管理出入境贸易，禁止必需品出境和非必需品入境，取缔奸商，反对投机和操纵，调节粮食和物价。（《纲领》第十条，纲领《实施重点》（二）这些对于增加根据地内的财力物力，改善人民生活，充实抗战实力，粉碎敌寇经济封锁和"以战养战"的阴谋，都有重大的作用。

在人民民主权利上，和国民党政权特务横行、摧残革命者和进步人士的行径相反，规定：保障"一切抗日人民有言论、集会、结社、出版、信仰及居住自由，非依政府法令及法定手续，任何机关、团体及个人，均不得加人以逮捕、禁闭、游街及任何侮辱人格、名誉之行为。"一切妨害人权的行为，必须严格纠正，以至以法律制裁。（《纲领》第六条）还规定：对于因被迫或一时错误触犯汉奸治罪条例的分子准其自新，而对于死心塌地的汉奸依法严厉惩处，其未参与汉奸活动的家属不得株连。审判汉奸，须依确实证据，汉奸犯不服初审判决时，得上诉至边区最高审讯机关。（《纲领》第十五、第十七条）这是保障人权的必要措施。这些使边区成为当时中国最有民主自由和法制的地方，是巩固边区抗日民主秩序的重要保证。

在文化教育政策上，和国民党政权愚弄百姓、摧残人才、搞文化专制主义相反，规定：在提高国民文化水准和民族觉悟的目标下，实行普及的、义务的、免费的小学教育，发展中学教育，建立并改进大学教育和专门教育，加强自然科学教育，开展民众识字运动和文化娱乐工作，逐步扫除文盲。并且规定保护和培养知识分子，"优待科学家及专门学者"，"提高小学教员的质量，改良小学教员的生活"，"保护知识青年，抚济沦陷区流亡学生，分配一切抗日知识分子以适当工作"。（《纲领》第十八、第十九条）这对于提高人民文化程度，促进民主政治，动员人民参战，推进经济建设，特别是团结和充分发挥革命知识分子的作用，都是巨大的动力。

在妇女政策上，和国民党政权压迫、束缚和虐待妇女相反，规定："保障妇女在社会上、政治上、经济上及家庭地位之平等，妇女依法有财产继承权。"妇女和男子有平等的地位和权利，反对对于妇女的各种压迫、歧视和虐待。"男女婚姻自主"，实行一夫一妻制，建立和睦、快乐的家庭生活。"反对买卖婚姻与一夫多妻制，反对蓄童养媳、溺婴与残害青年发育的早婚恶习"，"严防沦陷区敌伪淫乱恶风侵入边区"。（《纲领》第十四条）这使边区妇女从几千年的封建压迫和束缚下解放出来，积极生产，参政支前，在中国和世界妇女解放运动史上写下了光辉的一页。

在民族和宗教政策上，和国民党政权实行民族分离和大汉族主义相反，规定："边区各民族应相互尊重生活、风俗及宗教习惯，在平等基础上亲密团结抗战。"并且规定对于回、蒙、藏、满等少数民族，在民主选举中予以特殊的优待，对于境况贫苦难于维持生活的少数民族同胞，予以特殊的救济。（《纲领》第二十条）这是边区各民族团结抗战的重要条件。在民族抗战的烽火里，在建设边区根据地的过程中，边区各民族保持了亲密的团结，破除了彼此间的隔阂，使边区成为各民族共同生活战斗的大家庭。

在军事方面，和国民党反对动员和武装人民抗战相反，规定："实行全民武装自卫，广泛武装人民，开展群众游击战争。"（《纲领》第四条）"加强民兵组织训练，使民兵成为人民武装中之坚强骨干。"（《实施重点》（三））对游击区、沦陷区的同胞，"力求保护其生命、财产及政治权利，反对敌寇绑架、奸淫、勒索、强抽壮丁与奴化教育，抚恤被敌寇惨杀同胞的家属"，团结游击区和沦陷区同胞展开各种对敌斗争。（《纲领》第十五条）敌后抗战的主要斗争形式是游击战争，为增强抗战力量，保证兵员和给养的源源补充，又规定："拥护边区人民子弟兵，充分保障其给养和经常的满员"，"优待抗属，抚恤抗日烈士遗族及伤员残废"，军民同心同德，共赴抗战。并要争取伪军，瓦解敌军，优待俘虏，反对虐待和杀害俘虏和投降者。（《纲领》第三、第十六条）这些对壮大边区人民子弟兵，深入战争动员，高度的军民一体的团结，以巩固扩大边区根据地，都起了重要的作用。

《晋察冀边区目前施政纲领》（包括《实施重点》），在根据地发展的历史上，具有重大的意义和深远的影响：

（1）它是党中央的全面抗战路线、统一战线方针和抗日救国十大纲领的地方化和具体化，是边区坚持敌后抗战的丰富斗争经验的科学总结，给边区全体干部和人民指明了进行新民主主义政治、经济、军事、文化等全面建设的明确方向和具体的行动纲领与政策要求。因而，使边区全党、全军、全民受到最深刻、最实际的党的政策和策略的教育，使边区政权工作展开伟大的新局面，把边区根据地的建设提高到一个崭新的水平，保证边区"能成为全国最模范最进步的民主抗日地区"，成为全国"总反攻的前进阵地"[①]。

（2）《纲领》不仅是边区的宪法和具体的行动纲领，而且是一面公开树立的旗帜。正如当时《解放》杂志载文所指出，它最清楚地证明：晋察冀边区与其他敌后抗日根据地一样，是敌后团结抗战的堡垒。任何说抗日根据地内"共产党实行专制压迫其他抗日党派"的话，都是毫无根据的。晋

[①]《中共晋察冀边委的施政纲领》，《新中华报》社论，1940年10月3日。

察冀边区真正实行着革命的三民主义政纲和抗战建国纲领，任何说在抗日根据地内"共产党违反抗战建国纲领与三民主义政纲"的话，都是毫无根据的。晋察冀边区真正实行着革命的三民主义政纲和抗战建国纲领，任何说在抗日根据地内"共产党违反抗战建国纲领与三民主义政纲"的话，都是毫无根据的。晋察冀抗日民主政权建立以来，实行民权自由，改善人民生活，是加强抗战力量，争取中华民族解放的绝对必要的步骤，任何说"实行民权自由、改善人民生活，有害民族抗战"的话，是完全错误的。因而，"大大推动着全国团结抗战进步和民主化的进程"①。

（3）《纲领》是把抗战和整个新民主主义革命直接联结起来的典型，为敌后各根据地抗日民主政权制定纲领和各种政策提供了成功的经验。正如党中央所指出："这一纲领，是最适合目前抗战需要的，同时又是目前全国模范的抗日民族统一战线的、新民主主义的施政纲领，全国各地，特别是敌后方其他各抗日根据地，在政治、经济、军事、文化设施计划上，都应以它为最好的参考和借镜。"②

---

① 《晋察冀边区抗日民主政治发展上的重大事件》，载《解放》杂志第 117 期。
② 《中共晋察冀边委的施政纲领》，《新中华报》社论，1940 年 10 月 3 日。

对中国抗日战争反攻阶段之管见①

一

在世界反法西斯战争中，关于中国抗日战争的反攻，学术界认识尚不一致。国外有些史学论著甚至否认中国抗日战争有战略反攻阶段，说什么中国抗日战争的胜利完全是由于美国原子弹或苏联参战而"突然"得到的，我认为这是违背史实的。

中国抗日战场作为世界反法西斯战争在东方的主要战场，反攻是由中国敌后战场与正面战场军事发展形势本身所决定的，同时，也与世界反法西斯战争中盟国军队的反攻有着密切的联系。研究中国抗日战争的反攻，应当把它放在世界反法西斯战争的整个战略发展过程来考察，但不能抹杀参战各国所付出的血的代价与积极的战争贡献而片面强调美国原子弹和苏联参战的作用。中国抗日战争配合盟国军队的战略反攻，是从1944年春以中共敌后战场的反攻为标志，进而发展到1945年春包括国民党正面战场在内的全国反攻；8月初，当美国在日本本土投放2颗原子弹和苏联出兵中国东北时，中共领导抗日军民又适时地举行了全面大反攻。中国人民的八年抗战，无愧于是英雄的人民，无愧于在夺取世界反法西斯和中国抗日战争完全胜利的战斗行列中如中流砥柱，是反抗最持久、最坚决的战斗者。因此，我认为应该肯定中国抗日战争的反攻阶段。

中国抗日战争是世界反法西斯大战的一个重要组成部分，一方面，它给予世界战局的发展以很大影响；另一方面，它又受世界战局发展的制约。1944年世界反法西斯大战的整个反攻取得决定性胜利，德国法西斯面临最

---

① 原载《河北学刊》1987年第6期。人民大学复印报刊资料《中国现代史》1988年第1期全文转载。

后崩溃的厄运，日本法西斯也陷入战略劣势。日本大本营在 1943 年 9 月决定的《战争指导大纲》中提出：建立"绝对国防圈"，在太平洋及印度方面绝对确保"包括千岛、小笠原、内南洋（中西部）及新几内亚西部、巽他、缅甸在内的防卫圈"。大致在 1944 年中期"确立对付美英进攻的战略态势"①。但是，这个"绝对国防圈"很快为盟国军队所突破。美军 1944 年 6 月在塞班岛登陆，7 月在马里亚那群岛和关岛登陆，日本海空军遭受严重损失。日本大本营在 1944 年 8 月决定《战争指导大纲》中，被迫改为："确保以帝国本土为中心的核心圈，以资源地带为中心的南方圈，以及连接这两方面的重要地区"的重点防守战略②。为此，日本以菲律宾为中心进行"南方圈"的保卫。1944 年 12 月初，菲律宾莱特决战以日军的降败告终。这次决战，"日本丧失了大部分空军兵力和几乎全部海上兵力"，"切断了日本本土同南方资源地带之间的联系，并破坏了大东亚整个战区的军队全面的作战机能，把南方军赶进自战自活的困境"③。在这样世界战局下，中国抗日战争于 1944 年开始进入反攻作战，国民党正面战场在反攻作战中起的作用是：

首先，抗击了日军打通中国大陆交通线的作战（一号作战），即豫湘桂会战。这次会战，从 1944 年 4 月开始，日军先后投入兵力约四五十万人，持续了 10 个月，是武汉会战以后向国民党正面战场进攻规模最大、时间最长的一次。但它与过去的进攻性质不同，如中共晋察冀分局根据中央指示写的《目前形势和方针》中所指出：它是"属于战略防御性质的，是日本在太平洋上严重失利和盟国力量日益增长下的被迫措施"④。日本大本营 1943 年秋末筹划此次战役，主要是鉴于：美国驻华空军约有 130 架飞机，

---

① 服部卓四郎，辽宁大学日本研究所译：《大东亚战争全史》，世界知识出版社 2016 年版，第 858—1520 页。

② 服部卓四郎，辽宁大学日本研究所译：《大东亚战争全史》，世界知识出版社 2016 年版，第 858—1520 页。

③ 服部卓四郎，辽宁大学日本研究所译：《大东亚战争全史》，世界知识出版社 2016 年版，第 858—1520 页。

④ 中共中央晋察冀分局 1944 年 5 月 12 日《关于边区形势与方针的指示》。

中国空军约有 200 架飞机，到 1944 年春夏空军总力量将超过 500 架飞机；日中制空权"颠倒过来"，日本同它占领的"南方各重要地区的海上运输，逐渐受到来自中国大陆方面的敌空军的骚扰"；"特别是美军重轰炸机逐渐向中国西南方面增加"，对日本本土防卫上构成严重的威胁①。因此，日本大本营于 1944 年 1 月 24 日下达的作战命令中，将摧毁中国西南方面空军基地作为唯一作战目的②。国民党正面战场此次会战中曾出现局部溃退现象，但由于国民党广大爱国官兵和人民群众对日军的进攻浴血抵抗，日军虽然打通了湘桂路、粤汉路和平汉路南段，占领了衡阳、桂州、柳州、遂川和赣州等处机场，但覆灭中国西南空军基地的作战目的并未得逞。据国民党方面材料，中美空军仍继续大批对日本东京和其他工业地区进行轰炸。1945年 2 月 25 日投弹于日本皇宫内，日本首相小矶国照连忙入宫谢罪③。日方材料也承认：中国大陆空军的活动，从 1944 年秋季起"又十分活跃起来"④。更重要的是，这次国民党正面战场虽然是局部会战，但却打乱了日军整个战略防御计划，客观上为中共敌后战场的反攻减轻了负担，并在战略上配合了美英盟军在太平洋上和东南亚地区的反攻作战。试想，如果日军抽出这四五十万兵力摆在太平洋上，美英盟军的反攻将受到多大的压力？

其次，国民党正面战场进行了局部反攻。国民党正面战场抗战以来先后进行 22 次重要会战，经豫湘桂会战后，1944 年下半年起在美国的援助下，开始在昆明筹组 36 个攻击师，为反攻进行准备⑤。1945 年 1、5 月间，国民党军反击了日军对湘西芷江的进犯，并跟踪日军的撤退随即转入反攻，歼敌 2 万余人，取得了胜利；接着，国民党调遣昆明新编组的攻击师收复了

---

① 服部卓四郎，辽宁大学日本研究所译：《大东亚战争全史》，世界知识出版社 2016 年版，第 858—1520 页。

② 服部卓四郎，辽宁大学日本研究所译：《大东亚战争全史》，世界知识出版社 2016 年版，第 858—1520 页。

③ 台湾国防研究院中华大典编印会合作《抗日战史》，第 255 页。

④ 服部卓四郎，辽宁大学日本研究所译：《大东亚战争全史》，世界知识出版社 2016 年版，第 858—1520 页。

⑤ 吴湘湘：《第二次中日战争史》，综合月刊社 1973 年版，第 1101 页。

广西全省①。国民党其他战区在反攻中也收复了湖南、广东、江西、浙江、福建、河南和绥远等省部分失地。虽然国民党这些局部反攻未能发展为战略反攻，但它与中共敌后战场的反攻作战却起了南北呼应的作用，实际上形成了全国反攻的形势，既对敌人是一个沉重打击，又对盟国军队的战略反攻作了有力的配合。

再次，国民党空军参与了对日反攻。抗日战争开始后，日本空军总是在中国土地上狂轰烂炸。1942年起，美国增强了国民党的空军力量，到1943年冬，中美空军掌握了制空权，开始反攻。从中国大陆起飞的中美机群，经常空袭日军侵占中国的一些城市和交通线，远至空袭台湾、日本本土和海上的日本舰船队，给日军以严重威胁和重大杀伤。据不完全统计，中国空军击落、击伤日军飞机100多架。1944年8月19日，日本大本营不得不在《战争指导大纲》上提出："于中国方面，尽力封锁敌空军空袭我本土的企图，并扼制其骚扰我海上交通。"② 可见，中国空军在反攻作战中对日本侵略者打击之沉重。

二

1944年初，日军为战略防御的需要向国民党正面战场进攻时，中共敌后战场即转入了反攻作战。1943年底，中共敌后战场拥有19块抗日根据地、47万正规军和广大民兵，抗击着64%的侵华日军和95%的伪军。1944年日军部分兵力南进后，中共敌后战场仍抗击56%的侵华日军。③ 而且，这一反攻，发生在世界反法西斯战争的战略反攻不断胜利和日本法西斯日益陷入战略上的劣势与被动地位的形势下，它不再是仅仅具有局部性的意义，而是带有了战略反攻的性质。因此，可以说，中共敌后战场转入反攻作战，

---

① 服部卓四郎，辽宁大学日本研究所译：《大东亚战争全史》，世界知识出版社2016年版，第858—1520页。

② 服部卓四郎，辽宁大学日本研究所译：《大东亚战争全史》，世界知识出版社2016年出版，第858—1520页。

③ 《毛泽东选集》第3卷，人民出版社1960年版，第914页。

标志着中国抗日战争开始进入了反攻阶段。这一反攻，在各抗日根据地展开，从年初到年终，军事攻势与政治攻势相结合，正规军、游击队、民兵相结合，战役、战斗规模愈来愈大，攻势愈来愈猛，取得了具有战略意义的胜利。据不完全统计，一年内，八路军、新四军和华南纵队共作战2万多次，歼灭日伪军30余万人，攻克、逼退据点5000余处，收复县城16座，收复国土16万平方公里，解放人口1200万。[①] 八路军、新四军和华南纵队还根据中共中央指示，向豫鄂湘粤等日军侵犯区挺进，建立了广大的抗日游击根据地。在反攻作战中，各抗日根据地遵照中共中央《关于整训军队的指示》，自7月开始，将全部主力军与游击队、民兵与自卫军，分批轮番整训，提高技术和装备，使人民军队迅速走上从抗日游击战争到抗日正规战争的战略转变。在中共军队的强大攻势下，日军陷入战略守势的被动地位。日本驻华北方面军也承认，1944年秋天，它占领的3个特别市和400个县中，"治安良好的除3个特别市外，只有7个县（占总数的1.4%）[②]。"中共敌后战场1944年的反攻，配合了国民党正面战场作战，粉碎了日军打通中国大陆交通线的战略防御计划，也对美英盟军在太平洋上的反攻起了重要的战略支援作用。

1945年上半年，中共敌后战场继续进行了更大规模的反攻作战，并迅速扩大了解放区。是年初，盟国军队的战略反攻已迫近日本本土，日本面临：美军将直接进攻"日满华"核心地域，日本在南洋各地和太平洋上的南方军将会完全孤立；苏联将于德国投降后迅速参加对日作战；国民党军队，特别是中共军队，将配合盟国军队进行反攻，使日军腹背受敌；日军竭尽全国力量也只能战到1945年中期为限[③]。在这样严酷形势下，日本天皇1945年1月20日批准"本土决战"的方针，其基本设想是："通过本土

---

① 萧超然、沙健林主编：《中国革命史稿》，北京大学出版社1984年版，第653页。
② 日本防卫厅战史室编，天津政协编译组译：《华北治安战》（下），天津人民出版社1982年版，第440页。
③ 服部卓四郎，辽宁大学日本研究所译：《大东亚战争全史》，世界知识出版社2016年版，第858—1520页。

外围地区的纵深作战，对来攻的美军进行殊死的持久战；在此期间做好本土的作战准备，在本土进行最后决战。"① "在此期间"，同时也即是在苏联参加对日作战前的一段时间。为此，日本决定收缩中国战场的作战范围，从广西、湖南、江西和湘桂路、粤汉路沿线撤退，将兵力集中于华中和华北②，企图进行"长期持久的防御"，以做好本土决战准备③。中共敌后战场 1945 年春、夏季攻势作战，使日军这一企图完全化为泡影。中共军队在毛泽东"扩大解放区"的方针指引下，其春、夏季攻势作战，比过去战略目标更明确，战役、战斗规模更大，攻势更猛烈。如：山东抗日根据地 2 月间发起的讨伐伪"剿共第七路军"的战役，以大规模的攻坚战，歼敌 9300余人④。晋冀鲁豫抗日根据地 6 月间发起的安阳战役，在 11 天内，歼灭日伪军 6420 余人，攻克据点 70 余处，直逼安阳和石门（今石家庄），解放国土 2000 平方公里⑤。晋察冀抗日根据地依据《扩大解放区方案》，坚持向北发展的方向，以解放平绥路两侧地区和锦（州）承（德）路以南地区为主要目标，1945 年 1—7 月，相继进行了任（丘）河（间）战役、文（安）新（镇）战役、安（平）饶（阳）战役、子牙河东战役、大清河北战役、察南战役、平北战役和热辽战役等，席卷了雁北、察北、热河、辽西，直逼平、津、张家口市郊，夺取了向东北进军的前进阵地，并粉碎了日军 4 万余人对冀东的大"扫荡"，切断了日军向满州和朝鲜退却的咽喉要道。这一春、夏季攻势作战，至 7 月末，仅华北八路军就进行战役、战斗 3558 次，歼灭日伪军 11.3 万余人，攻克据点 3512 处，收复县城 54 座⑥。在反攻作战

---

① 服部卓四郎，辽宁大学日本研究所译：《大东亚战争全史》，世界知识出版社 2016 年版，第 858—1520 页。

② 服部卓四郎，辽宁大学日本研究所译：《大东亚战争全史》，世界知识出版社 2016 年版，第 858—1520 页。

③ 服部卓四郎，辽宁大学日本研究所译：《大东亚战争全史》，世界知识出版社 2016 年版，第 858—1520 页。

④ 中国军事科学院战史室编写组：《中国人民解放军战史简编》，解放军出版社 1983 年版，第 437—457 页。

⑤ 太行根据地史编写组：《太行革命根据地大事记》，1983 年印行，第 214—245 页。

⑥ 中国军事科学院战史室编写组：《中国人民解放军战史简编》，解放军出版社 1983 年版，第 437—457 页。

中，中共军队人数已发展壮大达 100 万，民兵达 220 余万，根据地面积扩大为约 100 万平方公里，人口 1 亿多，把日伪军压缩和分割包围在少数大城市和交通线上，并为战略反攻作了很好的准备①，也为盟国军队彻底粉碎日本本土决战计划提供了有利条件。

美国在冲绳岛登陆后，于 1945 年 8 月 6 日和 9 日将 2 颗原子弹分别投在日本广岛和长崎。苏联 8 月 8 日对日宣战，随即出兵中国东北。8 月 9 日，中共中央主席毛泽东发表题为《对日寇的最后一战》的声明，指出："对日战争已处在最后阶段，最后地战胜日本侵略者及其一切走狗的时间已经到来了。"号召："中国人民的一切抗日力量应举行全国规模的反攻，密切而有效地配合苏联及其他同盟国作战。"延安总部朱德总司令 8 月 10 日至 11 日连续发布 7 道大反攻命令。遵照中共中央指示和延安总部命令，晋绥、晋察冀、晋冀鲁豫、山东和华中、华南各抗日根据地军民立即紧急动员起来，向日军展开了战略反攻。矛头所向，直指太原、北平、天津、张家口、济南等大城市和太原以北之同蒲路、归绥以东之平绥路、郑州以北之平汉路、郑州以东之陇海路和正太路、北宁路、德石路、津浦路、胶济路、道清路、白晋路等交通线。8 月 20 日起，中共军队又以必要兵力着重夺取中小城市和广大乡村。同时，从晋察冀和山东等根据地抽调 10 万大军和干部，进军东北，配合苏军作战，收复失地。在苏、美盟国军队和中共军队战略反攻的打击下，日本政府被迫于 9 月 2 日在投降书上正式签字。至此，中国抗日战争取得完全胜利，世界反法西斯战争胜利结束。据不完全统计，到 10 月 10 日，中共军队共毙伤俘日伪军 23 万余人，收复张家口、承德等城市 197 座，收复热、察两省和广大国土计 31.52 万平方公里，解放人口 1871.7 万。以中共敌后战场为代表的中国抗日战争的战略反攻，持续仅 30 天，但为最后夺取抗日战争和世界反法西斯战争的胜利作出了卓越贡献，有着伟大的意义和深远的影响。由于这一战略反攻的时间不长而轻视它或否定它，

---

① 中国军事科学院战史室编写组：《中国人民解放军战史简编》，解放军出版社 1983 年版，第 437—457 页。

是不对的。另一方面，不是以 9 月 9 日为战略反攻的下限，而延伸到 10 月 10 日，或者更晚一些，也是不妥的。因为此后中共军队对继续顽抗的日伪军之作战，是由于蒋介石集团命令这些日伪军"维持秩序"，他们拒绝向中共军队投降是按照蒋介石的命令行事。这种斗争，按其性质来说，已不再反映中华民族同日本帝国主义之间的根本利益冲突。

三

1942 年 6 月，日军侵占缅甸，为保卫缅甸入缅的中国远征军一部退回云南，另一部退入印度，后扩编为中国驻印军。1942 年下半年，应盟军要求，国民党军委会提出《中英美联合反攻缅甸方案大纲》，规定中国远征军从云南方向反攻，以英美盟军一部配合中国驻印军从印度方面反攻，一部由仰光登陆。据此，1943 年 9 月，中国驻印军 5 个师从印度雷多开始向缅北反攻，连克新平洋、孟关、孟拱、密支那、八莫、南坎、芒友等城镇，遂与滇西中国远征军会师，打通中印公路。中国驻印军 1945 年 3 月 8 日攻取腊戍，30 日在乔梅与英军会师。至此，中国驻印军在缅北反攻作战一年半，攻击路线长达 1500 英里，克复大小城镇 50 多座，占领铁路线 161 英里、公路线 646 英里，收复日军占领地区 5 万多平方英里[1]。与此同时，1944 年 5 月，中国远征军 17 个师越过云南省的怒江，向西反攻，到 1945 年 1 月 19 日攻克中缅边境的最后据点碗町，全部肃清云南境内的日军，收复 24 万平方英里国土，完成了打通滇缅路的任务。[2] 中国驻印军和中国远征军在缅北反攻作战中，歼灭日军 1 个师团和另 1 个师团大部，击溃日军 2 个师团，共毙伤日军 5.1 万余人，不仅打通了中国西南的国际通道，而且为配合英美盟军收复缅甸，对粉碎日德法西斯会师中东的企图，起了重要的作用，也提高了中国军队的国际声望。

---

① 服部卓四郎，辽宁大学日本研究所译：《大东亚战争全史》，世界知识出版社 2016 年版，第 858 — 1520 页。

② 服部卓四郎，辽宁大学日本研究所译：《大东亚战争全史》，世界知识出版社 2016 年版，第 858 — 1520 页。

四

历史的事实充分说明，中国抗日军民进行了积极的反攻作战。在世界反法西斯战争反攻时期，中国抗日战场牵制了日本侵略者百余万兵力，不仅打破了它大陆决战的计划，而且使它不能抽兵增援太平洋战场，来对付美军的海上进攻，也不能加强关东军，来对付苏军的陆上进攻，因而使盟国军队在欧战结束后会攻日本，且能够易于取胜。人们不会忘记苏美英和各国人民反法西斯斗争的伟大贡献及其对中国抗日战争的支援。中国抗战得到苏联的大力支援。苏联出兵中国东北，付出了重大牺牲，其影响和意义极为深远。太平洋战争爆发后，美国对中国抗战进行了积极的援助和支持，并在太平洋战场歼灭了日本海空军主力和部分陆军，这对中国抗战胜利也是极为有利的。同样，人们也不会同意那种抹杀中国军民的反攻作战，进而抹杀中国抗日战争在世界反法西斯战争史上的作用的倾向。中国在欧战爆发前是世界上唯一进行反法西斯战争的国家，直至战争结束，中国始终抗击着日本陆军主力，这是任何人也改变不了的历史事实。贬低或抹杀中国抗日战争的作用和地位，就会使世界反法西斯战争史学有关论著失去真实性。

晋察冀边区抗日民主政权的创建和特点[①]

抗日战争时期是中国民主政治发展的一个重要阶段。中国共产党运用和发展了苏区工农民主政权的理论，在先后开辟的 19 个根据地里建立了各级抗日民主政权。被誉为敌后模范抗日根据地及统一战线模范区的晋察冀边区[②]，在抗日民主政权的建设上有许多开拓和创造，提供了丰富而宝贵的经验。本文仅就下面三个问题作些探讨，也借此机会对拙作《晋察冀抗日民主政权简史》[③]（以下称《简史》）加以补充和修正。

一、边区抗日民主政权的创立

晋察冀边区抗日民主政权的建立，经过了如下四个重要步骤：

第一，组织半政权性的"动委会"。在边区当时主客观条件下，改造旧的国民党政权和创立共产党领导下的抗日民族统一战线政权，采取了群众性的半政权组织"动委会""自卫会""救国会"等过渡的形式。这些组织，把党、政、民及地方武装统一在一个领导机关，担负了当时一切应由政权担负的抗战紧急任务，如决定和征收合理负担，供给部队给养，逮捕审讯汉奸，颁布减租减息、改善工农生活条令等，并在这种综合的"一揽子"工作中，锻炼培养了大批干部和新的政权工作方式与作风，从而为进一步改革旧政权和建立抗日统一战线的新政权架设了必要的桥梁。但是，它不是完整意义的政权，又只到县级，边区各地各自为政，政令不统一，财政不统一，人民负担不统一。边区人民盼望着结束无政府状态，各方面有个统一的办法。建立统一的边区政权，势在必行。有些著述对"动委会"

---

① 原载《河北学刊》1992 年第 2 期；《中外学者论抗日根据地：南开大学第二届中国抗日根据地史国际学术讨论会论文集》，档案出版社 1993 年版。

② 《中共扩大的六中全会主席团致晋察冀边区电》，1938 年 10 月 5 日。

③ 谢忠厚、居之芬、李铁虎：《晋察冀抗日民主政权简史》，河北人民出版社 1985 年版。

这类过渡形式分析不够，或没有提及，我觉得是欠妥的。

第二，做好统一边区政权的筹备工作。据新发现的资料，这方面工作不是如过去我们在《简史》中所述在军区机关迁到阜平后才着手，而是军区一成立即开始了。军区成立第二天（11月8日），聂荣臻在给八路军总部的一个报告中建议："晋察冀既成立军区，政权亦应有一统一之组织。我意即成立晋察冀临时行政委员会，下分财政、民政、交通、经济、文化、锄奸等处，即以阎委之行政员宋劭文任主席。"这个报告并致周恩来转北方局。5天后，朱德、彭德怀、任弼时批复："晋察冀边区政府稍迟再成立为宜"，现在中心工作要加紧壮大武装，组织党，改造县区村政权机构①。11月16日，周恩来和北方局书记刘少奇批复聂荣臻转晋察冀省委，并致朱德、彭德怀、任弼时等，并向中央报告："在晋察冀全区，为了加强与统一军事政治领导，应即进行统一战线的民主政权的改造与建设。"对边区政府的组织机构和基本政策作了原则指示，要求一面筹备成立边区政府，一面向蒋介石、阎锡山提出，"力求取得其同意后向全国公开"。上述建议和批复，为建立统一的边区抗日民主政权作了思想理论准备。与此同时，聂荣臻与宋劭文多次探讨"统一全区政权机构的问题"，军区机关从五台迁往阜平的头一天晚上，他们"就这个问题一直商量到后半夜"②。军区机关于11月18日到达阜平后，聂荣臻即出面召集冀察两省各军政民领导人交换意见。12月5日，正式成立"晋察冀边区军政民代表大会筹备处"，并决定边区军政民代表大会组织法，派宋劭文、李杰庸、王斐然、白靖斋等人分赴山西和冀西、冀中各县联络。

第三，召开边区军政民代表大会，选举产生边区临时行政委员会。1938年1月10日，边区军政民代表大会在阜平县城第一完全小学开幕。出席大会代表148人③，代表着共产党和国民党，代表着边区各县政府、动委会、

① 《朱德、彭德怀、任弼时对聂荣臻电报的批复》，1937年11月13日。
② 《聂荣臻回忆录》（中），解放军出版社2007年版，第383—384页。
③ 据《晋察冀边区军政民代表大会汇刊》，正式代表144人，列席记者2人，军事学校代表2人。

自卫会、救国会，代表着边区各群众团体，代表着边区各正规部队和游击队、义勇军，代表着汉、回、藏、蒙各民族和和尚、喇嘛等各界人士。全体代表背负着边区 43 县、1000 余万人民①的期望，本着精诚团结、抗日高于一切的精神，共商救国大计。大会决定了统一边区的行政、军事、财政经济、文化教育、民运工作等各项议案，并民主选举产生了边区政府——晋察冀边区临时行政委员会。1 月 15 日，大会通过晋察冀边区军政民代表大会，晋察冀边区临时行政委员会宣告成立。

大会《宣言》和《通电》公开申明了边区政府的性质和任务，宣告：它是"以民族统一战线的政权形式，包含着各党、各派、各阶层及各种民族分子"。它在行政体系上是"中华民国的地方政府"，"其实际内容是贯彻抗日与真正民主"。它的重大的历史任务是："普遍武装人民，动员人民参战"；"改善人民生活，保障民主权利，并彻底肃清一切汉奸"；"统一财政经济，保证部队给养，发动群众最高度的积极性，去参加战争中的一切工作"；②"使边区成为华北抗战的良好的根据地，以争取持久抗战的最后胜利"。

最后，取得国民政府的批准。晋察冀边区政府不仅是边区军政民代表大会民主选举的，而且是经过第二战区司令长官阎锡山转呈国民政府行政院和军事委员会，得到正式批准的。据阎锡山给宋劭文电称："兹奉军委会复电开，'马子电悉，所请成立晋察冀边区行政委员会及该会组织人选均照准，晋察冀边区行政委员会着归阎司令长官指挥，特电遵照'等因，合电仰该员等一体遵照，即日组织成立。"③ 从此，边区政府正式定名为晋察冀边区行政委员会，由宋劭文担任主任委员兼财政处长，胡仁奎担任副主任委员兼民政处长，张苏任委员兼实业处长，刘奠基任委员兼教育处长，娄凝先任委员兼秘书处长，聂荣臻、吕正操、孙志远、李杰庸为委员。

---

① 据《晋察冀边区军政民代表大会汇刊》，正式代表 144 人，列席记者 2 人，军事学校代表 2 人。

② 陈昌浩：《成为抗日根据地的冀察晋边区》，载《解放》杂志第 35 期。

③ 《阎锡山给宋劭文的电报》，1938 年 1 月。

晋察冀边区行政委员会的成立，标志着敌后第一个统一的边区抗日民主政权的形成。这是国共合作抗战开出的一朵"奇葩"，在中国民主政治发展史上写下了"一页不可淹没的史篇"。[1]

二、边区抗日民主政权的建设途径

晋察冀边区之成为敌后抗日和民主的模范区域，根本原因是边区政权的改革和建设正确地解决了如何在敌后抗战过程中实现推翻封建政治制度的民主革命，建立新民主主义政治制度的重大课题。边区政权的改革和建设的途径，可以归纳为下面几点：

1. 改革政权组织机构，依靠人民管理政权。边区抗日民主政权"需要完全与之相适应的组织机构"，封建国家的肢体"不能片断地割下来强装在新民主主义政权的躯体上"。[2] 因此，边区政府成立后，必须进一步改革政权组织机构，充分发挥人民民主权利，这是边区政权建设的一条主要途径。其具体办法有：（1）完善选举制度。边区政府于 1938 年春发布村选令，次年发出村选指示，1940 年颁布边区暂行选举条例，使边区选举制度不断完善。如：选举资格上，规定，凡在边区境内年满 18 岁之中华民国人民，不分性别、职业、民族、阶级、党派、信仰、文化程度、居住年限，均有选举权与被选举权；只有汉奸、依法剥夺公民权者及精神病者没有选举权与被选举权。选举办法上，规定：用直接平等普选制无记名投票法选举，沦陷区、游击区之不能直接普选者，得行间接选举。还规定："在不妨害选举秩序下，自由竞选。"在民主选举中，由于农村文盲众多，许多村庄创造了"豆选"等简易方法。可见，边区实行的民主是极为广泛和真诚的。（2）健全代议机关和政府机关。边区政府成立后，先是自上而下改造旧政权，建立行署（起初称政治主任公署）、专署和县政府、区公所、村公所。接着发动自下而上的民主选举运动，相继建立健全村民代表会和村公所、区民代

---

① 见《晋察冀边区军政民代表大会汇刊》。
② 彭真：《关于晋察冀边区党的工作和具体政策报告》，1941 年 6 月至 8 月。

表会和区公所、县议会和县政府。1943 年 1 月正式成立边区参议会和改选边区行政委员会（同时决定区改为县的辅佐机关），并规定各级人民代表机关是同级政权的权力机关，各级政府是同级政权的执行机关，都实行民主集中制原则，"少数服从多数，下级服从上级，地方服从边区"。从而，彻底革除了旧的国民党政权的组织机构，使边区新民主主义政权的体系逐步臻于完备。（3）充分发挥人民参政、监政的作用。边区各级人民代表会议开会前，人民代表广泛征集群众意见和提案，提交大会讨论和通过。各级政府定期向代表机关报告工作，对人民代表的质询作出解答，接受人民的检查和批评。各项决议和政策在执行中，又不断根据群众意见加以修正和完善。因此，保证了边区政权机关的决议和政策的正确性，真正符合人民的利益和愿望。上述办法的实施，使工农基本群众在政权中占了优势，边区抗日民主政权日益健全和巩固。

2. 实行"三三制"政权原则。"共产党员占 1/3，他们代表无产阶级和贫农；左派进步分子占 1/3，他们代表小资产阶级；中间分子及其他分子占1/3，他们代表中等资产阶级和开明绅士。"[①] 这不单是政权的人员构成问题，而且是抗日统一战线政权的合理政治形式。"三三制"在边区的实行，是从 1940 年民主大选开始的。此次边区大选中，县、区初步实现了"三三制"政权。据晋察冀区统计，5 个专区 19 个县的 924 个县议员中，共产党员占 55.3%，进步分子占 26.19%，中间分子占 18.5%；4 个专区 13 个县的 4749 个区代表中，共产党员占 47.84%，进步分子占 40.89%，中间分子占 11.27%。有部分县、区基本上达到了"三三制"的要求。从 1941 年起，"三三制"原则在村选中普遍推广实行。1943 年 1 月召开边区参议会，聘请100 余名非共产党人士为参议员，使到会 288 名参议员中，有国民党员 32人，无党派人士 78 人，文化、科技界名流学者 54 人，并吸收非共产党人士参加大会主席团。边区参议会选举结果，驻会参议员办事处 7 名委员中只有共产党员 2 人，国民党员和无党派人士占 2/3 以上；边区行政委员会 9 名委

---

① 毛泽东：《目前抗日统一战线中的策略问题》，人民出版社 1991 年版，第 750 页。

员中有共产党员 3 人，国民党员和无党派人士占 2/3。[1] 边区参议会后，在
巩固区的村选、县选中，进一步贯彻"三三制"原则；在游击区、接敌区
无法改选的地方，多方聘请党外人士，使县、村普遍实现"三三制"政权。
为了全面贯彻"三三制"原则，中共北方分局和边区政府还反复强调："三
三制"是行动的指针，不是死的公式，不能不顾具体情况而拼凑数字。也
不单是形式上进步分子和中间分子占多数，其重点还在于团结非党的科学
技术专家、文化人、教育家、实业家等为社会所景慕的人。更重要的是在
实际工作中，共产党员要发挥模范作用和团结精神，纠正喜欢"清一色"
和对党外人士"不放心"的思想，使他们真正有参政、议政的权利，尊重
他们的意见，让他们大胆工作，并在各种政策及生活等方面适当照顾他们
的利益。因此，"三三制"原则在边区得到正确、全面地实施，合理地调节
了各抗日阶级、阶层和党派的关系，使他们团结抗日，边区政权的社会基
础更加广泛和深厚。

3. 加强村政权建设，巩固边区政权的基层组织。村政权是边区政权的
基石，村政权不健全，边区政权就不巩固，各项政策就无法落实。为健全
村政权，中共北方分局和边区政府多次作出指示和决定，其主要措施有：
（1）每年开展一次村选，发动广大的群众参政运动。如 1940 年村选，有 1
万余名正、副村长，2 万余名村代表会主任，近 30 万名村代表登上政治舞
台。（2）改革和健全村政权机构。根据 1940 年颁布的《晋察冀边区县区村
组织条例》，废除了封建的以户为基础的村长邻闾制度，规定，村民大会为
村政最高权力机关，闭会期间由村民代表会代行其职；村公所为村政执行
机关，村长、副村长由村民代表会主任、副主任兼任，下设民政、财政、
教育、建设、地政、调解各委员会（1943 年改为民政、财政、教育、实业、
粮袜各委员和治安员及人民武装中队长、指导员）；依村民居住区划分若干
闾，由本闾公民代表互选闾主任代表一人，辅佐村公所执行村政。因而，
充分发挥了村民的民主权利，使村民意机关和行政机关更密切结合与统一，

---

[1]　中共中央北方分局：《关于晋察冀边区第一届参议会的总结》，1943 年 1 月 24 日。

又减轻了村长的繁重事务。（3）健全村政权工作制度。如会议、汇报制度，规定村代表会每月一次，公民小组会半月一次，村务会及各委员会半月一次。检查工作制度，确定县、区对村，村代表会对村公所，村公所对各部门，都要对其工作进行检查与监督。（4）健全村财政制度，反对贪污，杜绝浪费，发扬朴素、廉洁、刻苦、耐劳、大公无私的作风。村政权的健全和巩固，使边区每个村庄成为坚强的抗战堡垒。

4. 加强游击区政权建设，这是边区政权建设的重要一环，特别是1942年前后，在边区的巩固区缩小、游击区扩大的情形下，成为坚持和发展抗日阵地的一个关键。为此，在1942年9月边区高级干部会议上，正确地阐明了在游击区实行"抗日两面政策"的斗争策略，纠正了合法主义的倾向，指出：所谓"抗日两面政策"，是公开与秘密、"非法"与"合法"斗争的统一体，其实质是以"合法"的形式掩蔽"非法"的斗争。边区政府作出了《关于目前加强游击区政权建设的决定》。在游击区不同村庄，实行三种不同的建政方针：第一种，抗日的两面村政权。这是当抗日的一面村政权不能存在时应变而来的。这种村政权，必须坚持抗日的行政村建制和村公所组织，为应付敌人另设的伪组织或伪装人员要控制在抗日的村公所之下，并掌握民兵游击小组，以"合法"形式掩护地下斗争，以俟时机成熟即转变为抗日的一面村政权。第二种，中间的两面村政权。这种村政权往往为豪绅、地主和流氓、地痞所把持，对敌我两面应酬。因此，要争取和发展其抗日的一面，打击和削弱其亲日的一面，逐渐改造组织成分，使它由中间两面向抗日两面或抗日一面转变。第三种，亲日的两面村政权。其本质是伪政权，但有时也不得不对我应酬。对这种政权，必须采取分化、打击为主的策略，由改变人事而改变组织，或由改变组织而改变人事，使它由亲日一面变为中间两面或抗日两面村政权。同时，加强游击区的抗日县、区政权的独立作战能力，做到机关精干，与地方武装结合，并组织县参政会，以团结上层人士。实施上述策略，加之大批武工队深入敌后之敌后，到1944年1月，在游击区、接敌区建立了1万余个公开的或隐蔽的抗日村政权，恢复和新建14个抗日县治。从而有力地促进了边区政权和根据地的巩固与发展。

5. 加强党对政权的领导，充分发挥政权的作用。在边区，除一部分作过苏区政权工作的党员干部外，大多数党员干部缺乏掌握政权的经验，因此，曾出现党委包办政权的工作、党政不分或对政府法令乱打折扣的现象。为了纠正这种现象，中共北方分局及各区党委作过多次指示和决定，如北岳区党委于 1942 年 8 月 25 日作出《关于党委与政府关系的决定》。中共中央《关于统一抗日根据地党的领导及调整各组织间关系的决定》下达后，边区很快实现了党的一元化领导。在实践中，为了既保证党对政权的领导，又充分发挥政权机关的作用，对党委与政权的关系作了更明确、具体的规定。在加强党对政权的领导方面，主要措施有：（1）确定共产党的执政地位，强调"边区的政权是在党的领导之下"开展工作；（2）明确党对政权的领导主要是制定和掌握大政方针，如边区的施政纲领和各项重要政策；（3）保证政权中只占 1/3 的共产党员的质量，要坚定、可靠和有能力执行党的方针政策；（4）严格政权中共产党员和党团的纪律，在 1938 年 5 月制定了《关于在政权机关中的党员必须遵守的条例》，1942 年 12 月制定了《晋察冀边区参议会临时党团的任务、工作、组织与纪律》。在充分发挥政权的作用方面，主要措施有：（1）确定边区政权系统为权力机关，并以法律形式规定了边区各级代表机关和政府机关的职权；（2）强调边区参议会和边区政府的决议与法令，具有强制的性质，任何组织和个人"必须无条件的执行"，不得违反；（3）党政分开，凡属政权系统的事由政权机关去处理，党委不包办代替或干涉政权的日常工作；（4）实行"简政"和"廉政"，改进作风，提高政权工作效率，如 1943 年边区政府先后作出《关于加强行政效率减少各级事务手续的决定》《贯彻整风与简政问题的决定》和《关于执行政权干部任免考核奖惩办法的指示》，这些措施，从根本上保证了边区抗日民主政权建设沿着正确方向前进。

三、边区抗日民主政权的特点

晋察冀边区政府在行政体系上是"中华民国的地方政府"，但绝不能因此混淆边区抗日民主政权与国民党政权的根本区别。首先，国民党政权是大地主、大资产阶级专政的政权；而边区抗日民主政权是工人阶级领导下的几个革命阶级联合专政的政权。其次，国民党政权实行一党专政，国民政府不过是国民党中央政治会议（后为最高国防委员会）的附属机关，国民参政会更是一个摆设；而边区抗日民主政权的各级代表机关为权力机关，政府为执行机关，都实行民主集中制原则，在共产党领导下，充分发挥政权机关的作用。最后，国民党政权实行片面抗战的路线，压制人民群众起来抗战，企图独占抗战胜利果实；边区抗日民主政权实行全面抗战的路线，放手发动人民抗日战争，力争抗战胜利果实为人民所有。因此，边区抗日民主政权与国民党政权是既联合又斗争的本质完全不同的两个政权。这种两个政权并存的局面，是中国抗战时期特殊历史条件下的产物。

晋察冀边区抗日民主政权和土地革命战争时期苏区工农民主政权都是新民主主义的革命政权，但与之比较，也有显著的特点。苏区工农民主政权是工人、农民和小资产阶级专政的政权；边区抗日民主政权是一切赞成抗日又赞成民主的人们的政权，在政权中工人、农民和小资产阶级占优势。在苏区工农民主政权下，只有工人、农民和小资产阶级有选举权和被选举权，地主、富农、资本家等一切剥削阶级是专政的对象；边区抗日民主政权保护包括地主、富农、资本家在内的一切抗日阶级、阶层和党派的民主与自由，只有汉奸和反动派是专政的对象。苏区工农民主政权任务的侧重点是反对封建剥削制度的民主革命；边区抗日民主政权任务的侧重点是反对日本帝国主义的民族革命。苏区工农民主政权的经济政策主要是没收地主土地，消灭封建剥削制度；边区抗日民主政权的经济政策主要是实行减租减息，逐步削弱封建剥削制度，既改善工农群众生活，又照顾抗日地主、资本家的利益。这些特点表明，边区抗日民主政权不仅是权力机关，同时起着抗日统一战线最高形式的作用。

晋察冀边区抗日民主政权与陕甘宁边区相比较，也有明显的不同。陕甘宁边区抗日民主政权是由苏区工农民主政权直接转化来的；全边区过去经过彻底的土地革命，建立了新民主主义的社会制度；抗战期间基本上没有遭到日军的破坏,与国民党军队冲突也较少。因此,它的政权建制是正规化的,实行三级五位制,即边区、县、村三级政权和专署、区公署两级派出机关(1938 年前区也为一级政权);各项抗日统一战线政策都能付诸实施。与之形成对照的是:晋察冀边区抗日民主政权是在国民党政权的废墟上建立起来的;过去边区范围内没有经过土地革命,是殖民地半殖民地半封建的社会制度;抗战期间处在敌后华北的残酷战争中,仅日伪军1000 人以上、10 万人以下的大"扫荡"计110 多次。因此,它的政权建制带有游击性,基本上是三级六位制,即边区、县、村三级政权和行署、专署、区公所三级派出机关(1943 年前区也为一级政权)。由于被敌人分割,行署、专署有较大的独立性,建制和辖区时有变动,冀中区行署还一度撤销,政权机关经常随军队转移,甚至暂时转至他区活动。在游击区、接敌区还有抗日两面政权和敌后武工队等更灵活、更特殊的抗日政权形式。边区各地执行政策上也产生了先后和程度不同的不平衡性。这些特点,反映了晋察冀边区抗日民主政权坚持敌后抗战和改造旧社会、创造新社会的双重任务及其客观规律性。在敌后的十几个根据地中,晋察冀边区抗日民主政权是最早建立的,唯有它是国民党正式承认了的,而且各方面政策比较完备,如《关于晋察冀边区目前施政纲领》,是"党中央抗日民族统一战线的方针与抗日救国十大纲领的地方化与具体化",[1] 被誉为敌后其他根据地在政治、军事、经济、文化的设施计划上"最好的参考和借镜"。[2] 加之边区的战略地位极其重要,不论在敌后抗战方面,还是在改造旧社会、创造新社会方面,都取得了伟大成就和宝贵经验。因此,它为敌后其他根据地树立了共产党领导下的国共合作的抗日统一战线政权的一个典型。

---

① 彭真:《关于晋察冀边区目前的施政纲领》,载《解放》杂志第 119 期。
② 《中共晋察冀边委的施政纲领》,《新中华报》1940 年 10 月 3 日。

论晋察冀抗日根据地的历史经验^①

  八年抗战中，华北敌后晋察冀抗日根据地发挥了巨大的作用，创造和积累了丰富的经验，值得认真总结和研究。这对于总结中国革命的历史经验，有着重要的意义。

  抗日战争时期，中国共产党及其领导的抗日根据地和人民军队迅速壮大，成为决定中国命运的力量，从此，中国历史改变了航向。美国历史学家詹姆斯·哈里森说："历史上从来也没有一场革命运动发展得如此神速。"^② 试图研究这个问题的西方学者，提出了各种不同的论点。第一部值得注意的著作，是查尔莫斯·约翰逊于1962年发表的《农民民族主义和共产党政权》。他认为中国共产党在抗日战争时期得到群众的支持，是"利用了农民的民族主义"^③，甚至说如果没有日本侵略带来的危机和由此引起的群众动员，中国共产党将遭到失败。他还认为"中国化的马克思列宁主义被看作是中国民族主义的附属物"，中国拒绝照搬俄国革命的公式，形成了"中国的民族共产主义"。^④

  这种所谓"农民民族主义"和"民族共产主义"的论点，立即引起了学术界的论战。马克·塞尔登于1971年发表《革命中国的延安道路》一书。他研究陕甘宁根据地，提出了与约翰逊不同的结论。他认为农民阶级是通过社会经济改革，而不是通过民族主义才发生革命转变的。他提出：

---

  ① 原载中国抗日战争史学会编：《抗日战争与中国历史——"九一八"事变60周年国际学术讨论会文集》，辽宁人民出版社1994年版。

  ② 詹姆斯·哈里森：《从长征到掌权——中国共产党的历史》，纽约泼莱格出版社1972年英文版，第21页。

  ③ 查尔莫斯·约翰逊：《农民民族主义和共产党政权》，斯坦福大学出版社1982年英文版，第9页。

  ④ 查尔莫斯·约翰逊：《农民民族主义和共产党政权》，斯坦福大学出版社1982年英文版，第69页。

"中国抗日战争的意义超出了民族独立。人民战争不仅是个作战方式问题，而且涉及生活方式……在战争条件下，中国人民不但从日本的统治下获得解放，而且在反对地主军阀压迫的斗争中掌握了自己的命运，自觉地创造出一些新的社会形式。"① 他认为陕甘宁边区不仅是中国革命的楷模，而且是第三世界革命的范例。塞尔登的分析非常精彩，他的不足之处是忽略了陕甘宁边区与其他根据地的若干不同之点。片岗哲谷于 1974 年出版《中国的抗战和革命》一书，他对于民族主义的论点和社会经济改革的论点持怀疑态度，强调政治、军事控制的重要性。他提出：中国共产党把农民动员起来，"这同传统的农村自卫、地方主义、地方土匪、军阀主义并无区别，中国共产党的成就在于把这地方势力加以改造，自上而下用完全现代化的组织把它们联合在一起，成千上万分离的孤立细胞（政治性的）单位结合成一种钢铁的结构，然后中国共产党以抗战为掩护，以统一战线相号召，进行全面革命，来巩固其所拥有的根据地"。② 由于片岗哲谷忽视所谓"钢铁结构"的客观基础，他虽然用了很大精力思索中国共产党的政治、经济政策，还是陷入了"抗战掩护"之类的迷雾。拉尔夫·撒克斯顿自 1975 年起发表《革命中的佃农：传统道德的韧性》等文。他认为，抗日时期中国共产党取得支持，不是由于它给农民带来了什么东西，而是由于它使自己适合于农民提出的要求。他写道："1949 年 10 月 1 日是农民自发性向政权基本结构提出挑战的顶点。"③ 撒克斯顿把中国革命的胜利说成是农民自发性的结果，这是不能成立的，在西方学者中也很少有苟同者。

那么，应当怎样研究和吸取晋察冀抗日根据地的历史经验呢？聂荣臻元帅在回忆录中作了全面、精辟的论述。他首先指出："八年抗战，是中华民族复兴的转折点，也是中国共产党历史上异常辉煌壮丽的一页。在这场

① 转引自王淇：《论抗日战争时期民族斗争和阶级斗争的关系》，载《中国抗日根据地史国际学术讨论会论文集》，档案出版社 1985 年版，第 114 页。

② 转引自范力沛：《西方学者对抗日根据地的研究》，载《中国抗日根据地史国际学术讨论会论文集》，档案出版社 1985 年版，第 97 页。

③ 转引自范力沛：《西方学者对抗日根据地的研究》，载《中国抗日根据地史国际学术讨论会论文集》，档案出版社 1985 年版，第 88 页。

艰苦卓绝的斗争中，我们党创造和积累的经验是相当丰富的。"接着，他从"为总结中国革命的经验提供些素材"出发，总结了创建晋察冀抗日根据地的丰富经验。他把这些经验归纳成如下 10 条：第一，要胜利地进行游击战争，必须有比较巩固的革命根据地作为依托。第二，建立巩固的根据地，必须有广大的人民群众作为依靠，关键是发动群众。第三，要想把千百万群众发动起来，党的政策又是决定的因素。第四，必须不断发展和壮大人民军队的力量，坚持以主力部队、地方游击队和人民武装相互配合，实行人民战争的战略方针。第五，必须加强与巩固同人民有密切联系的、保证基本群众占优势的抗日政权。第六，根据地既要巩固，又要不断扩大，两者兼顾，波浪式地发展。第七，根据地的斗争是以军事斗争为中心的全面斗争，因此，根据地的建设也必须包括军事、政治、经济、文化等各个方面，同时具有为日后建立新民主主义国家提供雏形的深远意义。第八，经济政策和锄奸政策是两个极为重要的问题，万万不可发生偏差。第九，开展独立自主的游击战，不放松有利条件下的运动战，根据敌人的弱点和当时、当地的具体情况，实行一整套机动、灵活的战略战术。第十，不断加强党的建设，与人民群众保持密切联系，使党组织成为人民抗日斗争的坚强领导核心①。

聂荣臻元帅关于晋察冀抗日根据地历史经验的论述，我体会，可以从以下密切联系、相互配合的五个方面，来把握其基本精神：

第一个方面，必须创建敌后抗日根据地，作为进行敌后抗日游击战争的依托，同时作为建立新民主主义中国的雏形。

创建革命根据地的问题，是由中国革命的特点所决定的，是中国革命的一个基本经验。中国革命是以长期的武装斗争和以农村包围城市的战略，以创建革命根据地的形式发展起来和最后战胜敌人的。在土地革命战争期间，有毛泽东、朱德等同志创建中央革命根据地和其他革命根据地的成功经验，也有第五次反"围剿"失败后失去根据地的惨痛教训。抗日战争中，

---

① 聂荣臻：《聂荣臻回忆录》（中），解放军出版社 1984 年版，第 570—585 页。

由于敌后抗日游击战争提高到战略的地位，建立根据地的问题就更加重要。正如毛泽东同志指出的："它是游击战争赖以执行自己的战略任务，达到保存和发展自己、消灭和驱逐敌人之目的的战略基地。没有这种战略基地，一切战略任务的执行和战争目的的实现就失掉了依托。"① 聂荣臻等受命留在敌后五台山区之后，首先着眼的就是如何在晋察冀三省边界地区创建一块进可攻、退可守的根据地。不论留下的部队，还是派出的工作团，摆在第一位的工作，都是为实现这个目标而努力。因此，经过深入细致地发动群众，终于在被隔绝的敌后，获得了一个广大的生存基地和进行抗日游击战争的战略基地。

晋察冀抗日根据地的创建过程表明：在建立根据地、巩固根据地、依靠根据地的同时，必须不断扩大根据地，兼顾巩固和扩大，波浪式地发展根据地。晋察冀抗日根据地最初建立于五台山区，但并不局限于这一区域，很快就扩展到冀中、雁北、察南、平北和冀东，形成了一个能够充分回旋的广阔战场，建设了一个山地、平原、丘陵、湖泊相互依托的可靠的敌后根据地。平原与山地相互依靠，相互支援：山岳根据地为活动在平原上的部队提供兵力转移、休整的场所；平原根据地为山区提供人力、物力、财力的支援。各个根据地的相互支援，有力地形成了对敌人占据的主要交通线和中心城市的战略包围，从而保证更有力地钳制敌人，使华北游击战争得以长期坚持。在根据地发展的问题上，既要防止右倾保守主义，呆在根据地，固守根据地，不能乘有利时机适时地发展；又要防止"左"倾冒险主义，盲目冒进，只图要发展，不懂得在发展中巩固。这两个偏向往往在敌人的进攻下使根据地遭到严重损失。

由于抗日战争是中国新民主主义革命的一个重要阶段，由于抗日根据地的斗争是以军事斗争为中心的全面斗争，因此，抗日根据地的建设必须包括军事、政治、经济、文化等各个方面，并具有建设新民主主义中国雏形的深远意义。军事斗争和军事建设是根据地建设和发展的中心问题。但

---

① 《毛泽东选集》第 2 卷，人民出版社 1985 年版，第 387 页。

是，根据地不是一个单纯的军事实体，必须使武装斗争与其他斗争密切配合，加强根据地的全面建设。只有军事斗争，没有政治、经济、文化各个方面的改革和建设相配合，根据地是不能巩固的，军事斗争也不能长期坚持。晋察冀边区在开展游击战争的同时，及时地加强根据地的全面建设，包括政权建设、群众工作、发展生产、活跃经济、建立银行、发行货币、改造教育事业、进行文化宣传等，从各个方面为巩固根据地奠定了坚实的基础，又为实现建立新民主主义国家的宏伟目标进行了广泛的实践。

第二个方面，要创建敌后抗日根据地，必须适时实现由正规战向游击战的转变，开展独立自主的游击战，不放松有利条件下的运动战，坚持以主力部队、地方游击队和人民武装相互配合，发挥人民战争的威力。

"七·七"事变前后，中国共产党领导下的人民军队适时地实现了由正规战向游击战的战略转变，这是当时中国整个政治、军事形势和敌我友的力量对比所决定的。在强大的日本侵略者面前，中国共产党和人民军队执行独立自主的游击战和基本是游击战、但不放松在有利条件下的运动战的战略方针和作战原则，不是集中起来打正规战，而是把主力部队编为游击兵团、游击支队或更小的工作团，分散各地去发动群众，建立抗日根据地，造成千百万人民的游击战争。这样，才能在此过程中壮大人民力量，最后战胜敌人，这种战略方针是统一战线中独立自主原则在军事方针上的反映，也是最富有远见的。晋察冀根据地的建立、巩固和发展，充分证明了这一点。晋察冀抗日根据地的军事力量是主力部队、地方武装和民兵自卫队三位一体的结构。主力部队是开创和保卫根据地的支柱，没有强大的主力兵团，就没有巩固的根据地。但是，只靠主力兵团是不够的，还必须有地方武装和民兵自卫队的紧密配合。主力兵团由于获得地方游击队和人民武装的配合，才得以灵活地进行内线和外线作战，增强对敌打击的力量。地方武装主要是地区队与基干游击队，他们分散活动，同民兵一起就地坚持、就地游击，支援了主力兵团作战。主力部队、地方武装、民兵自卫队三位一体的军事结构，一整套通讯联络网、侦察情报网的建设，以及根据地军民创造的地雷战、地道战、交通战、"麻雀战"等各种作战方式，形成了战争史上的奇观,造成了陷敌于灭顶之灾的人民战争的汪洋大海。

日本帝国主义虽强大,但它的弱点很多,其中最大的弱点是兵力不足。因此,它只能采取"由点到线,由线到面,几何学运动"的战略方针。针对敌人的弱点,晋察冀边区部队实行了一整套机动灵活的战略战术。为了对付敌人"点、线、面"的几何学运动,边区组织了地区队,不断袭扰敌人、疲惫敌人,把敌人从面的占领压回据点去,或者在敌占区域建立许多小块的游击根据地,孤立敌人的"点""线",以阻滞敌人继续进行"面"的占领。如果敌人前进"蚕食",边区部队即转到敌后,使敌人不敢大胆深入活动。敌人的"点""线"不能阻挡边区部队,边区部队却可以穿来穿去。如果敌人兴师动众地进犯根据地,就必须纠集若干据点的兵力,它的"点"又有失守的危险。如果敌人一旦离开了交通线,占据了某一据点之后,边区地方武装和民兵自卫队就破坏其后方交通,切断其运输联络,使其得不到及时的补给,或是被迫放弃据点,或是因困守据点而被歼。除了在游击区、接敌区开展广泛的游击战之外,在根据地内部有主力兵团作为机动力量,一旦敌人孤军深入,即以优势兵力果敢地包围并歼灭之。如齐会战斗、黄土岭战斗、陈庄战斗等,足以震撼敌人,使敌人小股兵力不敢轻易进犯,而组织大的"扫荡",又非得经过长期准备不可。因此,大大增加了根据地的稳定性。在反"扫荡"初期,边区部队适时地进行机动转移,采取"走就是防御"的方针,避免决战与避免被迫作战。"走"不是单纯的转移,必须把"走"和"打"结合起来。在转移中开展游击战争,阻滞敌人前进,缩小敌人的活动范围,不断疲惫与消耗敌人,以争取战术上的主动。侯敌回师归巢之时,主力即寻机投入战斗,抓住它的一路而歼灭之。由于边区部队在军事上掌握了主动权,日军的"扫荡"虽然来势汹汹,却被拖得疲惫不堪,不得不以失败而告终。日本侵略军还对根据地实行"囚笼政策"和逐步"蚕食",向根据地内部推进,使根据地逐步缩小。这时,边区军民在向"敌后之敌后"挺进的方针下,以敌后武装工作队等各种斗争方式,到敌占区去袭扰、打击敌人,迫使它回师救援。经过广大军民的努力,粉碎了敌人的"蚕食"、封锁,收复了敌人占领的地方,使根据地重新恢复和发展。

由于根据地军事建设的成功，由于坚持游击战争的战略战术，充分发挥了人民战争的威力，使人民军队和人民革命力量不断发展和壮大。1944年下半年，在国际国内新的政治、军事形势和敌我友的力量配置下，根据中共中央统一部署，边区部队在局部反攻中，又适时开始由游击战向正规战的战略转变。这一战略转变，使边区部队能够配合盟国军队适时地举行全面反攻，为最后打败日本侵略者作出了重要的贡献。

第三个方面，要创建敌后抗日根据地，必须正确地执行统一战线政策，充分发动群众，既解决农民的民主、民生问题，又巩固和发展各抗日阶层的团结和合作，形成浩浩荡荡的抗日大军。

广大人民群众对抗战的拥护和支持，是战胜敌人的最可靠基础。在创建根据地的问题上，地形虽然是个重要的条件，但人民群众是最根本的因素，只要把人民群众充分发动起来，不论山地还是平原，都有可能成为巩固的根据地。比如冀中平原地区，没有险峻的山地，没有天然屏障，但是，人民群众已经发动起来，就有了足以抵抗日本侵略军的"人山"和"人海"。晋察冀抗日根据地之所以能够屹立于敌后，从根本上来说，就是成功地发动了群众。

要想把千百万群众发动起来，贯彻落实党的政策是决定的因素。在创建晋察冀抗日根据地的过程中，人民群众之所以能够充分发动起来，就客观条件来说，是在日本帝国主义的血腥侵略面前，除极少数甘为敌人效劳的汉奸之外，广大的人民群众都不甘当亡国奴，这是发动群众最有力、最广泛的政治基础；就主观因素来说，是在创建抗日根据地的过程中，根据中共中央和毛泽东同志的正确的理论和路线，结合边区的具体实际，执行了一整套正确的方针、政策和策略，包括统一战线政策、减租减息政策、知识分子政策、两面政权政策、锄奸政策，等等。这一整套政策的基本内容，从实质上讲就是在一致抗日的前提下，一方面要照顾到各阶级、各阶层的利益，另一方面又要保证改善基本群众的生活条件和在政治上享有民主权利。抗日战争是全民族的事业，为了团结一切抗日力量，要坚决执行党的统一战线政策，把一切要求抗日的人们最广泛地团结起来。农民是抗日战争的主力军，要动员广大农民群众投入到抗日战争中，就必须解决农民的民主、民生问题，实行减租减息政策，实施民主政治，改善农民群众的经济生活和政治地位。不讲改善农民群众的生活，就无从谈起调动广大群众的抗日积极性，就要发生右的错误。相反，忽略全民族战争的性质，只讲改善农民的生活，不注意团结各抗日阶层，就会导致"左"的错误，同样会严重削弱抗日力量。依据这样的原则，晋察冀边区正确处理了统一战线内部各阶级、各阶层的关系，保证了基本群众占优势，又使抗日各阶层的团结和合作得到日益加强和巩固。

在残酷的军事斗争中，经济政策必须引起高度注意，决不能放松或忽视，因为生产建设和经济斗争的胜负，直接关系着军民的生活、根据地的巩固和敌后游击战争的持久坚持。晋察冀边区灵活地执行了中共中央在抗战期间的各项财政经济政策，如扩大耕地面积、兴修水利的农业政策，奖励私人生产的政策，奖励生产技术发明，在边区内贸易自由的工商业政策，以及实行有免征点和累进最高率的统一累进税政策，等等。因此，发展和活跃了边区经济，改善了人民生活，保证了军需，使边区的人力、物力、财力为人民所用，不为敌所用，在经济战线上给予敌人沉重的打击。

在锄奸和肃反问题上，晋察冀边区接受了土地革命战争期间的经验教训，采取了极为慎重的方针。对危害国家民族利益的汉奸、特务等各类坏人，由边区各级政府按照颁布的法令惩办，无论政府和军队，都不能随便抓人，更不能随便杀人。边区在锄奸和肃反问题上没有发生大的乱子，这对于加强抗日队伍的团结，起了重要作用。

由于政策的正确和稳妥，发动起来的广大人民群众紧密地团结在共产党周围，彻底改变了以往的涣散状态，普遍地以各种形式组织起来。边区群众团体有农救会、工救会、妇救会、青救会、民兵、童子军（儿童团与少先队合并）、自然科学界协会、文救会、佛教会、回教会，抗敌后援会、报国会、东北救国会等，已组织的群众，最高比例的如阜平县占应组织的群众数（8岁以上人口）的90%，一般地区约在40%左右。因而，形成了浩浩荡荡的抗日大军。

第四个方面，必须加强与巩固同人民有密切联系的、保证基本群众占优势的抗日民主政权。这是根据地建设的首要问题。

政权问题是国内革命的中心问题，也是民族革命的中心问题。坚持敌后抗战和建立抗日民主政权是不可分割的。随着敌后抗日根据地的开辟，必须迅速建立统一的抗日民主政权，这是形势发展的需要，也是群众的迫切要求。晋察冀边区的统一战线、国共合作的抗日民主政权的建设和发展，在国内外有很大影响，是值得研究的一段历史。

在晋察冀根据地初创时期，就把政权建设提到紧迫的议事日程，很快建立了敌后第一个由共产党领导的统一战线性质的抗日民主政权——晋察冀边区行政委员会。接着，先是通过由上而下的改造各级旧政权，然后由下而上的开展民主大选举，对边区政权特别是基层政权进行了全面彻底的改革，真正实现了民主政治。边区各级政权在人员分配上实行了"三三制"原则，团结了各党、各派、各界、各群众团体和名流、学者。因此，使边区抗日民主政权在共产党的领导下，既包含统一战线性质，又具备人民民主的内容，加强了同一切抗日人民的密切联系，拥有广泛的代表性，保证了基本群众在政治上占优势，获得了广大人民群众的支持和拥护。

村政权是边区政权的基石。边区政权建设的中心一环放在村政权的改造和健全上，不管战争多么频繁，环境多么残酷，都坚持每年发动群众进行一次村选，民主选举产生新的村政权领导机构，并结合选举检查工作，健全领导，改进作风，提高效率。因此，在广大乡村，彻底改革了旧政权的基础，改变了历代由少数地主、土豪、劣绅垄断政权的局面，使那些祖祖辈辈过着饥寒交迫生活的乡村劳苦大众，第一次得到管理国家大事、当家作主的权利。这样，保证了各项政策、法令真正落实到边区广大乡村而不走样，使广大的农村在极困难的环境下能够坚持村自为战、人自为战，成为坚强的抗战堡垒。

民主集中制是根据地政权建设的基本组织原则。晋察冀边区在政权建设中，具体运用民主集中制原则，建立健全了各级民意机关与行政机关，创造了新民主主义的政权体系和一整套集体领导与分工负责相结合的民主制度。同时，坚持进行"简政"和"廉政"工作，精简机构，裁减冗员，反对官僚主义，反对文牍主义，反对贪污，反对浪费，提倡发扬民主，改善领导，吃苦耐劳，艰苦奋斗，提高政权工作效率。因此，使边区各级抗日民主政权不仅成为对敌斗争和根据地建设的锐利武器，有力地支持了敌后抗日游击战争的开展，而且成为新民主主义中国的一个良好的模型，为未来新中国政权建设提供了宝贵的经验。

第五个方面，不断加强党的建设，与人民群众保持密切联系，使党组织成为人民抗日斗争的坚强领导核心。这是创建敌后抗日根据地的根本保证。

创建抗日根据地，除了必须具备的地理、敌情、时机等客观条件外，其本身必须壮大人民军队，建立抗日民主政权、发动群众和巩固统一战线、加强党的建设。这几个方面是密切联系和相互配合的，又是缺一不可的，党是领导一切的核心。根据中共中央和毛泽东同志的指示和斗争的需要，晋察冀根据地坚持和加强了党的领导。在全区和每一地区逐步设立了领导一切的党的委员会。全边区是北方分局（后改称晋察冀分局），各地区是区党委（个别是特委）、地委、县委，其成员包括党政军方面主要负责的党员干部，作为最高领导机构，统一领导党政军民的工作。同时，注意防止"包办代替"等偏向，充分发挥政权、群众团体等的职能作用，使之能够在党的路线和政策下独立地处理自己的工作。党的一元化领导的实现，有机地把根据地各条战线的斗争统一组织起来，协调起来，结成一个坚强的整体，使边区党组织真正成为边区人民斗争的坚强领导核心。

边区各级党委一直把党的自身建设作为党的组织工作的中心。在根据地初创时期，边区党组织就遵循中共中央关于"大量发展党"的正确方针，吸收了大批的优秀分子入党，恢复与建立了各级组织。随后从组织上、政治上、思想上进行了巩固党的工作。"1942 年在全边区范围内开展了具有伟大历史意义的全党整风运动，使边区的广大党员和干部提高了马列主义水平和政治思想觉悟，加强了组织纪律性，进一步纯洁了党的组织，巩固了党的团结和统一，大大发扬了理论联系实际、密切联系群众和批评与自我批评的优良作风。

边区造就了一支比较好的干部队伍。高级领导干部一般都经过长期的革命斗争锻炼。抗战后大批培养和提拔起来的干部，大多在县以下的基层工作，少数在地委，他们工作积极，进步很快，经受了艰苦斗争的考验。不论老干部还是新干部，军队干部还是地方干部，工农出身的干部还是知识分子干部，相互间都团结一致，互相支持。这样一支经过艰苦环境和残酷斗争考验的党的干部队伍，是执行党的路线、方针和政策的保证，是加强根据地建没和夺取抗战胜利的保证，获得了根据地人民群众的信任与拥护。

没有中国共产党，就没有晋察冀抗日根据地的创立、巩固、建设和发展，没有中国共产党，就没有抗日战争的胜利。这是八年抗战所经历的事实和所得出的结论。

人们应该从晋察冀抗日根据地的历史经验中得到启示：在半殖民地半封建社会的中国，由于帝国主义同封建主义、官僚资本主义的相互结合，民族独立和人民民主是如此紧密地联系在一起的。因此，民族斗争和阶级斗争的关系问题，是理解抗日战争特别是敌后抗日根据地问题的关键。抗日战争时期，中国共产党领导的人民革命力量之所以能够迅速地发展壮大，不仅在于中国共产党高举着抗日的民族革命的旗帜，而且因为同时正确地解决了民族斗争和阶级斗争的关系问题，即以农民为主体的广大人民群众迫切的民主、民生问题。

关于晋察冀
抗日根据地史研究的几个问题[①]

晋察冀抗日根据地是敌后第一块抗日根据地，被中共中央誉为"敌后模范的抗日根据地及统一战线的模范区"[②]；晋察冀边区行政委员会又是敌后抗日根据地中唯一得到国民政府行政院和军事委员会正式承认的边区政府。这块根据地，战略位置极为重要，各方面政策比较完备，有许多创造，不仅对敌斗争，而且建党、建军、建政、经济、文教和群众工作方面，都有丰富的经验。对晋察冀抗日根据地的研究，是中国抗日战争史的一个重要课题。这些年来，这一课题的研究有很大进展。本文就研究中有关宏观性的问题发表一些看法。

一、关于晋察冀抗日根据地建设的双重目标

（一）建立抗日根据地双重目标的规定性

抗日战争时期，中国共产党及其领导的抗日根据地和人民军队迅速壮大，此后成为决定中国命运的力量，中国历史也改变了航向。美国历史学家詹姆斯·哈里森说："历史上从来也没有一场革命运动发展得如此神速。"[③] 围绕研究共产党领导下抗日根据地在推动中国历史发展中的作用问题，西方学者们提出了各种不同的论点。第一部值得注意的著作，是查尔

---

① 原载《抗日战争研究》1992 年第 2 期。
② 《中共扩大的六中全会主席团致晋察冀边区电》，1938 年 10 月 5 日，见《晋察冀抗日根据地》第 1 册（文献选编上），中共党史资料出版社 1988 年版，第 199 页。
③ 詹姆斯·哈里森：《从长征到掌权——中国共产党的历史》，纽约泼莱格出版社 1972 年英文版，第 271 页。

莫斯·约翰逊于 1962 年发表的《农民民族主义和共产党政权》。他认为，中国共产党在抗日战争时期得到群众的支持，是"利用了农民的民族主义"①，甚至说，如果没有日本侵略带来的危机和由此引起的群众动员，中国共产党将遭到失败。他还认为，"中国化的马克思列宁主义被看作是中国民族主义的附属物"，中国拒绝照搬俄国革命的公式，形成了"中国的民族共产主义"。② 这种所谓"农民民族主义"和"民族共产主义"的论点，立即引起了学术界的论战。马克·塞尔登于 1971 年发表《革命中国的延安道路》一书，他通过研究陕甘宁根据地，提出了与约翰逊不同的结论。他认为，农民阶级是通过社会经济改革而不是通过民族主义才发生革命转变的。他提出："中国抗日战争的意义超出了民族独立。人民战争不仅是个作战方式问题，而且涉及生活方式……在战争条件下，中国人民不但从日本的统治下获得解放，而且在反对地主军阀压迫的斗争中掌握了自己的命运，自觉地创造出一些新的社会形式。"③ 他认为，陕甘宁边区不仅是中国革命的楷模，而且是第三世界革命的范例。塞尔登的分析非常精彩，但也有不足之处，即忽略了陕甘宁边区与其他根据地的若干不同之点。片冈哲谷于 1974 年出版了《中国的抗战和革命》一书。他对于民族主义的论点和社会经济改革的论点持怀疑态度，而强调政治、军事控制的重要性。他提出：中国共产党把农民动员起来，"这同传统的农村自卫、地方主义、地方土匪、军阀主义并无区别，中国共产党的成就在于把这些地方势力加以改造，自下而上用完全现代化的组织把它们联合在一起，成千上万分离的孤立的细胞（政治性的）单位结合成一种钢铁的结构，然后中国共产党以抗战为掩护，以统一战线相号召，进行全面革命，来巩固其所拥有的根据地"。④ 由

---

① 查尔莫斯·约翰逊：《农民民族主义和共产党政权》，斯坦福大学出版社 1962 年英文版，第 9 页。

② 查尔莫斯·约翰逊：《农民民族主义和共产党政权》，斯坦福大学出版社 1962 年英文版，第 69 页。

③ 转引自王淇：《论抗日战争时期民族斗争和阶级斗争的关系》，见《中国抗日根据地史国际学术讨论会论文集》，档案出版社 1985 年版，第 114 页。

④ 转引自范力沛：《西方学者对抗日根据地的研究》，载《中国抗日根据地史国际学术讨论会论文集》，档案出版社 1985 年版，第 97 页。

于片岗哲谷忽视所谓"钢铁结构"的客观基础，他虽然用了很大精力思索中国共产党的政治经济政策，但还是陷入了"抗战掩护"之类的迷雾。拉尔夫·撒克斯顿自 1975 年起发表《革命中的佃农：传统道德的韧性》等文。他认为，抗日时期中国共产党所以取得支持，不是由于它给农民带来了什么东西，而是由于它使自己适合于农民提出的要求。他写道："1949 年 10 月 1 日是农民自发性向政权基本结构提出挑战的顶点。"① 撒克斯顿把中国革命的胜利说成是农民自发性的结果这是不能成立的，在西方学者中也很少有苟同者。

我认为，敌后抗日根据地的建立不仅是抗日问题，更不单纯是武装斗争问题，它还包括进行各项社会改革，从事新民主主义政治、军事、经济、文化等各方面建设，改造旧中国的复杂斗争和广泛内容。研究晋察冀抗日根据地，就是要搞清楚这块抗日游击战争战略基地的形成和壮大发展的过程和根据地内抗日民主建设的情况。仅把敌后抗日根据地当作"抗日的力量"来研究是很不够的，因为它同时又是"民主的力量"，即新民主主义社会形态的雏形。

晋察冀边区和其他敌后抗日根据地一样，它的建立有着双重的目标：抗日与社会的改革。这是由中国抗日战争的两重性质所决定的。毛泽东同志早在 1937 年 6 月就指出：抗日战争"也是一个革命的运动，因为抗日斗争伴随着争取民主、争取改善生活条件和经济建设的斗争。在中国，这两者是结合在一起的"。② 1938 年 5 月，毛泽东在《论持久战》中预言：这场战争将驱逐日本帝国主义和变旧中国为新中国。③ 随着敌后抗日根据地的发展以及政治和经济的改革日益取得显著成效，到 1941 年 5 月，毛泽东明确认为："无论就政治、经济或文化来看，只实行减租减息的各抗日根据地，

---

① 转引自范力沛：《西方学者对抗日根据地的研究》，载《中国抗日根据地史国际学术讨论会论文集》，档案出版社 1985 年版，第 98 页。

② 达格芬·嘉图著，杨建立、朱永红、赵景峰译：《走向革命》，中共党史资料出版社 1987 年版，第 2 页。

③ 《毛泽东选集》第 2 卷，人民出版社 1968 年版，第 425 页。

和实行了彻底的土地革命的陕甘宁边区，同样是新民主主义的社会。"① 晋察冀根据地领导人聂荣臻回忆说："毛泽东同志在洛川会议上，就曾考虑到打败日本帝国主义之后，建立新民主主义国家的问题。每一个抗日根据地的建设，不只是拖住敌人、配合正面战场作战的问题，也是为实现这个宏伟目标，进行广泛的实践，为下一步的革命进程，为日后建立新中国，打下多方面的基础，积累丰富的经验。"② 毛泽东的这一思想无疑对晋察冀抗日根据地的建设起了指导作用。

晋察冀边区抗日根据地创造性地实践了毛泽东关于战时双重目标的战略思想。它在华北敌后一诞生，就公开宣言，它要"贯彻抗日与真正民主"③。这就是说，它的历史任务是双重的，不是单一的。晋察冀边区在共产党领导下，一方面开展群众性游击战争，抗击日军，摧毁伪政权和伪组织；另一方面及时地实行社会的政治、经济、文化等各方面的改革和建设，改造旧社会、建设新制度。这样，就使晋察冀边区成为未来新民主主义中国的一个良好的"模型"。

（二）抗日与社会的改革是不可分离的

在晋察冀边区抗日根据地里，抗日高于一切，一切为了抗日战争的胜利，而抗日又是与农村的社会改革密不可分的。由于日军的进攻，大片国土沦陷，这表明半殖民地、半封建的旧制度已经完全腐败。广大群众特别是农民，过去长期在旧制度下过着贫穷、悲惨的生活，不改变他们的社会地位和经济状况，就不能广泛地动员他们真正投入抗日斗争。因此，必须创造一种和最大多数群众——特别是农民的利益相符合的新的政治和社会秩序。没有这种社会制度的变革，不足以改善农民的经济生活和政治地位，获得农民强有力的支持，也就不可能取得抗战的胜利。正如毛泽东所指出："除非发动农民群众的人力和物力，否则中国就不可能打赢这场战争，只有

---

① 《毛泽东选集》第 2 卷，人民出版社 1968 年版，第 743 页。
② 《聂荣臻回忆录》（中），解放军出版社 1984 年版，第 579 页。
③ 《晋察冀边区军政民代表大会宣言》，1938 年 1 月 14 日。

迅速地实行政治和经济的变革，才能得到农民的合作。"① 但是，这种社会的改革，还不是要消灭封建剥削制度，而是要有步骤地削弱它，以利于发动广大农民群众的抗战积极性，并联合包括地主在内的一切抗日阶级、阶层共同抗战。这即是抗日民主建设实施民族统一战线方针的真谛。

晋察冀地区农民群众的生活，战前是相当贫苦的。据对晋察冀根据地中心区——北岳区 28 个县 88 个村的调查，贫农、雇农占农村总户数近一半，平均每户只有土地 1 亩至 7 亩多；地主、富农占农村总户数不到 10%，平均每户占有土地 56 亩至 97 亩。雇农、贫农和中农户数比地主、富农多 8 倍，总计占有土地只比地主、富农多 0.6 倍，占有水地多 0.2 倍，骡马等主要耕畜也集中在地主、富农手里。地主对农民的地租剥削，一般占土地收获物的 50%—70%。不少地区还存在劳役地租的残余，农民要无报酬地替地主捎种地、打零工、碾米、垫圈、打炕、扫院子，服各种杂役。高利贷盘剥更厉害，一般年息 1 分 7 厘至 3 分、5 分，有的月息即达 4 分、5 分，甚至"驴打滚"计利。还有出门利（借钱出门即算 1 个月）、现扣利（借钱时先扣 1 个月利息）、嘣嘣利、臭虫利、月拨利、印子钱等苛重盘剥。穷人指地、指房作质向富人借钱，到期还不起，就被留地、留房。此外，农民在交纳田赋和附加税后，还要负担警捐、保卫团捐、防共捐、房捐、户口捐、船捐、驮捐、盐税、棉纱统税、面粉统税、牲畜税等 30 多种苛捐杂税。在冀西山区，连山上各种树木的叶子，贫苦农民都无权采来吃，因为这些山树属于地主、富农所有。在商品经济发展的地区，特别是冀中、冀西和冀东的产棉区，广大农村变成为帝国主义掠夺原料、销售商品的市场，日益殖民地半殖民地化。因此，要调动贫苦农民的抗日积极性，就必须迅速地改变这种状况，使他们的生活条件得以改善。

农村的社会变革，首先是解放农民，这是坚持抗战的前提条件。抗日根据地的斗争和建设，实质上也是在抗日战争中改造旧社会，创造新社会。在晋察冀抗日根据地，实行了广泛的社会改革，在经济上，实行减租减息，

---

① 埃德加·斯诺：《人民在我们一边》，伦东·浩斯出版社 1944 年英文版，第 278 页。

废除苛捐杂税，实行合理负担和统一累进税，开展生产运动；在政治上，实行普遍的民选，建立代议制和"三三制"政权，使广大基本群众参政议政。因此，一方面避免"左"的错误，广泛团结了边区各个抗日阶级、阶层；另一方面避免右的错误，保证基本群众占优势，使广大农民第一次得到了民主权利和生活的改善，广大群众特别是农民群众抗日的积极性大大高涨起来。这是晋察冀抗日根据地的广大群众充分发动起来，创造出种种奇迹的根本原因。

（三）实现根据地双重目标的深远意义

正确地认识和处理民族斗争与阶级斗争的关系，真正实现抗日与社会改革两个相互联结的目标，实为关系中国抗日战争前途和中华民族命运的关键。国民党政府及其军队口头上也号召民众参战，但他们拒绝实行农村的社会改革和民主民生政策，不肯真正广泛地发动民众起来抗战，因此不能赢得中国最大多数人特别是农民的全力支持。中国共产党在晋察冀边区和其他敌后抗日根据地里，正确地解决了农村社会改革问题，因而同中国最大多数人——农民建立了最密切的联系，开掘了中国抗日战争最深厚的力量源泉。抗战中来华的美国新闻记者约翰·S·谢伟思，当时曾敏锐地领悟到了这一点。他说："普通人第一次被给予为之而战斗的东西。与日本人战斗，不仅仅因为他们是外族侵略者，而且因为他们阻碍了这场革命。人民将继续和任何限制或者剥夺他们新近得到的东西的政府战斗。正如日军不能征服现在富于战斗精神的人民一样，国民党军队也只能是失败。共产党有了这样广泛的基础，所以谁也难以对它进行限制……相对短的几年时间内，共产党在中国将成为一支突出的力量。"[①] 合作抗战，是国共两党的共同主张，它们的根本分歧在于要不要实行农村的社会改革。毛泽东1944年4月对此作了精辟而尖锐的论述。他说："两党的争论，就其社会性质说

---

① 约瑟夫·W·埃赛雪克：《在中国失去的机会——约翰·S·谢伟思的第二次大战电讯集》，纽约温塔基丛书1975年英文版，第248—249页。

来，实质上是在农村关系的问题上。""两条路线：或者坚决反对中国农民解决民主民生问题，而使自己腐败无能，无力抗日；或者坚决赞助中国农民解决民主民生问题，而使自己获得占全国人口百分之八十的最伟大的同盟军，借以组织雄厚的战斗力量。前者就是国民党政府的路线，后者就是中国解放区的路线。动摇于两者之间，口称赞助农民，但不坚决实行减租减息、武装农民和建立农村民主政权，这是机会主义者的路线。"① 抗日战争时期为什么中国共产党领导的晋察冀边区和其他敌后抗日根据地迅速巩固、壮大，人们可以从这里寻找答案。

二、关于晋察冀抗日根据地的历史分期

目前，学术界对晋察冀抗日根据地的历史分期，认识尚不一致。有人根据毛泽东关于人民革命力量在抗日战争中发展的"三个阶段"的说法，把晋察冀抗日根据地的历史发展划分为 3 个时期：上升时期（1937 年 7 月至 1940 年 12 月），下降时期（1941 年至 1942 年），再上升时期（1943 年至 1945 年 9 月）。有人以军事斗争的发展为线索，把晋察冀抗日根据地的历史发展划分为 5 个时期：开辟时期（1937 年 7 月至 1938 年 10 月），巩固和发展时期（1938 年 10 月至 1940 年底），艰苦斗争时期（1941 年至 1942 年），恢复时期（1943 年 1 月至 1944 年 5 月），反攻时期（1944 年 5 月至 1945 年 9 月）。我认为"三分法"实际上是对毛泽东"三阶段"说法的简单套用，这种划分不能深刻反映出晋察冀抗日根据地历史发展的特征和它在抗日战争中的特殊作用；"五分法"虽然克服了"三分法"的缺点，但由于它以军事斗争为线索，忽略了根据地政权建设和经济改革等方面的发展进程，因而提法既不全面又过于琐细。研究晋察冀抗日根据地的历史分期，应当遵循两条原则：一是应根据毛泽东提出的"三阶段"的一般框架，结合晋察冀抗日根据地的具体实际来研究；二是敌后抗日根据地不是单一的军事实体，它的建设具有抗日和社会改革双重目标，因此，研究根据地的

---

① 《毛泽东选集》第 3 卷，人民出版社 1968 年版，第 978 页。

历史分期，必须对它的军事、政治、经济等方面的发展，进行全面的考察和分析。根据以上原则，我认为晋察冀边区抗日根据地的历史大体可以划分为四个阶段：

第一阶段，晋察冀抗日根据地的创立时期（1937 年 11 月—1938 年 10 月）。七七事变后，八路军挺进华北。1937 年 10 月下旬，聂荣臻部进入五台山地区，着手开辟晋察冀抗日根据地，发动和展开敌后游击战争。1937 年 11 月 7 日晋察冀军区公开宣布成立，标志着根据地的初步形成。不久，开辟冀中平原抗日根据地。1938 年 1 月 15 日晋察冀边区临时行政委员会成立，宣告了华北敌后第一块抗日根据地正式形成，并成为当时华北敌后抗战的最主要的战略支点。1938 年 3 月，开辟平西根据地。6 月，宋时轮、邓华纵队挺进冀东，随之，冀东爆发人民抗日起义。到 1938 年 10 月武汉会战结束和日军开始调集兵力进攻华北敌后时，晋察冀抗日根据地已扩大到有 72 个县、1200 万人口的广大地区，拥有县城数十座，武装 10 万人以上，农、工、青、妇等抗日群众团体会员 100 万人，建立了抗日民主的新社会秩序，成为华北抗战的坚强堡垒。在抗战初期大片国土沦陷、社会秩序混乱的情况下，晋察冀边区的抗日民主大旗在华北敌后高高飘扬，这对全国人民的鼓舞，对日军后方的威胁和对正面战场的支持，均有重要意义。对此，1938 年 10 月 5 日，中共中央扩大的六届六中全会主席团在给聂荣臻等的电报中作了极高的估价："边区党所执行的坚定的统一战线的方针……依靠全党全军的努力，已经创造晋察冀边区成为敌后模范的抗日根据地及统一战线的模范区。这些都在华北抗战中已经和将要尽其极重大的战略作用，而且你们的经验将成为全党全国在抗战中最有价值的指南。"[①] 日本华北方面军的一份报告中称：五台地区"乃共军巢穴，其影响至今及于华北"。[②] 因此，在武汉会战的同时，日军调集 2 万余人于 9 月 24 日开始围攻晋察冀边区腹地五台地区。这是日军重点"扫荡"华北各敌后抗日根据地的信号。

---

① 《晋察冀抗日根据地史料选编》上册，河北人民出版社 1983 年版，第 76 页。
② 日本防卫厅战史室编：《华北治安战》（上），天津人民出版社 1982 年版，第 80 页。

　　第二阶段，晋察冀抗日根据地的巩固、发展和全面建设时期（1938 年 10 月—1940 年 12 月）。武汉会战后，日本将进攻重点由正面战场移到敌后战场，正面战场逐步转向对峙，敌后战场的地位突出起来。这时晋察冀抗日根据地进入以巩固和建设为主的阶段，并在此基础上得到一定的发展。晋察冀边区首次反敌围攻五台的战役胜利后，1939 年 1 月中共北方分局召开的党代表大会制定了巩固和建设边区根据地的方针和政策。从此，晋察冀根据地一方面胜利地粉碎日伪军的"扫荡"进攻，反击国民党顽固派的"摩擦"活动，巩固和扩大边区根据地；一方面在根据地进行有利于广大群众的政治、经济、文化等方面的改革和建设。冀中区军民于 1938 年 11 月至 1939 年 4 月粉碎日伪军连续五次分区"扫荡"，于 1940 年春粉碎日伪军全面"扫荡"。晋察冀区军民粉碎了日伪军 1939 年秋季大"扫荡"。国民党顽固势力张荫梧、白志沂、金宪章等部的"摩擦"进攻也分别被打退。冀热察区军民执行巩固平西、坚持冀东、开辟平北的方针，到 1940 年底，创建了冀热察区大块游击根据地。与此同时，边区党经过整顿，成为政治上、组织上巩固的群众性的党；边区部队经过整编和训练，作战能力和机动能力大大提高；边区政权经过自下而上的民主改选，特别是 1940 年民主大选运动和《晋察冀边区目前施政纲领》（简称《双十纲领》）的颁布实施，建立健全了各级民意机关和行政机关，基本群众在政治上占了优势，并初步实现了"三三制"，从而巩固和发展了边区的新民主主义民主政治。边区还普遍开展群众性的减租减息、生产和合作运动，发展贸易和金融事业，使遭到战争破坏的边区财政经济得到恢复和发展，日军的"经济封锁"阴谋未能得逞。到 1940 年底百团大战结束，边区根据地已发展壮大为晋察冀、冀中、冀热察三个战略区，1500 万人口的广大地区，有正规部队约 11 万人，成为坚持华北敌后抗战和坚持全国抗战团结进步的一个有力支柱。中共中央对此给予很高评价："晋察冀各方面的工作均有伟大的成绩，堪称华北党的模范。"① 中共中央还希望晋察冀边区民主选举运动和《双十纲领》，"成为全国首先是其他抗日根据地，在民主建设上宝贵的参考和借镜"。②

第三阶段，晋察冀抗日根据地的艰苦斗争和恢复发展时期（1941 年—1943 年底）。在百团大战后，尤其在太平洋战争爆发前后，日军对敌后战场的进攻更加疯狂和残酷，中国抗日战争进入最艰苦的时期。这个时期华北日伪推行"治安强化运动"和"蚕食"政策，晋察冀边区抗日根据地为其"扫荡"重点之一。1941 年秋，华北日军集中 7 万余兵力对北岳区③进行"铁壁合围大扫荡"；1942 年 5 月 1 日起，集中 5 万日伪军对冀中区进行残酷"扫荡"和"清剿"；1942 年 9 月，集中 4 万日伪军对冀东进行大"扫荡"。日军对抗日根据地实行"杀光、抢光、烧光"政策，修建据点、碉堡和封锁沟、墙，制造"无人区"。晋察冀抗日根据地遭受严重损失，其巩固区缩小，大部变为游击根据地、游击区和敌占区，财政经济也遇到很大困难。为克服困难局面，1942 年 9 月，中共北方分局和晋察冀军区召开边区党政军高干会议，制定了"到敌后之敌后去"，开展全面反"蚕食"斗争的方针和措施。会后，主力部队分散活动，组织武工队、支队深入敌占区；广泛开展地道战、地雷战、交通破袭战等群众性游击战争，并展开强大的政治攻势。在政权建设方面，边区调整了党政军民领导机关，实现党的一元化领导，开展党的整风运动，实行精兵简政，提高机关工作效率；全面贯彻《双十纲领》和各项抗日民族统一战线政策，加强民主政治和法制建设。在经济方面，实行统一累进税，奖励生产，繁荣贸易，活跃经济，加强对敌粮食、物资、市场的争夺战。1943 年 1 月边区参议会召开，边区抗日民族统一战线更加巩固。根据地边缘地区正确地运用抗日两面政权政策，使游击区政权建设进展很快。1943 年 9 月—12 月，边区军民粉碎了日伪军

---

① 《中共中央对晋察冀工作的指示》1939 年 9 月 27 日，见《晋察冀抗日根据地》第 1 册（文献选编上），第 289 页。

② 《晋察冀边区民主建设的新胜利》，《新中华报》1940 年 11 月 10 日。

③ 中共晋察冀区党委于 1941 年 1 月 1 日改称中共北岳区党委，自此晋察冀区改称北岳区，辖区未变。

对北岳区为时最长、最野蛮的"毁灭扫荡",宣告了敌人的"蚕食""扫荡"政策彻底破产。至此,北岳区被敌"蚕食"的地区基本恢复,还新增5个联合县;冀中军民恢复和开辟3000多个抗日村政权,各种公开的和隐蔽的抗日根据地在广大地区恢复发展起来;冀东根据地的平原基本区得到恢复,还新开辟8个联合县。这样,就打破了日军"以战养战""变华北为大东亚战争的兵站基地"的计划,为准备反攻打下了基础。

第四阶段,晋察冀抗日根据地的局部反攻、全面反攻和空前壮大时期(1944年初—1945年9月)。1944年春天,美国在太平洋战场的战略反攻取得决定性胜利,在此形势下,日军为挽救其战略颓势,集中兵力向国民党正面战场发动了打通大陆交通的战役,敌后战场利用这一时机举行局部反攻。晋察冀抗日根据地的局部反攻于5月间向敌后迅速展开,猛烈地扩大解放区,同时,加紧做好全面大反攻的各项准备。由北岳区和冀中区开始的攻势作战,持续全年,取得具有战略意义的胜利,并组建了冀晋、冀察、冀中、冀热辽等4个二级军区、区党委和区行署。1945年上半年,日本开始收缩中国战场的作战范围,将兵力从中国南方集中于华北和华中,企图进行"长期持久的防御战",以做好"本土决战"的准备。① 中共敌后战场的春、夏季攻势作战使敌人计划受到打击。晋察冀抗日根据地于1月至7月间发动一系列战役,席卷了雁北、察北、热河、辽西,直逼平、津、张市郊,并夺取了向东北进军的前进阵地,粉碎了日军对冀东的大"扫荡",切断了日军向东北和朝鲜退却的咽喉要道。与此同时,全边区广泛开展彻底的减租减息运动、大生产运动、拥政爱民与拥军优抗运动和大练兵运动,为大反攻作准备。1945年8月初,在盟军会攻日本本土、苏联出兵中国东北之际,10日起中共敌后战场举行全面大反攻。晋察冀抗日根据地部队直指太原、北平、天津、张家口等大中城市和交通要道;24日后,改为着重夺取中小城市和广大乡村;同时抽调一部主力部队和大批干部挺进东北,收复失地。在1个月的大反攻中,边区军民解放了热、察两省广大国土,为

---

① 日本防卫厅战史室编:《华北治安战》(下),天津人民出版社1982年版,第454页。

收复东北，建立东北解放区作出了重要贡献。由于国民党政府阻止日伪军向人民军队投降，9月9日日本代表在南京签字投降后，敌后战场的战斗并未结束，一直延续到11月底甚至更晚些时候，战斗才真正结束。

在晋察冀边区的上述发展过程中，边区内几个战略区发展却不平衡。1940年前，冀中区和北岳区各项政策的执行大体是一致的，而冀东区、平北区还在开辟中。1942年敌人大"扫荡"后，边区各项政策主要在北岳区执行，直到1944年，冀中区和冀东区、平北区才与北岳区趋于平衡，而冀东、平北在减租减息和税收政策上仍有很大的灵活性。1944年，冀晋、冀察、冀中三区开始了攻势作战，而冀热辽区直到1945年上半年还在进行反敌大"扫荡"的斗争。注意到这些差别，有利于晋察冀根据地史研究的深入。

三、关于晋察冀抗日根据地的历史地位和作用

晋察冀抗日根据地为中华民族的解放事业和中国人民的革命事业作出了重大的贡献，在中国抗日战争史和中国革命史上占有重要的地位。它的历史地位和作用表现在如下几个方面：

1. 晋察冀抗日根据地是"华北抗战的堡垒"之一，在中国抗日战争中发挥了重要的战略作用。晋察冀抗日根据地的创立，不仅提供了在敌后山岳地带建立抗日根据地的先例，而且提供了在敌后平原地带建立抗日根据地的先例，标志着中共中央关于在敌后发动独立自主的游击战争、开辟敌后战场和建立抗日根据地的决策在实践中获得了成功。它的创立和发展，打开了华北抗战的新局面，对于敌后其他抗日根据地的建立和敌后抗日战场的形成起了促进作用，给全国人民指明了坚持持久抗战的正确道路。晋察冀抗日根据地是联系华北其他根据地的枢纽，它牵制、抗击和消灭了日本法西斯的大量兵力，对于坚持华北敌后抗战和全国持久抗战发挥了重大的作用。八年抗战，晋察冀抗日根据地经常牵制和抗击着1/3到1/2的华北日军和1/2以上的华北伪治安军及部分伪蒙军、伪满军、关东军，共作战32000多次，粉碎敌人千人以上、10万人以下的大"扫荡"110多次，消灭

103

日伪军 35.1 万多人。这些战斗直接威胁敌人后方的平汉、同蒲、津浦、正太、北宁、平绥等铁路和北平、天津等中心城市及关内外的咽喉通道，并在军事战略上与晋绥、晋冀豫、冀南、山东等抗日根据地及东北抗日联军相互支持，形成对日伪军的犬牙交错的包围形势，使敌深陷于人民游击战争的泥潭。这不仅有力地配合了国民党正面战场的作战，而且也使日本法西斯无法抽兵北攻苏联，并推迟南攻美英的时间。晋察冀抗日根据地还是对日反攻的"前进阵地"，为夺取抗日战争最后胜利、收复东北失地和建立巩固的东北解放区，作出了重要的贡献。在中共中央的统一部署下，晋察冀分局很早就注意开展平、津、唐等敌占城市和交通要道的工作。1942 年 8 月，晋察冀分局成立了"东北工作委员会"，以后在冀中、冀东、平北等战略区和一些重点县相继成立了同样的组织，培训了大批优秀干部，把他们派往东北各地，侦察敌情，建立地下交通，组织抗日力量，为反攻和进军东北作了重要的准备。在大反攻中，晋察冀边区部队向日军在华北的巢穴进攻，收复了张家口、宣化、山海关等 70 余座城市，解放了河北省的大部、绥远省东部、辽宁省西部和察哈尔、热河的全境。晋察冀边区还调派一部分主力部队和数千名干部进军东北，与苏军会师，会同山东等根据地部队，解放了东北广大的国土，为建立巩固的东北解放区打下了基础，加速了抗日战争最后胜利的进程。八年抗战中，晋察冀根据地坚持人民战争的战略方针，建立健全了主力兵团、地方武装和民兵自卫队"三位一体"紧密配合作战的人民战争的军事作战体系。边区八路军在战斗中由 2000 余人发展到 32 万余人①，民兵发展到 90 余万人。边区军民解放国土 30 余万平方公里（不含东北），使边区根据地由初期的 43 个不完整的县，扩大为拥有 164 个县、27 个旗、4 个自治区和近 4000 万人口包括河北省的大部，察哈尔、热河两省全部和山西、绥远、辽宁省一部的广大地区，与晋绥、晋冀鲁豫、山东和东北解放区连成一片。②

---

① 包括边区主力部队 21.5 万人，地方部队 10.4 万余人。

② 此系 1945 年 11 月晋察冀边区所辖区域和人口。《晋察冀边区管辖县区村人口土地面积》，中央档案馆藏件 1－687－1。

晋察冀抗日根据地也为中华民族的解放事业和世界各国反法西斯侵略的和平事业付出了巨大的牺牲，表现了伟大的爱国主义精神和国际主义精神。八年抗战中，晋察冀根据地八路军伤亡11.6万余人，干部群众被残害致死70余万人，被敌抓壮丁50.5万余人，粮食被抢掠133.22亿余公斤，房屋被毁256.6万余间，牛马骡驴损失63万余头，猪牛损失370万余只，敌抓伕要工3.6亿余个，敌修碉堡、公路、沟墙占地889.2万余公亩。[①] 在残酷的斗争中，晋察冀边区军民表现出的压倒一切敌人的英雄气概和大义凛然的民族气节，是中华民族的宝贵的精神财富。

2. 晋察冀抗日根据地的创立和建设，为敌后各抗日根据地提供了丰富的经验。晋察冀抗日根据地是"统一战线实验区"和"先导者"[②]，推进了敌后和全国抗日民族统一战线的发展。它模范地执行了中共中央的抗日民族统一战线的方针和各项政策，在华北敌后最早创建了中国共产党领导下的抗日民族统一战线的民主政权即边区行政委员会，并得到国民政府行政院和军事委员会的正式批准，从而提供了建立抗日民族统一战线政权形式的典型和经验。在边区历次民主选举运动中，按照党的"三三制"政策，逐步调整了各级抗日民主政权的成分，使边区内的国民党、各少数民族及各阶层爱国民主人士有更多的参政机会，巩固和扩大了共产党领导的边区抗日民族统一战线。晋察冀抗日根据地从建立起就非常重视财政经济建设，与敌人展开了针锋相对的经济斗争。边区政府实施了正确的经济建设的方针：顽抗暴敌，克服天灾，保证军需，充裕民生，增进农业，发展手工业、小商业、合作社，力求自给自足，活跃边区经济。晋察冀根据地在敌后最早建立了边区银行，发行边币，最早实行了统收统支和救国公粮制度，而且实行了"合理负担"和比较完备的统一战线的税收政策——"统一累进税"，卓有成效地保证了游击战争中的战勤供给，边区还采取了奖励生产和

---

① 晋察冀边区行政委员会：《抗战八年来边区人民损失初步统计》，载1946年2月6日《晋察冀日报》。

② 聂荣臻：《在中共中央北方分局党代表大会上的报告》。1939年1月，见《晋察冀抗日根据地》第1册（文献选编上），中共党史资料出版社1988年版，第228—229页。

技术发明、活跃贸易和金融等一系列恢复繁荣经济的有效措施，从而使边区财政经济即使在遇到敌人严重破坏的最艰苦时期仍具有持久的耐力。同时，边区有效地开展了对敌货币斗争、粮食斗争和市场、物资的争夺战，并取得决定性的胜利，使日本侵略者掠夺华北、"以战养战"和变华北为"大东亚战争兵站基地"的计划遭到沉重的打击。在总结边区政权建设和经济建设的经验之后，1940 年，中共中央北方分局制定了《关于晋察冀边区目前施政纲领》，《新中华报》指出：这一纲领，是"目前全国模范的抗日民族统一战线的、新民主主义的施政纲领。全国各地，特别是敌后方其他各抗日根据地，在政治、经济、军事、文化设施计划上，都应以它为最好的参考和借镜"①。

3. 晋察冀抗日根据地是中国新民主主义制度实施较早的地区，各方面政策比较齐备，成为新民主主义中国的一个良好的"模型"。在抗战中，晋察冀边区不仅建立了敌后第一个共产党领导的各抗日革命阶级联合专政的新民主主义政权，而且经过自上而下和自下而上的民主改造，特别是村、区、县和边区的民主选举运动，彻底摧毁了旧的地主资产阶级的政权机构，按照民主集中制的原则，建立健全了新民主主义政权的一整套民主制度。边区还实施新民主主义的经济、文化政策，逐渐削弱了农村的封建、半封建的剥削制度和宗法关系。晋察冀根据地通过各方面的抗日民主建设，把新民主主义中国的"模型"具体地呈现出来，使全中国人民看到了新民主主义中国的光明前景，这对于促进全国政治的进步起了巨大的推动作用。

---

① 《中共晋察冀边委的施政纲领》，《新中华报》1940 年 10 月 3 日。

关于《为筹建晋察冀边区政府致聂荣臻电》成文时间的考证[①]

　　《为筹建晋察冀边区政府致聂荣臻电》是一篇很重要的历史文献。关于这一指示电的成文时间，过去一般以1981年出版的《刘少奇选集》为准，认为是由刘少奇在1937年10月20日草拟的。但是，根据近几年所掌握的有关资料，我认为上述判定有疏误。

　　第一，我认为《为筹建晋察冀边区政府致聂荣臻电》的成文时间不在1937年10月20日。根据如下：一是这个指示电是发给聂荣臻的，但此时（1937年10月20日）聂荣臻尚未奉命担负开创晋察冀抗日根据地的任务。聂荣臻1943年在《关于晋察冀边区六年来的工作向中央的报告》中说，他奉命留驻五台开创晋察冀根据地的任务，是华北军分会约在1937年10月23日决定的。《晋察冀军区抗日战争史》，一书写道：1937年10月22日，八路军总部和一一五师主力向晋东南转移，该师政治委员兼副师长聂荣臻奉命在晋察冀三省边界开创抗日根据地。[②] 这表明，把发出《为筹建晋察冀边区政府致聂荣臻电》的时间判定在1937年10月20日是有所提前的。二是晋察冀军区的成立，是筹建晋察冀边区政府的前提条件，但在1937年10月20日，这个前提条件尚不具备。朱德、彭德怀、任弼时在1937年10月25日向毛泽东提出《关于晋察冀绥军事部署的报告》中，才明确地提出了成立晋察冀军区的决策，并初步规划了晋察冀军区的范围。《报告》称："平绥以南、同蒲以东、正太以北、平汉以西为晋察冀军区，以聂荣臻为晋

---

　　① 原载《中共党史资料》第45期,中共党史资料出版社1993年版。
　　② 北京军区晋察冀战史编写组:《晋察冀军区抗日战争史》军事科学出版社1985年版,第597页。

察冀军区司令员兼政治委员。"① 第二天,毛泽东代表中共中央、中央军委批准了这一重要决策。根据聂荣臻写的《抗日模范根据地晋察冀边区》一书的记载:1937 年 10 月 27 日,在五台县城准备成立晋察冀军区,11 月 7 日正式宣布了军区成立的命令。② 晋察冀军区的成立,标志着晋察冀边区抗日根据地的初步形成,从而为筹建晋察冀边区政府提供了客观要求和根本前提。由此可见,《为筹建晋察冀边区政府致聂荣臻电》的成文时间,应在 1937 年 11 月 7 日晋察冀军区成立之后,而不会在此之前。第三、从《为筹建晋察冀边区政府致聂荣臻电》的行文来看,也是与 1937 年 10 月 20 日的实际情况不相符的。例如,"名义可称为晋察冀边区政府委员会""主席即以宋劭文担任"等用语,很清楚地表明这一指示电是对有关请示报告的答复。显然,这样的来往电报也是只有在晋察冀军区成立之后才有可能的。

第二,我认为《为筹建晋察冀边区政府致聂荣臻电》的确切时间是在 1937 年 11 月 16 日。因为,成立晋察冀边区政府的酝酿和筹备,最初起于聂荣臻的一个请示报告。1937 年 11 月 8 日,即在晋察冀军区成立的第二天,聂荣臻给朱德、彭德怀、任弼时发出《关于成立晋察冀临时行政委员会等问题的请示报告》。聂荣臻写道:晋察冀既成立军区,政权亦应有一统一组织。我意即成立晋察冀临时行政委员会,下分财政、民政、交通、经济、文化、锄奸等处。即以阎③委之行政委员宋劭文担任主席。聂荣臻的请示报告并致周恩来转北方局。5 天以后,即 1937 年 11 月 13 日,朱德、彭德怀、任弼时对聂荣臻的请示报告作了批复,提出"晋察冀边区政府稍迟再成立为宜",认为现在中心工作要加紧壮大我军,组织游击队,组织党和改造县区乡村政治机构,准备粮食和经费等。很明显,这个批复在内容上是与《为筹建晋察冀边区政府致聂荣臻电》有很大区别的。又过了 3 天,即 1937 年 11 月 16 日,周恩来、刘少奇才就成立晋察冀边区政府问题致电聂荣臻并转晋察冀省委。指出:"(甲)在晋察冀全区,为加强与统一军事、

---

① 《晋察冀抗日根据地》第 1 册(文献选编上),中共党史资料出版社 1988 年版,第 49 页。
② 聂荣臻:《抗日模范根据地晋察冀边区》,八路军军政杂志社 1939 年 5 月 1 日,第 9 页。
③ 阎,即阎锡山——编者注。

政治领导，应即进行统一战线的民主政权的改造与建设。（一）立即普遍进行区乡临时政府委员会的民选。（二）由当地武装部队、各党派团体代表组织临时县政府委员会，好的县长可当主席。（三）立即筹备［临时］边区政府的建立，名义可称为晋察冀边区政府委员会，主席即以宋劭文担任。"电报还对边区政府的组织机构、基本政策以及筹建边区政府的策略等作了明确指示。周恩来、刘少奇的指示电，同时致朱德、彭德怀、任弼时、关向应、张浩、邓小平、朱瑞、彭真、彭雪枫等，并报毛泽东、洛甫（张闻天）。从内容和行文来看，周恩来、刘少奇的这个指示电，即是《刘少奇选集》收录的《为筹建晋察冀边区政府致聂荣臻电》的原始件。由上述 3 个相关的文献资料可以判定：《为筹建晋察冀边区政府致聂荣臻电》的成文时间应为 1937 年 11 月 16 日。

顺便指出：根据有关资料，《为筹建晋察冀边区政府致聂荣臻电》的署名，亦应由刘少奇为北方局起草的电报，更正为周恩来和刘少奇两人起草之。

第三，我认为《为筹建晋察冀边区政府致聂荣臻电》的时间之所以会发生疏误，大致有两个方面原因。一是这个指示电曾被收入 1945 年 2 月印发的《华北工作座谈会》文件中，当时题为《北方局给晋察冀指示电》，并标明时间"大概是在 1937 年 10 月 20 日左右"。加以比较，就会发现 1981 年出版的《刘少奇选集》正是收录了这个版本，将题目作了相应的变动，改为：《为筹建晋察冀边区政府致聂荣臻电》。但是很可惜，在时间上，把"大概""左右"4 个字疏漏掉了，结果变成了"1937 年 10 月 20 日"的确切判断。二是《刘少奇选集》在收录这个版本时，可能受到有关史料的限制。例如，那时可能还没有掌握上面提到的聂荣臻有关成立晋察冀边区政府的请示报告及朱德、彭德怀、任弼时的有关批复，特别是周恩来、刘少奇的有关批复等重要文献资料。因此，没能对不同版本进行比较，所以对该文电的成文时间作出了不准确的判定。

论彭真关于晋察冀抗日根据地建设思想的理论基础和基本内容[①]

一、伟大实践的科学总结

彭真关于晋察冀抗日根据地建设的思想与实践，是创造性地运用马列主义的立场、观点和方法，运用毛泽东的新民主主义理论和党中央的《抗日救国十大纲领》与基本政策于边区，使之在边区"地方化""具体化"的结果，是晋察冀抗日根据地斗争和建设的伟大实践的科学结晶。因此，为了深入研究和理解彭真关于晋察冀抗日根据地建设思想与实践，把握其基本内涵，不仅需要比较系统、全面地考察晋察冀边区的历史，而且需要对彭真抗日根据地建设思想形成的理论基础和这一思想形成的过程作一概略的考察。

（一）以毛泽东新民主主义理论为指导

彭真抗日根据地建设思想的形成，是以毛泽东的新民主主义理论为指导的，也就是说，毛泽东的新民主主义理论是彭真抗日根据地思想形成的理论基础。没有新民主主义理论的指导和运用，晋察冀边区的实践就会是盲目的实践，当然，也就谈不上对边区经验的科学总结。众所周知，新民主主义理论是中国共产党集体智慧的结晶，而毛泽东的科学著作是它的集中概括。"毛泽东同志从中国的历史状况和社会状况出发，深刻研究中国革命的特点和中国革命的规律，发展了马克思列宁主义关于无产阶级在民主革命中的领导权的思想，创立了无产阶级领导的，工农联盟为基础的，人

---

① 原载谢忠厚、李昌远、申玉山、李翠艳：《新民主主义社会雏形——彭真关于晋察冀抗日根据地建设思想与实践》之《绪论》，人民出版社 2002 年版，第 13—46 页。

民大众的，反对帝国主义、封建主义和官僚资本主义的新民主主义革命的理论。"① 这一理论有一个逐步形成和发展的历史过程。早在第一次大革命时期和土地革命前期，毛泽东在《中国社会各阶级的分析》《湖南农民运动考察报告》《井冈山的斗争》《星星之火，可以燎原》等著作中，初步提出了新民主主义革命的基本思想，特别是揭示了中国革命的对象和动力，指明了中国革命要走农村包围城市、建立农村根据地、武装夺取政权的正确道路。到土地革命后期召开的遵义会议上，确立了毛泽东在中国共产党和红军中的领导地位，结束了"左"倾教条主义、冒险主义在中共中央的统治，使中国共产党在政治上走向成熟。在这一历史条件下，抗战前夕和抗战时期，毛泽东的新民主主义理论进一步发展成为一个独创的科学体系。

根据 1931 年"九一八"事变后国内外形势的新变化，以毛泽东为首的党中央继 1935 年发表"八一"宣言后，又于同年 12 月在瓦窑堡召开政治局会议，确定了抗日民族统一战线的总方针，以便把中国革命推向新的阶段，即从土地革命战争转向抗日民族战争的阶段。毛泽东在阐明党的政策变化时，第一次明确地提出了革命转变的思想，认为"中国革命的现时阶段依然是资产阶级民主主义性质的革命，不是无产阶级社会主义性质的革命"，"革命的转变，那是将来的事"，"何时转变，应以是否具备了转变的条件为标准，时间会要相当地长"。② 1939 年 9 月，毛泽东针对中国革命和国共关系的重大变化，在《中国共产党在抗日时期的任务》《抗日游击战争的战略问题》《论持久战》等一系列重要著作中，进一步阐明了中国革命转变等重要思想观点，即，关于中国革命的前途一定是社会主义的观点；关于要实现革命转变首先必须争取民族民主革命的胜利的观点；关于民族民主革命阶段的目标是建立自由、平等、幸福的新的民主共和国的观点；关于抗日战争要打败日本侵略者、建立新中国的观点。随着革命的深入发展和革命经验的进一步总结，毛泽东于 1939 年 10 月发表《〈共产党人〉发刊

---

① 中共中央《关于建国以来党的若干历史问题的决议》，载《三中全会以来重要文献选编》下册，人民出版社 1982 年第 1 版，第 773 页。

② 《毛泽东选集》第 1 卷，人民出版社 1991 年第 2 版，第 160 页。

词》。这篇著作明确提出了统一战线、武装斗争、党的建设是中国共产党在中国革命战争中战胜敌人的"三个主要的法宝"。"统一战线和武装斗争，是战胜敌人的两个基本武器。统一战线，是实行武装斗争的统一战线。而党的组织，则是掌握统一战线和武装斗争这两个武器以实行对敌冲锋陷阵的英勇战士。"① 接着，毛泽东于 1939 年 12 月发表《中国革命和中国共产党》，第二年 1 月发表《新民主主义论》。这两篇重要著作首次使用了"新民主主义"的科学概念，标志着毛泽东新民主主义理论体系的形成。在《中国革命和中国共产党》中，从近代中国社会沦为殖民地、半殖民地和半封建这一特殊性质出发，系统地阐明了中国革命的对象、任务、动力、性质，阐明了中国革命的两个阶段的逻辑联系，明确指出：中国现阶段革命的性质"是新式的特殊的资产阶级民主主义的革命"，是"新民主主义的革命"；新民主主义革命是社会主义革命的必要准备，社会主义革命是新民主主义革命的必然趋势。② 在《新民主主义论》中，进一步全面地论述了新民主主义的革命理论，并在此基础之上，深刻地论证了马克思学说中所没有的新民主主义社会理论，提出了新民主主义共和国的政治、经济、文化纲领，描绘了中国新民主主义社会的蓝图。明确地指出：两个革命阶段"是有机构成的两部分，而为整个共产主义思想体系所指导的"；"第一个为第二个准备条件，而两个阶段必须衔接，不容横插一个资产阶级专政的阶段"；新民主主义革命的结果，是要建立在无产阶级领导之下的反帝反封建的各革命阶级联合专政的新民主主义的共和国，而在抗日时期就是抗日民族统一战线的共和国。③ 经过 1945 年党的七大，肯定了毛泽东的新民主主义理论体系；经过解放战争，毛泽东的新民主主义理论体系得到丰富、发展和完善，进一步阐明了新民主主义社会的基本政策和实现从新民主主义社会向社会主义社会的革命转变的基本构想，从而彻底地解决了中国革命的基本理论和实践的途径问题。

---

① 《毛泽东选集》第 2 卷，人民出版社 1991 年第 2 版，第 613 页。
② 《毛泽东选集》第 2 卷，人民出版社 1991 年第 2 版，第 646—650 页。
③ 《毛泽东选集》第 2 卷，人民出版社 1991 年第 2 版，第 685—688 页。

概括起来，毛泽东的新民主主义理论有两个基本点：一是"认为中国资产阶级有两个部分，一部分是依附于帝国主义的大资产阶级（即买办资产阶级、官僚资产阶级），另一部分是既有革命要求又有动摇性的民族资产阶级"。从这个基本国情出发，并根据国内阶级矛盾的变动情况，确定了共产党的统一战线政策和策略："无产阶级领导的统一战线要争取民族资产阶级参加，并且在特殊条件下把一部分大资产阶级也包括在内，以求最大限度地孤立最主要的敌人。在同资产阶级结成统一战线时，要保持无产阶级的独立性，实行又团结又斗争、以斗争求团结的政策；在被迫同资产阶级、主要是同大资产阶级分裂时，要敢于并善于同大资产阶级进行坚决的武装斗争，同时要继续争取民族资产阶级的同情或中立。"这些是坚持巩固和发展统一战线的重要策略思想。二是"认为由于中国没有资产阶级民主，反动统治阶级凭借武装力量对人民实行独裁恐怖统治，革命只能以长期的武装斗争为主要形式"。鉴于旧中国的强大的敌人长期占据着中心城市，中国革命的中心必须首先放在农村，实行"工农武装割据"。所以，"中国的武装斗争，是无产阶级领导的以农民为主体的革命战争。农民是无产阶级的最可靠的同盟军。无产阶级有可能和必要通过自己的先锋队用先进思想、组织性和纪律性来提高农民群众的觉悟水平，建立农村根据地，长期进行革命战争，发展和壮大革命力量"。① 这就是以毛泽东为代表的中国共产党人创立的以农村包围城市，最后夺取全国胜利的正确革命道路的基本依据。

同以上两个基本点相联系，毛泽东的新民主主义理论还包括中国革命的性质与任务、中国共产党的历史地位和领导作用、中国新民主主义革命的总路线、中国新民主主义的建设纲领、中国革命的转变和前途，等等。其中重要的观点有：中国共产党领导的整个中国革命，是包括民主主义革命和社会主义革命两个阶段在内的全部革命运动，而新民主主义革命的直接目标，是建立一个新民主主义的共和国，并为建立社会主义准备条件；

① 关于新民主主义理论的两个基本点及引文见中共中央《关于建国以来党的若干历史问题的决议》，载《三中全会以来重要文献选编》下册，人民出版社 1982 年版，第 773—774 页。

新民主主义政治、经济、文化纲领，既区别于资本主义，又区别于社会主义，在政治上是各革命阶级的联合专政，在经济上实行没收封建阶级的土地归农民所有、没收垄断资本归新民主主义国家所有和保护民族工商业等三大纲领，在文化上发展民族的、科学的、大众的新文化，即人民大众的反帝反封建的文化；新民主主义革命必须以共产主义思想为指导，但是在强调宣传共产主义思想的同时，"我们既应把对于共产主义的思想体系和社会制度的宣传，同对于新民主主义的行动纲领的实践区别开来，又应把作为观察问题、研究学问、处理工作、训练干部的共产主义的理论和方法，同作为整个国民文化的新民主主义的方针区别开来。把二者混为一谈，无疑是很不适当的"。① 毛泽东的新民主主义理论成为彭真根据地建设思想的理论基础和理论来源，直接影响着它的酝酿形成和确立的进程。

（二）彭真抗日根据地建设思想形成的过程

以毛泽东新民主主义理论为指导，并植根于晋察冀边区革命实践基础之上的彭真根据地建设思想，有一个酝酿和逐步形成的过程。大致说来，可分为以下三个时期：

1. 酝酿萌芽时期。彭真抗日根据地建设思想的酝酿始于1937年5月至6月在延安召开的中国共产党全国代表会议（当时称为苏区代表会）和白区工作会议前后。彭真于1935年8月刑满出狱时，正值由土地革命战争向抗日民族战争的转变时期。他根据中共中央的"八一"宣言和瓦窑堡会议的精神，立即投入华北地区的地下工作，大力恢复和发展共产党的组织，推动建立抗日民族统一战线。1936年10月21日，彭真化名炜实，在中共中央北方局刊物《火线》上发表《根据党的新策略来检讨北平工作》一文，认为应根据党的抗日民族统一战线的新策略，利用各种合法组织、合法运动和合法手段来进行公开活动，使每个党员都能充分发挥其创造性。1937年2月5日，他指导中华民族解放先锋队在北平召开成立大会，在大会决议

---

① 《毛泽东选集》第2卷，人民出版社1991年第2版，第706页。

中明确提出了抗日救亡运动的任务和策略,① 强调:大规模武装抗战已迫近,要加强学习军事,并用各种方式建立民众的武装力量。抗日战争爆发前夕,彭真于 1937 年 5 月至 6 月以白区党的代表团主席的身份,出席在延安召开的党的全国代表会议和白区工作会议,并当选为大会主席团成员。会议期间,通过了毛泽东的《中国共产党在抗日时期的任务》的报告和《为争取千百万群众进入抗日民族统一战线而斗争》的结论,从总的方面肯定了刘少奇《关于白区的党和群众工作》的报告,批准了从遵义会议以来党的政治路线,批判了"左"倾关门主义,提出了以争取民主为中心的巩固和平、促进团结、实现抗战的各项任务,从而为迎接全国抗日民族战争的到来在政治上、组织上作了重要准备。彭真先后在党的全国代表会议、白区工作会议及讨论刘少奇报告的中央政治局会议上发言,结合中国革命的经验教训,认定毛泽东是中国共产党当之无愧的领袖,支持刘少奇的白区工作基本方针和策略原则。认为:"华北形势是特殊的形势,一切矛盾集中在华北,中日矛盾在华北表现更尖锐。对于国民党,它在华北虽然不公开存在,然而它还是要与我们争夺领导权。我们应该根据华北具体情形来决定我们的策略。"强调:"党在白区的工作要充分运用统一战线形式,广泛组织发动群众抗日,同时必须坚持党的独立性"②;"如果我们不能有独立性,那么我们只有给国民党当尾巴。"③

1937 年"七七"事变后,彭真在全力参与部署共产党在北方地区开展抗日游击战争和创建敌后抗日根据地的实践中,特别是 1938 年 2 月至 1939 年 11 月(中共中央北方分局组织会议)前后,在与聂荣臻一起为巩固、扩大和建设晋察冀边区抗日根据地的实践中,不断地进行理论探索,成为彭真关于抗日根据地建设思想的一个重要的酝酿建构时期。

抗战初期,彭真根据党的洛川会议决议精神和毛泽东的指示,进一步阐明了在抗日民族统一战线中必须坚持党的领导权的思想。1937 年 12 月 9

① 彭真在中共白区工作会议上的发言,1937 年 5 月 24 日。原件存中央档案馆。
② 《彭真同志光辉战斗的一生》,载《缅怀彭真》,中央文献出版社 1998 年版,第 3 页。
③ 彭真在中共苏区代表会议上的发言,1937 年 5 月 6 日。原件存中央档案馆。

日，他在中共冀豫晋省委机关刊物《战斗》第3期上发表《抗战中的新危机与华北党的任务》一文，认为：必须反对妥协投降，争取一切友军和千千万万的群众共同扩大抗日民族统一战线，为保卫山西、保卫华北，为收复一切失地坚决抗战到底。1938年2月上旬，在中共冀豫晋省委党的活动分子会议上，针对王明"一切经过统一战线""一切服从统一战线"的右倾错误主张，在传达中共中央12月会议精神和军委华北分会会议精神时，明确地阐述了党的抗日民族统一战线中的国共合作、独立自主、基本工作方式、抗日与民主民生的统一、民族利益与阶级利益等基本问题，并与邓小平商定，在小范围的高级干部会议上专门讲了争取领导权的问题，指出："在统一战线中要保持党的政治和组织的独立性，坚持党在统一战线中的领导权。没有了领导权，革命就一定失败，大革会失败就是因为放弃了领导权。"①

彭真在主持晋察冀边区党的工作不久，即于1938年4月，与聂荣臻一起主持召开晋察冀边区第一次党代表大会。在《关于全国抗战形势和争取抗战胜利方针的报告》和《关于黄敬同志报告讨论的结论》中，以及会后在《战线》上发表的《抗战的新形势和边区党的几件重要工作》等论著中，进一步阐述了共产党的抗日民族统一战线的实质和党的领导权问题，在此基础上，明确地提出了"巩固与扩大边区"的方针，首次提出了"巩固党和军队、政权及抗日群众组织"的重要思想。指出：要巩固与扩大边区抗日根据地，使它成为更健强的抗战堡垒和前进的有力阵地，并使它继续发展成为统一战线的模范区域，"这是边区党政治上的中心任务，一切工作应该围绕这一中心任务来布置"②。强调：必须"保障党的独立性"，"培养大批能治国的和统一战线的人才"③，必须"巩固党和军队、政权及抗日群众

① 彭真传编写组编：《彭真年谱》第一卷，中央文献出版社2012年版，第76—77页。
② 彭真在晋察冀边区第一次党代表大会上关于黄敬同志报告讨论的结论，1938年4月。原件存中央档案馆。
③ 彭真在晋察冀边区第一次党代表大会上关于全国抗战形势和争取抗战胜利方针的报告，1938年4月。原件存中央档案馆。

组织"①，必须"建立正确的统一战线的财政政策和税收制度"②，以巩固与扩大边区根据地，坚持华北抗战。1938 年 9 月至 11 月，彭真在延安出席中国共产党扩大的六届六中全会。这是一次具有重要历史意义的会议。会上毛泽东作了《论新阶段》的政治报告和《战争和战略问题》的结论报告，会议批准了以毛泽东为首的中共中央政治局的路线，批判了王明"一切经过统一战线""一切服从统一战线"的右倾错误主张，决定把党的工作重心放在战区和敌后。在此次全会上，彭真在关于晋察冀边区工作的报告和关于中国革命性质等问题的发言中，阐明了在边区根据地要清除日寇势力、削弱封建势力的观点。针对王明划分资产阶级革命与资产阶级民主革命的错误观点，他总结抗战以来的新鲜经验，认为："资产阶级民主革命就是反帝反封建的半殖民地的革命。""今天的民族抗日统一战线，也不是简单的抗日"，"现在华北抗日根据地，不仅清除了日寇的势力，而且削弱了各帝国主义的势力"，"封建势力削弱，苛捐杂税也将取消，减租减息也相当的解决封建的剥削，在战争状态下地主也有破产的危险"。因此，必须把民族解放与民主革命联系起来，"不能机械分为民族革命阶段与土地革命阶段"。③

在中共扩大的六届六中全会期间，彭真还在《解放》杂志第 55 期上发表了《论晋察冀边区抗日根据地的政权》一文，从巩固与扩大抗日根据地和反帝反封建斗争的高度，系统地总结了晋察冀边区创建抗日民族统一战线政权的重大成就和基本经验，提出了边区政权建设和改革的基本目标。深刻地指出："晋察冀边区的政权组织，是巩固、扩大晋察冀边区的有力支柱之一。它是中华民国的合法的地方政府，它的产生不但经过了人民的选举，而且经过了阎主任和国民政府的批准。它包括了各党各派各界各军的爱国领袖，相当改革了自己的机构，实行了相当的民主，并且依靠各级工

---

① 彭真：《抗战的新形势和边区党的几件重要工作》，《战线》1938 年第 5 期。
② 彭真在晋察冀边区第一次党代表大会上关于黄敬同志报告讨论的结论，1938 年 4 月。原件存中央档案馆。
③ 彭真在中国共产党扩大的六届六中全会上的发言，1938 年 10 月 28 日。原件存中央档案馆。

作人员的集体努力和互相监督、鼓励与模范作用以及广大群众的帮助，相当保证了各级工作人员的艰苦生活和廉洁作风，因已有了相当高度的工作效率，而获得了广大群众的热烈支持和爱护。"并强调：要进一步依靠边区各级政府和广大群众的努力，使边区政权克服残存的缺点，日益成为"最健全的抗日统一战线的、民主的、廉洁的、具有高度工作能力和获得最广大群众爱护的地方政府"。①

在抗日战争进入战略相持阶段的关键时刻，彭真与聂荣臻于1939年1月主持召开中共中央北方分局代表大会，确定了巩固和建设边区根据地，为建立三民主义共和国而奋斗的方针。彭真在传达中共扩大的六届六中全会精神的报告和《关于新阶段诸问题的结论》中，比较系统地阐发了以毛泽东为首的中共中央关于中国革命的基本理论和在抗日时期的基本政策。明确地提出：马克思主义的中国化、民族化，"即具体化不多也不少"。认为："中国经济政治制度之半殖民地性与半封建性，这是中国社会的基本特点"，基于这一特点产生和决定了中国革命是资产阶级性质的民族民主革命，以及其他许多特点②；"从苏维埃革命战争转变到抗日民族战争，中国革命的性质虽然没有变化，但是由于国际关系和国内阶级关系的变化，革命动力和阶级结合形势统统变化了，而且正在变化着"③。指出："抗日民族统一战线的前途，就是建立三民主义共和国"，它的性质不是西欧式的纯粹资产阶级的共和国，也不是苏维埃共和国，而是民族独立、民权自由、民生幸福的三民主义共和国，这"是抗战的目标"，"是国共合作的目的"，"是走向社会主义社会必经的阶段"。强调：三民主义共和国怎样转向社会主义，"要取决于那时国际的条件和国内各种具体条件"，"今天不应该也不

① 《晋察冀抗日根据地》第1册（文献选编上），中共党史资料出版社1988年版，第215—216页。
② 彭真在中共中央北方分局代表大会上关于新阶段的诸问题的结论，1939年1月。原件存中央档案馆。
③ 彭真在中共中央北方分局代表大会上的报告，1939年1月。原件存中央档案馆。

必空谈什么社会主义前途的问题"①。

中共中央北方分局代表大会后,彭真于 1939 年 11 月,主持召开了中共中央北方分局组织工作会议,在会议报告和结论中,第一次提出了"边区要成为巩固的抗日根据地,巩固的党的根据地"的思想,初步阐明了巩固和建设边区抗日根据地的各种政策,具体地制定了从组织上、政治上、思想上巩固党的方针和政策。指出:"边区要成为更巩固的根据地,更巩固的党的根据地,特别是党的持久的巩固的根据地。这主要依靠着正确的统一战线的根据地的政策,巩固的党和军队,普遍健强的群众组织和群众动员,特别是我们的政权优势和与群众的血肉般的联系,能战胜敌人一切进攻、扫荡。"强调抗战进入了相持阶段,敌后抗战更艰苦,严重的困难摆在党的面前,"思想上、政治上、组织上巩固党,成为今天首要的严重任务,成为完成党的政治任务的决定因素"。②

2. 基本形成时期。1939 年和 1940 年,敌后战场壮大成为中国抗战的主战场,晋察冀边区进入了巩固和全面改革与建设的新阶段,彭真在边区的革命实践和理论探索日趋深入。1940 年 2 月,毛泽东《新民主主义论》的复写稿传到中共中央北方分局,在该书的封面上,毛泽东亲笔批示:"送晋西北转送五台山彭真同志指正。"彭真见到批示和书稿后即交付中共中央北方分局机关报《抗敌报》编辑部负责人邓拓,让他将《新民主义论》排印出版。③《中国革命和中国共产党》《新民主主义论》两部著作给彭真的思想与实践带来了巨大的影响和飞跃,使他的抗日根据地建设思想经过长期酝酿而基本形成。其主要标志是两大理论成果:一是 1940 年 4 月在中共中央北方分局扩大干部会议上的报告;二是同年 8 月中共中央北方分局颁布《晋察冀边区目前施政纲领》。

---

① 彭真在中共中央北方分局代表大会上关于新阶段诸问题的结论,1939 年 1 月。原件存中央档案馆。

② 中共中央北方分局组织会议期间彭真在边区部队与地方党干部会上的报告,1939 年 11 月。原件存中央档案馆。

③ 周明、方炎军:《峰火十年忆邓拓》,载《中国共产党晋察冀边区出版史资料选编》,河北人民出版社 1991 年版,第 14 页。

　　彭真在这次中共中央北方分局扩大干部会议上的报告，具体运用毛泽东的新民主主义理论，进一步发挥"边区是抗日根据地，也是党的根据地"的思想，第一次明确地提出了在边区"改造旧社会、创造新社会"的总目标。报告在分析国际形势和国内形势的基础上，比较系统地说明了中国革命的性质、动力、对象、目标及战略策略，指出：中国社会曾经是一个半殖民地半封建的国家，这样的社会、经济、政治情况所需要的和可能的革命是资产阶级性的革命，即民主主义革命，即反帝反封建的革命。中国革命分为两个步骤：第一步新民主主义的革命，推翻帝国主义在华势力，肃清封建势力；第二步社会主义的革命，废除私有财产，将来还要过渡到共产主义。抗日战争与整个新民主主义革命是密切联系着的。现阶段中国革命的目标是：驱逐日本帝国主义出中国，建立独立（驱逐一切帝国主义在华势力）、自由（推翻政治上的半封建制度）、幸福（肃清经济上的半封建剥削）的新中国。并指出：中国现在一般的还是殖民地半殖民地及半封建制度占优势的国家，只有陕甘宁边区已经脱离了帝国主义和封建势力的束缚，晋察冀边区和一切敌后抗日根据地正在解脱帝国主义和封建势力束缚剥削的过程中。在此基础上，明确提出："我们在边区正在改造着一个旧社会，创造着一个新社会。在边区凡我巩固统治的区域，已基本上脱掉了半殖民地的性质。在边区，半封建性在政权上基本上打掉了，在经济上的半封建也正在削弱的过程中，在文化上、人民的生活上也正在改变着。"[①] 并规定了在边区改造旧社会、创造新社会所必须执行的各种具体政策，决定在七、八、九三个月举行边区民主选举运动，彻底改革边区政权机构，建立健全新民主主义的政治制度。

　　1940 年 4 月中共中央北方分局扩大干部会议后，彭真不断地阐述和完善"改造旧社会、创造新社会"的主张。5 月 22 日、23 日、24 日，连续致电北方局、中共中央，就晋察冀边区政权机构与陕甘宁边区的不同之点、县议会职权与县政府组织、村政权组织等问题，提出了具体政策规定。5 月

---

　　① 彭真在中共中央北方分局扩大干部会议上的报告提纲，1940 年 4 月。原件存中央档案馆。

25日、26日和28日，在边区各界宪政促进会第二次理事会议和北方分局讨论边区宪政原则问题的会议上，就边区实施新民主主义宪政的原则、办法和选举法、组织法，提出了具体政策。在此基础上，由边区行政委员会于6月15日发出《为胜利地完成各级选举而斗争》的指示信，同时公布《晋察冀边区县区村暂行组织条例》《晋察冀边区参议会暂行组织条例》《晋察冀边区暂行选举条例》，强调：胜利地完成各级选举，使边区政权"成为新中国的模型"。7月1日，彭真在纪念中国共产党成立19周年大会上发表演说，进一步阐明了这个新社会、新中国的"新民主主义性质"，明确指出：党在边区根据地"正在改造着旧社会，创造一个新民主主义的社会"。"今天我们党是正在进行着这样一个伟大的工程。"[1]

同年8月19日，在《抗敌报》上公布了彭真主持制定的《中共中央北方分局关于晋察冀边区目前施政纲领》（因纲领共20条，故简称"双十纲领"）。这一纲领，在毛泽东同志的新民主主义理论的指导之下，科学地总结晋察冀边区的经验，正确地规定了最适合于抗战需要的民族统一战线的、新民主主义的政治、军事、经济、文化和民族、宗教及社会等各项基本政策、主张。同一天，彭真在《抗敌报》上发表《关于我们的目前施政纲领》一文，围绕"改造旧社会，创造新民主主义的社会"问题，从目的和意义、出发点和基本精神、各种具体政策等方面，对"双十纲领"作了系统的、全面的阐释。明确指出：这个纲领"纯然是本党中央抗日民族统一战线的方针与抗日救国十大纲领的地方化与具体化，同时也是完全符合于孙中山先生的三民主义与国民政府抗战建国纲领的政策的"。它的出发点，即基本精神，是为了巩固发展边区的统一战线，是要从政治上、经济上、保障工农劳苦群众生活的改善，是为了保障边区有顽强的健康的持久性，从而使"边区不但成为模范的抗日民主根据地，而且成为新民主主义的即三民主义的政治经济建设模范，亦成为建国的模范"。"它所处理的是边区政治经济

---

① 彭真：《为把晋察冀边区建设成模范的抗日根据地而斗争》，1940年7月1日。载《晋察冀抗日根据地》第1册（文献选编上），中共党史资料出版社1989年版，第361页。

建设发展的现阶段实际亟待解决的问题"，"并不是只讲原则和总的方针的宣传纲领，而是当前具体的行动纲领"。①

上述彭真在中共中央北方分局扩大干部会议上的报告和"双十纲领"的颁布及《关于我们的目前施政纲领》一文的发表，表明彭真在晋察冀边区的革命实践和理论探索达到了一个新的水平、新的高度，即从理论与实践的科学统一上，比较全面地解决了建设什么样的边区抗日根据地和怎样建设边区抗日根据地的问题，它们是彭真关于晋察冀抗日根据地建设思想基本形成的标志性著作。

3. 确立时期。在抗日战争行将进入最困难时期之际，彭真面对深入巩固、改革和建设边区根据地的艰巨任务，自1940年下半年起，进行了大量深入的理论研究工作，长期酝酿形成的抗日根据地建设思想走上理论化、系统化。他在1940年9月中共中央北方分局扩大干部会议的政治报告，是这一理论化、系统化进程的重要一环。

九月中共中央北方分局扩大干部会议，是边区创立以来一次规模空前的盛会，有各级干部900余人与会，历时9天，着重讨论了深入巩固和改革与建设边区根据地的问题，检查纠正了在统一战线中"左"的和右的倾向，决定全面执行边区目前施政纲领。彭真在长达4万余字的政治报告中，分为目前国际形势、目前国内形势、我们如何在边区把中央的政策具体化、我们的施政纲领、党的各种基本政策5个部分，全面地传达和阐释了中共中央和毛泽东等领导人关于目前形势和党的政策的重要指示，第一次着重论述了如何把中共中央总的政策在边区具体化的问题，深刻地指出：只有"把中央总的路线和政策在边区彻底的具体化，无保留的彻底实现，才能最广泛、深入地动员、组织、依靠边区的广大群众，而使边区的统一战线扩大、巩固到最大限度，并使边区依靠着各种建议和组织工作的顺利发展，巩固到最高限度，成为我们真正可以长期依靠的持久的根据地。"② 并在此基础

① 彭真：《关于我们的目前施政纲领》，《抗敌报》1940年8月19日。
② 彭真：《在中共中央北方分局扩大干部会议上的报告》，1940年9月1日。载《晋察冀抗日根据地》第1册（文献选编上），中共党史资料出版社1989年版，第423—424页。

上，进一步阐明了边区目前施政纲领的精神实质和全面执行的问题，检查批评了边区在执行中央的总路线和政策中的"左"的或右的倾向，系统地阐述了深入巩固和改革与建设边区根据地的各种具体政策。这个报告，成为动员边区党政军民团结一致，克服困难，在边区改造旧社会，创造新民主主义社会的纲领性文件。

九月中共中央北方分局扩大干部会议后，彭真奉命赴延安，于1941年6月至8月，全面系统地向毛泽东和中央政治局先后7次报告晋察冀抗日根据地的工作。6月4日作第一次报告：一是边区制定各种具体政策的根据；一是边区政权建设。6月18日作第二次报告：边区的经济政策。7月16日作第三次报告：一是边区的劳动政策；一是边区的金融政策。7月23日作第四次报告：边区的财政政策。7月30日作第五次报告：边区财政政策中的抗战勤务。8月6日作第六次报告：边区党的建设，包括发展时期和巩固时期。8月21日作第七次报告：边区党的建设，包括审查干部、整理支部、洗刷问题、巩固健全党的领导、党校建设等。毛泽东、朱德、任弼时、张闻天、何凯丰、李富春、叶剑英、王若飞、杨尚昆、邓小平、王稼祥、博古、林伯渠、胡乔木等曾出席会议听取报告，毛泽东还亲手记录了"边区的具体政策""边区党的建设""边区今后坚持"等要点。毛泽东认为，晋察冀根据地工作从实际情况出发，"是马列主义的"①，是"把马列主义中国化，是一条活的马克思主义路线"②。中共中央政治局决定将彭真报告的要点，以《晋察冀边区的各种具体政策及党的建设经验》为题，逐次批转各根据地党委"参考、研究和讨论"③。

彭真向中共中央政治局会议报告后，遵照中共中央和毛泽东主席的指示，在中央批转各根据地党委的报告要点的基础上，集中各方面的智慧，进行认真的修改和补充，还增写了除奸工作和文化建设，从而集成《关于

---

① 薄一波：《七十年奋斗与思考》上卷，中共党史出版社1996年版，第359页。
② 陈模：《彭真在延安中央党校》，载《缅怀彭真》，中央文献出版社1998年版，第296页。
③ 《晋察冀边区的各种具体政策及党的建设经验》，1941年。原件存中央档案馆。

晋察冀的工作报告》一书①，于 1941 年底在延安由解放出版社出版。全书
10 多万字，分为边区内几个主要阶层在抗战中的政治动向、政权建设、除
奸工作、财经政策、金融政策、劳动政策、土地政策、文化建设、党的建
设等部分，创造性地运用和发挥毛泽东的新民主主义理论，解决了敌后抗
日根据地创立、巩固和建设的一系列理论问题和实践问题。在该书中，彭
真系统、透彻地分析了中日民族矛盾与国内阶级矛盾的交织变化和边区各
阶层的动向，指出：在抗日战争时期，国外矛盾即中日矛盾“始终是主导
的、基本的”，国内的阶级矛盾是“从属的”。这是边区“一切具体政策决
定的基础”。单以国内两种矛盾来说，封建势力与反封建势力的矛盾是“主
要的”，无产阶级与资产阶级的矛盾是“从属的”，不能同等看待。中农、
贫农、乡村工人及一切贫苦群众，“是拥护抗日民主，拥护改善民生的”，
他们是民族抗日和民主革命的基本力量。游民是一个具有两面性的“动摇
阶层”，一方面“蕴藏有颇大的革命性”，另一方面“有极少一部分易被反
动势力所收买”。富农和中等资产阶级“不但是我们抗日的朋友，而且是我
们的民主革命的朋友”。我们对于富农和资产阶级的斗争今天主要的还是
“争取领导权的斗争，还是在允许资本主义生产发展的范围内适当的改良工
人生活的斗争”，“而不是根本反对资本主义或削弱资本主义经济的斗争”。
在抗日战争中，封建势力与反封建势力的矛盾“可能解决，同时也必须解
决”，但是“只能采取逐渐削弱的政策，而不能采取直接推翻打倒的政策”。
这样，使地主一方面仍然是“民主革命的对象”，另一方面又成为“抗日的
同盟者之一”。在反共高潮和反摩擦斗争中，拥护抗日、反对投降、反对分
裂的人最多；民族敌人与汉奸企图利用一切可能进行挑拨离间，争取地主、
富农，以扩大日寇在华的社会基础；国民党、大地主、大资产阶级顽固派，
无论如何动摇，如何采取反动的两面政策，只要他还不投降，则中国还是

---

① 中共中央党校出版社 1981 年 10 月重印该书时，题为《关于晋察冀边区党的工作和具体政
策报告》，并将其内容体例编为两个部分：上为各项具体政策；下为党的建设。人民出版社 1991 年
5 月出版《彭真文选》，在收录彭真向中共中央政治局会议的报告要点时，题为《晋察冀边区各项
具体政策及党的建设经验》。

"国共两党共同抗日的局面"。彭真进一步阐明了把党中央总的路线和政策在边区具体化，制定边区具体政策的根据与原则，强调："各阶层的动向，是决定各项具体政策的根据。边区具体环境与条件，是决定边区各阶层动向的前提。""在这一点上，可以说，我们的具体政策正确与否，对于各阶层人民的政治态度有着决定的意义，有着极大的能动性。"① 在此基础上，彭真详尽地总结了三年多以来边区在抗战中"改造旧社会，创造新社会"的经验，系统、全面地阐述了边区的政治、经济和文化的改革与建设及其各种具体政策，完整地总结和论述了边区党的建设的重大意义和基本经验。

该书的出版和此前向中共中央政治局会议的工作报告，表明彭真在晋察冀边区的革命实践和理论探索的科学结晶——关于抗日根据地建设的思想，得到了党中央和毛泽东的赞誉和首肯，标志着彭真关于抗日根据地建设的思想体系的形成和确立。这不仅对于深入巩固和改革与建设晋察冀边区产生了重大的指导作用，而且对于敌后各根据地的深入建设也起了普遍的借鉴作用，为丰富毛泽东思想作出了贡献，也为尔后新中国的建设提供了宝贵经验。

二、彭真根据地建设思想的实质和内容

从上述分析可以看出，彭真关于晋察冀抗日根据地建设的思想与实践，就是中国化的马列主义——毛泽东思想在晋察冀边区的具体运用，亦即中共中央总的路线和政策在晋察冀边区的地方化、具体化。其精神实质，是在晋察冀边区将抗日斗争与社会改革结合进行，在抗战中改造旧社会、创造一个新民主主义的社会，使晋察冀边区不但成为模范的抗日根据地，而且成为模范的革命根据地，成为建立新民主主义共和国的雏形。这是彭真在晋察冀边区的革命实践和理论探索的出发点和归宿点，并贯穿于这种革命实践和理论探索的整个过程之中。我们只有把握这一精神实质，才能抓住彭真在晋察冀边区的革命实践和理论探索的主脉与核心，由此深入下去，

---

① 彭真：《关于晋察冀的工作报告》，1941 年，原件存中央档案馆。

拓展开来，就会系统、全面地理解和掌握彭真关于晋察冀抗日根据地建设的思想与实践涵盖的基本内容。我们在学习和研究中体会到，把握彭真关于晋察冀抗日根据地建设思想与实践的精神实质和基本内容应从以下四个方面入手：

（一）实事求是的思想路线

彭真关于晋察冀抗日根据地建设的思想与实践，贯穿着一条实事求是的马克思主义的思想路线。如前所述，他提出并一再强调："把马克思主义中国化"，"把中央的总的路线和政策具体化"。他指出："马克思主义的中国化，即是具体化不多也不少，恰恰是马克思主义。""就是要根据当时当地的具体情况，灵活地运用马克思主义的原则和方法来具体解决中国的问题。"为此，要克服两种错误倾向：一种是教条主义或公式主义，不管当时当地情况如何，千篇一律地按公式来解决问题；一种是狭隘的经验主义，不去学习马列主义的理论，只凭自己的经验。"这两种都是反马克思主义的，都是错误的。"①

根据晋察冀边区的经验，彭真进一步指出：我们必须"坚决执行党中央的政策"②。但是，"应把中央总的路线和政策，根据边区今天具体的主观和客观情况来具体运用，把它具体化。"③ 如何"具体运用"或"具体化"呢？彭真认为就是要根据边区的实际情况，来决定我们的各项具体政策，因为"我们的具体政策正确与否，对于各阶层人民的政治态度有着决定的意义，有着极大的能动性"。④ 为此，必须具体地分析边区的环境和条件，这些是"决定边区各阶层动向的因素"；必须详细地考察边区各阶层人民的

---

① 彭真在中共中央北方分局代表大会上关于新阶段诸问题的结论，1939 年 1 月。原件存中央档案馆。

② 彭真：《关于晋察冀边区党的工作和具体政策报告》，中共中央党校出版社 1997 年第 2 版，第 7 页。

③ 彭真：《在中共中央北方分局扩大干部会议上的报告》，1940 年 9 月 1 日。载《晋察冀抗日根据地》第 1 册（文献选编上），中共党史资料出版社 1989 年版，第 419 页。

④ 彭真：《关于晋察冀边区党的工作和具体政策报告》，中共中央党校出版社 1997 年第 2 版，第 7 页。

一般动向及其在反共高潮中的态度，这些是"决定边区各项具体政策的根据"①；必须预防或纠正执行政策中"左"的或右的倾向，"不然，将危害到抗日根据地的生存与持久的坚持"②。

从上述实事求是的思想路线入手，就是抓住了彭真在晋察冀边区的革命实践与理论探索的唯物辩证法的认识论原则，由此深入下去，就会深刻理解和把握彭真关于晋察冀抗日根据地建设思想与实践的活的灵魂。

（二）总的目标和行动纲领

在抗战中"改造着旧社会，创造一个新民主主义的社会"，是晋察冀边区党政军民始终为之奋斗的总目标，也是彭真关于晋察冀抗日根据地建设思想与实践的核心内容。中国抗日战争具有民族解放和建立新中国的双重任务，决定了晋察冀边区抗日根据地的双重目标。彭真坚持和发挥了毛泽东关于抗日战争具有双重任务的论断，把抗日战争与整个民主革命联系起来，指出：边区根据地处在"民族抗日战争的""新民主主义革命的"环境与条件之下，由此决定了边区是"抗日的根据地"，又是"革命的根据地"，进而决定了边区根据地的战略目标：在抗战中"改造旧社会，创造新社会"③，"创造一个新民主主义社会的雏形与抗日统一战线的模范区"④。

中共中央北方分局关于《晋察冀边区目前施政纲领》，即"双十纲领"，集中地体现了彭真关于抗日根据地建设思想与实践的核心内容。正如彭真所指出："它是我们根据中央抗日民族统一战线方针、抗日救国十大纲领，按照目前边区具体情况所制定的地方性的具体行动纲领。它是中央总的纲领在目前边区的具体化。"⑤ "这个纲领不仅彻头彻尾用统一战线的精神贯穿

---

① 中共中央政治局批转彭真的《晋察冀工作报告要点》，1941年。原件存中央档案馆。

② 彭真：《关于晋察冀边区党的工作和具体政策报告》，中共中央党校出版社1997年第2版，第110页。

③ 彭真在中共中央北方分局扩大干部会议上的讲话，1940年4月。原件存中央档案馆。

④ 彭真：《军区三周年、十月革命二十三周年与〈晋察冀日报〉》，载《晋察冀日报》1940年11月7日。

⑤ 彭真：《在中共中央北方分局干部扩大会议上的报告》，1940年9月1日。载《晋察冀抗日根据地》第1册（文献选编上），中共党史资料出版社1989年版，第429页。

着，同时也彻头彻尾地在骨子里贯彻着保持并发展工农群众的优势的精神。"其出发点，是为了巩固发展边区的统一战线，是要从政治上、经济上保障工农劳苦群众生活的改善，是为了保障边区有顽强的、健康的持久性，这样，"使我们边区不但成为模范的抗日根据地，而且成为新民主主义的即三民主义的政治经济建设的模范，亦即成为建国的模范。同时也只有这样，才能彻底战胜日本帝国主义。"①

从上述总的目标和行动纲领入手，就会抓住彭真关于晋察冀抗日根据地建设的思想与实践的核心内容，由此深入下去，就可以深刻理解和把握其基本精神。

（三）根据地建设与具体政策

边区根据地的各项建设与具体政策，是全面贯彻"双十纲领"，动员边区党政军民为实现在抗战中"改造着旧社会，创造一个新民主主义的社会"这一总的目标而共同奋斗的行动方略与重大举措。边区根据地建设包括新民主主义政治建设、经济建设和文化建设及其政策规定，是彭真在晋察冀边区进行探索和实践的主要领域，构成了彭真关于晋察冀抗日根据地建设的思想与实践的重要内容。

1. 新民主主义政治建设及其具体政策。彭真认为："政权建设是根据地建设中首要的问题。""谁要是忽视或放松这个问题，谁就是不懂得革命的根本问题"。晋察冀抗日根据地政权的性质，是抗日民族统一战线的政权，是一切赞成抗日又赞成民主的人们的政权，是几个革命阶级联合起来对于汉奸和反动派的民主专政，即新民主主义性质的政权。晋察冀边区政权改革与建设的进程表明："根据地政权的改革——摧毁旧的封建的国家制度，建立新的民主政治的政权，虽因在抗战过程中，可以采用和平改革的方针，但斗争仍然是异常剧烈的"，因为"封建国家的'肢体'，不能片断地割下来强装在新民主主义政权的'躯体'上"。为了建立健全新民主主义的民主

---

① 彭真：《关于我们的目前施政纲领》，载《抗敌报》1940 年 8 月 19 日。

政治的政权，必须"要以群众为基础，武装为骨干"，依靠群众，建立人民的军队和专政机关，以代替剥削阶级的军队和专政机关；必须用和平改革的办法，按照民主集中制的基本原则，经过自上而下、自下而上的改造，特别是民主选举运动，摧毁旧的地主资产阶级的各级政权组织机构，建立起新民主主义的各级政权组织机构；必须摆正民意机关与政府行政机关的关系，确定民意机关是全权的，政府行政机关对民意机关的决议有绝对服从的义务，各级民意机关与政府行政机关都要实行定期改选，防止公务人员变成"为民之上"的旧官僚；必须在政权的组织成分上切实执行"三三制"原则，既要保证共产党的领导和工农基本群众占优势，又要巩固扩大统一战线，争取地主、资产阶级合作抗日；必须建立抗日统一战线的民主秩序，加强公安、司法工作，执行正确的除奸政策，对汉奸、反动派实行专政，对一切抗日人民实行民主，保证一切抗日人民的人权、财权、地权和政治权利；必须运用"三三制"政权进行适当的阶级斗争，逐步改良工农基本群众的经济生活和政治地位，但是"不应妨碍它作为民族斗争武器之作用"。彭真根据边区政权改革和建设的实践，断言："可以肯定地说，推翻封建政治制度的民主革命，不但为抗战所必须，而且可以在抗日战争过程中，在我军占优势的根据地内，逐渐实现。"①

2. 新民主主义经济建设及其具体政策。彭真认为，边区经济基础的革命，是随着边区整个政权的革命而前进的，两者又是互动的。边区经济改革和建设的根本任务，是"以各种形式和不同的速度摧毁着或削弱着旧的、半殖民地、半封建的经济制度，创造着新民主主义的经济制度"②。这既是增加财力和物力，充裕民生和军需，以支持边区根据地长期抗战，也是在边区建立新民主主义社会的经济基础。为此，必须根据边区各阶层的经济力量的对比和农工商业的经营状况，制定和实行独立自主的财政经济政策，

---

① 彭真：《关于晋察冀边区党的工作和具体政策报告》，中共中央党校出版社 1997 年第 2 版，第 22—59 页。
② 彭真：《关于晋察冀边区党的工作和具体政策报告》，中共中央党校出版社 1997 年第 2 版，第 65 页。

包括经济、财政、金融政策和土地、劳动政策。

在经济政策方面：一是发展生产"实为根据地财政、经济、建设之基础"，而发展农业"又为根据地经济之中心关键"。只有依靠生产，依靠农业、林业和工业，才能增加财力和物力；只有在发展生产的基础之上，才能充裕军需和民生，解决财政之出路，商业也才有发展之可能。二是发展生产的"唯一正确的方针，是启发小生产者和私人企业家的生产积极性和自动性，使他们在有利于民生军需的原则下，自由自主地去努力从事他的生产和贸易"。因为在边区这样的战争环境和社会生产发展的阶段上，除军事工业外，公营企业只占极小的地位与比重，农工商业是小农、小手工业、小商人的个体经营，极端分散零碎的经营。"自由贸易、自由竞争"原则，"仍然是社会经济的推动机，鞭策小生产者和私人企业经营者乃至劳动者前进的鞭子"。三是"应该容许富农经营之发展，应该容许不能操纵国民生计的资本主义生产之发展"，"应该奖励民营企业"，而且"必须使资本家有利可图"。因为在根据地内，"富农和民族资本家的经营与小农、小手工业者的经营比较起来，是比较进步的经营，它有着较进步的技术，有着较高的生产力"。四是对根据地经济的发展给予指导与调节，使我们在自由竞争中，有可能给予小商品生产者、小农、小手工业者以指导和援助，打破奸商投机操纵，打破地主、富农等在经济上的优势，而"在经济上取得领导权"。①

在土地政策方面：必须规定"地主、债主须减租减息，佃户、债户须依约缴租还债"，"保障一切抗日人民的人权及缔结与解除契约之自由"。同时，在执行减租减息的政策中，要及时防止和纠正"左"的或右的偏向。因为"抗战和抗日根据地的支持，需要广泛而巩固的民族统一战线"，"农民是抗日的主力，抗日的支柱，而地主则是现在不可缺少和不能丧失的抗

---

① 彭真：《关于晋察冀边区党的工作和具体政策报告》，中共中央党校出版社1997年第2版，第84—92页。

日同盟者。"①

在劳动政策方面：实行劳资契约自由，资本家有雇佣工人的自由，工人有出卖劳动力或告退的自由。这是根据地内"调节劳资关系的水平仪"②。它使富农和资本家有利可图，促其富农经营和资本主义生产的发展，也可以强制他们改善工人的待遇；同时，也可以引导工人把暂时利益服从长远利益，遵守劳动纪律和提高劳动效率，这并不妨碍工人争取应有的生活改善。

在金融政策方面：要建立健全银行组织，普遍发展合作社，构成完备的金融网；边币要独占发行，开展对敌货币斗争，打击伪钞，驱除杂钞，严格管理外汇，使边币获得独立自主的地位，脱离对法币的依赖，使边币的币值和金融保持适当的稳定。

在财政政策方面：边区根据地"财政建设的总的原则，是要能够健康地持久"。为此，要统筹统支，切忌无计划地滥征、滥支；要量出为入，量入为出；要鼓励发展生产，调节金融，繁荣贸易，蓄养民力，充实国库，照顾整个国民经济之发展；要实行统一累进税，既规定适当的免征点，又规定适当的累进最高率，保证80%以上的人口共同合理地负担抗日经费；要健全村政权和村支部，因为根据地财政建设的基础在村。

3. 新民主主义文化建设及其具体政策。"掌握政权的党必须掌握社会的文化教育。"边区根据地的文化是反帝反封建的人民大众的文化，是新民主主义革命的一部分。其总的任务是以共产主义精神教育群众，用革命的教育扫清反革命的教育，用革命的思想扫清反革命的思想。③边区根据地的文化包括新闻出版、干部教育与国民教育、文学艺术等。彭真深刻地阐明了边区新闻出版事业的性质、任务和加强党性的方针，既十分注意它的政治

---

① 彭真：《关于晋察冀边区党的工作和具体政策报告》，中共中央党校出版社 1997 年第 2 版，第 94—97 页。

② 彭真：《关于晋察冀边区党的工作和具体政策报告》，中共中央党校出版社 1997 年第 2 版，第 118 页。

③ 彭真在晋察冀军区高级干部会议上的讲话，1940 年 7 月 13、15 日。原件存中央档案馆。

内容，又非常注重它的技术改革。指出：党报和通讯社的任务一样，是"在政治上、精神上沟通我们党与群众的血管和纽带"，是"党的思想政治斗争的武器"，是"党在政治上、思想上团结广大群众，特别是革命的知识分子、青年的武器"。在内容方面，"党性要加强"，"使我们机关报成为我们党自己的政治主张的宣传机关"，使《抗敌报》"不仅成为我们党的机关报，而且成为边区1500万人民自己的报纸"。同时又指出："报纸的政治内容确定后，技术是有决定作用的"，"技术与政治一样伟大，一样重要"。要求用"高度的政治积极性，来从事技术改革"，克服写稿、排印、发行上的种种困难。① 彭真系统地提出了边区干部教育与国民教育所面临的严重任务、教育内容和教育方式。他十分关心广大民众的识字教育、政治教育和科学常识教育，认为"群众文化水平的提高是非常重要的"，是"边区教育的中心"，是"根据地文化建设的重要部分"。同时要求普遍恢复改革和发展小学和中学，办好军事干部学校、行政干部学校、群众干部学校，特别强调要办好华北联合大学和各级党校。指出："边区党是在一个革命高潮中飞速发展起来的，是在抗战和抗日统一战线中发展起来的"，"党在思想上、政治上的巩固程度还很差，党内教育还是一个异常严重的任务"。② 强调："各学校应充分给学生以民主的生活与思想自由"，"鼓励学生追求真理、自由与求学问的精神"，"要用进步的思想来稳定青年的人生观，来战胜反动的、错误的思想"。③ 彭真系统地阐明了边区文化运动的性质、任务、方针和组织、领导等问题，指出：边区根据地的文化运动，是"反帝反封建的文化运动"，"文学艺术必须为政治服务"，"一切为了抗日战争的胜利，但同时要广泛宣传社会主义的胜利与以共产主义的精神教育广大群众"。其总的方针是"一面提高文化人的文学艺术的水准，但同时强调文学艺术大众

---

① 彭真在抗敌报社干部大会上的报告，1940年5月18日。原件存中央档案馆。
② 彭真：《关于晋察冀边区党的工作和具体政策报告》，中共中央党校出版社1997年第2版，第212—213页。
③ 中共中央政治局批转彭真的工作报告要点《关于晋察冀边区的各种具体政策及党的建设经验》，1941年。原件存中央档案馆。

化，发展大众的文化娱乐工作"。① 强调：我们的文学艺术作家"应该是为了三民主义的彻底实现而奋斗，创作方法是现实主义的"②。

从上述边区根据地建设与具体政策入手，就是抓住了彭真在边区的革命实践与理论探索的重大问题，由此深入下去，就能把握彭真关于晋察冀抗日根据地建设的思想与实践的博大而精深的重要内容。

（四）共产党的建设与领导

晋察冀边区党的建设与领导，是创立、巩固和建设边区根据地，改造旧社会，创造一个新民主主义的社会的根本保证，也是彭真关于晋察冀抗日根据地建设的思想与实践的重中之重。彭真特别强调党的领导和党在统一战线中的独立自主，指出"统一战线必须力求广泛，党的组织必须注意严密纯洁"。③ 他全面地论述了发展党和巩固党的问题。指出：根据地创立初期，必须采取"大量发展党的方针"，使党从过去地下党的狭小范围变为"广大群众性的党"，以适应"在短期间，雷厉风行、大刀阔斧地把武装及根据地各方面的工作开辟起来，打开一个局面"的紧迫任务。在大量发展时期，必须采用两种工作方式，把握两个环节，注意两种倾向。两种工作方式：一种是运用行政方式，一切群众、武装动员组织和各种动员工作，必须是雷厉风行、大刀阔斧的，必须运用一切可以利用的干部和工作人员，包括党的、非党的、可靠的、投机的、阶级异己的，都可以利用他们发动抗日运动；另一种方式是在选择各种群众团体和政权机关真正负责干部与发展党员的时候，必须"精雕细刻"。两个环节：第一个重要环节是干部；第二个重要环节是支部。"上边领导的有可靠的干部，下边在群众中作为核心的有党的支部（哪怕还不大），那我们就可以把上述大刀阔斧、粗枝大叶发动或自发组织起来的武装、群众、政权组织掌握到党的领导下。"注意克

---

① 彭真在晋察冀军区高级干部会议上的报告，1940 年 7 月 13 日、15 日。原件存中央档案馆。
② 彭真：《在晋察冀边区文艺座谈会上的讲话》，原载《边区文化》创刊号，1939 年 4 月。
③ 彭真：《关于晋察冀边区党的工作和具体政策报告》，中共中央党校出版社 1997 年第 2 版，第 152 页。

服两种倾向：一是对大量发展党的方针，无正确了解，产生只追求数字、忽视质量的倾向；另一种是关门主义，不敢大量发展党。彭真认为，经过根据地创立初期的大量发展，必须适时转入党的巩固时期，"以巩固党作为中心工作，全面进行整理"，以"巩固自己，壮大自己，孤立、削弱、瓦解各种敌人"。他系统地论述了巩固党的方针，明确地规定了从组织上、思想上、政治上巩固党的具体政策和步骤措施。指出："党是布尔什维克的战斗的党，发展要在斗争中，巩固也要在斗争中"①。为了巩固党，在组织方面的总方针，是党的发展一般的停止，集中力量从事党的组织的整理与巩固工作，同时加强克服工作的不平衡。从组织上巩固党，应该把握"审查干部、整理支部和健全领导"三个重要环节。"干部确实整理清楚，党才有可靠的骨干；支部整理清楚，党才有可靠的基石。"在审查干部、整理支部后，要立即实行各级"真正的民主选举"，健全党的组织领导，这对于党的巩固、党的威信的树立、党的政策的彻底实现，具有极其重大关系。② 彭真认为，从思想上、政治上巩固党，主要是在思想上和政治上保持党的独立性。指出：从思想上巩固党，是使大批新党员，特别是小资产阶级出身和农民成分的党员的思想意识无产阶级化的过程，是一个长期的教育过程和思想斗争的过程。为此，"应该把实践与理论教育联系起来"。一方面从思想上稳定党员的人生观，进行从抗战到新民主主义革命、到共产主义实现而奋斗的教育和训练；另一方面主要的要靠党员干部在实际行动中去锻炼，包括政治锻炼、斗争锻炼、坚强的革命意志的锻炼。同时，经常进行党的策略教育和党的组织原则的教育。他特别注重干部的培养和提拔，主张把干部"放在实际斗争、实际工作中去锻炼、培植"，同时运用干部会议、党校教育等多种办法训练、培养干部。主张"提拔干部时必须正派"。"最忌只看说话是否成套，文章是否出口成章。要看他是否与群众联系，是否关

---

① 彭真：《关于晋察冀边区党的工作和具体政策报告》，中共中央党校出版社 1997 年第 2 版，第 145—155 页。

② 彭真：《关于晋察冀边区党的工作和具体政策报告》，中共中央党校出版社 1997 年第 2 版，第 157 页。

心群众，在各种斗争中是否坚定（抗日、减租减息、工人斗争），能否执行党的政策，能否牺牲个人，按照党的组织原则办事，能否先完成党所给的任务，而胜任愉快。因为领导是一种责任，不是一个普通的地位和官职。"那种庸俗的找亲戚、找朋友、找同学、找乡亲，拉拉扯扯、鬼鬼祟祟、歪歪曲曲地提拔干部的办法，"我们不能允许它蔓延或存在"。强调："党必须放在党性强的正派的干部手里，才能养成正派的作风，才有巩固的基石。若让居心叵测的野心分子、投机分子、个人第一、成事不足坏事有余的幸进之徒，盗窃了党权，工作一定会弄坏，革命一定会遭受失败。党的领导机关对这些钻营分子应该紧紧地关起门"。[①]

从党的建设与领导入手，就抓住了彭真关于晋察冀抗日根据地建设的思想与实践的关键之点，进而从党对创建"新民主主义社会的雏形"乃至新中国所起的决定性作用上，去深刻理解彭真关于抗日根据地建设思想的实质和内容。

---

① 彭真：《关于晋察冀边区党的工作和具体政策报告》，中共中央党校出版社 1997 年第 2 版，第 205—211 页。

论彭真关于晋察冀抗日根据地思想的
启示与教益①

彭真在与聂荣臻一起领导晋察冀边区党政军民坚持敌后抗战和改造旧社会、创造新民主主义社会的伟大实践中所形成的抗日根据地建设思想，是毛泽东思想的运用和展现，是我们党的一份可贵的精神财富。其内容丰富而深刻，具有鲜明的阶级性和实践性，在革命战争年代发挥了巨大的指导作用。历经半个多世纪后的今天，我们来重温彭真的抗日根据地建设思想，仍甚感亲切，颇受启迪，能从中吸取许多有益的思想、观点来指导当代中国的社会主义现代化建设事业。

八年抗战，中国共产党及其领导的抗日根据地与人民革命力量迅速壮大，成为中国命运和前途的决定性力量，从而改变了中国的历史航向。美国历史学家詹姆斯·哈里森说："历史上从来也没有一场革命运动发展得如此神速。"② 学习和研究彭真关于晋察冀抗日根据地建设的思想与实践，我们体会，人们大致可以从以下四个主要方面来汲取历史的教益和启示：

启示之一，抗日战争为什么会成为中国革命的分水岭？

抗日战争已经过去半个多世纪了，瑞典历史学家达格芬·嘉图写道："遗憾的是，我们仍然没有很好地了解这场战争，至少是它的社会历史。八年抗战成为中国革命发展的分水岭，更是出人意外。"③ 为什么抗日战争会

---

① 原载谢忠厚、李昌远、申玉山、李翠艳著《新民主主义社会雏形——彭真关于晋察冀根据地建设的思想与实践》之《结束语》，人民出版社 2002 年版。

② 詹姆斯·哈里森：《从长征到掌权——中国共产党的历史》，纽约泼莱格出版社 1972 年版，第 271 页。

③ 达格芬·嘉图著，杨建立、朱永红、赵景峰译：《走向革命》，中共党史资料出版社 1987 年版，第 1 页。

成为中国革命发展的分水岭呢？我们可以从彭真关于晋察冀抗日根据地建设的思想与实践中，去寻找答案，得到启示。在半殖民地、半封建社会的中国，由于帝国主义同封建主义、官僚资本主义的相互结合，民族独立和民主民生是如此紧密地联系在一起的。因此，民族矛盾与阶级矛盾的关系问题，是理解抗日战争特别是敌后抗日根据地问题的关键。

中国自鸦片战争以来，由于帝国主义、封建主义和官僚资本主义的压迫，中华民族缺少独立自主，中国人民没有民主幸福。因此，近代中国社会一直在两个交织的矛盾中运行：一个是对外的民族矛盾，一个是国内的阶级矛盾。争取民族的独立自主，争取人民的民主幸福，是近代中国的两大历史任务。抗日战争时期，由于中国遭到日本帝国主义的全面侵略，中日民族矛盾上升为主要矛盾，但国内阶级矛盾仍然存在，两大矛盾依然并立。抗日的民族解放战争必须与国内争取民主改善民生的社会改革相结合，也就是民族革命与民主革命相结合。两者的性质不同，但处于同一过程，看到了后者，并看到了它与前者的区别与联系，才能深刻理解中国抗日战争特别是敌后抗日根据地问题，才能了解抗日战争所引起的中国社会深层的历史变革。

彭真着眼于近代中国历史的发展，主张将反对帝国主义的民族革命和反对封建主义的民主革命这两大历史任务联系在一起，不赞成将两大革命任务截然分成不同的两个革命阶段的观点。他结合晋察冀边区抗日与社会改革的实际，深刻地指出：抗日战争"不是简单的抗日"，"抗日与整个资产阶级性民主革命是密切联系着的"，"在抗战中帝国主义的统治与封建势力都将同时解决"。晋察冀边区是"抗日的根据地"，又"是党的革命的根据地"，在边区要"肃清"日寇势力，"逐步削弱"封建势力，"改造着旧社会，创造一个新民主主义社会的雏形"，使边区"不但成为模范的抗日民主根据地，而且成为新民主主义的即三民主义的政治经济建设的模范，亦成为建国的模范"。

从这些简要而透彻的论述中，我们可以进一步深刻地领悟到敌后抗日根据地的科学含义及其战略任务。中国共产党领导的"敌后抗日根据地"，决不是单一抗日的问题，更不单纯是一个军事实体，它是一定地域的人民、武装、政权和一定的经济、文化所构成的抗日民主的社会整体力量，是中国人民在敌后进行抗日游击战争及准备全面反攻的战略基地，也是中国人民积蓄壮大力量、由农村包围城市最后夺取城市，彻底取得整个新民主主义革命胜利的战略基地。所以，抗日根据地的历史任务不是单一的，而是双重的：一方面要进行人民战争，抗击日军，摧毁伪政权、伪组织；另一方面要与此相配合，伴随着必要的政治、经济、文化的各项改革与建设，解放广大农民群众，团结一切抗日阶级、阶层，从事改造旧社会、创造新中国的广泛活动和复杂斗争。仅仅把敌后抗日根据地当作"抗日的力量"是很不够的，因为它同时又是"民主的力量"，即新民主主义社会形态的雏形。

抗日战争时期，抗日高于一切，一切为了抗日战争的胜利，但是抗日的民族解放战争与争取民主、改善民生的社会改革必须同步进行。必须在抗日战争中迅速地实行政治和经济的变革，创造一种与中国最大多数人民尤其是农民群众的利益相符合的新的政治、经济的社会秩序，才能得到中国人民尤其是农民群众的支持，否则中国就不可能打赢这场战争。当然，这种争取民主、改善民生的社会改革，还不是要消灭地主阶级，而只是要有步骤地、适度地削弱它，以利于发动广大人民特别是农民群众的抗战和生产的积极性，同时团结包括地主在内的一切抗日的阶级、阶层共同抗日。这样抗日与社会改革的有机结合，即是中国抗日民族统一战线方针的真谛。

争取民主，改善民生，"这看起来很简单，对于当时许多西方观察家来说，甚至对于今天的一些中国学者来说，这似乎只需要温和的改革。但他们没有看到表象背后的东西，他们并不去过问为了实现民主和改善人民生活状况，需要什么样的社会改革，也并不去探讨这对于阶级关系的变化会产生什么结果"。① 达格芬·嘉图的这一评论，抓住了本质，切中一些人的

---

① 达格芬·嘉图著，杨建立、朱永红、赵景峰译：《走向革命》，中共党史资料出版社 1987 年版，第 16 页。

症结。

的确，正确地认识和把握民族斗争与阶级斗争的关系，真正实现抗日与争取民主、改善民生的社会改革这两个相互联结的目标，实为关系中国抗日战争前途和中华民族命运的关键，具有伟大而深远的意义和影响。抗日战争对国共两党来说，是一场严峻的考验，也提供了同样发展的机会。是不是承认和真正实行抗日与社会改革同步进行，是国共两党两条抗战路线分歧的焦点和实质。国民党蒋介石坚持抗日战争只是对外的抗日，应当维护一个旧中国，他们虽然口头上也号召民众参战，但是坚决拒绝解决社会改革这个迫切问题，不肯实行真正发动中国人民特别是农民群众起来抗战的民主民生政策，因而使国民党政府及其军队失去了中国最大多数人民特别是农民群众的支持，使自己腐败无能，无力抗日。中国共产党不仅高举全民族抗日的旗帜，而且同时正确地解决了迫切的争取民主、改善民生的社会改革问题，因而得到了中国最大多数人民特别是农民群众的最大支持，开拓了中国抗日战争最深厚的力量源泉。由此，决定了国共两党力量的反向演变，"正是这种阶级关系的基本变化，把抗日战争和解放战争两个时期有机地联系起来了"[1]，决定了中国命运之新民主主义、社会主义的航向。

启示之二，抗日与建立新中国怎样具体地联系起来

历史唯物主义告诉人们，"每一历史时代主要的经济生产方式与交换方式以及必然由此产生的社会结构，是该时代政治的和精神的历史所赖以确立的基础，并且只有从这一基础出发，这一历史才能得到说明"[2]。彭真从抗日与建立新中国的战略高度，运用历史唯物主义的基本原理，分析了抗日战争以前晋察冀边区的生产力落后与不平衡的状况，生产方式与交换方

---

[1]　达格芬·嘉图著，杨建立、朱永红、赵景峰译：《走向革命》，中共党史资料出版社1987年版，第15页。

[2]　马克思和恩格斯：《〈共产党宣言〉1872年德文版序言》，《马克思恩格斯选集》第1卷，人民出版社1995年第2版，第248页。

式，经济结构与阶级结构，以及边区抗日根据地创建三年多以来的变化趋势，揭示了敌后抗日根据地斗争与建设的基本规律：敌后抗日根据地的斗争和建设，实质上是在敌后边区抗战的过程中，采取和平的、逐步改革的方式，改造殖民地、半殖民地、半封建的社会制度，创造新民主主义的社会制度。必须围绕抗日武装斗争，从政治、经济和文化上进行改革和建设，这是在边区抗日根据地"改造旧社会，创造新社会"的基本途径。正如彭真所说：通过这种改革和建设而建立起来的"新社会"，是"新民主主义社会的雏形"，这个"雏形"，不仅是"敌后抗日民主的坚强堡垒"，而且是建立新民主主义共和国的"一块雄厚的基石"①。正是这种内在的结合，把抗日与建立新中国联系在一起了。

在根据地的斗争和建设中，彭真十分重视抗日武装斗争，提出：边区根据地应以抗日为最高原则，"一切为着战争胜利，巩固根据地，坚持抗战，是军队党、地方党的共同任务，二者只有任务上的分工，没有任务上的不同"②；把地主阶级的武装、日伪武装用来武装全体人民，民众的特殊武装（人民子弟兵）与民众自动武装（民兵）密切结合起来，相依为命，是边区政权性质"本质转变"的铁证③。彭真认为，政权是革命的根本问题，是争夺的目标，是最锐利的战斗武器，提出：政权建设是边区根据地建设中"首要的问题"，村政权建设是"基础"与"中心环子"；要实施民主政治，开展真正的民主选举，改革政权组织机构，按照民主集中制原则建立健全民意机关和行政机关；实行法治，保障人权，巩固扩大统一战线，树立基本群众政治优势；惩治贪污腐化，建立"民主的、廉洁的、具有高度工作能力和获得广大群众爱护的"人民政权。彭真非常关注经济建设，

---

① 彭真：《关于我们的目前施政纲领》，1940年8月19日；彭真：《军区三周年、十月革命二十三周年与〈晋察冀日报〉》，1940年11月7日。均载《〈晋察冀日报〉社论选》，河北人民出版社1997年版，第141、143页。

② 彭真于中共中央北方分局组织工作会议期间，在部队与地方党干部会议上的报告，1939年11月。原件存中央档案馆。

③ 彭真：《关于晋察冀边区党的工作和具体政策报告》，中共中央党校出版社1997年第2版，第56—57页。

认为它"对安定人民生活、保障军队给养、巩固统一战线有极大关系",特别在政权改革任务完成后,更应成为巩固、发展和建设边区根据地的"决定因素",提出:根据地经济建设,要以发展农业、工业、林牧副业生产为"基础",而农业为经济的"支柱"和"中心关键";要减租减息,废除苛捐杂税,实行合理负担和统一累进税,解放保护生产力;要巩固金融,繁荣贸易,发展合作事业,活跃边区经济;要发展公营矿业、制造业和手工业,奖励私营企业,争取工业品自给自足。从而摧毁或削弱半殖民地、半封建的经济制度,建立起新民主主义的、独立自主的经济基础。彭真认为,文化教育是党在政治上、思想上、舆论上团结广大人民群众,同日本侵略者及其汉奸和顽固势力的种种歪理邪说作斗争的有力武器,提出:"掌握政权的党必须掌握社会的文化教育",要"以共产主义的精神教育群众,用革命的教育扫清反革命的教育,用革命的思想扫清反革命的思想",建立反帝反封建的人民大众的新民主主义文化。

实践已经证明,彭真这些思想观点,是指导晋察冀边区在抗战中创造新民主主义社会雏形的锐利思想武器。它所体现的客观真理性是极富生命力的。在社会主义改革开放和现代化建设的新时期,我们重温它、研究它,在谋划政权、国防、经济、文化的建设大计时,仍可以从中汲取营养,得到借鉴。

启示之三,怎样把马克思主义中国化,把党中央总的政策具体化?

马克思和恩格斯在《共产党宣言》1872年德文版序言中说:《宣言》的一般基本原理的实际运用,"随时随地都要以当时的历史条件为转移"[①]。以毛泽东为首的中国共产党在长期革命斗争中,一贯坚持将马克思列宁主义的普遍真理与中国革命的具体实践相结合,把马克思列宁主义中国化、民族

---

① 马克思和恩格斯:《〈共产党宣言〉1872年德文版序言》,《马克思恩格斯选集》第1卷,人民出版社1995年第2版,第248页。

化，形成了马克思列宁主义的普遍真理与中国革命的具体实践统一的毛泽东思想，这是中国共产党及其领导的人民革命力量取得胜利的决定因素。

彭真在与聂荣臻一起为巩固、发展和建设晋察冀边区的斗争中，根据毛泽东和中共中央的指示，反复强调把马克思列宁主义中国化，把党中央总的政策地方化、具体化。这是彭真关于晋察冀根据地抗日斗争和改革与建设的一条根本指导原则。

彭真认为："马克思主义中国化的意义，就是把马克思主义的原则和方法应用于中国的具体问题上，就是要根据当时当地的具体情况，灵活地运用马克思主义的原则和方法来具体解决中国的问题。"指出，"这绝不是马克思主义庸俗化了"。怎样才能够把马克思主义中国化呢？彭真提出，要把握四个要点："（1）真正确实地懂得马克思主义的革命方法和精神，把它融会消化成为自己的东西，不是死背马克思主义的句子，当成教条咬文嚼字，那只是书蛀子。（2）精密地分析当时当地的具体情况，分析其特点，了解客观的环境、主观的条件和各方面相互联系的关系。（3）总结并参照已经长期斗争中所得的经验教训，把它和当前具体情况及理论原则配合起来，以决定具体的方针、方法等。（4）慎重地处理问题，要能够随着客观形势的发展变化而及时更加订正自己的方针战略策略等。"① 这就是说，掌握马列主义的精神实质、当时当地的情况、历史经验和新的情况变化，这四条，其核心是理论与实际相结合，这是把马列主义中国化的主要途径。与此同时，彭真还进一步提出把党中央总的政策"地方化""具体化"。彭真认为，党中央的各项政策是"根据敌我及国内各阶级的具体关系决定的"，是马列主义中国化的结晶，反映了中国革命的一般规律。因此，应该"坚决执行党中央的政策"。如果把党中央总的路线和政策置于脑后，只是凭自己的狭隘经验，只是忙于日常事务，就会脱离党中央总的路线和政策的指导，而"迷失自己的政治方向"。但是，也不应不顾当时当地的具体情况而盲目地、

---

① 彭真在中共中央北方分局代表大会上关于新阶段诸问题的结论，1939 年 1 月。原件存中央档案馆。

机械地执行，这样看起来似乎对党中央的各项政策是"原原本本""不折不扣"，实际上是不动脑子、不费气力，对党、对群众都极端的不负责任。彭真提出："我们应把党中央总的路线和政策，根据边区今天具体的主观和客观情况来具体运用，把它具体化。"① 因为"我们的具体政策正确与否，对于各阶层人民的政治态度有着决定的意义，有着极大的能动性"②。

那么，怎样把党中央总的政策来"具体运用""具体化"呢？彭真强调：必须彻底地深刻地了解党中央的路线和政策，特别是它的精神，这些是决定边区的各种具体政策的指导原则；必须冷静地仔细地精确地分析边区的具体环境和条件，这些是"决定边区各阶层动向的因素"；必须详细地考察边区党的主观力量和各阶层人民的一般动向及其态度，这些是决定边区各项具体政策的根据"；必须随着情况的变化而及时调整其政策策略，防止和克服执行政策中"左"的或右的倾向，否则，党的统一战线政策要"受到危害"，甚至会"丧失党的独立性和革命的前途"。③

彭真深刻地指出："马克思主义的中国化，即具体化不多也不少，恰恰是马克思主义。"这就是说，马克思主义同中国革命实践相结合，党中央总的政策同本地区情况相结合，其"结合"度是恰到好处，"不多也不少"，由此所产生的新结论或具体政策，仍然是符合马克思主义基本原理的或符合党中央总的政策的基本精神的。如果超越这个"结合"度，那就不是马克思主义的了，而是"左"倾或是右倾机会主义。为使这种结合"不多也不少"，彭真强调必须"克服两种错误倾向"：一种是教条主义、公式主义，一种是狭隘的经验主义、事务主义，"这两种都是反马克思主义的，都是错误的"。④

---

① 彭真：《在中共中央北方分局扩大干部会议上的报告》，1940 年 9 月 1 日。《晋察冀抗日根据地》第 1 册（文献选编上），中共党史资料出版社 1989 年版，第 419 页。

② 彭真：《关于晋察冀边区党的工作和具体政策报告》，中共中央党校出版社 1997 年第 2 版，第 7 页。

③ 彭真：《在中共中央北方分局扩大干部会议上的报告》，1940 年 9 月 1 日。载《晋察冀抗日根据地》第 1 册（文献选编 上），中共党史资料出版社 1989 年版，第 426—428 页。

④ 彭真在中共中央北方分局代表大会上关于新阶段诸问题的结论，1939 年 1 月。原件存中央档案馆。

半个世纪以前，彭真提出的马克思主义中国化，党中央总的政策地方化、具体化的原则，指导晋察冀边区根据地的抗日斗争和改革与建设事业取得了辉煌的成绩。今天，这一原则没有过时，仍然是我们要坚持的一条思想路线和指导原则。

启示之四，怎样巩固和建设中国共产党与党领导下的人民政权？

在敌后抗战的残酷多变的复杂环境中，要使晋察冀边区成为模范的抗日根据地和模范的革命根据地，实现改造旧社会、创造新民主主义社会的总目标，除了必须具备的地理、敌情等客观条件外，其本身必须不断加强党的建设，壮大人民军队，建设抗日民主政权，发动群众与巩固扩大统一战线。这四个方面是密切联系和相互配合的，又是缺一不可的，而党是领导军队、政权和群众及统一战线的核心力量，是建立、巩固、建设根据地的根本保证。

彭真极其重视根据地党的建设，亲自抓党的建设，提出，要"巩固党、军队、政权和群众组织"，而巩固党是"首要的"；必须从政治上、思想上、组织上全面巩固党、建设党，在发展中巩固，在巩固中发展。强调："党必须放在党性强的正派的干部手里，才能养成正派的作风，才有巩固的基石。"党的领导机关选拔干部时"必须正派"，对那些阶级异己分子、野心分子、投机钻营分子"应该紧紧地关起门"。必须健全党的各级领导机关，坚持集体领导与科学分工相结合的制度，严肃党的原则性、组织性、纪律性，发扬民主作风与反对独立割据主义，这样党的意志才能"统一"，行动才能"一致"；同时必须把党的基层支部整理、建设好，党才有"可靠的基石"，"与群众建立密切联系"，把党的政策"在群众中具体实现"。

彭真反复提出，边区各级党委要始终把党的自身建设作为党的组织工作的中心。一方面从组织上、政治上、思想上不断巩固党、建设党，特别是要把党内教育作为"一个异常严重的任务"，"从思想上稳定党员的人生观"，保障党的工农基本成分和先进性，使边区党成为一个广大群众的、马列主义理论武装起来的"钢铁般的党",切实加强党对政权、军队、群众组织以及经济、文化等各方面工作的统一领导;另一方面注意防止"党政不分""包办代替"等偏向,充分发挥政权、军队、群众组织等的职能作用,使之在党的政策、策略之下独立地处理自己的工作。这样,边区党才能有机地把各个战线的斗争和建设统一组织起来、协调起来,把边区党政军民联结成一个坚强的整体力量。

彭真还提出:要造就一大批能"为革命牺牲一切"的革命职业家、"能治国"的和统一战线的干部与人才。高级领导干部一般要经过长期的革命斗争锻炼,大批培养、提拔起来的干部要在县以下的基层工作过,少数在地委工作过,要经受艰苦工作的考验。要具有大公无私为群众利益而奋斗的精神,养成"认真作风""艰苦作风""民主作风",与群众打成一片。"实践就是标准",让实践作考察考验干部的"磨刀石"和"试金石"。不论老干部还是新干部,军队干部还是地方干部,工农出身的干部还是知识分子出身的干部,外来干部还是本地干部,相互之间要团结一致,取长补短,互相支持。他认为,这样一支经过艰苦环境和长期斗争锻炼的党的干部队伍,是具体地而不是抽象地、灵活地而不是机械地执行党的路线和政策的保证,是加强根据地建设,夺取抗战胜利,并为建立新中国而奋斗的保证,使党获得了广大人民群众的无比信赖和热烈拥护。

无产阶级政党及其领导的国家政权应是"社会的负责的公仆",必须防止它由"社会公仆"变为"社会主人",这是马克思、恩格斯在总结人类历史上第一个无产阶级政权——巴黎公社的经验,而提出的一个伟大思想。彭真在晋察冀边区党的建设和政权建设中坚持这一思想,创造性地运用这一思想。他总结共产党领导晋察冀抗日民主政权之所以取得"广大群众甚至敌区群众之热烈支持和拥护,并能自动积极帮助政府行使职权的原因",主要是"它能尊重民众的意见,虚心考虑并接受群众的意见,细心体察群众需要和所谓'民隐'";"它站在全民族、全体人民利益的立场上,坚持着坚强的抗日统一战线的方针";它的"工作人员的俭朴的生活和廉洁的作风";它能"吸引群众到政府中来共同负责商讨各种行政大计,使他们和政府站在同样负责的精神下帮助参与政府各项工作"，并"依靠群众的监督"。① 彭真还亲自指导边区民主大选举运动，按照普遍、平等、直接、无记名投票的选举原则，选举产生边区各级民意机关，并由民意机关选举产生政府执行机关。这一切，都是共产党领导的政权所具有的"人民公仆"本质的体现。鉴于边区抗日民主政权处于敌伪政权和国民党旧政权的包围之中，那种鱼肉压迫民众、强奸民意、贪污腐化等恶劣的风气不可避免地会侵蚀新的人民抗日政权及其工作人员。因此，彭真提出：要防止公务人员变成"为民之上"的旧官僚，也就是从"人民公仆"变成"社会主人"。他强调：为了建设"民主的、廉洁的、具有高度工作能力和获得最广大群众爱护的"人民政权，应该制定实施在政权中的共产党员应当遵守的条例，必须反对文牍主义、形式主义、官僚主义的残余，必须铲除贪污腐化现象及其企图的发生，彻底破除"个别的死不觉悟的行政长官还在做着控制和御用群众运动的迷梦"②。

　　彭真上述巩固和建设中国共产党与党领导下的人民政权的论述，是总结了晋察冀边区执政党的建设经验。新中国建立后，中国共产党的地位发生了根本变化，由全国解放前只在革命根据地掌握政权到在全国范围内执掌政权，成为全国的执政党。随着中国共产党这一地位的根本性变化，党的自身建设面临许多新情况、新问题、新考验。但是在执政党这一点上，却同过去根据地时期有着共同之处。所以，如今中国共产党所处的环境和条件虽然发生了巨大的变化，但是彭真有关执政党建设的思想，对于当前党的建设工作仍有重要的指导意义。

---

　　① 彭真：《论晋察冀边区抗日根据地的政权》，1938 年 3 月 13 日。载《晋察冀抗日根据地》第 1 册（文献选编上），中共党史资料出版社 1989 年版，第 210—214 页。
　　② 彭真：《论晋察冀边区抗日根据地的政权》，1938 年 3 月 13 日。载《晋察冀抗日根据地》第 1 册（文献选编上），中共党史资料出版社 1989 年版，第 216 页。

晋察冀根据地与抗日战争①

　　1938 年 1 月晋察冀边区临时行政委员会成立，宣告华北敌后第一个抗日根据地正式成立。抗日战争是中华民族复兴的伟大转折。在聂荣臻和彭真同志直接领导下创建的晋察冀边区，被中共中央誉为"敌后模范的抗日根据地及统一战线的模范区"，其战略地位极其重要。全边区的广大军民精诚团结，同日本侵略军浴血奋战，不断壮大根据地的同时广泛深入地开展了各方面的社会改革和建设，取得了光辉的成就，使边区成为新民主主义社会的雏形，在中华民族复兴的伟大转折中，发挥了重要作用，作出了杰出的贡献。

一、为抗日与新中国而战

　　晋察冀抗日根据地与其他敌后抗日根据地一样，不仅是抗日问题，更不单纯是武装斗争问题，还包括进行各项社会改革，从事政治、军事、经济、文化等各方面建设的复杂斗争和广泛内容。它的创立和发展，具有伟大的双重目标：抗日与建立新中国。

　　抗日根据地的"双重目标"是由中国抗日战争的"两重性质"所决定的。近代中国社会是殖民地、半殖民地、半封建的社会性质，中国革命是反对帝国主义的民族革命和反对封建主义的民主革命的革命性质，由这种社会性质和革命性质所规定，中国抗日战争具有"两重性质"：抗日与民主。在卢沟桥事变前夕，毛泽东于 1937 年 6 月就曾指出：抗日战争"也是一个革命的运动，因为抗日斗争伴随着争取民主、争取改善生活条件和经济建设的斗争。在中国，这两者是结合在一起的"。1938 年 5 月，毛泽东发

---

　　①　原载《党史博采》2005 年第 11 期。

表《论持久战》一文，预言：这场战争必将驱逐日本侵略者和变旧中国为新中国。随着敌后抗日根据地的发展及其政治、经济改革取得显著成效，到 1941 年 5 月，毛泽东进一步指出："无论就政治、经济或文化来看，只实行减租减息的各抗日根据地，和实行了彻底的土地革命的陕甘宁边区，同样是新民主主义的社会。"

晋察冀抗日根据地创造性地实践了毛泽东的上述战略思想。它在华北敌后诞生之日，就公开宣言，它的实际内容是"贯彻抗日与真正民主"。就是说，晋察冀抗日根据地的历史任务是双重的，不是单一的。彭真站在中国近代历史发展的高度，从边区的社会性质和反帝反封建的双重任务出发，提出了"改造旧社会，创造新社会"的战略目标，从而把驱除日本侵略者出中国的民族解放战争，同争取民主民生的革命斗争结合起来，使边区"不但成为模范的抗日民主根据地，而且成为新民主主义的即三民主义的政治、经济建设的模范，亦即成为建国的模范"。聂荣臻在回忆录中也指出："毛泽东同志在洛川会议上，就曾考虑到打败日本帝国主义之后，建立新民主主义国家的问题。每一个抗日根据地的建设，不只是拖住敌人、配合正面战场作战的问题，也是为实现这个宏伟目标，进行广泛的实践，为下一步的革命进程，为日后建立新中国，打下多方面的基础，积累丰富的经验。"

抗日战争与民主改革是互相联系的。在晋察冀边区，抗日高于一切，一切为了抗日战争的胜利，而抗日又是与边区，特别是农村的社会改革密不可分的。没有这种社会制度的变革，不足以改善农民的经济生活和政治地位，获得农民强有力的支持，也就不可能取得抗战的胜利。但是，这种社会的改革，还不是要消灭封建剥削制度，而是要有步骤地削弱它，以利于发动广大农民群众的抗战积极性，并联合包括地主在内的一切抗日阶级、阶层共同抗战。为此，在晋察冀边区实行了广泛的社会改革。在经济上，实行减租减息，废除苛捐杂税，实行合理负担和统一累进税，开展生产运动；在政治上，实行普遍的民选，建立代议制和"三三制"政权，使广大基本群众参政议政。一方面避免"左"的错误，广泛团结了边区各个抗日阶级、阶层；另一方面避免右的错误，保证基本群众占优势，使广大农民第一次得到了民主权利和生活的改善。这样，极大地调动了广大群众，特别是农民群众抗日的主动性和积极性。这既是抗日根据地实施民族统一战线方针的真谛，也是边区广大军民创造出种种抗战奇迹的根本原因。

正确地认识和处理民族斗争与阶级斗争的关系，真正实现抗日与新中国这两个相互联结的目标，实为关系中国抗日战争前途和中华民族命运的关键。抗日战争，对国共两党都是一个严峻考验，也提供了同样的机会。国民党政府口头上也号召民众参战，但他们拒绝实行社会的特别是农村的社会改革和民主民生政策，不肯真正地、广泛地发动民众起来抗战，因此失去了中国最大多数人民特别是农民的支持。中国共产党在晋察冀和其他敌后抗日根据地里，正确地解决了社会改革问题，因而同中国最大多数人民特别是农民建立了最密切的联系，开掘了中国抗日战争最深厚的力量源泉。抗日战争时期为什么中国共产党领导的晋察冀和其他敌后抗日根据地迅速巩固、壮大？人们可以从这里寻找答案。

二、艰苦辉煌的创建历程

1937 年七七事变后，在国共合作、全民族抗日高潮中，八路军挺进华北抗日前线。10 月下旬，聂荣臻部进入晋察冀三省边区，开展敌后游击战争。11 月 7 日，晋察冀军区在五台宣布成立，聂荣臻任军区司令员兼政委，标志着边区根据地的初步形成。同时，冀中地方党配合吕正操部人民自卫军，开辟了冀中平原抗日根据地。1938 年 1 月 10 日，在阜平县召开晋察冀边区军政民代表大会，选举产生了边区政府——晋察冀边区临时行政委员会，宋劭文为主任，这宣告华北敌后第一个边区级抗日民主政权正式诞生。1938 年 2 月，彭真赴边区以中共中央北方局代表名义指导晋察冀、平汉路东及平津等地党的工作，随后奉命出任中共北方分局（晋察冀分局）书记。从此，在聂荣臻和彭真的领导下，边区党、政、军首脑机关坐阵阜平和灵寿、平山一带，指挥晋察冀边区工作，使之成为华北敌后抗战的主要战略支点。同年 3 月，开辟平西根据地；6 月，宋时轮、邓华纵队挺进冀东，随之，冀东爆发人民抗日起义。到 10 月武汉会战结束，晋察冀抗日根据地已拥有 72 个县、1200 万人口，有县城数十座，武装 10 多万人，农、工、青、妇等抗日群众团体会员 100 万人，建立了抗日民主的新社会秩序。1938 年 8 月底，彭真赴延安参加中共扩大的六届六中全会。他在大会上汇报了边区的工作后，大会主席团于 10 月 5 日在给聂荣臻等的电报中作了极高的评价："边区党所执行的坚定的统一战线……依靠全党全军的努力，已经创造晋察冀边区成为敌后模范的抗日根据地及统一战线的模范区。这些都在华北抗战中已经和将要尽其重大的战略作用，而且你们的经验将成为全党全国在抗战中最有价值的指南。"①

还在武汉会战之时，日本华北方面军调集 2 万余人兵力，于 1938 年 9 月 24 日开始围攻晋察冀边区腹地。10 月 25 日武汉会战结束后，日军将进攻重点由正面战场移到敌后战场，正面战场逐步转向对峙，敌后战场的地位突出起来。这时，晋察冀抗日根据地进入以巩固和建设为主的阶段。1939 年 1 月，中共北方分局召开党代表大会，制定了巩固和建设边区根据地的方针和政策。从此，一方面胜利地粉碎日伪军的"扫荡"进攻，反击国民党顽固派的"摩擦"活动，巩固和扩大边区根据地；一方面在根据地进行有利于广大群众的政治、经济、文化等方面的改革和建设。冀中区军民于 1938 年 11 月至 1939 年 4 月粉碎日伪军连续 5 次的"分区扫荡"，于 1940 年春粉碎日伪军的"全面扫荡"。晋察冀区军民粉碎日伪军 1939 年的秋季大"扫荡"。国民党顽固势力张南梧、白志沂、金宪章等部的"摩擦"进攻也分别被打退。冀热察区军民执行巩固平西、坚持冀东、开辟平北的方针，到 1940 年底，创建了冀热察区大块游击根据地。与此同时，边区党经过整顿，成为政治上、组织上巩固的群众性的党；边区部队经过整编和训练，作战能力和机动能力大大提高；边区政权经过民主改选，特别是 1940 年民主大选和颁布实施《晋察冀边区目前施政纲领》（简称"双十纲领"），建立健全了各级民意机关和行政机关，基本群众在政治上占了优势，并初步

---

① 《中共扩大的六中全会主席团致晋察冀边区电》，1938 年 10 月 5 日。载《晋察冀抗日根据地》第 1 册（文献选编上），中共党史资料出版社 1989 年版，第 199—200 页。

实现了"三三制",巩固和发展了边区新民主主义政治。边区还普遍开展了减租减息、生产和合作运动,发展贸易和金融事业,使遭到战争破坏的边区财政经济得到恢复和发展,日军的"经济封锁"阴谋未能得逞。到1940年底百团大战结束后,边区根据地已发展壮大为晋察冀、冀中、冀热察三个战略区,1500万人口的广大地区,有正规部队约11万人,成为坚持华北敌后抗战和全国抗战团结进步的一个有力支柱。中共中央1939年9月在《晋察冀工作的指示》中认为:"晋察冀各方面的工作均有伟大的成绩,堪称华北党的模范。"

1941年起,尤其在太平洋战争爆发前后,日军对敌后战场的进攻更加疯狂和残酷,中国抗日战争进入最艰苦的时期。华北日伪推行"治安强化运动"和"蚕食"政策,晋察冀抗日根据地为其重点之一。1941年秋,华北日军集中7万余兵力对边区进行铁臂合围大"扫荡";1942年5月1日起,集中5万日伪军对冀中区进行残酷"扫荡"和"清剿";1942年9月,集中4万日伪军对冀东进行大"扫荡"。日军对抗日根据地实行"烧光、杀光、抢光"政策,修建据点、碉堡和封锁沟、墙,制造"无人区"。晋察冀根据地遭受严重损失,其巩固区缩小,大部变为游击根据地、游击区和敌占区,财政经济也遇到很大困难。

为克服困难局面,中共北方分局和晋察冀军区于1942年9月召开边区党政军高干会议,制定了"到敌后之敌后去",开展全面反"蚕食"、反"扫荡"的斗争方针。会后,主力部队分散活动,组织武工队、支队深入敌占区,广泛开展地道战、地雷战、交通破袭站、水上游击战等群众性游击战争,并展开强大的政治攻势。在党政建设方面,实现党的一元化领导,开展党的整风运动,实行精兵简政,提高机关工作效率;全面贯彻"双十纲领"和各项抗日民族统一战线政策,加强民主政治和法制建设。在经济方面,实行统一累进税,奖励生产,繁荣贸易,活跃经济,加强对敌粮食、物资、市场的争夺战。1943年1月边区参议会召开,边区抗日民族统一战线更加巩固。在接敌区正确地运用抗日两面政权政策,使游击区政权建设进展很快。1943年9月至12月,边区军民粉碎了日伪军对北岳区为时最长、最野蛮的"毁灭扫荡",宣告了敌人的"蚕食""扫荡"政策的彻底破产。至此,北岳区被敌"蚕食"的地区基本恢复,还新增 5 个联合县;冀中军民恢复开辟 3000 多个抗日村政权,各种公开的和隐蔽的抗日根据地在广大地区恢复发展起来;冀东根据地的平原基本区得到恢复,还新开辟 8 个联合县。这样,就打破了日军"以战养战"、变华北为大东亚战争"兵站基地"的计划,为准备反攻打下了基础。

1944 年春天,苏军在欧洲战场、英美联军在太平洋战场节节胜利。在此形势下,日军为挽救其战略颓势,集中兵力向国民党正面战场展开了打通大陆交通的战役,敌后战场抓住此有利时机,展开局部反攻作战。晋察冀边区于 5 月间迅速展开攻势,猛烈地扩大解放区,持续全年,取得了具有战略意义的胜利,并组建了冀晋、冀察、冀中、冀热辽等 4 个二级军区、区党委和区行署。1945 年上半年,日本开始将兵力从中国南方集中于华北和华中,企图进行"长期持久的防御战",以做好"本土决战"的准备。敌后战场的春、夏季攻势作战,使敌人的计划受到致命打击。1 月至 7 月,边区部队发起一系列战役,席卷了雁北、察北、热河、辽西,直逼平、津、张市郊,粉碎了日军对冀东的大"扫荡",并夺取了向东北进军的前进阵地。同时,全边区广泛开展彻底的减租减息运动、大生产运动、拥政爱民与拥军优抗运动和大练兵运动,为大反攻作准备。1945 年 8 月初,在盟军会攻日本本土,苏联出兵中国东北之际,10 日起敌后战场举行全面大反攻。边区部队直指太原、北平、张家口等大中城市和交通要道;24 日后,又改为着重夺取中小城市和广大乡村。同时,抽调一部主力部队和大批干部挺进东北,收复失地。在 1 个月的大反攻中,边区部队收复了张家口、宣化、山海关等 70 余座城市,解放了河北省的大部、绥远省东部、辽宁省西部和察哈尔、热河两省全境。还调派一部分主力部队和数千名干部进军东北,与苏军会师,会同山东等根据地部队,解放了东北广大的国土,为建立东北解放军作出了重要贡献。由于国民党政府阻止日伪军向人民军队投降,9 月 9 日日本代表在南京签字投降后,敌后战场的战斗并未结束,而是延续到 11 月底甚至更晚些时候,战斗才真正结束。至此,边区军民解放国土 30 余万平公里（不含东北），使根据地由初期的43个不完整的县，扩大为拥有164个县、27个旗、4个自治区和近4000万人口，包括河北省的大部，察哈尔、热河两省全部，山西、绥远、辽宁省各一部的广大地区，与晋绥、晋冀鲁豫、山东和东北解放区连成一片。

三、为民族复兴作出重大贡献

晋察冀抗日根据地，在民族复兴的伟大抗战中，为驱逐日本侵略者和建立新中国，作出了重大的贡献。

第一，抗战堡垒，反攻阵地。晋察冀抗日根据地的创立，提供了在敌后山岳地带和在敌后平原地带建立抗日根据地的先例，标志着中共中央关于在敌后发动独立自主的游击战争、开辟敌后战场和建立抗日根据地的决策在实践中获得了成功。从而，打开了华北抗战的新局面，对于敌后其他抗日根据地的建立和敌后抗日战场的形成起了促进作用，给全国人民指明了坚持持久抗战的正确道路。它是华北抗战的堡垒。八年抗战中，经常牵制和抗击着1/3到1/2的华北日军和1/2以上的华北伪治安军及部分伪蒙军、伪满军、关东军，作战32000多次，粉碎敌人千人以上、7万人以下的大"扫荡"110多次，消灭日伪军35.1万多人。它不仅直接威胁敌人后方的平汉、同蒲、津浦、正太、北宁、平绥等铁路和北平、天津等中心城市及关内外的咽喉通道，而且在军事战略上与晋绥、晋冀豫、冀南、山东等抗日根据地及东北抗日联军相互支持，形成对日伪军的犬牙交错的包围形势，使敌人深深陷入人民游击战争的泥潭。这不仅有力地配合了国民党正面战场的作战，而且也使日本法西斯无法抽兵北攻苏联，推迟了南攻美英的时间。晋察冀根据地又是对日反攻的"前进阵地"。1942年8月，晋察冀分局成立了"东北工作委员会"，以后在冀中、冀东、平北等战略区和一些重点县相继成立了同样的组织，培训了大批优秀干部，把他们派往东北各地，侦察敌情，建立地下交通，组织抗日力量，为收复东北失地和建立巩固的东北解放军，作出了重要的贡献。八年抗战中，晋察冀根据地建立健全了主力兵团、地主武装和民兵自卫队"三位一体"紧密配合作战的人民战争的军事体系，边区八路军由最初的 3000 人发展到 32 万余人，民兵发展到 90 余万人。

第二，为抗日根据地建设创造了丰富经验。晋察冀抗日根据地是"统一战线实验区"和"先导者"，推进了敌后和全国抗日民族统一战线的发展。它在华北敌后创建了中国共产党领导的抗日民族统一战线的边区行政委员会，并得到国民政府行政院和军事委员会的正式批准，从而，提供了建立抗日民族统一战线政权开工的典型和经验。在边区历次民主选举运动中，按照党的"三三制"政策，逐步调整了各级抗日民主政权的成分，使边区内的国民党、各少数民族及各阶层爱国民主人士有更多的参政机会，巩固和扩大了共产党领导的边区抗日民族统一战线。边区政府实施了正确的经济建设的方针，在敌后最早建立了边区银行，发行"边币"，最早实行了统收统支和救国公粮制度，而且实行了"合理负担"和比较完备的统一税收政策——统一累进税，卓有成效地保证了游击战争的战勤供给。边区还采取了奖励生产和技术发明、活跃贸易和金融等一系列恢复繁荣经济的有效措施，从而使边区财政经济即使在遇到敌人严重破坏的最艰苦时期仍具有持久的耐力。同时，边区有效地开展了对敌货币斗争、粮食斗争和市场、物资的争夺战，并取得决定性的胜利，使日本侵略者掠夺华北、"以战养战"的计划遭到沉重的打击。1940 年，中共中央北方分局制定了《关于晋察冀边区目前施政纲领》。中共中央机关报《新中华报》指出：这一纲领，是"目前全国模范的抗日民族统一战线的、新民主主义的施政纲领。全国各地，特别是敌后方其他各抗日根据地，在政治、经济、军事、文化设施计划上，都应以它为最好的参考和借鉴"。

第三，奠定了新中国的良好"模型"。在抗战中，晋察冀边区不仅建立了敌后第一个共产党领导的各抗日革命阶级联合专政的新民主主义政权，而且经过自上而下和自下而上的民主改造，彻底摧毁了旧的地主资产阶级的政权机构，按照民主集中制的原则，建立健全了新民主主义政权的一整套民主制度。边区还实施新民主主义的经济、文化政策，逐渐削弱了农村的封建、半封建的剥削制度和宗法关系。通过各方面的抗日民主建设，把新民主主义中国的"模型"在边区具体地呈现出来。1941年6月至8月，毛泽东和中央政治局七次听取中共北方分局书记彭真关于晋察冀根据地工作的报告，并逐次地转各根据地党委参考。彭真在此基础上修改写成《关于晋察冀边区党的工作和具体政策报告》。年底由解放出版社出版。晋察冀抗日根据地的这种模范作用，使全党和全国人民看到了新民主主义中国的光明前景，对于促进全国政治的进步是一个极为巨大的推动力量。

第四，体现了爱国、团结、自强、奋进的的抗战精神。地处华北敌后的晋察冀边区，对敌斗争之残酷、剧烈和艰苦是罕见的，广大共产党员、干部、战士和群众为中华民族的解放和复兴，付出了巨大的牺牲。据不完全统计，抗战八年间，边区干部、群众伤亡病残664万余人，粮食被抢掠133.32亿余公斤，房屋被烧毁256.6万余间，牛马骡驴损失63万余头，猪羊损失370万余只，敌抓夫要工3.6亿人次，敌修碉堡、公路、沟墙等占用耕地889.2万余亩。又如冀中根据地，干部、群众死亡23.2万人，青壮年被抓捕12万人，粮食损失39亿公斤，房屋损失4.8万间，牛马骡驴损失15万头，猪羊损失37.8万只，敌修据点、公路、铁路、沟墙占耕地645.12万亩，抓要民夫2.18亿人次。在抗日战火中，涌现了许多英雄人物和可歌可泣的动人事迹。如：著名的"狼牙山五壮士"，回族抗日英雄马本斋和他的母亲马老太太，少年英雄王璞、张六子、温三郁，战斗英雄邓世军、魏大光，爆炸英雄李勇、李混子，子弟兵的母亲戎冠秀，人民的好干部周建屏、李光汉、白乙化、王仲华、王平陆、包森、周文彬、鲁贲、常德善、翟晋阶、刘萍等。他们作为千千万万个抗日英雄、烈士的代表。体现了爱国、团结、自强、奋进的抗战精神和大义凛然的民族气节。这是中华民族的宝贵的精神财富。

正如一首纪念抗战胜利的诗歌写的："历史，并不如云烟，可以随风飘散。"我们要不忘历史，面向未来。在纪念晋察冀边区政府成立67周年之际，中国人民要进一步同世界上一切爱好和平的人民，包括日本朋友团结起来，坚决制止日本军国主义的复活和历史悲剧的重演，要进一步弘扬抗战精神，在中国共产党的领导下为把社会主义祖国建设得更美好，为中华民族的和平崛起和复兴，坚持不懈，团结奋斗！

论全国抗日战争之准备[①]

一、中国共产党为实现全国抗战而斗争

华北事变以来，中日民族矛盾尖锐化，全国抗日救亡运动高涨，不可阻挡。国民党内抗日力量明显增强。美、英等国为保护其在华利益，也开始改变对日态度，表示反对"分离"华北。这些因素，促使蒋介石集团对日交涉逐步强硬起来。在国内阶级关系与国际政局发生变化的重要关头，中国共产党在长征路上发表著名的八一宣言。红军长征到达陕北后，于12月25日在瓦窑堡召开中央政治局会议，会议通过了《关于目前政治形势与党的任务决议》，确定了建立抗日民族统一战线的方针。12月27日，毛泽东在党的活动分子会议上作了《论反对日本帝国主义的策略》的报告。指出："日本帝国主义决定要变全中国为它的殖民地，和中国革命的现实力量还有严重的弱点，这两个基本事实就是党的新策略即广泛的统一战线的出发点。"党的任务就是把红军与工人、农民、学生、小资产阶级、民族资产阶级，包括地主买办阶级营垒中间可能的抗日力量，联合成为一个统一的民族革命阵线，这是"今天的革命向反革命进攻的需要"[②]。报告深刻地批判了"左"倾关门主义错误，指出它是孤家寡人的策略，是目前党内的主要危险。同时提醒全党要警惕陈独秀右倾机会主义的复活。确立抗日民族统一战线的方针，标志着中国共产党政治路线的重大转变。

瓦窑堡会议后，中国共产党为了推动国民党及其军队参加抗日，建立抗日民族统一战线，争取和平，实现抗战，采取了一系列重大步骤。1935年12月，中共中央决定将"加紧反对富农"的策略，改变为"保障富农扩

---

① 节选自《华北抗战史》丛书第一部第三卷《局部武装抗日斗争》第九章，河北教育出版社2011年版。

② 《毛泽东选集》第1卷，人民出版社1991年版，第5页。

大生产"与"发展工商业的自由"政策，以利于团结中农，联合农民各阶层，发展生产力，造成广泛的农村统一战线。1936 年 5 月，在红军东征抗日期间，中华苏维埃共和国政府、中国人民红军革命军事委员会发出愿与国民党"停战议和，一致抗日"的通电。同年 8 月 25 日，中共中央致书国民党，郑重宣布：赞助建立全中国统一的民主共和国，并在苏维埃区域实行与全中国一样的民主制度。9 月 1 日，中共中央发出指令，取消"抗日反蒋"的口号，改变为"逼蒋抗日"的方针。9 月 17 日，中共中央又正式作出了建立民主共和国的决议。西安事变和平解决后，中国共产党为促成第二次国共合作，建立抗日民族统一战线和实现全国抗战，于 1937 年 2 月 10日发出致国民党五届三中全会电，提出五项要求：停止一切内战，集中国力一致对外；保证言论、集会、结社的自由，释放一切政治犯；召集各党派各界各军的代表会议，集中全国人才，共同救国；迅速完成对抗战的一切准备工作；改善人民生活。如果国民党能够以五项要求为国策，中国共产党为表示团结御侮的诚意，愿意提出四项保证：在全国范围内停止推翻国民党政府之武装暴动方针；工农政府改名为中华民国特区政府，红军改名为国民革命军，直接受南京国民政府与军事委员会之指导；在特区政府区域内，实施普选的彻底民主制度；停止没收地主土地之政策，坚决执行抗日民族统一战线之共同纲领。中国共产党的主张，为推动国共合作，建立抗日民族统一战线和实现全国抗战起了重大的作用。

在全国抗战爆发"前夜"，中国共产党于 1937 年 3 月 27 日至 31 日，在延安召开了中央政治局扩大会议。会议讨论了西安事变和平解决与国民党五届三中全会后的新形势与新任务，指出国民党开始转变，但还没有彻底转变，确定了中国共产党的任务是促使国民党进一步转变，巩固国内和平，争取民主权利，实现对日抗战，并在抗日运动中发挥领导作用。5 月 2 日至14 日，中国共产党在延安召开了全国代表会议（苏区代表会议）。会上，张闻天致开幕词，朱德、刘少奇分别作了《红军在新阶段的任务》和《争取全国民主统一与党在统一战线中的领导权》的发言，毛泽东作了《中国共产党在抗日时期的任务》的报告和《为争取千百万群众进入抗日民族统一战线而斗争》的结论。会议通过了《抗日民族统一战线在目前阶段的任务》决议，批准了毛泽东的报告和中央自遵义会议以来的政治路线，批准了红军改编为国民革命军，批准了苏维埃政府改为民主政府，要求全党贯彻抗日民族统一战线的方针，反对"左"倾关门主义，及时防止右倾机会主义。与此同时，在延安召开了党的白区工作会议，刘少奇作了《关于白区的党和群众工作》的报告，会议总结了白区工作的经验教训，确定了在巩固国内和平、争取民主权利、实现全国抗战的新阶段，白区党的工作方针与任务。上述这三个会议，标志着中国革命事实上由国内战争转变到建立抗日民族统一战线和对日抗战的新时期。

在中日民族矛盾激化、华北危机日益深重之际，为建立抗日民族统一战线和实现对日抗战，中国共产党特别加强了华北地区的工作。1936 年 3 月，中共中央派刘少奇主持北方局工作并兼任书记，彭真任组织部长，陈伯达任宣传部长，林枫任秘书长，担负恢复与发展华北各地区的党组织工作和对国民党及其地方实力派与知识分子的统一战线工作。根据中共中央的指示精神，北方局大力纠正过去长期存在的关门主义和冒险主义的倾向及影响，开创华北白区抗日民主运动的新局面。1936 年 4 月 10 日刘少奇在中共河北省委内部刊物《火线》上发表《肃清立三路线的残余——关门主义冒险主义》一文，8 月 25 日北方局发出《华北政治形势与党的任务》指示信，11 月刘少奇又在《火线》上先后发表《民族统一战线的基本原则》和《领导权是民族统一战线的中心问题》等文。指出：党的主要任务，"是团聚和组织全民族抗日反汉奸的力量，来进行胜利的抗日反汉奸的民族革命战争"。"目前工作的中心任务是准备力量。"为此，必须纠正关门主义、冒险主义的影响，改变空谈主义的作风，必须大量发展组织，加强无产阶级的领导，并正确地处理统一战线与阶级斗争的关系、上层统一战线与下层群众的关系，对同盟者的错误与动摇保持警惕与必要的批评，十分注意斗争的策略，实现华北白区工作向建立抗日统一战线和对日抗战的转变。北方局营救狱中一批重要干部并分配到各地工作，先后恢复和重建了北平、天津市委的工作和山东省委、山西工委的工作，调整了京东特委和重建了冀热边特委，恢复与整顿了保定市委、张家口市委、唐山工委和直中特委、直鲁豫特委等各地特委、县委的工作，恢复和发展了各地党的组织。北平市委建立健全了东城、西城、北城和南城等4个区委，共产党员由一二九运动前50余人发展到500余人。到1937年抗战爆发前，共产党员在京东地区发展为460余人，在保定地区发展为800余人，华北城乡已计有共产党员约7000余人。华北各地特别是平津与冀察地区，抗日救亡运动持续高涨。1936年2月，在平津地区正式成立了中华民族抗日先锋队（简称"民先队"）。随后，在北平成立了华北学生救国联合会和以学生与上层知识分子为主并包括工人、农民、商人、妇女及各界人士参加的华北各界救国联合会，并在河北、山西、察哈尔、山东等地建立了分会。这些抗日群众组织，编印出版了几十种救亡刊物和众多小册子，如北平的《生活通讯》《国防通讯》《解放》《华北烽火》《人民之友》《中国人》，天津的《天津妇女》《风雨同舟》等，还组织宣传团、戏曲队、歌咏队等到工厂、农村进行抗日救国宣传活动。"停止内战，一致抗日""武装保卫华北""保卫平津"等口号，深入人心，反对日本帝国主义侵略中国的斗争如火如荼。同年5月，日本大量增兵华北，天津、北平学生举行抗日大示威，这一抗日怒潮迅速扩展到全国。8月间，傅作义部在绥远抵抗日军与伪蒙军入侵，华北各地群众立即掀起援助绥远抗战的大潮，各界民众纷纷以各种方式慰问和支援绥远前线抗日部队。

中共中央和北方局，在重建华北地方党组织及广大群众工作的同时，采取多种方式与途径，加强了对国民党华北地方实力派与上层人士，特别是宋哲元及阎锡山的争取、团结和联合工作。1936年8月14日，毛泽东致信王世英并转刘少奇，提出："统一战线以各派军队为第一位，千万注意。"并说："韩复榘、傅作义、阎锡山、张自忠、刘汝明、商震六处，一有机会，即须接洽。"[①] 为争取宋哲元及第二十九军联合抗日，毛泽东亲自写信给宋

---

① 中共中央文献研究室：《毛泽东年谱》上卷，人民出版社、中央文献出版社1993年版，第571页。

哲元，并派张劲武为中共中央代表常驻宋哲元处。说：刘子青①先生来，"知先生情殷抗日"，"果然确立抗日决心"，"甚望先生能于艰难困苦之中坚持初志"，"一但时机成熟，实行发动大规模之抗日战争"，中国共产党和红军"誓竭全力以为后援"。并希望通过宋哲元与"鲁韩绥傅晋阎三处"联络，"共组北方联合战线"②。北方局及其华北联络局还通过各种关系，派出党员、干部到第二十九军中去工作，与中上层军官进行接洽与联络。如华北联络局负责人王世英及华北联络局北平小组负责人、燕京大学、中国大学教授张友渔，时任第二十九军副参谋长兼第三十八师参谋长、秘密从事兵运工作的共产党员张克侠，第二十九军一一〇旅旅长、与中国共产党保持密切联系的何基沣，冀察政务委员会高级参议、主张联共抗日的刘治洲等人，对宋哲元及第二十九军做了大量工作。第二十九军在南苑办参谋训练班期间，张克侠即邀请张友渔前去讲授关于日本问题的课程，着重宣传抗日救国。张克侠还与华北抗日救国联合会联络，商定由救国会出面动员与组织群众，协助第二十九军抗日，保卫华北。同时，中国共产党还说服抗日群众把"打倒卖国贼宋哲元"的口号，改变为"拥护宋委员长抗日""拥护第二十九军保卫华北""拥护第二十九军保卫平津"等口号，发动各界救国会、学生救国会对第二十九军进行慰问、宣传活动，激发他们的抗日爱国热情。这样，共产党与宋哲元及第二十九军初步建立了统战关系。

为争取阎锡山联合抗日，中共中央和北方局曾先后派彭雪枫、南汉宸、王世英等赴太原与阎锡山联络。1936年九一八事变5周年纪念日，"山西牺牲救国同盟会"成立，阎锡山亲任会长。10月，北方局成立了山西公开工作委员会，由薄一波任书记，专门做阎锡山及其上层的统战工作，并与山西工作委员会不发生横的组织联系。11月中旬，阎锡山任命薄一波担任牺盟会常务秘书，主持牺盟会的日常工作。牺盟会经过改组，领导成员中，除薄一波、董天知、韩钧外，又吸收宋劭文、戎子和、刘玉衡等，充实了党

---

① 刘子青、宋哲元是派驻延安与中共中央联络的代表。

② 《致宋哲元》，《毛泽东书信选集》，中央文献出版社2003年版，第35页。

的领导力量。牺盟会名义上是阎锡山的官办民众团体，阎是会长，梁化之是总干事，但薄一波实际负责，7个常委中有6个是共产党员、进步人士，各委员会及各中心区的负责人也大多是共产党员，在山西形成了共产党与阎锡山的特殊形式的统一战线。以薄一波为首的中共山西工作委员会利用合法地位，与中央山西工作委员会相配合，推动山西统战工作和抗日民众运动的发展，12月间训练1000多名村政协理员，至1937年3月，在山西各地发展牺盟会员20余万人。与此同时，中共中央和北方局还通过各种渠道，与绥远的傅作义，山东的韩复榘，及张自忠、商震、刘汝明等，建立了不同形式与不同程度的联合抗日关系。

上述中国共产党的重大政策转变及举措，为建立抗日民族统一战线和全国抗日战争的兴起，从政治上、思想上、理论上、军事上和组织上，作出了必要准备，发挥了巨大作用。

二、蒋介石与国民政府加紧抗战准备

由于日本帝国主义步步紧逼，全国抗日救亡大势所趋，中国共产党的推动，国民党内抗日力量增强，蒋介石集团与国民政府开始转变对日态度，逐步调整内外政策。1935年11月12日至23日，国民党召开第五次全国代表大会，会后改组国民政府，仍坚持"攘外必先安内"的方针，但包括了各派系分子，表现了某些开明的姿态，对日外交虽表示"决不放弃和平"，但又表示"至非牺牲不可之时，自必决然牺牲"，表明开始发生某些变化。蒋介石在国民党"五大"前后，开始寻找打通与中共接触的渠道。西安事变和平解决后，蒋介石与国民政府开始放弃"攘外必先安内"的方针，采取对内"和平统一"、对外"抗日御侮"的政策。1937年1月5日，下令撤销西北"剿共"司令部，陆续外调原"剿共"部队。2月，国民党召开五届三中全会。会议经过激烈争辩，拒绝了汪精卫的反共主张。会议通过了宣言称：对外，"如果日本的侵略超过忍耐之限度，而决然出于抗战"；对内，"则和平统一"，其目的，"在集中整个国家、整个民族之力量，以排除当前之国难"。会议通过的《根绝赤祸案》，虽以胜利者自居的架势，唱着诬蔑中国共产党和诋毁中国革命的滥调,却曲折而实际地承认了停止内战、容共抗日的政策转变①。这次会议,标志着蒋介石与汪精卫体制破裂,蒋介石与国民政府正式放弃了"攘外必先安内"的方针及其对日"一面交涉,一面抵抗"的政策,走上了对日抗战的道路。此后,国民政府对日态度日趋强硬,拒绝接受屈辱条件,中日外交处于僵持局面。同时,派翁文灏等赴莫斯科,派孔祥熙等人赴华盛顿、伦敦、巴黎,表明中国抗日的意志,寻求苏联与美英法等国的支援,以联合国际力量共同抗日。

蒋介石与国民政府的抗战准备,随着其内外政策的转变,在国内主要有以下工作:

(1)制定国防战略。1936年7月,国民党五届二中全会决定成立国防会议,负责讨论国防方针及关于国防各重要问题,并由蒋介石出任国防会议议长。第二年3月,国民党中执会和中政会决定成立国防委员会,作为全国国防最高决定机关,并以中政会正、副主席兼任国防委员会正、副主席。在设置国防决策机构的同时,国民政府逐步制订了国防战略计划。在1936年度《国防计划大纲草案》《作战计划》中,把"剿共"与"抗日准备"列为国防计划的两项基本任务。关于对日作战,初步构想:"拒止敌于沿海岸及平津以东与张家口以北地区,不得已时逐次占领预定阵地作韧强之抗战,随时转移攻势,相机歼灭之。"计划从北向南逐次分为5道防线,划分为冀察、晋绥、山东、江浙、福建、粤桂6个防卫区。确定在南京、西安、南昌、成都、许昌、延平设立6个后方总军需库,储备50个师3个月的粮弹,并确定以四川为作战总根据地,还就沿海重要企业内迁作了初步构想②。1937年度《国防作战计划》,国防战略计划的中心转到对日作战的准备上来,准确地估计到日本发动大规模侵华战争为时不远,其作战方针将是"速战速决"。据此,提出了对日作战实行"持久战"与"消耗战"战

① 荣孟源:《中国国民党历次代表大会及中央全会资料)(下)。光明日报出版社1985年版,第428—429页。

② 参谋本部:《民国二十五年度国防计划大纲草案》《民国二十五年度作战计划》,国民政府战史会档案。原件存中国第二历史档案馆。

略方针，在战区划分与兵力部署上，将全国改划为山东、冀察、河南、晋绥、徐海、江浙、闽粤7个作战区，陕甘宁青、湘鄂赣皖、川康、滇黔、广西5个警备区，以第1至5方面军部署在战区的第一线，以第1至5总预备队部署于西安、重庆、南昌，作为平汉、津浦、江浙、闽粤的援军。还提出实行全国总动员，由平时转到战时轨道①。这一国防战略计划，虽有不切实际之处，但确是一个全国积极备战的重要方案。

（2）加紧国防建设。抗战准备的中心是军队建设。1935年1月，国民政府召开军事整理会议，3月成立陆军整理处，由陈诚任处长。自1936年至1937年，陆军第1至3期整编，实际整理85个师又9个独立旅。同时，整建了炮兵、装甲兵、工兵、通讯兵、铁道兵等特种兵。到全国抗战爆发前，加上未整理的部队，国民政府陆军共有182个师、46个独立旅、9个骑兵师又6个骑兵独立旅，连同特种兵，总兵力170余万人，预定使用第一线作战部队有步兵80个师又9个独立旅，骑兵9个师，炮兵2个旅又16个团。国民政府不断扩建空军，1934年至1937年初，空军由8个中队，增编为31个中队，还有4个运输机队，共有各类飞机600余架，还培养了飞行员、机械师各700余人。海军建设因军费受限发展较慢，到1937年上半年，只有3个舰队，大小舰艇100余艘，总计约6万吨，尚不具海上作战能力。国民政府自1935年起投入较多力量进行国防工事的建设，永久性工事用钢筋混凝土构筑而成，半永久性工事用铁轨、枕木构筑而成，临时性工事以简易材料构筑。按照敌情与作战地区，首先以4个师兵力，构筑了苏州、常熟、嘉兴、江阴等地的国防工事，接着，全面展开国防工事建设。其布局：南京为中心，次之沿海及黄河第一线，然后黄河以北各要点。到1937年上半年，江浙区、山东区、河南区、冀察区、山西区、绥远区第1期国防工事基本完成，其中江浙区、河南区及山东区鲁南阵地共构筑工事3512个，其他作战区及广东、福建等地也构筑了若干坚固程度不同的国防工事。为加

---

① 参谋本部：《民国二十六年度国防作战计划》，国民政府战史会档案。原件存中国第二历史档案馆。

紧抗战军事准备，国民政府在 1937 年度还拨出普通军费和国防军费专款
6.34 亿元，用于陆军、空军及海军建设。这些，对于随后爆发的抗战，都
起了一定的作用。

（3）加强国防工业与交通建设。1935 年 12 月，国民党五届一中全会通
过《确定国民经济建设实施计划大纲案》，确立"国民经济之建设，应以整
个民族为目标"。同年 4 月，资源委员会拟订三年重工业建设计划。国民政
府在 1936 年度拨款 1000 万元，翌年度又拨款 2000 万元，充作重工业建设
的经费。自 1936 年至 1937 年上半年，从国防计，在湖南、湖北、云南、江
西、四川、青海等省，动工兴建中央钢铁厂、江西钨矿厂、阳新大冶铜矿、
中央机械制造厂、中央无线电机制造厂、四川油矿、云南锡厂等 21 家企业，
并将沿海兵工企业搬迁内地，扩大了军火生产的规模。为了适应经济建设
与国防需要，国民政府 1936 年拟订了铁路五年计划，打算至 1941 年的 5 年
间，兴建铁路 8500 公里。到 1937 年上半年，粤汉线、广九线、陇海线宝鸡
至连云港、浙赣线、苏嘉线等铁路通车，平绥与同蒲两铁路勾通，新建成
杭甬、淮南、江南等铁路，铁路全长已达 13000 公里。公路建设也有了较快
进展，到抗战前夕，全国有公路 109500 公里，其中各省间公路 29000 公里，
还有京沪、沪桂、京鲁、京川等十数条在建中的公路干线①。

上述国民政府的抗战准备，虽因过去长期"剿共"内战，损耗了国力，
又为时较迟，这些准备很不充分，更不完备，但无疑对全国的抗日战争是
有积极而重要作用的。

三、宋哲元与冀察当局转向对日抗战

冀察政务委员会是日本帝国主义分离华北政策与蒋介石及国民政府对
日妥协政策的产物，宋哲元及第二十九军处在卖国投降与爱国抗日的矛盾
冲突的大浪颠簸之中，极为艰难、苦闷而动摇。但是，宋哲元及第二十九

---

① 参见军事科学院军事历史研究部：《中国抗日战争史》上卷，解放军出版社 1991 年版，第
513—516 页。

军官兵是有爱国心的，在华北与全国民众抗日救国大潮的推动下，在中国共产党多方工作及抗日民族统一战线方针的感召下转向对日抗战的道路。

如前所述，1936 年 1 月日本政府发出《处理华北纲要》，规定"华北工作"由华北日驻屯军负责，"先求逐步完成冀察两省及平津两市的自治，进而使其他三省自然地与之合流"。要求通过宋哲元"工作"，使"冀察政务委员会""逐步实现实质性自治"，"确立华北五省自治的基础"。为此，日方多次会晤宋哲元，施加压力。宋哲元一面满足日方扩大冀察"自治程度"的要求，一面提出以取消冀东伪政权为条件，结果未能达成协议。五六月间，日本向华北大量增兵。天津学生于 5 月 28 日，北平学生于 6 月 13 日，分别举行大规模抗日游行示威，反对增兵华北，反对武装走私。日方要求取缔，宋哲元表示："学生尚无轨外行动，不便取缔。"[1] 宋哲元还发表谈话："日本在华北增兵，及设立驻平旅团司令部事，均与手续不合"，并表示"现在吾人主要目的即保住主权"[2]，"若日本仍增兵占领华北，余将与二十九军将士实行抗日"[3]。日驻屯军司令官田代皖一郎提出以汉奸取代不肯就范的宋哲元，以使华北迅速"明朗化"，蒋介石与国民政府拒绝了这一无理要求。九一八事变 5 周年时，虽然国民政府再通令禁止举行纪念活动，但宋哲元及冀察当局并没有下令禁止，北平各学校都召开了纪念大会，学生、教师及校方领导团结御侮的气氛十分浓烈。10 月 10 日双十节，宋哲元发表宣言，说："只知有国家，不知有个人，只知有公，不知有私，一切都以整个的民族利益为努力对象，这才不辜负先烈革命的真精神。"[4] 10 月下旬至11 月初，日军进行进攻北平的大规模演习。11 月 7 日至 12 日，宋哲元部二十九军在固安和红山口举行了对抗性的军事演习。西安事变和平解决后，国共合作抗日统一战线初步形成，宋哲元抗日态度更为强硬，一面默许群众

---

① 《救亡情报》，1936 年 10 月 25 日。
② 转引自张蓬舟主编：《近五十年中国与日本》第 2 卷，四川人民出版社 1985 年版，第 174 页。
③ 《救国时报》，1986 年 6 月 8 日。
④ 孙湘德等：《宋故上将哲元将军遗集》，台北传记文学出版社 1985 年版，第 569 页。

抗日救亡运动之发展，一面对部队进行抗日教育，加紧备战。1937年1月20日，宋哲元发表《通电》和《告同志书》，称："拥护国家统一，推行中央政令"，"侵占我领土，侮辱我人民，即是我们的敌人，我们一定要打他"。① 2月，宋哲元不顾日方的阻扰与威胁，派秦德纯赴南京参加国民党五届三中全会。3月17日，日驻屯军司令官田代皖一郎以请客为名，将宋哲元骗到天津，强迫他在华北经济提携条款上签字。宋哲元回到北平后，公开宣布"在被迫的情况下签字，是完全无效的"。② 4月间，日军以汉奸陈觉明的名义，强购丰台土地6000余亩，企图建造兵营和飞机场，宋哲元以加强地籍管理为由阻止了日军的图谋。同月，宋哲元又下令恢复华北军训制度，分为冀、察、平、津4个区，办理学生暑期集中训练，由第二十九军高级军官担任总队长。

宋哲元与冀察当局转向抗日，为尔后第二十九军在卢沟桥奋起抗战、全国抗日战争爆发打下了根基。

据当时日本驻华大使馆武官辅佐官金井武夫在《中国事实的回想》中透露，早在6月间，东京军部和政府就已知道7月"7日会在华北重演柳条湖事件"。在日本帝国主义急于发动全面侵华战争之际，在中国国共两党及华北当局走向合作、准备对日抗战之时，1937年七七卢沟桥事变，就必不可免地成为日本帝国主义全面侵华战争和中国全国抗日战争的开端。

---

① 李云汉：《卢沟桥事变》，台北东大图书公司1987年版，第260页。
② 何基沣等：《七七事变纪实》，《文史资料选辑》，中华书局1962年版，第12页。

关于晋察冀抗日根据地的
历史分期与施政原则[①]

一、晋察冀抗日根据地的历史分期

毛泽东同志在1938年5月《论持久战》中曾预言，抗日战争将经历三个战略阶段："第一个阶段，是敌之战略进攻、我之战略防御的时期。第二个阶段，是敌之战略保守、我之准备反攻的时期。第三个阶段，是我之战略反攻、敌之战略退却的时期。"6年后，毛泽东在《学习和时局》的报告中，又将中国共产党及其领导的人民革命力量在抗战中的发展概括为三种情况，即：1937年至1940年为上升阶段，1941年和1942年为下降阶段，1943以后为再上升阶段。毛泽东关于抗日战争的历史进程和中国共产党及其领导的人民革命力量的发展两种"三个阶段"划分，反映了抗日战争，特别是敌后抗日根据地发展的总趋势，为我们研究晋察冀边区和其他抗日根据地的历史分期问题提供了一般的框架。但是，我们来分析晋察冀边区抗日根据地的发展阶段时，不能简单地套用这一般框架，而是要依据边区的军事、政治和经济的实际发展进程，灵活地、具体地来运用，以便反映出边区自身的发展特征，揭示出边区在中国抗日战争中的特殊地位和作用。这不是违背"三个阶段"划分的理论，而是使一般在个别中更为具体、精确。

我们根据对敌后抗日根据地"双重目标"的理解和上面原则，将敌后晋察冀边区抗日根据地作为进行抗日以争取民族独立与实行民主改革以改造旧社会、创造新中国的一个有机过程来研究，把敌后晋察冀边区抗日根

---

① 谢忠厚、肖银成主编：《晋察冀抗日根据地史》修订版，未刊稿。

167

据地的发展历史大体划分为四个阶段来阐述，围绕敌后抗日战争，探讨在军事、政治、经济、文化等各方面的斗争、改革与建设的政策措施与重大成就，总结其经验与教训。

第一阶段，晋察冀抗日根据地的创立时期（1937 年 7 月—1938 年 10 月）。

日本法西斯从发动九一八事变到发动七七事变，中国由局部抗日到举国一致的抗战，世界反法西斯战争首先在世界的东方——中国展开。七七事变以后，由于日军实施战略进攻，国民党军队败退南撤，1937 年 11 月太原失陷，从此在华北以共产党、八路军为主体的游击战争进入主要地位。晋察冀边区抗日根据地是在这个大背景下出现的，它的创建应以七七事变后八路军挺进华北，深入敌后，和中共地方组织创建武装开展抗日游击战争为开始。1937 年 11 月 7 日公开宣布晋察冀军区成立，标志着边区根据地初步形成。1938 年 1 月 15 日晋察冀边区临时行政委员会成立，则宣告了敌后华北第一个抗日根据地正式形成，并成为当时敌后华北抗战的最主要的战略支点。同时，冀中区平原抗日根据地形成。1938 年 3 月，开辟平西抗日根据地；6 月，宋时轮、邓华纵队挺进冀东，随之，冀东爆发人民抗日起义。到 1938 年 10 月武汉会战结束和日军开始调集兵力进攻敌后华北时，晋冀豫、冀南、晋西北、冀鲁豫和山东等抗日根据地已相继开辟，晋察冀抗日根据地已扩大到有 72 个县、1200 万人口的广大地区，拥有县城数十座，党员 7 万人左右，武装 10 万人以上，[①] 农、工、青、妇等抗日群众团体会员 100 万人，建立了抗日民主的新社会秩序，成为华北抗战的坚强堡垒。晋察冀边区行政委员会作为中共领导的抗日民族统一战线的政权形式，是国共合作抗战所开出的中国近现代史上的一朵"奇葩"。在抗战初期大片国土沦陷、失败情绪剧增和社会秩序混乱的情况下，晋察冀边区的抗日民主大旗在敌后华北高高飘扬，其创造意义和对全国人民的鼓舞，其对日军后方的威胁和对正面战场的战略支援，是今人难以想象的。1938 年 10 月 5 日，

---

① 《聂荣臻关于晋察冀边区六年来的工作情况向中央的报告》，1943 年。原件存中央档案馆。

中共扩大的六届六中全会主席团在给聂荣臻等的电报中作了极高的评价："边区党委所执行的坚定的统一战线的方针……依靠全党全军的努力，已经创造晋察冀边区成为敌后模范的抗日根据地及统一战线的模范区。这些都在华北抗战中已经和将要尽其极重大的战略作用，而且你们的经验将成为全党全国在抗战中最有价值的指南。"[①]日本华北方面军的一份报告中称：五台地区"乃共军巢穴，其影响至今及于华北全区[②]。"因此，在武汉会战的同时，日军调集 2 万余兵力，于 9 月 24 日开始围攻晋察冀边区腹地阜平、五台地区。这是日军重点"扫荡"华北各敌后抗日根据地的信号。

这个阶段，我们着重地分析和论述了晋察冀抗日根据地为什么在敌后华北首先出现，边区行政委员会的建立及其统一战线施政方针，边区党第一次代表大会及其巩固与扩大根据地的方针，晋察冀区、冀中区抗日游击战争的展开和冀东人民抗日大起义，边区根据地初期的经济、文化建设等问题。

第二阶段，边区抗日根据地的巩固、发展和全面建设时期（1938 年 11 月—1940 年 12 月）。

武汉会战后，日本将进攻重点由正面战场移到敌后战场，欧战爆发使日本加剧了这种转变。蒋介石和国民政府转向一方面继续国共合作抗战，另一方面开始防共、限共、反共，不断制造投降分裂倒退的逆流。因此，敌后战场的地位突出起来。这时晋察冀抗日根据地进入以巩固和建设为主的阶段，并在此基础上得到一定的发展。晋察冀边区反敌围攻战役的胜利后，1939 年 1 月中共北方分局召开的党代表大会制定了巩固和建设边区根据地的方针和政策。从此，一方面胜利地粉碎日伪军的"扫荡"进攻，反击国民党顽固派的反共"摩擦"活动，巩固和扩大边区根据地；一方面在根据地进行有利于广大群众的政治、经济、文化等方面的改革和建设。冀中区军民于 1938 年 11 月至 1939 年 4 月粉碎日伪军连续 5 次"分区扫荡"，

---

① 河北省社会科学院历史研究所等编：《晋察冀抗日根据地史料选编》上册，河北人民出版社 1983 年版，第 76 页。

② 日本防卫厅战史室编：《华北治安战》（上），天津人民出版社 1982 年版，第 80 页。

于 1940 年春粉碎日伪军"全面扫荡"。晋察冀区军民粉碎了日伪军 1939 年秋季大"扫荡"。国民党顽固势力张荫梧、白志沂、朱怀冰、石友三等部的"摩擦"进攻也分别被打退。冀热察区军民执行巩固平西、坚持冀东、开辟平北的方针，到 1940 年底、1941 年初，创造了冀热察区大块游击根据地。与此同时，边区党经过整顿，成为政治上、组织上巩固的广大群众信赖的党。边区部队经过整编和训练，作战能力和机动能力大大提高。边区政权经过自下而上的民主改造，特别是 1940 年民主大选运动和《中共中央北方分局关于晋察冀边区目前施政纲领》（简称"双十纲领"）的颁布实施，建立健全了各级民意机关和行政机关，基本群众在政治上占了优势，又初步实现了抗日民主政权的"三三制"，从而巩固和发展了边区的新民主主义民主政治。同时，普遍开展群众性的减租减息、生产和合作运动，发展贸易和金融事业，使遭到战争破坏的边区财政经济得到恢复和发展，日军的"经济封锁"和"以战养战"阴谋被打破。到 1940 年底"百团大战"结束，边区根据地发展壮大为晋察冀、冀中、冀热察三个战略区约 1500 万人口的广大地区，有党员 17 万人，正规部队约 11 万人，[1] 成为坚持敌后华北抗战和坚持全国抗战团结进步、遏制投降分裂倒退逆流的一个有力支柱，成为牵制日军使之难于北进攻苏或南进攻美英的重要力量之一。中共中央对此给予很高的评价，认为："晋察冀各方面的工作均有伟大的成绩，堪称华北党的模范。"[2] 特别指出：晋察冀边区民主选举运动和"双十纲领"，"应成为全国首先是其他抗日根据地，在民主建设上宝贵的参考和借镜"[3]。我们认为，在这里，中共敌后抗战同国民党正面抗战的根本区别显现出来：抗战也是一个革命运动，应当变旧中国为新中国呢？还是抗战只是抗日，应当维护一个旧中国呢？前者坚持在抗战中实行有利于广大群众特别是农民群众的社会民主改革，后者坚持在抗战中拒绝必要的社会民主改革，这是敌后战场逐步发展成为中国抗战中流砥柱的源动力，也是蒋介石和国民政

---

① 《聂荣臻关于晋察冀边区六年来的工作情况向中央的报告》，1943 年。原件存中央档案馆。
② 中共中央《对晋察冀工作的指示》，1939 年 9 月 27 日。原件存中央档案馆。
③ 《晋察冀边区民主建设的新胜利》，《新中华报》，1940 年 11 月 10 日社论。

府陷入丧失其抗战主体地位的内部动因。

这个阶段，我们着重剖析了华北日军的"治安肃正"作战及其毒气战、细菌战、大屠杀等反人道举措，边区军民的反"扫荡"、反"摩擦"斗争，中共中央北方分局党代表大会及其巩固和建设根据地的方针、政策，青山组织会议和边区党组织的整顿，民主政治建设和"双十纲领"，边区主力兵团、地方武装和民兵的建设，减租减息运动和生产与合作运动，以及对敌经济斗争和文教卫生建设等问题。

第三阶段，边区抗日根据地的艰苦斗争和恢复发展时期（1941 年—1943 年底）。

日军在"百团大战"后，尤其在太平洋战争爆发前后，对中国正面战场，特别是敌后战场的进攻更加疯狂和残酷，中国抗日战争进入最艰苦的时期。中国战场，特别是敌后战场给予日军巨大的牵制和打击，对美英等盟国军队在太平洋地区的作战起了重要的战略配合作用。这个时期华北日、伪推行"治安强化"运动和"蚕食"政策，实施细菌战、毒气战和制造"无人区"达到了登峰造极的地步，晋察冀边区抗日根据地成为日军"蚕食""扫荡""毁灭"的重点之一。1941 年秋，华北日军集中 7 万余兵力对北岳区①进行"铁臂合围大扫荡"；1942 年 5 月 1 日起，集中 5 万日、伪军对冀中区进行残酷"扫荡"和"清剿"；1942 年 9 月，集中 4 万日、伪军对冀东进行大"扫荡"。日军实行"杀光、抢光、烧光"政策，修建据点、碉堡和封锁沟、墙，制造"无人区"，疯狂实施细菌战、毒气战。晋察冀抗日根据地遭受严重损失，其巩固区缩小，大部变为游击根据地、游击区和敌占区，财政经济也遇到很大困难。1942 年 9 月中共中央北方分局和晋察冀军区召开边区党政军高干会议，制定了"到敌后之敌后去"、开展全面反"蚕食"、反"扫荡"斗争的方针和措施。会后，主力部队分散活动，武工队、支队深入敌后，广泛开展地道战、地雷战、交通战等群众性游击战争，

---

① 中共晋察冀区党委于 1941 年 1 月 1 日改称中共北岳区党委，即日起，晋察冀区改称北岳区，辖区未变。

展开强大政治攻势。同时，调整党政军民领导机关，实现党的一元化领导，开展党的整风运动，实行精兵简政，提高机关工作效率和部队素质。全面贯彻"双十纲领"和各项抗日民族统一战线政策，加强民主政治和法制建设，实行统一累进税，奖励生产，繁荣贸易，活跃经济，加强对敌粮食、物资、市场的争夺战。1943年1月晋察冀边区参议会召开，使边区新民主主义政治制度臻于完备，边区抗日民族统一战线更加巩固。正确地运用抗日两面政策，使游击区政权建设进展很快。

1943年9月到12月，边区军民粉碎了日伪军对北岳区为时最长、最野蛮的"毁灭扫荡"，宣告了敌人的"蚕食""扫荡"政策彻底破产。至此，北岳区被敌"蚕食"的地区基本恢复，还新增5个联合县；冀中军民恢复和开辟3000多个抗日村政权，各种公开的和隐蔽的抗日根据地在广大地区恢复发展起来；冀东根据地的平原区基本得到恢复，摧毁了敌人制造的部分"无人区"，还新开辟8个联合县。从而，打破了日军"以战养战"、变华北为大东亚战争的"兵站基地"的计划，为边区根据地克服困难，准备反攻打下了基础。

这个阶段，我们分析了华北日伪的"蚕食"政策和"治安强化"运动，着重论述了边区的各种具体政策与党的建设经验，边区党政军高干会议及其反"蚕食"斗争的方针和政策措施，边区党的整风运动和一元化领导，边区参议会的召开和党政军领导机关的精简调整，以及克服边区财政经济困难，繁荣科学文化和巩固统一战线的民主秩序等问题；对敌政治攻势、伪军伪组织工作和游击区政权建设，对敌粮食、货币、市场斗争以及地道战、地雷战、交通战等，也作了比较充分的阐述。

第四阶段，晋察冀抗日根据地的局部反攻、全面反攻和空前壮大时期（1944年初—1945年9月）。

1944年春天，在苏军在欧洲战场、美英等盟国军队在太平洋战场的战略反攻取得决定性胜利的世界战局下，日军为挽救其战略颓势，集中兵力向国民党正面战场发动了打通大陆交通的战役，却造成了解放区战场举行局部反攻的有利条件。晋察冀抗日根据地的局部反攻于5月间在向敌后伸展的方针下迅速展开，猛烈地扩大解放区，同时，加紧做好全面大反攻的各项准备。由北岳区和冀中区开始的攻势作战，持续全年，取得具有战略意义的胜利，并组建了冀晋、冀察、冀中、冀热辽4个二级军区、区党委和区行署。1945年上半年，日本开始收缩中国战场的作战范围，从中国南方将兵力集中于华北和华中，企图进行"长期持久的防御战"，以做好"本土决战"的准备。① 中共敌后战场的春、夏季攻势作战使这个计划化为泡影。晋察冀抗日根据地于1月至7月发动了一系列战役，席卷了雁北、察北、热河、辽西，直逼平、津、张市郊，并夺取了向东北进军的前进阵地，粉碎了日军对冀东的大"扫荡"。与此同时，全边区广泛开展彻底的减租减息运动、大生产运动、拥政爱民和拥军优抗运动、大练兵运动，加强东北工作和敌占城市及交通要道工作，以适应攻势作战的需要，并为大反攻作准备。1945年8月初，在盟军会攻日本本土，苏联出兵中国东北之际，10日起中共领导的敌后战场举行全面大反攻。晋察冀抗日根据地部队直指北平、天津、保定、石家庄、大同、太原、张家口等大城市和交通要道，24日后，改为着重夺取中小城市和广大乡村。同时抽调一部主力部队和大批干部挺进东北，收复失地。在1个月的大反攻中，边区军民解放了热、察两省和广大国土，并为收复东北，建立东北解放区作出了重要贡献。由于蒋介石集团利用日伪势力阻止人民受降，9月9日日本代表在南京签字投降后，敌后战场的战斗并未结束，一直延续到11月底甚至更晚些时候，才真正结束。晋察冀抗日根据地的反攻反映了中国抗战反攻阶段的特色，它是由局部反攻发展为全面反攻，消灭和牵制了大量日军，解放了广大国土，对打破日军的大陆作战计划，策应盟国军队会攻日本本土，作出了贡献。

这个阶段，我们着重分析和论述了晋察冀抗日根据地的攻势作战、拥军爱民运动和大练兵运动、彻底减租和大生产运动、城市工作和东北工作等反攻的准备以及晋察冀抗日根据地的全面反攻和一部兵力挺进东北收复失地等重大问题。

---

① 日本防卫厅战史室编：《华北治安战》（下），天津人民出版社1982年版，第454页。

以上是边区发展的概况，虽然也能看到不同地区的某些差别，但这种差别被大大忽略了。事实上，边区的几个战略区发展不平衡是很大的。1940年前，冀中区和北岳区在各项政策的执行上大体是一致的，冀中区在发动群众和民兵建设上甚至超过北岳区，而冀东、平北还在开辟中。1942年敌人大"扫荡"后，边区各项政策的执行主要在北岳区，直到1944年冀中区和冀东、平北才与北岳区趋于平衡，而冀东、平北在减租减息和税收政策上仍有很大的灵活性。1944年，冀晋、冀察、冀中三区开始了攻势作战，而冀热辽区直到1945年上半年还在进行反敌大"扫荡"的斗争。注意到了这些差别，会使我们对边区的发展及其地位和作用的认识建立在科学基础上。

二、边区制定政策的根据和原则

我们认为，晋察冀抗日根据地的斗争、改革和建设，首要是抗日，一切围绕抗日战争的胜利为中心，实质上是在边区抗日战争过程中，建立共产党领导的统一战线的政治，基本上排除了半殖民地因素和半封建因素的经济，以及人民大众反帝反封建的文化，使边区成为抗日战争和民主、自由、幸福的新民主主义中国的一个良好"模型"。能否实现这样"双重目标"和总任务，边区党和政府的政策正确与否，有着决定的意义。

边区制定和实施政策，不能搞本本主义、教条主义，把中共中央总的路线和政策，囫囵吞枣地、千篇一律地背诵、空谈或机械地执行；也不能陷入事务主义、经验主义，把中共中央总的路线和政策置于脑后，以致迷失政治方向。这两种都是违反马克思主义的，都是错误的。制定和实施边区的政策，必须坚持马克思主义的中国化，坚持把中共中央总的路线和政策，根据边区的实际情况和特点来具体运用，使之具体化、地方化。马克思主义的中国化，就是要根据当时当地的具体情况，灵活地运用马克思主义的原则和方法来具体地解决中国的问题。坚持把中共中央总的路线和政策在边区地方化、具体化，就是根据边区今天具体的主观和客观的情况来具体地运用它，把它具体化。就是说，不仅要彻底地、深刻地、实际地了解中共中央和毛泽东关于新民主主义革命的理论、抗日民族统一战线的总政策和人民抗日战争的战略方针，特别是它的精神实质，以此作为根本依据和指导，而且要冷静、仔细、精确地分析边区政治、军事、经济等各方面的变化的具体情况，正确地估计革命的主观力量和客观条件；还必须有合法的根据，即适应敌后抗战的特殊环境来灵活地、巧妙地运用国民政府建国大纲、抗战建国纲领和各种适合于抗日民族统一战线精神的法令。这样，边区的各种政策才能得到广大群众的拥护，才能发挥它的抗日和革命的伟大作用。

晋察冀边区不仅有正确的军事斗争方针，而且在政治、经济、文化等各个方面的政策和法规都比较完备，保证了边区抗日和各项改革与建设事业的胜利。晋察冀边区党和政府在制定《晋察冀边区目前施政纲领》和边区的各种政策和法规的过程中，遵循和坚持了马克思主义中国化、中共中央的总路线和总政策地方化、具体化的思想路线和根本原则，具体来说，有以下 5 个方面的根据与原则：

第一，边区要集中一切力量，战胜当前最强大的敌人日本帝国主义。为此，必须依靠基本群众，并建立最广泛的抗日民族统一战线。边区是坚持敌后抗战的抗日根据地，经常处在残酷的战争环境中，各阶级、阶层的人民实际地感受到必须团结抗日，因而边区具有最广泛的抗日民族统一战线的基础。但是，为了动员和集中一切抗日力量，战胜强敌，还必须使边区一切阶级、阶层的抗日人民，一切抗日党派和人士，都能在边区安居乐业地生活下去，都能愉快地、积极地从事抗日和边区各项建设事业。为此，必须坚持保障边区一切抗日人民都有言论、集会、结社、出版和信仰的自由，保障一切抗日人民在边区境内都享有完全的平等权利和政治自由，保障一切抗日人民的生命和财产所有权，任何人不得违法侵犯。只有这样，才能调节各抗日阶级、阶层的利益，也只有在这样的前提下，才能使抗日的各阶级、阶层间的相互斗争和冲突形式得到适当的控制，都约束在"和平的""合法的"范围以内，才能不断巩固和扩大边区抗日民族统一战线。这对于巩固和壮大边区抗日根据地是必需的，对于争取民族独立和人民民主的整个革命前途也是必需的。

第二，要在边区建立巩固的抗日民族统一战线的社会秩序。这种秩序，对于日本侵略者、汉奸和一切反动派是实行专政的秩序；对于一切抗日人民，是实行民主，严格保障他们的生命、财产和政治权利的秩序。在抗日战争时期，"新民主主义的国家形式，就是抗日统一战线的形式。它是抗日的，反对帝国主义的；又是几个革命阶级联合的，统一战线的"①。边区抗日民族统一战线的秩序，在政治方面，保证共产党领导，保证工农基本群众占优势，联合一切赞成抗日又赞成民主的阶级、阶层、党派和人士，反对日本帝国主义、汉奸和反动派，坚持保护一切抗日阶级、阶层、党派和人士的政治权利和自由；在经济方面，它不断地排除殖民地半殖民地因素，以适当方式和步骤减轻和限制封建半封建剥削，以改善工农生活，发展生产，保障抗战供给，并使边区经济走上独立自主的道路；在文化方面，坚持为人民大众服务、为抗战服务和反帝反封建的方向，发展边区的文教、卫生和科技事业。"当着各阶层人民内部发生利害冲突与斗争的时候，它就去调解这种冲突与斗争，注意使工农的要求能够满足，同时又照顾到抗日的地主与资本家的利益。"② 边区一切人民包括工人、农民和小资产阶级，包括抗日的地主和资本家，包括各抗日党派、团体和各界人士，也包括大地主和大资产阶级在内，只要不投降，不反共，都不是专政的对象，都是同样实行民主，保护他们的生命、财产和政治权利。在边区建立和稳定这种秩序，是边区抗日根据地巩固和发展的基础。

第三，要改善工农生活，同时要调节各抗日阶级、阶层的利益。就是说，一方面要增加工人工资，改善工人待遇，另一方面要提高工人的劳动纪律和生产率，并保障公营和私人工业的顺利发展；一方面要坚持减租减息，另一方面要坚持在减租减息后，佃户、债户须依约缴租、还债。只有这样，才能建立和巩固边区抗日民族统一战线，并用以巩固、发展边区，

---

① 《毛泽东选集》第2卷，人民出版社1968年版，第637页。
② 《刘少奇选集》上卷，人民出版社1981年版，第174页。

保护边区人民特别是工农的利益。只强调发展工业，发展生产，不注意改善工人生活的主张；或片面强调地主利益，牺牲农民利益的主张，是妨碍提高工农群众的生产热忱和抗战积极性的错误主张。只注意改善工人生活，增加工资，减少工作时间，而置边区工业生产发展于不顾，以致劳动纪律松懈，生产率过低，或者只注意农民生活的改善，而不顾地主的利益，也是错误的、有害的，这样会因为劳资间、农民与地主间的无益的冲突，或因为生产减缩、物资缺乏，而严重影响根据地的巩固。为了战胜强敌，应该有远大的政治眼光，使统一战线内部的某些斗争暂时约束在一定的范围内，并且时刻要顾及到总的全局利益和各抗日阶级、阶层的利益。要很审慎地处理劳资关系和地主与佃户、债主与债户的关系，在适当地改善工农的生活后，必须提高劳动纪律和劳动生产率，保障各种生产事业顺利的发展，增加边区的财力和物力，特别是发展边区的工农业生产。

第四，保障政权的"三三制"。"三三制"政权，是共产党的真诚的政策，是调整各抗日阶级、阶层内部关系的合理的政治形式。边区是边区一切抗日人民的，只有政权的"三三制"的认真执行和实际保障，才能使边区一切阶级、阶层的抗日人民实际地体会到边区是他们自己的边区，在实际政治生活中体验到"共产党反对国民党的一党专政"，在边区"也不主张共产党的一党专政"。边区是共产党、八路军从日本侵略者手中夺回来的，但所建立的政权，是名副其实的抗日民族统一战线的民主政权，是几个革命阶级联合专政的民主政权。这样，可以经过参政的各阶级、阶层的领袖去团结各阶级、阶层的人民大众，而使边区共产党成为团结边区一切抗日力量的核心，在边区为全国树立一个抗日统一战线的民主政权的"模型"。在毛泽东尚未提出"三三制"政权以前，边区各级政权中就吸收了各党派、各阶层人士和不少爱国知识分子。据1939年统计，边区各级政府干部中国民党员占12%以上，其他党派占5%。在中共中央和毛泽东提出"三三制"政权的政策后，在边区不断得到深入贯彻。在1940年民主选举运动中，县区村的民意机关和行政机关均初步实现了"三三制"。到1943年1月召开边区参议会，参议员中有国民党员30余人，有著名的科学技术专家、教育家，有来自敌占区的缙绅，以及抗战有功的社会人士。参议会选举结果，7个驻会代表中有共产党员 2 人，9 个边区政府委员中有共产党员 3 人，其余为国民党和无党派人士。这些，充分显示着在边区新民主主义政治之下，各抗日革命阶级和阶层均各得其所，占居合理的地位，是巩固边区抗日民族统一战线、战胜强敌的最有效措施，也是巩固、建设和发展边区抗日根据地的最有效措施。

第五，边区的各种政策，必须是作长期持久的打算，而且一经确定，必须贯彻到底。抗日战争是长期的、持久的，中国革命更是长期的、持久的。边区是抗日根据地，又是革命根据地。因此，爱护根据地，为根据地作长期的、持久的打算，成为边区各种政策的出发点。必须十分爱惜根据地的人力、物力，有计划地使用力量，"一面决不滥用浪费，一面努力发展生产"，积蓄力量；必须"计算到长期坚持抗战，计算到反攻，计算到赶走敌人之后的建设"。[①] 而且，边区的各种政策一经确定，就必须保持其连续性和稳定性，贯彻执行到底。这也是边区制定和执行政策的一个特点。

正确地认识这些决定政策的根据和原则，对于全面地理解晋察冀抗日根据地的军事、政治、经济、文化等各方面的斗争、改革和建设，阐明其历史发展和特点，探讨其历史地位和作用，研究和吸取其历史经验，有着重要的意义。

---

① 《毛泽东选集》第 3 卷，人民出版社 1968 年版，第 921 页。

晋察冀边区军政民代表大会之研究[①]

晋察冀边区军政民代表大会，是抗战初期在华北敌后最早召开的一次边区级各党派、各军队、各阶层、各民族和各界抗日人民的代表大会。在抗日民族统一战线的旗帜下，代表大会讨论确定了巩固与发展晋察冀边区抗日根据地的方针和政策，决定统一边区的政治、军事、行政和经济、文化等社会举措，民主选举产生了晋察冀边区临时行政委员会，并经第二战区司令长官阎锡山会同第一战区司令长官程潜，转呈国民政府行政院和军事委员会正式批准。这一代表大会，在晋察冀边区和整个敌后抗日根据地的历史上，乃至在中华民族解放的历史上，都有着重要的地位与深远的影响。长期以来，史学界虽对此述及颇多，但未见有专论，一些著述尚存有误解、误传或不确之处。因此，本文拟根据较为完整的档案史料，从筹建晋察冀边区政权的决策，边区军政民代表大会的筹备与召开、决议与成就，以及若干史实的考鉴等方面，作以较为系统、全面的探究与阐述。

一、筹建边区政府决策的提出与形成

中国共产党关于筹建晋察冀边区政府的决策，是基于抗战初期华北敌后的客观条件做出的。这里所谓"客观条件"，有关著述都强调了晋察冀军区的成立，但其具体史实的阐述多有差异，甚至有偏颇。因此，仍有较为系统说明之必要。

抗战开始后，国民党华北战场在日军战略进攻下很快陷入混乱，晋察冀边界地区沦为敌后。但日军兵力不足，只能占领主要交通线和城市，更无暇后顾。而该区域，北部有恒山、五台山雄峙，西部有太行山绵延，东

---

① 原载《军事历史研究》2015 年第 3 期。人民大学复印报刊资料《中国现代史》2015 年第 11 期全文转载。

北部有燕山山脉伏卧，冀东平原与山地交错，冀中平原千里沃野，农产、矿产极为丰富，工商业和文化事业比较发达，在地形上山地可以掩护平原，在人力、物力上平原可以支援山地。在晋察冀三省边界地区开展敌后抗日游击战争，创立敌后抗日根据地，能够把日军后方变为抗日前线，可以控制平汉、平绥、同蒲、正太、津浦等铁路干线，威胁北平、天津、太原等战略要点，在战略上形成对敌人犬牙交错的包围态势，牵制和消耗敌人大量兵力，在战略上给正面战场以有力的战略支援，具有伟大的意义和光明的前途。

在华北战场陷入混乱、困难之际，八路军3个师自1937年8月下旬起，相继开赴华北抗日前线，配合国民党军队作战，连续取得平型关大捷、雁门关阻断敌交通线、夜袭阳明堡敌飞机场等一系列战役战斗的胜利，在广大民众中的声威大振。由此，拉开了开辟敌后战场，建立敌后抗日根据地的序幕。

还在平型关作战前，八路军总部就派罗荣桓率一一五师政治机关、教导队、骑兵营开赴阜平、曲阳地区，发动群众，组织武装，准备根据地的创建工作。同时，中共北方局派王平、李葆华等于9月26日组成晋察冀省委，配合八路军开展群众抗日斗争。10月22日、23日，为配合国民党军队忻口战役，八路军总部率一一五师主力南下，与在正太路附近的一二九师相呼应，侧击由石家庄西进之日军，由聂荣臻率一一五师独立团、骑兵营、教导队等部约3000人，留驻以五台、阜平为中心的晋察冀边界地区，着手创建敌后第一个抗日根据地。10月25日，朱德、彭德怀、任弼时在给毛泽东《关于冀察晋绥军事部署的报告》中明确提出："平绥以南、同蒲以东、正太以北、平汉以西为晋察冀军区，以聂荣臻为军区司令员兼政委。"毛泽东于第二天批准了这一具有伟大历史意义的决策。[①] 10月27日，晋察冀军区于五台县城在内部宣布成立。在聂荣臻指挥下，杨成武独立团向冀晋边

---

① 《晋察冀抗日根据地》史料编审委员会、中央档案馆：《晋察冀抗日根据地》第1册（文献选编上），中央党史资料出版社1989年版，第49页。

界发展，相继克复涞源、广平、灵丘、浑源、蔚县、阳原、易县等城，月余时间，部队发展到 7000 余人，打开了军区北部地区的局面；赵尔陆率总部特务团 2 个连和军政工作团，在晋东北地区与山西第一行政区政治主任、五台县长宋劭文（地下共产党员）① 相配合，以民族革命战争动员委员会（简称"动委会"）的名义，发动群众，组织武装，改造旧政权，委任新县长，打开了军区东北部地区的局面；以王平为首的地方党工作团和刘云彪骑兵营，以阜平为中心，在曲阳、唐县、完县（今顺平）、满城等地，发动群众，组建起 4000 余人的游击队，成立阜平县动委会，打开了军区东部地区的局面；周建屏、刘道生率领武装小分队和抗日工作团，活动在盂县、平山一带，建立起由 4000 余平山子弟组成的"平山团"，在平定、井陉、获鹿（今鹿泉）、正定等地农村组成多支游击队，攻克平山县城，打开了军区南部地区的局面。11 月 7 日，晋察冀军区在五台县城宣布正式成立，下辖四个军分区，包括 36 个完整与不完整的县（晋东北 15 县、察南 2 县、冀西 19 县）②。

当日军由平、津南犯时，中共平汉线省委指示共产党员深入农村，组织武装，开展抗日游击战争。石家庄失陷后，中共平汉线省委西移，与一二九师会合，改组为晋冀豫省委，由保东、保南两特委改组为中共保属省委，继续发动冀中民众抗日武装。同时，原红军团长孟庆山受中共中央指派从延安赴冀中，协助冀中地方党，先后在高阳、蠡县、安新、任丘等地开办游击战争训练班，着手组织河北游击军。10 月 14 日，从永定河撤到冀中梅花镇的国民党第五十三军六九一团，在团长吕正操（共产党员）的率领下，根据中共五十三军工作委员会的决定，在晋县小樵镇举行抗日誓师大会，决定改编为人民自卫军，拒绝南撤命令，回师冀中抗日。12 月 12

---

① 据《聂荣臻传》记载，八路军总部移往晋东南前，总政治部副主任邓小平介绍聂荣臻与宋劭文相识说，宋劭文的公开身份是山西牺盟会的成员，实际是中共地下党员。见《聂荣臻传》，当代中国出版社 1994 年版，第 182 页。

② 北京军区晋察冀战史编写组：《晋察冀军区抗日战争史》，军事科学出版社 1986 年版，第 18—19 页。

日，吕正操率人民自卫军等部赴晋察冀军区进行整训，冀中平原与平汉路西山区根据地连成一片。吕正操率部返回冀中后，与保属省委及孟庆山领导的河北游击军相配合，大力开辟冀中平原根据地。至 1938 年 1 月，晋察冀边区开辟晋东北、察南、冀西和冀中的 43 个完整与不完整的县，拥有1200 余万人口。

上述晋察冀军区的成立及边区的开创，为建立晋察冀边区政府提供了根本前提和客观要求。但笔者认为，仅谈这一"客观基础"是不够的，还有必要说明以下两点：

第一，在晋察冀边区，建立"民族革命战争战地总动员委员会"（简称"动委会"）一类半政权性质的群众组织，为改造地主资产阶级的旧政权，创造抗日民族统一战线的民主政权，架设了必要的桥梁。对于这一点，过去一些著述或不曾论及，或提及很少，笔者以为这是不妥的。

抗战开始不久，晋察冀边界地区国民党各级旧政权迅速瓦解，汉奸、特务和亲日分子大肆活动，建立伪县政府或维持会。土匪武装、地主会道门武装及各种杂色武装，各踞一方。整个社会一时陷入极端混乱的殖民地化和无政府状态。当时，由于旧政府过去一贯压迫民众，无法担负起领导抗战的紧急任务，而蒋介石、阎锡山等下令严防共产党掌握政权；晋察冀边区又在初创中，群众尚未充分发动起来，干部十分缺乏，短期内还没有力量对旧政权进行彻底改造。因此，两重政权形式"成为发动全面抗战的一种不得已之举"①。一方面，随着边区抗日根据地的开辟，大多数县由共产党委任了县长，有的县由群众自己建立了临时抗日政府，某些地方也还残存着旧的县政府、区公所；另一方面，各地普遍建立了半政权性质的"动委会"（冀西叫"自卫会"，冀中叫"救国会"）一类群众组织。县"动委会"，由政府和群众团体的代表、八路军和其他军队的代表、国共两党及无党派人士联合组成，县以下组织区、村"动委会"。"动委会"内部，设正副主任、秘书、总务处和组织、宣传、锄奸、武装、动员分配等部。它

---

① 彭真：《向中央政治局关于晋察冀工作的报告》，1941 年 8 月。原件存中央档案馆。

不仅是动员群众、组织群众、武装群众抗日的机关，而且成为决定和征收合理负担、供给部队给养、逮捕审讯汉奸、颁布减租减息和改良工人生活的权力机关，负担了一切应由政权担负而旧政权不可能担负的抗日紧急任务。

由于"动委会"拥有一套系统的县区村组织，动员了广大民众，团结了进步青年和大多数旧政权工作人员及知识分子一道进行抗战工作，培养和锻炼了新旧干部，打破了政府与群众相隔绝的旧传统，迅速创造着抗日斗争的新的工作方式和作风，所以为边区改造旧政权、创造统一的新政权铺设了通途。但是，另一方面，由于边区尚无统一的政府，不能打破晋、察、冀三省历史上形成的隔阂，不便于互通有无，不能形成统一的群众运动，不能采取统一的财政经济政策，不能统一解决武装动员问题和军队供给问题，边区各地人民的负担也很不平衡。边区人民要求各方面有个统一的办法，盼望着边区统一的新政府和新秩序。

第二，边区第一次反"围攻"的胜利，突显了巩固边区根据地与建立统一政权的战略意义及其紧迫性。过去，一些著述只谈其军事意义，很少谈及对政权建设的作用，笔者以为这也是不妥的。1937年11月8日太原沦陷，日军步步猛攻，国民党军溃退，面临可能被赶过黄河南岸的危困慌乱情势。此时，晋察冀边区的八路军和游击队，发动了广泛的群众性游击战争，破袭交通，攻占城镇，使日军"愈深入愈感受后方的威胁"。因此，不得不在占领太原后，"改作固守形势"，调集2万余兵力，从平绥、平汉、同蒲、正太各铁路线出动，自11月24日，分兵8路，向五台、阜平地区"围攻"，企图压迫边区部队向深山退缩，以保障其后方主要交通线的安全。

边区军民在反"围攻"战役中，以有经验的部队在机动位置，寻机歼敌；以多数新的游击队对敌进行伏击、侧击、夜袭，消耗、疲惫敌人。一二〇师在同蒲路、一二九师在正太路，积极配合边区的反"围攻"作战。历时近一个月，边区军民毙伤日军1087人，日军被迫于12月21日撤回铁路沿线。这次反"围攻"战役的胜利，使新生的边区抗日根据地经受住了考验和锻炼，使正面抗敌部队有机会"在晋南、晋西站稳自己的阵地，补充整理，继续和敌人作战"。因而，使各党、各军、各阶层和广大民众，形成了一个共识："只要我们能建立起健全的政府来，能把政权统一，那么这个区域一定能巩固起来。""使这个军区成为华北抗日的根据地，作为我们中国各地区的模范"，"以政治配合军事来巩固我们的抗日阵线，坚决把日寇驱逐出去！"①

由此可见，筹建边区政府，为当时抗日形势所必需。但是，筹建边区政府的决策过程，却是学界迄今未弄清楚的难题。1984 年前后，笔者在撰写《晋察冀抗日民主政权简史》过程中，碰到一个明显的矛盾：中共中央关于筹建边区政府的决策是怎样形成的？又是什么时间下达的？1981 年出版的《刘少奇选集》收入的刘少奇《为筹建晋察冀边区政府给聂荣臻电》一文标明的日期为 1937 年 10 月 20 日。但此时，聂荣臻尚未奉命率部留驻五台地区，中共中央和毛泽东主席也未作出建立晋察冀军区的部署，晋察冀军区更未成立，北方局怎么有可能超前指示筹建边区政府呢？面对这一明显的矛盾，我们手中当时所掌握的文献资料还没有可能解决，而《刘少奇选集》所载这一电报是唯一能见到的权威性文献。所以，我们在《简史》中，在引据这一权威性文献后，加了一句话："这个指示，给边区全党、全军及时地提出了筹建边区统一的抗日民族统一战线民主政权的任务。"② 实际上是暂时回避矛盾。《历史教学》1985 年第 11 期发表张洪祥教授《略论华北敌后第一个抗日民主政权的建立——兼述晋察冀边区军政民代表大会的召开》一文，可能没有察觉此矛盾，该文明确地写道："中共中央北方局早在 10 月 20 日"给聂荣臻的电报中就指出："在晋察冀全区，为了加强与统一军事政治领导，应即进行统一战线的民主政权的改造与建设。"由于《为筹建晋察冀边区政府给聂荣臻电》是件很重要的历史文献，长期以来一

---

① 《大会讲演词》（即《聂荣臻在晋察冀边区军政民代表大会开幕典礼大会上的讲演词》和《聂荣臻在晋察冀边区军政民代表大会闭幕式上的讲演词》，1938 年 1 月），载《晋察冀边区军政民代表大会汇刊》，河北省档案馆藏。全宗：晋察冀边区政府，卷号：1-6-4。

② 谢忠厚、居之芬、李铁虎著：《晋察冀抗日民主政权简史》，河北人民出版社 1985 年版，第 15 页。

些抗战史、民国史的著述中，论及中共中央决策部署时，仍以 1981 年出版的《刘少奇选集》收集的电文所标注的日期为准。

1986 年至 1989 年，笔者先后发现 4 份档案文献：一份是聂荣臻给朱德、彭德怀、任弼时的《关于成立晋察冀临时行政委员会等问题的建议》①，日期是"1937 年 11 月 8 日"。聂荣臻写道："晋察冀既成立军区，政权亦应有一统一之组织。我意即成立晋察冀临时行政委员会，下分财政、民政、交通、经济、文化、锄奸等处，即以阎（指阎锡山——笔者注）委之行政员宋劭文任主席。"并要求批复。聂荣臻的请示报告，并致周恩来转北方局。这就表明，成立晋察冀边区政府的酝酿和准备，最初起于聂荣臻的请示报告。第二份是朱德、彭德怀、任弼时对聂荣臻上述请示电的批复②，时间是"1937 年 11 月 13 日"。由于当时太原刚刚失陷，日军正准备大举围攻边区。为应对日军的围攻，这一批复原则上同意筹建晋察冀边区政府，但认为"稍迟为宜"。第三份是《北方局给聂荣臻指示电》③，为铅印件，其内文与《刘少奇选集》所载《为筹建晋察冀边区政府给聂荣臻电》几乎一致，但编者标明的日期为"大概是 1937 年 10 月 20 日左右"。"大概""左右" 4 个字，表明《为筹建晋察冀边区政府给聂荣臻电》的日期确实有误。第四份即周恩来、刘少奇《关于成立晋察冀边区抗日民主政权的改造与建设问题的指示》④，电报是发给聂荣臻并转晋察冀省委的，标明日期是"1937 年 11 月 16 日"。这一电报同时发给朱德、彭德怀、任弼时、关向应、张浩、邓小平、朱瑞、彭真、彭雪枫，并报毛泽东、洛甫（张闻天）。从内容和行文来看，周恩来、刘少奇的这一电报，即是《刘少奇选集》所载《为筹建晋察冀边区政府给聂荣臻电》的原始件。因此，《为筹建晋察冀边

---

① 《关于成立晋察冀临时行政委员会等问题的建议》（1937 年 11 月 8 日），谢忠厚、宋学民：《晋察冀边区民主政权建设文献汇编》上册，中共党史出版社 2013 年版，第 12 页。

② 《朱德、彭德怀、任弼时关于当前晋察冀中心工作的指示》（1937 年 11 月 13 日），谢忠厚、宋学民：《晋察冀边区民主政权建设文献汇编》上册，中共党史出版社 2013 年版，第 14 页。

③ 《北方局给聂荣臻指示电》（1937 年 10 月 20 日左右），山西档案馆藏，卷号：续 B1 - 25。

④ 《关于成立晋察冀边区抗日民主政权的改造与建设问题的指示》（1937 年 11 月 16 日），中央档案馆藏。

区政府给聂荣臻电》的准确日期应为 1937 年 11 月 16 日，署名应为周恩来、刘少奇。

二、晋察冀边区军政民代表大会的筹备与召开

早在反"围攻"战役即将展开之际，聂荣臻率领晋察冀军区领导机关，由山西五台移驻河北阜平，一面抓紧部署反"围攻"作战，一面落实中共中央和北方局筹建边区政府的决策。据《聂荣臻回忆录》，他与宋劭文建立联系后，多次议论过统一全区政权机构的问题，在到达阜平县城的晚上，即与宋劭文研究了筹建边区政府的问题。聂荣臻说：要抗日，要发动群众，要稳定社会秩序，没有一个统一的抗日政府作依靠是不行的。同时，部队要扩充，要吃饭，要穿衣，急需解决财政问题，这些，没有一个统一的政府进行领导和组织，是很难办到的。宋劭文表示赞同，认为建立统一的政权机构，已是势在必行。于是，1937 年 11 月 18 日，由聂荣臻出面，召集冀察两省各军政民的领导人交换意见，大家一致赞同组织全边区临时政权机关的建议。

12 月 5 日，在阜平县城挂起了"晋察冀边区临时政府筹备处"的牌子。[1] 宋劭文《晋察冀抗日民主政权建设的回顾》文中写道：由宋劭文、胡仁奎、刘奠基、张苏、王斐然 5 人为筹备处筹备委员，负责筹备召开晋察冀边区军政民代表大会，成立边区临时政府。[2] 据《晋察冀边区军政民代表大会汇刊》（以下简称大会汇刊）中《大会筹备经过》的记载：筹备处组织，"设主任一人，副主任一人；主任、副主任之下，设总务组、视察组、起草组，每组各设组长一人，各组得聘干事，承组长之命分担工作"。[3] 边区临时政府筹备处成立后，着重做了以下筹备工作：

---

[1] 《聂荣臻回忆录》（中），解放军出版社 1984 年版，第 384—385 页。

[2] 胡仁奎，山西定襄县人，公开身份是牺盟会的成员，实际为中共地下党员。刘奠基，山西峰县人，国民党员，"动委会"负责人之一。王斐然，河北阜平县人，1924 年加入中国共产党。

[3] 《晋察冀边区军政民代表大会筹备经过》，《晋察冀边区军政民代表大会汇刊》，原件存河北省档案馆。全宗：晋察冀边区政府，卷号：1-6-4。

第一，将筹备处成立的经过通知晋、察、冀三省各有关军政领袖，组织力量起草晋察冀边区军政民代表大会的召集法，派出宋劭文、仇友文、李杰庸、王斐然、白靖斋 5 人①分别到晋东北各县，冀西之完县、唐县、易县、满城、徐水、行唐、灵寿、平山等县，以及平汉铁路东之冀中各县，与抗日军政领袖、群众团体接洽，联络各县代表届时出席边区军政民代表大会，积极做好代表大会的各项具体准备工作。

第二，由宋劭文出面，利用与阎锡山的密切关系，经由阎锡山向蒋介石呈报，力争边区临时政府得到国民政府的批准，以巩固与发展抗日民族统一战线。据宋劭文回忆：他自 11 月起，给阎锡山连发 7 次电报，均未理睬。至 11 月下旬，胡仁奎问他电报是怎么写的？他说，主要是说明成立边区政府对于坚持敌后抗战有利，对保卫晋东北也是不可少的。胡仁奎说，阎锡山不是这样的人，你只说这些话怎么行？于是，他再给阎锡山发一份电报，说：成立边区政府，不仅对抗战有利，也对山西有利，而且边区政府的人选他能加以左右，在他提出的边区政府建议名单的 9 个委员中，山西省占了 5 个，有宋劭文、胡仁奎、刘奠基、娄凝先（山西第一行政区公署秘书）、李杰庸（山西省政府秘书），除国民党员外，均为山西牺盟会负责人，并具体建议由宋劭文任边区行政委员会主任委员，胡仁奎任副主任委员。此电报发出后，12 月中旬即收到阎锡山复电：同意筹建晋察冀边区行政委员会，并表示要呈报行政院。②

边区军政民代表大会原定于 1938 年 1 月 5 日召开，由于日军的封锁，交通不便，一些代表未能及时赶到，不得不推迟 5 天。据《大会汇刊》中《前言》《大会经过》《大会记录》的记载，1938 年 1 月 10 日，晋察冀边区军政民代表大会在阜平县城第一完全小学礼堂隆重开幕。

---

① 仇友文，河北省蓟县人，1933 年加入中国共产党。李杰庸，陕西省延长县人，1928 年加入中国共产党。白靖斋，时任五台山沱阳学校校长，为抗日进步人士。

② 宋劭文：《晋察冀抗日民主政权建设的回顾》，《晋察冀抗日根据地》史料丛书编审委员会、中央档案馆：《晋察冀抗日根据地》第 2 册（回忆录选编），中共党史资料出版社 1991 年版，第 38—39 页。另据《聂荣臻回忆录》记载，胡仁奎给宋劭文建议致阎锡山的电报中主要讲成立边区政府"对山西有利，可以扩大山西的地盘，扩大到河北和察哈尔去。"见《聂荣臻回忆录》，第 388 页。

会议由宋劭文主持，138 位工农商学军政和喇嘛的代表（各县代表 135 人，筹备处筹备委员 3 人，另列席《抗敌报》新闻记者 2 人），济济一堂，以沸腾热烈的情绪，要建立一个统一的、健全的晋察冀边区抗日的民主政权。宋劭文致开幕词，说明成立边区临时政府的必要性。聂荣臻发表讲演词，阐明当前形势与边区临时政府成立的重要意义，指出：我们需要的政府，不是官僚政府，同时也不是苏维埃工农政权，"我们是要成立各党、各派、各阶层联合组织起来的政府，是广大人民的政府，坚决抗日的政府"。"只要我们能建立起健全的政府来，能把政权统一，那么这个区域定能巩固起来。"国民党代表刘奠基和共产党代表黄敬也发表了讲演词。

1 月 10 日下午 6 时半举行大会预备会，138 位代表到会（各县代表 135 人，筹备处筹备委员 3 人）。《抗敌报》新闻记者 2 人列席了会议。会议由宋劭文主持。大会听取了宋劭文关于边区军政民代表大会筹备经过的报告。修正通过了大会组织法，将"晋察冀边区军政民代表大会的召集法"修定为《晋察冀边区军政民代表大会组织法》（简称"大会组织法"）。依据"大会组织法"，推举聂荣臻、刘奠基、高鹏、姚东昌、王文仲、宋劭文、李耕涛 7 人组成大会主席团；推举邓拓、舒同、黄敬、刘奠基、李耕涛、赵宝藩、宋劭文 7 人组成提案审查委员会，召集人为刘奠基；推举邓拓、舒同、宋劭文 3 人为大会宣言起草人。

大会第一次会议，1 月 11 日下午 5 时至 10 时半举行，出席各县代表 142 人（另列席《抗敌报》新闻记者 2 人、军事学校代表 2 人）。刘奠基主持会议，并作了提案审查委员会关于提案审查的总报告，已收到代表提案 300 件左右，经过审查、整理，分为政治、军事、财政、经济、教育、妇女、群众运动 7 项。接着，宋劭文作提案审查委员会关于政治提案的报告，说明各代表的政治提案的要点。大会讨论第一个议题："建立统一的政权，以巩固并扩大抗日根据地"。这次会议还决定，聘请刘奠基兼任大会秘书长；每日增加一次会议，定为上午 10 时至下午 2 时。

大会第二次会议，1 月 12 日上午 10 时至下午 1 时半，出席各县代表 142 人（另列席《抗敌报》新闻记者 2 人、军事学校代表 2 人），由刘奠基主持，并报告新收到安国、深泽、安平县代表提案 12 件。邓拓作了提案审查委员会关于财政问题提案的意见。会议继续讨论第一个议题，并表决通过《政治问题决议案》。

大会第三次会议，1 月 12 日下午 5 时至 10 时，出席各县代表 141 人（另列席《抗敌报》新闻记者 2 人、军事学校代表 2 人），由宋劭文主持，并报告审查安国、深泽等县代表提案的意见。会议讨论财政问题提案，并表决通过《财政问题决议案——树立健全的战时财政制度》。

大会第四次会议，1 月 13 日上午 10 时至下午 2 时，出席各县代表 142 人（另列席《抗敌报》新闻记者 2 人、军事学校代表 2 人），由宋劭文主持。由邓拓报告提案审查委员会关于审查经济提案的意见。会议讨论经济提案。在大家悉心讨论的时候，定县回民代表刘心义等 3 人赶赴会场，立刻掌声雷动，为各民族大团结，中华民族解放，带来一股兴奋剂。至此，各县与会代表达 145 人。

大会第五次会议，1 月 13 日下午 5 时至 10 时半，出席各县代表 144 人（另列席《抗敌报》新闻记者 2 人、军事学校代表 2 人），由宋劭文、高鹏、姚东昌主持。由刘奠基作提案审查委员会关于审查教育提案的意见，赵宝瑾作提案审查委员会关于审查妇女提案的意见。接着，会议继续讨论经济提案，并表决通过《经济问题决议案——确定边区战时经济建设计划案》；讨论妇女提案，决议重新整理后再讨论；讨论教育提案，并表决通过《文化教育决议案——确定边区文化教育计划》。

大会第六次会议，1 月 14 日上午 10 时至下午 2 时，出席各县代表 144 人（另列席《抗敌报》新闻记者 2 人、军事学校代表 2 人），高鹏、李耕涛主持。由宋劭文报告提案审查委员会关于审查军事提案的意见，由黄敬报告提案审查委员会关于审查群众运动提案的意见。会议讨论军事提案，并表决通过《军事问题决议案》；讨论群众运动提案，并表决通过《群众运动决议案》。

大会第七次会议，1 月 14 日下午 5 时至 10 时半，出席各县代表 144 人（另列席《抗敌报》新闻记者 2 人、军事学校代表 2 人），姚东昌、宋劭文主持。由刘奠基作提案审查委员会关于整理妇女提案的结果的报告，会议讨论妇女问题提案，并表决通过《妇女问题决议案》。接着，大会讨论并通过边区临时政府——行政委员会选举法。并决定：由赵亚萍、高鹏、赵宝瑾担任大会远举发票人；由臧秀英、刘三阳担任选举收票人；由田云、陈建章、李连飞担任选举唱票人；由李静波、刘贞文、刘光运担任唱票检查人。接着，会议表决通过了《大会宣言》。

大会第八次会议，1月15日上午10时至12时，出席各县代表144人（另列席《抗敌报》新闻记者2人、军事学校代表2人），会议主席宋劭文。大会首先投票民主选举边区临时行政委员会委员。投票144张，开票点数，经主席检查并无错误。民主选举结果：聂荣臻得140票，宋劭文得137票，吕正操得136票，刘奠基得132票，孙志远得116票，张苏得115票，胡仁奎得114票，李杰庸得110票，娄凝先得90票。接着，投票民主选举候补委员，共投票144张，选举结果：孟阁臣得114票，王斐然得89票，张仲翰得87票。最后，修正通过《大会通电》。

大会闭幕典礼，1月15日12时半，出席各县代表144人（另列席《抗敌报》新闻记者2人、军事学校代表2人），大会主席宋劭文。大会主席宋劭文致《闭幕词》，回民代表刘心义、蒙藏同乡会代表刘三阳、农民代表智鼎禹、妇女代表赵亚萍、工人代表孙玉惠、青年代表高鹏相继上台演讲，聂荣臻、宋劭文发表闭幕讲演词。聂荣臻、宋劭文在闭幕词中，高度评价代表大会的圆满成功与伟大意义，指出，我们要把大会的精神传布开来，团结更广大的民众，使边区成为华北抗日的根据地，做中国各地区的模范，以政治配合军事来巩固我们的抗日阵线，坚决把日寇驱逐出中国。最后，大会在高昂、热烈的"各党各派各民族团结起来！""巩固抗日民族统一战线！""巩固晋察冀边区抗日根据地！""实行民主政治！""改善人民生活！""铲除汉奸卖国贼！""打倒日本帝国主义！"等口号中胜利闭幕。当天，晋察冀边区临时政府宣告成立。①

大会连续开了 6 天。纵观晋察冀边区军政民代表大会全过程,有以下几个显著特色:

第一,这是一个统一战线旗帜下的团结抗日的会议。

这次大会代表构成依据是《晋察冀边区军政民代表大会组织法》。《大会汇刊》在《大会经过》中写道,"这是一个民国史上最少见过的代表大会。它有着国民党的代表,共产党的代表,蒙回藏少数民族的代表,和尚、喇嘛的代表,工农商学各阶层的代表,军政的代表"。他们不是乘火车来的,也不是乘汽车来的,大都是靠两条腿走来的,还有的是乘骡马来的。行程六七百里、一二百里不等。有的爬过长城岭,来自山西;有的穿过铺满碎石的太行山的崎岖夹道,来自察南、冀西;有的通过敌人占领的平汉铁路,来自冀中。他们通过平汉铁路敌人的封锁线时,并不觉得惊慌,只是充满了愤怒和仇恨。在敌后抗战的环境中,代表们是陆续赶赴阜平参加代表大会的,大部分代表按通知于 1 月 5 日如期与会,不少代表未能及时赶到。1 月 10 日大会开幕典礼,到会各县代表只有 135 人,1 月 13 日代表大会举行第四次会议中间,定县 3 位代表才走进会场。而且,"事实上,一些没有被联络的地区,如平西、平北也自动派代表参加了大会"②。《大会经过》又写道:"从开会的第一天起,就充分地表现出复杂的代表的和谐与统一","大会的精神始终如一,这正显示出统一战线的巩固,这正显示出中华民族彻底解放的伟大的精神。"

笔者以为,"最少见过"4 个字,是对晋察冀边区军政民代表大会的历史性评价,既突显了晋察冀边区军政民代表大会在民国史上的地位,表明从民国史上看,它是一个前所未有的亮点;更显现出晋察冀边区军政民代表大会与民国史上历次代表大会的根本性区别,它是以国共合作为基础的

---

① 以上关于晋察冀边区军政民代表大会的经过资料均出自《晋察冀边区军政民代表大会汇刊》,河北省档案馆,全宗:晋察冀边区政府,卷号:1 - 6 - 4。

② 宋劭文:《晋察冀抗日民主政权建设的回顾》,《晋察冀抗日根据地》史料丛书编审委员会、中央档案馆《晋察冀抗日根据地》第 2 册《回忆录选编》,第 38 页。

抗日民族统一战线的伟大成果。可惜，这一点，民国史的著述没有谈及，抗战史的著述也很少论及。

第二，通过民主选举产生了边区临时政府。

依据晋察冀边区军政民代表大会通过的选举法，边区临时行政委员会委员的选举，其民主制度与民主程序，大致分为三个步骤：首先，由代表大会推选 18 人，从中选举 9 人为候选人。这种"推选"与"表决"相结合的做法，体现了代表大会选举产生边区临时行政委员会委员候选人的民主原则、差额原则和集中原则。其次，由边区临时政府筹备处提出 9 人，连同代表大会表决产生的 9 人，共 18 人，作为边区临时行政委员会的委员候选人。这种由代表大会"推选""表决"与"边区临时政府筹备处提出"相结合的做法，既体现了代表大会的充分民主，又体现了边区临时政府筹备处的适度集中，这种适度集中，不是限制了代表大会的充分民主，而是使边区临时行政委员会的委员候选人具有了更广泛的代表性，更能反映边区各党派、各民族、各阶层和军队的意愿，因为在当时战争环境及时间紧迫的情况下，边区临时政府筹备处对边区各地党政军民抗日领袖有着更为广泛而实际的了解。再次，由代表大会与会代表投票，从边区临时行政委员会的 18 个委员候选人当中，选定 9 人为边区临时行政委员会的委员，3 人为候补委员，分为两次投票。在投票选举委员时，又实行了复选制，并如"表决"产生委员候选人一样，再次实行了差额制。大会民主投票选举，有法定的发票人、收票人、唱票人、唱票检查人，全程监督负责代表大会民主选举的合法性。[①]

晋察冀边区军政民代表大会的选举法及其实施过程，实际而有效地遵循了民主原则、适度集中原则，具体而灵活地运用了差额制和复选制的民主程序，是一个划时代的创新，这里蕴藏着新型民主制度的丰富内容。

第三，晋察冀边区政府具有民国政权的合法地位。

---

① 《大会经过》，《晋察冀边区军政民代表大会汇刊》。原件存河北省档案馆，全宗：晋察冀边区政府，卷号：1-6-4。

成立晋察冀边区政府。必须首先克服来自国民党方面的巨大阻力，变消极因素为积极因素，使边区政府成为统一战线的政权形式和巩固扩大统一战线的锐利武器。为此，根据中共中央和北方局的指示，进行了争取边区政府合法地位的复杂而曲折的工作。如前所述，由宋劭文出面，连续8次给阎锡山发电报，阎锡山才于12月中旬复电表示同意筹建边区政府，并表示要呈报国民政府。

边区军政民代表大会，在讨论第一项议题"建立统一的政权以巩固并扩大抗日根据地"时，据《大会经过》记载，到会代表一致认为，"晋察冀边区是中华民国的组成部分，边区政府完全接受国民政府与各直属长官的领导，执行国民政府的法律与命令"。"按边区政府所属有30多个县，应该是一个省政府的等级，可是它是由晋察冀三省边区组成的，所以不能加一省的字样上去；又因为它不是包括了三省的全面积，所以只称为边区。边区政府只是一个临时性质的政府，当抗战终了的时候，它的任务即行终了，政权即仍归还三省政府。"

晋察冀边区政府的民族统一战线政权的形式、行政隶属关系及其临时性质，表明它的成立完全是为了加强敌后抗战的力量，因而也决定了它应有的合法性。而蒋介石、阎锡山当时还不了解这一民族统一战线的政权形式的真谛。边区临时政府成立后，2月上旬，收到阎锡山转奉1月31日国民政府军委会及行政院电令，正式成立边区政府并任命各委员①。阎锡山电称：

> 兹会程司令长官上军委会行政院一电，文曰："据第一区政治主任宋邵文电称：'所辖各县与冀察临境各县自敌军深入后，与主管省府断绝联络，职亲往冀西察南与当地军政长官晤商联系办法，咸愿成立晋察冀边区行政委员会，设主任委员副主任委员各一人，委员若干人，下设秘书、民、财、教、实五处，受战区

① 参见宋劭文在晋察冀边区参议会上作的《晋察冀边区行政委员会工作报告》（1943年1月16、17日）。原件存中央档案馆。

司令长官之指挥，办理本区统一军事、行政、组训民众、发展游
击战争等事，逐渐向敌人后方深入，收复失地，由会委任县长以
资管理。仰蒙俯准，请转电中央备案，并请委派职员以利进行等
语。"经锡山等往覆电商，该主任所称各节，在敌人包围中，暂
行树立政权，于牵制敌人收复失地当不无裨补。至各项人选，查
政治主任宋劭文，盂县县长胡仁奎，太原绥署参事刘奠基，山西
省府秘书李杰庸，政治主任公署秘书娄凝先，蔚县县长张苏，军
区司令聂荣臻，保定行营民训处特派员孙志远，五十三军团长吕
正操等九人，现均在该区担任军政及组训民众，拟以该九人任委
员，并拟以宋劭文为主任委员兼财政处长，胡仁奎为副主任委员
兼民政处长，刘奠基兼教育处长，张苏兼实业处长，娄凝先兼秘
书长。以上各员已在该区奋斗数月，均具救国热忱，如蒙指派，
当益加奋勉。唯事关创设，可否暂予照准，一俟军事底定，即行
裁撤之处，敬请核示等语。兹奉军委会覆电开："马子电悉，所
请成立晋察冀边区行政委员会及该会组织人选均照准，晋察冀边
区行政委员会归阎司令长官指挥，特电遵照，等因，合电仰该员
等一体遵照、即日组织成立。"①

　　这表明，经第二战区司令长官阎锡山会同第一战区司令长官程潜，于1
月21日给国民政府行政院、军委会发电报（马子电），呈报成立晋察冀边
区行政委员会及其人选，并"请核示"。军委会及行政院于1月31日复电
"均照准"。至此，晋察冀边区行政委员会，不仅经过了边区军政民代表大
会的民主选举，而且得到了第二战区、第一战区司令长官和国民政府行政
院、军委会的正式批准，取得了合法地位，晋察冀边区临时行政委员会的
名称去掉了"临时"二字，主席改称主任委员，各厅改为处。

　　晋察冀边区政府的成立，也遇到了来自中共党内的阻力。王明曾以中

---

① 　参见宋劭文在晋察冀边区参议会上作的《晋察冀边区行政委员会工作报告》（1943年1月
16、17日）。原件存中央档案馆。

共中央长江局书记的名义于 1 月 28 日致信中共中央书记处和八路军总部，对此提出严厉批评，认为晋察冀的做法，会"刺激"国民党，"对全国统一战线工作，将发生不良影响"。① 这种右倾机会主义的无理态度，遭到中共中央的坚决拒绝和严肃批评。

三、晋察冀边区军政民代表大会的史实考鉴

长期以来，由于史料的缺乏和理解的片面性，在抗战史、民国史的著述中，包括笔者以前的著述，对于晋察冀边区军政民代表大会的筹备与召开的具体史实的描述，一直存在着不少误解、误传或不确之处。近一年多来，笔者反复查阅了多年积累的档案资料，对一些史实进行了考证。

（一）边区临时政府筹备组织的名称

这一筹备组织的名称，20 世纪 80 年代以来，先后有 5 种说法：1984 年出版的《聂荣臻回忆录》，如前述称谓"晋察冀边区临时政府筹备处"；不久，宋劭文在《抗日民主政府建设的回顾》一文中，称谓"晋察冀边区政府筹备处"；《历史教学》1985 年第 11 期载张洪祥《略论华北敌后第一个抗日民主政权的建立——兼述晋察冀边区军政民代表大会》一文和《史学月刊》2006 年第 7 期载何奇《红色特工胡仁奎》一文，均称之为"晋察冀边区政府筹委会"；中共中央文献研究室 1996 年出版的《刘少奇年谱》中，称为"晋察冀临时行政委员会筹备处"；笔者在 1985 年、1992 年先后出版的《晋察冀抗日民主政权简史》和《晋察冀抗日根据地史》② 中，又称为"晋察冀边区军政民代表大会筹备处"。哪一种说法准确呢？

经过多年努力，笔者终于找到了当年编辑的《晋察冀边区军政民代表大会汇刊》，该汇刊是由日刊集成的，是一份全面、系统、完整地记录边区军政民代表大会的史篇。再次研读这一汇刊可以得知，只有《聂荣臻回忆

---

① 北京军区晋察冀战史编写组：《晋察冀军区抗日战争史》，军事科学出版社 1986 年版，第 25 页。

② 谢忠厚、肖银成：《晋察冀抗日根据地史》，改革出版社 1992 年版。

录》中的称谓——"晋察冀边区临时政府筹备处"这一种说法准确，其余4种说法，均属误解或误传，或记忆有误。

在代表大会的汇刊中，有一份重要的文献，即《晋察冀边区军政民代表大会组织法》，这份文献是筹备处起草的《代表大会的召集法》，经过代表大会的预备会修正通过重新定名的。此法共6条，明确规定："本大会由各党派及晋察冀边区内驻军、游击队、自卫军、各县政府及一般的群众团体代表组织之"；"代表大会设主席团，负责处理大会一切临时问题，并主持会议。主席团由晋察冀边区临时政府筹备处委员及代表中选举7人组织之，并以1人为主席团主席"①。这里明确使用了"晋察冀边区临时政府筹备处"之组织名称。

（二）边区军政民代表大会的召集日期和与会代表人数

长期以来，边区军政民代表大会的召集日期，一般记为1938年1月10日至15日，但也有少数著述，如《晋察冀军区抗日战争史》《聂荣臻回忆录》等记为1938年1月11日至15日。而对出席大会的代表人数，有多种说法：上面两书的说法是代表共149人；宋劭文《晋察冀抗日民主政权建设的回顾》中的说法是代表共146人；笔者等人编著的《晋察冀抗日民主政权简史》《晋察冀抗日根据地史》中的说法是代表共148人；档案文献《晋察冀边区军政民代表大会汇刊》的《前言》写道，"145位工农商学军政喇嘛的代表济济一堂"，其《大会筹备经过》写道"一百四五十位军政民的代表"到了阜平，又写道"面对着主席台的是并不是十分整齐的149位代表"。

关于大会的召集日期，《晋察冀边区军政民代表大会汇刊》中有前后一致的明确记载。其中的《大会筹备经过》记载，"代表大会原定1月5日召开，现代表未能于4日完全赶到，乃延至10日召开"。其中另一篇《大会

---

① 《晋察冀边区军政民代表大会组织法》（1938年1月）。《晋察冀边区军政民代表大会汇刊》，原件存河北省档案馆，全宗：晋察冀边区政府，卷号：1-6-4。

经过》记载："1938 年 1 月 10 日，大会在阜平县的第一完全小学校开幕了。"该汇刊中的《大会记录》记载："开幕典礼，二十七年（1938 年）一月十日，闭幕典礼二十七年（1938 年）一月十五日。"由此，可以确认，晋察冀边区军政民代表大会的召集日期为 1938 年 1 月 10 日至 15 日，会议开了 6 天，这是准确无误的。

关于与会代表人数，情况比较复杂，各种说法都有自己的理由。重读《晋察冀边区军政民代表大会组织法》，其中规定大会"主席团由晋察冀边区临时政府筹备处委员及代表中选举七人组织之"，所以代表大会的出席人数，分为各县代表与筹备处筹备委员。《晋察冀边区军政民代表大会汇刊》中的《大会记录》所记载的每天每次会议的出席人数，在战争条件下，也多有差别。经过反复查对《大会记录》与《代表大会代表一览表》①，厘清了以下问题：

1. 出席代表大会的各县代表人数。

1 月 10 日：开幕典礼，出席各县代表 135 人；预备会，出席各县代表 135 人。

1 月 11 日：第一次会议，出席各县代表 142 人。

1 月 12 日：第二次会议，出席各县代表 142 人；第三次会议，出席各县代表 141 人。

1 月 13 日：第四次会议，出席各县代表 142 人，会议中间定县回民代表刘心义等 3 人赶到会场。但第五次会议，出席各县代表并不是 145 人，而是 144 人。

1 月 14 日：第六次会议、第七次会议，出席各县代表 144 人。

1 月 15 日：第八次会议，闭幕典礼，出席各县代表 144 人。

这表明，虽然出席每次代表大会的各县代表的人数不等，但与会各县代表的总人数是 145 人。

---

① 《晋察冀边区军政民代表大会记录》《晋察冀边区军政民代表大会代表一览表》（1938 年 1月），《晋察冀边区军政民代表大会汇刊》。原件存河北省档案馆，全宗：晋察冀边区政府，卷号：1 – 6 – 4。

2. 出席代表大会的筹备处委员的人数。

据《大会记录》，出席代表大会的开幕典礼、预备会的筹备处委员记为3 人；出席代表大会的第一次会议至第八次会议和闭幕典礼的筹备处委员人数，均未作记录。查对《代表大会代表一览表》，筹备处委员刘奠基登记为山西省崞县民族革命战争战地总动员委员会代表。

这表明，筹备处 5 名委员中，有 4 人是以筹备处委员的身份出席代表大会，有 1 人是以山西省崞县代表的身份出席代表大会。《大会记录》记载的多次会议的出席人数没有提到筹备处委员的出席情况，可能是 4 名筹备委员均出席了会议；而《大会记录》记载的大会开幕典礼、预备会的出席人数之所以明确提到出席筹备处委员 3 人，可能是应出席筹备处委员中有 1 人未能出席。

3. 出席代表大会的列席代表人数。

据《大会记录》，代表大会的开幕典礼和预备会的列席代表有《抗敌报》新闻社记者 2 人；第一次会议至第八次会议和闭幕典礼的列席代表，均有《抗敌报》新闻社记者 2 人、军事学校代表 2 人。

这表明，代表大会的列席代表共有 4 人。

从以上代表大会的各县代表、筹备处委员、列席代表的出席会议的情况，可以看出：（1）代表大会的代表人数，包括各县代表 145 人、筹备处委员 4 人，共 149 人；连同列席代表 4 人，总计代表大会的代表、列席代表共 153 人。（2）因此，"代表大会的代表共 146 人"的说法，可能是以出席某几次会议的各县代表 142 人、筹备处委员 4 人，加以统计而得来的；"代表大会的代表共 148 人"的说法，可能是以出席某几次会议的各县代表 144 人、筹备处委员 4 人，或者因《大会记录》中未记筹备处委员出席人数而记有列席代表 4 人，由此统计而得来的；《晋察冀边区军政民代表大会汇刊》的《前言》中"145 位代表"的说法，是指各县与会代表，没有计入筹备处委员人数。这三种说法，虽然各有理由，但都不是完整的或准确的说法。（3）《晋察冀边区军政民代表大会汇刊》的《大会经过》记载的代表大会"149 位代表"，这是准确的统计；说："一百四五十位军政民的代表",这一概数也是正确的。(4)过去抗战史、民国史的著述中,只有"边区军政民代表大会的代表共149人"这一种说法,是与档案文献的记载一致的,是准确无误的。

(三)晋察冀边区政府成立时全区的地域范围

从代表大会的文献资料中,可以了解当时的地域范围。晋察冀边区军政民代表大会期间,发表了《大会宣言》和《大会通电》。宣言中说:"这一代表大会,有着边区全体武装部队的代表,有着40余县的政府代表,有着100余万的群众团体的代表,更有蒙、回、藏少数民族的代表及和尚、喇嘛的代表与国共两大政党的代表。"[①] 而通电中说:这一代表大会,"代表着边区全体部队,代表着边区39个县的县政府,代表着拥有120万群众的119个群众团体,代表着蒙、回、藏少数民族及喇嘛、和尚,代表着国共两大政党"[②]。两种表述中数字的差异,长期困扰着抗战史的研究者,论著引用这两则史料,无法解释数字的矛盾,只好作注"原文如此",以回避矛盾,或只采用宣言使用的数字,或只采用通电使用的数字。细读《晋察冀边区军政民代表大会汇刊》完整文献,特别是解析《代表大会代表一览表》,笔者以为以下几点需特别注意:

1. 从《代表大会代表一览表》可以看出,晋察冀边区军政民代表大会的149位代表,不是来自40余县,也不是来自39个县,而是来自29个县。其中,山西省8个县(忻县、崞县、五台、定襄、代县、繁峙、灵丘、上寨),冀西12个县(涞源、唐县、易县、满城、徐水、定县、灵寿、行唐、曲阳、平山、阜平、完县),察南1个县(蔚县),冀中8个县(博野、蠡县、安国、深泽、安平、河间、任丘、饶阳)。[③]

---

① 《大会宣言》(1938年1月),载《晋察冀边区军政民代表大会汇刊》。原件存河北省档案馆,全宗:晋察冀边区政府,卷:1-6-4。

② 《大会通电》(1938年1月),载《晋察冀边区军政民代表大会汇刊》。原件存河北省档案馆,全宗:晋察冀边区政府,卷号:1-6-9-4。

③ 《代表大会一览表》(1938年1月),《晋察冀边区军政民代表大会汇刊》。原件存河北省档案馆,全宗:晋察冀边区政府,卷号:1-6-4。

2. 《大会宣言》说这一代表大会"有着 40 余县的政府代表",《大会通电》说这一代表大会"代表着边区 39 个县的县政府",两者都不是指代表大会的代表来自 40 余县,或来自 39 个县,而是指这一代表大会所代表着的边区的地域范围,前者说代表着边区 40 余县,后者说代表着边区 39 个县。

3. "40 余县"和"39 个县",两种数字均反映了当时边区的地域范围的实际情况,但需要具体分析。晋察冀军区成立后,下辖平汉铁路以西的 4 个军分区,共 36 个县(晋东北 15 个县、察南 2 个县、冀西 19 个县)。至军区第一次反围攻战役于 1937 年 12 月 21 日结束时,日军占领了晋东北和察南的 5 座县城,军区尚控制着晋东北、察南、冀西的 31 座县城。《大会通电》称边区 39 个县,可能是包括这 31 个县及前面提到的冀中有 8 个县与会。但当时边区的地域范围的具体情况是,如聂荣臻在代表大会开幕典礼上的讲演词所说:"敌人不久前向我进攻,虽然也占过涞源、蔚县、广灵,但是涞源已经被我们收复了,蔚县、广灵我们也已逼近城下。"[1] 即:军区很快收复着被日军占领的几个县城。《大会宣言》称边区 40 余个县,是个概数,这反映了当时边区的地域范围的新的变化情况。

4. 这些史实表明,晋察冀边区政府宣告成立时,边区已经由平汉铁路以西扩展到以东的冀中地区,由最初的 36 个县扩大至 40 余个县。有的著作在谈到晋察冀边区军政民代表大会时说,"大会胜利闭幕晋察冀边区政府正式宣告成立",从此,晋察冀边区政府拥有 36 个县的县政权,建立了晋东北、冀西和冀中 3 个行政区,分设 3 个政治主任公署,由行署领导各县。[2] 这里有两个不妥之处:其一,说晋察冀边区政府正式宣告成立,拥有 36 个县,这是与档案文献记载不相符的。如前所述,36 个县是晋察冀军区成立时 4 个军分区的辖区范围,到边区政府成立时已经拥有 40 余个县。其二,说晋察冀边区政府成立,从此,建立了晋东北、冀西、冀中 3 个政治主任公

---

① 《聂荣臻在晋察冀边区军政民代表大会开幕典礼上的讲演词》,转引自谢忠厚、宋学民主编:《晋察冀边区民主政权建设文献选编》上册,中共党史出版社 2013 年版,第 19 页。

② 《晋察冀边区史研究丛书》之三,阎聚峰等著:《晋察冀边区政权建设史稿》,解放军出版社 2005 年版,第 35—36 页。

署，辖36个县，这更不符合档案文献的记载。边区政府成立后设置晋东北政治主任公署，辖20个县，不久改称晋东北行政督察专员公署，由边区政府直辖。而设置冀西、冀中两个政治主任公署是1938年四五月间的事。这时，冀西政治主任公署下辖3个专署16个县（涞源、徐水、易县、满城、定兴、蔚县、唐县、望都、完县、阜平、曲阳、平山、灵寿、行唐、井〈陉〉、获〈鹿〉、正定），冀中政治主任公署下辖4个专署、35个县（河间、深县、武强、饶阳、肃宁、献县、青县、交河、沧县、蠡县、安平、深泽、无极、定县、安国、博野、正定、新乐、文安、新镇、安次、霸县、永清、静海、大城、任丘、雄县、固安、新城、容城、徐水、安新、新安、高阳、清苑）。① 就是说，到冀西、冀中两个政治主任公署成立，边区政府拥有的地域范围已经扩大了约一倍，怎么可能还只有36个县呢？

四、晋察冀边区军政民代表大会的成就和意义

在《晋察冀边区军政民代表大会汇刊》里有两句十分精辟的话，一句说："大会胜利的开始，胜利的终结，它在中华民族的解放史上的确写下一页不可淹没的史篇。"另一句说："晋察冀边区政权成为中华民族解放史上的一朵奇葩。"② 第一句，前文已述及。这后一句，既高度概括了边区军政民代表大会的杰出成就，又深刻地揭示了它在中华民族解放史上的重大意义。

第一，代表大会民主选举产生了边区行政委员会，它是中国共产党领导的敌后第一个边区统一的抗日民族统一战线的民主政权，又是敌后唯一经过国民政府军委会与行政院正式批准承认的边区政府。正如聂荣臻在《晋察冀边区军政民代表大会开幕典礼上的演讲词》中所说："我们需要什么样的政府？官僚政府是不合我们需要的，同时谁要说今日建立苏维埃工农政权，我们也会说他是疯狂，我们是要成立各党、各派、各阶层联合组

---

① 谢忠厚、肖银成主编：《晋察冀抗日根据地史》，改革出版社1992年版，第77—78页。
② 《晋察冀边区军政民代表大会汇刊》。原件存河北省档案馆，全宗：晋察冀边区政府，卷号：1-6-4。

织起来的政府，是广大人民的政府，坚决抗日的政府，它有着重要伟大的任务。"①《大会宣言》公开申明了边区政府的性质和任务："边区临时行政委员会，是以民族统一战线的政权形式，包含着各党、各派、各阶层及各种民族分子。它的实际内容是贯彻抗日与真正民主。在行政的体系上，也是中华民国的地方政府，服从中央政府的领导，经过中央政府的批准，接受中央政府的法律与命令。"历史所赋予它的任务是："真正负担起普遍武装人民、动员人民参战的任务；真正负担起改善人民生活、保障民主权利，并彻底肃清一切汉奸的任务；真正能够统一财政经济、保证部队给养、发动群众高度的积极性去参加战争中一切工作；使晋察冀边区成为华北抗战的良好的根据地，以争取持久抗战的最后胜利！"这一杰出成就，充分地表现了抗日民族统一战线的巩固，"这一巩固给那些阴谋拆散中国抗日民族统一战线的日本帝国主义及汉奸卖国贼以致命的打击。这一巩固显示出晋察冀边区抗日根据地已经成了华北持久抗战的主要堡垒之一。这一巩固更证明了我民族持久抗战的前途必然是胜利的。"②

这一杰出成就，标志着中国共产党主导的抗日民族统一战线的方针和政策在实践中获得了成功，获得了在敌后改造和建设抗日民族统一战线的民主政权的实践经验。

第二，代表大会根据中共中央的抗日民族统一战线方针和抗日救国十大纲领及国民政府的抗战建国纲领与法令，依据晋察冀边区的实际情况，制定和通过了政治问题、军事问题、财政问题、经济问题、文化教育、群众运动、妇女问题 7 项决议案和多项重要文件，确定了边区政府的施政准绳和各项政策。这是由边区政府的性质和任务所决定的，也是边区政权工作赖以建树和发展的一个决定因素。

---

① 《聂荣臻在晋察冀边区军政民代表大会开幕典礼上的演讲词》（1938 年 1 月 10 日）。《晋察冀边区军政民代表大会汇刊》。原件存河北省档案馆，全宗：晋察冀边区政府，卷号：1－6－4。

② 《晋察冀边区军政民代表大会宣言》《晋察冀边区军政民代表大会通电》（1938 年 1 月）。《晋察冀边区军政民代表大会汇刊》。原件存河北省档案馆，全宗：晋察冀边区政府，卷号：1－6－4。

代表大会通过的《政治问题决议案》①，规定了边区政权的组织机构、职能范围及其民主建设的基本制度。边区内最高行政机关是边区行政委员会，用国民政府颁布之省政府组织法，边区行政委员会的委员、候补委员"由代表大会选举之，呈请战区直属司令长官转呈国民政府正式任命"。"边区政府设秘书处、民政厅、财政厅、教育厅、实业厅，各厅长均由委员兼任。"边区政府视行政上之必要，于适当地区设主任公署，主任由边区政府任命，秘书、干事由主任遴选，呈边区政府委任。边区政府以下，设县政府、区公所、乡镇或村公所。县长及秘书、各科长，均由民选，未能民选前，由边区政府委任。区长及助理员，均由民选，在未能民选前，由边区政府民政科委任。乡长、副乡长、镇长、副镇长或村长、副村长，均由民选，选举办法由边区政府颁布行之。边区政府的领导方式，以指示信与命令并行，指示信讨论执行，命令不得更改，下级政府对上级政府建立报告制度，上级政府对下级政府建立工作检查制度与巡视制度。确定了建立军政民正确关系的基本政策，规定凡行政上的事情，由政府去做，军民有意见，可建议政府采纳；由边区政府规定并公布统一的合理负担办法、统一的减租减息办法、统一的优待抗日军人办法；由边区政府颁布《修正危害民国紧急治罪法》《避难人家财产管理法》《处理汉奸财产办法》；取消半政权性质的动委会一类组织，边区政府积极扶植民众团体之组织，人民有集会、结社、言论、出版及宗教信仰等自由。并规定建立独立的司法系统；建立统一的人民武装自卫队；取消各级政府工作人员薪饷制、统一规定生活待遇，"每人每月最多不得超过 18 元"。

代表大会通过的《军事问题决议案》②，规定了整顿和建设边区人民抗日武装和优待抗日军人家属的基本要求。非正规军的脱离生产的武装部队，如保安队、自卫团、公安局警、义勇军、游击队等各色武装，"逐渐统一编

---

① 《政治问题决议案》（1938 年 1 月），《晋察冀边区军政民代表大会汇刊》。原件存河北省档案馆，全宗：晋察冀边区政府，卷号：1 - 6 - 4。

② 《军事问题决议案》（1938 年 1 月），《晋察冀边区军政民代表大会汇刊》。原件存河北省档案馆，全宗：晋察冀边区政府，卷号：1 - 6 - 4。

制为游击队"，由边区政府会同军区司令部拟订编制办法。妥善解决部队的供给问题，取消部队薪饷制，规定最低生活费用，逐渐做到由政府统筹统支，纠正勒索、摊派行为。各地驻军和政府对于武装的组织与扩大，必须注意质量，多组织不脱离生产的自卫队，以减少政府经费负担。"义勇军、游击队的改造，在组织上洗刷一切不良分子，并加强政治教育，建立与民众的良好关系"。"一切土匪部队，应该在政治上用力争取，其有假借名义，乱作胡为，甚至有汉奸的行为和证据者，不可争取者，应协同地方政府、驻军严厉取缔。"还规定，成立军政学校，训练大批干部人才；带群众性的武装部队，其军火补充，依靠群众力量解决之，必要时设土造工厂。游击队队员家属要依优待抗日军人家属办法享受优待。

代表大会通过的《财政问题决议案》和《经济问题决议案》，[①] 明确地规定了抗战时期边区财政经济建设的基本政策。

关于财政金融政策，规定：实行战时自筹、自给的财政制度。其基本办法是：募集救国公债；展还政府一切对内对外的旧债；废除一切苛杂的间接税，创立新的合理的直接税，按统一的累进税，征收财产税、遗产税、所得税；增辟公共企业收入，由边区政府积极发展公营企业；建立边区关税，保护边区贸易；没收日寇、汉奸财产，以充政府抗日经费。其紧急办法是：征收奢侈品、娱乐品等特种消费税；极力节省军政机关及一切群众团体的公务费开支；征收动产超过税，以相当数额公债交换之；举办人民救国基金或救国储金，偿以十足之公债额。决定建立战时统一的财务行政制度，由边区政府逐渐实现统一征收、统一开支，确立预算、决算制度，严守财政公开的原则。又规定：整理与管理通货，禁止各地商号滥发土票，由商家合组统一的发行机关，发行统一的土票，收回旧票；协助农民合作社发行流通卷；收集现银、黄金、外币，保持法币、省币、土票的正当兑换比例，规定外币、省币、法币、土票的兑换比例。建立与发展信用制度，

① 《财政问题决议案》、《经济问题决议案》（1938 年 1 月），《晋察冀边区军政民代表大会汇刊》。原件存河北省档案馆，全宗：晋察冀边区政府，卷号：1－6－4。

创设边区银行，发行边币；扶助各商号实行贴现与抵押，扩张商业信用；举办边区汇兑事业。

关于战时边区经济建设的任务与政策，规定：其基本任务，经济上充实国防，加强抗战力量；发展独立的民族经济；改善并增进人民生活，保护战时的经济动员。在农业上，要扩大与改进农业生产，扩大耕地面积，开垦荒地，防止新荒，改进农业生产条件和农业生产技术；调整和充实农业金融，修正合作社营业办法，扩充农民自己的金融机关，举办低利生产贷款，推行农民储蓄事业；创办大大小小的农业仓库，建立统一的仓库管理制度，管制粮食，禁止浪费。在工业上，规定：扩大战时必须的工业部门，发展农村手工业，促进农家手工副业，如纺纱织布、农具、造纸、煤炭、食盐等，提倡大规模的手工业经营；开发国防工业，恢复、保护与扩大原有的各种国防工业经营，鼓励投资，实行战时工业投资奖励办法；开办新工业单位，集中资力，利用各种科学或土法开采煤矿、铁矿、铅矿等，创办硝矿、防毒、通讯、动力等工业。举办工业信用贷款，实行工业投资奖励及保息办法，建立商办工业投资机关，以充实工业生产资金。在商业贸易上，规定：发展输出输入贸易，建立边区贸易总局及各地商办贸易局，经营大规模有计划的特产输出和必需品输入；建立边区关税，奖励非必需品输出和必需品输入，禁止、限制非必需品输入和必需品输出；实现商业的合理化，调节全区物品的供需，平准各项货物的价格，取缔奸商的囤积买卖与买空卖空行为，防止牙行及商人遏粜、垄断和居奇。交通运输方面，规定：整顿原有交通事业，整理各地邮局，建立边区邮政总局，增设各地支局，保障邮政机关安全；调理各地私营交通机关，使各地行商、运输货栈等交通机关形成统一组织，扩充其业务，加强其管制；建立边区统一的交通网，实行战时交通工具统制及全区总登记，统一牲口、车辆的调度，建立健全边区内统一的公营交通机关，在边区各地设置交通总站及分站，采用群众普遍服务制度，形成稠密的经常交通网。

代表大会通过的《文化教育决议案》①，确定了边区文化教育的基本方针及其政策措施。规定：文化教育的基本原则，是发挥高度的民族精神，加强抗战力量；培养健全的军事政治干部，领导抗战；造就专门技术人才，建设抗战时期各种事业；培养热烈的新青年，扩大民族革命的基础势力；提高一般民众的文化水准，并增进他们的健康。为此，要求：（1）整顿学校教育，恢复日军破坏停办的初级和高级小学，学生男女兼收；编订各种救亡读物与教材；检定和训练小学教师；利用义田、祭田等公有收入与合理负担办法来筹划学校经费；小学校完全免费；改善教师待遇；改变学生生活，组织儿童团、歌咏队，实行小先生制。（2）扩大民众教育，加强民众宣传，普遍建立农、工、妇女等各种补习学校、识字班、夜校等，创办通俗图书馆、书报社、讲演所等，组织宣传团、游动教育团、歌剧社、鼓书社等，举办各种宣传周、讲演会等，提倡并奖励各种民众娱乐和健康活动。（3）扩大干部教育，设立各种干部培训班、短期学校，造就干部人才，登记、训练旧有军政人员，使之参加救亡工作；开设各种技术训练班、讲习所等，训练特种技术人才；决定筹办边区日刊。

代表大会通过的《群众运动决议案》和《妇女问题决议案》② 中确定了边区政府保障和扶助群众运动的基本原则和提高妇女地位的基本政策。规定：政府保证群众集会、结社、言论、出版、信仰之自由；扶助群众运动，承认各群众团体的独立性，不干涉它的内部问题；在可能条件下，给予群众团体之物质帮助；应即颁布改善与保障各阶级、各民族群众利益的各种条例与法令，如劳动法、土地法、商业法、婚姻法等；群众团体有依法监督与弹劾政府之权利，但不能直接干涉政府行政。政府要扶助妇女组织，提高妇女文化、政治水平，改善妇女生活，禁止贩卖及虐待妇女，废止娼妓及童养媳，提高妇女职业，保障妇女参政权、婚姻自由权、财产继

---

① 《文化教育决议案》（1938 年 1 月），《晋察冀边区军政民代表大会汇刊》。原件存河北省档案馆，全宗：晋察冀边区政府，卷号：1-6-4。

② 《群众运动决议案》《妇女问题决议案》（1938 年 1 月），《晋察冀边区军政民代表大会汇刊》。原件存河北省档案馆，全宗：晋察冀边区政府，卷号1：1-6-4。

承权等。

上述晋察冀边区军政民代表大会的召开及其"两大建树",在晋察冀抗日根据地史上,在中国抗日战争史上,在中华民族解放史上,有着伟大的意义和深远的影响。

一是它标志着晋察冀边区统一的抗日民主政权的确立。从此,在中国共产党的领导下,在与日本侵略者及汉奸、反动派展开激烈而复杂的斗争中,边区政府采取自上而下、自下而上的逐步改革的方式,取消动会委一类半政权性质的组织,将其职能一部分并入政权,一部分归入群众团体;委任坚决抗日和执行政府方针政策的县长,撤换旧县长,以改造县政权;开展民选村长与反贪污斗争,以改造村政权;依法设置边区政府的辅佐机关政治主任公署(后改为行政主任公署)及行政督察专员公署,建立与健全县政府及区公所、乡镇村公所。至1938年10月,边区政府以下,已经拥有冀中、冀西两个政治主任公署,8个督察专员公署,72个县政府,1200余万人口的广大地区。① 边区政权在行政系统上和地域上统一起来,在边区形成了集中统一的政权领导和抗日民主的社会新秩序。

二是它标志着边区新民主主义制度的开端。从此,中国共产党掌握了边区政权这个最锐利的武器,领导边区各党派、各民族、各阶层的全体人民,统领边区人民军队和抗日武装,在广泛开展敌后抗日游击战争,巩固与扩大边区抗日根据地的同时,在边区根据地里进行政治、经济、文化等各项社会改革与建设,以改造旧社会,创造新社会。开展农民减租减息斗争与工人、雇工增资斗争,废除苛捐杂税,实行合理负担,创建边区银行,发行边币,恢复与发展农工商贸等生产事业,实行小学义务教育,大力扫除文盲。因而,逐渐动摇着过去旧的农村阶级关系,一定程度上改善了人民群众的生活,工人、农民、青年、妇女的政治地位和社会地位日益提高,广大群众被发动起来,积极生产,踊跃支前、参军、参战。边区在华北敌后奠定了新民主主义的社会雏形,成为中国最进步、最光明的地区之一。

① 谢忠厚、肖银成:《晋察冀抗日根据地史》,改革出版社1992年版,第8页。

三是它标志着边区抗日民族统一战线的巩固和边区抗日根据地的巩固。这种巩固，显示着中华民族大团结、争取民族独立解放的伟大精神，"给那些阴谋拆散抗日民族统一战线的日本帝国主义及汉奸卖国贼以致命的打击"。这种巩固，显示着边区抗日根据地已经在华北敌后站稳了脚跟，成为"华北持久抗战的堡垒之一"。① 在中国共产党领导下，晋察冀军区和边区政府坚决执行抗日民族统一战线的方针，广泛开展人民抗日游击战争，一面收复失地，摧毁伪政权、伪组织，巩固与扩大边区抗日根据地；一面在战役上、战略上配合国民党军队的徐州会战、武汉会战，使晋察冀边区成为抗日民族统一战线的模范区和敌后模范的抗日根据地。

四是它标志着中共中央、毛泽东关于建立敌后抗日根据地和抗日民族统一战线政权、开辟敌后战场和发动人民抗日游击战争、坚持统一战线和持久抗战、驱逐日本侵略者与建立新中国等一整套理论和战略，在抗战的实践中获得了成功。这是一个具有划时代意义的伟大创造，对于晋察冀边区的抗战和政治、经济、文化等各项改革与建设，对于敌后各抗日根据地的创建与发展，乃至推动全国的团结抗战进步与民主化进程，都产生着深刻的影响。向全中国和全世界证明：日本帝国主义虽然占领了中国的华北、华中、华南的许多点线，但是华北是不会灭亡的，中国是不会灭亡的，中国共产党和中国人民有能力、有办法，把日本侵略者从中国驱逐出去。

"两大建树"，是认识和阐述晋察冀边区军政民代表大会的历史地位及其意义的切入点和着重点。目前，抗战史的著述对此论及较多，但对边区高举抗日与民主两面大旗与它的合法性的关系分析不多；而迄今，民国史的著述极少提到这两大建树。

---

① 《晋察冀边区军政民代表大会通电》（1938 年 1 月），《晋察冀边区军政民代表大会汇刊》。原件存河北省档案馆，全宗：晋察冀边区政府，卷号：1-6-4。

论 20 世纪三四十年代
河北社会经济状况①

一、日本的经济掠夺

日本帝国主义侵占东北后，把华北作为解决"帝国原料与市场问题"的"最好新殖民地"，在华北尤其在河北与平津地区，一方面以军事相威胁，制造阴谋事件，加紧攫取其主权；一方面以中日经济提携为幌子，加紧实施经济掠夺与支配。为此，日本大藏省增设东亚经济调查课，日本驻华使馆大力开展华北经济调查，日本华北驻屯军司令部设立经济顾问部。1933 年 11 月，满铁制订了《华北经济调查计划》。1934 年 10 月，日本的中国驻屯军司令部制订了《华北重要资源经济调查方针及要项》。1935 年 8 月，日本政府决定由"满铁"成立"兴中公司"，12 月在大连宣布正式成立，资本金 1000 万日元，并决定在天津、济南设立兴中公司事务所，"开发华北经济"。1935 年 10 月，日本侵略者在华北展开了大规模的经济情报的搜集与调查，先后投入 380 余人，经费 54 万日元，到 1937 年 1 月，整理出 84 册调查报告书，其中《冀东地区十三县实态调查报告书（绝密）》就有 14 本，日本军部和政府掌握了河北与整个华北的第一手大量经济情报。经过搜集和调查经济情报，日本侵略者制订了详细的经济掠夺的方针与计划。1935 年 7 月，日本的中国驻屯军制订的《关于华北新政权产生之相应经济开发指导案》，提出"应利用一切机会，促进对交通、资源及金融等方面的投资"。② 同时，日本关东军召集"满铁"与伪"满"政府部门多次开

---

① 原载谢忠厚《河北抗日战争史》《河北等地殖民地化程度的加深》，未刊稿。
② 满铁调查部：《中国经济开发方案及调查资料》（中国·立案调查书类·2 编 1 卷之 2），1937 年，第 97 页。

会，讨论确定了铁路建设、港湾建设、开发农业经济等各项计划，决定建立日、"满"、华三国经济合作的常设机关；开发范围暂以河北省为中心，逐渐向其他省发展。日本政府确定中国驻屯军为华北的政治、经济方针的主持者后，中国驻屯军于1936年6月确立了《华北产业开发指导纲领案》，为日本在华北进行经济掠夺的方针、政策与办法奠定了基础。

日本通过以掠夺重要资源为重要目的的所谓"开发"，很快控制了华北各地工矿企业、商贸金融事业和大部分铁路等交通运输业。河北与平津地区为日本经济侵略扩张的重灾区。其主要方式，一是直接投资，日资经营；二是"中日合办"，日方控制；三是日方贷款，高利盘剥。日本主要掠夺对象是工矿业，煤、铁、金矿是掠夺重点之重点。据统计，至1936年底，日本在华北地区直接间接投资总数为43260.4万元，其中工矿业投资19577.8万元，占投资总数45%以上；1936年，日本在华北工矿业投资额2078.9万元，其中煤、铁、金矿即达1976.9万元，占95%以上。① 河北的泰记煤矿公司、杨家坨矿业公司，名为中日合办，实为日本控制。龙烟铁矿，储量大，据当时勘探在9100万吨以上，质量高，原为官商合办，1936年10月，宋哲元在日本的压力下，将该矿收归国有，由中日共同开采。但由于资金不足，一直处于停顿状态，七七事变后，被日本强占。日本在华北的兴中公司先后以贷款方式设立中日合办的天津电业股份有限公司，以合资方式与北平电灯公司合建发电厂，以收购方式创设冀东电业股份有限公司，以独资方式开设华北电力兴业株式会社。兴中公司还低价强行收买汉沽、塘沽、芦台的存盐运往日本，通过与冀东伪政权签订输日长芦盐协定，收买汉沽废旧盐滩成立华北盐业公司等盐场与化工厂。为便于运输华北的煤、铁、盐等工矿产品与农牧产品，日本军部提出在华北修建铁路、改建港口，兴中公司设立塘沽运输公司，建立天津军、商两用港口。1936年，日本投资会社对华资本输出中，在华北占90%以上，其中，日本金融资本直接对

---

① 参见熊达云：《七七事变前日本帝国主义对华北的经济扩张》，载《近代史中研究》1985年第5期。

华投资中，在华北的占近 39%。[①]

日本通过大沽、塘沽、秦皇岛等港口，大量向中国内地走私和倾销商品；向国外大量走私白银。由于《塘沽协定》签订，华北的门户洞开，1933 年 6 月起，日本从其控制的大连向华北走私商品，平均每月有 200 万元私货进入华北地区。1935 年 6 月"何梅协定"成立后，中国的海关缉私权受到限阻，中国缉私队不能在长城上缉私，不能带枪缉私，甚至不准中国的海关巡艇在冀东非战区沿海 3 海里以内游弋巡视，使秦皇岛、天津一带的海关如同虚设，日本走私舰艇可以在秦皇岛、北戴河等地自由卸货，沿北宁线自由运输，走私成为日本大规模的公开活动。冀东伪政权成立后，1936 年 3 月 10 日起，实行所谓征收"查验费"办法，规定只征收相当于中国关税 1/4 的"查验税费"，"货物一经冀东完税，即不得再完他税"[②]。1936 年 5 月，刚刚成立的冀察政务委员会在日军胁迫下，由河北省银行在法币之外再印发纸币。1937 年 3 月，伪"冀东自治政府"成立冀东银行，发行所谓"北方券"若干面额的纸币和辅币。日本所推行的这些"华北自主货币制度"，严重地干扰和破坏了中国币制改革的进程，对其在华北实行经济掠夺和冀东走私起到重要的作用。从此，冀东地区成为日本走私的大本营，冀东走私活动成了公开的"特殊贸易"。日本侵略者不仅为走私打开通途，而且为走私提供武力保护，实行武装走私。据统计，1936 年 5 月，从事"特殊贸易"的帆船达 271 艘，走私货物达 18616 吨；从事"特殊贸易"的发动机船达 276 艘，全部用于向河北走私。[③] 据天津、秦皇岛两海关的调查，1935 年 8 月 1 日至 1936 年 10 月 1 日，仅 1 年零 2 个月内，私运到天津的日货计有：人造丝 540 余万吨，卷烟纸 50 余万吨，砂糖 8700 余万吨，杂货 23 万余担，以上偷漏国税 3460 余万元（法币）。据河北省政府给南京的报告，每日私运到山海关约有十五六万元白银，"如以月计，约 400

---

① 参见熊达云：《七七事变前日本帝国主义对华北的经济扩张》，载《近代史中研究》1985 年第 5 期。

② 《新中华》第 4 卷第 13 期，1936 年 7 月版，第 112 页。

③ 孙准植：《战前日本在华北的走私活动》，国史馆 1997 年印行本，第 45、46 页。

余万元白银流出国外"。当时，北宁铁路局查获韩人一次走私白银现洋 8250元。到 1936 年初，河北等地市场上的布匹、棉纱，日货已占 90%。日本还在华北设立东洋棉花种植会社，控制了河北等地的棉花生产。从而，使河北与平津等地区成为日本的原料产地和商品市场。如此疯狂的走私和倾销商品，使中国财政损失巨大，使民族工商业遭到严重摧残，许多工厂和民间工商业纷纷停工、倒闭。为了麻醉中国人民的抗日意识，日本侵略者大力推行奴化文化，出版伪报，开设伪电台，宣传所谓"王道"，培植汉奸。在河北和平津等地到处设立大烟馆、娼妓馆和赌场。据 1936 年 5 月统计，河北省 2700 余万农民中吸毒者达 500 万人以上；当月全省禁毒案中，因吸毒和私贩、私运毒品被枪决即有 50 余案 70 余人。

二、民族工商业走向萎缩败落

第一次世界大战前后，河北与平津地区民族工业在帝国主义、封建主义和官僚资本主义的夹缝中发展，逐步发展成为该地区近代工业的主体，纺织业和工矿业为其两大支柱产业。1931 年九一八事变前后，日本帝国主义一步步侵入华北，河北与平津等地的主权不断丧失，近代工业企业不断被日本所控制，河北与平津地区的民族工业也迅速走向萎缩和败落。

1912 年至 1930 年，河北等地民族工业发展较快。据国民政府河北省实业厅的统计，截止 1929 年度，河北省民族工业（包括手工工场及作坊）共有 45 个行业，55235 家工厂，395627 名工人，拥有资本总额 18632068 元，居于全国的前列。[①] 此后，进入停滞与不断萎缩期，新设企业很少，原有的大型企业及中小型企业日陷困境。1932 年 8 月至 1935 年 11 月，全国核准登记的工厂（30 人以上），共有 566 厂，其中河北 27 家，连同察哈尔、热河，合计 30 家，与山西并列第七位。1936 年全国登记新设工厂，河北只有 2 家，与山西并列倒数第二位。[②] 再以当时河北省会、华北地区中心城市天津

---

① 河北省实业厅视察处编：《河北省工商统计》（1929 年度），1931 年 5 月版。
② 参见苑书义、孙宝存、郭文书主编：《河北经济史》第四卷，人民出版社 2003 年版，第 240 页。

为例，1929 年统计，天津市拥有企业 2191 家，工人 47724 名，资本总额 7173.3 万元；由于大批中小型企业破产倒闭，到 1933 年，企业减缩为 1233 家（减少了 958 家），工人减缩为 39260 名（减少了 8464 名），资本总额减缩为 3005.3 万元（减少了 4168 万元）。[①] 天津的纺织业更日益艰难，正如国民政府天津市政府于 1935 年 5 月 27 日给实业部公函中所称："顾以近年以来，外资倾销，纱价低落，操持垄断压迫过甚。又值国难时期，农村破产，各方销路均归停滞，益以各厂办理未能尽善，开支浩繁，消耗甚大，以致历年赔累亏损甚巨，周转危殆，势将陷于停顿。"[②]

从河北等地民族经济的各行业看，自民国之初至七七事变前，其兴衰程度不尽相同，但不断萎缩败落的大趋势是一致的。纺织业与矿业的兴衰，集中地代表了河北民族经济兴衰的轨迹。

河北的民族纺织业在 20 世纪 20 年代发展起来，并在天津、唐山、石门先后建立 8 个大型纺织企业，形成了以天津、唐山、石门为中心的中国北方纺织基地。但是，到七七事变前，中小型纺织企业不断破产，日益衰落，8 家大型纺织企业中已有 7 家破产，其中，华北最大的民族资本纱厂——裕元纺织公司和华新津厂、宝成纱厂、唐山华新纺织有限公司、裕大纺织公司 5 大纺织企业，被日本侵略者所兼并；恒源、北洋两大纱厂，被国内的金城、中南两家银行资本所兼并，只剩下石门大兴纱厂与建立较晚的达生线厂在勉强维持，此时的大兴纱厂，因"外货充斥，低价倾销，以至连年亏折"，负债数额约数百万元，财产总值约 140 万元[③]。

河北的民族采矿业：在 1914 年至 1932 年，发展较快，20 年间新注册采矿 207 家，比清末增长近 20 倍，其中，采煤矿业发展最快，共建煤矿 169 家，比清末增长近 18 倍。1933 年，河北省开采煤矿面积达 3113447.38

---

① 罗澍伟主编：《近代天津城市史》，中国社会科学出版社 1993 年版，第 505 页。

② 中国第二历史档案馆编：《中华民国史档案资料汇编》第 5 辑第 1 编《财政经济》（6），江苏古籍出版社 1994 年版，第 29 页。

③ 中国第二历史档案馆编：《中华民国史档案资料汇编》第 5 辑第 1 编《财政经济》（5），江苏古籍出版社 1994 年版，第 521 页。

公亩，连同察哈尔省 129836.98 公亩、热河省 815559.92 公亩，合计 4058844.28 公亩。[①] 河北采矿业的发展，居于全国的先进水平。据 1925 年统计，河北矿产总值占全国矿产总值 18%，居全国第二位（次于辽宁省），其中，石棉、硝、碱的产量居全国第一位，煤、水泥的产量居全国第二位，盐、石材和硫的产量分别居全国第三位、第四位、第八位。[②] 但是，由于日本帝国主义向华北地区的侵略扩张，河北民族矿业的发展日趋缓慢与停滞。1933 年至 1937 年抗战爆发前，新建的矿业只有临榆（今山海关）的宝兴公司与同益公司（煤），兴隆的华鑫公司（金），滦县的瑞丰公司（石英）与公孚煤矿，磁县的致和实业公司（铁等），及裕华煤矿、民德裕煤矿等 10 家和一些小矿小窑，河北三大矿业——井陉矿务局、临城矿务局、磁县矿务局，也经营日艰。1930 年 1 月，河北省矿务整理委员会将三大矿收归省政府直接经营，未收到实际成效。1935 年 9 月，成立以谷钟秀为委员长的河北省营矿业监理委员会，希冀彻底改革，整顿各矿，"以兴矿业而辟利源"[③]。在河北与平津等地的主权与财政经济被日本侵略者不断操控的形势下，这些已无济于事，无法挽救河北民族经济的下滑、败落之势。日本的兴中公司为把井陉、正丰的经营权收归到手，以资炼铁，采取了各种办法。由于井陉煤矿为中德合办，兴中公司于 1936 年 9 月与德方签订草约，出资 145 万元收买德股，后因冀察政委会有意抑制，拖至 1937 年 10 月，兴中公司才付款购股，这样，日本以中日合办形式夺得井陉煤矿矿权。同时，兴中公司又以低价买下井陉煤矿周围的正丰、宝昌煤矿。1937 年 6 月，兴中公司还通过冀东伪政权，取得了"统一管理开发"冀东矾土的特权。

三、农村经济日益分化、贫困

20 世纪二三十年代，河北省绝大多数人口在农村。据调查，1928 年，河北省共有居民 5452347 户，总人口 31232131 人，其中，男性 17274341

[①] 参见陆仰渊等主编：《民国社会经济史》，中国经济出版社 1919 年版，第 354 页。
[②] 《河北矿业汇刊》，1930 年 9 月。
[③] 《河北省营三矿月刊》第 1 期，1935 年 12 月。

人，女性 13957790 人，平均每户 5.72 人，高于全国平均 5.27 人的水平。30 年代初，河北省总户数 4938695 户，其中，农户 4223704 户，农户占总户数 85.5%，高于全国平均农户占 80% 的水平。①

抗战爆发前，河北的社会经济不仅具有旧中国的半殖民地、半封建的性质，而且在日伪统治区具有殖民地性质，发展的不平衡性是相当突出的。有些地方，以冀中的河间、献县，冀西的阜平、行唐、灵寿，冀东的香河、宁河，冀南的漳河下游临漳、成安、大名，热河的围场等县为代表，自给自足的小农自然经济仍占着优势地位。这些地方，地主经济在全部经济生活中占着统治地位，农民小商品经济与富农经济处于从属地位，农民的生产品主要不是为了交换或出卖，而是为了自身的需要与供给地主、富农及官僚受用。在另一些地方，以冀中的定县、无极、深泽、安国、束鹿、高阳，冀西的唐县、平山，冀东的昌黎、滦县、乐亭，冀南的冀县等县为代表，商品经济比较发达。在这些地方，农民小商品经济发展较快，富农经济日趋占居优势地位，地主封建经济已大大削弱。"若以生产本身来讲，在商品经济发展、富农经营发展的地区，耕种技术较进步，灌溉施肥较发展，耕耘次数亦较多，因而收获量亦较大。随着经济的进步，广大人民的文化、政治水平较高。反之，在自然经济占优势的地区，则一切都较落后，甚至许多村政权，还保持着古老的族长制或牌户制。"②

尽管河北农村经济的发展很不平衡，但各地经济发展一般具有如下几个共同的基本特征：

第一个基本特征，土地和生产资料日益集中。河北农村中存在 4 种经济模式：封建地主经济残余浓厚地存在，富农资本主义经济日益发展，小农自然经济与小商品经济不断分化，某些市镇出现商业资本经济，而大部分土地及生产资料集中在地主、富农手中，他们在农村全部经济中占居着统

① 参见苑书义、孙宝存、郭文书主编：《河北经济史》第四卷，人民出版社 2003 年版，第 208 页。

② 彭真：《关于晋察冀边区党的工作和具体政策报告》，中共中央党校出版社 1997 年版，第 60 页。

治地位。

冀中地区，地处平、津、保等城市周边，土地肥沃，交通便利，商品经济比较发达，生产比较发展，文化水平较高。抗战前，这一地区，人均耕地 3 亩多，土地与生产资料比较集中。如定县，20 世纪 30 年代初，人口已达 40 万，为河北省各县之首，共有土地 156 万亩，户均 23 亩上下，人均近 4 亩。据 1933 年对定县 126 个村（约全县 423 个村的 30%）的调查，共有农户 15856 户、86932 人，共有土地 301393 亩，人均 3.5 亩，其中地主、富农合计 859 户、5768 人，为农户总人口的 6.6%，占有土地 85681 亩，占总土地数的 28.4%，人均 14.9 亩。地主、富农占有土地，大都是比较肥沃的水浇地。中农 6481 户、35700 人，为农户总人口的 41%，占有土地 137447 亩，占土地总数的 45.6%，人均 3.85 亩。贫、雇农计 8516 户、45464 人，占农户总人口的 52.4%，占有土地 78264 亩，占土地总数的 26%，人均 1.72 亩。贫、雇农占有土地，大都是土质贫瘠的旱地。中农和贫、雇农合计，占农户总人口 93.4%，占土地总数 71.6%。就是说，地主、富农人均土地，为中农 3.8 倍以上，为贫、雇农 8.6 倍以上。同时，地主、富农掌握着较多、较好的生产工具。据 1933 年对定县 70 个村庄的调查，472 户地主、富农有大车 566 辆，牲口 973 头，而且多是骡马大牲畜，水车 811 辆，户均大车 1.2 辆，牲口 1.66 头，水车 1.7 辆；贫、雇农 4452 户，有大车 1744 辆，牲口 2099 头，多是小毛驴、老牛、破车，水车 514 辆，户均大车 0.39 辆，牲口 0.47 头，水车 0.12 辆。① 而离平、津、保等城市较远的河间、献县等地，自然经济仍占优势，土地兼并集中很快，如军阀冯国璋在河间占有土地数千亩之多。

冀西（平汉铁路以西）地区，经济发展不平衡非常显著。这一地区，西有崇山峻岭，东为平原，有平汉铁路及北平、保定、石家庄等大中城市。在山川地带，人口稀少、耕地不足、土质贫瘠、农业产量很低。如山岳地带的阜平县，每平方公里仅有 13 人，耕地面积仅占土地面积的 4%，且土

---

① 定州市档案馆馆藏档案文献资料。

质很坏，平均亩产不足 1 石。平原地带的望都、定县，每平方公里平均约有 98 人，耕地面积占土地面积的 50% 以上，且土质肥沃，平山县水地每亩平均产量达 2 石 2 斗。有些地区，自然经济还占着优势；有些地区，商品经济比较发展。在全部耕地占有上，人口比地主、富农多 6 倍的中农、贫农、雇农、工人，仅比地主、富农多占耕地 0.6 倍，多占水地 0.2 倍，在畜力占有上，最强的畜力掌握在地主、富农手里。在经济落后，离大中城市远，交通不便的山区、半山区，土地更为集中，阶级分化更显著。如阜平县，战前全县人口不足 10 万，人均不足 1 亩沙坡地。全县 7 个区，据其中 4 个区的统计，共有 9503 户，其中，地主 395 户，2420 人，占有耕地 20200.6 亩，人均 8.35 亩；富农 298 户，2299 人，占有耕地 8219.7 亩，人均 3.545 亩；中农 3021 户，14357 人，占有耕地 37566.3 亩，人均 2.61 亩；贫农 5683 户，24987 人，占有耕地 2 3530.4 亩，人均 0.94 亩；雇农 142 户，554 人，占有耕地 442 亩，人均 0.80 亩。占人口总数不到 5.4% 的地主，占有耕地总数的 22.5%，人均占有耕地为贫农的 9 倍，为中农的 3 倍以上。中农、贫农、雇农合计占农村总人口 89.4%，只占有总耕地的 68.4%。[①] 在商品经济比较发展的地区，地主封建剥削已被削弱，富农经济比较发展，甚至占了优势。如接近平汉线和平原地带的多数村庄，地主占总户数 1.69%，占总人口 1.81%，占总耕地 10.47%；而富农则占总户数 7.95%，占总人口 12.23%，占总耕地 26.95%。由于地主、富农和大商人在经济上的这种统治的优势地位，他们在政治上也有无上的特权。

冀南地区经济发展不平衡，土地集中程度也各异。漳河下游地区，西起平汉路，东至卫河之间，包括临漳、成安、大名、南宫等县。这一地区，离大城市远，交通不便，工商业和手工业、副业等小商品生产不发达，自然经济占着优势地位，土地十分集中，地主经济特别发达。农村 60%—70% 的土地，掌握在只占农村人口 5%—7% 的地主手里。这一地区，几乎每个村子，都有占有三五顷土地的地主。南宫县经儿头村，一户地主占有

---

① 中共阜平县委办公室档案第 39 号。

全村一半的土地。内黄县（今属河南省）西坞村，全村24顷土地，一户地主即占有16顷。这一带，有近一半农村人口有一小块土地，不便外出谋生，而在本地的谋生途径又狭小，需要出卖劳动力给地主；但地主不是将土地分散租给农民经营，而是将土地集中起来自己经营，称谓"经营地主"。在南乐、清丰（今属河南省）一带，编草帽辫、制粉业等手工业比较发达、普遍，自然经济两极分化较显著，富农经营比地主经营占了优势，但土地不十分集中。如南乐县王洛集村，地主占总户数2.5%，占总地数3.5%；富农占总人口17%，占总地数28%以上；贫农占总人口1/3，占总地数不足16.5%，人均1.4亩以下；无地、少地农民流向城市和闯关东者达7%。冀南北部的冀县一带，商业经济发达，已同等甚至超过了农业经济，土地不十分集中。占有数顷土地的大地主不多，地主中分散出租和地主经营各占一半；富农经济发达，约为地主经济的1—5倍；地主经济与商业资本结合，其商业资本比重逐渐发展；无地、少地农民大量流向城市与东北，农业劳力缺乏。① 另据中共太行区党委研究室1944年出版《太行区经济调查第一集》记载，太行区赞皇、元氏、邢台、武安、林县等22个县159个村的统计，抗战前，共有土地492700余亩，24668户，其中，地主及经营地主有701户，占有土地129753亩；富农1831户，占有土地115198亩；中农8662户，占有土地154813亩；贫雇农及手工业工人、小商人等计13674户，占有土地92958亩；地主与富农合计，占总户数不到10.3%，却占有土地总数的49.7%以上。

冀东地区，土地集中的程度差别很大。在长城两侧的山地村庄，土地是集中的，地主、富农一般占有全村土地一半上下。如：沙坡峪村，168户、854人，土地2242.7亩，人均2.62亩，其中地主2户、13.5人，占有土地549.8（自然）亩，人均44.6亩；富农22户、152人，占有土地633.7亩，人均4.13亩；地主、富农合计24户，165.5人，占有土地

---

① 郭绍汤：《冀鲁豫边区租佃关系的调查与研究》，载《中共冀鲁豫边区党史资料选编》第二辑文献部分（中），河南人民出版社1988年版，第783—784、829—830、840页。

1228.5 亩，占全村土地总数 54.78%。这些村庄，贫农、雇农数量相当大，如：黄槐峪村贫农占人口 50.45%，杜岭村贫农占人口 39.1%，十八盘贫农占人口 66.6%；而中农数量不大。在长城内山边及距山较近的平原村庄，土地比较分散，地主占有土地较少，大多数土地在中农、贫农手里，雇农数量不大。但在宝坻、玉田一带，土地很集中，贫富差别极大，大地主占有土地多至几百顷，佃农很多。如宝坻县广灵木张家，林亭口李家，城里南北王家、瑞家，护路张家，有几百顷土地，中等地主也不少。玉田县不仅土地集中，商人势力也很大，操纵着承德、赤峰一带的商业。道好庄是玉田县的一个平原村庄，土地集中程度很高。据调查，1937 年，该村地主、富农共 34 户，占有土地 2009.05 亩，占全村土地总数 75.481%；中农以下 94 户，仅占有土地 732.07 亩，占全村土地总数的 24.519%。①

冀察边境地区，包括昌平、延庆、怀柔、密云（此 4 县今属北京市）与张家口市及赤城、龙关、丰宁、栾平、崇礼等地。在龙关、赤城一带，土地不集中，有些地方，没有地主，只有富农。但接近山川地带，土地比较集中。如川东的六鞠庄子，"两头小、中间大"的情况明显，全村 108 户，454 口人，耕地 2235 亩，人均 4.9 亩。其中地主 4 户，占地 17%；富农 7 户，占地 11%；地主、富农合计，占地 28%；中农占地 62%，贫农占地 10%，合计占地 70%。又如宣化县常家庄子，地处山川，经济落后，土地更加集中，全村 120 户，700 口人，耕地 4200 亩，其中地主 4 户，占地 1400 亩，占总地数 33%；富农 8 户，有地 890 亩，占总地数 21%；地主、富农合计，共 12 户，占户数 10%，占地数 54%；中农 54 户，贫农 58 户，合计占户数 90%，仅占地数 46%。② 在张家口市，土地高度集中，占有土地 400 亩以上的大地主有 10 余户。如：董希贤占有 457 亩；董显书占有 500 多亩；杨壁英占有 600 多亩；张文达占有 700 多亩；王贯华占有 700 多亩；

① 《晋察冀边区土地占有、减租斗争、阶级变化调查材料》（1946 年 6 月），中央档案馆馆藏档案，档案号 201 卷第 1 号。

② 孟常谦：《平北抗日根据地的合理负担土地政策的实施与政权建设》，载《张家口地区党史资料选编》第二辑，1986 年印行，第 184—188 页。

李秋圃占有900多亩；张璧占有900多亩，另在宣化还有一些土地；王瑞新兄弟占有3000多亩，其中在张家口市有四五百亩；屈展占有2000多亩，大部在宣化；屈常服兄弟各占有1000亩，大部在外地。①

热河（今承德市）地区，土地高度集中，有数十顷至一二百顷的大地主，并不罕见，三五顷的小地主每村都有。如围场、兴隆等，土地非常集中。据康德5年伪"满"政府调查，1938年，围场全县共44133户，土地面积2169444亩，户均49.157亩。无地户和50亩以下的中农、贫农、佃户，占全县人口84%，只占全县土地25.6%；而100亩以下和100亩以上的地主、富农，占有土地74.4%，只占人口16%。该县著名的"鼎裕号"，占有山坡地九沟十二岭（此地区，山坡地习惯于以沟为计算单位，如二十里沟、三十里沟等）、平地200顷，从围场至北平到处都有他的庄园、租房。在兴隆县南部，大多数土地掌握在蔡家协记等所谓"兴南六大地主"手里。在承德一带，土地也是高度集中，如下板城村，地主占人口1.9%，占土地66.9%；富农占人口1.2%，占土地4.5%；中农占人口14.5%，占土地13.8%；贫农占人口24.4%，占土地10.44%；赤贫占人口59.1%。地主与富农合计，占人口3.1%，占土地71.3%；贫、雇农与中农合计，占人口96.9%，占土地28.7%。又如承德药王庙村，地主与富农，占全村人口8.1%，占有全村土地57.5%；而占全村人口80%的佃农、贫农、赤贫，只占有全村土地25.6%；中农经济也很不发展，只占全村人口11.2%，占全村土地10.1%。②

总之，20世纪二三十年代初到七七事变前，河北省大部分地区土地日趋集中，有些地方土地比较集中，有些地方土地高度集中，或封建地主势力仍占优势，或富农资本主义经济与地主封建经济相当甚至越过地主而占了优势，就是说，地主与富农一起在农村全部经济中占着统治地位，广大农民群众处于少地、无地的被统治、被剥削地位。另外，有的地方，土地

---

①　张家口市的调查材料，1946年。中央档案馆馆藏档案文献。
②　冀热边社会状况考察，1943年8月。中央档案馆馆藏档案文献。

尚不集中，或比较分散，有地主、无富农，或有富农、无地主；有中农、无雇农，或有雇农、无中农；有的地方，甚或地主、富农均有所下降，中农有所增加。但这些，均为个别地区、个别情况，不能代表抗战前河北省农村土地关系的基本走向，更不能由此以为河北省当时"土地集中程度不算高"，"有日趋分散化的趋势"。

第二个基本特征，农村经济的殖民地、半殖民地性质日益明显。由于帝国主义入侵，特别是日本帝国主义的侵略扩张，从《塘沽协定》到华北事变，随着日本帝国主义对华北领土主权的攫取与经济掠夺的加强，及其"工业日本、农业中国"的殖民政策的推行，至七七事变前，日本在华北的经济实力大大增强，农村经济日趋变为日本帝国主义的附庸。据日本的统计，1928 年，日本在华北的直接投资约为 18000 万日元，到 1937 年初增加了 13850 万日元，增长了近 80%。[①] 日本资本不仅逐步占有或控制了河北与平津地区的一些工矿业、交通运输业、电力工业、化学工业、纺织工业与食品工业，特别是煤、铁、盐等企业与纺纱、织布、印染等工厂，而且逐步向农村渗透，使广大农村日益变成日本的投资场所、原料产地与商品销售市场。

在农业上，日本资本的主要企图之一，是占有和控制华北地区的棉花的生产与运销，河北为其重点之重点。河北的棉花，在全国棉花生产中占居十分重要的地位。还在 1919 年，河北省植棉面积即达 590 余万亩，产皮棉 268.4 万市担，居全国第二位。1934 年、1935 年连续两年皮棉产量超过 200 万市担，1936 年皮棉产量达到 297.1 万市担，在全国 11 个产棉省中名列前茅。而且河北省适合植棉的县份广，达 100 多个县，但产地产量却相当集中，主要集中在西河棉区的蠡县、安国、高阳、束鹿（今辛集）、获鹿（今鹿泉）、滦城、晋县、藁城、无极、邯郸、冀县（今冀州）、新河、宁晋 13 县，御河棉区的南宫、威县、河间、东光、清河、宁津 6 县，以及东北河棉区的滦县、丰润县，这些县份，其棉田占该县耕地的 50% 以上，其产

---

① 满铁产业部：《北支那经济综观》，日本评论社 1939 年版，第 128 页。

棉量分别占西河棉区 73 县之总额的 73%、御河棉区 25 县之总额的 96%、东北河棉区之总额的 84%。① 为了掠夺和控制华北尤其河北的棉花，1936年，日本拓务省派出调查团，对华北等地的棉花、羊毛等资源进行考察，经过 40 天的调查，提出由政府拨专款，在华北各地设立植棉研究试验机构，培养人员，改良棉种，以提高华北棉花质量，增加对日输出。因此，受日本政府委托，由天津的中国驻屯军主持设立了河北农村复兴协会，以棉花收购、运输、销售、出口、融资、储藏为业务；由日本的天津领事馆在天津设置华北农事试验场，购买土地，建场植棉，并逐步推广，在华北先后设立 10 个植棉研究所和附属农场。伪"冀东自治政府"特划定数万顷土地，提供给兴中公司，用来试验棉花种植。日本资本家在天津建立了华北棉花仓库公司，资本 1000 万日元，企图垄断华北棉花的生产与运销。日本大阪兴业公司也打算在华北斥资 1000 万元，购置 3000 余顷土地，用来种棉花。日本棉商也先后在天津、青岛等地成立了棉花交易所、华北棉花协会等机构。从而，加强控制华北尤其是河北的棉花生产与运销，以保证输出日本和在华日商纱厂的原料来源。②

蒙疆地区的皮、毛等畜产品在中国及亚洲占有重要的地位，操控与支配这一地区的皮、毛等产品，是日本经济掠夺的又一重要目标。随着伪"蒙疆军政府"的成立，日本加紧了对皮、毛等畜产品的掠夺。为控制蒙疆地区的物资流通，1935 年，大蒙公司奉关东军之命，在多伦建立，公司资本 150 万元，后移至张家口，在归绥、包头、大同及沈阳设立支店，主要经营业务是，将日本和伪"满洲国"的砂糖、煤油、茶叶、烟酒、纺织品、五金及杂货运销到蒙疆各地，将平绥路沿线的皮毛、牲畜与食粮、盐等运销到沿海地区或日本，该公司 1937 年营业总额达 229.3 万元，成为当时日本在蒙疆地区规模最大的公司之一。1937 年 3 月，日商在张家口设立大公毛织厂，投资 200 万元。日军侵占归绥（今呼和洁持）后，日本的满蒙毛

---

① 参见直隶省实业厅民国五年棉产报告统计。
② 参见居之芬、张利民主编：《日本在华北经济掠夺统治史》，天津古籍出版社 1997 年版，第47、55 页。

织会社又投资 50 万元，在归绥建立了满蒙毛织厂。从而，逐步控制了蒙疆地区羊毛等畜产品的收购与运销。

随着日本帝国主义对华北农村经济的加紧掠夺与控制，冀中、冀东、冀南、冀西等商品经济比较发达地区，特别是植棉区，日益变成日本的原料产地与商品市场。沿平汉线的植棉区最为典型，农民将 70% 以上土地种植棉花，某些地区农民生产小麦，甚至养猪、养鸡，都走上商品化。这些地区，可以说已经成为日本的植棉区和商品市场。农民按照日本的要求种植棉田，所产棉花由日本收购，农民的日用工业必需品，甚至食粮，主要依靠市场输入。帝国主义与国内买办商业资产阶级相勾结，乘机榨取农民，农民被迫一方面为日本帝国主义生产原料，将棉花等农产品低价出卖给日、中商人；一方面为日本帝国主义吸纳大量商品，高价从日、中商人手中购买食粮及工业日用品。彭真曾指出，七七事变前，整个晋察冀地区的经济，"都在日益向着殖民地、半殖民地化的道路前进，日益向着帝国主义者的无底欲壑沦陷"①。实际上，不仅晋察冀地区，在整个华北地区尤其是河北农村经济，几乎变成了日本帝国主义经济的附庸。

第三个基本特征，农村自然经济和小商品经济分化、瓦解，广大农民日益贫困化。随着帝国主义尤其日本帝国主义不断加紧对华北的经济掠夺与支配，华北农村经济日益向殖民地、半殖民地、半封建化的道路前进，一方面，由于农村许多地方沦为日本帝国主义的原料产地和商品市场，加之，部分民族工业的微弱发展，富农经济比重的增大，地主阶级参与市场购销活动增加（自然地租占优势的地方，地主将粮食等投入市场；货币地租占优势的地方，地主需部分向市场购粮等），使商品经济的比重日益加大，农村自然经济逐渐被商品经济所瓦解、代替。另一方面，由于日本帝国主义大量倾销廉价商品，农村小手工业、副业无力与之竞争，加之各种封建剥削的压榨，商业买办阶级成为帝国主义的代理人，地主、富农、买

---

① 彭真：《关于晋察冀边区党的工作和具体政策报告》，中共中央党校出版社 1997 年版，第 63 页。

办与外国资本家、大商人相勾结，不断加重甚至将各种负担转嫁到农民与手工业者身上，使之日益贫困，无力改进生产，迅速走向破产。农村经济日益为帝国主义所支配，整个经济日益商品化，富农经济日益发展，农民、小生产者迅速破产，土地日益集中在地主、富农与买办商人手中。总之，抗战前在河北农村中，地主、富农、大商人在经济上占着绝对的优势，在政治上享有特权；贫农、雇农和中农在经济上、政治上处于从属的地位。农村中的主要矛盾，是农民阶级与地主阶级的矛盾。

抗战前，河北各地经济发展很不平衡，租佃关系与剥削形式很复杂，各地地主、富农与买办商人对农民的剥削与压榨都相当严重，广大劳苦大众的负担都十分沉重。河北复杂的租佃关系，可以大体区分为两大类，一类为出租制，再一类为小种制。①

采用出租制的地主，一般只提供土地，而由承种人出农具、肥料、种子、牲畜等生产资料和生产工具及全部劳动力，地主对生产不管不问，坐收地租。因此，出租制的地主，一般是出租地主（也有些可能是买办、商人），承种人一般是佃户（也有些可能是富农或中农）。出租制的形式，各地不同，名称各异，大体上可分为两种情况：

一种叫大种地或对半分，这是活额租或活租制的一种形式。采用大种地或对半分的租佃形式，地主出租土地后，由承种人独立经营，用自己的农具、牲畜、种子、肥料等，并出全部劳动力（也可雇工）；地主只出地、收租。土地的正产物，地主、佃户对半分，副产物归佃户（有的也部分归地主），田赋及摊派等杂捐由地主负担，村款、社款由佃户负担。大种地或对半分，各地区名称不同，但实质一样，如冀中有的地方叫大种地，有的地方叫半客家，有的地方叫对分收或批分收，有的地方叫分种地。其租率在

---

① 河北的租佃关系，参阅郭绍汤：《冀鲁豫边区租佃关系的调查与研究》《抗战以前北岳区农村经济与阶级关系的调查》（1943 的 5 月）、《晋察冀边区土地占有、减租斗争、阶级变化调查材料》（1946 年 6 月）、《冀热边社会状况考察》（1943 年 8 月）、《胡锡奎在热河省委扩大干部会议上的总结报告》（1946 年 5 月 12 日）、《平北抗日根据地的合理负担土地政策的实施与政权建设》等。中央档案馆馆藏档案文献。

50%—80%不等；又如在平北，一般叫伙种地，也有叫分种地、伴种地、小伴种或处伴种的，其活租形式有对半分、四六分、三七分、二八分、倒四六分、倒二八分。

出租制的另一种形式叫包租地或定额租地。采用这一出租形式，地主将土地出租后，一切经营上所需要的农具、资料和劳动力全部由承种人负责，定额地租一般为"麦一秋二"（旧斗，一斗麦，二斗秋，旧斗相当于新斗一斗八升），租率为总收获的60%以上。田赋及摊派等杂捐由地主负担，承种人不管任何负担。还有一种高利贷包租地，即农民因缺钱，以当地名义将土地写给债主，土地仍由农民耕种，以交定额地租的形式，向债主交利息，农民到期限如果向债主交不上利息，土地则归债主所有。这种高利贷包租地形式，实际是地主兼并农民土地的一种手段。

另一类租佃关系为小种制。采用小种制的地主，与采用出租制的地主相反，他们不是将土地分散租给佃户而坐收地租，而是把自己的土地集中起来，并由地主自己直接或间接统一指挥若干承种人，让承种人住在地主农场附近的矮小、黑暗、潮湿的房屋内，来共同进行耕作。因此，小种制的地主，已经不是封建的出租地主，而大部分是半封建、半资本主义的经营地主（有的成分已不是地主，而已为富农或中农）；小种制的承种人，也不再是封建农奴，而带有了雇佣性。但各地区由于经济、政治和社会历史条件不同，小种制在形式与内容上有着不小的差别。主要有四种具体形式：

小种地，是小种制的第一种形式，其特点是地主除提供土地外，并提供耕畜、肥料、种子、农具等生产资料与生产工具；承种人仅出全部劳动力，即全部农业劳动及杂务劳动。这一形式的小种制，在漳河下游地区称谓"小种地"；在冀南中部称谓"捎种地"；在清丰、南乐一带称谓"大锄地"；在冀中，有叫小种地的，也有叫赔牛客家或伙种地、伙锅地、倒插股的；在平北，叫招佃户，也叫大伴种或里伴种，也有的地方叫里插股、倒插股；还有的地方称"拉鞭地"。

承苗锄，是小种制的第二种形式，其特点是地主除提供土地、耕畜、种子、肥料、农具外，还出部分劳动力，即负责耕地、耙地、下种。而承种人仅出部分劳动力，即负责锄地到入囤的各种农活。承苗锄在清丰、南乐一带最流行，当地土称"小锄地"。

赔牛地，是小种制的第三种形式，其特点是地主提供土地、种子、农具，但不供给耕畜、肥料。承种人不仅出全部劳动力，还要出耕畜、肥料。这种形式，在冀南各地称谓"赔牛地"。

捎班地，是小种制的第四种形式，其特点是地主提供土地、耕畜、种子、肥料、农具等各种生产资料与生产工具；承种人虽提供全部劳动力，但并不以自力为主，而是经常雇佣短工和月工劳动。这种形式在冀南北部冀县一带很流行，称谓"捎班制"。

冀中各县的租佃关系中，小种制和出租制几乎相当，有实物地租，也有货币地租。冀南北部的冀县一带的租佃关系，小种制和出租制各占一半，出租制不是零星的，整个将土地出租的地主和经营地主已经相当，其承种人租地经营单纯为着补助生活不足的成分减少，为了出卖农产品取得利润的目的增大了，出租制中有实物地租和货币地租，货币地租已占主要成分。漳河下游地区的租佃关系，以小种制为主，大部分为大种地或对半分，实行实物地租，没有货币地租，出租制只3%以下，地主只将外庄、外圈的零散而不易经营的土地或地主家人的体己地，才包租给佃户。清丰、南乐地区的租佃关系，以小种制为主，出租制是零星的，但定额租地不仅有实物地租，而且有了货币地租，一般3元至5元，井浇地可高达10元。

从租佃关系可以看出，地主对农民的主要剥削手段是地租。地租额一般在50%—80%。地租的形式，在自然经济仍占优势的地区主要是自然地租，即实物地租；在商品经济比较发达的地区主要是货币地租。除地租外，一些地方还保留着劳役地租，佃户必须为地主无偿地捎种一些地，或给地主打零工、服杂役；一些地方，在正租之外还有额外剥削，如"加一斗租""加二斗租""小租""黑租""背租"（一斗租加一升豆或一捆草）；一些地方，佃户在地主的荒地上修养成熟地，地主就要加租，否则下地，地主遇到意外损失，要分加在佃户身上，否则就"拔锅锁门子"。这些地租，不论实物形态，还是货币形态，按其剥削的量，都是残酷榨取农民的封建剥削手段。正如彭真所指出："地租的量远大于农民的剩余生产物，它并不是仅仅代表剩余生产物之一部分，而多半是包括着农民终年劳动的剩余生产物之全部乃至必要劳动的不少的一部分。就是说地租的量，决定了它本身并不是仅仅代表剩余价值之一部的资本主义地租，而是野蛮的封建地租。"①

农民除受地租剥削外，还受高利贷盘剥。封建地主与部分富农所放的高利贷，一般年利率在一分七以上，甚至高达一倍。高利贷的方式多种多样，有"放利钱"（以钱放贷），有"当租"（穷人指地借钱，交粮抵利息，到时交不上，债主留地），有"月盈"（穷人年关或急用时，指地、指房作质借钱，月利四分五分，盈利不到，地或房归债主所有），还有"青黄不接使钱""孝帽底下使钱""利滚利""驴打滚"等。商业资本尤其帝国主义的商业买办资本及一部分中国的银号、钱庄、商号放的高利贷，一般的利率在一分左右，表面上利率很低，实际上其高利盘剥也是很残酷的。他们的放贷，与地主、富农相结合，或者以购买农民的农产物为放贷条件，在贷款之初就以极低的价格预定农民的农产物，使放贷变为与农民进行不等价交换的手段；或者以购买农民的劳动力为放贷条件，在贷款之初就以极低的价格预购农民的短工劳动力，使农民短工因借高利贷而变成长期被榨取的工奴。

抗战前，农民负担捐税也很严重。除国家的田赋等捐税外，市场上是有货必税。一般规定：烟酒税税率为 30%；果木税税率为 30%—50%；麻税税率为 30%；牲畜税税率为 30%—50%；猪税税率 30%，割头税税率 30%。而且大多数市场都实行包税制，而包税多为地主、土豪，他们通过贿赂官厅，收买地痞流氓，任意盘剥民众。市场上的"牙纪""经纪"，都是包税的地主土豪的爪牙。"牙纪"之"斗行""称行"，有所谓"撒格"（一大斗能撒半升）、"剩格"（20 市斗能长出 1 市斗）。阜平县城南庄一带，一个"斗行""称行"，往往可养活七八个人；陈庄的每个集上，"撒格""剩

---

① 彭真：《关于晋察冀边区党的工作和具体政策报告》，中共中央党校出版社 1997 年版，第 61—62 页。

格"可以赚到四五石以上粮食。抗战前，农民被额外盘剥之重，可窥一斑。①

由于帝国主义和地主、商人、买办阶级无穷无尽的剥削农民和小手工业者，造成了农民和小手工业者大量破产失业，自然经济和小商品经济瓦解，他们腾出来的市场迅速为外国商品所占据，或部分地为民族资本的小工厂与工场手工业所取代，形成了当时河北所谓工业区，如高阳棉布区等。农民贫困，土地飞速地向地主与商人手里集中。在20世纪20年代初，河北农村的土地尚不集中，大部分土地还在自耕农手里，地主和佃农、雇农均不多，大体呈两头小、中间大的状态。据对河北省26个县51个村4309户的调查，自耕农、半自耕农，占总户数90.69%，占总地数97.64%；佃户和贫农，占总户数5.82%，占总地数0.03%；地主，占总户数2.09%，占总地数1.73%（表1）。②

表1　20世纪20年代初河北省26县51村农地概况调查

自耕农	3365户	占总户78.9%	占有地 101063亩	占总地 83.68%
自耕兼租入户	397户	占总户9.21%	占有地 9348.6亩	占总地 7.74%
自耕兼租出户	111户	占总户2.58%	占有地 7509.6亩	占总地 6.22%
佃农	29户	占总户0.67%	占有地 40亩	占总地 0.03%
雇农	222户	占总户5.15%		
全出租地主	90户	占总户2.09%	占有地 2086.4亩	占总地 1.73%
其他户	95户			
结论	共4309户，自耕农户数与土地占优势，佃农、雇农和地主的户数及土地均较少			

① 《抗战以前北岳区农村经济与阶级关系的调查》（1943年5月）。中央档案馆藏档案文献。
② 数据来源：根据《河北省26县51村农地概况调查表》（未刊稿）第12页有关数据整理而成。

但是，至 20 世纪 30 年代，短短 10 年左右，据对定县 8 个村 1386 户的调查，雇农和贫农占总户数的 77.3%，占总地数的 33.5%；地主、富农占总户数的 8.5%，占总地数的 41.7%。另据对南和县的调查，贫农和雇农，占总户数的 51%，占总地数的 3%；中农，占总户数的 25%，占总地数的 5%；地主、富农，占总户数的 24%，占总地数的 92%。土地日益集中，地主、富农掌握了大部分土地，中农分化，或上升，或下降，佃农、贫雇农增加。可见，这时，农村土地关系，已经大体呈中间缩小、两头扩大的状态（表 2）。①

表 2　20 世纪 30 年代河北省农村土地集中概况调查表

定县 8 村 1386 户	20 世纪 30 年代中期			
		占总户	占总地	户均耕地
无地户	119 户	8.6%		
25 亩以下贫农	952	68.7%	33.5%	9.6 亩
地主、富农	118	8.5%	41.7%	97.6 亩
其他户	197 户	14.2%		
结论	贫雇农占近 80%，占地约 30%；地主、富农占户数不到 9%，占地 40% 以上			
邢台南河县	占总户数	占总地数		
贫雇农	51%	3%		
中农	25%	5%		
地主、富农	24%	92%		
结论	占农村近 80% 的贫雇农，只占耕地 8%；占农村 24% 的地主、富农，占有耕地 90% 以上			

① 据朱文通、王小梅著:《河北通史》(9)《民国上卷》，河北人民出版社 2000 年版，第 221—222 页有关数据整理成。

　　彭真在分析抗战前晋察冀边区土地关系演变的一般趋势时曾指出："帝国主义的支配日益加深，社会经济的日益商品化，土地的飞快集中，富农经济的日益发展，而农民和一切小生产者则日益破产——这就是'七七'事变前晋察冀边区这块地区上（当然不仅这个地区）农村经济发展的总的趋势。"①

　　综合以上所述，可以看出，"不仅这个地区"，整个华北地区，尤其是河北省农村经济发展的总的趋势，的确如此。

---

　　① 彭真：《关于晋察冀边区党的工作和具体政策报告》，中共中央党校出版社1997年版，第64—65页。

河北抗战的独特贡献①

一、抗战堡垒和反攻的前进阵地

第一，河北的战略位置极为独特。华北地区是维系中华民族生存的最重要的支柱之一，是中国的政治、军事、经济、文化的中枢和命脉。而河北，地处华北地区的北部，是东北与内地联系的咽喉要道。东北沦陷后，华北地区成为中国的第一国防线，中日民族矛盾的聚焦点，关系着中华民族的生死存亡，是决定中日关系走向的关键，而河北首当其冲，成为关键中的关键。日本侵略者为占领华北，进而占领全中国，首先以武力占领河北并以此为跳板。为此，1933年1月1日日本进攻榆关（今山海关），继而占领热河及长城各隘口；1935年，日本制造"河北事件"，策动"华北事变"；尔后，增兵华北；1937年，日本发动全面侵华战争。在中国局部抗战的阶段，在中国共产党的领导、推动和影响下，河北人民同东北人民的抗日斗争相互呼应，在关内掀起了日益广泛的抗日救亡运动，榆关抗战打响了华北武装抗日第一枪，察哈尔抗日同盟军、冀热边孙永勤农民抗日救国军，这些英勇的武装抗战，对于唤醒全国民众和实现国共合作抗日民族统一战线，起了重要的促进作用。而1937年中国军队在卢沟桥奋起抵抗的炮声，点燃了中国民族抗日战争的熊熊大火。

第二，冀中、冀南平原抗日根据地的开创影响深远。这两块平原抗日根据地的开创，为中国共产党八路军、新四军向广阔的平原地区实施战略展开，构建敌后战场，起了关键性的战略作用。全国抗日战争爆发后，中国共产党十分注重河北在抗战中的战略地位，在1937年8月洛川会议上，毛泽东曾指出：红军可出一部于敌后的冀东，以雾灵山为根据地开展游击

---

① 原载谢忠厚著：《河北抗日战争史》，未刊稿。

战争。八路军开赴华北抗战前线后，毛泽东于 9 月 26 日亲自批准了朱德、彭德怀、任弼时《关于晋察冀绥作战部署的报告》，划定了晋察冀军区、晋冀鲁豫军区的地域范围。1937 年 10 月，聂荣臻率第一一五师一部开创以五台、阜平为中心的晋察冀边区抗日根据地；同年 11 月刘伯承率第一二九师开辟以太行山为依托的晋冀豫边区根据地。两个边区根据地的开创，提供了在敌后山岳地带建立根据地以坚持敌后抗战的范例。但是，八路军能否在平原地区建立根据地，怎样在敌后实现战略展开，还没有先例和成功经验。1938 年初，吕正操率人民自卫军与冀中地方党及孟庆山领导的河北游击军相配合，开创冀中平原抗日根据地；几乎同时，第一二九师陈再道、宋任穷等部与冀南地方党相配合，开辟冀南平原抗日根据地。冀中、冀南根据地的开创，提供了在敌后华北平原地带建立根据地以坚持敌后平原抗战的范例。这样，山地与平原根据地的开创，就标志着中共中央和毛泽东关于在敌后发动独立自主的游击战争，开辟敌后战场，建立敌后抗日根据地的理论和决策在实践中获得了成功。从此，打开了敌后抗战的新局面，开辟了中国抗日战争的新篇章，对于敌后其他抗日根据地的创建和敌后抗日战场的形成起了重大促进作用，给全国人民揭示了坚持持久抗战的正确道路。毛泽东从冀中、冀南平原抗日根据地的开辟，洞察到八路军、新四军向广阔的平原发展抗日游击战争的可能性。1938 年 4 月，毛泽东与张闻天电示八路军总部："根据抗战以来的经验，在目前全国坚持抗战与正面深入群众工作的两个条件下，在河北、山东平原地区广大地发展抗日游击战争，坚持平原地区的游击战争，也是可能的。"① 同年 5 月，毛泽东在给新四军的指示中，进一步指出："根据华北经验，在目前形势下，在敌人的广大后方，即使是平原地区，极便利于我们的游击活动与根据地的创造。""只要自己不犯严重错误与慎重从事，是没有什么危险的。"②据此，八路军由山区根据地，迅速挺进冀、鲁、豫三省广大平原地区，相继建立冀东、

---

① 《毛泽东、洛甫、刘少奇关于发展和坚持平原游击战争给朱、彭的指示》，1938 年 4 月 21 日。原件存中央档案馆。

② 《中央关于新四军行动方针的指示》，1938 年 5 月 14 日。

冀鲁边、冀鲁豫和山东平原抗日根据地，还建立了白洋淀、微山湖等抗日根据地；新四军迅速开赴苏南、皖南、淮南、皖东等平原地区，开辟了华中抗日根据地，在广大的敌后地区形成了山地、平原、河湖港汊等各种类型的抗日根据地。

第三，河北各抗日根据地是中国抗日战争的"坚强堡垒"。早在中共中央扩大的六届六中全会召开期间，大会主席团就在致聂荣臻转晋察冀省委的电报中指出：晋察冀边区"在华北已经和将要尽其极大的战略作用"，"成为全党全国在抗战中最有价值的指南"。毛泽东1939年3月为聂荣臻关于一年来晋察冀边区抗战总结报告题写书名《模范抗日根据地——晋察冀边区》，与朱德、王稼祥一致称誉边区是"华北抗战的堡垒"，"对于我国的抗战，有着重大而深切的意义"。河北地区，地跨晋察冀、晋冀鲁豫和山东三大抗日根据地，是敌后华北抗战的主战场之一，是联系延安与华北、华中各抗日根据地及东北抗日联军的枢纽，牵制、抗击和消灭了大量日伪军。晋察冀抗日根据地（包括冀中、冀晋、冀察、冀热辽4个战略区），经常牵制、抗击着大量华北日军及华北伪治安军，并牵制、抗击着部分日本关东军及伪"蒙"军、伪"满"军。据统计，1937年，抗击日军6.2万人以上；1938年，抗击日军7.6万人以上；1940年，抗击日伪军11万人以上；1941年，抗击日伪军13万人以上；1942年，抗击日伪军18万人以上；1943年以后，抗击日伪军达20万人以上。[1] 八年全面抗战期间，粉碎日伪军的大"扫荡"110余次，共与敌作战3.2万余次，消灭日伪军35.1万余人。晋冀鲁豫抗日根据地（包括冀南、太行、冀鲁豫、太岳4个战略区），从"七七"事变至1944年8月，7年间，共与敌作战3.1万余次，歼灭日伪军19万余人，缴获机枪1100余挺、长短枪近6万支、炮170余门。[2] 河北各抗日根据地，直接威胁着日军后方的平汉、津浦、正太、平绥、北宁、石德及同蒲等铁路交通大动脉，及北平、天津等中心城市与关内外的咽喉

---

① 《晋察冀边区七年来军事战果》，载《晋察冀日报》1944年7月12日增刊。
② 《一二九师与晋冀鲁豫边区》，载《解放日报》1944年8月14—19日。

要道。河北各抗日根据地与晋绥、山东、华中等抗日根据地，以及东北抗日联军相互呼应，在军事上、战略上，形成了对华北日军及伪华北、伪"蒙疆"、伪"满洲国"的犬牙交错的包围态势，华北日军深陷于人民游击战争的泥潭。这在军事上、战略上，不仅有力地配合了国民党正面战场，而且使日本法西斯既无法抽兵北攻苏联，也不得不推迟南攻美英的时间。

第四，河北各抗日根据地是对日反攻作战的"前进阵地"。为夺取抗日战争的最后胜利，收复东北失地和建立东北解放区，作出了杰出的贡献。根据中共中央的部署，晋察冀抗日根据地创立不久，就注意了开展平、津、唐等敌占城市和交通要道的工作。中共中央北方分局 1942 年 8 月成立东北工作委员会，以后又在冀中、冀东、平北等地和一些重点县，相继成立了东北工作的部门，先后培养了大批优秀干部，派往东北各地秘密工作，为收复东北作多方面准备。河北各抗日根据地从 1943 年起，对北平、天津、保定、石家庄、唐山、张家口、邢台、沧州、邯郸等城市和交通要道的工作，都更为重视，加强了派遣与秘密工作。敌后战场 1944 年展开局部反攻，晋察冀、晋冀鲁豫两区部队，共歼灭日伪军 12 万余人，收复 1300 余万人口的广大国土。日本华北方面军哀叹："在方面军占领的 3 个特别市、400 个县当中，治安良好的除 3 个特别市外，只有 7 个县（占总数的 1.4%）。"[①]各抗日根据地持续全年的局部反攻，使华北日军陷入被动地位，不仅在战略上配合了国民党正面战场的豫湘桂战役，而且还在战略上支援了美英等盟国军队太平洋战场的对日反攻作战。1945 年举行春、夏季攻势作战，太行、冀南、冀鲁豫、渤海等抗日根据地部队，连续进行道（口）清（化）、安阳、南乐、东平、阳谷等战役；冀察、冀晋、冀中、冀热辽区部队，席卷了察南、雁北、热河、辽西，直逼平、津、张等市郊，夺取了进军东北的前进阵地，遂使日军在华北等地进行"长期持久的防御战"，以做好"本土最后决战"准备的计划化为泡影。1945 年 8 月 11 日起，河北各抗日根据地部队展开全面大反攻，向日军在华北的巢穴进攻，收复了张家口、山海

---

① 日本防卫厅战史室编：《华北治安战》（下），天津人民出版社 1982 年版，第 440 页。

关、邯郸、邢台等170余座城市，河北省基本解放，热河、察哈尔两省全部解放，并解放了绥远省东部、河南省北部、辽宁省西部等广大国土。据此，中共中央1945年9月19日作出《向北发展向南防御》的重大战略部署，调集11万军队和2万余名干部，大力开辟东北地区，其中，晋察冀边区调派12个团、1个营、1个朝鲜义勇队及25个团架子和数千名干部挺进东北，晋冀鲁豫边区抽调主力第1纵队和25个团架子开往东北，与苏军会师，与山东等抗日根据地部队会合，解放了东北广大的国土，为建立东北巩固的解放区打下了基础。

二、树立起新中国的"模型"

抗日战争时期，河北各抗日根据地较早地实施了新民主主义制度，在军事、政治、经济、文化及法制、社会等方面，有很多开拓和创造，树立了新民主主义的新中国的模型，提供了根据地改革、建设和共产党局部执政的经验，推进了敌后抗日根据地建设和全国民主化、现代化的进程，标示出中华民族复兴的历史航向。

抗日战争时期，抗日高于一切，一切为了抗日战争的胜利，但抗日的民族解放战争是与社会的民主改革相互联结、不可分离的，必须同步进行。驱逐日本侵略者，建立独立、自由、统一、富强的新中国，是中国抗日战争的相互联结的两个战略目标，也是中华民族复兴的必由之路。抗日战争打乱和破坏了中国原来的半殖民地、半封建社会的现代化和民主化的进程，但并没有中断，而是在国民党统治区继续着；在日本侵略者占领区，所谓现代化和民主化，则完全是日本独占殖民地化的别名；在中国共产党领导的敌后抗日根据地产生了新民主主义社会的民主化和现代化的雏形。中国抗日战争的胜利，宣告了日本独占的殖民地化的现代化和民主化的终结，同时也宣告了其他帝国主义殖民地式的民主化和现代化的终结，蒋介石国民政府代表的中国原来的半殖民地、半封建社会的民主化和现代化受到巨大冲击和削弱，中国共产党代表的中国新民主主义社会的民主化和现代化在敌后抗日根据地得到发展壮大，开始为中国各族人民所憧憬。

　　敌后抗日根据地的斗争与建设，实质上是在抗日的民族解放战争中，采取和平的、渐进的改革方式，改造旧的半殖民地、半封建的社会制度，创造新民主主义的社会制度。所谓敌后抗日根据地，就是中国共产党领导下的一定地域的人民、武装、政权和一定的经济、文化所构成的抗日民主的社会整体力量，是中国人民在敌后进行抗日游击战争的战略基地。它是"抗日的力量"，又是"民主的力量"，即新民主主义社会形态的雏形。晋察冀边区，在华北敌后一诞生，就公开申明：它是中华民国的地方政府，"它的实际内容是贯彻抗日与真正民主。"① 1938 年 10 月，彭真在中共中央扩大的六届六中全会上的发言中，根据毛泽东《论新阶段》的报告精神，及开创华北抗日根据地的经验，阐明了在抗日战争中"必须把民族革命与民主革命联系起来"的观点，指出："今天的抗日民族统一战线，也不是简单的抗日。""现在华北抗日根据地，不仅肃清了日寇的势力，……其他帝国主义的统治也将逐渐解决"。"苛捐杂税也将废除，减租减息也相当的解决封建的剥削"，"封建势力逐渐削弱"。② 1939 年 1 月，中共中央北方分局代表大会确定了巩固和建设晋察冀边区抗日根据地，为建立三民主义共和国而奋斗的方针，指出：这"是抗战的目标"，"是国共合作的目的"，"是走向社会主义社会必经的阶段"。1940 年，中共中央北方分局制定、颁布"双十纲领"（即《关于晋察冀边区目前施政纲领》），公开宣布：要使晋察冀边区"不但成为模范的抗日民主根据地，而且成为新民主主义的即三民主义的政治经济建设的模范，亦成为建国的模范"。③

　　晋察冀边区抗日根据地是"统一战线模范区"和"先导者"④，各方面政策和法制建设都比较完备。它在华北敌后最早创建了中国共产党领导的

---

　　① 《晋察冀边区军政民代表大会宣言》，1938 年 1 月 14 日。载《晋察冀抗日根据地》第 1 册（文献选编上），中共党史资料出版社 1988 年版，第 289 页。
　　② 彭真在中国共产党扩大的六届六中全会上的发言，1938 年 10 月 28 日。原件存中央档案馆。
　　③ 彭真：《关于我们的目前施政纲领》，1940 年 8 月 19 日，载《晋察冀日报社论选》，河北人民出版社 1997 年版，第 135 页。
　　④ 聂荣臻：《在中共中央北方分局党代表大会上的报告》，1939 年 1 月。载《晋察冀抗日根据地》第 1 册（文献选编 上），中共党史资料出版社 1988 年版，第 228—229 页。

抗日民族统一战线的民主政权，即边区行政委员会，并得到国民政府行政院和军事委员会的正式批准，提供了建立敌后抗日民族统一战线政权的典型经验。根据毛泽东关于新民主主义的理论与本区实际相结合的原则，它模范地执行中共中央的抗日民族统一战线的方针和各项政策，坚持马克思主义中国化，党中央的总政策在边区地方化、具体化，在抗战进程中，以和平改革的方式，改造殖民地、半殖民地、半封建的旧社会，创造新民主主义的新社会。在民主政治建设上，经过自上而下、自下而上的改造，特别是多次民主选举运动，按照民主集中制原则，贯彻"三三制"政策，逐步调整了各级抗日民主政权的成分，健全了各级民意机关和行政机关，保证基本群众占优势，又使根据地内的国民党、各少数民族和各阶层爱国民主人士有更多的参政机会，巩固和扩大了边区抗日民族统一战线。在根据地里实行了正确的社会改革和经济文化建设的方针，从根据地创建起，就在敌后开展了大规模的减租减息运动，充分发动了广大农民的抗战和生产的积极性；建立了边区银行，发行边币；实行了统收统支、救国公粮和军用粮票制度；推行了"合理负担"和比较完备的统一累进税，卓有成效地保障了游击战争的战勤供给。并采取一系列发展农、工、商业和合作运动，奖励生产和技术发明，恢复、繁荣经济，力求自给自足的有效措施。从而使根据地财政经济即使在遇到敌祸、天灾严重破坏的最艰苦时期，仍具有持久的耐力。与此同时，有效地开展对敌货币斗争、粮食斗争和市场、物资的争夺战，并取得决定性的胜利，使日本侵略者"以战养战"和变华北为大东亚战争的"兵站基地"的计划，遭到沉重的打击。北方分局1940年制定和颁布的"双十纲领"，被中共中央誉为"目前全国模范的抗日民族统一战线的、新民主主义的施政纲领。全国各地，特别是敌后方其他各抗日根据地，在政治、经济、军事、文化设施计划上，都应以它为最好的参考和借镜"①。晋察鲁豫抗日根据地提供了建党、建军、建政三大建设的经验，精兵简政的经验，大生产运动的经验，立功运动的经验。在中国共产党的

---

① 《中共晋察冀边委的施政纲领》，《新中华报》1940年10月3日。

领导下，河北各抗日根据地在极端残酷的敌后抗战中，通过广泛而深刻的社会改革，使社会阶级结构发生了根本性的变化，成功地改造了旧社会，创造一个新民主主义的新社会，使全国人民看到了未来新民主主义的新中国的光明前景。正如毛泽东所指出："各根据地的模型推广到全国，那时全国就成了新民主主义的共和国。"

三、积蓄了民族复兴的物质力量

在抗日战争中，国共两党都有自己的建国纲领。抗日战争胜利后，随即发生了中国向何处去的问题：或者按照毛泽东在《新民主主义论》中指出的道路，建立无产阶级领导的一切反帝反封建的人们联合专政的新民主主义共和国；或者顺着蒋介石在《中国之命运》中指出的道路，在蒋介石国民党"一党专政"的统治下，重新回到抗日战争以前的半殖民地半封建国家的老路上去。中国历史没有倒退，原因是抗日战争为新中国与旧中国的决战作了准备，为中华民族的复兴作了准备。河北各根据地在抗日战争中为中华民族的复兴积蓄了重要的战略基地和物质力量。

在抗日战争中，河北各根据地坚持人民战争的战略方针，建立健全了主力兵团、地方武装和民兵"三位一体"，紧密配合作战的人民战争武装力量体系、创造了一整套适合于人民战争需要的后勤供给、兵员补充、伤员救护、敌情侦察、通讯联络等作战保障工作系统，以及地道战、地雷战、交通战、"麻雀战"、水上游击战等多种游击战法。因此，不论在山地，还是在平原，均组织了浩浩荡荡的大军，造成了陷敌于灭顶之灾的汪洋大海，形成了战争史上的奇观。在抗日战争后期，各根据地部队迅速实现着由游击战向运动战的转变。晋察冀边区八路军部队发展达32万余人，民兵从无到有发展达90余万人，收复国土约60万平方公里，晋察冀边区根据地发展壮大为拥有冀晋、冀察、冀中、冀热辽4个行署，164个县，27个旗，4个自治区（县），近4000万人口的广大地区，包括河北省大部和热河、察哈尔两省全部、山西省东北部及绥远省东部、辽宁省西部地区。晋冀鲁豫边区到1944年8月，八路军部队已发展到30余万人、民兵40万人，晋冀鲁豫边区政府以下拥有太行、冀南、冀鲁豫、太岳 4 个行署，198 个县，面积 15.23 万平方公里、2500 余万人口的广大区域，包括山西省东南部、河北省南部、河南省北部和山东省西部地区。[①] 到抗战胜利时，晋察冀与晋冀鲁豫两大根据地基本连成一片，奠定了华北解放区的基础。河北各根据地的共产党组织有很大的发展，1945 年仅晋察冀抗日根据地即有共产党员 33.4 万人。经过全党整风运动，各根据地党在政治上、思想上、组织上和作风上得到不断的巩固和提高，培养和锻炼出了数以万计的工农干部与知识分子干部相结合、本地干部与外来干部相结合的干部队伍。广大群众充分动员和组织起来，到 1944 年 8 月，晋冀鲁豫根据地参加农、工、青、妇和民兵等组织的群众达 500 余万人，占全区总人口的 1/5[②]。晋察冀根据地 1945 年参加工人、农民、青年、妇女、儿童和文化界、宗教界、工商界等各种群众组织的会员，总计约 300 余万人。这些群众团体，成为各根据地共产党和民主政权联系广大人民群众的桥梁，也是进行对敌斗争和根据地建设的强大力量。

河北各根据地除对东北解放区的重大支援外，第一二九师与晋冀鲁豫根据地 1940 年派出第 2 纵队 1.3 万人南进华中，后来改编为新四军第 3 师，成为苏北地区的骨干武装力量；1944 年又抽出 7 个团和一批干部深入河南的登封、新安地区，迅速开辟了豫西抗日根据地。冀中区根据地 1940 年组建的南进支队有一部兵力留驻冀鲁豫区；1942 年回民支队归属冀鲁豫区建制，加强了该区的抗战力量；1943 年又由吕正操率 5 个主力团支援晋绥根据地，并归属晋绥边区建制；1944 年晋察冀军区先后有骑兵团、炮兵营、1 个工兵连和 5 个团兵力及抗大二分校、陆军中学、抗大附中、白求恩卫生学校大部等调赴陕甘宁边区。河北各根据地还数次抽调许多干部支援友区根

---

① 《抗日战争时期晋冀鲁豫边区财政经济史资料选编》第一辑，中国财政经济出版社 1990 年版，第 29 页。

② 张廷贵：《晋冀鲁豫根据地在抗日战争和解放战争中的地位和作用》，载《党史研究》1985 年第 2 期。经查，此原注张文之数字有误，据《抗日战争时期晋冀鲁豫边区财政经济史资料选编》第一辑，中国财政经济出版社 1990 年版，第 29 页，应为"民兵 40 余万，有组织群众百余万"。

据地。

由于共产党及其军队全心全意地投入抗日战争，同时有步骤地、适度地实行社会的民主改革，得到各抗日阶级、阶层人民的拥护和支持。到抗战胜利，共产党领导的八路军、新四军和华南游击队发展到 120 余万人，民兵达 200 余万人，根据地遍布长城内外至海南岛等全国 19 个省区，人口 1.2 亿。以中国民主同盟等为代表的中间势力，经过分化，在政治上反对国民党的独裁统治，成为共产党有力的同盟军。蒋介石国民党政权走向衰落和孤立。这些在抗日战争中打下的阵地和积聚起来的力量，准备了两个中国命运之决战，成为继续完成中国革命的历史任务，实现中华民族复兴的重要的战略基地和物质力量。在这个意义上，河北抗战的特殊贡献，其影响是十分深远的。

四、凝聚了民族复兴的精神力量

中华民族精神是中华民族 5000 多年历史所形成的，其主体是优秀的，它是中华民族赖以生存、发展和自立于世界民族之林的精神力量；也杂有沉渣糟粕，它是中华民族导致对外妥协投降、对内纷争不已和消极沉沦的精神毒瘤。在艰苦卓绝、威武雄壮的抗日战火中，中华民族精神经受了历史上罕见的巨大冲击和考验，得到净化、发扬、凝聚和升华，一扫过去 100 多年屡战屡败的民族失败的心结，中华民族的觉醒、觉悟和民族意识达到历史的新高峰，上升到以爱国主义为核心的抗战精神之新阶段。

河北人民在抗战中，历尽艰辛，付出了无限血的代价，创造出种种历史奇迹，成为凝聚和升华中华民族精神的一个典范。据不完全统计，晋冀鲁豫边区到 1944 年 8 月仅八路军即伤亡 10.7 万余人，晋察冀边区到抗战胜利八路军伤亡 11.6 万余人，在河北抗战中阵亡的旅及支队长以上干部约 70 人。党政民区级以上干部人员牺牲、被俘、负伤、病死者，据不完全统计，仅晋察冀边区至 1942 年已有 3700 余人。涌现了无数抗敌不屈、临难不苟、壮烈殉国、可歌可泣、动天地泣鬼神的壮烈事迹，高度地表现了极崇高的中华民族精神。著名的"狼牙山五壮士"，回族抗日英雄马本斋和他的母亲马老太太，少年英雄王璞，战斗英雄邓世军、王五保、李仕亮，爆炸英雄李勇、李混子，子弟兵的母亲戎冠秀，人民的好干部左权将军和黄骅、周建屏、王溥、李光汉、白乙化、王仲华、王平陆、包森、周文彬、鲁贲、常德善、翟晋阶、袁心纯、王先臣、唐聚五、洪麟阁、刘萍、范子侠、郭国言、易品良、杨宏义、赵义京、萧永智、李林、董天知、李忠等，伟大的国际主义战士加拿大援华医生白求恩和印度援华医生柯棣华等，民族英雄吉鸿昌、孙永勤等，国民党爱国将领方振武、佟麟阁、赵登禹等。他们作为河北抗战中千千万万个干部、战士、平民的抗日英雄代表，体现了中华民族精神的无比威力和无限生命力。

在河北抗战中，国共两党和各族人民、各党、各军、各界人士及海外华侨共同凝聚和升华了"国难当头，捐弃前嫌，团结御侮，共赴国难"的中华民族大团结精神；"国家有难，匹夫有责，同舟共济，同仇敌忾"的国家至上，不畏强敌的爱国主义精神；"自尊自信，浩然正气，舍生取义，视死如归"的国格人格，民族气节和大无畏的英雄主义精神；"独立自主、自力更生、艰苦奋斗、与时俱进"的自立自强创业创新精神，"马克思主义中国化、实事求是、求真务实"的科学精神和探索精神；一切反侵略、反民族压迫的国家和人士联合起来结成国际反法西斯统一战线的国际主义精神。这些优秀的中华民族精神得到弘扬、丰富、凝聚和升华，成为河北人民和中国各族人民广泛认同和接受的思想品格、价值取向与道德规范，处处展现在人民群众的思维方式、行为方式和情感方式上；投敌、叛国、妥协、变节、分裂、顽固、倒退，只顾个人或一党、一派、一军之私，而不顾国家、民族利益的倒行逆施之错误言行，遭到河北人民和中国各族人民的口诛笔伐。这一中华民族精神的精华——以爱国主义为核心的抗战精神，是中国各族人民取得抗日战争完全胜利、奠定国家独立和民族解放的基础，实现中华民族伟大复兴的精神力量。

五、揭示出国共力量演变与中国历史的航向

抗日战争对国共两党来说，是一场严峻的考验，也提供了抗日救国的

发展机会。河北抗战是中国抗日战争的一个缩影。研究河北抗战,应当把它作为驱逐日本侵略者与开创新中国的一个有机过程,不仅要考察各党、各军、各界以武装斗争为主的抗日问题,而且要考察抗战中他们在何种程度上实行了哪些民主民生的社会改革。这样,才能揭示出抗日战争发展的基本规律和深远影响,找到抗日战争时期国内政治力量发生决定性变化的内部动因与中国历史的正确航向。

合作抗战,是国共两党的共同主张,他们的根本分歧在于是否承认中国抗日战争的"两重性质"和"双重任务"?要不要在抗战过程中实行必要的社会改革,特别是农村的社会改革?这也是国共两党在抗战问题上分歧的根源和实质。

对此,毛泽东1945年4月在《论联合政府》的报告中,作了精辟而尖锐的论断。他说:"两党的争论,就其社会性质来说,实质上是在农村关系的问题上。""两条路线:或者坚决反对中国农民解决民主民生问题,而使自己腐败无能,无力抗日;或者坚决赞助中国农民解决民主民生问题,而使自己获得全国人口百分之八十的最伟大的同盟者,借以组织雄厚的战斗力量。前者就是国民党政府的路线,后者就是中国解放区的路线。""动摇于两者之间,口称赞助农民,但不坚决实行减租减息、武装农民和建立农村民主政权,这是机会主义者的路线。"[①] 为什么抗日战争时期中国共产党及其领导的人民力量能够迅速发展壮大,而国民党及其军队则逐渐失去抗战主体的地位并日益走向衰败,人们可以从这里寻找答案。

在抗日战争中,由于日军的进攻,大片国土沦陷,这就表明中国半殖民地、半封建的旧制度已经完全腐败。中国人民特别是农民群众,过去长期在这种旧制度下过着毫无民主和极端贫穷落后的生活,不改变他们的社会地位和生活状况,就不可能广泛地动员人民起来真正投入抗日斗争。因此,必须创造一种与中国最大多数人民,尤其是广大农民的利益相符合的新的政治、经济的社会秩序。没有这种社会状况的变革,不足以改善广大农民群众的政

---

① 《毛泽东选集》第3卷,人民出版社1991年第2版,第1077页。

治地位和经济生活，从而获得广大农民群众强有力的支持，也就不可能取得抗日战争的胜利。正如毛泽东指出：争取政治上的民主自由是"保证抗战胜利的中心一环"①。"除非发动农民群众的人力和物力，否则中国就不可能打赢这场战争，只有迅速地实行政治和经济的变革，才能得到农民的合作。"② 当然，这种争取民主和改善生活条件的社会改革，还不是要消灭地主阶级，而是要有步骤地、适度地削弱它，以利于发动广大农民群众的抗战积极性，同时团结包括地主在内的一切抗日的阶级、阶层共同抗战。这样抗日与民主改革的有机结合，即是抗日民族统一战线方针的真谛。

因此，敌后抗日民主根据地的斗争和建设，实质上是在民族抗日战争的过程中，在驱逐日寇，消灭伪政权，推翻殖民地、半殖民地的社会制度的同时，采取和平的、渐进的方式，削弱封建、半封建的社会制度，创造新民主主义的社会雏形。在河北抗战中，中国共产党在敌后抗日民主根据地，领导进行了广泛的社会改革。政治上，普遍实行了民主选举，建立"三三制"的抗日民主政权，使广大基本群众参政议政；经济上，减租减息，废除苛捐杂税，实行合理负担、统一累进税，开展生产运动，改良工农群众的生活，保证基本群众的政治优势和生活的改善，使广大群众特别是农民群众的抗战和生产的积极性日益高涨；同时广泛团结各抗日阶级、阶层，巩固抗日民族统一战线。这是河北各抗日民主根据地的人民群众充分发动起来，创造出人民战争奇迹的根本原因。

但是，蒋介石国民党对中国抗日战争的本质有着不同的理解。1938 年 3 月，国民党召开临参会通过《抗战建国纲领》，决定设置国民参政会，组织民众团体，团结全国力量，制止日本侵略，反映了全民族抗战的愿望。但其中心是强调必须"抗战"与"建国"同时并进，对共产党及全国民众结束一党专政、成立统一战线政府的要求置之不理，也不提改善人民的生活问题，实质上是要把抗日战争纳入在中国建设国民党一党专政国家的轨道。

---

① 《毛泽东选集》第 1 卷，人民出版社 1991 年第 2 版，第 256 页。
② 埃德加·斯诺：《人民在我们一边》，纽约伦东·浩斯出版社 1944 年英文版，第 278 页。

1941 年皖南事变后，蒋介石对居里夫人明确表示，中国抗战一为抵制日本侵略，一为阻止中国赤化①。就是说，中国抗日战争，只是对外抗日的民族战争，它的目的是维护国民党一党专政的旧中国，如果不能阻止中国"赤化"，"抗战胜利了也没有什么意义"②。由此可见，中国共产党抗战与国民党抗战有着不同的战略目的：抗日战争也是一个革命运动，应当变旧中国为新中国呢？还是抗日战争只是抗日，应当维持一个旧中国？前者坚持在抗日战争中实行有利于广大群众特别是农民群众的民主民生改革，后者坚持在抗日战争中拒绝必要的民主民生改革。

认识和把握中国抗日战争的"两重性质"和"双重任务"，处理好民族斗争与阶级斗争的关系，实现民族独立与建立新中国这样两个相互联结的政治目的和战略目标，这是关系中国抗日战争前途和中华民族命运的关键，具有伟大而深远的意义和影响。蒋介石国民党政府坚持抗日战争只是抗日，应当维护一个旧中国，因此，他们虽然口头上号召民众参战，但坚决拒绝解决社会的民主民生改革这个迫切问题，不肯实行真正发动民众起来抗战的民主民生政策，结果，国民党政府及其军队失去了中国大多数人民，特别是广大农民的支持，招致了国民党战场不能充分发挥其应有作用，乃至抗战之失利。中国共产党坚持抗日战争也是一个革命运动，应当变旧中国为新中国，因此，在河北和全国各敌后抗日根据地里，正确地解决了迫切的民主民生的改革问题，与中国大多数人民特别是农民群众建立了最密切的联系，开掘了中国抗战最深厚的力量源泉。由此，实际地决定了中国抗日战争的真正主导力量，展示了中国命运的必然趋势。

抗战爆发前，蒋介石国民党掌握着国家力量，没有他们的参加，就谈不上全民族的抗战。抗战初期，国民党蒋介石积极抗战，其政治地位和实力地位也有所加强。抗战进入相持阶段，蒋介石国民党的政策发生逆转，不允许任何重要的民主民生改革，国民党及其正面战场的作用开始下降。

---

① 转引自刘大年：《抗日战争与中华民族的统一》，《抗日战争研究》1992 年第 2 期，第 11 页。

② 金冲及主编：《周恩来传》，人民出版社、中央文献出版社 1989 年版，第 434 页。

在河北乃至整个华北等地，国民党部队几无立足之地，至1943年，国民党有20名中央委员、58名将军投敌，几十万部队变为伪军。国民党政权民心大丧，军队战斗力大失，招致1944年豫湘桂战役的大失败。与此相反，中国共产党领导的人民力量由弱变强，抗战开始，只有4万多军队和150万人口的陕甘宁根据地。共产党要合作，国民党说是投诚、收编。但是由于共产党及其军队全心全意地投入抗日战争，同时有步骤地、适度地实行社会的民主民生改革，得到了广大农民和各抗日阶层人民的拥护和支持，到抗战胜利，共产党领导的军队发展到120余万人，民兵达200余万人，抗日根据地遍布河北等19个省区，人口1.2亿。以中国民主同盟等为代表的中间势力，在政治上反对国民党的独裁统治，成为共产党有力的同盟军。抗战中来华的美国新闻记者约翰·谢伟思，当时曾敏锐地领悟到了这一点。他认为：在中国共产党的领导下，"普通人第一次被给予为之而战斗的东西。与日本人战斗，不仅仅因为他们是外族侵略者，而且因为他们阻碍了这场革命。人民将继续和任何限制或者剥夺他们新近得到的东西的政府战斗。正如日军不能征服富于战斗精神的人民一样，国民党军队也只能是失败。共产党有了这样广泛的基础，所以谁也难以对他进行限制……在相对短的几年时间内，共产党在中国将成为一支突出的力量"①。达格芬·嘉图在研究华北抗战后，也得出结论，说："正是这种阶级关系的基本变化，把抗日战争和解放战争两个时期联系起来了。人们可以说，前一个时期的社会变化为后一个时期推翻国民党的统治奠定了基础。"② 历史的选择正是这样，抗战时期国共两党力量对比和人心向背的决定性变化，加速了国民党统治的灭亡和中华人民共和国的建立，中华民族大步走向繁荣、振兴的社会主义的前途，也改变了世界的政治格局。人们应当从河北抗战中领悟近代中国历史的正确航向。

---

① 约瑟夫·W·埃塞雷克：《在中国失去的机会——约翰·S·谢伟思的第二次大战电讯集》，《纽约温塔基丛书》1975年英文版，第248—249页。
② 达格芬·嘉图著，杨建立、朱永红、赵景峰译：《走向革命》，中共党史出版社1987年版，第15页。

晋察冀边区民主政权建设史研究述论①

抗日战争时期和解放战争时期，中国历史处在民族独立和人民解放的伟大变革高潮之中。8 年抗日战争，奠定了国家独立的基础，是中华民族由衰败走向复兴的转折点。在全民族抗日战争中，中国共产党领导的人民力量发展壮大起来，国民党的统治日渐腐朽。尔后经过 4 年人民解放战争，中国共产党领导各族人民夺取了全国政权，中华人民共和国代替了半殖民地半封建的旧中国。从此，中国人民站起来了。

晋察冀边区民主政权建设的历史，纵跨抗日战争和解放战争两个时期，涵盖边区抗日民主政权建设和边区人民民主政权建设，历经 11 个年头零 2 个月。它始于中国抗日战争爆发后华北敌后晋察冀边区抗日根据地之开创，止于中国人民解放战争胜利前夕，为筹建新中国，晋察冀与晋冀鲁豫两边区合并为华北解放区。在中国共产党的领导下，这一历史伟业，为中国抗日战争的胜利和中国人民解放战争的胜利，为新中国的诞生，为中国共产党从局部掌握政权走向在全国掌握执政，作出了伟大而独特的贡献，也为新中国政权建设积累了宝贵的经验。

在中国抗日战争的炮火中，1937 年 11 月 7 日晋察冀军区创立，1938 年 1 月 15 日晋察冀边区行政委员会（即边区政府）诞生。这是中国共产党领导开创的敌后第一个边区抗日根据地和第一个边区抗日民族统一的民主政权，也是国民政府行政院和军事委员会正式承认的敌后唯一的边区政权，被中共中央誉为"敌后模范的抗日根据地及统一战线的模范区"②。在 8 年全国抗战中，晋察冀边区民主政权，为抗日与建立新中国而奋斗，经过自上而下、自下而上的民主改造，特别是村、区、县和边区的民主选举运动，

---

① 2018 年，未刊稿。
② 中国共产党扩大的六届六中全会主席团致晋察冀边区电，1938 年 10 月 5 日。

彻底摧毁了敌伪政权，彻底改造了旧的地主资产阶级政权，按照民主集中制的原则，建立健全了"三三制"的民意机关和行政机关及其一整套民主制度，并实施了抗日民族统一战线的、新民主主义的政治、经济、文化和社会政策，在边区科学地、具体地建立起新民主主义新中国的良好"模型"，晋察冀边区成为坚持华北敌后抗战和全国持久抗战的坚强堡垒，对日反攻作战和收复东北等失地的前进阵地，对于促进全国政治民主化和社会现代化起了巨大的推动作用。

进入解放战争时期，晋察冀边区民主政权为推翻国民党反动派和建立新中国而继续奋斗，草创了热河、察哈尔两省和张家口人民政权，实现了从抗日民主政权向人民民主政权的转变，创造了石家庄城市工作经验，并结合土地改革在广大乡村及城镇建立健全了人民民主基层政权，晋察冀边区成为解放华北和解放全中国的坚强阵地和战略后方，成为中国革命指挥中心——中共中央的驻地，西柏坡成为夺取全国革命胜利的最后一个农村指挥所。1948 年 9 月晋察冀与晋冀鲁豫两边区合并，华北人民政府成立，奠定了中华人民共和国人民代表大会制度和中央人民政府的蓝图。

晋察冀边区民主政权建设的历史，是毛泽东为首的中国共产党关于新民主主义的国家和社会的理论，在晋察冀边区的地方化、具体化，在政权建设的战略目标、基本原则，国体建设和政体建设，施政方略和政风建设，党政关系的理念及制度建设等方面，有许多开拓和创造，积累了宝贵的经验。中国共产党在华北广大地区局部执政的这段历史早已成为过去，但温故而知新，学习和研究这段历史，对于当代中国共产党人在新的国际环境和改革开放情势下，巩固和建设人民民主专政的政权，提高党的执政能力和执政水平，吸取苏联"党息政亡"的教训，走出一条中国特色的"党兴政旺"的社会主义道路，是一个珍贵的、开卷有益的历史宝库。

一、边区民主政权建设史研究的历史与现状

1. 晋察冀边区民主政权建设史的研究，始于晋察冀边区开创之时。以毛泽东为首的中国共产党中央领导人，彭真、聂荣臻等晋察冀边区的开创

人，在抗日战争和解放战争的伟大实践中，不断进行理论探索和总结，除形成了数以万计的历史档案文献外，还公开发表了大量经典性论著。如彭真的《论晋察冀边区抗日根据地的政权》（《解放》周刊第 55 期）、《关于晋察冀的工作报告》①（解放出版社 1941 年版），聂荣臻的《抗日模范根据地——晋察冀边区》（八路军军政杂志社 1939 年版），宋劭文的《晋察冀边区行政委员会工作报告》（1943 年版），晋察冀边区参议会驻会参议员办事处编《晋察冀边区第一届参议会大会汇刊》（1943 年 1 月），晋察冀边区行政委员会编《改革村政权的理论与实践》（1946 年 5 月），华北人民政府民政部编《各级人民代表大会各界人民代表会议经验汇集》（1949 年）等。一批学者出版了最初的调研成果，一批记者发表了报导性作品。如何干之《中国社会性质问题论战》（上海生活书店 1937 年），李公朴《华北敌后——晋察冀边区》（山西太行文化服务社 1939 年），薛暮桥《论中国新民主主义经济》（山东新华书店 1946 年 10 月），陈克寒《晋察冀边区民主政治的新建设》（《解放》周刊第 129 期，130 期，131、132 合期，1941 年 5 月版、6 月版、7 月版），孙元范《百炼成钢的晋察冀解放区》（《群众》周刊1944 年第 19 期），周而复《解放区晋察冀行》（上海书报杂志联合发行所1949 年 6 月）等。《新中华报》《解放日报》《新华日报》，特别是《晋察冀日报》，发表了大量指导性文论，仅《晋察冀日报》发表社论、评论近千篇，其中有关晋察冀边区民主政权建设的约 130 篇。战争年代的上述论著和作品，凝聚着历史创造者和目击者的体验和观感，为后人研究晋察冀边区民主政权建设史，提供了鲜明的方向指导和珍贵的原始资料。

2. 新中国成立后，有关研究进入承前启后的第一个阶段。20 世纪 50 年代至 70 年代，其前期，人们关注国民经济的恢复、改造与建设，继而"左"的思潮，特别是"文化大革命"，影响了根据地史学的研究。因此，起步缓慢，出版成果不多，学者们在民主政权研究方面更涉足甚少，以至

---

① 参见谢忠厚、李昌远、申玉山、李翠艳：《新民主主义社会雏形——彭真关于晋察冀抗日根据地建设的思想与实践》，人民出版社 2005 年版，第 31—32 页。

几乎完全停滞。这一时期，主要著述有：内部发行《晋察冀军区战史》和《冀热辽军区战史》，公开出版的有河北军区政治部编《冀中抗日战争简史》（河北人民出版社 1958 年版），杨昌德《抗战时期的冀东十万工农大暴动》（《北国春秋》1959 年创刊号），朱仲玉《抗战时期的平西抗日根据地》（《历史教学》1959 年第 6 期）、《冀东抗日大起义和冀东军民的抗日斗争》（《历史教学》1960 年第 7 期）、《抗日战争时期的平北抗日根据地》（《历史教学》1962 年第 7 期）。主要回忆文章有：曾文经《共产党人在抗日战争中的一个伟大的创造——追忆冀中平原的地道战争》（《人民日报》1951 年 7 月 3 日），孟庆山《抗战初期冀中平原上的河北游击军》（《北国春秋》1959 年创刊号），马辉《人民战争威力无穷——河北省民兵在抗日战争中的伟大作用》（《河北日报》1965 年 8 月 25 日），杨成武《层层火阵烧野牛》（《人民日报》1965 年 8 月 19 日），葛振林《奋战在狼牙山》（《人民日报》1965 年 8 月 29 日）。但是，这个时期，有关晋察冀边区民主政权建设的论文，只有魏宏运教授《抗日战争时期革命根据地的民主选举》（《历史教学》1953 年第 9 期）1 篇。值得庆幸的是，1951 年至 1960 年《毛泽东选集》第 1—4 卷先后出版，1952 年中共中央办公厅再版重要历史文献《六大以来》，为研究晋察冀边区根据地及其民主政权史，提供了第一手的资料基础和理论指导。

3. "文化大革命"结束后，20 世纪 80 年代和 90 年代，晋察冀边区民主政权建设史的研究进入一个大发展阶段。这一时期，随着改革开放的蓬勃开展，在研究的广度和深度上都有较大提高。中央文献研究室等单位编辑出版了毛泽东、刘少奇、周恩来、朱德、任弼时、彭德怀、董必武、彭真等人的选集、年谱，中央档案馆编辑出版了《中共中央文件选集》（中共中央党校出版社 1991 年版），中央军委组织编辑出版《八路军》丛书（解放军出版社 1988 年版），军事科学院军事历史部编写出版《中国人民解放军战史》（军事科学出版社 1987 年版），中共中央党史研究室编写出版《中国共产党历史》上卷（人民出版社 1991 年版）。聂荣臻、萧克、杨成武、吕正操、李运昌等原晋察冀边区的开创者，还先后出版了较为系统、完整的回忆录。这些，为晋察冀边区民主政权建设史的研究，进一步提供了丰富的资料和坚实的指导。在学术界，1980年，在河北省社会科学院历史研究所和南开大学历史系先后成立晋察冀根据地史专门研究机构，此后，河北省社会科学院先后3次主办全国性晋察冀根据地史学术讨论会，南开大学历史系几次主办中国抗日根据地史国际学术讨论会。1981年，在北京成立晋察冀人民抗日斗争史研究会，并在各地成立分会。1985年，由河北省党史资料征集委员会牵头，成立华北5省区市晋察冀抗日根据地史料征集编纂办公室。据不完全统计，20年间，有关晋察冀史的研究，发表文论400余篇，出版专著、资料50多部，在政治、军事、经济、文化等方面均有重要论著发表。其中有关边区民主政权建设者，在文献资料方面，影响较大者，有1983年7月河北人民出版社出版《晋察冀抗日根据地史料选编》上、下册（河北省社会科学院历史研究所等五单位编），1984年4月南开大学出版社出版《晋察冀边区财政经济史料选编》1—4册（南开大学历史系魏宏运主编），1987年4月天津人民出版社出版《冀热辽人民抗日斗争（文献、回忆）》1—3册（冀热辽人民抗日斗争史研究分会编），1989年中共党史资料出版社出版《晋察冀抗日根据地》史料丛书1—3册（晋察冀抗日根据地史料丛书编委会编），1990年河北教育出版社出版《晋察冀边区教育资料选编》（王谦主编），1997年10月河北人民出版社出版《晋察冀日报选》（晋察冀日报研究会编），1998年5月海天出版社出版《中共中央在西柏坡》文献选编（中央档案馆、河北省社会科院编），中国档案出版社出版《晋察冀解放区历史文献选编》（中央档案馆、河北省社会科学院编）等；在学术著作方面，具有较大影响者，有河北人民出版社1985年7月出版的《晋察冀抗日民主政权简史》（谢忠厚、居之芬、李铁虎著），改革出版社1992年出版的《晋察冀抗日根据地史》（谢忠厚、肖银成主编），中共党史出版社1993年出版的《冀东革命史》（中共唐山市委党史研究室编），中共党史出版社1997年出版的《冀中抗日根据地斗争史》（冀中人民抗日斗争史资料研究会、中共河北省委党史研究室合编），中国文联出版公司出版的《晋察冀文艺史》（王剑清、冯建男主编），中国档案出版社1990年出版的《晋察冀抗日根据地财政经济史稿》（魏宏运主编）等。在学术论文方面，主要有谢忠厚、居之芬《民主建设的一个创举——略论一九四〇年晋察冀边区民主大选》（《河北学刊》1982 年第 1 期），张洪祥《略论华北敌后第一个抗日民主政权的建立——兼论晋察冀边区军政民代表大会的召开》（《历史教学》1985 年第 11 期），刘一皋《解放战争时期华北解放区的土地改革与农村政权》（《中共党史研究》1989 年第 1 期），齐一飞《论晋察冀边区的法制建设》（《法学杂志》1990 年 02 期），王晋林《中国共产党民主革命时期政权性质探析》（《甘肃理论学刊》1992 年第 3 期），谢忠厚《晋察冀边区抗日民主政权的创建和特点》（《河北学刊》1992 年第 2 期）和《关于晋察冀抗日根据地史研究的几个问题》（《抗日战争研究》1992 年第 2 期），李晓明《论毛泽东新民主主义国家学说》（《湖北师范学院学报》哲社版 1992 年第 2 期），金怡顺《论解放战争时期统一战线的特点》（《青海师范大学学报》社会科学版 1993 年第 4 期），张欣、朱光远《论解放战争时期解放区的人民民主政治建设》（《石油大学学报》社会科学版 1995 年第 4 期），阎书钦《论华北人民政府的成立、特点及其新中国政权体制的探索》（《当代中国史研究》1999 年第 5、6 期），江沛《华北抗日根据地区域社会变迁论纲》（《理论与现代化》1995 年第 6 期），河北省纪念抗日战争胜利 50 周年论文集《中国抗战与民族振兴》（新华出版社出版），河北省纪念中共中央进驻西柏坡 50 周年论文集《西柏坡研究文集》（河北人民出版社出版）等。

4. 21 世纪近 10 余年来，晋察冀边区民主政权建设史研究进入一个以细化、深化为主要特点的新的发展阶段。这一时期，据不完全统计，出版有关著作 10 部以上，发表有关论文约 200 篇。

在文献及史料方面：2000 年，西苑出版社出版《共和国雏形：华北人民政府》（中央档案馆编），收入 247 件历史文献，为研究华北人民政府成立的历史背景、发展进程及其奠定中华人民共和国中央人民政府蓝图的重大意义与深远影响，提供了较为完整的第一手史料。2007 年，河北人民出版社出版《晋察冀边区革命史编年》（晋察冀边区革命史研究丛书编纂委员会编），较为系统、全面地梳理和记录了晋察冀边区及其民主政权的建立、斗争、建设与改革的历史背景、发展进程与基本史实，为编写晋察冀边区革命史及边区民主政权建设史，提供了较为系统的史实资料。2013 年，中共党史出版社出版了晋察冀边区革命史编纂委员会的《晋察冀边区民主政权建设文献选编》（上、中、下册，主编谢忠厚、宋学民），收录有关晋察冀边区民主政权建设的重要文献 495 件，其中抗日战争 281 件，解放战争时期 214 件，为系统、全面、确当地探究边区及其政权建设的历史及经验，奠定了文献资料基础。

在论文方面：阐述边区民主政权建设的理论与实践的，主要有张国祥《关于刘少奇的抗日民主政权理论和实践》（《晋阳学刊》2000 年第 2 期），郑国瑞《新民主主义社会理论论纲》（辽宁师范大学，2007 年），成林萍《毛泽东民主政治思想及实践研究》（中共中央党校，2011 年），毛加明《解放战争时期毛泽东民主政治思想研究》（华北师范大学，2011 年）。边区民主政权建设的综合性论文，主要有尼米聪《华北抗日根据地的民主政权建设》（《河北师范大学学报》哲学社会科学版 2002 年第 2 期），彭升《略论中共在抗战时期民主政权建设的原则》（《湖南社会科学》2003 年 6 月），朱江、张希民《论晋察冀抗日根据地的民主政权建设》（《信阳师范学院学报》哲学社会科学版 2005 年第 3 期），徐中《中国共产党执政方略的历史考察》（《上海党史与党建》2008 年第 3 期），王凤兰《抗日根据地民主政权建设研究》（山东大学，2009 年），徐宁《试析解放战争时期党的施政理念》（《新乡学院学报》社会科学版 2010 年第 2 期）。有关边区民主选举制度的，主要有王颖《新民主主义革命时期选举制度研究》（华中师范大学，2005 年），颜杰峰、邵云瑞《论抗日根据地民主选举的政治诉求及其启示》（《社会科学辑刊》2007 年第 1 期），曲明秋《晋察冀抗日根据地行政督察专员制度述论》（吉林大学文学院历史系，2007 年 4 月），梁丽辉《从村选看村政权的嬗变——以抗日战争时期晋察冀边区为例》（《唐山师范学院学报》2008 年第 8 期），占善钦《论抗战后期中国共产党政权诉求的演变》（《抗日战争研究》2009 年第 3 期），杨洋《论抗日战争时期的晋察冀边区参议会》（河北师范大学 2009 年）。论述边区民主政权建设的统一战线特色的，主要有李东海《论解放战争时期统一战线的历史演变》（《青海师专学报》2002 年第 2 期），张鸿石《论抗日战争时期华北根据地农民的政治参与》（《河北学刊》2002 年第 1 期），王和平、贺艳《简论晋察冀边区的"三三制"建政》（《山西高等学校社会科学学报》2003 年第 1 期），赵秀山、赵军威《与党外民主人士合作不允许一点马虎——毛主席纠正华北解放区政权组建的两件错事》（《百年潮》2012 年第 6 期）。有关边区民主政权的政风建设的，有田利军《论华北抗日根据地乡村政权中的廉政建设》（《毛泽东思想研究》2001 年第 6 期），史斌《中国共产党反腐倡廉历史回顾——谦洁自律，夺取政权》（《上海党史与党建》2001 年 5 月）。论述边区民主政权与社会建设的，主要有李金铮《1938—1949 年华北抗日根据地、解放区的农贷》（《近代史研究》2000 年第 4 期），薛忽义《试论 1927—1949 年中国社会的局部变迁》（《北京工业大学学报》社会科学版 2001 年第 3 期），李海新《论晋察冀抗日根据地社会阶层状况的变化及影响》（《河北师范大学学报》哲学社会科学版 2005 年 9 月），董长贵《解放战争时期国共两党土地政策及其对全局的影响》（《中共党史研究》2007 年第 6 期），艳军《抗日根据地政权建设与社会建设述略——以晋察冀抗日根据地为例》（《晋中学院学报》2009 年第 1 期），庞琳、刘鹏《略论抗日战争时期晋察冀边区的农业政策与立法》《法制与社会》2010 年 4 月），汪汉忠《中共抗战中的理论和实践对中国现代化后续发展的意义》（《南京社会科学》2011 年第 2 期）。有关华北人民政府的专论，有金燕的《华北人民政府的成立、职能及特点》（《党的文献》2006 年第 4 期），刘建民《华北人民政府研究》（首都师范大学，2007 年），刘淑珍《华北人民政府成立的前前后后》（《中国档案》2011 年 9 月）。

这个时期，一个新的特点，是开始了对政党与政权关系的探究，主要论文有孙秀民《论抗日民主政权内中共党团的功能》（《人大研究》2003 年第 6 期），朱江、李玉玲《晋察冀抗日根据地党政组织建设特点及启示》（《唐山学院学报》2006 年第 1 期），孙泽学、吕尊宇《论董必武对加强党的执政能力建设的理论探索》（《三峡大学学报》人文社会科学版 2011 年 3

月），余曙光、黄艳、廖波《中共在晋察冀抗日根据地的执政能力建设及现代启示》（《重庆科技学院学报》社会科学版 2011 年第 5 期），艳丽《西柏坡时期党对执政问题的思考与探索》（《党史博采》2012 年 2 月）。

这一时期，在晋察冀边区及其政权建设研究方面，可以说达到了一个新的高度。人民出版社 2002 年出版《新民主主义社会雏形——彭真关于晋察冀抗日根据地建设的思想与实践》（谢忠厚、李昌远、申玉山、李翠艳著），这是一本全部运用档案文献资料而写成的关于晋察冀边区及其民主政权建设与社会变迁的研究性史作。解放军出版社 2005 年出版张伟良主编《晋察冀边区史研究丛书》（6 卷本），其中《晋察冀边区政权建设史稿》（阎聚峰、付汉生等著），是一部较为系统地阐述晋察冀边区抗日民主政权、人民民主政权发展进程的史作。2015 年，《中国社会科学报》发表《建设新中国的积极探索——敌后华北晋察冀边区建设》，《军事历史研究》刊载《晋察冀边区军政民代表大会之研究》，反映出晋察冀边区及其民主政权研究的深化与细化的新高度。中共党史出版社 2016 年出版《晋察冀根据地与中国抗战文集》（河北省晋察冀边区研究会、重庆聂荣臻研究会合编），集中了原边区领导人的后代和专家学者对边区及民主政权建设的多视角的观察与反思。

二、有关研究存在的问题与建议

纵观晋察冀边区史，特别是边区民主政权史的研究，在战争年代受到高度关注；新中国建立后的 30 年间，起步缓慢，乃至停滞；改革开放后前 20 年大发展，走在全国学术研究的前沿；近 10 余年，向细化、深化发展，但其势头明显地不如晋冀鲁豫边区等根据地史研究更热烈、宽泛和深入。此其一。其二，解放战争时期边区人民民主政权建设的研究比较薄弱，发表论著较少。

另一方面，从边区民主政权史研究的视角来分析，新中国成立 60 多年来，前 30 年基本上是对发展进程中的重大事件的叙述与回顾，缺乏研究性；20 世纪 80 年代和 90 年代，主要是从抗日战争、解放战争与改造旧社会、创造新社会的视角，把晋察冀边区作为中国社会形态变革的一个典型来研究，将边区民主政权史作为边区根据地建设的中心问题来阐释，考察它的历史分期，分析它的性质、特点及其战略目标，它的组织原则、组织机构与民选制度，研究它的施政纲领与基本政策，阐明它的历史贡献与基本经验，涌现了一批开拓性的学术成果。进入 21 世纪 10 余年来，在学术界以社会史的视角与方法研究边区民主政权史，逐步上升为热点，在边区政权建设与边区社会建设互动研究上，取得了显著的进展。更为可喜的是，有些学者开始探讨中国共产党的执政历史、执政理念、执政方略与提高执政能力问题，可以想见，这将成为边区民主政权史研究的一个新热点。

但是，不能以此为满足，历史研究亦应与时俱进。

长期以来，学术界对晋察冀边区民主政权史的研究，忽视从国体与政体互动关系上进行历史的考察和总结，这方面课题几乎无人研究。实际上，国体与政体及其互动关系，是毛泽东国家思想的基本理论。资产阶级理论家、政治家从来不讲国体，只讲政体，不讲国家政权构成的阶级性质，只讲政权的组织形式，标榜他们是所谓"民主"国家。在国内，近年来也有人讲注重国体太多了，主张沿用梁启超从政体上划分"专制""立宪""民主"等不同类型的国家。进入 21 世纪，出版了 3 部关于毛泽东国家思想的史作，即 2001 年刘德厚主编《毛泽东人民民主国家思想的历史发展》、2002 年尹世洪著《人民代表大会制度发展史》、2007 年刘芳著《中国新民主主义社会研究》。同时，张景峰先后发表《毛泽东新民主主义政体思想探讨》（《公民与法》2009 年第 7 期）和《毛泽东新民主主义国体思想探讨》（《江苏广播电视大学学报》2009 年第 6 期）。这些著述，系统地阐明了毛泽东新民主主义社会理论和人民民主国家思想，指出了国体与政体及人民代表大会制度建设，对于巩固人民民主专政和发展中国特色社会主义事业的根本意义和深远影响。这就表明，晋察冀边区民主政权史研究应当以马列主义、毛泽东思想为指导，进一步从国体建设、政体建设及其互动关联上进行分析和阐述，增强其理论性和探讨性，以更好地总结和吸取边区民主政权建设的历史经验。

在晋察冀边区及其民主政权史研究领域，近年来发表了一些探讨中国共产党在局部地域掌握政权的历史经验的论著，但一直未能从政党与政权的关系上加以研究和总结。在政党政治的当今世界，政党与政权关系是处理政治领域一切问题的中心环节，是生死攸关的问题。在这个问题上，资产阶级政党有几百年掌握国家政权的经验与理论，在资产阶级国家，不论有多少个政党，不论在朝或在野，没有哪一个政党肯远离政权一步，美、英等国家和地区的竞选闹剧，完全证明了这一点。相比之下，反倒是社会主义国家工人阶级政党掌握政权的经验与理论太少了，如苏联共产党，其前期党政关系体制是适宜的，否则不能解释为什么苏联能变为工业强国，变为世界上与美国争霸的一流强国；但由于它对政党与政权关系无知而盲目，其中期犯了权力过度集中、党政不分、干部官僚化的错误，其后期接受西方资产阶级的"改革方案"，经济体制改革搞所谓资本主义私有化，政治体制改革搞所谓政权"非党化"，实际是"非共化"，最后自动宣告解散，结果，苏联、东欧社会主义国家"党亡政息"。这表明，在当今世界各国，哪个政党与政权分离，它就失去了存在的意义，政权也随即改变其阶级性质。1994年刘星主编《政党与政权：当代世界政党政治导论》一书出版，系统地论述了政党与政权的内在联系及其发展的一般规律，分析资本主义国家政党与政权关系体制与社会主义国家政党与政权关系体制的不同特点，深刻地揭示了苏联、东欧社会主义国家党亡政息而社会主义中国党兴政旺的根本原因，指出了当前在政党与政权关系问题上的盲点与误区，强调要研究政党与政权关系发展的历史经验，建设健全中国特色的新型党政关系体制。12年后，王海军发表《中国共产党党政关系的历史发展与现实思考》（载《中国特色社会主义研究》2006年第6期），这表明，为了更好地总结和吸取边区政权建设的历史经验，应将分析与考察边区政党与政权关系体制的初创、改革与发展，作为边区政权建设史研究的最重要内容之一。

目前，中国正处在改革开放，建设小康社会和实现社会主义现代化强国的攻坚时期，全面深化改革的新时代。适应中国社会生产力发展的水平与需要，在继续深化经济体制改革的同时，进行政治体制改革，进一步和健全中国特色的新型的民主政治体制和新型的党政关系体制，成为历史性的重大课题。而这个领域，正是西方敌对势力对共产党执政国家兴风作浪的前沿阵地。资产阶级政党把掩饰其阶级统治本质的"三权鼎立"的政权形式粉饰为民主制约机制，称谓"民主"国家，而把社会主义共产党掌握政权的国家说成是"党政合一"国家，共产党"集权"国家。在中国也有人喜欢这一套，说什么实行政治体制改革应"淡化共产党的领导"。但逻辑的历史改变不了历史的逻辑：中国共产党在长期的局部地区掌握政权和长期的全国掌握政权的过程中，特别是改革开放 40 年来，形成了中国特色的新型党政关系体制和新型民主政治体制。这种体制，是适合中国国情的，用马列主义与中国实际相结合的毛泽东思想武装起来的中国共产党是能够自我更新、自我完善的。无视这个基本事实，就不能理解为什么中国能跟苏联、东欧国家截然相反，顶风破浪，党兴政旺，取得世界瞩目的现代化建设成就。毋庸讳言，中国现行的党政关系体制与民主政治体制还存在一些缺陷与弊端，需要随着时代的发展和社会的进步而不断进行改革、建设与健全。"三权鼎立"的资产阶级民主政治制度完全不适合中国的国情。在国际共产主义运动的历史上，工人阶级政党如何掌握国家政权，已有苏联"党亡政息"的警示，但尚无现成的模式可循。中国特色的新型党政关系体制和新型民主政治体制，深深植根于中国革命和建设的光辉实践之中。在建立、改革与建设中国特色的新型党政关系体制和新型民主政治体制问题上，应当以马列主义、毛泽东思想为指导，吸收世界各国一切可能的正反两方面的经验，但最根本的是总结中国党政关系体制和民主政治体制形成和发展的历史经验，既要总结新中国成立特别是改革开放以来的历史经验，也要总结民主革命时期的历史经验。实际上，中国特色的党政关系体制和民主政治体制，中国共产党的执政体制、执政方式、执政理念、执政方略，自苏维埃工农民主政权时期最初草创，在抗日民主政权时期得到高度重视和重大发展，在解放区人民民主政权时期，以中国共产党领导下的人民代表大会制度和多党合作政治协商制度的开创为标志奠定了它的牢固根基。以马列主义、毛泽东思想为指导，认真总结历史的经验，对于克服在党政关系和民主政治问题上的盲目性，走出党政不分或党政分离等误区，建立科学的党政关系理论和科学的民主政治理论，并以科学的理论规范党政关系体制和民主政治体制，有着重要的历史意义和现实针对性。

上述研究状况表明，迄今尚未见一部从中国特色的新型民主政治和新型党政关系的角度来研究晋察冀边区民主政权史的专著问世。半个多世纪以来的研究成果，已为这一客观需要，提供了一定的资料基础和研究条件。希望有识、有志之士，以当今世界政党政治的大视野，将晋察冀边区民主政权史作为中国特色的新型民主政治和新型党政关系的创建和发展过程中的一个典型来研究，考察边区民主政权开创与发展的进程，揭示其性质和任务，探讨其建设与改革的基本原则，分析其组织原则与组织形式，阐述其施政纲领与基本政策，解析其选举制度、法制建设及政风建设，剖析党领导边区政权的方式与方略，从而阐明边区民主政权建设的伟大业绩和基本经验，力求写出一部系统、全面、有说服力的晋察冀边区民主政权史研究专著。

（三）日本侵华及生化战罪行研究

华北（甲）第 1855 细菌战部队之研究[①]

日本在侵华战争和第二次世界大战期间，为了实现其吞并中国、争霸世界的狂妄计划，公然违抗国际公法，在中国的东北、华北、华中、华南及南洋地区，相继秘密地建立了 5 支细菌战部队，大量生产细菌武器，使用灭绝人性的细菌战，犯下了罄竹难书的反人类的战争罪。日军"北支"（甲）第 1855 部队，其总部设在北平（今北京）城内，其分部遍布华北各地，它建立较早，是继第 731 部队之后在中国建立的第二支细菌战部队。

由于日军将细菌战列入"绝密性的军事行动"，战后，美国为了获取日本细菌战的资料，与细菌战头子石井四郎达成秘密交易，使日本细菌战犯逃避了远东国际军事法庭的审判。这一"历史上被隐瞒的篇章"及其内幕，经过整整半个世纪才被揭露出来。随着一批有分量的资料、专著和论文相继出版，侵华日军第 731 部队、"荣"字第 1644 部队、"波"字第 8604 部队使用细菌战的罪行被比较深刻地揭露了。但目前"北支"（甲）第 1855 细菌战部队的有关史料尚有不少空白，也未见专门论著。本文拟依据档案史料，对华北"北支"（甲）第 1855 细菌战部队的罪行及其特点，作以比较系统地考察。

一、隐蔽在北京城内的细菌战基地

细菌（生物）战是指使用细菌（生物）武器用于战争的行为。细菌（生物）武器是一种利用细菌（生物）病毒作战剂的大规模杀伤武器。因此，禁止使用细菌（生物）武器，早已成为 1925 年日内瓦国际公约的基本原则之一。

---

① 原载《抗日战争研究》2002 年第 1 期。

　　日本的细菌战部队是披着"卫生防疫"外衣的特种部队，它担负着日军的防疫给水和对敌使用细菌战的双重任务。华北"北支"（甲）第1855防疫给水——细菌战部队，是日军1937年七七事变后迅即着手，并于1938年建立的，是隐蔽在北京城内的一个庞大的细菌战基地。

　　七七事变后，日本急于征服中国，但是第731部队的细菌武器尚不能满足日军大规模细菌战的需要。因此，日军迅速占领了北平（北京）城内天坛公园西门南侧的原国民党中央防疫处，在原有设施和设备的基础上，立即筹建第二个细菌战基地——"华北派遣军防疫给水部"，隶属于刚刚成立的日本陆军参谋部第九技术研究所（登户研究所）和日本华北派遣军司令部直辖之下，并由石井四郎担任技术指导。据《井本日记》记载，"14年（1939年）秋，耗资21万日元，置办细菌武器的研究设施等，现已完成九成"。[1] 这支细菌战部队的部队长，初为黑江，继为菊池。1939年西村英二上任，"华北派遣军防疫给水部"命名为"北支"（甲）第1855部队，对外称第151兵站医院，又称西村部队。其本部下设三个分遣队，后来改为课，定员1500人。据北京市崇文区地方志办公室的实地考察，其本部和第二课占地面积相当大，包括现在的中国医药生物制品检定所、天坛神乐署、北京口腔医院、北京天坛医院及部分居民区。当时，日军建筑了大批房屋，其中包括7栋病房、100多间工作室、70多间小动物室和储存各种剧毒菌种的192平方米的地下冷库。这里成为日军大量生产细菌战剂的场所。如今，地下冷库和他们修建的水塔仍然存在。[2] 日军还于1939年前后制定了"接管"北平协和医院[3]和中国静生生物与社会调查所[4]的计划，并于1941年

---

　　① 西野留美子：《北京甲1855部队的验证》，转引自郭成周、廖应昌：《侵华日军细菌战纪实》，燕山出版社1998年版，第323页。

　　② 《揭开侵华日军细菌部队之谜》，参见2001年1月18日《北京晚报》。

　　③ 据《井本日记》记载，第1855部队"14年（1939年……正在树立接管洛克菲勒的计划"。"洛克菲勒"，指北平协和医院。参见西野留美子：《北京甲1855部队的验证》，转引自郭成周、廖应昌：《侵华日军细菌战纪实》，燕山出版社1998年版，第323页。

　　④ 据夏缘琨所见，日军在强占中国静生生物与社会调查所"事前一年或有二年中，该队长篠田统就时常前来参观"。中央档案馆等单位合编：《细菌战与毒气战》，中华书局1989年版，第201页。

12月9日，即太平洋战争爆发后，第一分遣队（第一课）强占了北平协和医院，第二分遣队（第三课）强占了中国静生生物与社会调查所。华北"北支"（甲）第1855部队在北平城内建立其本部的同时，在天津、塘沽、张家口、保定、石家庄、太原、大同、运城、济南、青岛、郑州、新乡、开封、包头、徐州、碓山16个城市先后建立了办事处、支部或分遣队，并在野战各师团配属了"防疫给水班"。此外，日本关东军第731部队还在承德、赤峰等城市设立了支部。石井四郎说："1938年7月成立了18个师团的防疫给水部队，在战场上的各师团中进行活动。随着日本军队活动范围的扩大，又补充设立了机动性部队。"[1]

与关东军第731细菌战部队相比较，华北"北支"（甲）第1855细菌战部队将本部隐蔽在北京城内，利用原有设施和设备加以改建，建立如此之快，扩展如此之广，表明了侵华日军在华北建立细菌战部队早有预谋和急于大规模使用细菌的狂妄企图。

二、遍布华北的细菌战部队体系

华北"北支"（甲）第1855细菌战部队，包括本部及其管下的防疫给水分部（支部）、办事处，以及配属师团的防疫给水班，形成了遍布华北各地的细菌战部队体系。

（一）北支（甲）第1855细菌战部队的本部

根据曾在第1855部队第三课工作多年的伊藤影明来北京时的指正核实和北京市崇文区地方志办公室的实地考证，华北"北支"（甲）第1855细菌战部队的本部所在地，是设在今北京市天坛公园西南角的神乐署内。神乐署原为皇家祭天乐舞演习礼乐的地方，占地15亩，建筑规模宏大，包括前殿凝祈殿、后殿显佑殿和四周的回廊。[2] 其本部的任务是，一方面要负责

---

[1]　转引自郭成周、廖应昌：《侵华日军细菌战纪实》，燕山出版社1998年版，第35页。

[2]　张开济：《惜哉！神乐署》，载《北京晚报》1991年7月7日。

日军的防疫给水,一方面要研究和生产细菌武器,同时要统辖和领导分部及办事处的细菌战业务。

本部也叫总务部,下设第一课、第二课、第三课,此外有给水科及凿开班。

总务部,部长吉见享中佐,下设4个科:庶务科,统辖本部各科,负责经营,传达指示及同上下左右的联系;经理科,负责制定预算,分配和自理经费,调配物资,发放工资、给养等业务;材料科,负责关于当地资源的药理研究,保证并提供作战、防疫以及研究所需之各种卫生材料等;计划科,制订有关华北作战的防疫、给水及细菌制造等业务计划。

第一课,卫生检验课,实际上是研究细菌(生物)战剂的专门机构。初建时设在天坛中央防疫处生物制品所内,由小森源一少佐任课长,下设细菌检查及培养、血清学检验、防疫给水、理化检验、昆虫、结核病、病理解剖7个室。1941年12月第一课迁入北平协和医学院后,血清学检验室和防疫给水室分别搬进"A"字楼和"B"字楼,病理解剖室、细菌检验及培养室、昆虫室、结核病室、生理和化学实验室搬进"I"字楼,并在此专设病毒战剂研究室。这里有日本工作人员30余名,均住在"C"字楼,还有中国工人二三十名。与此同时,该院内的协和医院也改名为北平陆军医院东城分院。可见,日军防疫给水部与陆军医院有着密不可分的联系。

战俘中村三郎[1](1954年8月21日)供词:1944年1月,我在太原防疫给水部受过防疫给水训练,同年2月至3月在北京陆军病院东城分院(即第一科)受过细菌、防疫及毒气的训练。[2]

卫生部陆世烺(1950)《关于日军驻北京细菌部队情况调查》:天坛防疫处在天坛西南,日寇在那里建筑的房子不少,除去宿舍与病房外,工作

---

[1] 中村三郎,细菌战犯,华名钟兆民,日本国秋田市人,1943年9月毕业于日本国东京都帝国大学医科,1944年1月起任侵华日军驻山西省太原市陆军第一军司令部军医中尉,同年2月赴北京陆军病院东城分院受北支那方面军新任军医集中训练,同年4月3日调任山西宁武县独立混成第三旅团第七大队军医中尉,同月下旬移驻五寨县即出发到河南作战一个多月,11月又移驻宁武县,1945年8月15日升任大尉军医。

[2] 中央档案馆等合编:《细菌战与毒气战》,中华书局1989年版,第194—195页。

室约有 100 余间。前天坛防疫处处长汤飞凡说："我在 1945 年日寇投降后接管北支甲 1855 部队所占据的天坛防疫处时，曾询问有没有毒性菌种，日本人说只有斑疹伤寒的菌种，因此只交出斑疹伤寒的菌种。但本处在今年成立菌种室后，收集全处各部门的菌种时，发现 6 管只写有日本女人名字的菌种。第一号是杉田寿平，第二号是杉田昭子，第三号是杉田奉子，第五号是永渊胜子，第六号是杉田佳子，第八号是岩谷文容。6 管菌种经过培养试验以后，发现其中 5 管是毒性鼠疫杆菌，第八号的毒力可能已经消失。这是证明日寇曾在该处制造细菌武器的最有力的证据之一。"[1]

中央防疫处（1950 年 2 月 16 日，防总字第 154 号）呈中央人民政府卫生部文：查本处接收日人遗下菌种，前经检查研究均类鼠疫菌，业已具文报告。兹经继续研究该项菌苗 6 管，均为鼠疫菌种，其中 5 管为有毒性的。兹谨列具清单连同原物照片一并备文呈报，敬祈鉴核，谨呈。

另附：清单一纸

天坛防疫处原存接收日人遗下菌种清单：

1. 杉田寿平：有毒性鼠疫菌种，毒力为 100%。

2. 杉田昭子：有毒性鼠疫菌种，毒力为 80%。

3. 杉田奉子：有毒性鼠疫菌种，毒力为 75%。

5. 永渊胜子：有毒性鼠疫菌种，毒力为 100%。

6. 杉田佳子：有毒性鼠疫菌种，毒力为 80%。

7. 岩谷义宏：无毒性鼠疫菌种。[2]

第二课，细菌生产课，课长平野晟少佐，下设第一细菌生产、第二细菌生产、血清检索、培养基等 6 个室。该课自初建至日本投降一直设在天坛公园西门南侧的前中央防疫处生物制品所。该所战前由著名病毒学家汤非凡教授主持，是我国最大的一所血清、疫苗研制机构。日军占领后，即利用原有的疫苗生产设备，加以扩建，成为大规模的细菌（生物）战剂生产

① 中央档案馆等合编：《细菌战与毒气战》，中华书局 1989 年版，第 206 页。

② 中央档案馆等合编：《细菌战与毒气战》，中华书局 1989 年版，第 207 页。此处姓名与卫生部陆世烺所列姓名略有不同，原文如此。

机构。

　　该课细菌（生物）战剂的生产规模和生产能力是相当可观的。战俘长田友吉曾于1943年7月出差到北平天坛华北防疫给水部西村部队参加细菌检验训练。他在1954年11月1日的笔供中说："当时，西村防疫给水部设有细菌试验室，约有10个房间，其中有细菌培养室、灭菌室、显微镜检查室和材料室等。一天，我和几名同事进入了霍乱菌培养室。室内有一个高2米、长1.5米、宽80厘米的大灭菌器，其中装着5个高30厘米、长50厘米、宽30厘米的铝制霍乱菌培养器。这时，正在细菌室值班的某军医中尉指着培养器向我们解释说：'这里面培养着难以计数的霍乱菌，有了这些霍乱菌，就可以一次把全世界的人类杀光。'这一事实足以证明日本帝国主义在全中国的领土上培养散布细菌，大量屠杀中国人民的严重罪行。"①

　　战俘中村三郎1954年8月21日的供词中说："听过北京防疫给水部长讲过细菌战问题，以及介绍给水部内设有大规模培养细菌设备，专设有轮带式的培养器，能培养好多吨的细菌。"②

　　卫生部陆世烺在《关于日军驻北京细菌部队情况调查》的报告中证实："在前天坛防疫处院内并有日寇遗留下的11吨、12吨、13吨3个6公尺长的大型消毒锅，是用来对培养菌种器具消毒的。仓库内还有大量的铝质培养箱。据当时在该部队工作的机械匠陈康延说："日寇在投降后不但毁掉很多文件器材，并曾用坦克车大量地压毁很多铝质培养箱。他并说，当日本人在这里时，有2个工人每天专门做刷煤油筒和揭筒盖的工作。每天有大批这样做好了的煤油筒，用卡车送到静生生物调查所去，作为饲养鼠疫菌跳蚤之用。培养动物的小动物室的规模也是极大的，有4排房屋，共约70余间，每间室内可饲养数百只甚至1000只老鼠。日寇曾用麻袋大批运来血粉，作为细菌培养剂用，到现在为止，人民医院北面的地下，还曾埋有日寇用剩下的血粉，下雨时还有腥臭味。"由此可见，第二课细菌战剂的生产规模

---

① 中央档案馆等合编：《细菌战与毒气战》，中华书局1989年版，第193页。
② 中央档案馆等合编：《细菌战与毒气战》，中华书局1989年版，第195页。

和生产能力是非常之大的。

第三课，细菌武器研究所，课长篠田统技师，下设生产室、研究室、特别研究室、事务室及诊疗、资料、经理等科。1941 年 12 月强占并迁入原北平静生生物与社会调查所，扩建为细菌武器研究所。静生生物与社会调查所建于 1928 年，位于国立图书馆的西邻，除地下室外，共有 3 层，有房 60 多间，集中了一大批著名的科学家，是我国著名的研究学府。日军强占后，该所变成了研制细菌武器的专门机构，主要生产跳蚤鼠疫细菌武器。

《人民日报》1950 年登载了原第三科卫生兵松井宽治的证言：

我应召入伍，在满洲受了 3 个月的步兵训练，1945 年 4 月被调到北京，派入 1855 部队篠田队做卫生二等兵。这就是细菌武器研究所，主要培养鼠疫菌和跳蚤，准备对苏作战。第三课设在北京国立图书馆西邻的静生生物调查所内，工作是：（1）大量生产跳蚤；（2）大量生产鼠疫菌；（3）结合跳蚤和鼠疫菌；（4）从飞机上散布的工作等。在该所的地下室内，有细菌培养室、动物室、苍蝇培养室、疟疾研究所；二楼全层是跳蚤培养室。

第三课根据工作内容又分第一工作室（跳蚤的生产）、第二工作室（苍蝇的生产、疟疾研究）、第三工作室（鼠疫菌的生产）、小动物（鼠）室等。

在工作时间内，总是在门内加锁，时常有人值班看守。工作完毕后回到营房，关于工作内容的话，是一句也不准讲的。上级吩咐过：星期天到外边去，即使遇到宪兵问起部队的内容，也不要照实回答。[1]

据卫生部陆世烺《关于日军驻北京细菌部队情况调查》的报告："日寇投降后接管该所人员夏绰琨等，曾在该所地下室内发现篠田部队第三课所留下的一张工作室说明图，证明该所为大量培养蚤种场所，图上注明：平时只二层楼西半部养蚤种，作战时二、三层楼可全部养蚤。作战时最大生产能量是 2.47 万瓦（24.7 公斤）。平时养蚤最适合的数量是 1600 瓦（1.6公斤）。"此外，同一地方还发现了"蚤幼虫期的饲料和成虫发生量的关系"的图表，以及该部队在各地所搜集的跳蚤、老鼠、苍蝇的相片。该所老工

---

① 《人民日报》1950 年 2 月 21 日。

人门子华、高文元说，篠田部队占据该所时，二层楼是不许任何中国人上去的。在上二层楼的楼梯顶端，安了2扇门，日常总是锁着。日本人上去时，也要按电铃后，才许进去。每逢有大卡车开到所里时，卡车都严密遮盖，而且开进大门后，日本兵就马上关起大门，并把中国工人都堵在后院，连下班都不许出去。该部队部队长西村英二来时，也是把中国工人都堵在后院，严密戒备。楼里平时温度很高，每年只7月份停烧暖气锅炉1个月。院子里有用洋灰罐围起的3块直径6米的圆草地。日本兵嘱咐中国工人不许靠近，说草地里撒有跳蚤。日本兵每天把许多干血块碾成血粉，按着该部队残留下的研究图表的说明，血粉是养跳蚤的一种饲料。高文元曾负责喂几千只白鼠、灰鼠、仓鼠、兔子等物。他还到车站接过一批山东老鼠，到北京各区公所收集过大量的苍蝇。[①]

伊藤影明原在第二课，后来调入第三课，他证实："起初一个阶段，由十几个士兵和军属负责生产，到了1944年人员也增加了许多，不少下士官和军官（如军医大尉、中尉）从本部调转到该部，最终达到50名左右，逐渐进入正式大量生产的体制。"可见，第1855部队自1944年进入了大量生产跳蚤鼠疫细菌武器的阶段。伊藤影明的这一证言发表在《战争责任研究》季刊1993年第2期上。

（二）"北支"（甲）第1855细菌战部队的分部

如前所述日军为便于就近生产和使用细菌武器，在华北16个城市设立了细菌战分部（支部）和办事处及分遣队。据昭和19年（1944年）9月30日制成的《北支那防疫给水部编成表》，记录了13个分部（支部）和办事处的负责人：

天津办事处，军医大尉立石五郎。

塘沽办事处，军医大尉黑川正治。

石门（石家庄）办事处，军医少佐田山吉政。

---

① 中央档案馆等合编：《细菌战与毒气战》，中华书局1989年版，第205页。

济南分部，军医大尉大玄洞。

太原分部，军医少佐近藤吉雄。

张家口分部，军医大尉川锅里吉管。

青岛办事处，军医中尉铃木武夫。

运城办事处，军医大尉松尾梅雄。

郑州分部，军医少佐上村秀胜。

开封办事处，军医大尉广濑一郎。

新乡办事处，军医中尉濑户丰。

确山分遣队，军医少尉田村节彦。[1]

太原分部（支部）和济南分部（支部）均建立于1938年，是华北防疫给水细菌战部队中两个具有代表性的分部。

太原防疫给水细菌战分部，建立于1938年5月间，地址在太原市西羊市街12号，称为"太原防疫给水部"。[2] 1945年8月日本投降时，潞安日陆军医院与太原防疫给水细菌战分部合并。内部设有防疫给水细菌战教育室、细菌检查室、细菌培养室、解剖室、特殊实验室、消毒所等部门。太原防疫给水细菌战分部部长，前期为军医少佐近藤，后期为军医少佐桥本。其他主要成员有：庶务室，科长卫生大尉福井，卫生少尉近藤安作；诊疗室，科长军医大尉笠，军医大尉野口龙雄、内田、波川；药剂中尉武居；卫生准尉官川奎海。此外，有下士官16名左右，兵40余名，军属10余名。它虽然不隶属日本华北方面军第一军，但事实上接受第一军军医部长的指令。石井四郎曾于1942年8月至1944年初担任华北日军驻山西省第一军军医部长，直接指挥太原防疫给水分部的细菌战活动。据汤浅谦（1953年1月31日）笔供：

太原防疫给水部属于北京防疫给水部并受其命令，但事实上曾经接受第一军军医部长的指示。在石井四郎来太原后，我听说曾接受石井的命令，

---

① 西野留美子：《北京甲1855部队的验证》，转引自郭成周、廖应昌：《侵华日军细菌战纪实》，燕山出版社1998年版，第234页。

② 汤浅谦的认罪书（1955年6月9日），此原件存中央档案馆。

实验过冻伤及研究霍乱。太原防疫给水部往运城派出一个防疫给水班，在运城兵团作战时共同前进，担当防疫及给水任务。我直接参加 1945 年 5 月河南省北部岔道口、官道口的作战，运城防疫给水班前进到陕县南方北曲村，给各队给水。听说太原防疫给水部也于 1944 年河南作战时，和第一军司令部到河南渑池、会岭镇、陕县等地。①

济南防疫给水细菌战分部（支部），地址在济南市经六路大纬六路，1942 年迁至经六路纬九路，对外称"北支那防疫给水部济南派遣支部"，又称"日本陆军防疫处"，又名"第 1875 部队"，是华北防疫给水细菌战部队的具有代表性的重要分部。它直属华北防疫给水部本部统辖，又配属华北日军第 2 军作战，1938 年 11 月第 11 军接防后即配属该军作战。据竹内丰（1953 年 2 月 2 日）笔供，济南防疫给水支部组织系统有：庶务班，负责支部之统辖、经营、联络等业务。卫生材料班，负责配备、供应各班所需器械、药品及消耗品等。计划班，负责根据军队作战要求，制订支部计划等业务。卫生研究班，负责理化学实验以及当地卫生学方面的各项研究和有关毒气的业务。给水凿井班，负责野战及驻地之检水、饮用水灭菌、用水消毒及给水等业务，以及开凿野战用井及战斗部队给水业务。防疫班，负责细菌检索、消毒、预防接种以及其他预防瘟疫等业务。生菌制造班，负责研究制造细菌战用的各种瘟疫生菌。经理班，负责筹集支部所需物资，并负责工资、给养等业务。②

济南市人民检查署于 1954 年 5 月 24 日呈报的调查报告，揭露了济南支部研制细菌武器和活人实验的罪行。

该部组织机构及人员情况，据查悉计有：

负责人有 3 个：第一任是柳田大佐，第二任是金子（金久保，1940 年时）少佐，第三任是大森上尉（队长，至日本投降）。

组织机构及人数：

---

① 汤浅谦的笔供（1953 年 1 月 31 日）。此原件存中央档案馆。
② 竹内丰的笔供（1953 年 2 月 2 日）。此原件存中央档案馆。

1. 庶务室：管理经济开支，主任是铃木中尉，该室有五六人。

2. 经理室：主任是吉村少尉，该室工作人员 3 名。

3. 准备室：主任是日本人，姓名不详，中尉级，该室有 3 人工作。

4. 理化研究室：主任渡边鼎中尉，工作人员 3 名。

5. 灭菌室：主任岩赖中尉。

6. 细菌试验室：主任是岩赖，内分 3 个作业室。第一作业室，培养大便、小便、痰，抽血检查一般细菌；第二作业室，组织切片；第三作业室，动物解剖，显微镜检查。该室工作人员八九人。

7. 防疫队：队长姓名不详，任务是给中国人注射防疫针，有时配合陆军医院及警备队赴外县工作，该部共有日本人百名，中国人有二三十名。

经查该部罪行：

1. 据阎铿文、张森及李鸿庆等人供称：日本北支那济南防疫给水部（即柳田部队）先部队长是柳田少校，地址设在济南市经六路大纬六路，内设六七个作业室，专门研究细菌、伤寒（日文吉福斯）、霍乱（苛里拉）、赤痢（塞哥德）病菌及副伤寒。并记得由北京来将校人员三次参观，说是北京防疫总部派来的，后在队长室坐不久即走了。后把药箱三五箱不定，移到汽车上运至车站送北京。但装的什么东西不知道。

2. 在细菌第一作业室内设有显微镜、孵卵器 2 个、电气离心器 2 个、电器油灯架 1 个，是培养大小便、痰用的。第二作业室，组织切片机 1 套、动物实验器 1 套。第三作业室有孵卵器 2 个、显微镜 2 个。灭菌室有干燥灭菌器 1 个、菌锅 1 个、压气消毒器 1 个、镏锅 1 个。动物室饲养兔、鼠、荷兰猪、羊、牛等，是供解剖室抽血之用。

3. 民国三十年（1941 年），由领事馆下令，所有在济南的日本人一律打防疫针，吃水统一由防疫给水部检查后由日本部队供给。然后不久，在济南市车站、王官庄、东昌等地发生过霍乱大流行。据说，日本人在泰安招来很多苦工，每天 5 角钱，吃得很好，每日打针，然后派到别处，其中有 1 人留在小屋内解剖了。同时，有一次他们把纬八路一些妓女带去进行抽血化验。关于他们生产的细菌，以后都向外空运。他们用人试验是在山东省立医院（陆军医院）。据张森讲，有一次用人试验过，当时天气很热，是在六七月间，将菌注射到身体内部后，进行解剖（具体情况不详）。据公安局了解，防疫给水部内大部分是日本人和朝鲜人，中国人很少，工作很机密，不准外人知道。主要的工作是试验细菌，白天工作很少，夜间工作忙，每天晚上使小卧车往里拉人，都是从新华院日本特务机关要来的。[①]

（三）配属师团的防疫给水细菌战班

日军华北"北支"（甲）第1855细菌战部队为野战之需要，在野战师团配属了防疫给水细菌战班，其人数不等，少则10余人，多时达三四十人。驻山东第四十三军第五十九师团防疫给水班具有一定的代表性。

该师团防疫给水班是于1942年4月8日第五十九师团编成的，同时作为军事秘密而密令编成的。从1943年1月起扩张了防疫给水班的业务。1943年9月师团长细川忠康命令防疫给水班实行霍乱细菌战。1945年4月13日，师团长藤田茂中将再次密令防疫给水班准备细菌战。设有制备培养器室、培养细菌室、检索细菌室、小鼠室、检查水质室、整备培养器材料室等部门。按编制，设有班长1人（军医军官），下士官2人，卫生兵8人。应有11人。但实际上，有班长1人，附军医军官1人，下士官2人，卫生兵25名到30名。其细菌战剂生产能力，在1942年12月至1944年4月，小鼠室有老鼠15只，培养细菌室一回可能培养300件细菌；在1944年4月至1945年7月，培养细菌室孵卵器增为2个，每天可以培养500件细菌，最大一天可以培养800件细菌。

在1942年12月1日到1945年8月15日日军投降期间，一直在第59师团防疫给水班任检查助手、书记等职务的下士官林茂美，1954年7月9日写了如下证言：

第59师团防疫给水班预防、防止师团内的传染病，且担任防疫给水，

---

① 济南市人民检查署关于济南市防疫给水支部的调查报告（1954年5月24日）。原件存中央档案馆。

实质上，实行过师团内给水的事实完全没有，称谓师团的检便检查，普遍地与培养生菌有关，是准备细菌战的特殊机关。当时师团长曾下过命令，不让暴露防疫给水班名称，公开对外的叫"2350 部队"冈田大队。①

根据林茂美笔供，第 59 师团防疫给水班组织系统：在泰安（1942 年 12 月 1 日至 1944 年 4 月），班长中尉冈田春树，副班长少尉大久保昇（军医部兼职）；事务曹长下士官林茂美，军曹下士官小池，吉池上等兵以下 2 名；药室军曹长下士官小池，冈田上等兵；检查水质曹长林茂美、军曹小池，渡边兵长以下 2 名；细菌室曹长林茂美，加藤兵长以下 12 名；培养室曹长林茂美，冈村兵长以下 8 名。

在济南市太马二路（1944 年 4 月至 1945 年 7 月）。业务区分差不多和泰安防疫给水班一样。人员最少是 20 名，最高是 25 名，从事培养细菌的。1945 年 2 月左右，编成特别警备队后，防疫给水班卫生兵复归到原队。1945 年 3 月，叫济南中学校五年级学生（日本人）10 名替代防疫给水班卫生兵服务。对他们教育 1 个月后，在防疫给水班雇用了 3 个月。②

三、披着"防疫给水"外衣的杀人魔鬼部队

华北"北支"（甲）第 1855 防疫给水——细菌战部队，在华北方面军军医部长统一指挥下，与陆军病院直接地配合行动，同时又在日本陆军大本营的统帅及石井四郎指导之下，与第 731、"荣"字第 1644、"波"字第 8604 等细菌战部队密切联系，因而成为侵华日军进行细菌战的一个重要基地和战略支点。华北的广大乡村是抗日根据地，与日军占据的城市、交通线及其据点，形成了犬牙交错的态势。因此日军使用细菌武器有别于东北和南方地区，其方法十分原始而又极其隐蔽，散布细菌与"扫荡"作战相结合，往往疫病传染猖獗而群众还以为是天灾，它所造成的疫情损失之巨大是难以想象的。

---

① 林茂美的笔供（1954 年 7 月 9 日）。原件存中央档案馆。
② 林茂美的笔供（1954 年 8 月 24 日）。此原件存中央档案馆。

它在研制细菌武器时，采用活人实验和活杀解剖。据保留下来的资料，初步统计达数千人之多。

据北京市崇文区地方志办公室的调查，北支（甲）第1855细菌战部队本部，将实验利用的活人称作"猿"。[①] 据平川喜一1994年12月写的证词：

当时丰台（步兵训练队）有俘虏收容所。1944年夏天，从那里用汽车将俘虏带到北京，连续带来了3次共17人，直接带到第三课（静生所）。押运的有翻译广田（军属）和我（特别警戒）2人。带到第三课后，给俘虏注射细菌。解剖设在第二课进行。[②] 同年夏天，上述连续3次活人实验后，又有2个中国人手脚被绑着，嘴里被塞着东西，装在麻袋里，用卡车运到实验场所，进行人体实验，经过一个星期便死了。[③]

第1855部队济南分部利用活人培养细菌武器和活体解剖的罪行极为严重。据竹内丰1954年11月笔供说：

1943年8月1日至31日，被派到济南北支那防疫给水部济南支部。用了11名八路军俘虏进行了伤寒菌的培养，制造了16桶半细菌战用的伤寒活菌，于1943年8月上旬末、中旬末、下旬末共连续3次由冈田支部长和木村主任交给北支那方面军参谋部军官用汽车运走。木村军医大尉为了做细菌感染力试验，将八路军俘虏做了活体解剖。[④]

据韩国人崔亨振于1989年7月21日在韩国《中央日报》上发表的《日军在中国的第二支细菌部队》一文揭露，济南防疫给水细菌战部队平均每3个月进行1次人体实验，每次要死100多名俘虏，因此1年要杀死400—500名俘虏。他在这个部队服役（当中文翻译）期间，死亡的俘虏有1000人。据韩国人崔亨振的记载：

日军济南防疫给水支部的"军医们还对离部队8公里远的一个村子50多户200多名村民进行了霍乱病菌的人体实验。他们先把沾有霍乱菌的猪肉

① 《北京晚报》2001年1月18日。
② 转引自郭成周、廖应昌：《侵华日军细菌战纪实》，燕山出版社1998年版，第229—230页。
③ 《北京晚报》2001年1月18日。
④ 中央档案馆等合编：《细菌战与毒气战》，中华书局1989年版，第218—226页。

等狗食撒在村里，经过 15 天左右因霍乱死了 20 人后，就宣布这个村子为传染病发生地区，然后便观察防疫和治疗的过程"。①

据此来推算，仅济南防疫给水细菌战部队为研制细菌武器进行人体实验，就杀死了俘虏 2800—3500 名，这还不包括在附近农村进行细菌实验杀死的和平居民在内。中村三郎供认，1944 年 1 月在太原防疫给水部受训 3 天即参与解剖抗日战俘 8 人，他先后参与和亲手解剖斩杀了抗日军人和居民 46 人。② 汤浅谦供认，于 1942 年 2 月至 1945 年 4 月在山西省潞安日陆军病院期间，训练研究细菌战的卫生兵 400 余人，参与和亲手演习外科手术即活体解剖抗日战俘和居民 19 人，从传染病患者身上采取新菌（主要肠伤寒、A 型副伤寒、B 型副伤寒），进行培养保存，一方面送太原给水部做细菌战研究，另一方面供给潞安 36 师团野战防疫给水部制造最强毒力菌。③ 他在证词中说：

非常多的军医、护士和卫生兵都参加过活体解剖手术，也许是几万人。当时只觉得在杀一条狗，那种事几乎是家常便饭。仅华北方面日军就有 40—50 万人，下面约有 20 所陆军医院。④

种村文三 1954 年 8 月 31 日供认：

为了实验细菌效力，1938 年八九月至日本投降期间，在河南商邱县瓜地里，在山西潞安城附近村庄的井内、水池内、水缸内和脏土堆里，先后投入伤寒菌达 12 次之多。据群众控诉，因此传染杀害和平居民 320 余人。⑤

"北支"（甲）第 1855 细菌战部队在战场上大量使用细菌武器。据现有保留下来的部分资料记载 1938 年至 1944 年间，进行细菌战 70 次左右，抗日军民染病死亡达数十万人。仅举 15 例：

---

① 转引自郭成周、廖应昌：《侵华日军细菌战纪实》，燕山出版社 1998 年版，第 243—244 页。
② 中村三郎的笔供、口供、供词等（1953 年 2 月 2 日—1954 年）。原件存中央档案馆。
③ 汤浅谦的笔供（1953 年 1 月 31 日，1954 年 7 月 18 日，1954 年 11 月 20 日，1955 年 6 月 9 日，8 月 31 日），各原件存中央档案馆。
④ 转引自郭成周、廖应昌：《侵华日军细菌战纪实》，燕山出版社 1998 年版，第 71 页。
⑤ 山西省长治县交城等村的证明书（1953 年）、河南省商丘市曹正林等民众的控诉书（1953 年）。原件存中央档案馆。

1. 据《新华日报》1938 年 3 月 29 日记载，八路军总司令朱德、副总司令彭德怀通电，日寇将施放毒菌屠杀陕北和晋冀鲁区域的民众，呼吁全国和全世界人民进行抗议和制止。

2. 据《新民日报》1938 年 9 月 22 日记载，日军不时遭游击队袭击，故在华北各铁路、公路沿线各重要村镇饮水井内大量撒放霍乱、伤寒等病菌，致疫病流行，势颇猖獗，8 月份 1 个月，民众死亡已达四五万。

3. 据八路军总司令朱德、副总司令彭德怀于 1938 年 10 月 11 日致电武汉办事处转报国民政府行政院时称：日军在豫北道清路两侧地区滥施霍乱及疟疫病菌，内黄、博爱等县尤剧，每村均有百数十人传染。

4. 据孙佷工编《沦陷区惨状记》记载，日军在濮阳城内向井中投放病菌，由井内淘得小瓷瓶甚多，经查明为伤寒菌。①

5. 据佟愚恒的控诉，1940 年日寇占据大清河畔一个村庄，散布霍乱菌后自行撤离，致该村及大清河两岸村庄以至冀中 10 分区根据地流行霍乱。日寇还经常派特务在冀中各村庄利用水罐汲水将毒菌放到井里。②

6. 据国民政府军事委员会办公厅 1941 年 2 月 7 日快邮代电，称：敌近在包头收买老鼠，每只出价 1 元，预定收买 10 万只，闻系用做繁殖鼠疫菌，预备用飞机向我阵地撒放。③

7. 据《晋察冀日报》1941 年 4 月 6 日记载，日寇进扰冀西赞皇到竹里村一带时，曾放霍乱病菌于村郊，自年至今该村患病者达 60 余人，每日死亡均二三人以上，附近村庄之传染亦极严重。

8. 据国民政府战时防疫联合办事处 1942 年 3 月中旬（第 2 号）疫情旬报，绥远、宁夏、陕西、山西 4 省发现鼠疫，自 2 月 14 日至 3 月 2 日，五原死亡 205 人，河西死亡 82 人，碛口第五乡死亡 21 人，陕西府谷县村民俞二安全家 14 口 3 日内死亡 13 口。④

---

① 中央档案馆等合编：《细菌战与毒气战》，中华书局 1989 年版，第 360 页。
② 中央档案馆等合编：《细菌战与毒气战》，中华书局 1989 年版，第 361 页。
③ 中央档案馆等合编：《细菌战与毒气战》，中华书局 1989 年版，第 340 页。
④ 中央档案馆等合编：《细菌战与毒气战》，中华书局 1989 年版，第 341 页。

9. 据国民政府卫生署1942年6月13日（三一防字第9846号）快邮代电，称去年12月底日寇在河西澄口等地派细菌队40人散播鼠疫菌。本年1月26日至3月12日，鼠疫蔓延区有五原、临河、包头、安北、东胜等县22处，鼠疫发现区有五原、临河、包头、安北、伊盟、惠德成南岸、准格尔旗等61处。套内死亡287人，伊盟死亡已达100人以上。[①]

10. 据菊地修一[②]口供：1942年9月中旬到9月下旬之间，参加独立混成第三旅团于五台地区制造无人区，奉旅团之命，卫护第一军派遣来的细菌组人员，到五台县苏子坡散布细菌老鼠2只，居民12人患病，死亡者3人；卫护细菌组人员于五台县东长畛和麻子岗，各放出细菌鼠2只，患病居民60余人，死亡者30余人。[③]

11. 据河北省军区卫生部1950年2月23日整理的日军细菌战罪行材料：1943年春季，日军在灵寿县上、下石门村，吕生庄，西岔头，万司言一带投放鼠疫菌，上、下石门村200多户，每天病死40—60人；万司言村70多户，每天有10—20人病死；当时第八区队1个团部、4个连有80人左右染病，死亡36人。[④]

12. 据住冈义一笔供：1942年2月，独立第四混成旅团以破坏太谷、榆社、和顺、昔阳4县八路军根据地为目的进行"扫荡"，大队本部医务室曾根军医大尉以下约10人散布伤寒菌和霍乱菌。我的小队和中队一起占领山西榆社和顺县境的龙门村、官池堂、阳乐庄等村，在民房中向碗、筷、菜刀、面仗、面板、桌子等食器，又向水缸、水井及附近河中投放伤寒、霍乱菌。[⑤]

---

① 中央档案馆等合编：《细菌战与毒气战》，中华书局1989年版，第348—349页。

② 菊地修一，化名李永章，日本宫城县人，1937年4月28日至1938年1月10日第一次侵入中国东北，1938年7月1日至1945年日本投降第二次侵入中国华北。历任日本华北派遣军独立混成第三旅团第七大队附、第七大队第三中队少尉小队长、第三中队附、步兵中尉、第七大队部附、第一中队中尉中队长、第七大队大尉中队长、独立混成第三旅团炮兵大尉大队长。日本投降后，又参加阎锡山匪军。

③ 菊地修一的第二次口供（1954年）、菊地修一的笔供（1954年）。原件存中央档案馆。

④ 中央档案馆等合编：《细菌战与毒气战》，中华书局1989年版，第348—349页。

⑤ 中央档案馆等合编：《细菌战与毒气战》，中华书局1989年版，第366页。

13. 据北京市崇文区地方志办公室的调查，华北防疫给水——细菌战部队于1943年上半年抛出一份《霍乱预防实施计划》，在"预防"的外衣掩护下，于夏天在北京城内散布霍乱菌，伪北平《新民报》报道，截至到10月底，全北平市发现霍乱患者2136人，死亡1872人，路倒死亡92人①。长田友吉1954年10月30日供认：1943年8月上旬，根据西村防疫给水部本村军医大佐的命令，200名华北卫生部下士官候补者教育队队员，及50名西村防疫给水部、第二陆军医院分院病理试验室细菌室的军医、卫生下士官、卫生兵共250人，于北京市内对市民进行检索霍乱菌，强制检查了尸体750具，把重患者封锁在家里禁止出入，屠杀了中国人民300名。②

14. 据林茂美1954年7月28日证言：1943年9月到10月，在山东省鲁西地区霍乱作战（称谓"北支方面军第十二军十八秋鲁西作战"），作战的目的是散播霍乱菌，大量杀戮中国人民和为准备攻击苏联做日军抵抗试验。参战部队，有第十二军第五十九师团第五十三旅团一部，独立步兵第四十一、四十二、四十三、四十四大队；第五十四旅团独立步兵第一〇九、一一〇、一一一大队；师团工兵；华北防疫给水部济南支部、师团防疫给水班，共3500余人。还有第十二军直辖汽车联队、野战重炮联队；蒙疆坦克部队、航空部队的一部分、保定陆军医院的一部分。这是一次大规模的作战行动。③ 据矢崎贤三1954年笔供：在鲁西霍乱作战中，独立步兵四十四大队将连日降雨，因而泛滥的卫河西北岸的堤防决溃，并将霍乱菌撒在卫河里边，利用泛滥的洪水扩展蔓延。第三中队长将南馆陶北方约距5公里远的堤防决溃。第二中队决溃了临清县尖冢镇附近卫河北岸的堤防。同时，第5中队和机枪中队又用铁锹将临清大桥附近卫河北岸的堤防破坏，掘成宽50公分、高50公分、长5米的决口。决堤后，由于泛滥洪水的冲撞，又将由决口150米长的一段堤防决溃。因此，滔滔的洪水就奔向解放区流进来了。这样造成的结果，在南馆陶附近150平方公里，从临清县尖冢镇附近到

---

① 《北京晚报》2001年1月18日。
② 长田友吉的口供（1954年10月30日）。原件存中央档案馆。
③ 林茂美检举滕田茂的材料（1954年7月28日）。原件存中央档案馆。

河北省威县、清河县一带 225 余平方公里，从临清县临清到武城县、故城县、德县、景县一带 500 余平方公里，总计 875 余平方公里的土地被洪水淹没，霍乱菌传播，从 1943 年 8 月下旬到 10 月下旬之间，杀害了 227500 名中国和平农民。① 据冀南抗日根据地的调查材料，日军在连续降雨河水大涨之时，于临清大石桥等处将运河掘口，又在鸡泽县将滏阳河掘口，并破坏漳河河堤，致使洪水泛滥。据不完全统计，全区受灾县 30 多个，灾民 400 余万人。并自 9 月发现霍乱流行，10 月上旬开始自北向南、自东向西在全区蔓延。巨鹿县霍乱病死者达 3000 人；曲周县东王堡村 150 户病死 600 人；馆陶县榆林、来村、法寺等村 10 天内病死 370 余人；威县南胡帐村 170 户病死 210 人；邱县梁儿庄 300 户死去 400 人，有 20 余户死绝；清河县黄金庄村死了 200 人。②

15. 据铃木启久 1955 年 5 月 6 日口供：1944 年 11 月，命令第八十七旅团长吉武秀哉指挥步兵 3 个大队和十二军配属的 1 个骑兵联队及 1 个防疫给水班，攻击林县及濬县东方地区的八路军，步兵部队在撤出南部地区时，防疫给水班根据我的命令在三四个村庄里散布了霍乱菌，后来我曾接到军医部长长野武治关于"在林县有 100 名以上居民患霍乱病，死亡人数很多"的报告。③

四、战后 1855 部队毁灭罪证

上述史实表明，日军驻华北"北支（甲）第 1855 部队"，纯粹是一支披着"防疫给水"外衣而以细菌武器惨杀人类的魔鬼部队。它愈接近灭亡，就愈加疯狂。

1943 年，第二次世界大战的战局发生转变，日本大本营开始策划大规模细菌战。鲁西霍乱作战和在北京城内散布霍乱菌，就是日本华北方面军准备大规模细菌战的预演。1944 年底，日本已四面楚歌，为了挽救败局，

---

① 矢崎贤三的笔供（1954 年）。原件存中央档案馆。
② 《冀南革命斗争史大事记》，中央编译出版社 1996 年版，第 256—257 页。
③ 铃木启久的口供（1955 年 5 月 6 日）。原件存中央档案馆。

急于动用细菌武器这张王牌，规定月产鼠疫跳蚤：关东军150公斤，华北20公斤，华中30公斤，华南10公斤，南方军60公斤，日本国内30公斤；并计划1945年发动一次最大规模的战略性细菌战。由于中国军队反攻，美国进攻日本本土，苏军闪击占领满洲，日本被迫投降，这一毁灭人类的罪恶计划才被制止。

这支魔鬼部队深知违反国际公法，罪孽深重，因此在日本投降时彻底毁灭罪证，大部分伪造身份潜逃回日本，只有小部分被俘。这些日军战俘分别在我国沈阳和太原受审，均供出了这支魔鬼部队细菌战的暴行，也供出了其毁灭罪证的事实。

华北第1855细菌战部队本部第三课卫生兵松井宽治在证词中说：

到8月15日，战事结束了。在那天正午的无线电广播20分钟后，队长篠田统便下令破坏细菌研究所。破坏工作持续了三天三夜，通宵达旦。在后园里挖了大坑，先把跳蚤放到里面去，然后洒上汽油焚烧。重要书籍和细菌培养器具也被烧毁了。培养跳蚤的汽油筒1万个被卡车运走。战争结束后第7天，我们便做完了破坏工作，到本部集中。同时，又下令解散部队，把'北支那防疫给水部'的名称从华北派遣军的名册上涂去，所属官兵都转属到各陆军医院……同年12月，队长篠田统、军医大尉高冈满和军佐技师尾崎繁雄3人脱离了军籍，穿起西服，蓄起头发，扮成日侨，搭乘陆艇回到日本；前兵曹长时冈孝也转到了步兵部队，同年11月混入其他部队回国。[1]

驻山东日军第五十九师团防疫给水班曹长林茂美供认：

1945年8月19日，奉师团长的命令，和军医部横田曹长将永久保存的文件师团卫生史、防疫给水班检查簿及培养细菌等有关文件全部烧毁。[2]

山西潞安日陆军病院军医大尉种村文三供认：

1945年8月16日8时，在山西长治潞安站听了日本投降的报告，8月

---

① 《人民日报》1950年2月21日。
② 林茂美的罪行供述（1954年8月7日）。原件存中央档案馆。

18日，我命令将医院内的各种书籍完全烧毁，并将医院设立以来的（1940年5月）历史行动证据烧去。主要有：医院历史1册，卫生录2册，命令录6册，北支那陆军医院编成规则1册，陆军将校实役停名簿3册，战时卫生勤务令2册。10月1日至10月2日，在太原按司街第三赤十医院，正准备回国的北支那防疫给水部太原支部长桥本军医少佐以下86人被揭发为战犯。为了防止这一揭发，我命令将被揭发者86名侵华以来的行动事前记载及战时名簿改写成虚伪的，隐匿他们的侵略以来的罪恶（共改写2日）。桥本在1946年4月和临汾陆军医院人员一同归国，其他者在1945年12月26日和潞安医院人员一同归国。[①]

1950年卫生部陆世烺《关于日军驻北京细菌部队情况调查》和夏绰琨《关于日军占据静生生物调查所及其撤退情形见闻》，证实了第1855细菌战部队毁灭罪证的事实。陆文说："日本投降后，该部队把中国工人都赶了出去，秘密烧毁各项文件、器具，拆毁各项设备。在投降后的10天内，门子华被叫回去修理水泵，看见日本兵正把他们安装的圩楼绿色玻璃都打碎了埋到地下，换上普通玻璃。日本人走了以后，该所还发现了七八个1尺多高的大玻璃瓶，里面都装满了苍蝇类的东西。该所在修理水管时，曾在地下挖出二十几个破煤油筒和烧过的大麦和老鼠。"夏文说："1945年8月日本投降，该篠田队闻讯惊慌，大肆烧毁其机要文件，据四邻看见，焚烧有三天三夜，火烟未息。同年10月中旬，某奉命接收静所，一进大门，便见院庭中间有一大坑，面积可有1亩，坑内尚有焚烧灰烬，破碎玻璃，及破煤油桶等物。日共约10人，正在移土填埋此坑。待进楼中查视，则楼房上层各室皆空空如也，有日兵数名，正用喷雾器喷刷墙壁；中层各室除图书室等外，余亦多是空空；下层各室，多满积静所原有物品。"[②]

为隐瞒日军细菌战的历史，日军第731部队、"北支"（甲）第1855部队、"荣"字第1644部队和"波"字第8604部队的总头子石井四郎等人不

---

① 种村文三的笔供（1953年5月20日）。原件存中央档案馆。

② 中央档案馆等合编：《细菌战与毒气战》，中华书局1989年版，第201—206页。

仅下令毁灭罪证，更与美军直接交易。美国为了独占日本的细菌战经验，竟然对石井四郎等 3000 名细菌战犯"不作战犯罪追究"。美军细菌战专家到日本进行调查，写了报告书，也隐瞒了日军细菌战的真相，宣称："日本绝对没有能够把细菌武器实用化。"这一肮脏交易，日军细菌战犯逃脱了远东国际军事法庭的审判，日军细菌战历史被隐瞒了长达半个世纪之久。

目前，由于多方正义人士的努力，日军细菌战的历史真相正被揭露出来，改变了人们过去的片面性了解。当年具体经办日、美交易的美军代表默里·桑德斯上校也回忆说："现在看来当初放纵那批犯了罪的日本人是一个错误。"①

隐瞒日军的细菌战，包藏了日本军国主义复活的祸根。石井四郎多次说："缺乏资源的日本要想取胜，只能依靠细菌战"，"是细菌部队拯救了日本国家"。目前，日本右翼猖獗，一再挑起教科书事件，小泉首相正式参拜供奉战犯的靖国神社，细菌（生物）武器又在研制，日本军国主义复活的后患已见端倪。望世人提高警惕，防止历史悲剧重演。

---

① 转引自郭成周、廖应昌：《侵华日军细菌战纪实》，燕山出版社 1998 年版，第 8 页。

华北（甲）1855 细菌部队的
活人实验和活杀解剖犯罪①

细菌战、活人实验和活人解剖，是侵华日军防疫给水细菌战部队的三大反人类罪行。活人实验和活人解剖，是侵华日军研究、制造和使用细菌武器的过程中所采用的基本方法，其野蛮、残忍，堪称人类历史上从未有过的"创举"。可是，石井四郎等人，却把这些"以人当作动物来做实验"，美其名曰为"走捷径"。这种罪恶行径，是由日本关东军司令梅津美治郎批准的，先在东北 731 部队的范围，以后发展到日本在华北、华中、华南及南洋地区的细菌战部队及陆军医院等。笔者于《抗日战争研究》2002 年第 1 期和 2003 年第 6 期，先后发表《华北甲 1855 细菌战部队之研究》和《华北甲 1855 部队的细菌战犯罪》两文，比较系统地揭露了日本华北方面军防疫给水部队的真相及其细菌战罪行。本文，作为延续与补充，拟依据档案资料，对华北（甲）1855 细菌战部队在华北地区进行活人实验和活杀解剖的暴行及其特点，作以较为全面的考证。

一、用活人实验细菌杀伤力

由于华北有坚强而广大的抗日根据地，日军为了尽快就近研制和使用细菌武器，对付八路军和抗日人民，华北（甲）1855 部队与东北 731 部队一样，进行了大量人体实验。所不同的是，虽然相当分散、但是十分广泛，更加丧心病狂。其办法，是把鼠疫菌、霍乱菌、伤寒菌等恶性传染病菌，直接注射到活人身上，或用带这些病菌的跳蚤、虱子、蚊子等传染给人，

① 原载中国社会科学院近代史所编：《中国抗战与世界反法西斯战争——纪念中国人民抗日战争暨世界反法西斯战争胜利 60 周年学术研讨会文集》（中卷），中国社会科学文献出版社 2005 年版。

或掺入食物中让人吃下，然后，进行活体解剖，实验细菌的传染杀伤效力。

华北（甲）第 1855 细菌战部队，将"当作动物做实验"的活人称作"猿"①。据伊藤影明的证言：

1945 年 2 月前后，有一辆有陆军标记的卡车把中国人俘虏押运到第 3 课。当日，为了防备意外事故的发生，给每一个卫兵分发了 5 颗实弹。押送来的俘虏监禁在涂有黑色油漆、装有铁窗子的房间里。把俘虏押运来的第二天，他偶然从监禁室的木制窗往里看，看到了一个 20 来岁的中国男人。他在谈起当时的印象时说道："只有两只眼睛在闪闪发光。"②

据平川喜一在 1994 年写的证词，日军如此秘密地把这些俘虏押运到第三课，其罪恶目的是做活人实验和活人解剖。平川喜一于 1943 年被分配到北平第 1855 部队，在天坛受教育 6 个月，1944 年 1 月被分配到第三课从事饲养跳蚤。后因在实验室受到感染，住进天坛的陆军传染病院。1944 年夏天，调离第三课，改做警卫工作。平川喜一在这份证词中说：

当时丰台步兵训练队有俘虏收容所。从那里用汽车将俘虏带到北京，连续带来了三次（6 人，5 人，6 人），直接带到了第三课静生生物与社会调查所。押送的有翻译广田（军属）和我（特别警戒）两人。

带到第三课后，对俘虏进行实验。俘虏都是些体格健壮的人。从收容所带出时由翻译谎称要带他们去医院。

第三课有很多隔离小房间，把俘虏关到那里面。只空出几间以前饲养跳蚤用的房间。俘虏们不怎么吃食物，雇了中国人做馒头等，但还是无效。

第一次带来 6 个人后，当天（也可能是第二天）从本部来了 2 名军医，一起进入房间里，穿着白大褂，给俘虏注射细菌。我当时没在场，不知注射了什么细菌。然后观察感染后的变化。当时听翻译讲："俘虏说，日本人太残忍了。"过一夜，俘虏们都死了。

解剖设在第一课进行。因第一课有解剖设备，俘虏都运到那里去了。

---

① 《北京晚报》2001 年 1 月 18 日。
② 转引自郭成周、廖应昌：《侵华日军细菌战纪实》，燕山出版社 1998 年版，第 236—237 页。伊藤影明的证言刊登在 1993 年（日本）《战争责任研究》季刊第 2 期，第 49 页。

那时，第三课还没有军医，都是由本部派军医来做实验。第二天，汽车运走尸体后，直接开到丰台，并带来了第二批俘虏。第三天又继续进行实验。但死后，我不知道尸体被埋在哪里。我知道的是其中的一次（第三天的那一次）。俘虏穿着普通居民服装，头上围着布手巾，手上带着手铐，但没带脚镣。

当时部队的情况是这样的，我们新兵到那里时，"75"是食堂，2楼的"40""41""42""43""44""25""26"……是饲养跳蚤的房间。收容实验者是"4""5""6""11""12"房间。因"3"太大了，没有使用过。①

平川喜一在上面的证词中还证实，在第三课还利用羊进行了细菌实验：他有一次参加了这种细菌实验。进行实验时先把五六只羊赶进蓄水沟围起来的放有跳蚤的地方，然后观察这些羊的感染情况。大约过3天，这些羊就因感染而致死。实验后把羊的尸体烧掉，再把鼠疫、跳蚤装入石油桶里带回部队。

1944年夏天，在连续3次活人实验之后，据原第三课卫生兵松井宽治1950年1月9日的证言，又有2个中国人被作为实验材料进行了人体实验。他写道：

听说在我被调入该部队工作前约一年，那里曾进行过人体实验，有2个中国人因此牺牲了。实验内容详细情形虽不得而知，但说那2个中国人是手脚绑起来，口里塞着东西，被装在麻袋里在白昼间用卡车从北京市内运到部队驻地，经过一个星期便死了。②

从上述证言来看，华北（甲）第1855部队的北平本部进行了研制细菌的人体实验，仅1944年夏天的很短一段时间内就使用19名中国人做了人体实验。这表明其人体实验的数量是相当大的。

实际上，华北（甲）1855细菌战在华北各地的支部、办事处、分遣队，及各地日陆军医院，都秘密进行了研制细菌武器的人体实验。

① 转引自郭成周、廖应昌：《侵华日军细菌战纪实》，燕山出版社1998年版，第229、237页。
② 《人民日报》1950年2月21日。

据韩国人崔亨振于 1989 年 7 月 21 日在韩国《中央日报》上发表的《日军在中国的第二支细菌部队》一文揭露，华北（甲）1855 部队济南支部经常地、大规模地进行活人实验和活人解剖。他们把鼠疫等各种病菌注射到中国俘虏身上，然后观察整个发病过程。平均每 3 个月进行一次人体实验，每次要死 100 多名俘虏，因此一年要杀死 400 到 500 多名俘虏。崔亨振在该细菌战部队服役（当中文翻译）期间，有 1000 多名中国俘虏和韩国流浪民被当成人体实验对象，悲惨地死在这里。他回忆说：第一次看到的人体实验，是对 10 名俘虏注射天花病菌，然后临床观察反映。全身出现天花的人在声嘶力竭地喊叫着"救救我"中悲惨地死去。然后，尸体被烧成了灰。研制肠伤寒疫苗时，强迫俘虏吃下含有病菌的饭团子。培养斑疹伤寒病菌时，先收集俘虏身上的虱子，再把虱子带的病菌注射到俘虏身上。因此，俘虏们一到这个地方就注定要被病魔缠身直到死亡。为了研究中国大陆地方病，军医还从狗粪中找出病菌，经过培养后，把它包在饭团内让俘虏们吃下去。崔亨振写道：

军医给俘虏们注射了鼠疫菌。被注射过鼠疫菌的俘虏，其中有十几个人经过一场恶寒和高烧的痛苦后死去。实验对象不足时，军医们就到附近村庄随便抓来中国大人和小孩进行实验。

军医们还对离部队 8 公里远的一个村子 50 多户 200 多名村民进行了霍乱病菌的人体实验。他们先把沾有霍乱菌的猪肉等狗食撒在村里，经过 15 天左右因霍乱死了 20 人后，就宣布这个村子为传染病发生地区，然后便观察防疫和治疗的过程。

现在，我感到掩盖日本军国主义的罪行对不起历史，所以，虽然晚了也要揭露这一真相。①

崔亨振的文章证明，第 1855 部队济南支部研制细菌武器的人体实验是按计划经常进行的。

战俘竹内丰 1954 年 11 月的笔供，也写出了济南支部进行人体实验的实

---

① 转引自郭成周、廖应昌：《侵华日军细菌战纪实》，燕山出版社 1998 年版，第 243—244 页。

情。他原在济南日陆军医院内科病室，1943 年 8 月临时调入第 1855 部队济南支部，参与了最机密的细菌武器研制的过程。其野蛮、残忍，令人毛骨悚然！竹内丰写道：

由 1943 年 8 月 1 日至 31 日，被派到济南北支那防疫给水部济南支部。之前，该支部长为了做研究实验，从济南宪兵分队要来了 11 名八路军俘虏。8 月 6 日，按细菌室主任木村军医大尉的指示，他命令细菌室卫生下士官将解剖室的器械材料准备好，命令 3 名卫生兵将感染伤寒菌的 2 名八路军俘虏抬到解剖室。先将 1 名放置在解剖台上，用绳绑住上下肢固定好后，命令卫生下士官进行全身麻醉，又命令 2 名卫生兵做拿器械的助手。木村大尉执刀从腹壁正中切开，他用大钝钩将创口拉开，木村大尉查看脾、肝、肠的病变后，将肠拉出腹腔外，详细检查肠管的病变。他将肠管病变处切除一部分后，将内脏塞回腹腔。继而进行胆囊穿刺，采出胆汁后，将腹壁缝合。最后，静脉注入吗啡液，将其杀害。接着，他又命令卫生下士官将另 1 名八路军俘虏固定在解剖台上，施以全身麻醉。木村大尉执刀从腹部正中切开，查看了脾、肝、肠等处的病变。他将肠管病变处切除，取了一部分作为标本之用，用胆囊穿刺取胆汁以备培养，然后将内脏塞入腹腔，进行了腹壁处理。木村大尉将吗啡注入俘虏体内将其杀害。他将肠管的一部分装入标本瓶中贮藏起来。木村大尉取了另一部分制作了切片标本。做活体解剖杀害的两名八路军俘虏，由支部长与济南宪兵队联系，令宪兵用卡车将尸体运走了。8 月 9 日，他又与细菌室主任木村军医大尉，将另 1 名感染伤寒菌的八路军俘虏，固定在解剖台上，做了解剖实验。

2 次活杀解剖后，仅仅过了 3 天，竹内丰等又第三次活杀解剖实验，并对卫生兵做了教育：

8 月 12 日，他根据细菌室主任木村军医大尉做好解剖准备的命令，让细菌室卫生下士官将解剖室的器械材料准备好，又命同室卫生兵 3 名抬来 1 名患伤寒的八路军俘虏送到解剖室，放在解剖台上，将上下肢固定，令卫生下士官进行全身麻醉，又令 2 名卫生兵做拿器械的助手。做作手术助手，木村大尉执刀由腹部正中央切开，拉开腹腔，将腹腔内脏的名称、位置、作用向卫生下士官及卫生兵们作了教育。以后木村大尉又检查了脾、肝、肠的病变。他将肠拿出腹腔与木村共同检查后，切除了一段病变显著的肠管后，进行胆囊穿刺采取胆汁，以备培养，将肠管送进腹腔内，进行腹壁三层缝合。木村大尉注射吗啡液于静脉之内，将俘虏杀害。他将采取的肠管贮存入标本瓶中，另一部分由木村大尉制作了切片标本。因进行活体解剖杀害八路军俘虏的尸体，经支部长与济南宪兵队联系，用卡车运走了。①此后，竹内丰等每3天进行一次活杀解剖实验，至8月底又一口气进行5次活杀解剖实验，观察伤寒菌、鼠疫菌的效力，取样再培养，制成标本，同时进行卫生兵的教育。

1955年，竹内丰在一笔供中写道：

就是这样，我和木村军医一个接一个地，把11名俘虏都作为效力实验的培养基而杀害了，将获得的大量细菌交给华北方面军，或附上标本，报告此次暴行的成果，为发动细菌战提供了资料……我就是这样一个魔鬼。②

配属师团的防疫给水班也为准备细菌战而时常进行活人实验。据战俘林茂美1954年8月24日笔供，1943年7月上旬，第五十九师团防疫给水班在山东省泰安县泰安盘踞中，由北京华北防疫给水部香川卫生中尉以下6名，为了对泰安地方的中国人抽血而来到泰安师团军医部。班长冈田春树中尉以下13名侵入泰安小学校，香川卫生中尉以下6名以验血型为名，对6年级的男女儿童抽血。又在泰安伪县公署附近选择脸色特别不好的肚子大的行路的中国人，强制从30名的耳朵上每人采2克血。血液涂在物体板上，由香川卫生中尉当日带回北京。同年8月上旬，第五十九师团防疫给水班在泰安盘踞中，他和班长冈田春树中尉以下10名到万德村，对300名村民强制采便。这些都是为实施细菌战服务的。③

日陆军医院也进行了细菌效力的人体实验。据中岛京子1954年9月3日笔供，1939年7月，她在山西潞安陆军医院任护士，"奉小岛军医之命，

---

① 竹内丰1954年11月的笔供，原件存中央档案馆。
② 竹内丰1954年11月的笔供，原件存中央档案馆。
③ 林茂美1954年8月24日的笔供，原件存中央档案馆。

将鼠疫菌8CC. 注射在一个年约20多岁的抗日军俘虏的胸部。几分钟后，此俘虏面部发紫，出黑斑，嘴唇变黑，呼吸困难，很快就死亡了"。尸体由小岛军医等做了解剖。这个俘虏是中村军医带来的4个俘虏中的1个。①

二、用活人生产细菌战剂

日军第1855部队为研制细菌武器，不仅进行细菌效力的人体实验，而且使用活人生产了大量细菌战剂。

战俘竹内丰在1954年11月的笔供中，写出了用活人制造伤寒生菌和鼠疫生菌战剂的内情。自1943年8月1日至31日止，他被调到北支那防疫给水部济南支部从事制造作战用的恶疫生菌工作。他认为，随着战线扩大，日本兵力将嫌少，"用细菌战即可'以寡胜众''以少取多'，这是一个最好的方法"。因此，用2名八路军俘虏生产了鼠疫生菌。日本军医先把鼠疫菌注射到被俘的八路军战士体内，等鼠疫病发作后，将八路军战士进行活体解剖，一面观察病变，以实验鼠疫菌的效力；一面将八路军战士的静脉血抽出来，利用感染了鼠疫病的八路军战士的静脉血来制造大量鼠疫生菌战剂。竹内丰写道：

在我到达该支部之日，我和木村大尉将他已用鼠疫菌接种感染的2名八路军俘虏，共同进行诊察解剖。根据临床剖检所见，确定了该菌种有相当的感染力。由俘虏患者的静脉抽血，注入增菌培地；又将血液琼脂培剂涂植于摄氏37度的孵卵器内，静置培养18至20小时后，将好的菌落采取，涂植在远藤氏平板培剂上，于孵卵器中培养约20小时；根据白金耳检查，将一部分优秀菌落采取进行了预定的凝集反应检查，一部分移植到平板培剂上，放于孵卵器内，进行分离培养；又用白金耳做菌落检查和预定的凝集反应检查后，采取准确的菌落，再移植到平板培剂上，于孵卵器内静置约20小时进行纯培养；后用白金耳对培地面上之菌落进行精细地检查，反复进行凝集反应的检查，涂植标本施以镜检，确认没有杂菌混入后，以生

---

① 中岛京子1953年9月3日的笔供，原件存中央档案馆。

理食盐水溶解，用白金耳涂植在大型平板培剂上，于摄氏 37 度的孵卵器培养约 20 小时后取出，采入生菌容器内贮藏。又反复进行培养操作，就这样制造了很多作战用之鼠疫生菌。

竹内丰等用 9 名八路军俘虏的胆汁来制造伤寒生菌的场景，更加残忍、可憎！他写道：

用伤寒菌接种感染的俘虏患者，进行活体解剖时，进行胆囊穿刺，采取胆汁。先注入于增菌培剂中，后涂植于血液平板培地上，静置于摄氏 37 度的孵卵箱中，培养约 20 小时后，将好的菌落采取，涂植在远藤平板培剂上进行培养；后用白金耳进行精细检查平板面，采取了一部分好的菌落，进行了预定的凝集反应检查，又将该菌落的一部分移植到新鲜的平板培剂，置于孵卵器内约 20 小时给以分离培养后，再以白金耳检查，做预定凝集反应检查，采取准确的菌落一部分，移植到新鲜的远藤平板培剂上，置于孵卵器内，予以纯培养约 20 小时后，再以白金耳做精细地全部平板面上之检查，凝集反应检查，涂沫标本，实施显微镜检查，确认为纯伤寒菌时，加入生理食盐水给以溶解，涂植于许多大型远藤平板培剂上，放于摄氏 37 度孵卵器内，培养约 20 小时后，采取放入容器内贮藏。以此反复地进行多量培养操作，贮藏了许多伤寒生菌，以供作战之用。

日军为了制造伤寒生菌战剂，不仅用注射了伤寒菌的八路军俘虏的胆汁，还用他们的粪便。竹内丰说：

取被接种伤寒菌俘虏的粪便，用白金耳倒入胆汁培剂中，搅拌溶解，另一部分涂植在新鲜的远藤平板培剂上，置于摄氏 37 度孵卵器内，培养约 20 小时后，用白金耳检查菌落，将好的菌落取出一部分，施以预定的凝集反应检查，另一部分涂植在新鲜的平板培地上，置于孵卵器内约 20 小时进行培养后，用白金耳精检这个菌落，将好的采出做预定的凝集反应检查，又将该菌落的一部分移植到平板培剂上，放入孵卵器内培养约 20 小时，将杂菌和伤寒菌分离开，用白金耳检查此培剂面上的菌落，实施凝集反应检查，将确认的伤寒菌落采出，移植到新鲜的平板培剂上，放于孵卵器内纯培养约 20 小时后，再用白金耳精细地检查全部菌落，做预定凝集反应检查，及涂抹标本、显微镜检查等，确认没有混入杂菌、纯粹为伤寒菌后，加入生理食盐水溶解，涂植于多数的新鲜大型远藤平板培剂上，放于摄氏 37 度的孵卵器内培养约 20 小时后，采入容器内贮藏。以这样的培养作业反复进行，贮藏了多量的伤寒生菌，以供细菌战用。①

就是这样，济南防疫给水支部在短短一个月内，用 11 名八路军俘虏实验伤寒菌和鼠疫菌的感染力，培养细菌战剂，其中仅伤寒生菌即制造了 16 桶半。其容量为直径 40 公分、高 50 公分，以桶的容量来计算，制造伤寒生菌大约有 999 公斤。这批伤寒生菌，于 1943 年 8 月上旬末、中旬末、下旬末，连续 3 次由冈田支部长和木村主任交给北支那方面军参谋部的军官用汽车运走，散布在陇海线以南地区特别是京汉线沿线一带。②。

还须指出的是，第 1855 部队及陆军病院，为了制造大量细菌武器，甚至把在细菌作战中感染的日军患者也作为生产恶性生菌的材料来使用。据汤浅谦 1955 年 8 月 31 日的口供，潞安日陆军病院与第三十六师团防疫给水班有交换细菌的关系，"潞安陆军病院以细菌战为目的，保存平时从患者所取的新菌，将此补给于潞安防疫给水班，令其制造使用最强毒力菌，即：病院做成强力的菌株，防疫给水班将此增菌，使用于细菌战。"从 1942 年 5 月至 7 月，潞安陆军病院收容三十六师团出动部队患肠伤寒的士兵 20 余名。1942 年秋作战之后，也有 36 名以上肠伤寒患者入院。1943 年春太行作战时收容了多数回归热患者和肠伤寒患者。汤浅谦曾"指示赖美曹长、濑迫军曹、藤见一等兵、中原下士官，从传染病患者身上采取新菌（主要是肠伤寒、A 型副伤寒、B 型副伤寒）"。他说：

我所培养的是菌株，还不是直接撒布的细菌，至于数量，每一实验管只能放 0.5 瓦（0.5 克）。我先后共送与潞安三十六师团野战防疫给水班的

---

① 竹内丰 1954 年 11 月的笔供，原件存中央档案馆。

② 据竹内丰 1954 年 8 月 24 日的笔供、1955 年 6 月 25 日的口供，他回到济南陆军医院以后，见到北支那方面军军医部的防疫报记载着"在陇海线以南地区特别是京汉线沿线一带，发生了伤寒病患者，据其蔓延的现象应加注意"。这是他"制造的伤寒生菌撒布"的结果。此两原件存中央档案馆。

菌株在 8 次以上，每次 3 试管，共 12 瓦（12 克）。这都是新的强有力的菌株，再经过防疫给水班培养的话就更加大了，如以 1.5 瓦（1.5 克）的菌株经过一天的培养就能生产 1 公斤。①

三、用活人实验手术和杀人方法

侵华日军在华北地区，不仅用活人实验各种细菌的杀伤效力，制造各种细菌战剂，而且用活人做各种医学解剖实验，甚至实验各种杀人的手段。从 1938 年 3 月开始，以后逐步扩展。可以说，凡日军所到之地，几乎都有抗日志士或老人、妇女、儿童被用做实验"材料"。这些白衣魔鬼，有时甚至不打一点麻药，就把活生生的中国人给解剖惨杀了。

1. 有计划的活人医学解剖。

在华北（甲）1855 部队的北平本部及各地支部，使用活人进行医学解剖和杀人手段实验，一般是按其生体解剖计划进行的。如前所述济南防疫给水支部，据崔亨振的证言，每 3 个月进行一次活人实验，一次要解剖 100 名抗日志士。在太原防疫给水支部，据战俘汤浅谦供述，在 1942 年 4 月初，他和驻山西军医共 20 名，奉命接受防疫给水细菌战训练，在太原市小东门街第 1 军工程队（俘虏收容所），由太原陆军病院院长佐藤中佐指导，分为4 组，将 4 名抗日军战俘用子弹打伤，缚在手术台上，进行了解剖。有的剖腹取子弹，有的切断四肢。② 同年 8 月，石井四郎担任第一军军医部长后，大大加强了生体实验，包括演练手术和医学解剖实验。据中村三郎 1953 年2 月 2 日的笔供，1944 年 1 月，石井四郎军医部长和太原防疫给水支部的支部长亲自督导，召集第一军所属军医约 20 人，在太原防疫给水支部进行生体手术实习教育。宣布"这是军事极秘，不可说于别人"。在 3 天内，分为4 组，用中国战俘 8 名，进行了活人解剖实习。解剖手术种类有：盲肠炎、虫样切除术、疝气手术、气管切开术、动脉结扎术、粪漏形成术、四肢切

---

① 汤浅谦 1955 年 8 月 31 日的口供。原件存中央档案馆。
② 汤浅谦 1954 年 11 月 20 日的笔供。原件存中央档案馆。

断术。在实习中，各组互换顺序进行。当时只做了局部麻醉，7 项手术实习完后，人虽然无四肢，但还活着。中村三郎说：在实习手术中，因麻醉性弱，俘虏身动、出声，这时又加以麻醉，更在皮下注入吗啡，使其继续麻醉。俘虏经过各种的手术后，四肢已无，但尚未死。对此，又以 5CC 石炭酸原液在俘虏的腰椎或头部注入脑脊髓膜腔内，转眼间俘虏死亡。太原防疫给水部的笠中尉、井河中尉二人，将死者的头盖骨切开取出脑髓，又将胸腔切开取出心脏，我看见心脏尚在跳动。①

日军北平陆军总院和各地陆军医院用活人做医学解剖和杀人手段实验，也是按计划进行的，其野蛮、残忍，也是有代表性的。据野田实的供述，日军第十二军兵站医院及其管辖各兵团病院，根据该军军医部长川岛清②的命令，不断地按计划使用中国人进行生体解剖的"教育"训练。1944 年 10 月下旬，在河南省郑州第十二军直辖兵站病院内，实施第十二军管辖各兵团、各陆军病院外科医官集合教育，在最后一天，将一名抗日军俘虏作为实验材料，实施了生体解剖。这名抗日军俘虏，是用第十二军法务部所属的囚犯汽车送来的，男子，体格营养中等，30 岁左右。按照川岛清的命令，在教官北京第一陆军病院附军医中佐长盐的指导下，由第十二军直辖兵站病院庶务主任栽军医大尉实行全身麻醉，由野田实按着两肢。其他约 10 名受训者军医，开腹实施割盲肠手术，将内脏各脏器检查以后，又把两大腿的股动脉和两上膊的膊动脉弄出来，实施割上膊、大腿的手术，又在前头部实施气管的切开手术。之后，该抗日军仍然还活着，为了保持秘密，长盐军医中佐命令某军医大尉给其注射毒药，将其惨杀了。③ 1945 年 4 月上旬，在河南省焦作第一一七师团野战病院，根据该师团野战病院院长军医少佐丹保司平的命令，以进行军医教育为目的，使用一名年约二十五六岁的中国农民，实施了生体解剖。宪兵把那青年人举上去按倒在手术台上，野田实等 6 人分别按住他的手、脚、肩膀、头部和腰。水谷军医迅速将浸了

① 中村三郎 1953 年 2 月 2 日的笔供，原件存中央档案馆。
② 川岛清，即 1949 年被原苏联审判的 12 名细菌战犯之一。
③ 野田实的罪行供述书，1954 年 7 月 10 日。原件存中央档案馆。

麻药的纱布往口、鼻上盖。那青年人猛力挣扎,其他人拼命拽住,弄得手术台嘎啦晃动。野田实写道,"教育"的过程是这样的:

最初将右下腹切开10厘米,做盲肠手术,摘出的阑尾细得像蚯蚓,完全是健康无异状的。接着从剑突到脐下在腹部正中切开30厘米,之后检查内脏,剥开大网膜找胃,拉开肠子看到肝脏里边露出的蓝黑色胆囊。查完内脏,拉平腹膜缝合。接着两人一组,分两组同时在活人身上做截肢——右臂、左大腿的手术。野田实在左股下1/3处切开皮肤向上剥离,再把活人的大腿顺骨缝处切开。让高岩尝试非外科医生体会不到的感触,叫他拿一把大切断刀,用持刀的胳膊压住大腿,一下子切断。高岩用力切掉周围软组织,鲜血像瀑布似地喷出来,伸展的肌肉痉挛收缩,一会儿被切断了。高岩赶快用两手分开肌肉,剥离大腿骨上粘着的肌膜、骨膜,露出了雪白的大腿骨。他用厚厚的纱布把肌肉断口包住向上提起,让高岩用骨锯靠大腿上端锯断。右上肢的截肢手术也结束后,那人青年农民两三个小时前的健康相貌完全没有了,脸色苍白,口唇发青,脉搏细微,瞳孔缩小。最后一项,做完气管切开手术之后,全部"教旨"按计划完成了。

但野田实感兴趣的是要看看往这个男人的静脉里注射多少CC空气可以致死。他又让森下将5CC空气推进去,没有变化,再试注射20CC。推了约莫一半,青年农民大喘了两口气垂下头来。他命令森下"行动秘密些",弄到马厩后面挖好的坑里埋掉。①

据战俘汤浅谦的供述,潞安陆军医院为本院和驻山西省潞安第三十六师团的军医举办了一个叫做"潞安军医教育班"的研究会,研究所谓"战争医学"。为了提高青年军医的手术水平,每年都进行四五次以俘虏为材料的活体解剖。在位于医院内运动场一角有血淋淋的解剖室,在这里还排列着露天火葬场和灵堂,附近一带埋满了通过解剖而杀害的尸体,几乎再也没有挖新坑的余地了。不时地可以看到,野犬将泥土挠开,在咬食尸体。

---

① 原载《侵略——日本战犯的自白》,新读书出版社1985年版;参见《天津日报》1982年8月25日。

1942 年 3 月至 1945 年 3 月，汤浅谦在该病院亲自参与的生体解剖就有 8 次之多，活活解剖杀害了 18 名中国人。他还根据潞安日陆军病院院长酒井满的命令，亲自作了 1944 年度和 1945 年度的军医教育计划，规定每年用活人演习手术 6 次，每次解剖活人 2 名。他在 1955 年的笔供中，写出了活体解剖八路军战俘的实情：

1942 年 3 月下旬，一天下午，该医院和第三十六师团的军医约二十五六个人，在医院院长西村军医中佐的指导下，将从潞安城内三十六师团 223 联队队部带来的 2 名八路军俘虏，做了活体解剖。这 2 个人年纪都在 30 岁左右。当他们发现面前的手术台，上面排列着手术刀、剪刀，还有钩形的穿刺器和锯骨头的锯子时，便知道从现在开始将要被一刀一刀地割成碎块。对于日本军的这一灭绝人性的暴行，内心里充满了愤怒和仇恨，他们毫不畏惧地、目不转睛地瞪着这些白衣魔鬼。过了一会，2 名俘虏被解开绳子，剥光衣服后，又被绑到手术台上。直到这时，他们仍然出人意料地镇定自若。

汤浅谦说：

在大约 2 小时的时间里，练习了肠缝合、切盲肠、截肢和气管切开等手术。这时已近黄昏时分，解剖室的水泥地面上洒满了鲜血，室内一片死寂，只是听到俘虏时断时续的呼吸声。他想到要进行最后一项实验，便把麻药乙醚注射到其中一个八路军战俘的肘部已变得很细的血管中去，该战俘连续发出两三次咳嗽声，呼吸停止的同时，脸色一下变得苍白。西村院长给另一个奄奄一息的俘虏的心脏里注射空气。采取如此残暴的行为，他们似乎感到还不满足，最后用带子把俘虏勒死了。①

潞安日陆军病院不仅有计划地用活生生的战俘做解剖，甚至随意抓捕和平居民、老人、儿童进行活人解剖。据郭金富的母亲朱大姐、裴胖狗的哥哥裴喜狗等人向人民政府提起的控诉：1942 年阴历十月初二，郭金富、裴胖狗、黄有成 3 人在潞安日陆军病院附近干活、玩耍，被该病院日军抓

---

① 汤浅谦 1955 年的笔供。原件存中央档案馆。

去，活活被解剖致死。汤浅谦在此铁证面前，写下了如下认罪书：

以上第九号 2 页至 10 页之朱大姐（女）、裴喜狗二人控诉与对证之马海水的讯问笔录，经翻译用日语读给我听过。据控诉及讯问笔录，于 1942 年 11 月（阴历十月初二）清晨，我在山西省长治市前日军第一军潞安陆军病院坐汽车，去前日军潞安宪兵队，将朱大姐之子郭金富、裴喜狗之弟裴胖狗和黄有成 3 人带回病院解剖室，全部活体解剖了的罪行，确实是我以日军第一军潞安陆军病院传染病室中尉军医身份，参加了当时（11 月 9 日）由本病院主持的对日军第一军第三十六师团及本病院军医进行活体解剖的演习。我将这 3 名和平居民中的 2 名，亲自进行了气管切开、上肢切断术等的活体解剖。其余 1 名，我协助院长酒井满斩杀了。我对此事件应负亲自和参与的责任。

汤浅谦看了记录他在潞安陆军病院活体解剖 10 名俘虏和 5 名和平居民的照片后，又写下了如下一段话：

此照片，我已阅过。此照片确实是日军第一军潞安陆军病院自 1942 年至 1945 年，将 10 名抗日军俘虏与 5 名和平居民进行了活体解剖和斩杀之遗骸中的二名。我亲自进行了此种活体解剖又参加了斩杀。故此照片能证明我亲自进行活体解剖和参与斩杀的罪行。[①]

2. 上级批准的活人医学解剖。

侵华日军在华北地区，除按计划用活人进行医学解剖和杀人手段的实验外，还不定期地经上级批准，实施这种罪恶实验。

据中岛京子的笔供，1939 年 7 月，她作为陆军医院西村部队的特殊志愿护士，参加了潞安作战。一天，有 4 名抗日军俘虏被押送到潞安病院。其中 1 名，年约二十二三岁，容貌端正善良，已被日军用糜烂性毒气弄得全身溃烂，右脚尤为严重，根本不能行走。3 天间，这名俘虏受尽折磨，溃烂的腿上和粪便上落满了苍蝇，蛆虫到处乱爬。这时，决定用这名抗日俘虏做生体手术演习。按照小岛军医的命令，中岛京子等 5 人将这一青年绑到手术

---

① 汤浅谦 1955 年 6 月 9 日的笔供。原件存中央档案馆。

台上。远藤军医只是简单地做了局部麻醉，便用手术刀割开皮肤，切开肌肉，做截肢手术。中岛京子写道：

由于做的是局部麻醉，青年人痛得大声喊叫，1名士兵和1名护士，2个人按住他被绑着的腿，他仍然扭动着身体，腿迟迟锯不下来。我嫌他讨厌，便在他嘴里塞满了纱布，让他喊不出声来。青年人由于痛苦和愤恨，咬着牙，用着可怕的眼神瞪着我。由于没有充分地止血，所以每当他呼吸或扭动身体的时候，鲜血便从刀口"咕嘟咕嘟"地喷射出来。截断这一根骨头竟用去了40分钟。从手术开始到全部结束整整用了2个小时。然后，便把青年抬回病房。

军医要中岛京子"先注射8毫升B，过五六分钟后，如没有变化，再注射5毫升A，注意观察情况！"她给注射了B，不到3分钟，只见他痛苦得满床乱滚，从鼻腔中流出通红的鲜血，开始挣扎，但已发不出呻吟声了。当注射后12分钟左右，这个年轻人便断气了。根据注射后急剧发生的变化和A、B这两种使用代号的药名，中岛京子意识到这就是当时由潞安陆军医院研制的细菌液。后来，这个青年又被军医们作为研究材料解剖了。[①]

直到最近，我们才研究发现，日军曾在保定城外建立了正式的生体解剖实验场。据第六十六旅团司令部军医中尉野田实[②]供述，1944年5月，他与保定陆军病院田文男合谋在保定陆军病院附近设立实验场。这一计划得到了第六十六旅团高级副官林吾夫的许可，决定地点设在保定城外的空营房，即调去河南作战的原第一一〇师团步兵一六三联队本部的禁闭室。6月下旬到7月上旬，他又经过第六十六旅团司令部的批准，通过情报系军官黑江中尉，领到15名或者是16名八路军俘虏。他们都是男子，穿着黄褐色的军服，大概是在25岁以下。随后，用旅团司令部的载重汽车，派上1名警

---

① 中岛京子的罪行笔述，1956年。原件存中央档案馆。
② 野田实，日本歧阜县人，东京医学专门学校毕业，1942年1月至1945年8月侵入中国，先后任日本北支方面军驻保定陆军病院少尉、中尉外科病室医官，训练队主任教官兼第六十三师团六十六旅团司令部及六十三师团病马厂医官，第一一七师团野战病院外科诊疗室主任、教育主任、代理庶务主任、疗养所所长、病院附等职。

备兵，他亲自坐在司机旁边，把八路军俘虏押运到保定城外，监禁在上述地点。一方面严加看管，另一方面向北京方面军军医部请求实验用的病理机械及药品。

事实上，此前，河北保定日军第六十三师团第六十六旅团陆军病院，代号（甲）1831 部队，已多次使用中国人进行生体的医学实验了。1942 年 10 月下旬，在保定日陆军病院外科病室收容了 1 名伪军中国人战伤者，男子，约 35 岁，患有右胸部穿透性贯通枪伤兼脓胸。野田实与该病院附兼外科室主任军医中尉长田文男用这个患者做了脓胸手术实验。野田实说：在实施手术时，患者容态急变，呼吸陷入停止状态，"反正是中国人，杀了也不要紧"，说着又继续施行手术。该患者于第二天晨死亡。1944 年 5 月上旬，野田实与长田文男提议，用 2 名八路军俘虏做安装止血带的医学实验，得到保定陆军病院长军医中佐柴田长七和第六十六旅团长少将佐久间盛一的批准。野田实供认，实验的地点，在第六十六旅团司令部内的空营房。他写道：

1944 年 5 月中旬的星期六午前 10 时许，我和该司令部附卫生军曹藤田某，还有 2 个卫生兵，把 2 个八路军俘虏（男子，一名约 30 岁，一名约 27 岁，中等身材）带到前述的营房，下半身脱成裸体，地上铺上席子，叫他们仰卧着，把止血带各安装在大腿部的一侧，连续 24 小时一回也没有松过。在这个时间里，派 2 名卫生兵轮流严格监视止血带的完全安装，我、长田文男和藤田也轮流去观察止血带末梢部的变化。第二天，星期日午前 10 时许，把止血带解开，按装止血带的末梢部暗紫色处已经肿上来。由于在陷于半腐烂状态处发生的毒素全身循环的结果，这 2 名八路军俘虏一般状态发生急变，翻来覆去的痛苦难堪，其中 1 名暂时闷死，其他 1 名在危急状态中，但是还活着。为了保持秘密的目的，在当天午后 4 时许，我命令藤田给该注射上强拿卤考本、斯考保拉氏和吗啡各 1 公撮，以惨杀之。就这样 2 名都惨杀了。我又命令藤田在当日天黑时去掩埋尸体，埋在保定城外城墙附近。①

---

① 野田实的罪行供述书，1954 年 7 月 10 日。原件存中央档案馆。

正是在这些罪恶的医学实验之后，野田实等在保定日陆军病院附近设置生体解剖实验场。在生体实验场里，八路军战俘的命运将会如何？令人不寒而栗！

3. 日军大队、中队的"自由解剖"。

再看一看日军大队、中队的军医们是如何"自由解剖"中国同胞的吧。

1941 年 9 月上旬，菊地修一是驻山西省偏关城内日军的一个中队长，他决定由中队军医河原信二将 1 名俘虏进行活体解剖。在中队医务室里，把俘虏的咽喉割开，不叫出声，实验盲肠手术后，又把肠子割开、缝合起来。第三天，又演练割断关节手术。他认为在偏关这个"最前线的地方"，可以"自由做解剖"，捉到俘虏可以"多做些研究和解剖"。[①] 1940 年 3 月至 1944 年 2 月，吉泽行雄曾任日军独立混成第 3 旅团第 9 大队少尉军医、旅团司令部电信联队及原平镇陆军病院中尉军医，他先后 6 次做人体实验和活体解剖，活活残杀了 8 名中国同胞。他以"偷粮"为借口，将 1 个村民刺杀，又做了虫样突起手术解剖；将 2CC 升汞液注射 1 名中国男子的心脏；将 0.5CC 强力麻药注射在 1 个长疮的中国少年皮下。1942 年 11 月，在河北阜平东下关附近，用 1 个患肺炎的民夫，做了头部、胸部、腹部的解剖，埋在东下关东北方约 200 公尺的田地里。又将 1 名八路军俘虏，约 25 岁，缚在门板上，蒙目塞耳，以棉花塞口，未注麻药，做了气管切开解剖。为了隐蔽罪行，将尸体埋在那个民夫的左侧，还用木板伪标墓志："中国人无名战士之墓"。[②]

以上事实表明，华北（甲）1855 部队使用活人进行细菌战实验、医学实验和杀人手段实验的反人类罪行是极端严重的，活杀抗日志士与和平居民的人数也是相当之多的。

四、解剖活杀人数令人震惊

首先审视一下，本人根据中央档案馆的馆藏资料，所列出的一张日本

---

① 菊地修一 1955 年笔供。原件存中央档案馆。
② 吉泽行雄 1954 年 9 月 1 日的口供。原件存中央档案馆。

军医在华北地区解剖活人的简表。

新中国成立后，审判了侵华日军战犯，仅据 43 名军医的材料，最早于 1938 年 3 月做人本实验，最迟于 1945 年 7 月结束人体实验，做了 61 次人体实验，解剖活杀了 152 名中国人。试想一想，日军 1855 细菌战部队系统中有多少军医？日陆军各医院中有多少军医？日海军、空军中还有多少军医？这 40 多名日军军医，实在是其中太少又太少的一点点儿！

日军在华北人体试验和活杀解剖简表

河北省：

1. 种村文三供词：（1954 - 8 - 21）1933 年 4 月 6 日，在热河省古北营子村将 1 名被车子轧了腿的工人的左腿锯掉。

2. 太田秀清笔供：（1954 - 8 - 15）1938 年 12 月，关东军承德陆军医院将 1 名在兴隆县被捕的抗日战士进行活体解剖。

3. 《晋察冀日报》1944 年 3 月 8 日记载，1939 年 12 月，混成第 8 旅团驻河北省沙河县佐野中队伊藤军曹解剖 1 名老百姓，取出肝偷偷贩卖。

4. 逢见谷正夫笔供：（1954 - 11 - 20）1940 年 5 月间，在河北省通州宪兵分队，军医大尉毛利某活体解剖 1 名抗日战俘，取出脑子，在锅炉里烧烤后交给宪兵中尉荒牧。

5. 德久知正笔供：（1954 - 8 - 25）1940 年 6 月至 9 月，天津陆军医院特设分院院长，将抗日军官王某和李某作为第四种性病研究材料。

6. 重广富一笔供：（1954 - 5）1940 年 7 月中旬，在河北省密云县石匣镇，大队附楹尾元治军医中尉将 1 名做了口腔内负伤不能呼吸，将下咽喉切开的实验，并杀死实验者。

7. 野田实笔供：（1954 - 7 - 31）1942 年 10 月下旬，在河北省保定陆军医院，外科主任军医中尉长田文男和我，将 1 名伪负伤者做了脓胸手术实验。

8. 平泽喜一证实：（1994）1855 部队北京本部第三课于 1943 年夏对 17

名俘虏进行细菌实验，并活体解剖。

9. 吉泽行雄笔供：（1954 – 11 – 15）1943 年 11 月上旬，在河北省阜平县东下关，抓捕 20 名住民抬担架，将其中 1 名因酷使患急性肺炎者做了病理解剖。

10. 吉泽行雄笔供：（1955）1943 的 11 月中旬，在阜平县东下关，军医部长原见军医大尉将 1 名 25 岁左右的八路军俘虏，做了不用麻药，进行气管切开术的实验。

11. 林吾夫笔供：（1954 – 4 – 20）1945 年 5 月，将 2 名俘虏，交给保定陆军医院做解剖实验。

12. 野田实笔供：（1954 – 7 – 31）1944 年 5 月中旬，在保定第 63 师团第 66 旅团司令部，我和军曹藤田某将 2 名八路军战俘做了绑扎止血带的医学试验。6 月到 7 月，又将 15 名八路军战俘做医学试验。

13. 二宫正三笔供：（1954 – 7 – 30）1944 年 7 月，混成第 15 旅团第 79 大队急袭河北省平谷县井儿峪时，将 1 名老人（男）进行活体解剖。

河南省：

1. 久加知正笔供：（1954 – 8 – 25）1939 年 9 月，在平原省际武县西门外西北角，第 35 师团原田部队军医和田少尉将 1 名中国农民（34 岁，男）做人体解剖试验。

2. 长男政雄笔供：（1954 – 8 – 18）1944 年 9 月，在平原省新乡，第 204 大队军医中尉大道文男将 1 名 25 岁左右的中国男子进行解剖，做卫生兵现场教育。

3. 野田实笔供：（1954 – 7 – 31）1944 年 10 月下旬，在郑州 12 军直辖兵站医院，奉 117 师团铃木启久师团长及军医部长川岛清大佐的命令，我将 1 名抗日战俘（男）进行活体解剖，做了各兵团陆军医院外科医官的集训教育。

4. 铃木启久口供：（1954 – 5 – 6）为了试验空气杀人方法，1945 年春在怀庆 117 师团野战医院，命令该院附野田实将 1 名中国人进行解剖试验。

5. 野田实笔供：（1954 - 7 - 31）1945 年 4 月上旬，在平原省焦作镇 117 师团野战医院，奉院长军医少佐丹保司平的命令，指导军医中尉新田林等解剖 1 名八路军工作人员。

山东省：

1. 长田友吉笔供：（1954 - 8 - 4）1942 年 4 月中旬至 6 月上旬，在山东省济南陆军医院，为 350 名卫生新兵进行直观教育，我和铃木军医尉等将 2 名济南俘虏收容所的农民进行了解剖虐杀。

2. 长田友吉笔供：（1954 - 11 - 1）1942 年 9 月中旬一天上午 9 时，在山东省陆军医院，教育队队长铃木将济南俘虏收容所送来的 2 名中国男子（35 岁左右）进了行解剖实验。

3. 小岛隆男口供：（1954 - 11 - 3）1942 年 6 月，在山东利津县小清河北岸，逮捕 1 名男性农民试验毒药，并将其毒死；1942 年 7 月，在山东章邱县对 1 名男性农民进行空气针实验，该男性致死；1944 年 6 月，在山东朝城县活体解剖 1 名农民，进行实地教育卫生兵。

4. 石田松雄笔供：（1954 - 8 - 20）1943 年 7 月中旬，在山东临清县，军医中尉冈野广将临清宪兵队 2 名抗日爱国者进行活体解剖练习。

5. 永滨健勇口供：（1954 - 10 - 8）1943 年八九月间，在山东章邱县某村，五十九师团五十四旅团一一〇大队逮捕 1 名农民，矢崎大郎中尉命令军医土屋将其解剖。

6. 种村文三口供：（1954 - 8 - 21）1944 年 10 月 10 日，在山东兖州陆军医院，将 1 名俘虏解剖。

山西省：

1. 高梨文雄笔供：（1954 - 11 - 24）1938 年 4 月，在山西省潞安县城西西关村，108 师团 108 联队第 3 大队军医见习士官筑馆熊雄将 1 名农民解剖。

2. 高梨文雄笔供：（1955）1938 年 4 月初，在山西潞安县城西西关村，见习士官筑馆用 1 名抓来的 25 岁左右的农民做了"外科手术试验品"。

3. 杉下兼藏口供：（1954 - 8 - 13）1938 年 6 月 26 日，在长治县荫城镇与韩店间，俘虏抗日军 10 名，杀害 9 名，命令卫生队中井军曹于 8 月 14 日在太原西羊市进行人体解剖。

4. 吉泽行雄笔供：（1954 - 11 - 15）1940 年 3 月中旬，在崞县轩岗镇西北的河床，将 35 岁左右 1 名男子解剖，向新兵讲授。

5. 吉泽行雄笔供：（1954 - 11 - 15）1940 年 7 月中旬，在崞县原平镇陆军医院，进行活体药物试验，将 2 名八路军工作人员杀死。

6. 相乐圭二笔供：（1954 - 11 - 22）1940 年 7 月底，在宁武县"扫荡"时，和泉军医中尉将 1 名八路军重伤员解剖杀害。

7. 松永光穗笔供：（1954 - 11 - 7）1941 年 6 月 30 日左右，我受大同宪兵队长命令，将共产党员 1 名交给陆军医院诊疗所军医中尉进行活体解剖。

8. 菊地修一口供：（1955 - 3 - 12）1941 年 9 月中旬，在偏关县楼沟堡，将村长和 1 名 16 岁少年，在碉堡内活体解剖。又在偏关马王庙逮捕 3 名农民，其中解剖 1 名。

9. 郭成则等控诉种村文三：（1954 - 8 - 10）1941 年 10 月及 1942 年阴历十月初二，在潞安陆军医院，亲眼见到宪兵队将郭金富、黄有成、裴胖狗及长治城外 4 人送来，由院长西村庆次和副科长种村文三将 7 人在后院密室解剖。

10. 汤浅谦笔供：（1954 - 11 - 20）1942 年 3 月，在山西潞安陆军医院（北支派遣乙第 1837 部队），受院长西村庆次命令，我将 2 名俘虏进行活体解剖演习。1942 年 4 月 14 日，在太原市小东门街第一军工程队（俘虏收容所），受第一军军医部长军医少将头周吉及太原陆军医院军医中佐佐藤某的命令，对 4 名俘虏进行活体手术演习。1942 年 8 月，在潞安陆军医院对 2 名俘虏进行活体手术演习。1943 年 3 月底，对 2 名俘虏进行割开气管手术演习。1944 年共 2 次将 4 名俘虏解剖杀害。1945 年解剖隔 1 月 1 次，1 次 2 名俘虏。

11. 汤浅谦笔供：（1955）潞安陆军医院为三十六师团军医举办"潞安

军医教育班"，研究战争医学。我在潞安的 3 年里，每年进行四五次以俘虏为材料的活体解剖演习，惨杀了 18 名俘虏和和平居民。

12. 森野博笔供：（1954－11）1943 年 6 月下旬到 9 月中旬，在山西省稷山县仁义村，中野卫生上等兵解剖 1 名山西军伤兵。

13. 远山哲夫笔供：（1954－11－18）1944 年 1 月 15 日，在山西临汾县北支那派遣陆军医院，受命洗印人的肝、脾、胃、胆、脑等照片，共 40 张，听说原版是神纳光治军医在太原防疫给水部活体解剖了 10 个中国人照的。

14. 中村三郎口供：（1954－8－31）1944 年 1 月，在太原防疫给水部受训 3 天，活体解剖 8 名中国俘虏做实验。

15. 吉泽行雄笔供：（1954－11－15）1944 年 2 月下旬，在崞县原平镇陆军医院，解剖 2 名中国男子。

16. 张三多证词：（1954－12－25）1944 年 7 月，我村东营盘有日陆军医院，吉泽行雄将远神村 1 个百姓贾招来解剖杀害。

17. 陈水池检举：（1954－12）吉泽行雄 1944 年调原平菊地部队。我知道他们解剖 3 次，其中 1 次解剖了神山村 1 个青年农民。

18. 段心宽控诉：（1952－8－11）1944 年 9 月，在崞县城仓街，吉泽行雄在陆军医院解剖剥死 3 名干部。

19. 种村文三口供：（1954－8－21）1944 年 10 月 15 日，在潞安陆军医院，将 1 名中国工人试验前臂切开止血法。

20. 远山哲夫笔供：（1954－11－18）1944 年 10 月 27 日，在临汾第 114 兵站医院（乙第 1838 部队）解剖 1 名 25 岁中国男子，摄 20 张照片。

21. 远山哲夫笔供：（1954－11－16）1944 年 11 月中旬，从临汾城内宪兵队押解 3 名犯人，听说进行活体解剖。

22. 竹川德寿口供：（1954－9－13）1945 年 4 月，山西省桐旭医学专门学校附设医院皮肤医师松下纪文，用 5 名学生进行皮肤医学试验。

23. 菊地修一口供：（1955－3－12）1945 年 6 月下旬，在崞县西贾村"扫荡"，逮捕居民 40 名，其中 1 名送原平陆军医院解剖。7 月上旬，在原平镇将居民 2 名做皮肤缝合手术。

24. 中村三郎口供：（1954 - 8 - 21）1945 年 7 月上旬，在原平镇陆军医院，参加了对 2 名中国战俘活体解剖实习。

内蒙古自治区：

安达千代吉口供：（1954 - 7 - 31）驻绥远托克托县时，1945 年 6 月中旬，将被拘留的 9 名居民和 2 名俘虏，练刺杀 10 名，活体解剖居民 1 名。

第二，审视一下战俘汤浅谦曾提供的一个情况。他在一份笔供中这样写道："非常多的军医、护士和卫生兵都参加过活体解剖手术，也许是几万人。仅华北方面日军就有 40 至 50 万人，下面约有 20 所陆军医院。"做活杀手术时，用粗暴的手法进行腰麻或全麻，有时在没有任何麻醉的情况下进行手术演习，"我们没有把中国人的生命当回事"。"年轻人也许不会理解为什么会犯这种罪行。这是由于蔑视别的民族的教育和军国主义教育的欺骗性造成的。"[1] 请想一想，日军在华北的 40 名军医活杀解剖了 152 个中国人，那么，侵华日军在华北约 20 所陆军医院、有几万名军医、护士、卫生兵，这些白衣魔鬼们会活杀解剖多少个抗日志士和无辜百姓呢？

第三，韩国人崔亨振根据亲身经历，指出：在济南防疫给水支部，每 3 个月进行 1 次人体实验，每次使用约 100 名抗日俘虏，每年使用俘虏 400 至 500 名。他在济南防疫给水支部期间，这里使用 1000 名中国人和韩国浪人做了人体实验。从这一证言看，战争期间，济南防疫给水支部进行人体实验而解剖活杀的中国人不会少于 2000 人。请再想一想，如果加上北京防疫给水部队本部，加上太原防疫给水支部，以及在华北的其他 10 多个防疫给水支部、分遣队，这个死亡工厂会制造多少解剖活杀中国人的罪恶！

从以上三组数字，可窥日军在华北进行人体实验，解剖活杀的中国人数是十分惊人的。目前，华北（甲）1855 部队使用活人进行细菌实验、医学实验和杀人手段实验的真相，还刚刚被揭开，还实难做出确切的统计。

---

[1] 中央档案馆等编：《细菌战与毒气战》，中华书局 1989 年版，第 793 页。

美国 1995 年 3 月 8 日有篇文章曾估计，战争期间日军以各种研究杀害的人至少有 20 万。[①] 从华北的情况来估算，日军各种活人实验而解剖惨杀的中国人约有 1 万人。

---

① 郭成周、廖应昌：《侵华日军细菌战纪实》，燕山出版社 1998 年版，第 47 页。

毒气武器遗患华北人民①

毒气战及遗弃毒气武器，是日本侵华战争的一个重要遗留问题，必须妥善解决，包括追索赔偿。二战结束后，远东国际法庭未能追究日本毒气战的罪责；日本在中国遗弃的毒气武器一直继续遗患中国人民；日本政府负有销毁遗弃在中国的毒气武器的国际条约责任；《中日联合声明》中国政府并没有放弃民间赔偿权。华北是日本实施毒气战的重灾区，其毒气战罪责藏匿最久、最诡秘，迄今对华北人民遗患极重。迅速、公正、妥善地解决这一事关历史正义和人民生存的遗留问题，已成为中国人民和世界一切和平人士的共同呼声。

一、毒气战的重灾区

华北是日本侵华战争实施毒气战的重点地区之一。在时间上，从日本全面侵华战争之初的 1937 年 7 月 27 日开始，至日本宣布投降后的 1945 年 10 月 5 日止，毒气作战达 8 年零 2 个月；在地域上，毒气作战遍及华北 5 省（区）2 市 239 个县区；制造了大量毒杀惨案，给中国华北军民造成了重大伤亡。

七七事变至武汉失守，是日军在华北进行毒气战实验并向中国各战场推广的时期。1937 年 7 月 7 日，日本帝国主义发动全面侵华战争。7 月 27 日，日本空军在河北省宛平县（今属北京市）卢沟桥投掷了毒气炸弹。同一天，日本大本营参谋总长闲院宫载仁以临参命第 65 号命令，下达了在侵华日本陆军中设置毒气部队的命令。从此，拉开了日本全面侵华战争的毒气战序幕。

---

① 原载《档案天地》2005 年第 3 期，收录时删去第 1 段。

到 1937 年 9 月，日本大本营派往华北地区参战的毒气部队，已有 1 个野战瓦斯队本部、2 个迫击大队、3 个乙种迫击中队、2 个迫击小队、2 个野战化学试验部和 2 个野战毒气工厂。到 1938 年 11 月 10 日，日本华北方面军得到补给的毒气弹药有：九四式轻迫击炮特种发烟弹、四一式山炮特种发烟弹药筒、八九式催泪筒（甲、乙）、九四式山炮特种发烟弹药筒、特种发烟筒（甲、乙），共计 215000 发（个）；消耗的毒气弹药有：九四式轻迫击炮特种发烟弹 2556 发，九四式山炮特种发烟弹药筒 91 发，八九式催泪筒甲 447 个、乙 2141 个，特种发烟筒甲 14271 个，共计消耗毒气武器 19506 发（个）。[①]

据不完全统计，这一时期，日军在华北战场实施毒气战达 170 余次。如山西省曲沃作战，日军第 20 师团于 1938 年 7 月 4 日至 7 月 7 日，向中国第 2 战区部队进攻，据八路军晋察冀军区第 1 军分区部队在河北易县大龙华战斗中所缴获日军文件，其中《日支事变中发烟攻击战例》记载，日军共发射了毒气弹 2197 发，施放了毒气筒 12600 个，致使中国守军中毒甚多，被迫撤离阵地。又如第一次围攻晋察冀根据地作战，日本华北方面军 5 万余人，自 1938 年 9 月 20 日至 11 月 7 日，向五台、阜平地区围攻，据晋察冀军区第 1 军分区在大龙华战斗中缴获日军绝密文件记载，日军使用毒气作战 13 次以上，发射毒气炮弹数百发，仅在阜平、定襄方向上即使用各种毒气筒达 3236 个。晋察冀军区部队中毒者有 1 团大部，3 团 1 个营，7 十七团 4 个连。

1939 年和 1940 年，日本华北方面军在作战中加强了毒气攻击的支援，由主要使用催泪性、喷嚏性等刺激性毒气，扩大为全面地使用包括糜烂性、窒息性等各种毒气，还在军、师团、联队中组建了各种临时毒气队，将毒气武器大量配备给步兵大队、中队、小队乃至战士。据中国方面资料不完全统计，此 2 年间，日军在华北地区使用毒气武器达 400 余次。如震惊中外的"百团大战"，自 8 月 20 日开始交通破袭战，至翌年 1 月 24 日反"扫

---

① 步平主编：《化学战》，黑龙江人民出版社 1997 年版，第 159 页。

荡"结束，历时 5 个多月，八路军参战兵力达 105 个团，毙伤俘日伪军 50880 余人，破坏铁路 474 公里，公路 1502 公里，桥梁、车站、隧道 261 处，攻克据点 2994 处，缴获毒气炮弹 57 发、毒气筒 2059 个、防毒面具 1051 个等大量作战物资，在军事上、政治上取得了巨大的胜利。根据八路军总部的战报，在百团大战期间，日军使用毒气武器达 20 次以上，致使八路军官兵中毒者达 21182 名，其中旅级干部中毒者有陈庚、周希汉、陈锡联、范子侠、谢富治、尹先炳等 8 人。

1941 年和 1942 年，中国抗日战争处于最困难时期，日军华北方面军进入了更加残酷地实施毒气攻击的作战阶段，由主要针对部队转变为主要针对民众，由间隔使用为主转变为经常使用为主，由较小规模使用为主转变为大规模使用为主。据中国方面资料不完全统计，抗战前 3 年，日军在华北使用毒气作战 570 次以上，八路军中毒官兵 10475 名①。1941 和 1942 年，日军在华北地区进行毒气作战 280 余次，仅一二九师在抗战第 4 周年即有官兵中毒者 4390 人，比前 3 年官兵中毒总数还多 532 人②。

由于中国战局与世界战局的变化，1943 年和 1944 年，日本华北方面军使用毒气每年平均减少为 40 余次，1945 年更减少为 10 余次。但为挽救其命运，1944 年 1 月 29 日，日军参谋总长杉山元以大陆指 1822 号命令，下达了"化学战准备要纲"。因此，日军使用毒气武器，虽转入低潮，但表现出更加依赖毒气武器以负隅顽抗的特点。1945 年 8 月 15 日，日本宣布无条件投降，9 月 2 签署投降书。但是，8 月 23 日，八路军晋绥军区一二〇师第十七团进攻汾阳城，日军第 114 师团 201 大队为阻止八路军攻城，向地道内连续施放毒气，致使八路军官兵 67 人全部中毒殉国。10 月 4 日，八路军冀中军区部队对石家庄外围日军据点藁城发动攻击，5 日拂晓，日军施放毒气，掩护其反扑，至 7 日上午，才解放藁城。

在华北战场上，日军使用毒气武器作战达 1000 次之多，仅据 80 次已查

---

① 《解放日报》1944 年 7 月 22 日。

② 刘伯承、邓小平关于一二九师抗战 4 周年的战斗收获损耗统计的报告，1941 年 6 月 26 日。原件存中央档案馆。

明其毒气武器种类、数量者，日军就使用催泪性、喷嚏性毒气 14143 筒，窒息性毒气 265 筒，糜烂性毒气弹 1006 发及液体 630 公斤，毒气弹 3206 发，毒气筒 22216 个；仅据 133 次已查明中毒伤亡人数者，即致使中国军队中毒伤亡达 3.7 万人以上。

在华北地区，日军使用毒气武器的一个突出特点是毒杀了大量和平居民。为了对八路军和人民群众进行毒气战攻击，日军从师团到联队、大队、中队，乃至小队，不论步兵、炮兵，不仅使用抗日战俘做"活体"实验，还广泛而大量地把和平居民作为毒气战训练的"活靶"。据日军战俘加藤喜久夫、木村初雄、清水永吉、村山隼人等 19 人的供词，1940 年 9 月至 1944 年 7 月，仅在河北、山西、山东、河南，他们亲自参与瓦斯教育训练中，就使用和平居民当作"活靶"进行训练达 18 次之多。如 1941 年 8 月，日军一个大队在河北固安县牛驮镇受毒瓦斯教育时，30 名受训下士官候补者到附近某村做瓦斯效力实验，施放了 10 个小红筒毒气，有 30 名村民中毒，呈现呕吐、眼睛红肿、流泪的惨状。① 1943 年 7 月，第 66 旅团 78 大队第 2 中队木村小队，到河北易县北山约 6 公里某村，拂晓时对村民进行毒气试验，逮捕约 30 名老百姓，用枪刺威逼到一间小庙内，施放了约 10 个小红筒瓦斯，老百姓中毒严重，1 人二三天后死亡。②

日军不论在其占领区、抗日根据地，还是在游击区，为摧毁中国人民的抗日意志，总是以各种借口和卑劣手段，驱集和平民众，使用毒气进行集体审讯和毒杀。1939 年 12 月 4 日，河北蠡县日军 200 余人，将车里营、王辛庄、林堡、潘营等 5 村部分民众驱赶到王辛庄，把壮丁 80 余人关进 3 个房间，用窒息性毒气全部毒死。③ 1941 年 2 月 8 日晨，日军包围山西定襄上零山，将 100 多名群众赶进 2 间教室内，关闭门窗，施放毒气，使 45 人中毒死亡。④ 1941 年 7 月中旬，独立守备步兵第 7 大队 400 多人，在河北省

---

① 关口藤治 1954 年 12 月 22 日口供。原件存中央档案馆。
② 关口藤治 1954 年 12 月 22 日口供。原件存中央档案馆。
③ 《抗敌报》1939 年 12 月 29 日。
④ 《侵华日军在山西的暴行》，山西人民出版社 1986 年版，第 132 页。

玉田东南母庄，为彻底搜查兵器，将村民150人赶村东北路旁洼地里，命令士兵四周监视，点燃了小型绿筒1个、绿棒5个、发烟筒2个，进行凶残的大规模集体拷问。孩子们哭喊，流泪，拿草塞鼻子，头往土里钻；抱着幼儿的母亲用自己衣服裹孩子，拼命地保护着孩子。其中不堪痛苦折磨而爬上土堤想逃走的人，被日军踢下土堤。村民被置于这种悲惨的境遇里达30分钟以上，呼吸器官受到严重伤害，有半数呕吐，不能走路的十几人，还有3名幼儿因被母亲的衣服包得过紧窒息而死。[①] 据不完全统计，日军在华北以集合开会为名，使用毒气进行集体审讯、毒杀至少达12次以上。

日军对华北各抗日根据地进行"扫荡"、封锁、"蚕食"、围剿时，特意向老百姓藏身的山洞、地道、地窖、矿坑中施放毒气，制造了多起骇人听闻的毒杀惨案。如在河北省，1942年5月27日，在定县北疃村地道中一次放毒惨杀800余民众；同年6月，在遵化县鲁家峪毒杀村民235人；1943年11月，在井陉县老虎洞放毒惨杀村民150多人。据不完全统计，日军仅在地道、地洞中制造的毒杀惨案即达26起以上。为了毒杀华北民众，日军还经常在抗日根据地及边缘地区，大量在村口、房屋、河流、水池、水井里投放毒质，使群众随时都会遭受毒伤、毒杀。甚至把各种毒质放在粮食、食盐等食品里和毛巾、牙刷等用品上，使群众吃了、用了就会中毒。日军甚至有随意向无辜平民投放毒气弹而取乐者。

自1937年七七事变至1945年日本投降，日军在华北地区对无辜平民使用毒气武器，据手头资料，仅107处不完全统计，即造成华北平民中毒伤亡达1.5万人以上。

二、长期而诡秘地隐瞒罪证

华北不仅是日军实施毒气战的重灾区，而且其罪行被隐匿最久、最诡秘。日本侵略者深知，使用毒气武器，违反了国际公法，罪恶深重。因此，日本天皇和大本营自发动毒气战之始，就把使用毒气作为"绝对秘密"，三

[①] 小川政夫1954年8月22日及8月10日笔供。原件存中央档案馆。

令五申"严格保密"。1938 年 4 月 21 日，日本华北方面军司令官寺内寿一，向下属第一军、第二军传达了日军参谋总长闲院宫载仁 4 月 11 日下达的关于使用赤筒、赤弹并严格保密的"大陆指 110 号"命令，随即第一军、第二军制订了毒气与烟混用的计划，并规定了严格的保密措施。第一军司令官香月清司于 5 月 3 日《关于混用特种烟资材以及保守秘密的指示》中，严格地规定了隐蔽使用毒气及其彻底销毁证据的具体措施：

1. 将毒气资材的筒及包装箱的标记擦掉；

2. 使用过的赤筒须收集带回；

3. 教育时不使用文字资料，无关人员一律不得参加、参与；

4. 使用时，尽量全歼用毒地区之敌，不留痕迹；

5. 避开居民区和交通便利之地区；

6. 不使毒气资材落入敌方手中；

7. 不得使用当地居民之马匹车辆运输器材；

8. 针对敌方攻击我用毒之宣传，我应称只使用烟，未使用毒气。

侵华日军不仅在作战中"严格隐匿用毒事实，注意不留痕迹"，而且在 1945 年战败投降时，根据日本大本营的指令，彻底销毁一切罪证。在华北地区，由于美国允许日军只向蒋介石单方面受降，蒋介石甚至受命日伪军维持地方治安，日本华北方面军有充足的时间和条件，彻底毁灭档案、文件等战争罪证，焚毁了各地毒气工厂，埋藏了所有剩下来的毒气弹、各种毒剂和防毒装备。

战后，联合国在东京国际法庭对日本战争犯罪进行审判的过程中，关于毒气战责任，美国陆军上校莫罗负责的调查组曾在中国各地搜集证据材料，并在起诉书中明确地写明了，是被追究的目标。但是，由于美国的操纵、阻挠，幕后决定免予追究日本细菌战和毒气战的责任，事实上毒气战问题没有在国际法庭上被提出来。

在这样情况下，加之战后日本政府一直严密保守日本军队毒气作战的一切文件、档案资料，使日本军队毒气作战的真相被掩藏了达半个多世纪之久。

但是"纸里包不住火"。到 20 世纪 80 年代,由于中日两国及世界一切正义人士的努力,情况发生了重大的改变。日本立教大学粟屋宪太郎、中央大学吉见义明 2 位教授,在美国的档案馆和图书馆及日本防卫厅研究所的图书馆里,发现、搜集到当年详细记载日本军队大量使用毒气的绝密资料,整理、编纂为《关于毒气战资料》,于 1989 年由日本不二出版社出版;几乎同时,在中国国内,中央档案馆、南京第二历史档案馆、吉林省社会科学院合编的《细菌战与毒气战》资料集由中华书局出版。从此,日本军队在中国大陆及东南亚地区进行毒气作战的真相开始被揭露出来,再也掩藏不住了。今天,揭露侵华日军的毒气战的事实,追究日本政府毒气战的责任,已经成为中、日两国人民和世界一切正义人士瞩目的一个热点。

三、毒气武器还在祸患人民

日本军队不仅在侵华战争期间,对中国军队和无辜平民大量使用毒气武器,而且在战败投降时,以隐蔽的方式将大量毒气武器遗弃在中国领土上,使中国人民继续遭受着日本军队遗弃毒气武器的无穷祸患。

日本军队究竟把多少化学毒气武器运进了中国,至今没有具体记载。但根据日本和美国的统计,侵华战争期间日本国内生产了各类化学毒剂总数量为 7376 吨,遗留在日本国内的化学毒剂有 3647 吨,可见有 3729 吨化学毒剂被运进中国领土。当 1945 年日本战败投降时,除已用于毒气作战之外,侵华日军根据上级命令,将剩余的毒气武器和毒剂,全部隐蔽地遗弃在中国领土上。日军在中国领土上遗弃的化学毒气弹和毒剂的数量之大、种类之多、分布之广,是世界战争史上极为罕见的。仅据中国人民在各种建设施工过程中已发现的侵华日军遗弃化学毒气武器的事实来看,据不完全统计,遍布中国东北、华北、华东、华中、华南 18 个省(区),70 多个县(市),经有关专家检验鉴定,日军遗弃化学毒气弹约有 200 万发左右、化学毒剂 100 吨,主要有糜烂性芥子气、芥子气与路易氏气的混合剂、二苯氰胂、苯氯乙酮、氢氰酸和光气等。实际上,还有不少日军遗弃的化学毒气弹和毒剂尚未被发现。

华北是日本军队遗弃毒气武器最多的地区之一，分布地域广、种类多、数量大、遗害严重。据已发现的情况，日军遗弃的化学毒气弹和毒剂，分布于山西、河北、河南、内蒙古等地，约有毒气弹上万发，毒剂数百公斤。1959 年 9 月 2 日，山西省太原市化学材料厂进行施工时，发现了日军当年埋藏在地下的毒气炮弹，因炮弹严重锈蚀导致内部毒剂泄露，造成作业人员 80 多人中毒。在此前后，山西省为集中力量搜寻和处理日本军队遗弃的化学毒气弹和毒剂，在几个地区分别组织了数十人、数百人的专门作业队伍，用了近半年的时间，耗费了大量的人力、物力和财力。1991 年 5 月 21 日，河北省石家庄市附近的藁城中学在建宿舍楼挖地基时，当挖到 1 米多深的时候，突然发现了表面已经生锈的 52 发炮弹。当时，作业人员闻到一股怪味，有的炮弹因锈蚀严重，弹头与弹身已分离，其中一枚炮弹上面还注有"大阪"两字。现场作业人员和公安人员用手把炮弹搬运到距工地 150 余米的仓库里去。经总参防化专家化验确认为"光气弹"。从挖掘、搬运、储藏到运走的一个月中共有 90 多人直接接触"光气弹"，因有 1 枚毒气溢漏，90 多人均有中毒症状，其中 6 人症状较重。另有 6 个教室与储存"光气弹"的房子相距 20 多米，300 多名学生出现不同程度中毒症状。这所中学 2000 余名师生顿时一片惊慌，不得不停工、停课。为处理毒气弹，该校直接经济损失约人民币 319000 元。经调查，日本侵华战争期间曾在藁城中学地方设置军队训练所。2003 年 3 月上旬，在河南省淮阳县城开挖万亩龙湖的施工现场，淮阳县郑集乡民工在县城西平信桥北 50 米处的施工地域，发现有股白烟在不停地冒出，并有强烈的辣眼、刺鼻的气味。县人民武装部有关人员指导民工挖出了 202 枚炮弹。经省军区及有关专家和国际组织及有关专家鉴定确认，是日本侵华战争期间日本军队遗弃的常规炮弹和毒气炮弹，其中有毒气炮弹 72 枚，为 5 个种类的化学毒气武器。经调查检验，日本军队曾在淮阳盘踞 6 年 11 个月零 9 天，除烧杀奸淫抢掠外，由于在周围地区投下了大量的炸弹和毒气弹，战败投降时隐蔽遗弃的各种化学毒气武器开始锈蚀泄露，致使这一地带的地下水及龙湖水含有各种有害物质，威胁着中国人民的生命安全和身心健康，影响着中国经济建设的正常进行。①

在中国领土上隐蔽遗弃的化学毒气弹和毒剂，日本方面从未提供过有关资料，历经半个多世纪，大都早已锈蚀、渗漏，严重危害着中国人民的生命和财产安全，影响正常的社会生活秩序，严重污染生态环境，妨碍经济建设。中国人民对此理所当然地表示强烈愤慨，强烈要求日本政府妥善处理遗弃毒气武器，对因此造成的人民生命财产损失作出道歉和赔偿。

1992年11月30日，第47届联合国大会通过了《关于禁止发展、生产、储存和使用化学武器及销毁此种武器的公约》。其中第一条第三款规定："每一缔约国承诺按照本公约的规定，销毁其遗留在另一缔约国领土上的所有化学武器。"中、日两国是该国际公约的签字国，并已正式签署有关备忘录，日本政府承诺2007年前销毁其遗弃在中国领土上的所有化学武器。现在剩下的时间已经不多了。

日本法庭在审理中国毒气战受害人诉讼案中，一直使用半个多世纪前日本天皇的法律，最近一次开庭，虽然不得不承认毒气战事实，但却自相矛盾地宣判中国诉讼团败诉，拒绝进行赔偿。

今年8月4日，在黑龙江省齐齐哈尔市发生日本遗弃毒气弹中毒事件，把妥善解决毒气武器包括道歉、赔偿问题，紧迫地提到了世人面前，日本政府能否兑现其承诺，妥善解决这一历史遗留问题，中国人民和世界一切正义人士正视目以待！

---

① 新华网郑州2003年4月10日电，记者陈开印。

日本侵华细菌战伤害中国
军民人数问题之研究①

"二战"期间，日本帝国主义违反国际公法，在侵华战争中大量使用细菌武器，给中国人民造成惨重患亡，给中国社会生态环境造成长期难于治愈的创伤。关于日本细菌战中国受害人数，郭成周教授 1997 年出版的《侵华日军细菌战纪实》一书统计，至少致死 27 万人以上；2001 年美籍华人尹集均出版《细菌战大屠杀》一书，认为日军细菌攻击次数高达 161 次，攻击县市 190 个，死亡人数达 74.8 万人，估算日军细菌战造成的死亡数字将超过 200 万人；2005 年刘庭华教授发表《侵华日军使用细菌武器述略》一文，指出日军在侵华期间实施细菌战，杀害中国民众，据不完全统计，有769772 人，感染后死亡者约 35 万余人，总计约有 120 万人。

这似乎表明，依据现有资料及研究，侵华日军细菌战给中国人民造成的患亡，应有一个总体的统计数字。但是由于历史的原因，从研究的状况看，这个问题在迄今乃至今后相当长的时期内，都难于作出精确统计，只能作出尽可能接近历史真实的估算。因此，本文拟从系统考察日军细菌战中国各地受害情况的实际出发，依据近年来研究新成果，对日军侵华细菌战中国受害人数作一探讨。

一

在中国东北日本第 731 部队和第 100 部队制造并使用细菌武器，造成了很大患亡。

一是大规模细菌实验。据韩晓、辛培林等调查，第 731 部队和第 100 部

---

① 原载《武陵学刊》2010 年第 5 期。

316

队除实验室、野外把场、城乡居民区的细菌实验外，曾在原兴安北省的蒙古族部落、三河地区以及辽阳、本溪、新民、农安、长春、三岔河、哈尔滨、泰来、白城子、洮南、东丰、抚顺、双城、阿城、肇东、东宁、林口、佳木斯等地，散布鼠疫、炭疽、伤寒、霍乱等病菌，在疫病流行后，又以防疫为名，到疫区去调查，实验各类细菌的传染效果以及防疫方法[1]，以准备对华、对苏细菌作战。

二是密切配合关内的细菌战谋略。如 1940 年，日军为掩盖杭州细菌作战的意图，在东北实施了新京（今长春）、农安"防疫战"谋略。9 月，新京突发鼠疫，日本人太田安次等 8 人相继死亡。10 月 5 日，关东军司令官梅津美治郎下达关作命 699 号。10 月 7 日，石井部队进驻新京，总人数达 2604 名。他们实施"军的防疫统制"，在新京车站，自 10 月 11 日至 12 月 24 日，他们对旅客强制注射疫苗，平均每日 3300 人。还重点进行了鼠疫的病源研究，为此征集土拨鼠 3 万只[2]。在新京市立传染病院，强制隔离中国人 120 名，其中近 30 名作为鼠疫活体实验杀死。在千早医院，监禁 150 名中国人"鼠疫患者"，将其中 30 名称为"真性鼠疫患者"，进行实验解剖[3]。大张旗鼓的新京防疫战，仅仅 2 个星期，于 10 月下旬宣布准备移师新京西北的农安县。至 12 月鼠疫终息止，日方统计，患者 28 人、死亡 26 人，中国人、日本人各占一半[2]。

还在 6 月 12 日，农安城西曹家铺屯突发鼠疫，有 2 个鱼贩子及医生李魁芳等人相继死去[1]。关东军司令官美梅津关治郎宣称农安县城是新京的"鼠疫病源地带"，10 月 16 日下达实施农安防疫的关作命甲第 380 号，石井四郎 19 日带领关东军临时防疫队 1100 余人奔赴农安县城。防疫队本部住农安中学，下辖战斗司令部、防疫斥候班、检诊班、消毒给水班、犬鼠捕灭班、病理解剖班、检索班、宣抚班等，将农安县城及城郊几个村庄包围封锁起来，大规模实施《农安附近鼠疫防疫计划》。但进驻短短 17 天后，即于 11 月 7 日仓匆撤离。据统计，至 11 月 27 日，县城内共有鼠疫患者 354 例，死亡 298 例[2]。

但实际上，新京、农安鼠疫不是自然发生的，而是日军散播细菌所为。

据伪满当局爱新觉罗·宪钧1954年7月22日供词，早在7月间，梶塚隆二在新京地区鼠疫防疫委员会会议上，"预想"了"鼠疫的发生"，"分配"了"防疫业务"。之后，派卫生技术厂长阿部某把鼠疫菌的昆虫，"散布在城里兴运路和日本桥一带的所谓贫民区之间"[3]。据原日本陆军省医务局医事课长大冢文郎大佐的《业务日志》记载，1943年11月1日，当时已转任日本陆军军医学校附的石井四郎在陆军省医务局的汇报会上报告称："既往事实：农安县，由田中技师以下6名投放，据密探报告，最有效果。"经专家考证，石井所说的"既往"，正是1940年；田中技师就是田中英雄，他时任石井部队第二部田中班班长，是专门研究鼠疫媒介物的。因此，日本关东军新京和农安鼠疫"防疫战"，绝不是为了"防止鼠疫的爆发性流行于未然"和"灭绝其根基"，而是整个对华细菌战谋略的一部分。其谋略之目的，是一箭双雕：既混淆视听，转移世人对其在浙江实施大规模细菌战的注意力；又做好浙江细菌战的实战准备和演练"[2]。

三是遗患深重。日军战败时，第731部队和第100部队销毁细菌战罪证，却使大量疫鼠四散，或把疫鼠等病菌投进粮库。据郭洪茂先生的调研，这不止造成哈尔滨市，且酿成东北鼠疫史上鼠疫的第三次大流行。鼠疫自1945年8月起，至1947年达到最高峰，4年间，内蒙古、吉林、黑龙江3省区有38个县市旗流行鼠疫，其中，1946年至1948年，总计鼠疫患者51672人，死亡42967人，仅1947年一年间，就发现鼠疫患者35947名，死亡30358名。在通辽县，1945年至1947年，有126个村屯流行鼠疫，患者达15710名，死亡12771名，还传染到开县、双辽、长岭、舍伯吐（科左中旗）、奈曼旗、阜彰（今阜新、彰武）6县旗、137个村屯（含县城和小城镇），鼠疫患者17559名，死亡14251名[2]。1945年8月21日在王爷庙（今内蒙古乌兰浩特市）爆发鼠疫，至1947年，直接间接地传染到突泉、扎赉特旗、洮南等10个市县旗，造成4363人染病，3709人死亡，仅王爷庙地区死亡就达3000余人[4]。

二

在华北地区，由于广大乡村是抗日根据地，与日军占据的城市、交通线形成了大牙交错的态势，因此，"北支"甲1855部队使用细菌武器，与东北和南方有所不同，主要是针对八路军及其抗日根据地人民，与"扫荡"作战相结合，使用细菌武器更隐蔽更分散、更频繁。

抗战初期，日军图谋在山西与陕北数十县集中投掷细菌炸弹，以吓阻八路军开赴华北抗日前线，此图谋在中国共产党及时揭露下未能得逞[1]；遂在华北交通沿线附近重要村镇投放细菌，[2] 妄图阻止八路军从山岳地带向冀鲁豫平原地区开辟发展。武汉会战结束前后，华北犬牙交错态势形成，由于细菌武器有返回传染的缺点，于1939年和1940年，日军对抗日根据地进行各种细菌攻击实验，如向村庄的街口、水井、水池、河水投放细菌等，以传染抗日军队与民众，准备将抗日部队压缩到狭小的山岳地区后，实施大规模细菌攻击战[5]。1941年和1942年，日军使用细菌作战由小规模、间隔长和主要针对军队，转变为大规模、经常性和主要针对民众，致华北、西北广大地区，鼠疫、霍乱、伤寒等疫病肆虐传染。1943年，日军为毁灭华北抗日根据地，并准备对苏进行细菌攻击，相继策划实施了北京霍乱实验和鲁西霍乱战，使用细菌武器达到顶峰。1944年和1945年，日本已四面楚歌，更加依赖细菌战。一面在华北城乡大量使用细菌武器，一面在沿海地区准备以细菌战应付美军登陆作战。至日本投降，日军在华北城乡使用细菌武器约70次，其中25宗记载有具体患亡人数，即传染死亡27万人以上[6]。

这25宗当时所记载的患亡人数，有些只是一天、几天、一月或局部地方的数字，而不是较完整的数字，而且，中国方面，不论国民政府还是敌后抗日民主政府，由于当时防疫体系不健全，能够统计在案的人数，只占实际患亡人数的极少部分。如日军鲁西霍乱战时的馆陶县，当时冀南抗日民主政府的调查只记录了馆陶县榆林、来村、法寺等村10天内病死370余人。而据近年来的调查，馆陶县登记在册的霍乱死亡者分布在179个村庄，

① 参见《新华日报》1938年3月29日的有关文章。
② 参见《新华日报》1938年9月22日的有关文章。

共 10329 人，因霍乱、水淹、饥饿而背井离乡的 2 万余人。社里堡村，当时有 800 余口人，因霍乱死亡 207 人，外出遇难的 200 余人①。丘县，当时只记录了梁儿庄 300 户死 400 人，有 20 余户死绝。而近年来调查，1942 年底丘县有 8.8 万人，1943 年旱涝和霍乱疫情后，全县只剩下 4.2 万人，仅登记在册的有 160 个村染及霍乱病，死亡 15201 人②。

再者，受审日军供述的患亡人数，亦应作一定的分析。如：矢崎贤三供称鲁西 18 县，水灾、霍乱死亡约 20 万人，此估数可能过多，但该地区的确是鲁西细菌战的重灾区。而难波博的供述，只提到细菌战前期山东卫河西岸与冀南馆陶、曲周、丘县、临清、威县、清河 6 县的受害情况，说受害约有 115 万人，水灾、饥饿和霍乱致死约 52500 人，但他未供及随后日军三期霍乱讨伐作战所造成的劫难[5]，他所供述的数字，只是冀南地区疫亡人数中的较小部分，更只是日军鲁西霍乱战所致患亡人数中的较小部分。据冀南区的统计，当时全区受灾 30 多县，灾民 400 多万，冀南受害地区人口锐减约 50 万人，其中天灾、霍乱死亡约 20 万人[8]。

初步估算，日军在华北的细菌战，民众被传染致死约 30 万人以上，造成华北民众患亡约 100 万人。

三

华东、华中地区，地处长江中下游，战略地位十分重要，敌我战线广阔而分明，因此，日军为其战略、战役目标服务，使用细菌武器相对集中，且规模大。

1940 年，日军为封锁中国沿海尚存的宁波海港，第 731 部队以新京、农安鼠疫防疫战为掩护，做好杭州细菌作战的准备后，于 9 月 18 日至 11 月 28 日，石井四郎亲自指挥第 731 部队远征队，在 1644 部队的配合下，对宁

---

① 参见中共河北省委党史研究室（未刊稿）：《日军在馆陶县进行的细菌战专题调研报告及有关证据》。

② 参见中共河北省委党史研究室（未刊稿）：《日军在鲁西实施细菌战过程中邱县损失情况综述》。

波、金华、温州、台州、玉山、衢州、丽水等城市进行了细菌攻击。10 月 4 上午，日军飞机在衢州城上空沿城西的西安门、上营街、水亭街、下营街、县西街、美俗坊等居民区撒下大批麦粒、黄豆、粟米、麦麸、碎布、棉花、跳蚤、小纸包（每包约有 10 只跳蚤）等带鼠疫菌的跳蚤和含霍乱菌的食物及宣传单。10 月 10 日后，在衢城居民区陆续发现死鼠（自毙鼠），多人突患急症死亡。至 12 月底，鼠疫蔓延至全城 58 条街巷，扩散到将军（花园）、柯山（石室）、万田、双桥等 13 个乡镇。据疫情报告统计，衢县城乡患鼠疫死亡人数达 2 千余人[9]。10 月 27 日晨，日军飞机在宁波市区空投染有鼠疫杆菌的疫蚤和麦粒、面粉，至 12 月，宁波城开明街以东、中山东路以南、太平巷以西、开明巷以北 5000 余平方米区域内爆发鼠疫，市民惨死有名可稽者 111 人①。11 月 27 日、28 日，数架日机在金华城区上空对通济桥、马门头、乡间五里牌、秋都乡等处，喷散类似烟雾的白色颗粒——鼠疫杆菌。《浙江日报》1951 年 4 月 21 日载文，当时金华县有 167 人染鼠疫病死。日军细菌部队还在诸暨、东阳、义乌、兰溪、永康等县实施细菌战，仅据当时东阳、义乌、兰溪 3 县的初步合计，被传染的有 438 人，死亡 361 人[10]。日军杭州细菌战，在上述 11 个市县中，造成 3000 人以上平民患病，2913 人死亡。

1941 年，日军为摧毁陪都重庆之大后方门户、连接华中战场的交通枢纽、中国军队粮棉供给及长沙战场的后援地，谋划实施了常德鼠疫细菌攻击作战。11 月 4 日晨，第 731 部队一架 97 式轻型飞机在常德上空投下大量染鼠疫菌的跳蚤和养护这些跳蚤的棉花、碎布及谷、麦等物，造成常德城乡鼠疫大流行。据陈致远教授等人的调研，这一史实，已为中国、美国、苏联和日本的史料确凿证实。当时档案记载从 1941 年 11 月 11 日至 1942 年 7 月 9 日，城区死亡 37 人，这一数字远远不能反映受害的实际情况。常德市党史研究室、湖南文理学院细菌战罪行研究所及常德"细菌战受害者调查委员会"经过 7 年努力，至 2020 年调查、走访了约 30 万人（次），获得

① 参见宁波开明街侵华日军鼠疫细菌战遗址纪念碑文。

了 15000 多份受害人控诉材料，经过整理、甄别和审核，确定其中 7643 人为日军鼠疫细菌战受害致亡者，并将此调查结果编成《中国湖南常德侵华日军 731 部队细菌战受害死亡者及其遗属名册》。常德城区死亡人数远不止 37 人；而是 1941 年 1 月 4 日至 1941 年 12 月底疫死 86 人，1942 年疫死 175 人，1943 年疫死 28 人，1944 年疫死 8 人，1945 年疫死 2 人，计 299 人；另包括档案记录的 37 人，合计死亡 336 人。"由于这是在 50 多年后进行的调查，不可能寻找到全部受害者及其遗属，他们调查到的估计不足受害死亡的 50%。因此，城区当年实际死亡数字估计在 1000 人左右恐不为过"[11]。除常德城区外，鼠疫还蔓延遍及市区周围的 10 个县，58 个乡，486 个村[12]。上述调查结果以及死亡名册，于 2002 年 8 月 27 日为日本东京地方法院对细菌战受害诉讼一审判决时所采信。

1942 年，日军以摧毁浙赣两省的衢州、丽水、玉山等飞机场为目标，于 5 月至 9 月间，进行浙赣作战，实施细菌攻击，造成了浙赣铁路沿线及附近广大地区鼠疫、霍乱、伤寒、炭疽等大流行。邱明轩、包晓峰、谢志民和日本学者藤本治等人的调研情况如下：浙赣作战开始后，关东军参谋部于 5 月 27 日制订了细菌战具体方案，7 月 20 日，进一步研究细菌作战的具体计划，至 8 月 3 日，细菌攻击部署就绪。8 月 19 日夜，日军从浙赣沿线城市撤退，至 31 日，全部撤离衢州各县。期间，石井四郎抵达衢州，部署指挥细菌攻击作战。一方面，派飞机在中国军阵地及防区空投带鼠疫菌的跳蚤；另一方面，派细菌战部队随同地面部队一边撤退，一边撒播细菌。在金华集中营，将 3000 个注射细菌的特制烧饼让 3000 名中国战俘食用，然后把他们放走。日军全部撤退后，浙赣铁路沿线的各县城乡居民区，鼠疫、霍乱、伤寒、副伤寒、痢疾、疟疾、疥疮、脓疱疮、炭疽等传染病突发流行。①

在衢州地区，据衢县防疫委员会调查，1942 年 9 月至 12 月，全县染疫 2 万余人，死亡 3000 余人。据衢州各县防疫委员会调查统计，1943 年，患

---

① 参见《新华日报》1938 年 3 月 29 日的有关文章。

霍乱、伤寒与副伤寒（疑似恶性疟疾）、痢疾、疟疾、炭疽等传染病者共4.5万余人，死亡7600余人。1944年，衢州各县鼠疫、霍乱、伤寒、副伤寒、痢疾、疟疾、炭疽等传染病继续流行。《龙游县志》记载：全县18个乡镇有患者2.5万人，死亡2948人。《衢县志》记载：全县32个乡镇，患者10608人，死亡1254人。1947年后，各县疫情逐渐缓解。衢州5县防疫委员会1948年调查统计，1940至1948年的8年中，患上述传染病者达30万人以上，病死者在5万人以上。在丽水，碧湖镇鼠疫传染36个村，死亡870人；机场附近的青林村居民染伤寒死亡52人，好溪河下游芦埠村居民染伤寒死亡25人，丽水城边的水东村居民染霍乱死亡61人，郎奇村死亡58人，魏村死亡39人，苏埠村死亡43人。据浙江省防疫站统计，在云和县，1940—1945年，发生鼠疫的疫点183处，患传染病者2740人，死亡1045人。在温州，日军于1944年10月在乐清九房村进行了鼠疫菌实验，强行给村民打"预防针"，近100人感染鼠疫，5人被实验解剖，15人死亡[9,10,13,14]。

在江西，到1942年11月，上饶、广丰共发生鼠疫患者133人，死亡133人。日军在玉山县宅前村水井里投放病菌，造成该村死亡300人。据统计，"江西人间鼠疫流行始于1942年，止于1950年，除1943年无病例报告外，其余8年均有发病，先后有14个县、市发病2989人，1550人死亡，在此以前，江西省无鼠疫史料记载"[15]。①

日军浙赣细菌战，在广大城乡致使数以万计的居民传染炭疽病，老百姓俗称"烂脚病"。据李晓芳、丁晓强、何必会等的调查，"烂脚病"发病的时间在1940至1944年间，尤其集中在1942年；发病的区域包括富阳、萧山、诸暨、义乌、金华、兰溪、龙游、衢州、江山、丽水、松阳、温州和江西玉山等地。乾西乡上天师村300多口人，有近二三成的人感染皮肤炭疽病。雅宅村600多口人，感染皮肤炭疽者300多人，死亡上百人。金华县

---

① 参见中共河北省委党史研究室（未刊稿）：《日军在鲁西实施细菌战过程中邱县损失情况综述》。

和婺城区，感染皮肤炭疽死亡者有 635 人，幸存者多烂手烂脚痛苦终生。丽水市莲都区范围，1942 至 1944 年间，有 38 个村、165 人感染炭疽病，死亡 119 人；松阳县西屏镇村感染炭疽病者 400 多人，有 100 多人死亡。据衢州江山档案资料，大陈、淤头、广度、上余等乡均有不少感染炭疽病者，仅大陈乡即有 2130 人发病[17]。以上金华、丽水、江山的现有材料统计，炭疽患者 3000 多人，死亡 850 多人。

日军浙赣细菌战，仅浙江、江西 2 省 30 余县市平民感染鼠疫、炭疽、霍乱、伤寒、副伤寒等疫病的就有 306989 人，其中死亡 53843 人。

四

在华南、西南地区，日军配合其战略战役进攻，实施了大规模细菌攻击，致广东、广西、福建、云南等省鼠疫等疫病大流行。

据沙东迅等人调查，日军 8604 细菌部队，除在广州市南石头用细菌实验致死 3 万名以上粤港难民外，还在韶关及广九路平湖站附近、汕头、阳江、翁源、廉江、湛东等粤北、粤西、海南各地，以及广西、福建两省广大城乡，散播了伤寒、鼠疫等致命细菌。仅 1943 年鼠疫大流行，广东、广西、福建死亡不下百万人，广东阳江一县死亡不下千人（另一说约死亡 3000 人）[16]。1946 年鼠疫仍在大流行，其中，"福建 41 个县市流行鼠疫，发病 23503 例；浙江 6 个县市发病 617 例；江西 5 个县市发病 699 例；广东 7 个县市发病 823 例"[17]。①

据杨家茂、安孝义调查，福建的鼠疫大流行，一是因日军对福建实施细菌攻击而造成的。闽北山城永安在历史上从未有过鼠疫病情的记载。1938 年 5 月，福建省政府从福州迁到永安后，日军从台湾新竹机场等处出动海陆远程轰炸机狂轰滥炸，多次投掷细菌炸弹，造成永安城乡爆发鼠疫、霍乱[18]。二是因日军实施浙赣细菌战，病菌由国民党军队及民众被染疫者带

---

① 参见中共河北省委党史研究室（未刊稿）：《日军在鲁西实施细菌战过程中邱县损失情况综述》。

入闽北。最先，鼠疫于1941年由患者传入浦城，至1950年，根据不完全统计，鼠疫患者有1620人，病死1204人（不包括部队和外来难民的患亡者）。继而，迅速蔓延到闽北之建阳、建瓯、光泽、邵武、顺昌、政和、南平、崇安等县市，至1952年，闽北各县鼠疫患者20112人，死亡19120人。并由闽北蔓延到福建各地，1943年，福州、长乐等31个县市鼠疫大流行，患者5158人，死亡4082人；1945年，鼠疫蔓延到福建42个县市，发病24914人，死亡19376人；1946年，41个县市有鼠疫患者23503人，死亡19089人。此后，每年发病都在15000至25000人，病死率在77.77%—81.22%之间。1953年在全省范围内消灭了人间鼠疫。据不完全统计，福建省鼠疫患者至少有119039人，死亡92784人。杨家茂认为，由于战乱等原因，闽北上报登记的患亡者"不足真正实际发病和死亡人数的1/5"[17]。

据陈祖樑、谢本书等及滇西抗日战争遗留问题民间研究会的调查：太平洋战争爆发后，1942年，日军在中国西南继切断滇缅公路后，大举进攻滇西地区，并在保山实施霍乱细菌攻击作战。5月4日，日机54架，分两批轰炸保山，投放大量霍乱细菌弹，同时派出汉奸在滇西公路沿线的水井、水沟、水池、水源中投放细菌，不久，滇西地区爆发霍乱。保山城乡霍乱猖獗，至7月中旬，据不完全统计，死亡6万余人，约占全县人口的1/5。霍乱迅速蔓延到施甸城乡，致死万余人。继而，霍乱在昆明市、昆明县、下关、呈贡、永平、蒙化、剑川、鹤庆、邓川、洱源、昌宁、丽江、宾川等56县市突发流行。据不完全统计，云南全省有58个县市因霍乱流行，患病人数至少在12万人以上，死亡9万人以上[18]。日军占领滇西后，其驻滇西及缅北各师团防疫给水细菌部队，与第731部队、冈字9420部队及波字8604部队相配合，大量培养疫鼠和鼠疫跳蚤。1944年日军撤离滇西前夕，在滇西各地散布鼠疫细菌。在芒市，鼠疫流行30多个村寨，1944年和1945年，发生鼠疫879人，死亡441人。在路西县，传染鼠疫的患者有1608人，死亡840人。在梁河县，1944年九保、遮岛、芒东、红坡等村寨发病388人，死亡240人。鼠疫流行，1945年有18个村寨，1947年有14个村寨，1946年有30多个村寨，染鼠疫者至少有2604人，死亡有1392人。盈江县，患鼠疫 5563 人，死亡 3018 人，300 多户死绝，7 个村寨消踪绝迹。腾冲县，鼠疫传染 47 个村寨，患者 1804 人，亡者 400 余人。两年后，鼠疫自腾冲蔓延到保山和施甸。保山县发病 56 人，死亡 193 人。施甸县发病 604 人，死亡 206 人。这次滇西鼠疫大流行，自 1944 年日军撤退前夕，延续至 1953 年才得到根本控制，传染区域有瑞丽、畹町、陇川、芒市、龙陵、盈江、梁河、腾冲、施甸、保山、永平、大理、下关、巍山、弥渡、祥云 16 个县，患鼠疫死亡四五万人。仅今德宏州地区即有 200 多个村寨流行，患者 8981人，死亡 4149 人[19]。

五

依据上述史实，日军细菌战部队在中国大陆对 20 个以上省市实施了细菌攻击，疫情爆发蔓延 298 个县（旗），造成患者约 237 万人，其中死亡约65 万人。但笔者以为，这是一个与实际的患亡人数有不小距离的数字。

第一，官方档案记载缺漏甚大。当时中国防疫机构很不健全，患、亡登记疏漏甚多；而日伪"防疫"机构则有意隐瞒其人为制造的疫情。如前述，1942 年日军在云南的霍乱细菌战，民国云南省卫生处统计 54 个县有患者 49413 人，死亡 21740 人；缺漏了霍乱严重的保山、施甸、昌宁、龙陵 4县，此 4 个县死亡 723000 人。就是说，此次云南霍乱细菌战，档案的实际记载应为患者 12 万人以上，死亡 9 万人以上[19]。这一实例表明：官方档案记录缺漏甚大，只为应记录在案患者的约 1/2，应记录在案亡者的约 1/4。

第二，档案记录与实际患亡者人数距离很大。由于当时中国防疫机构不健全，居民恐惧而隐瞒疫情不报，防疫部门不可能掌握大量患者、亡者的数字。如前述，杨家茂先生对福建省鼠疫细菌战的调查，由闽北 10 县鼠疫大流行档案记录统计患者 20112 人，死亡 19120 人。他认为："这个数据不足真正实际发病和死亡人数的 1/5。"这一实例表明：档案记录的细菌战患亡人数只是一个很少的数字。

第三，近年来进行的调查，与真正实际的患亡人数仍存在一定距离。近年来进行的调查，由于距事件发生 50 余年，居民变动极大，有大量受害者及遗属、知情者已无法找寻，因此，其调查的结果，仍是一个与实际真正患亡有较大距离的数字。如常德细菌战受害调查委员会 7 年的调查结果，据陈致远教授的研究，常德城区内，档案记录日军鼠疫战致死亡 37 人，此次调查结果：城区内死亡 336 人，城区及周围地区死亡共 7643 人。他认为："受害调查委员会近 7 年的调查是在 50 多年后进行的调查，不可能寻找到全部受害者及其遗属，他们调查到的估计不足受害死亡的 50％。""城区当年的实际死亡数字估计在 1000 人左右恐不为过。"这一实例表明：日军细菌战实际致死人数，是历史档案记录的 10 倍至 20 倍，是近年来调查数据的 2 倍左右。

以上三例说明：第一，档案记录的日军细菌战中国受害死亡人数是很少的一个数字，不足实际受害死亡人数的 1/4—1/5。第二，近年来对日军细菌战中国受害死亡者调查的人数，仍是与实际有一定距离的数字，不足实际真正受害死亡人数的 1/2。因此，我们可以初步认定，中国受害染病患者约 700 万人，其中死亡者约 200 万人，当然，这只是一个初步的估算，尚需进一步的调研和考证。

参考文献：

［1］韩晓、辛培林：《日军 731 部队罪恶史》，黑龙江人民出版社 1991 年版。

［2］松村高夫等著，解学诗译：《战争与恶疫——731 部队罪行考》，人民出版社 1998 年版。

［3］中央档案馆等编：《细菌战与毒气战》，中华书局 1989 年版。

［4］冉炜君：《魔鬼的战车——内蒙古侵华日军细菌战受害者调查》，昆仑出版社 2005 年版。

［5］谢忠厚等总主编：《日本侵略华北罪行档案》之五《细菌战》，河北人民出版社 2005 年版。

［6］谢忠厚：《华北甲 1855 细菌战部队之研究》，载《抗日战争研究》2002 年第 1 版。

［7］冀南革命斗争史编审委员会：《冀南革命斗争史》，中央编译出版社 1996 年版。

［8］中共冀鲁豫边区党史工作组办公室：《中共冀鲁豫边区党史资料选编》第二

辑，河南人民出版社 1988 年版。

　　[9] 邱明轩：《罪证——侵华日军衢州细菌战》，中国三峡出版社 1999 年版。

　　[10] 包晓峰：《日军对浙江实施细菌战的罪行综述》，载《党史研究与教学》2005 年版。

　　[11] 陈致远、柳毅：《1941 年日军常德细菌战造成城区居民死亡人数的研究》，载《湖南文理学院学报》（社会科学版）2004 年版。

　　[12] 刘雅玲、陈玉芳：《常德细菌战疫死人数的七年调查——7643 人的死亡名单是如何产生的》，载湖南文理学院细菌战罪行研究所编：《揭开黑幕》，中国文史出版社 2003 年版。

　　[13] 谢志民：《侵华日军江西细菌战初探》，2004 年 11 月 3 日，九一八爱国网。

　　[14] 藤本治：《浙赣作战与细菌战》，《浙江学刊》1999 年第 5 期。

　　[15] 丁晓强、何必会：《侵华日军浙赣细菌战中的炭疽攻击》，湖南文理学院细菌战罪行研究所编：《揭开黑幕》，中国文史出版社 2003 年版。

　　[16] 沙东迅：《侵华日军在粤进行细菌战之概况》，湖南文理学院细菌战罪行研究所编：《揭开黑幕》，中国文史出版社 2003 年版。

　　[17] 杨家茂：《20 世纪 40 年代闽北鼠疫流行史料》，《中华医学史料》2005 年第 4 期，福建之窗网。

　　[18] 安孝义：《日军在永安动用细菌武器》，2004 年 7 月 4 日，永安市档案局网。

　　[19] 陈祖樑：《侵华日军云南细菌战罪行的调查研究》，湖南文理学院细菌战罪行研究所编：《揭开黑幕》，中国文史出版社 2003 年版。

侵华日军细菌战研究述论[①]

　　侵华日军细菌战研究，是日本侵华战争史和第二次世界大战史研究的重要课题，也是中日关系史研究的重要课题。新中国建立以来，特别是20世纪80年代以来，此项研究，突破重重阻力，取得了长足的进展。但是，有关此项研究进展情况的述论尚不多，甚至有不少缺漏。为推进此项研究，本文拟将有关研究进程、重要成果及主要缺憾，作以概述。

一、研究进程的简要回顾

　　在第二次世界大战期间，有的国家拥有细菌（生物）武器，有的国家拥有毒气（化学）武器，有的国家同时拥有这两种武器，只有日本帝国主义，在侵华战争中，公然违抗1925年日内瓦国际公约，同时使用了细菌（生物）和毒气（化学）这两种大规模杀伤性武器。

　　当时，日本天皇、政府和军部为了实现侵占中国、称霸世界的狂妄计划，将细菌战作为制胜的"秘密武器"。日本在第一次世界大战末期，即着手细菌战研究，1930年，在东京陆军军医学校成立以石井四郎为首的细菌武器研究室，对外称"防疫研究室"。1931年九一八事变后，日本在我国东北，建立关东军防疫给水——细菌战部队，代号"731部队"；同时建立关东军兽疫预防——细菌战部队，代号"100部队"。1937年七七事变后，相继组建华北派遣军防疫给水——细菌战部队，代号"北支（甲）1855部队"；华中派遣军防疫给水——细菌战部队，代号"荣字1644部队"；华南派遣军防疫给水——细菌战部队，代号"波字8604部队"。太平洋战争爆发后，日本又于1942年5月，在马来亚及新加波组建南方军防疫给水——

---

　　① 原载《抗日战争研究》，2011年第3期。

细菌战部队，代号"冈字 9420 部队"。日本上述细菌战部队，其中 5 支在中国大陆，并先后在中国东北、华北、西北、华东、华中、华南的 60 多个城市设置细菌战的支部、办事处或分遣队。在日本大本营统帅、石井四郎指导和各方面军司令部军医部长的统一指挥下，这些细菌战部队相互密切联系，与各地日陆军医院、海军医院，以及"同仁会"等所谓"慈善"机构协同配合行动，在中国大陆和东南亚地区筑成了实施细菌战的战略基地及其有力支点，形成了庞大而严密的细菌战体系。

这些魔鬼部队，打着太阳旗，身穿白大褂，口中振振有词"防疫""防疫"，暗地里，抓捕抗日战士及妇女、儿童进行细菌实验和活体解剖，研究和制造大量细菌武器。日军用飞机撒播在交通要道、战略要地、机场及城乡居民区，或用种种方法投放在地面上、村庄里、水井中、河湖中，或混入食物、用品、瓜果，甚至以打"预防针"为名强制给居民注射病菌。战争期间，乃至战后多年，中国 20 多省约 290 个县的广阔大地上，鼠疫、霍乱、伤寒、疟疾、炭疽等疫病一再肆虐传播，致使数百万人染病、死亡或终身病残，而善良的人们还以为是老天爷发了"瘟疫难"！日本侵华细菌战，给中国人民造成的病亡之惨痛、遗患之深重，实为人类有史以来之绝无仅见，也是今天人们所无法想象的。

但是，由于日本天皇、政府和军部在战时始终把细菌战列为"绝密性的军事行动"，把活人实验和活人解剖列为"秘密中的秘密"，在战败投降时又下令销毁细菌战的一切罪证，下令有关细菌战人员缄口无言；加之，战后，远东国际军事法庭审判日本战争罪犯时，美国与日本达成了秘密的交易，石井四郎等把全部细菌战研究资料交给美国，由美国进行干预、操纵，使日本 3000 多名细菌战犯免于追究罪责[①]；日本政府时至今日，仍拒绝披露有关细菌战的档案资料，企图将历史上所犯下的反人类的细菌战罪行继续隐瞒下去。

---

① 参见谢尔顿·H·哈里斯著，王选等译：《死亡工厂》，上海人民出版社 2000 年版，第 298、327—329、335—336、338 页。另见郭成周、廖应昌：《侵华日军细菌战纪实》，燕山出版社 1998 年版，第 454—455、457—460、466 页。

　　然而，纸里包不住火。早在抗战期间，中国人民在极为艰险的条件下，对日本细菌战犯罪，就进行了不懈地追查和揭露。1938年3月29日，八路军总副司令朱德、彭德怀在《新华日报》发表通电，及时揭露日军将派飞机在山西及陕西延安等地投放细菌炸弹的阴谋，呼吁国民政府、全国各军将士、各报馆、各团体、全国同胞、海外侨胞和国际联盟、各国政府及世界一切维护人道主义、爱好和平的人士，抗议和制止日本法西斯的反人道主义的兽行，因而，使日军这一图谋流产。中共中央的《新华日报》《解放日报》，敌后抗日根据地的《晋察冀日报》《抗战日报》《晋冀豫日报》等，以众多篇幅，及时地、公开地揭露和谴责日军秘密制造细菌武器，以各种手段撒播鼠疫、霍乱、伤寒等病菌，大量杀害中国军民的反人道暴行。根据中共中央的指示，敌后抗日根据地党政军各级机关领导军民开展了广泛、持久的群众性卫生防疫运动。国民政府在日军1940年细菌攻击浙江省后，在物力人力不足、县以下医疗设置很不健全的情况下，建立了统辖军政民的防疫体系，中央战时防疫联合办事处、卫生署，地方省卫生处、防疫委员会、医疗防疫队，以及军队的防疫大队等机构，自1941年4月10日起发行《疫情旬报》《快邮代电》等内刊，并搜集日军在宁波、常德等地从飞机上投下的细菌样本，经过检验，确认为鼠疫杆菌①。在国民政府统辖地区，进行了连年不断的调查研究和艰苦的防疫工作。中国官方还有组织地对日本侵华战争，包括生化战所造成的人口伤亡和财产损失，进行了一定范围的调查和统计。中国学术界较早即开始关注细菌战问题。还在1933年，《申报月刊》第2卷第9号就刊登了寄滨的《未来大战中的毒瓦斯和细菌战》一文，警言：九一八与上海战争后，可怕的瓦斯战及细菌战"不久就要展开了"。《东方杂志》1938年第35卷第3号上发表钟开莱的《细菌战》一文，介绍了细菌战的有关常识。商务印书馆于1942年6月出版发行陈飞莫著的《细菌战》一书，介绍了细菌战的毒菌种类、撒播方式，以及战地与后方的防疫办法，分析了日军对浙江宁波、衢州的细菌攻击，认为："本

---

　　① 参见中央档案馆等编：《细菌战与毒气战》，中华书局1988年版，第251—290页。

年敌人在浙江所用的鼠疫菌战,不过一种小试验,今后当有更大规模的细菌战在等待着!"提出:我们用不着恐惧,如果能早做准备,细菌战"亦不会无法防御的"。① 国共两党和全国军民对日本细菌战的揭露及其反细菌战的防疫举措,使日本细菌攻击有所顾忌,一定程度上减轻了细菌战所造成的患亡。

上述这一阶段的成果,包括来自细菌战受害地区的内部报告和新闻报道、各地防疫会议和防疫工作的文电、疫情通报等,虽然为数不多,散置各处,但为我们留下了战时最珍贵的文献资料。

20 世纪 50—80 年代,中国人民对日本侵华细菌战的追查、揭露和研究取得了重要的进展。在美日联手隐瞒日本细菌战罪责之际,1949 年,苏联法庭在伯力城对 12 名日本细菌战犯进行了审判,翌年在莫斯科出版发行了《前日本陆军军人因准备和使用细菌武器被控案审判材料》(简称《伯力审判材料》)。中国人民政府为维护历史真相,防止重蹈历史覆辙,1950 年前后,着手组织巨大力量,按照司法程序,对沈阳和太原在押的几千名日本侵华犯罪分子,展开立案审查和改造教育,使其从魔鬼返归人性,写出包括细菌战犯罪在内的坦白交待和自新材料,同时在全国范围由公安司法人员进行深入地调查取证工作。《人民日报》及《东北日报》等省市报纸,连续刊载了一些日本细菌战犯罪分子的口供、笔供,报道了部分公安司法机关对"731""100""1855""1644"等细菌部队的调查材料和细菌战受害者的控诉、证言及尸检材料。1956 年,中华人民共和国最高人民法院特别军事法庭对 45 名日本侵华战争罪犯进行公开审判。同时,中国人民政府对日本侵华战争犯罪分子实行宽大政策,按其罪恶大小、认罪态度、改造程度,分 3 批将绝大部分在押人员遣返回日本。中国人民的这一正义审判,及苏联伯力审判,使美日联手隐瞒日本细菌战罪责的坚冰被打破,推动学术界对日本侵华细菌战犯罪的调查和研究取得了一些新成果。据初步统计,至 20 世纪 80 年代,新发表的有关研究性论文和口述资料有 20 余篇,新出

① 陈飞莫:《细菌战》,商务印书馆 1942 年版,第 30 页。

版有关著作 5 本。论文和资料主要有《细菌战的历史与细菌战的方式及方法》（作者：林飞卿；载《医务生活》，1952 年第 3 期）、《细菌战中的炭疽传染病》（作者：李祖蔚；载《医务生活》，1951 年第 1 卷第 4 期）、《有关日本细菌战某些事实的备忘录》（载《科学通讯特刊》1952 年特刊）、《第二次世界大战中日军进行细菌战的有关材料——调查在朝鲜和中国的细菌战事实国际科学委员会报告书》（载《科学通讯》1952 年特刊）、陈石奇的《日军侵占衢县前后的暴行》（载《衢县县志》，1963 年）、蒋延龙的《宁波鼠疫惨案的回忆》（见《宁波市政协文史稿件》，1987 年第 7 号）、卢江的《日军南京荣字 1644 细菌战部队的暴行》（载《南京史志》，1986 年第 5 期）、张海鹰的《侵华日军细菌部队在孙吴》（载《北方工人》，1989 年第 4 期）、《历史的见证——日本侵略军在清华园犯下累累罪行》（载《清华校友通讯》，1982 第 6 期）、李佩珊的《罪孽——有关日本军队用中国人作细菌和化学武器实验的新披露》（载《科技日报》，1988 年 10 月 23、24 日）等。有关史著主要有草原的《日寇细菌战暴行》（通联书店，1951 年 5 月版）、储华的《日军的滔天罪行——惨无人道的细菌战争》（大东书局，1951 年版）、王祖同的《抗日战争时期宁波鼠疫纪实》（1963 年单行本，载《宁波文史》，1984 年第 2 期）等。日本人秋山浩的记实性著作《731 细菌部队》一书，也由群众出版社于 1961 年 12 月最早介绍给中国读者，并于 1981 年再版。纵观这一时期，较为系统、全面的文献资料和口述资料，尚未问世，急待挖掘和整理；研究性论著较少，力度不够，急待拓展和深入。

二、研究的进展与成果

20 世纪 90 年代以来的近 20 年，国内学术界对日军细菌战的研究所取得的开拓性的进展与成果，主要有以下几个方面：

第一，一批综合性的史料和著述问世。

中央档案馆等单位 1989 年编纂出版《细菌战与毒气战》一书，首次公布了日本侵华战犯有关细菌战、毒气战罪行的部分供述材料和中国细菌战、毒气战受害情况的调查取证材料。此后，又于 2005 年编纂出版《日本侵华战犯笔供》影印本（1—10 卷，中国档案出版社出版），将 45 名日本侵华战犯的笔供中译文及其日文原文公开发表。其间，最高人民法院 1991 年编辑出版《正义的审判》（人民法院出版社 1991 年版）一书，将中国最高人民法院特别军事法庭对 45 名日本侵华战犯的审判情况公诸于世。在国内出版的这 3 部权威性、综合性档案文献，以及介绍到国内的日本学者吉见义明所发现的《井本日记》等史料和美国学者哈里斯《死亡工厂》等著作，推动国内学术界对日本侵华细菌战进行了开拓性的综合研究。郭成周、廖应昌主编的《侵华日军细菌战纪实》于 1998 年由燕山出版社出版，是国内第一部较为全面地研究日本细菌战罪行的纪实性专著，它考察了日本细菌战研究的历史，揭露了日本国内和在中国大陆及东南亚设置 7 支细菌战部队的组织系统及其研制细菌武器、进行活人细菌实验、实施细菌战的罪行，并据当时公开的资料统计，活人细菌实验、解剖 3000 人以上，使用细菌武器至少致死 27 万人以上。① 翌年，解学诗、松村高夫等撰写的《战争与恶疫——731 部队罪行考》（人民出版社 1998 年版）一书出版，从考察在东北的第 731 和第 100 部队的细菌战犯罪入手，着重剖析日本的细菌战谋略，深刻揭露了日本研制细菌武器和实施细菌攻击，及其与中国东北、华中、华南等广大地区突然暴发鼠疫、霍乱、伤寒等恶疫的因果关系。2001 年，美籍华人尹集钧撰写的《细菌战大屠杀》一书（美国旧金山极光出版公司 2001 年 7 月版）出版，依据多年调查研究所汇集的资料，对日本侵华细菌战的规模及其致死总人数，作出了新的判断：日军细菌攻击次数高达 161 次，攻击县市 190 个，死亡人数 74.8 万人，估算日军细菌战造成的死亡数字将超过 200 万。② 与此同时，一些综合性研究论文先后发表。郭成周等的《侵华日军的细菌战》（九一八事变 60 周年国际学术讨论会，1991 年）及《有关侵华日军细菌战问题的新补充》（载《常德师范学院学报》（社会科学版），2003 年第 1 期），辛培林《论日本帝国主义侵华期间进行细菌战的几个问

---

① 参见郭成周、廖应昌：《侵华日军细菌战纪实》，燕山出版社 1998 年版，第 1—5 页。
② 参见杨万柱、陈致远：《〈细菌战大屠杀〉一书评介》，载《抗日战争研究》2002 年第 3 期。

题》（九一八事变 60 周年国际学术讨论会，1991 年），高兴祖《论日本军部进行细菌战的罪责》（载《南京大学学报》（哲学·人文·社会科学），1999 年第 1 期），高凡夫、赵德芹《日本天皇裕仁与细菌战》（载《湖南文理学院学报》（社会科学版），2005 年第 2 期），韩晓《关于侵华日军细菌战罪行的研究》（载《常德师范学院学报》（社会科学版），2003 年第 3 期），刘庭华的《侵华日军使用细菌武器述略》（载《人民网》，2005 年 6 月 16 日），徐文芳的《原日本侵华军细菌毒气战的分布与简介》（载《黑龙江史志》2004 年第 5 期）等，依据新的资料，分别论证了日本侵华细菌战的原因、罪行、罪责及其遗留问题。其中，刘文《述略》的统计，日军活人细菌实验杀害中国同胞 2 万人以上，使用细菌残害中国民众约 120 万人；[1] 徐文《分布与简介》的统计，日军在华使用细菌武器涉及 15 个省 115 个县。[2] 2008 年，哈尔滨市社会科学院第 731 细菌部队研究所所长金成民撰写的《日军细菌战》一书出版，该书 110 万字，是一部吸纳国内外研究成果而写成的关于侵华日军细菌战的研究性新史作。

第二，对 731 部队的研究获新成果、新突破。

日本侵华细菌战，是以其在中国东北的关东军第 731 部队和第 100 部队为最大基地，并以第 731 部队为指挥中心的，因此，中国人民和世界人民的反细菌战活动，亦以最大关注力来调查、揭露和研究这 2 支细菌战部队，特别是近 20 年来，取得了一些新的成果和突破。1991 年，韩晓、辛培林撰写的《日军 731 部队罪恶史》（黑龙江人民出版社）出版，这是国内第一部关于侵华日军第 731 细菌部队及其罪恶历史的专著。依据多年积累的资料，经过潜心研究，从考察日本在中国东北建立第 731 细菌战部队的战略企图入手，分析其本部及支队的庞大秘密机构，揭露其"特殊输送"与用活人进行细菌、毒气试验，研制细菌武器及在中国各地进行细菌攻击等罪恶活动，从而，系统、全面、真实、准确地揭露了日军第 731 部队细菌战的反人类罪

---

[1] 刘庭华：《侵华日军使用细菌武器述略》，载《学习时报》，2005 年 6 月 16 日。
[2] 徐文芳：《原日本侵华军细菌毒气战的分布与简介》，载《黑龙江史志》，2004 年第 5 期。

恶及其主要特点。该书还全文编入了 1985 年 3 月松村高夫教授赠送的庆应大学博士研究生儿岛俊郎在东京神田旧书店中发现的第 731 部队用活人进行细菌实验的 2 份报告书（一是《因"黄弹"射击造成的皮肤伤害及一般临床症状观察》，一是《关于破伤风毒素及芽苞接种时的肌肉"时值"》）及其介绍文章《731 部队的实验报告书》；并据当时查阅日本宪兵队和特务机关档案的 134 个案例，统计出"特殊输送"给 731 部队的"特殊实验材料"有 1203 人，查出了 59 个被实验杀害者的姓名，这是第 731 部队用活人进行细菌实验的直接的文件证据和案例证据，这对于推进日本侵华细菌战研究的深入发展，具有重要的意义。同时，日本作家森村诚一的《恶魔的饱食》一书的中译本出版，这是依据走访数十位原第 731 部队成员，在中国北京、哈尔滨、沈阳、长春等地现场调查，并在日本、美国发现许多重要档案，依据广丰的史料而写成的一部记实性作品，具有很强的说服力。韩晓、金成民撰写的《日军 731 部队罪行见证》（上、下册，黑龙江人民出版社 1995年版），杨玉林、辛培林主编《细菌战》（黑龙江人民出版社 2002 年 7 月版），郭长建、王鹏主编《侵华日军关东军 731 细菌部队》（五洲传播出版社），2005 年 5 月版），王维玲著《食人魔窟：侵华日军 731 细菌战部队》（浙江少年儿童出版社，2005 年版）等书先后出版面世，还发表了《石井细菌部队的特别监狱》（作者韩晓、金成民，第二届近百年中日关系史国际研讨会论文集，1993 年），《日本关东军第 100 部队的罪行》（作者霍燎原，载《社会科学战线》，1995 年第 4 期），《731 细菌部队罪恶活动概述》（作者郭素美，载《抗日战争史及史料研究（一）——中国近现代史史料学学会学术会议论文集》，1995 年），《731 遗址——血泪的记忆》（作者徐丹，载《前进论坛》，2003 年第 10 期）等一些有分量的论文。这一时期，最重要的开拓性的突破和研究，是"特殊输送"和活人细菌实验问题的研究。2001 年，黑龙江省档案馆等编纂出版了《731 部队罪行铁证——关东宪兵队"特殊输送"档案》。2003 年，吉林省档案馆等编纂出版了《731 部队罪行铁证——特别移送·防疫档案选编》。2004 年，杨玉林、辛培林、刁乃莉撰写的《日本关东宪兵队"特别输送"追踪——日军细菌战人体实验罪证调查》，由社会科学文献出版社出版，书末附录黑龙江省档案馆《侵华日军731部队"特殊输送"档案简介》和吉林省档案馆《侵华日军731部队"特殊输送"档案介绍》。辛培林还为这一重大发现和重要调查专门写了《"特别输送"之剖析》一文，指出按照关东宪兵队"特别输送"指令的号码顺序来推算，1938—1945年的8年时间，"特别输送"杀害总人数不少于七八千人。[①]

第三，填补了华北细菌战研究的空白。

日本华北派遣军"北支（甲）1855部队"，是日本侵略者继在中国东北建立第731细菌战部队的基础上，在华北建立的又一支细菌战部队。但由于它在战时隐匿甚密，投降时又有足够时间销毁罪证，因而，在战后长达半个世纪，有关研究几乎一片空白，虽在《细菌战与毒气战》和《侵华日军细菌战纪实》等少数编著中提供一些重要史料，而未见有专文论及。1995年在哈尔滨召开的反对侵略维护和平座谈会上，日本学者西野留美子发表《北京（甲）1855部队的验证》，是较早的专论文章。而对这支细菌战部队的揭露和研究，直到21世纪近10年来才真正开始起步。2001年起，笔者先后在《抗日战争研究》及有关国际学术会议上，发表《华北（甲）1855细菌战部队之研究》《华北（甲）1855部队的细菌战犯罪》《华北（甲）1855细菌战部队的活人实验和活杀解剖犯罪》等文，徐勇发表《侵华日军驻北平及华北各地细菌部队研究概论》，较为系统地揭露日军"北支（甲）1855部队"隐藏在北平的本部及其遍布华北各地的组织网络，用活人进行细菌实验和大量研制细菌武器，在华北城乡广大地区频繁地、大规模地使用细菌武器屠杀民众的罪行，填补了长期以来这一研究的空白。这一时期，崔维志、唐秀娥编《鲁西细菌战大揭秘》一书（人民日报出版社2002年版）及其《历史上被隐瞒的特大惨案——日本实施鲁西细菌战始末》等文先后发表，着重揭露了华北日军1943年鲁西大规模霍乱攻击作战的罪

---

① 参见辛培林：《"特别输送"之剖析》，载吉林省档案馆藏：《七三一部队罪行铁证——特别移送·防疫档案选编》，吉林人民出版社2003年版，第413页。

恶。冉炜君撰写的《魔鬼的战车——内蒙古侵华日军细菌战受害调查》（昆仑出版社 2005 年版）一书出版，揭露了日军第 731 部队在王爷庙地区和华北（甲）1855 部队在绥西地区进行细菌攻击的犯罪详情。2005 年，《日本侵略华北罪行档案》（1—10 卷，河北人民出版社出版）和《日本侵略华北罪行史稿》（社会科学文献出版社出版）两书出版，其中《日本侵略华北罪行档案》第 5 卷《细菌战》整理发表了约 200 篇有关华北（甲）1855 细菌战部队的档案文献、犯罪分子的供述、调查取证及受害者口述资料；《日本侵略华北罪行史稿》第 5 章《细菌战》从华北（甲）1855 部队的细菌战组织网络、活人细菌实验与活杀解剖、频繁进行细菌攻击等方面，较系统地揭露了日军在华北实施细菌战的罪恶。指出，日军在华北的活人细菌实验解剖惨杀不只如过去所知 19 人，而是至少 5000 人以上；在中国使用细菌武器致死者也不是如过去所知 27 万人，而是在华北即散播细菌约 70 次，造成民众染疫死亡 30 万人以上[①]。这些著述，将日本侵华细菌战研究向前推进了一步。

第四，华中、华东细菌战研究有新拓展、新成果。

日本华中派遣军"荣"字 1644 部队，是作为侵华日军第 731 部队在中国长江中下游地区实施细菌攻击战的前进阵地而设置的，因此较早引起了中国军政当局和学术界的关注。自 20 世纪 90 年代以来，对这支细菌战部队的调查、研究和揭露，在广度和深度上有了新拓展，取得了不少重要的新成果。在华中"荣"字 1644 部队研究方面：1992 年起，高兴祖先后发表《侵华日军细菌战和用活人实验的罪行》（载《民国春秋》，1992 年第 6 期）、《"荣"字 1644 细菌部队》（单行本），并与朱成山合作发表《侵华日军 1644 细菌战部队活人实验受害者遗骸的考证》（载《南京社会科学》，2000 年第 2 期）等文，推动了华中"荣"字 1644 部队研究的发展。此后，胡介堂的《日军鼠疫战始末》（载《南京医科大学学报》社会科学版，2001

---

① 参见谢忠厚：《中国华北的细菌战——日军1855部队细菌战华北受害情况的调查报告》，中共党史出版社2010年版，第160—173页。

年第 4 期）与《日军南京"荣"字 1644 部队细菌战始末》（载《南京医科大学学报》社会科学版，2002 年第 2 期），王希亮的《南京"荣"字 1644部队的罪行》（载《钟山风雨》，2004 年第 4 期），张群的《侵华日军 1644部队》（载《档案与建设》，2005 年第 4 期），谢刚的《南京"荣"字 1644细菌战部队研究 1939—1945》（载《江西师范大学》，2006 年 10 月）等十数篇论文相继发表，揭露了日军华中"荣"字 1644 部队的组织系统、活人实验与大量制造细菌，配合第 731 部队在长江中下游地区大规模进行细菌攻击战的罪行。

在浙赣细菌战研究方面：浙江省的细菌战研究，主要有黄可泰、吴元章撰写的《惨绝人寰的细菌战——1940 年宁波鼠疫史实》（东南大学出版社1994 年版）、邱明轩撰写的《罪证——侵华日军衢州细菌战史实》（中国三峡出版社 1999 年版）等书，及周耀明的《日军细菌战：浙江瓯江流域人间鼠疫之祸源》（载《广西民族学院学报》（哲学社会科学版），2001 年第 1期）、张启祥的《细菌战的真相将大白于天下——侵华日军细菌战的浙江调查》（载《史林》，2004 年第 1 期）、包晓峰的《日军对浙江实施细菌战的罪行综述》（载《党史研究与教学》，2005 年第 4 期）等论文；江西省的细菌战研究，主要有吴永明撰写的《太阳旗下的罪恶——侵华日军上饶细菌战揭秘》（江西人民出版社 2005 年版）一书，及谢志民的《侵华日军江西细菌战调查研究》（载《江西师范大学》，2006 年第 10 期）、谢建军的《抗战时期江西上饶地区细菌战研究》（江西师范大学，2006 年硕士论文）等论文。这些著述，对日军在浙赣地区实施细菌攻击的战略目标与准备、使用的细菌种类、攻击的方式与方法、细菌攻击的区域范围、恶疫暴发与遗患，以及细菌学、病毒学分析等方面，进行了较为全面的研究和揭露。据调查统计，日军于 1940、1942、1944 年 3 次细菌攻击，在浙江省即遍及杭州、宁波、绍兴、金华、衢州、温州、丽水 7 个市，十几个县，造成鼠疫等疫病患者 30 万人，死亡 6 万余人。[①] 在日军浙赣作战炭疽攻击的研究方面：主要有李力、郭洪茂《论日寇浙赣细菌战及其后果》（载《社会科学战线》，1995 年第 5 期）、徐浩一《侵华日军浙赣细菌战中的炭疽攻击》（载《中共党史研究》，2002 年第 2 期），及藤本治《浙赣作战与细菌战》（载《浙江学刊》，1999 年第 5 期）等文。李晓芳撰写的《血泪控诉——侵华日军细菌战炭疽、鼻疽受害者实录》一书，2005 年由中央文献出版社出版，作者历经 4 年，对 200 多位日军炭疽、鼻疽攻击受害者，汇集了大量珍贵的口述史料和摄像资料，这是对日本侵华细菌战研究的最珍贵的重要贡献之一。在湖南常德细菌战的研究方面：主要有常德党史研究室编《辛巳劫难——1941 年常德细菌战纪实》（中共中央党校出版社，1995 年 5 月版）一书，及刘雅玲、陈玉芳《常德细菌战疫死人数的七年调查——7643 人的死亡名单是如何产生的》（载《常德师范学院学报》（社会科学版），2003 年第 3 期）、陈致远《关于常德细菌战研究的几个问题》（载《常德师范学院学报》（社会科学版）2003 年第 3 期）与《日军常德细菌战致死城区居民人数的研究》（载《民国档案》，2006 年第 2 期）、陈先初《1941 年日军对湖南常德的细菌攻击》（载《湖南大学学报》（社会科学版），2003 年第 1 期）、罗运生《日军细菌战对常德地区社会经济的影响状况初探》（载《湖南文理学院学报》（社会科学版），2005 年第 2 期）等文，将以往有关常德细菌战的研究向前推进了一大步，经过重新调查，不仅列出了此次鼠疫攻击在常德城区及周围县区致死者 7643 人的名单，而且开始探究日军细菌攻击对当地社会生态和社会经济的长期危害，必将深刻影响和推动各地日军细菌战的调研工作向纵深发展。

第五，华南、西南细菌战研究有重要新发现。

日本华南派遣军"波"字 8604 部队，是为配合日军在我国华南地区实施细菌战而建立的。但是，至 20 世纪 80 年代，人们对这支细菌战部队，还

---

① 参见包晓峰：《日军对浙江实施细菌战的罪行综述》，载《党史研究与教学》2005 年第 4 期。

知之甚少。1993 年，原日军"波"字 8604 部队第一课细菌检验班班长丸山茂在东京参观 731 部队罪行展览后良心受到震动，开始站出来揭露"8604"部队的真相，写出《不管以什么名义，走向战争都罪恶》[①] 一文，日本 731 全国展执行主席渡边登将此文寄给中国。时任第 731 罪证陈列馆馆长韩晓在日本亲自访问了丸山茂，并写了文章。在此基础上，广东省社会科学院沙东迅研究员经过长时期的调查和走访，复查和核实，于 1994 年 7 月 18 日在《南方日报》第 4 版发表《日军曾在广东进行细菌战》一文，1995 年出版《揭开"8604"之谜——侵华日军在粤秘密进行细菌战大曝光》（花城出版社，1995 年版；2005 年 8 月又出版补充新版）一书，并相继发表《揭开黑幕——侵华日军在粤细菌战曝光》（载《党史文汇》，1995 年第 11 期）、《侵华日军在粤进行细菌战概况》（载《抗日战争研究》，1996 年第 2 期）、《日军"波"字 8604 部队在粤的细菌战活动》（载《湖南文理学院学报》（社会科学版），2006 年第 2 期）等文。之后，官丽珍的《侵华日军在粤使用细菌武器的罪行》（《广东党史》2003 年第 5 期）一文发表。这支长期被隐瞒的细菌战部队现出了魔鬼真面目。对日军在广州南石头难民收容所进行细菌实验罪行的揭露，是这一时期华南细菌战调研工作获得的新成果、新突破。现已查明，仅在广州南石头难民收容所一处，日军细菌实验就致死粤港难民至少二三千人；也有人认为很有可能致死约有 3 万人；在华南地区，日军大量使用细菌武器，仅霍乱细菌攻击，在广东、广西、福建等地致患亡总人数就不下百万人[②]。

"岗"字 9420 部队，是日本发动太平洋战争后，为在东南亚及南太平洋地区实施细菌战而建立的，曾配合第 731 部队在我国云南省西部地区进行大规模细菌攻击，造成重大患亡与遗害。但是，这一历史真相，直到 20 世纪 90 年代以来，才逐步被揭露出来。陈祖樑先生自 1984 年开始注意到日军在云南实施细菌战的实例，之后，利用业余时间，在滇西地区长期走访和

①　见郭成周、廖应昌：《侵华日军细菌战纪实》，燕山出版社 1998 年版，第 404—405 页。
②　参见陈慎姎：《日寇用细菌残杀华南同胞，我就是见证人》，载《南方日报》1951 年 4 月 8 日；广东省档案馆编：《日军侵略广东档案史料选编》，中国档案出版社 2005 年版，第 158—159 页。

调查，获得日军鼠疫细菌攻击的大量受害者口述资料，查阅了有关文字记载资料，1993 年起，连续发表《对侵华日军在云南进行细菌战罪行的初步调查研究》（载《云南史志》，2000 年第 1 期）、《侵华日军云南细菌战罪行的调查研究》（载湖南文理学院细菌战研究所编：《揭开黑幕——2002·中国·常德·细菌战罪行国际学术研讨会论文集》，中国文史出版社 2003 年版）等文。同时，谢本书发表《日军在滇西的细菌战》（载《湖南文理学院学报》（社会科学版），2004 年第 1 期）等文。从而，揭露了日军在云南进行细菌大屠杀和活人细菌实验解剖的罪行，指出：1942 年、1944 年，第731 部队在"岗"字第 9420 部队配合下，在云南实施霍乱细菌攻击和鼠疫细菌攻击，造成 68 县市疫病大流行，死亡总人数达 14 万以上。

三、深化此项研究的迫切问题

总之，自日本侵华战争实施细菌攻击之日起，中国人民反对日本细菌战的正义行动就开始了。从苏联伯力审判和中国沈阳、太原审判起，中国人民反对日本侵华细菌战的正义行动，提升到一个新的阶段。特别是近 20 年来，调查、研究和揭露日本侵华细菌战的正义行动成为中国人民和世界人民关注的热点，不论综合研究，还是专题研究的各个方面，都取得了前所未有的重要成果。这些成果，基本廓清了日本侵华细菌战部队及其细菌战网络，初步揭露了它用活人进行细菌实验和活杀解剖犯罪，研制细菌战剂及细菌武器，从空中和地面散播细菌的方式和方法，实施细菌攻击作战的地域范围和规模，及其给中国民众造成的巨大患亡和深重遗害。

但是，纵观侵华日军细菌战罪行研究的历史与现状，还存有不少缺憾，要继续深化仍任重道远。

首先，虽然半个多世纪以来，特别是近 20 年来，中日两国和平友好人士和世界各国正义人士做了不懈的努力，追索日本细菌战的史实，获得了大量人证、物证，迫使日本政府不得不承认细菌战部分史实，但是，这还仅仅是日本细菌战罪行的很少一部分。现有的史料和研究状况表明，日本在中国大陆的五大细菌战部队还有不少内情仍鲜为人知，60 多个细菌战支部、办事处、分遣队中大多数还没有被揭露出来，一些细菌战受害的省份及县旗迄今仍未进行调查、揭露和研究，日军在中国各地的人体实验和细菌战的内情、实情、详情还在深深地埋藏着。如何进一步做好日本侵华细菌战的调研工作，仍是一个急待加强的迫切课题。

其次，为深化对日本细菌战的研究，目前急需根据此项研究的空白和薄弱环节，一方面抓紧抢救活的资料，力争留下尽可能多的日军细菌战受害者和原日军细菌部队老兵及知情者的证言资料，这是研究日本细菌战的失不复得的直接证据；另一方面加紧进行专题调研，每一个空白点，每一个薄弱点，都要一个一个的突破，逐一积累资料，把史实搞清楚，把数据搞准确，写成专题调研性文论，这是深化对日本细菌战研究的必备的基础。与此同时，由于目前总的看，国内出版的综合性资料书和研究专著，其数量不多，分量也还不够，因此，需要组织和动员有关专门力量，与国际人士合作，统合过去长久以来国内外的有关资料和著述成果，编纂出版系统的、全面的、综合性的资料书和研究专著，这是将侵华日军细菌战研究向前推进一大步的必备条件。

第三，日本细菌战罪行，是一个历史上被隐瞒的问题，也是一个迄今仍被隐瞒的问题。日本右翼势力极力掩饰过去的侵略历史和企图复活日本军国主义，而日本政府仍严守过去细菌战的机密而拒绝公布有关细菌战的档案，仍在采用100多年前的所谓《大日本帝国宪法》而拒绝对细菌战受害者进行谢罪、赔偿。这些对待历史问题的错误做法，是长久以来阻碍对日本细菌战罪行研究进展的关键所在。正确对待历史问题，妥善处理细菌战等遗留问题，符合中日两国和世界各国人民的根本利益和长远利益。日本细菌战争罪行研究的目的，正是正视历史，以史为鉴，加强中日两国人民互信，发展中日两国和平友好和合作发展的长期关系，促进人类正义和和平发展的大势。

侵华日军细菌战犯罪述论[①]

第二次世界大战期间，日本违抗国际公法，在侵华战争中实施细菌战，给中国军民造成重大疫病患亡，给中国社会生态环境造成长期难于治愈的创伤。战后，由于美国的袒护，远东国际军事法庭未能追究日本细菌战罪责。战后半个多世纪以来，追究日本细菌战罪责的正义行动逐步深化，取得了重要成果，已成为世界人民关注的一个热点。但纵而观之，专题性、地方性的文论较多，综合性、全局性的文论较少，特别是综合性文章尚少见诸报刊。因此，本文拟根据近年来搜集到的有关资料，对侵华日军细菌战犯罪史实，作一较为全面、系统的综合分析，望同行给予指正和修补。

一、侵华日军的细菌战部队

日军的细菌战部队，担负着日军自身的防疫和对敌国实施细菌作战的双重任务，是打着"防疫"旗号而制造恶疫的特种部队，它是日本帝国主义侵略政策的产物。日本明治维新后，于1874年派兵入侵我国台湾，遭到台湾人民的坚决反抗；于1894年发动第一次大规模侵华战争，摧毁了清朝政府的北洋舰队。日本先后向腐败落后的清朝政府索赔军费23050万两白银，并强占了台湾。由此，日本加速走上了军国主义道路。至20世纪20年代后期，日本为了对外侵略扩张，于1927年春天，正式确定了所谓"大陆政策"，其战略目标，如田中义一首相向天皇的奏折中所称："欲征服中国，必先征服满蒙；欲征服世界，必先征服中国。"日本要实现征服中国、称霸世界的战略计划，但遇到了缺乏五金资源和兵源不足的困难，因此极度注重细菌战的谋略。

---

① 原载中国人民抗日战争史学会：《纪念中国人民抗日战争胜利65周年学术研讨会论文集》原刊本，2010年8月。

日本侵略者从第一次世界大战中看到细菌武器的巨大杀伤力，自 1918 年 11 月起开始其细菌战研究。时任京都帝国大学军医大尉的石井四郎[①]"竭力献策：缺乏资源的日本要想取胜，只能依靠细菌战"，并得到陆军部军务局课长永田铁山等人的支持。1928 年 4 月，石井四郎被派往欧美等地考察细菌战研究状况。1930 年春，他回国后，声称："各强大国家都在准备进行细菌战工作，日本若不进行此种准备，那它在将来战争时就必然会遇到严重的困难"，[②] 并提出帝国应立即在"无住宅区"建立起实验中心。[③] 当年，在京都陆军军医学校建立了细菌战研究室，对外称"防疫研究室"。在石井四郎的主持下，研究成功了用于日军自身防疫的石井式滤水净化器和大量生产细菌战剂的石井式铝制的细菌培养箱，具有了使用细菌作战的能力。[④] 1931 年九一八事变后，根据日本天皇的敕令，为了准备扩大侵华战争及对苏作战，日本军部批准石井四郎的请求，在我国东北地区，建立关东军防疫给水部，代号第 731 部队；同时建立关东军兽类防疫部，代号 100 部队。就地使用中国人、畜进行细菌武器实验。至 1937 年七七事变前，日本已经有能力以细菌战配合全面侵华战争，东北成为当时世界上最大的细菌战基地。石井四郎说："日本对细菌战是有把握的，其效果已在活人实验中证实过了。"[⑤] 七七事变后，随着侵华战争的扩大，1938 至 1939 年前后，在华北、华中、华南相继建立 3 个大规模的细菌战基地：日本华北派遣军防疫给水部，代号"北支"（甲）1855 部队；日本华中派遣军防疫给水部，代号"荣"字 1644 部队；日本华南派遣军防疫给水部，代号"波"字 8604

---

① 石井四郎，日本法西斯分子、细菌战犯。1892 年 6 月 5 日生于日本千叶县千代田村加茂地区一个大地主家庭。1920 年 12 月，京都帝国大学医学部毕业，1924 年 8 月晋升军医大尉，1927 年 6 月获微生物学专业博士学位，历任东京陆军军医学校防疫研究室室长、关东军防疫给水部部长、兼"荣"字 1644 部队长、山西第一军军医部长。在长达 20 年的细菌战研究中，曾"发明创造"石井式滤水器、石井式细菌培养箱、石井式陶瓷细菌炸弹、带鼠疫菌老鼠与带鼠疫菌跳蚤、人体实验与活杀观察等"惊人成就"，晋升军医少佐、中佐、大佐、少将、中将，被称为日本细菌战之王。

② 郭成周、廖应昌：《侵华日军细菌战纪实》，燕山出版社 1998 年版，第 40 页。

③ 沙东迅：《侵华日军在粤进行细菌战之研究——日军侵华暴行国际学术研讨会文集》，新华出版社 1996 年版，第 416 页。

④ 郭成周、廖应昌：《侵华日军细菌战纪实》，燕山出版社 1998 年版，第 96 页。

⑤ 《日军细菌部队罪行录》，中国民主法制出版社 1999 年版，第 2 页。

部队。1942年5月，日本侵略者又在马来亚及新加波建立南方军防疫给水部，代号"冈"字9420部队。

关东军防疫给水部，又称石井部队，或加茂部队、东乡部队，于1932年8月，秘密地在我国东北哈尔滨市南岗区宣化街与文庙街的中间地带设置本部，并在郊外70余公里的背荫河设置细菌武器实验场。1936年，石井部队在距哈尔滨市20公里的平房镇建立新址，1940年正式迁入。经过扩建，其本部设有细菌研究部、细菌实验部、细菌生产部、防疫给水部、总务部等8个部，并在东北地区设置海拉尔、孙吴、牡丹江、林口、大连5个支队（支部），配有中将1名、少将4名，校级军官80余名，判任官和技师300余名，全员3000余人，总称659部队，1941年8月始用化名"731部队"。① 它是日本参谋本部直接领导的特种部队，是研制和使用杀人细菌武器的大本营。

第100部队的前身，最早叫关东军临时病马收容所，于1931年11月在长春宽城子附近设置，后改称关东军临时病马厂，1936年8月1日以此为基础扩建为关东军军马防疫厂。1938年，关东军军马防疫厂在长春南10公里的孟家屯扩建新厂房，翌年迁址。其本部设置有实战研究、细菌病毒研究、血清疫苗、动物饲养等5部，并在大连、海拉尔、拉古、佳木斯、四平设立5个支部。1941年，改称秘密番号"满洲第100部队"，又称关东军兽疫预防部。研究人员及其他工作人员由800人增至1200人以上。② 第100部队与第731部队一样，是日本参谋本部直接领导的特种部队，所不同的，它是一支以杀害家畜和植物为主要研究对象的细菌战部队，同时也研究对人的杀害。

日本华北派遣军防疫给水部，代号"北支"（甲）1855部队，于1938

---

① 郭成周、廖应昌：《侵华日军细菌战纪实》，燕山出版社1998年版，第96—111页。

② 参见松村高夫等著，解学诗译：《战争与恶疫——731部队罪行考》，人民出版社1998年版，第30—34页；郭成周、廖应昌：《侵华日军细菌战纪实》，燕山出版社1998年版，第96—111页。

年 2 月秘密设置在北平城内①，本部设在天坛公署西南之神乐署内，下设总务部、卫生检验（细菌研究）课、细菌生产课和细菌武器研究所（课）。同年 5 月，在太原、济南分别设置细菌战支部。之后在天津、塘沽、张家口、保定、石家庄、大同、运城、青岛、郑州、新乡、开封、确山、包头、徐州等城市先后建立支部、办事处或分遣队，总编制 1500 人。它是侵华日军在第 731 部队、第 100 部队基础之上在华北地区建立的第二个细菌战基地。

日本华中派遣军防疫给水部，是由第 731 部队运送一部分人才和物资，于 1939 年 4 月在华中地区建立的第三个细菌战基地。又称"中支那防疫给水部"，代号"荣"字 1644 部队，1943 年 12 月后改称"登"字第 1644 部队，对外称多摩部队或桧字部队。本部设在南京城内原中央陆军总医院内，设有总务部、防疫给水课、细菌课（细菌武器研究所）、化学课等，在本部大院西北之小西营设有细菌战剂生产工厂，并在上海、苏州、常州、杭州、九江、南昌、安庆、汉口、武昌、岳州等地设置 12 个支部，总编制 1500 人。② 它担负着配合第 731 部队在长江中下游地区实施细菌攻击作战的任务。

日本华南派建军防疫给水部，代号"波"字或"海浪"第 8604 部队，对外称南"支那"防疫给水部。其前身，是 1938 年 9 月在日本大阪成立的第 21 军野战防疫部，该部于同年 10 月侵抵广州，在原中山大学医学院设置本部，1939 年 5 月正式编成"波"字 8604 部队，总人数定员 1200 人。本部下设总务课和第一、二、三、四、五课等细菌研究、生产和实验部门，在广州市南石头难民收容所设置人体细菌实验场，还在广东省、福建省、广西省、海南岛、香港（九龙）及华中地区的滁州等地，秘密地分别设置 12 个细菌战支部。③ 它是侵华日军在华南地区建立的第四个细菌战基地。

---

① 参见松村高夫等著，解学诗译：《战争与恶疫——731 部队罪行考》，人民出版社 1998 年版，第 8 页。
② 参见郭成周、廖应昌：《侵华日军细菌战纪实》，燕山出版社 1998 年版，第 278—281 页。
③ 参见沙东迅：《侵华日军在粤进行细菌战之概况》》一文，载湖南文理学院细菌战罪行研究所编：《揭开黑幕——2002·中国·常德·细菌战罪行国际学术研讨会论文集》，中国文史出版社 2003 年版。

　　1942 年 5 月，日本侵略者还在马来亚及新加波建立了南方军防疫给水部，代号"冈"字 9420 部队。其本部，设在新加坡昭南原爱德华七世医院（今新加坡卫生部药品管理局），定员 208 人，实际超过 590 人。[①] 它是日军在东南亚地区实施细菌攻击作战的重要基地，也担负着配合第 731 部队与第 8604 部队对我国西南地区进行细菌作战的任务。

　　日军的每一支防疫给水部队，实质上都是一座细菌武器研制工厂和细菌战基地。其杀伤人、畜和植物的致命细菌，主要包括霍乱菌、伤寒菌、副伤寒菌、斑疹伤寒菌、鼠疫菌、炭疽菌、鼻疽菌、赤痢菌、白喉菌、猩红热菌以及牛瘟、猪瘟、羊瘟等病毒和植物锈菌（黑穗菌），同时生产日军自身防疫用的血清疫苗。在日本所研究的用于细菌战的病原体中，鼠疫跳蚤和炭疽菌是最有效的细菌武器[②]。1941 年 6 月德国进攻苏联后，日本大本营参谋本部急令石井四郎召集本部各部长会议，传达加紧鼠疫跳蚤生产的训令，强调："一切扩大细菌武器生产办法……必须施行"[③]，规定第 731 部队必须在短期内生产 200 公斤鼠疫跳蚤。华北（甲）第 1855 部队、华中"荣"字第 1644 部队和华南"波"字第 8604 部队也都加紧了鼠疫跳蚤的增殖工作。太平洋战争爆发后，1943 年 4 月，日本大本营参谋本部召开秘密的"保号会议"，部署增产鼠疫菌和跳蚤。据金原节三医事课长的军务日记："第一，关东军、华北、华中、华南各军及南方军各防疫供水部和军医学校同时准备开始大量增加带有鼠疫的跳蚤和老鼠。第二，尤其是军医学校对增产老鼠最为热心，他们以奇玉县粕壁为养殖基地，计划在奇玉、茨城、栃木等地共计生产 74.45 万只老鼠。"并记载，当时各军生产鼠疫跳蚤的生产能力分别为："关东军防疫给水部为月产 10 公斤（截至 9 月底可累计生产 100 公斤）；华南防疫供水部为月产 10 公斤；华北防疫供水部现月产量为 5 公斤；南方军月产为 50 公斤。"而且，"还拿来各种品种的老鼠试验

---

①　郭成周、廖应昌：《侵华日军细菌战纪实》，燕山出版社 1998 年版，第 433—434 页。

②　参见松村高夫等著，解学诗译：《战争与恶疫——731 部队罪行考》，人民出版社 1998 年版，第 16 页。

③　转引自韩晓、辛培林：《日军 731 部队罪恶史》，黑龙江人民出版社 1991 年版，第 88 页。

开发适用于细菌战的新品种老鼠"。① 进入 1944 年，日本为了挽救战略颓势，陆军省、参谋本部多次召开各部部长会议，研究解决跳蚤和老鼠的生产能力不足的困难。据参谋部第一部部长真田镶一郎 11 月 28 日的日记，详细记录了部长会议有关细菌战的准备状况：会议认为，"为考虑将来的使用，应进行有机的统一准备"，"关东军搞的使用鼠疫菌、炭疽菌，研制鼠疫弹、蛆虫弹（陶弹）试验结果是'准确适宜的'。""根据'保号计划'研究会的评估，到 1945 年 6 月可生产鼠疫跳蚤 135 公斤，到 9 月可达 300 公斤，而到了 12 月则达 800 公斤。老鼠的现有量是 25 万只，按 1000 只老鼠可生产 1 公斤鼠疫跳蚤算，每月能保证 30 万只的话即可生产 300 公斤。鼠疫跳蚤的生产分配额分别为：关东军 150 公斤；支那派遣军 60 公斤（华中 30 公斤，华北 20 公斤，华南 10 公斤）；南方军 60 公斤；内地（日本）30 公斤。②

在日本天皇、政府及日军大本营统帅及石井四郎指导之下，上述日军五大细菌战研究基地，在我国大陆 60 多个城市建立的细菌战支部、办事处、分遣队，以及在各地陆军野战师团、旅团的细菌战班及兽医部队，相互配合，并与日本陆海军各级医院及"同仁会"等所谓"慈善"机构密切联系，筑成了遍布中国大陆乃至东南亚地区的庞大而严密的细菌作战网络。

二、日军细菌战罪恶累累

侵华日军细菌战，是其整个侵华战争战略计划的一个组成部分，在不同地区、不同时期，其细菌战谋略虽有所不同，但给中国人民造成的疫情患亡都极其惨重。

1. 中国东北，是日本全面侵华战争的前进基地和细菌战谋略及实施的中心，又是战败时仓皇逃亡之地，第 731 部队和第 100 部队在东北地区使用细菌武器，表现出以下特点：

---

① 郭成周、廖应昌：《侵华日军细菌战纪实》，燕山出版社 1998 年版，第 84 页。

② 郭成周、廖应昌：《侵华日军细菌战纪实》，燕山出版社 1998 年版，第 86 页。

　　一是大规模细菌实验。据韩晓、辛培林等调查，第 731 部队和第 100 部队除实验室、野外靶场、城乡居民区的细菌实验外，曾在原兴安北省的蒙古族部落、三河地区以及辽阳、本溪、新民、农安、长春、三岔河、哈尔滨、泰来、白城子、洮南、东丰、抚顺、双城、阿城、肇东、东宁、林口、佳木斯等地，撒布鼠疫、炭疽、伤寒、霍乱等病菌，在疫病流行后，又以防疫为名，到疫区去调查，实验各类细菌的传染效果以及防疫方法①，以准备对华、对苏细菌作战。

　　二是把东北与关内的细菌战密谋联结起来。如 1940 年，日军为掩盖杭州细菌作战的意图，在东北实施了"新京"（长春）、农安"防疫战"谋略。9 月，"新京"突发鼠疫，日本人太田安次等 8 人相继死亡。10 月 5 日，关东军司令官梅津美治郎下达关作命 699 号。10 月 7 日，石井部队进驻"新京"，总人数达 2604 名，他们实施"军的防疫统制"，在"新京"车站，自 10 月 11 日至 12 月 24 日，对旅客强制注射，平均每日 3300 人。还重点进行了鼠疫的病源研究，为此征集土拨鼠 30000 只。② 在"新京"市立传染病院，强制隔离中国人 120 名，其中近 30 名作为鼠疫活体实验杀死。在千早医院，监禁 150 名中国籍"鼠疫患者"，将其中 30 名称为"真性鼠疫患者"实施实验解剖。③ 大张旗鼓的"新京"防疫战，仅仅 2 个星期，于 10 月下旬宣布准备移师"新京"西北的农安县，至 12 月鼠疫终息止，日方统计，患者 28 人，死亡 26 人，中国人、日本人各占一半。④

　　6 月 12 日，农安城西曹家铺屯突发鼠疫，有 2 个鱼贩子及医生李魁芳等人相继死去。⑤ 关东军司令官梅津美治郎宣称农安县城是"新京"的"鼠疫病源地带"，10 月 16 日下达实施农安防疫的关作命甲第 380 号，石井四

---

① 韩晓、辛培林：《日军 731 部队罪恶史》，黑龙江人民出版社 1991 年版，第 267—268 页。
② 松村高夫等著，解学诗译：《战争与恶疫——731 部队罪行考》，人民出版社 1998 年版，第 78—83、91 页。
③ 中央档案馆等编：《细菌战与毒气战》，中华书局 1989 年版，第 354、352 页。
④ 松村高夫等著，解学诗译：《战争与恶疫——731 部队罪行考》，人民出版社 1998 年版，第 74 页。
⑤ 李维新：《1940 年农安鼠疫流行的惨状》，农安县政协供稿，转引自韩晓、辛培林：《日军 731 部队罪恶史》，黑龙江人民出版社 1991 年版，第 85 页。

郎 19 日带领关东军临时防疫队 1100 余人奔赴农安县城。防疫队本部驻农安中学，下辖战斗司令部、防疫斥候班、检诊班、消毒给水班、犬鼠捕灭班、病理解剖班、检索班、宣抚班等。将农安县城及城郊几个村庄包围封锁起来，大规模实施《农安附近鼠疫防疫计划》。但进驻短短 17 天，即于 11 月 7 日匆忙撤离。据统计，至 11 月 27 日，县城内共有鼠疫患者 354 例，死亡 298 例。①

其实，"新京"、农安鼠疫，不是自然发生的，而是日军散播细菌所为。据伪满当局领导人爱新觉罗·宪钧 1954 年 7 月 22 日供词，早在 7 月间，梶塚隆二在新京地区鼠疫防疫委员会会议上，"预想"了"鼠疫的发生"，"分配"了"防疫业务"。之后，派卫生技术厂长阿部某把鼠疫菌的昆虫，"散布在城里兴运路和日本桥一带的所谓贫民区之间"②。据原日本陆军省医务局医事课长大冢文郎大佐的《业务日志》记载：1943 年 11 月 1 日，当时已转任日本陆军军医学校附的石井四郎在陆军省医务局的汇报会上报告称："既往事实：农安县，由田中技师以下 6 名投放，据密探报告，最有效。"经专家考证，石井所说的"既往"，正是 1940 年；而田中技师就是田中英雄，他时任石井部队第二部田中班，是专门研究鼠疫媒介物的。因此，日本关东军"新京"和农安鼠疫"防疫战"，绝不是为了"防止鼠疫的爆发性流行于未然"和"灭绝其根基"，而是整个对华细菌战谋略的一部分。其谋略之目的，是一箭双雕：既混淆视听，转移世人对其在浙江实施大规模细菌战的注意力；又做好浙江细菌战的实战准备和演练。③

三是遗患深重。日军战败时，第 731 和第 100 部队销毁细菌战罪证，却使大量疫鼠四散，或把疫鼠等病菌投进粮库。据郭洪茂先生的调研，这不只造成哈尔滨市，且酿成东北鼠疫史上第三次大流行。1945 年 8 月起，至

---

① 松村高夫等著，解学诗译：《战争与恶疫——731 部队罪行考》，人民出版社 1998 年版，第 90 页。

② 原件存中央档案馆，119-2-1169-1，第 5 号。

③ 松村高夫等著，解学诗译：《战争与恶疫——731 部队罪行考》，人民出版社 1998 年版，第 106—109 页。

1947 年达到最高峰。4 年间，内蒙古、吉林、黑龙江 3 省区有 38 个县市旗流行鼠疫，其中，1946 年至 1948 年，总计鼠疫患者 51672 人，死亡 42967 人。仅 1947 年 1 年间，就发生鼠疫患者 35947 名，死亡 30358 名。在通辽县，1945 年至 1947 年，有 126 个村屯流行鼠疫，患者达 15710 名，死亡 12771 名。还传染到开县、双辽县、长岭、舍伯吐（科左中旗）、奈曼旗、阜彰（今阜新、彰武）6 县旗、137 个村屯（含县城和小城镇），鼠疫患者 17559 名，死亡 14251 名。① 在王爷庙（今内蒙古乌兰浩特市），1945 年 8 月 21 日暴发鼠疫，至 1947 年，直接间接地传染突泉县、扎赉特旗、洮南等 10 个县旗市，造成 4363 人染病，3709 人死亡，仅王爷庙地区死亡 3000 余人。②

2. 在华北，由于广大乡村是抗日根据地，与日军占据的城市、交通线形成了犬牙交错的态势，因此，"北支"甲 1855 部队使用细菌武器，使用细菌武器更隐蔽、更分散、更频繁，与东北和南方有所不同，主要是针对中国抗日军队及其抗日根据地人民，与"扫荡"作战相结合。抗战初期，日军图谋在山西与陕北数十县集中投掷细菌炸弹，以吓阻八路军开赴华北抗日前线，此图谋在中国共产党及时揭露下未能得逞③；遂在华北交通沿线附近重要村镇投放细菌④，妄图阻止八路军从山岳地带向冀鲁豫平原地区开辟发展；武汉会战结束前后，华北犬牙交错态势形成，由于细菌武器有返回传染的缺点，于 1939 年和 1940 年，日军对抗日根据地进行各种细菌攻击实验，如向村庄的街口、水井、水池、河水投放细菌等，以传染抗日军队与民众，准备将抗日部队压缩到狭小的山岳地区后，实施大规模细菌攻击战⑤。1941 和 1942 年，日军使用细菌作战由小规模、间隔长和主要针对军

---

① 松村高夫等著，解学诗译：《战争与恶疫——731 部队罪行考》，人民出版社 1998 年版，第 284—354 页。

② 冉炜君：《魔鬼的战车——内蒙古侵华日军细菌战受害者调查》，昆仑出版社 2005 年版，第 36 页。

③ 《新华日报》，1938 年 3 月 29 日。

④ 《新华日报》，1938 年 9 月 22 日。

⑤ 《石桥揭露日军曾在定县施放菌毒》（1950 年），载谢忠厚等总主编：《日本侵略华北罪行档案》之五《细菌战》，河北人民出版社 2005 年版，第 205—206 页。

队，转变为大规模、经常性和主要针对民众。1943 年，日军为毁灭华北抗日根据地，并准备对苏进行细菌攻击，相继策划实施了北京细菌实验和鲁西霍乱战，使用细菌武器达到顶峰。1944 年和 1945 年，日本已四面楚歌，更加依赖细菌战。一面在华北城乡大量使用细菌武器①，一面在沿海地区准备以细菌战应付美军登陆作战②。至日本投降，日军在华北城乡，使用细菌武器计约 70 次之多，据其中 25 宗记载具体患亡人数，即传染死亡 27 万人以上。③

这 25 宗当时所记载的患亡人数，有些只是一天、几天、一月或局部地方的数字，而不是较完整的数字，而且，中国方面，不论国民政府，还是敌后抗日民主政府，由于当时防疫体系不健全，能够统计在案的人数，只占实际患亡人数的极少部分。如日军鲁西霍乱战中的馆陶县，当时冀南抗日民主政府的调查只记录了馆陶县榆林、来村、法寺等村 10 天内病死 370 余人；而据近年来的调查，馆陶县登记在册的霍乱死亡者有 179 个村庄、10329。④ 丘县，当时只记录了"梁儿庄 300 户死 400 人，有 20 余户死绝"；而近年来调查，登记在册的"有 160 个村染及霍乱病，死亡 15201 人"⑤。再者，受审日军供述的患亡人数，亦应做一定的分析。如矢崎贤三供称鲁西 18 县患亡约 20 万人，此估数可能过多，但该地区的确是鲁西细菌战的重灾区。而难波博的供述，只提到细菌战前期山东卫河西岸与冀南馆陶、曲周、丘县、临清、威县、清河 6 县的受害情况，却隐瞒了日军 3 期霍乱讨伐作战所造成的劫难⑥，他所供述的数字，只是冀南地区患亡人数中的较小部分，更只是日军鲁西霍乱战所致患亡人数中的较小部分。

---

① 原件存中央档案馆，卷宗 119 - 2 - 1106 - 1 - 8。
② 藤田茂 1954 年 8 月 31 日的口供。原件存中央档案馆，卷宗 119 - 2 - 2 - 1 - 6。
③ 谢忠厚：《华北（甲）1855 细菌战部队之研究》，《抗日战争研究》2002 年第 1 期。
④ 中共河北省委党史研究室（未刊稿）：《日军在馆陶县进行的细菌战专题调研报告及有关证据》。
⑤ 中共河北省委党史研究室（未刊稿）：《日军在鲁西实施细菌战过程中邱县损失情况综述》。
⑥ 参见矢崎贤三的笔供（1954 年），难波博的笔供（1954 年 6 月 17 日）、口供（1954 年 12 月 27 日），载谢忠厚等总主编：《日本侵略华北罪行档案》之五，《细菌战》，河北人民出版社 2005 年版，第 266—270 页。

初步估算：日军在华北细菌作战，民众被传染致死约 30 万人以上，造成华北民众患亡者共约有 100 万人。

3. 华东、华中，地处长江中下游，战略地位十分重要，敌我战线广阔而分明，因此，日军为其战略、战役目标服务，使用细菌武器相对集中，且规模大。

1940 年，日军为封锁中国沿海唯一尚存的宁波海港，第 731 部队以"新京"、农安鼠疫"防疫战"为掩护，做好杭州细菌作战的准备后，于 9 月 18 日至 11 月 28 日，石井四郎亲自指挥第 731 部队远征队，在 1644 部队配合下，对宁波、金华、温州、台州、玉山、衢州、丽水等城市进行了细菌攻击。10 月 4 上午，日军飞机在衢州城上空沿城西的西安门、上营街、水亭街、下营街、县西街、美俗坊等居民区撒下大批麦粒、黄豆、粟米、麦麸、碎布、棉花、跳蚤、小纸包（每包约有 10 只跳蚤）等带鼠疫菌的跳蚤和含霍乱菌的食物及宣传单。10 月 10 日后，在衢城居民区陆续发现死鼠（自毙鼠），多人突患急症死亡，至 12 月底，鼠疫蔓延至全城 58 条街巷，扩散到将军（花园）、柯山（石室）、万田、双桥等 13 个乡镇。据疫情报告统计，衢县城乡患鼠疫死亡人数达 2000 余人[①]。10 月 27 日晨，日军飞机在宁波市区空投染有鼠疫杆菌的疫蚤和麦粒、面粉，至 12 月，宁波城开明街以东、中山东路以南、太平巷以西、开明巷以北 5000 余平方米区域内爆发鼠疫，市民惨死有名可稽者 111 人。[②] 11 月 27 日、28 日，数架日本飞机在金华城区上空对通济桥、马门头、乡间五里牌、秋都乡等处，喷散类似烟雾的白色颗粒——鼠疫杆菌。《浙江日报》1951 年 4 月 21 日载文，当时金华县有 167 人染鼠疫病死。日军细菌部队还在诸暨、东阳、义乌、兰溪、永康等县实施细菌战，仅据当时东阳、义乌、兰溪 3 县的初步合计，被传染的有 438 人，死亡 361 人。[③] 日军杭州细菌战，在上述 11 个市县，造成平民患

---

① 邱明轩：《罪证——侵华日军衢州细菌战史实》，中国三峡出版社 1999 年版。

② 见宁波开明街侵华日军鼠疫细菌战遗址纪念碑文。

③ 包晓峰：《日军对浙江实施细菌战的罪行综述》，载《党史研究与教学》2005 年第 4 期，宁波开明街侵华日军鼠疫细菌战遗址纪念碑文。

者 3000 人以上，死亡 2913 人。

1941 年，日军为摧毁陪都重庆之大后方门户、连结华中战场的交通枢纽、中国军队粮棉供给及长沙战场的后援地，谋划实施了常德鼠疫细菌攻击作战。11 月 4 日晨，第 731 部队一架 97 式轻型飞机在常德上空投下大量染鼠疫菌的跳蚤和养护这些跳蚤的棉花、碎布和谷、麦等物，造成常德城乡鼠疫大流行。据陈致远教授等人的调研，这一史实，已为中国、美国、苏联和日本的史料所确凿的证实。① 据常德市党史研究室、湖南文理学院细菌战罪行研究所及常德细菌战受害者调查委员会的调查材料，当时档案记载从 1941 年 11 月 11 日至 1942 年 7 月 9 日，城区死亡 37 人，这一数字远远不能反映受害的实际情况，他们经过 7 年努力，至 2002 年，调查、走访了约 30 万人次，获得了 15000 多份受害人控诉材料。经过整理、甄别和审核，确定其中 7643 份（人）为日军鼠疫细菌战受害致亡者，并将此调查结果编成《中国湖南常德侵华日军 731 部队细菌战受害死亡者及其遗属名册》。常德城区，死亡人数远不止 37 人；1941 年 11 月 4 日至 1941 年 12 月底疫死 86 人，1942 年疫死 175 人，1943 年疫死 28 人，1944 年疫死 8 人，1945 年疫死了 2 人，计 299 人；包括档案记录的 37 人，合计死亡 336 人。这一调查，是"在 50 多年后进行的调查，不可能寻找到全部受害者及其遗属，他们调查到的估计不足受害死亡的 50%。因此，城区当年实际死亡数字估计在 1000 人左右恐不为过"。② 除常德城区外，鼠疫还蔓延遍及市区周围 10 个县、58 个乡、486 个村。③ 上述调查结果及死亡名册，于 2002 年 8 月 27 日为日本东京地方法院对细菌战受害诉讼一审判决时所采信。

1942 年，日军以摧毁浙赣两省的衢州、丽水、玉山等飞机场为目标，于 5 月至 9 月间，进行浙赣作战，实施细菌攻击，造成了浙赣铁路沿线及附

---

① 陈致远、柳毅：《1941 年日军常德细菌战造成城区居民死亡人数的研究》，《武陵学刊》2004 年第 4 期。

② 陈致远、柳毅：《1941 年日军常德细菌战造成城区居民死亡人数的研究》，《武陵学刊》2004 年第 4 期。

③ 刘雅玲、陈玉芳：《常德细菌战疫死人数的七年调查——7643 人的死亡名单是如何产生的》，载《揭开黑幕——2002 年·中国·常德·细菌战罪行国际学术研讨会论文集》。

近广大地区鼠疫、霍乱、伤寒、炭疽等大流行。据邱明轩、包晓峰、吴永明、谢志民和日本学者藤本治等人的调研①：

浙赣作战开始后，关东军参谋部于 5 月 27 日制订了细菌战具体方案，7 月 20 日，进一步研究细菌作战的具体计划，至 8 月 3 日，细菌攻击部署就绪。8 月 19 日夜，日军从浙赣沿线城市撤退，至 31 日，全部撤离衢州各县。期间，石井四郎抵达衢州，部署指挥细菌攻击作战。一方面，派飞机在中国军阵地及防区空投带鼠疫菌的跳蚤；另一方面，派细菌战部队随同地面部队一边撤退，一边撒播细菌。在金华集中营，将 3000 个注射细菌的特制烧饼让 3000 名中国战俘食用，然后把他们放走。日军全部撤退后，浙赣铁路沿线的各县城乡居民区发生了鼠疫、霍乱、伤寒、副伤寒、痢疾、疟疾、疥疮、脓疱疮、炭疽等传染病的突发流行。

在衢州地区，据衢县防疫委员会调查，1942 年 9 至 12 月，全县染疫 2 万余人，死亡 3000 余人。据衢州各县防疫委员会调查统计，1943 年，患霍乱、伤寒与副伤寒（疑似恶性疟疾）、痢疾、疟疾、炭疽等传染病者共 45000 余人，死亡 7600 余人。1944 年，衢州各县鼠疫、霍乱、伤寒、副伤寒、痢疾、疟疾、炭疽等传染病继续流行。《龙游县志》记载：全县 18 个乡镇有患者 25000 人，死亡 2948 人。《衢县志》记载：金县 32 个乡镇，患者 10608 人，死亡 1254 人。1947 年后，各县疫情逐渐缓解。衢州 5 县防疫委员会 1948 年调查统计，1940 至 1948 年的 8 年中，患上述传染病者达 30 万人以上，病死者在 50000 人以上，在丽水，碧湖镇鼠疫传染 36 个村，死亡 870 人；机场附近的青林村居民染伤寒死亡 52 人，好溪河下游芦埠村居民染伤寒死亡 25 人，丽水城边的水东村居民染霍乱死亡 61 人，郎奇村死亡 58 人，魏村死亡 39 人，苏埠村死亡 43 人。在云和县，据浙江省防疫站统计，1940—1945 年，发生鼠疫的疫点 183 处，患传染病者 2740 人，死亡 1045 人。在温州，日军于 1944 年 10 月在乐清九房村进行了鼠疫菌实验，强行给村民打"预防

---

① 邱明轩：《罪证——侵华日军衢州细菌战史实》，中国三峡出版社 1999 年版。包晓峰：《日军对浙江实施细菌战的罪行综述》，载《党史研究与教学》，2005 年第 4 期。谢志民：《侵华日军江西细菌战初探》，导师吴永明。藤本治：《浙赣作战与细菌战》，载《浙江学刊》1999 年第 5 期。

针"，近 100 人感染鼠疫，5 人被实验解剖，15 人死亡。

在江西，到 1942 年 11 月，上饶、广丰共发生鼠疫患者 133 人，死亡 133 人。日军在玉山县宅前村水井里投放病菌，造成该村死亡 300 人。据统计，"江西人间鼠疫流行始于 1942 年，止于 1950 年。除 1943 年无病例报告外，其余 8 年均有发病。先后有 14 个县市发病 2989 人，1550 人死亡。在此以前，江西省无鼠疫史料记载。①。"

日军浙赣细菌战，在广大城乡致使数以万计的居民传染炭疽病，老百姓俗称"烂脚病"。

据李晓芳、丁晓强、何必会等的调查，"烂脚病"发病的时间在 1940 年至 1944 年间，尤其集中在 1942 年；发病的区域包括富阳、萧山、诸暨、义乌、金华、兰溪、龙游、衢州、江山、丽水、松阳、温州和江西玉山等地。乾西乡上天师村 300 多口人，有近二三成的人感染皮肤炭疽病。雅宅村 600 多口人，感染皮肤炭疽者 300 多人，死亡上百人。金华县和婺城区，感染皮肤炭疽死亡者有 635 人，幸存者多烂手烂脚痛苦终生。丽水市莲都区范围，1942 年至 1944 年间，有 38 个村、165 人感染炭疽病，死亡 119 人；松阳县西屏镇一村感染炭疽病者 400 多人，有 100 多人死亡。据衢州江山档案资料，大陈、淤头、广度、上余等乡均有不少感染炭疽病者，仅大陈乡即发病 2130 人。② 以上金华、丽水、江山的现有材料统计，炭疽患者 3000 多人，死亡 850 多人。

日军浙赣细菌战，仅浙江、江西两省 30 余县市平民感染鼠疫、炭疽、霍乱、伤寒、副伤寒等疫病 306989 人，其中死亡 53843 人。

4. 在华南、西南地区，日军配合其战略战役进攻，实施了大规模细菌攻击，致广东、广西、福建、云南等省鼠疫等疫病大流行。

据沙东迅等人调查，日军 8604 细菌部队，除在广州市南石头用细菌实验致死 3 万余以上粤港难民外，还在韶关及广九路平湖站附近、汕头、阳

---

① 谢志民：《侵华日军江西细菌战初探》，导师吴永明。

② 丁晓强、何必会：《侵华日军浙赣细菌战中的炭疽攻击》，载湖南文理学院细菌战罪行研究所编：《揭开黑幕》，中国文史出版社 2003 年版，第 342—352 页。

江、翁源、廉江、湛东等粤北、粤西、海南各地，以及广西、福建两省广
大城乡，散播了伤寒、鼠疫等致命细菌，仅 1943 年鼠疫大流行，广东、广
西、福建死亡不下百万人，广东阳江一县死亡不下千人（另一说约死亡
3000 人）。① 1946 年鼠疫仍在大流行，其中，"福建 41 个县市流行鼠疫，发
病 23503 例；浙江 6 个县市发病 617 例；江西 5 个县市发病 699 例；广东 7
个县市发病 823 例"。②

据杨家茂、安孝义调查，福建的鼠疫大流行，一是因日军对福建实施细
菌攻击而造成。闽北山城永安在历史上从未有过鼠疫病情的记载。1938 年 5
月，福建省政府从福州迁到永安后，日军从台湾机场和东南沿海的航空母舰
上，出动海、陆远程轰炸机狂轰滥炸，多次投掷细菌炸弹，造成永安城乡暴
发鼠疫、霍乱，死亡甚众。③ 二是因日军实施浙赣细菌战，国民党军队及民
众被染疫者带入闽北及福建各地。最先，鼠疫于 1941 年由患者传入浦城，
至 1950 年，据不完全统计，鼠疫患者共 1620 人，病死 1204 人（不包括部
队和外来难民的患亡者）。继而，迅速蔓延到闽北之建阳、建瓯、光泽、邵
武、顺昌、政和、南平、崇安等县市，至 1952 年，闽北各县鼠疫患者
20112 人，死亡 19120 人。并由闽北蔓延到福建各地，1943 年，福州、长乐
等 31 个县市鼠疫大流行，患者 5158 人，死亡 4082 人；1945 年，鼠疫蔓延
到 42 个县市，发病 24914 人，死亡 19376 人；1946 年，41 个县市共鼠疫患
者 23503 人，死亡 19089 人。此后，每年发病在 1.5 至 2.5 万人，病死率在
77%—81.22% 之间。1953 年在全省范围内消灭了人间鼠疫。据不完全统
计，福建省鼠疫患者至少有 119039 人，死亡 92784 人。杨家茂认为：由于
战乱等原因，上报登记的患亡者"不足真正实际发病和死亡人数的 1/5"。④

据陈祖樑、谢本书等及滇西抗日战争遗留问题民间研究会的调查：太

① 参见沙东迅：《侵华日军在粤进行细菌战之概况》，载湖南文理学院细菌战研究所编：《揭开黑幕——2002·中国·常德·细菌战罪行国际学术研讨会论文集》，中国文史出版社 2003 年版。
② 转引自杨家茂：《20 世纪 40 年代闽北鼠疫流行史料》，《中华医学史料》2005 年第 4 期。
③ 安孝义：《日军在永安动用细菌武器》，载永安市档案局网，2004 年 7 月 14 日。
④ 杨家茂：《20 世纪 40 年代闽北鼠疫流行史料》，《中华医学史料》2005 年第 4 期。

平洋战争爆发后，1942 年，日军在中国西南继切断滇缅公路后，大举进攻滇西地区，并在保山实施霍乱细菌攻击作战。5 月 4 日，日机 54 架，分两批轰炸保山，投放大量霍乱细菌，同时派出汉奸在滇西公路沿线的水井、水沟、水池、水源中投放细菌。不久，滇西地区暴发霍乱，保山城乡霍乱猖獗，据不完全统计，至 7 月中旬，死亡 6 万余人，约占全县人口的 1/5。霍乱迅速蔓延到施甸城乡，致死万余人。继而，霍乱在昆明市、昆明县、下关、呈贡、永平、蒙化、剑川、鹤庆、邓川、洱源、昌宁、丽江、宾川等 56 县市突发流行。据不完全统计，云南全省有 58 个县市因霍乱流行，患病人数至少在 12 万人以上，死亡 9 万人以上。[1] 日军占领滇西后，其驻滇西及缅北各师团防疫给水细菌部队，与第 731 部队、"冈"字 9420 部队及"波"字 8604 部队相配合，大量培养疫鼠和鼠疫跳蚤。1944 年日军撤离滇西前夕，在滇西各地实施了鼠疫细菌战。在芒市，鼠疫流行 30 多个村寨，1944 年和 1945 年，发生鼠疫患者 879 人，死亡 441 人。路西县，传染鼠疫患者 1608 人，死亡 840 人。在梁河县，1944 年九保、遮岛、芒东、红坡等村寨发病 388 人，死亡 240 人。鼠疫流行，1945 年有 18 个村寨，1947 年有 14 个村寨，1946 年有 30 多个村寨，计至少染鼠疫者 2604 人，死亡 1392人。盈江县，患鼠疫 5563 人，死亡 3018 人，300 多户死绝，7 个村寨消踪绝迹。腾冲县，鼠疫传染 47 个村寨，患者 1804 人，亡者 400 余人。2 年后，鼠疫自腾冲蔓延到保山和施甸，保山县发病 556 人，死亡 193 人；施甸县发病 604 人，死亡 206 人。这次滇西鼠疫大流行，自 1944 年日军撤退前夕，延续至 1953 年才得到根本控制，传染区域有瑞丽、畹町、陇川、芒市、龙陵、盈江、梁河、腾冲、施甸、保山、永平、大理、下关、巍山、弥渡、祥云 16 个县，患鼠疫死亡四五万人，仅今德宏州地区即有 200 多个村寨流行鼠疫，患者 8981 人，亡者 4149 人。[2]

---

[1] 陈祖樑：《侵华日军云南细菌战罪行的调查研究》，载《揭开黑幕——2002·中国·常德·细菌战罪行国际学术研讨会论文集》，中国文史出版社 2003 年版。

[2] 陈祖樑：《侵华日军云南细菌战罪行的调查研究》，载《揭开黑幕——2002·中国·常德·细菌战罪行国际学术研讨会论文集》，中国文史出版社 2003 年版。

三、细菌战中国患亡知多少

上述史实表明，日军细菌战给中国人民造成了惨重患亡。关于细菌战中国患亡总人数，郭成周教授 1997 年出版的《侵华日军细菌战纪实》一书，《细菌战与毒气战》一书统计，至少致死 27 万人以上。2001 年，美籍华人尹集均出版《细菌战大屠杀》一书，进一步考证：日军细菌攻击次数高达 161 次，攻击县市 190 个，死亡人数 74.8 万人，估算日军细菌战造成的死亡数字将超过 200 万人。2005 年，刘庭华教授发表《侵华日军使用细菌武器述略》一文，指出，日军在侵华期间实施细菌战，杀害中国民众约有 120 万人，其中死亡 35 万余人。

上面 3 份统计，似乎表明，依据现有资料和研究，对侵华日军细菌战给中国人民造成的患亡，应该有一个总体的统计数字。

但我深感，由于历史的原因，从研究的状况看，这个问题，迄今乃至今后相当时期内，都难于作出精确的统计，只能作出一个尽可能接近历史实际的估算。

本着这一思路，依据手头现有资料，将上述日军细菌战史实列出一张细菌战患亡简表（如下），计日军细菌战部队在中国大陆对 20 个以上省市实施了细菌攻击，疫情暴发蔓延约 298 个市县旗，造成疫患者约 237 万人，其中死亡约 65 万人。此疫情延至新中国成立后才得以完全控制。

侵华日军细菌战致患者亡者人数统计简表

区域	细菌部队	撒布细菌及疾病流行地区	患者亡者人数	参考资料
东北地区	第 731 部队和第 100 部队	在辽宁、黑龙江、吉林，热河 4 省散布鼠疫、炭疽、伤寒、霍乱等细菌。疫病流行通辽、开县、双辽县、长岭、舍怕吐（科左中旗）、杂曼旗、阜彰（今阜新）、彰武、	至少造成患者 54500 人，亡者 43900 人	《日军 731 部队罪恶史》《战争与恶疫——731 部队罪行考》

区域	细菌部队	撒布细菌及 疾病流行地区	患者亡者 人数	参考资料
东北地区	第731部队和第100部队	王爷庙、突泉县、扎赍特旗、洮南、新惠、乌丹县、赤峰市、赤峰县、建平县、乾安、扶余、辽阳、本溪、新民、农安、长春、三岔河、哈尔滨、泰来、白城子、东丰、抚顺、双城、阿城、肇东、东宁、林口、佳木斯等38市县旗	至少造成患者54500人，亡者43900人	《日军731部队罪恶史》《战争与恶疫——731部队罪行考》
华北和西北地区	"北支"（甲）第1855部队	在河北、山东、山西、察哈尔、缓远，河南、甘肃、陕西、北京9省市散布霍乱、伤寒、鼠疫，也有炭疽、疟疾、回归热、痢疾等细菌，感染商丘、内黄、博爱、濮阳、新乡、新城、赞皇、河曲、岢岚、盂县、定县、榆社、和顺、五原、河西、磴口、府谷、正定、无极、武乡、榆林、临河、包头、安北、东胜、伊盟、准格尔旗、深泽、五寨、五台、南阳、潞安、林县、应县、易县、保德、泰安、灵寿、屯兰川、临清、邱县、馆陶、冠县、堂邑、莘平、朝城、范县、观城、濮县、寿张、阳谷、聊城、茌平、博平、	造成患者约100万人，亡者30万人以上	《日本侵略华北罪行档案》之《细菌战》卷

区域	细菌部队	撒布细菌及疾病流行地区	患者亡者人数	参考资料
华北和西北地区	"北支"（甲）第 1855 部队	清平、夏津、高唐、阜城、故城、枣强、清河、大名、南宫、巨鹿、威县、曲周、肥乡、广平、魏县、临漳、鸡泽、平乡、广宗、新河、成安、邯郸、枣南、垂杨、武城、任县、隆平、宁南、长治、屯留、潞城、平山、井陉、满城、徐水、完县、涞水等 113 个县旗	造成患者约 100 万人，亡者 30 万人以上	《日本侵略华北罪行档案》之《细菌战》卷
华中和华东地区	"荣"字第 1644 部队与第 731 部队配合	在浙江、江西、湖南等省进行鼠疫、霍乱、炭疽、伤寒等细菌攻击作战，造成衢州、宁波、金华、温州、台州、诸暨、东阳、义乌、兰溪、永康、玉山、广丰、广信、江山、常山、衢县、丽水、招贤、樟潭、安仁、龙涎、开化、云和、上饶、南城、黎川、南昌、富阳、萧山、松阳，常德及周边 10 县，计 40 余市县疫病流行	至少造成患者 32 万人以上，亡者 64000 人	《罪证——侵华日军衢州细菌战史实》《揭开黑幕——2002·中国常德·细菌战罪行国际学术研讨会论文集》等
华南和西南地区	"波"第字 8604 部队和"冈"字 9420 部队与第 731 部队配合	在广东、广西、福建、云南等省散布鼠疫、霍乱、伤寒、沙门氏菌等细菌，造成两广和福建省的广州、香港、海南、阳江、乐昌、翁源、	造成患者约 100 万人，亡者 24 万人	《侵华日军在粤进行细菌战之概况》《侵华日军云南细菌战罪行的调查研究》《记闽北 60 年前的鼠疫大流行》等

区域	细菌部队	撒布细菌及疾病流行地区	患者亡者人数	参考资料
华南和西南地区	"波"字第8604部队和"冈"字9420部队与第731部队配合	康江、湛东、汕头、永安、浦城、建阳、建瓯、光泽、邵武、顺昌、政和、南平、崇安、福州、长乐等49县；云南省的保山、施甸、昆明、下关、鹤庆、呈贡、安宁、禄丰、牟定、寻甸、开远、平彝、沽益、姚安、蒙自、易门、嵩明、富民、禄劝、武定、曲静、楚雄、镇南、泸西、邓川、云县、永胜、晋宁、路南、元某、盐兴、广通、澄江、宜良、玉溪、元江、宾川、大理、石屏、富宁、丽江、昆阳、弥勒、剑川、水平、漾濞、蒙化、建水、会泽、凤仪、祥云、昭通、洱源、龙陵、芒市、路西、梁河、盈江、藤冲，瑞丽、畹町、陇川、永平、巍山、弥渡等68县，计117县疫病流行。	造成患者约100万人。亡者24万人	《侵华日军在粤进行细菌战之概况》《侵华日军云南细菌战罪行的调查研究》《记闽北60年前的鼠疫大流行》等
合计	6支细菌战部队	细菌攻击20个以上的省市，造成298个市县旗鼠疫、霍乱、伤寒、炭疽等疫病暴发流行。	造成患者约2374500人，亡者655000人	上述各史料

然而，上述患亡人数，基本上只是依据当时的记录（及据此推算）而得出的。由于史料的欠缺和不完整、不全面等原因，可以肯定，这是一个

363

与实际患亡人数有不小距离的数字。

第一，官方档案记录，缺漏甚大。

当时中国防疫机构很不健全，病患、死亡登记疏漏甚多；而日伪"防疫"机构则有意隐瞒其人为制造的疫情。如 1942 年日军在云南的霍乱细菌战，民国云南省卫生处统计 54 个县有患者 49413 人，死亡 21740 人；缺漏了霍乱严重的保山、施甸、昌宁、龙陵 4 县，此 4 个县死亡 7.23 万人。就是说，此次云南霍乱细菌战，档案记录应为患者 12 万人以上，死亡 9 万人以上。[①]

这一实例表明：档案记录缺漏甚大，只为应记录在案的患者约 1/2，应记录在案的亡者约 1/4。

第二，档案记录与实际患亡人数距离很大。

由于当时中国防疫机构不健全，居民恐惧而隐瞒疫情不报，防疫部门不可能掌握大量患者及亡者的数字。如杨家茂先生对福建省鼠疫细菌战的调查，闽北 10 县鼠疫大流行档案记录统计患者 20112 人，死亡 19120 人。他认为："这个数据不足真正实际发病和死亡人数的 1/5。"

这一实例表明：档案记录的细菌战患亡人数只是一个很少的数字。

第三，近年来进行的调查，与真正实际的患亡人数仍存有一定距离。

近年来进行的调查，由于距事件发生 50 余年，居民变动极大，有大量受害者及遗属、知情者已无法找寻，因此，其调查的结果仍是一个与实际患亡有较大距离的数字。如常德细菌战受害调查委员会 7 年的调查结果，据陈致远教授的研究，常德城区内，档案记录日军鼠疫战致死亡 37 人。此次调查结果，城区内死亡 336 人，城区及周围地区死亡共 7643 人。他认为："受害调查委员会近 7 年的调查是在 50 多年后进行的调查，不可能寻找到全部受害者及其遗属，他们调查到的估计不足受害死亡的 50%。""城区当年的实际死亡数字估计在 1000 左右恐不为过。"

---

① 陈祖樑：《侵华日军云南细菌战罪行的调查研究》，载《揭开黑幕——2002·中国·常德·细菌战罪行国际学术研讨会论文集》，中国文史出版社 2003 年版。

这一实例表明：日军细菌战实际的致死人数，是历史档案记录的 10 倍至 20 倍，是近年来调查数据的 2 倍左右。

以上 3 例说明：（1）档案记录的日军细菌战中国受害死亡人数，是很少的一个数字，不足实际受害死亡人数的 1/4 至 1/5。（2）近年来对日军细菌战中国受害死亡者的调查，仍是有一定距离的数字，不足实际受害死亡人数的 1/2。

根据上面的分析，简表中所列患亡数字，基本上是当年记录（及据此推算）的患亡人数。因此，可以初步认定，日军侵华战争实施细菌战，中国受害染病患者约 700 万人，其中死亡者约 200 万人。当然，这只是一个初步的估算，需要进一步的调研和考证。

抗战期间华北敌灾情况的调研报告①

一

日本军国主义为其占领中国、称霸世界的疯狂性和战争指导的残暴性所规定，由于华北战场的特殊地位，特别是中国共产党领导的八路军及其敌后抗日根据地，使日军深陷人民战争的汪洋大海之中，日本侵略者在华北地区的战争犯罪更加深重，给华北人民的生命、财产和社会生态环境造成的破坏更加惨重。2005 年，我们依据档案和调查材料，出版了《日本侵略华北罪行史稿》一书。近来年，有关日本侵略华北罪行的研究，成果颇丰，题材甚广，但专论尚未多见。因此，本文对日本侵略华北的重大罪恶事实，作较为全面的考证与分析。

日本侵华战争的非正义性和种族灭绝性，决定了日军在华北地区伤害平民犯罪异常普遍和极端残暴。日本侵略者企图把华北变为"日满华高度结合地带"及大东亚战争的"兵站基地"，但遭到了中国共产党领导的八路军、游击队、民兵"三位一体"的人民战争的广泛而有力的打击。这是一场军民难分、战线不明，"陷入动乱多变之中"的独特的战争。② 日本侵略者为确保占据地区之"安定"，在沦陷区提出"恩威并用""收揽民心"，实际上到处烧杀、抢掠、奸淫，肆无忌惮地伤害平民；在敌后各抗日根据地实施毁灭战，即杀光、抢光、烧光的"三光"政策，曾明令作战目的"在于求得完全歼灭八路军及八路军根据地内的人民"，"凡是敌人区域内的人，不问男女老幼，应全部杀死，所有的房屋，一律烧毁，所有粮秫，其

---

① 原载《抗战史料研究》2012 年第 2 期。

② 日本防卫厅战史室编，天津市政协编译组译：《华北治安战》（下），天津人民出版社 1982 年版，第 48 页。

不能运输的，一律烧毁，锅碗一律打碎，并要一律埋死，或投入毒药"①。

日军在华北的大屠杀，是有组织的、有计划的、大规模的。据调查，日军制造的惨案，遍及华北数省及各市、县，达 1540 余宗，占日本侵华战争期间制造惨案总数的 2/5 以上，集体屠杀平民 100 人以上的惨案 378 宗，其中一次屠杀平民 1000 人以上的惨案 23 宗，一次屠杀平民 2000 至 6000 人的惨案 21 宗。日军残杀民众的手段达 140 余种，有机枪扫射、刀劈、刀剐、踩地雷、大卸八块、铡刀铡、狼狗咬、火烧、放毒、铁丝勒死、摔死、碾死、砸死、吊死、淹死、闷死、活埋、冻死、剥皮、挖眼、割耳、割舌、割鼻、剁手脚、剜筋、割生殖器、剖腹、扒心、碎身、捧火球、压杠子、灌辣椒水、电击、灌热油、点天灯等。②

日本侵略者为了隔断民众与共产党、八路军的联系，实现所谓"匪民分离"，疯狂地推行"集家并村"政策，建立"人圈"部落，设置"无住禁作地带"，制造了大片"无人区"。据调查核实，日军制造了长城沿线、冀晋边境、晋东北等数大块"无人区"和若干小块"无人区"。仅长城沿线的长城以北"无人区"部分，即包括青龙、承德、宽城、兴隆、滦平等 20个县的全部或一部分，面积达 5 万平方千米，其中"无住禁作地带"约8500 平方千米。同时，沿铁路、公路、河流、山麓修筑了数万公里的封锁沟、隔离墙。在"集家并村"、制造"无人区"的过程中，日军大规模摧毁村庄，割光庄稼，烧毁山林，屠杀不肯进入"人圈"的逃亡民众，使人民的生命财产和社会经济、生态环境，均遭到毁灭性的破坏。在长城沿线"无人区"，仅热河省，日军即居杀民众达 10 万余人，抓捕民众达 15 万人，有 214179 户，1070895 人被迫集家并村，有 123718 户，618590 人逃亡迁移，占总户数 52.7%，占总人口 46.6%。③ 在鲁中"无人区"，据九山、米山两区 130 个村庄的统计，1941 年有居民 37357 人，至 1943 年春天，大多

---

① 齐武：《一个革命根据地的成长》，人民出版社 1957 年版，第 65 页。

② 谢忠厚主编：《日本侵略华北罪行史稿》，社会科学文献出版社 2005 年版，第 52—55、60—69 页。

③ 谢忠厚主编：《日本侵略华北罪行史稿》，社会科学文献出版社 2005 年版，第 102—103 页。

遭敌屠杀、抓捕或被迫逃亡，只剩下 8485 人，不及原有人口的 1/4①。

日本侵路者为了消灭八路军和抗日根据地的人民，还肆意制造和扩大灾荒。如 1939 年夏天，华北地区暴雨成灾，河水猛涨，日军趁机轰炸和扒开永定河、大清河、拒马河、滏阳河等河堤，甚至用机枪扫射修堵河堤的民众，以加剧灾情，致使河北全省遭水灾，有 60 个县成一片汪洋。冀中区根据地，淹没良田 53925 顷，淹没村庄 6752 个，冲毁房屋 168904 间，损失 1.6 亿元，灾民达 200 余万人。冀南区根据地，淹没村庄 3000 余个，淹没良田 55096 顷，灾民达 250 万人。②

由于日军肆意伤害平民犯罪，造成华北地区人口损失十分严重。根据中国解放区救济总会 1946 年 4 月编制的《中国解放区抗战 8 年中损失初步调查》《中国解放区因敌灾天灾所遭受之人口损失及灾难统计表》以及 1947 年核实编制的《抗日战争时期解放区公私财产损失统计》，晋绥、晋察冀、冀热辽、晋冀鲁豫、山东 5 个抗日根据地的统计，原有人口共 93630306 人，抗战 8 年中，平民百姓被日军直接、间接杀死 2877306 人，伤残 3194766 人，被捕掠 2526350 人，患慢性病者 4820059 人，妇女被敌奸污而患性病者 620388 人（不含山东根据地），共计伤亡病残达 14038849 人，占华北总人口近 1/7，还造成灾民达 19881905 人。③

二

由于华北的广大乡村是抗日根据地，与日军占据的城市、交通线及其据点形成了犬牙交错的态势，而细菌武器具有返回传染的作用，因此，日军使用细菌武器亦有别于东北和南方地区，其犯罪更为隐蔽、频繁。日军"北支"（甲）1855 部队是继关东军第 731 部队和第 100 部队之后在中国建立的又一支细菌战部队，其总部隐蔽在北平城内，其分部遍及天津、保定、石家庄、张家口、太原、大同、郑州、开封、济南、青岛、徐州等华北 16

---

① 《山东的无人区》，《解放日报》，1944 年 11 月 19 日。
② 谢忠厚：《河北抗战史》，北京出版社 1994 年版，第 161 页。
③ 原件存中央档案馆。

个城市，另在承德、赤峰还有第731部队的细菌战支队，目的是就近研制和使用细菌武器。该细菌战部队进行活人实验和活人解剖极其普遍，从其北平总部，至济南、太原等分部，直到师团、旅团的防疫给水班，以及各地日陆军病院，都曾定期或不定期地使用战俘、平民进行细菌武器的活人实验和活人解剖，甚至使用战俘来培养和制造细菌战剂，试验各种杀人的手段。据保守的估计，日军活杀解剖华北同胞约5000人以上，其野蛮、残忍，令人毛骨悚然。①

在华北地区，日军虽然也曾利用飞机散播病菌，但主要是与"扫荡"作战结合起来使用细菌武器，相当频繁而隐蔽，不仅对军队使用细菌战，还对城乡居民使用细菌战，既直接杀害中国军民，又准备对苏、对美实施细菌战，不仅靠其防疫给水部队在"扫荡"撤退时散布细菌，还利用汉奸混入根据地内散布细菌，主要是分散、小规模、频繁地使用细菌武器，也有如北平霍乱实验、鲁西霍乱作战等在大城市及华北数十县大规模地使用细菌武器。由于日军采取十分原始而又极其隐蔽的方式使用细菌武器，往往霍乱、伤寒、鼠疫、疟疾、炭疽等疫病传染猖獗而广大群众还以为是天灾，其危害之巨大，实难想象。据不完全统计，8年间，日军在河北、山西、山东、河南等地使用细菌武器70次以上，造成华北军民被传染恶疫百万人以上，死亡约30万人以上。②

华北又是日军实施毒气战的重点地区之一。战争初期，它把华北作为实验和推广毒气攻击作战的实验场，派驻了大批专业的毒气作战部队，还有第一、第三实战化学实验部及毒气生产工厂。日军在华北战场首先使用了催泪性、喷嚏性、窒息性和糜烂性的毒气武器，由第一、第三实战化学实验部相继完成了日军毒气战的实验和中国军队几乎没有毒气战防御能力的调查报告。1938年下半年起，日军在华北和整个中国战场，使用毒气攻

---

① 谢忠厚：《中国华北的细菌战——日军1855部队细菌战华北受害情况的调研报告》，中共党史出版社2010年版，第93页。
② 谢忠厚：《中国华北的细菌战——日军1855部队细菌战华北受害情况的调研报告》，中共党史出版社2010年版，第173页。

击作战达到了顶峰。随着华北敌后抗日根据地的发展和人民抗日游击战争的广泛开展，日军使用毒气武器日益频繁，特别是 1941 年和 1942 年，使用毒气武器由主要针对军队转变为主要针对民众，由间隔使用为主转变为经常使用为主，由小规模使用为主转变为大规模使用为主，制造了北疃、老虎洞等多起以毒气惨杀民众的大惨案。从日军 1937 年 7 月 27 日在卢沟桥投下第一颗毒气弹，至 1945 年 10 月 5 日在河北省藁城县城最后一次使用毒气弹，日军在华北地区实施毒气战长达 8 年零 2 个月，毒气作战遍及华北各省、市239 个县，使用毒气达 1000 次之多。日军在战场上使用毒气，据其中 80 次已查明其毒气种类、数量的统计，即有催泪性、喷嚏性毒气 14143 筒，窒息性毒气 265 筒，糜烂性毒气弹 1006 发及液体 630 公斤，毒气弹 3206 发，毒气筒 22216 个。据 133 次已查明中毒伤亡人数的毒气惨案的统计，致使中国军队中毒伤亡达 37000 人以上。日军针对民众使用毒气，据北疃毒气惨案等107 处的不完全统计，致使华北民众中毒伤亡 15000 人以上。[①]

日军使用化学生物武器，给华北人民造成了极为深重的灾难。据郑爱芝女士对山西省盂县的调查，1942 年至 1945 年间，日军投放糜烂性毒气弹和伤寒等细菌武器，全县 16 万人中，有 95% 的人染病，有 1.1 万人被日军杀害，近 3 万人染病致死，"在以后的岁月中，因各类癌症、心脏病、肺心病、高血压、半身麻木及肠道疾病而陆续死亡，现活着的人不足当年人口的 10%，活着的人中当年患得'怪病'在 60 余年迁延中病情仍在加剧"。她的父亲郑年璧受日军毒气弹伤害，得了"脓胞疗"，双腿 60 多年至今不愈。[②]

三

日军在华北地区强掳奴役劳工犯罪异常严重。华北地区人口众多，劳动力丰富。日本侵占中国东北后，即开始以各种方式骗招华北劳工赴东北做苦工。"七七"全面侵华战争开始后，华北地区成为中国共产党领导的人

---

① 谢忠厚主编：《日本侵略华北罪行史稿》，社会科学文献出版社 2005 年版，第 249、262 页。
② 郑爱芝：《对陕西省盂县曾遭受日军细菌战、毒气弹伤害的特别调查》，2003 年 10 月 10日，未刊稿。

民抗日游击战争的重要战场。日本侵略者为解决劳动力缺乏问题，同时减少八路军的兵源，因此在华北地区，由骗招劳工为主，发展为以有计划地强征劳工和以武装抓捕劳工为主。日本把侵华战争说成是"事变"，拒不执行任何国际战俘条约的有关规定，对抗日战俘，或在战场上杀死计入战果，或集体大屠杀，或当作新兵训练射击、刺杀的活靶，或当做毒气战、细菌战的活体实验材料。但是，由于战争的消耗，日本侵略者不得不越来越多地把抗日战俘变做劳工，不仅押送到东北，还押送到蒙疆、华中，甚至日本国和东南亚去做苦役。

日本侵略者为了把抗日战俘和强征、抓捕来的平民变为奴隶劳工，在北平、天津、石家庄、太原、济南、洛阳、青岛等地建立了 20 多个所谓"收容所"，实际上是监狱式的集中营。这些集中营，规模较大者经常关押四五万人，规模较小者也经常关押一二千人左右。每一个集中营都是日本侵略者对华北抗日战俘和被抓捕的平民进行奴化教育、策反利用、奴役和强制输送劳工的基地，也是虐杀华北抗日军民的人间地狱。在集中营里，抗日战俘和被抓捕的平民过着猪狗不如的牢狱生活，衣不蔽体、饥寒难耐、受尽虐待、侮辱、沉重劳役和种种酷刑，一些人甚至被用做细菌武器的活体实验而遭解剖杀害，在集中营附近就是杀人场、"万人坑"。

日本侵略者奴役华北劳工的数量之大，迫害之重，远非欧洲战场德意法西斯可比拟。据统计，1934 年至 1945 年，日本侵略者由华北向外输送的劳工约 1000 万人，其中，向伪满洲国输送 780 余万人，向伪蒙疆地区输送 32 万余人，向华中地区输送者约 6 万人，向日本本土输送 35778 人，向朝鲜输送 1815 人。1937 年至 1945 年，在华北境内，日军统制的工矿等企业强制劳动的劳工，依据日伪资料计算，约有 465 万人；在修筑封锁沟墙、据点碉堡、机场等军事工程中强制劳动的劳工，依据中国解放区的资料计算，用工达 3847392000 人，如果一个劳工平均支撑 6 个月即需调换，约有 2108 万劳工被强制劳动。[①] 这些华北劳工，不论是被骗招的，还是由集中营强制

① 谢忠厚主编：《日本侵略华北罪行史稿》，社会科学文献出版社 2005 年版，第 346—354 页。

输送的，不论在华北境内，还是被输送到伪满洲国、伪蒙疆、华中或日本国及东南亚等地，均在日军的监视下从事最繁重的劳役，失去了人身自由，生活和劳动条件极差，缺衣少食，绝大多数人没有工资，少数给工资者也经过种种克扣所剩无几，稍有不满或反抗，立刻遭到日军的毒打、侮辱和种种刑罚，甚至当场处决。在工矿企业强制劳役的华北劳工死亡率甚高，如押送日本的近 4 万劳工，死亡 6830 人，占被抓到日本劳工总数的 17.5%，在 135 个作业场中，死亡率在 40% 以上的有 7 个。[1][2]

四

由于华北战争环境之特殊广泛、残酷，日本侵略者在华北对妇女的强奸和性奴役犯罪更加普遍，方式多种多样，其疯狂、凶残、野蛮在世界战争史上绝无仅有。

日军在对抗日根据地和游击区的围攻、讨伐、"扫荡"之中，肆意对广大妇女进行强奸和残杀，上至 70 多岁的老妪，下至几岁的幼女，都难逃日军的侮辱、强奸、轮奸和残杀。日军强迫妇女扒光衣服，集体扭舞，供日军取乐，或强迫群众围观日军轮奸他们的妻子、女儿、姐妹，甚至强迫群众男女集体性交，父奸其女，子奸其母。龙华县（今易县）的 2 个村有 500 名妇女，全部遭受日军强奸；阜平县的 2 个村有 400 名妇女，其中大部分遭日军强奸。[3] 不少妇女被日军强奸甚至残杀后还往阴道里塞满了谷子、高粱等杂物；一些孕妇遭日军强奸后，肚子里的孩子又被用刺刀挑出来；甚至有的妇女遭日军强奸后，又被日军一片片割死。这种有组织的、大规模的、普遍的强奸罪行，并不是日本士兵"个人"的强奸罪，而是日本政府和军部及其指挥官们的反人类罪行，其"特殊目的"也不是一般的"满足"日

---

① 田中宏、松泽哲成编：《中国人被强掳资料——〈外务省报告书〉全五分册及其他》，现代书馆 1995 年版，第 120—121 页、443—479 页。
② 日军为了保密，往往在完工时将在军事工程强制劳动的劳工全部处死。
③ 中国解放区救济委员会晋察冀边区救济分会：《日本法西斯八年来在边区暴行》。原件存中央档案馆。

本士兵的性要求，而是破坏中国国民的道德观点，叫中国在沦陷区的民众因在伦理关系上忘了羞耻，而逐渐在政治上也忘了羞耻，认贼作父。①

日军还在各地建立了所谓的"慰安所"。被迫充当日军性奴隶的慰安妇，除少数日本妇女和部分朝鲜妇女外，绝大多数是被抓捕或骗掳的中国妇女。慰安所的形式五花八门，主要有：（1）日军直接、间接设立的慰安所。这种日军慰安所，大多设在华北的敌占大中城市和较大城镇。有2种经营办法，一种是由日军直接经办；另一种是所谓"军督民办"，由日军指使一部分日本人、朝鲜人出面，以旅店、咖啡馆等名义，经营慰安所，以对公众掩盖日军建立慰安所的事实。（2）挂着妓院招牌的变相的日军慰安所。日军将强占的中国妓院，交由伪政权及汉奸出面管理，由日军监督，为日军和日伪人员提供性奴役。还要这种挂着妓院招牌的变相的日军慰安所向社会开放，它的隐蔽性更强。（3）临时性的日军慰安所或巡回的日军慰安所。日军使用火车、汽车、船只，把慰安妇押运到日军的驻地或兵营、据点，巡回式地供日军奸污和百般折磨。（4）日军据点碉堡抓捕或索要"花姑娘"，是日军在华北占领地区内的最残暴、分布最广的一种慰安所形式。在华北地区，有成千上万座日军据点碉堡，可以说，每处据点碉堡，都是对华北妇女强奸和性奴役的魔窟。日军不仅时常外出，到周围村庄烧杀抢掠，抓捕、强奸"花姑娘"，而且强令伪村长、伪保长定期向据点内派送一定数量的"花姑娘"。这些"花姑娘"被关押在日军据点碉堡里，成为日军的性奴隶，完全丧失了人格自由，稍有不顺从，就会遭到种种折磨，直到含冤惨死，幸免一死者也在精神上、肉体上受到极大摧残。

日军在华北地区对广大妇女的强奸和性奴役，是一种有组织的、大规模的反人类罪行。据中国解放区救济总会1946年4月的统计，晋绥、晋察冀、冀热辽、晋冀鲁豫4个解放区妇女人口中，因遭受日军强奸和性奴役而身患性病者达620388人，其中，晋绥有28959名，晋察冀有70339名，冀

<hr>

① 陈豹隐：《关于敌人的政治阴谋》，载《大公报》，1939年3月9日。

热辽有 399000 名，晋冀鲁豫有 122090 名。[①] 就是说，以妇女约占当时人口约一半计算，在华北 4 大根据地中，平均每 50 名妇女中，就有因遭受日军奸污而患性病者 1 名以上；较严重的冀热辽区，每 18 名妇女中，就有 1 名以上的妇女因遭受日军奸污而患性病。

五

日本侵略者把华北视为日满华经济圈的骨干部位，疯狂地掠夺华北的财力、物力、人力，以补充日本及伪满之"缺需"。由于遇到了中国共产党领导的华北敌后抗日力量的致命威胁，因此，日本侵略者在华北的经济掠夺，又与在东北有所不同。

一是它对华北沦陷区经济的统制与掠夺更加疯狂，更有毁灭性。日本占领东北后，即以武力为后盾，向华北扩张，通过资本输出、商品倾销及大量走私，控制华北的交通、工矿部门，兼并华北民族工商业。日本占领华北后，霸占了华北的金融、工矿、盐业、电力、交通等主要公私企业，迅速建立起殖民经济统制体系，在"开发""建设"的旗号下，大力统制和掠夺煤、铁、盐、粮、棉等战略物资。到 1941 年底，日本几乎完全统制了华北的工业、农业、交通运输及财政金融。太平洋战争爆发后，特别是 1943 年下半年起，由于战局恶化，日本急于把华北变成"兵站基地"，除继续疯狂地开发和掠夺华北的煤、铁、盐等重化工原料外，为了减轻运输压力，将过去只准华北向日本及伪满等地输出工业原料变为输出半成品或成品，在华北紧急扩建、新建了一批小型重化工加工业，如小型炼钢、炼铁厂等；将过去准予"自由经营"的轻纺工业，全部严密地控制起来；对一切国防物资和生活必需品的生产、供销、输出、输入、配给等，一律实行全面的统制。通过伪华北联合准备银行和伪蒙疆银行及其遍布华北各地的分支机构，大量发行伪钞票，如伪华北联合准备银行 1938 年发行伪钞 16100 万元，1941 年猛增至 96 600 万元，8 年战

---

① 中国解放区救济委员会：《中国解放区抗战 8 年中损失初步调查》，1946 年 4 月。原件存中央档案馆。

争总共发行伪钞 16349400 万元。① 同时大量使用毫无准备金的军用票，并实行殖民地的贸易政策和关税政策，以打击和"收兑"法币，破坏抗日根据地的"边币"。在华北开发公司的统制下，煤产量 1941 年达到 2397 万吨，比七七事变前增加近 1000 万吨。到 1945 年，它所控制的煤矿有 11 个公司、3 个矿业所、2 个煤业组合，总资产比 1941 年扩大 2 倍，8 年间从华北掠夺走煤炭达 12000 万吨。1940 年和 1941 年华北铁矿石产量 125.7 万吨，其中 77 万吨运往日本，占产量的 61%，比 1939 年增加 3.68 倍。1943 年后，华北开发公司直接统制的铁矿由 1 个增至 5 个，计划年产量增至 250 万吨，8 年间从华北掠夺走铁矿石 450 万吨以上。华北的金、矾土、钨、锰、铝、石英、云母等矿及其成品、半成品，也均为日本所统制开发并几乎被全部掠走。1941 年长芦盐场和山东盐场的盐产量达 126.6 万吨，其中 104.7 万吨运往日本，占年产量近 80%，8 年间运往日本的盐总计达 1200 万吨。② 在农牧业方面，日本侵略者根据"工业日本、农业中国"和"以战养战"的原则，强迫农民减少粮田、多种棉花，从棉花的种子、种植面积到销售、加工、运输，实行全面的统制。1942 年至 1945 年，华北平均年产皮棉 300 余万石，大部被运往日本，8 年间从华北掠夺走的皮棉达 2000 余万石。1944 年，仅从山东省即掠夺棉花 91000 日石，小麦 113000 吨，杂粮 80000 吨，牛 17753 头，牛皮 38736 张，豚皮 6985 张，羊毛 875188 斤，山羊绒 32718 斤，劳工 18686 人。③

二是日军为其占据地的"安全"和最大限度地掠夺华北的资源，对华北敌后抗日根据地经济的破坏与掠夺采取了毁灭政策。华北敌后各抗日根据地的人口损失已如前述。其公私财产损失，以晋绥解放区为例，按法币计算，粮食房屋损失 34919697900000 元，农业损失 2505064600000 元，作坊损失 257378720000 元，家庭纺织业损失 10543740000 元，工矿业损失 116583000000

---

① 居之芬、张利民主编：《日本在华北经济统制掠夺史》，天津古籍出版社 1997 年版，第 365、367 页，表 4—24、表 4—25。

② 参见谢忠厚主编：《日本侵略华北罪行史稿》，社会科学文献出版社 2005 年版，第 454—460 页。

③ 伪山东省长唐仰杜：《山东省政府三十三年度征购各种重要物资数量及劳工供出数目概要报告》。原件存南京中国第二历史档案馆。

元，交通运输损失 90182180000 元，文化事业损失 13014596000 元，仅此 7 项直接公私财产损失共计法币 37912464736000 元。[①] 晋绥边区地广人稀，经济文化比较落后，公私财产损失竟如此巨大，整个华北解放区公私财产损失数额之庞大，可想而知。据中国解放区救济总会的统计，晋绥、晋察冀、冀热辽、晋冀鲁豫、山东、中原、苏皖 7 个解放区，直接公私财产损失共计 30564641212 美元，其中，社会福利损失 965426 美元，房屋财产及粮食损失 10787252232 美元，农林畜牧农家副业损失 4521971694 美元，棉花及其他农产物之减产损失 783000000 美元，渔业损失 294920000 美元，工矿业损失 1243339000 美元，交通业损失 954376860 美元，商业及货币损失 1746000000 美元，文化机关损失 15816000 美元，后勤物资公营企业损失 5000000000 美元，机关公共场所及庙宇祠堂损失 1000000000 美元，其他如税收、黄河等损失 5000000000 美元。按照华北 5 个解放区的面积、人口和经济、文化状况来估算，其直接公私财产损失约为 300 亿美元。[②]

日本军国主义为了灭亡中国，不仅从军事、政治、经济上进攻，而且企图摧毁中华民族文化精神。为此，在华北地区，日本侵略者不仅进行毁灭中华民族文化精神及其抗日意志的奴化宣传教育，开展所谓"思想战"，提倡反共、亲日、做顺民的"新民精神"，推行以"反共誓约"为中心的"新民运动"，迫害和屠杀爱国知识分子，培植高级汉奸和大量为其殖民统治服务的奴才，而且大肆破坏和掠夺华北地区的民族文化遗产，或摧毁、焚毁，或霸占他用，或运回日本，其犯罪触目惊心。日本侵略者对华北地区珍藏的图书的掠夺和破坏数量之大难以计数。如清华大学，除在重庆被日本飞机炸毁的图书外，据 1943 年统计，该校图书损失已达 175720 册。燕京大学，据顾颉刚先生在 1946 年的报告，计损失：普通书、杂志 3 万册，明、清善本 6000 册，抄本 5000 册，小说唱本 3000 册，专科 500 册，稿本书 300 册，碑帖 30 件，印谱 20 部，金石拓本 100 种，书画 40 件，印章 150 方，古钱 650 枚，古镜 3 枚，石

---

① 《晋绥边区抗战 8 年损失》，1947 年。原件存中央档案馆，第 184 卷。
② 《抗日战争时期解放区公私财产损失统计》，1947 年。原件存中央档案馆，第 160 卷。

刀 2 柄，古经 2 卷。据国民政府教育部"战时文物保存委员会"的统计，仅北京研究院被盗文物 300 多种，从故宫运走铜缸 66 口，铜炮 1 尊，铜灯 91 件。北平、河北、河南 3 省市损失书籍、字画、碑帖、古物计 637869 件，古迹 336 处。清代古典园林艺术的杰作——避暑山庄，日军于 1933 年 3 月 4 日占领承德后，为庆贺"胜利"，放火烧毁了卷阿胜境殿，随即将整个避暑山庄作为它的兵营，甚至以"金属献纳"为理由，拆毁已有 199 年历史的宗镜阁铜殿；以各种借口，将外八庙的各式镀金、银佛像 143 尊，避暑山庄、外八庙的内装饰品 120 件，乾隆皇帝亲自主持花费 18 年时间完成的满文《大藏经》，用金字书写、载有汉、满、蒙、藏 4 种文字的《丹珠经》《甘珠经》和《古今图书集成》一部，掠夺运回日本。还以考古及调查研究为名，派出大量人员，对周口店之北京猿人、河南安阳的殷墟、山西大同的云冈石窟、佛教圣地五台山、河北邯郸赵王城遗址、山东淄博齐国都城遗址进行野蛮的考古和调查，盗掘大量文物和资料运回日本。[①]

日本侵略者在华北地区还大力推行毒化政策。九一八事变后，即大量向华北走私鸦片。全面侵华战争爆发后，在华北地区公开强制民众种植鸦片，引诱城乡居民吸食鸦片，企图从经济上榨取民众、从精神上控制民众、从肉体上摧残民众。据晋察冀边区禁烟督察局的禁烟工作汇报，自九一八事变之后，日本法西斯在蒙疆地区强迫民众种植罂粟制造鸦片，成为伪蒙疆的主要财政收入，占全年收入 60% 以上。在 1940 年至 1944 年 5 年鸦片增产计划中，指定面积 520 万亩，实际种植 432.8 万亩，共生产鸦片 9032 万两。1945 年伪蒙疆地区除受灾数目外，据雁北 7 县、察北 8 县、察南 8 县、热河 16 县的统计，鸦片种植面积达 1.06 亿亩，产鸦片烟 31.83 亿两。察哈尔省 18 县，吸食鸦片者达 264386 人，占全省总人口 11.6% 以上；晋北 6 县，吸食鸦片者 118838 人，占总人口近 15%。[②]

---

① 参见谢忠厚主编：《日本侵略华北罪行史稿》，社会科学文献出版社 2005 年版，第 517—530 页。

② 《敌寇种植鸦片实施毒化政策的概况及我半年来烟民戒烟的成绩与经验》，1946 年 6 月 25 日。原件存中央档案馆。

日军鲁西霍乱作战研究[①]

日军 1943 年秋鲁西作战，是在华北平原人口密集地区进行的一次大规模霍乱细菌作战，给山东、河北、河南 3 省交界地区人民造成了空前的灾难。日军为隐瞒其细菌作战的意图，将此作战代号定为华北方面军第十二军十八秋鲁西作战。中国史学界谓之日本华北方面军第十二军鲁西霍乱作战。近年来，史学界与社会人士相结合，揭露了这次霍乱细菌作战，但也出现了个别不严肃、非科学的现象。如《鲁西细菌战大屠杀揭秘》一书说："据日军战俘交待……鲁西、冀南 24 县共有 42.75 万以上中国无辜农民被霍乱病菌杀害。"[②] 笔者认为，这不符合日军战俘交代的原意，是该书作者随意删接与错误拼凑的结果，不能反映日军鲁西霍乱作战所造成中国民众病亡的实际情况。史学界对日军这次霍乱作战的谋略、造成中国病亡人数等问题有待深入调查与研究。笔者过去在《华北甲第一八五五细菌部队之研究》《华北（甲）一八五五部队的细菌战犯罪》（分别载《抗日战争研究》2002 年第 1 期、2003 年第 4 期）等文中，虽曾有所涉及，但未深入，亦缺少分析、考证。因此，本文拟对日军鲁西霍乱作战的谋略、规模、地域及造成中国居民病亡人数，做较为系统的考察。

一、从大本营保号计划到华北防疫会议

此次日军鲁西霍乱作战，是在日本大本营参谋本部于 1943 年 4 月秘密召开的"保号碰头会议"[③]，确定实施大规模细菌战备计划的背景下，紧扣着华北 1855 细菌战部队本部在北平城内的霍乱实验，而在华北平原乡村地

[①] 原载《抗日战争研究》2013 年第 2 期。

[②] 崔维志、唐秀娥主编：《鲁西细菌战大屠杀揭秘——侵华日军"十八秋"霍乱作战屠杀中国人民四十余万》，人民日报出版社 2003 年版，第 18 页。

[③] 日本大本营参谋本部所谓"保号碰头会议"，系一种细菌作战计划指导会议。

区密谋实施的一次霍乱细菌作战。在这次"保号碰头会议"上，石井四郎提出了"无视国际影响使用大量细菌武器先发制人"的主张。华北方面有人报告说："北支那防疫给水部生产跳蚤 100 克，老鼠 1000 只，12 月末可能生产 100 公斤跳蚤，但所需老鼠急待补充供应"，并报告了每月增产老鼠2 万只的事实。[①] 会后，日军华北方面军 1855 细菌部队开始大量培训细菌战人员和增产带鼠疫菌的跳蚤及霍乱、伤寒等细菌武器。7 月间，1855 部队本部从各分部、防疫给水班及部队医院调集卫生兵 200 余人，组成华北卫生部候补下士官教育队，进行为期 2 周的细菌战训练。参加训练的长田友吉说：当时天坛本部细菌试验室约有 10 个房间，霍乱培养室内有一个高 2 米、长1.5 米、宽 0.8 米的大灭菌器，其中装着 5 个高 0.3 米、长 0.5 米、宽 0.3米铝制霍乱菌培养器。在细菌室值班的某军医中尉解释说："这里面培养着难以数计的霍乱菌，有了这些霍乱菌，就可以一次把全世界的人类杀光。"[②]这表明华北日军正做着发动大规模霍乱细菌战的准备。

1943 年 8 月，日本华北方面军 1855 部队本部在北平城内进行了霍乱细菌实验，造成北平市民至少死亡 2000 人以上。[③] 而在此前，则策动伪北平地区防疫委员会抛出了一个霍乱预防实施计划，以掩人耳目。[④]

继北平城内霍乱试验，日本华北方面军发动鲁西霍乱作战，又故伎重演，在此前夕，连夜召开所谓"防疫会议"，由石井四郎[⑤]提出《华北防疫强化对策》。伪《满洲日报》1943 年 9 月 23 日刊载"北京 21 日发国通"，报道了北京地区发生虎列拉（即霍乱——笔者注）状况："虽然是日华当局不断实施防疫对策，但仍然不断地零散地发生。19、20 两日发生 11 名（内

---

① 大冢文郎医事科长 1943 年 11 月 1 日《军务日记》；1943 年 4 月 17 日《医事会报》。转引自郭成周、廖应昌主编：《侵华日军细菌战纪实》，燕山出版社 1998 年版，第 85、236 页。

② 《长田友吉笔供》（1954 年 11 月 1 日），中央档案馆藏，日本侵华战犯档案，119—2—5—12—5，河北人民出版社 2005 年版，第 285 页。

③ 《北京市崇文区地方志办公室的调查》（2001 年 1 月 18 日），载谢忠厚等总主编《日本侵略华北罪行档案》之五，《细菌战》，河北人民出版社 2005 年版，第 285 页。

④ 参见沈沨《揭开侵华日军 1855 细菌部队之迷》，《北京晚报》2001 年 1 月 18 日。

⑤ 石井四郎，日本细菌战最高权威，731 细菌部队本部部长，时任日本华北方面军驻太原第一军军医部长。

死亡6名）新患者。由此计算，自发生虎列拉以来，患者总计达到188名（其中死亡者126名）。""华北方面以此推测，鉴于作战上影响很大，绝对要处置。"21日凌晨3点半起，华北方面军召集了在使馆、领事馆、华北交通、华北政务委员会、北京市卫生局、警察局的有关人员，由石井四郎部队长报告如下：

华北防疫强化对策规定，自23日起实施：

1. 随着加强防疫华北虎列拉的同时，并防止由虎列拉病原地带的传染。

2. 水果不得当地军的许可禁止向外地域输送。

3. 禁止在石门——新乡（不在内）、石门——德县、济南——德县（不在内）之间的各站及北京、张家口、大同、包头、怀来各站乘车。

4. 石门——新乡，大同（沿着铁道路线的道路）以南，卫河以西、以内的汽车禁止通行。

5. 禁止在华北铁路各站贩卖水果、蔬菜。

6. 禁止白河、子牙河、滏阳河、南运河、卫河的航行。①

此日军《华北防疫强化对策》，以"防疫"霍乱的面目出现，却暴露了实施鲁西霍乱细菌战的密谋：

第一，它把日军在北平城内的"霍乱实验"，说成是自然地"零散发生"的，宣称北京是霍乱"病原地带"，企图以此来隐蔽鲁西霍乱细菌战的预谋。

第二，它预警霍乱即将流行的地域，即山东省济南以西、河南省新乡以北、绥远省包头和山西省大同及河北省邯郸以东、河北省张家口、怀来及京津以南的广大地区，而重点置于卫河两岸的鲁西、冀南地区，并在交通管制中将德县车站和新乡车站除外。日本华北方面军及石井四郎等真可谓先知先觉！

第三，这次"防疫会议"由日本华北方面军召集，其"防疫强化对策"

---

① 《长岛勤笔供》（1954年11月30日），中央档案馆藏，日本侵华战犯档案，119-2-5-12-5。

由石井四郎部队长"报告",暴露了鲁西霍乱细菌战的主要策划者与指挥者是日本华北方面军及日本细菌战最高权威石井四郎。

当年,鲁西作战参与者的供词提供了此次作战之霍乱细菌战谋略的有力佐证:

难波博供认:当卫河水涨的时候,田坂八十八旅团长计划了掘毁河堤,"阻止冲毁津浦铁路及石德铁路",毁灭卫河西岸的解放区之一举两得的阴谋,"我作为旅团情报系参与了这一阴谋计划"。难波博也许不了解细菌作战内情,或许另有原因,只说"因决堤而流行霍乱",而未提及"霍乱"作战。①

林茂美作为第十二军第五十九师团防疫给水班卫生曹长、检查助手及书记,比难波博直接了解细菌战内情。他说:1943年1月,第十二军军医部长川岛清对五十九师团防疫给水班进行了巡视检查。事后,师团长细川忠康命令师团军医部长铃木敏夫和师团防疫给水班长冈田春树,于8月以前做好霍乱作战的准备。1943年9月14日,第五十九师团长细川忠康向他下达如下命令:防疫给水班派出5人进行霍乱调查,"华北防疫给水部济南支部也将派出检查班,望与之合作"。林茂美认为:日本华北方面军司令官冈村宁次、时任华北方面军第一军军医部长石井四郎、华北防疫给水部部长西村英二及第十二军司令官喜多诚一、第十二军军医部长川岛清、华北防疫给水部济南支部部长冈田军医大尉等高级军官,参与了这次霍乱作战的策划和部署;而第五十九师团长细川忠康、第五十九师团参谋长江田稔、第五十三旅团长田坂八十八、第五十四旅团长长岛勤、第五十九师团高级副官广濑三郎、第五十九师团军医部长铃木敏夫、第五十九师团军医部员增田孝、第五十九师团防疫给水班长冈田春树等,则具体制订并实施了这次霍乱作战计划(林茂美认为广濑三郎参与"制订并实施"作战计划,广濑三郎供认"参加研究"作战计划,多少有些差异——笔者注)。其作战目

---

① 《难波博的笔供》(1954年6月17日),中央档案馆藏,日本侵华战犯档案,119-2-1058-1-5。

的：是在霍乱菌散布地区进行日军的抵抗试验（日军对霍乱传染抵抗力的试验——笔者注），同时侦察中国人民被传染病杀戮的情况。①

时任第五十九师团高级副官的广濑三郎供认，按其高级副官的职权，是没有权力参与作战计划的，作战问题由参谋部主管。可是由于他在第五十九师团任职期较长，且该师团当时参谋人员又很少，所以他参与了一部分作战计划的制订。他说：

1943年8月发动霍乱作战，作战计划是由参谋起草的，我参加研究，并提出了有关派遣部队与作战日期的具体意见。这次作战是在山东鲁西地区，目的是试验细菌武器的效力，同时也是为了试验日军在霍乱传播地区进行作战时的防疫力与耐久力。②

广濑三郎是发动"霍乱"作战计划的参与者之一，比林茂美了解更多细菌战机密，他的供词应当是可信的。

这些证词表明，日军1943年秋鲁西作战是一次"霍乱"作战，而非一般"扫荡"作战，这点毋庸置疑。此次"霍乱"作战的谋略也是多方面的。从作战时机与地域来看，日军选定雨季卫河河水暴涨之时，将卫河决堤，这是因为，卫河发源于太行山麓，流经河南、河北、山东而流入大海，干流长283公里，下游河床高出地面，左岸地势低洼，在左岸决堤，可以避免冲毁日军的运输线津浦铁路、石德铁路，而淹毁卫河西岸的解放区；可以掩盖其霍乱作战的意图，以"防疫与调查"霍乱的名义出现在战场上。从战略全局上来看，日军这次"霍乱"作战，不仅是为了大量屠杀中国军民，同时也是大规模细菌战备的一个重大步骤：检验霍乱细菌武器的杀伤力，检验日军在霍乱传播地区作的防疫力与耐久力，即所谓"抵抗试验"，以做好对苏、对美细菌作战的准备。

为隐蔽霍乱细菌作战之意图，当时华北日军采取了两种作战方式：

---

① 《林茂美检举长岛勤的材料》（1954年7月17日），中央档案馆藏，日本侵华战犯档案，119 - 2 - 5 - 9 - 13。

② 《广濑三郎的口供》（1954年8月16日），中央档索馆藏，日本侵华战犯档案，119 - 2 - 988 - 1 - 5。

第一，用制造水灾隐蔽投放霍乱细菌。据第五十九师团五十四旅团长长岛勤的笔供，他依据第五十九师团长所转达军司令官的命令，将一一一大队配属第十二军，将一〇九、一一〇、四十五大队配属五十三旅团，参加调查霍乱作战与"扫荡"作战。他并依据综合的情况，"断定日本军在聊城县南方某地散布霍乱菌，而坂本'讨伐'队受命调查其发病情况"。并认为："坂本'讨伐'队调查十二军散布霍乱细菌发病情况，是关系细菌战作业方面的"。①《朝日新闻》编辑委员本多胜一、《时事通讯社》记者长沼节夫，对原第五十九师团官兵的采访材料，验证了长岛勤的"断定"。他们在1996年出版的《天皇的军队——"衣"师团侵华罪行录》一书第十章"1943年秋鲁西作战"中介绍："1943年的一天，山东省以范县、朝城县、阳谷县为中心的鲁西平原一带的解放区范围内，突然降下了一些由飞机扔下的罐头炸弹。罐头里装的就是霍乱菌。"又介绍："9月下旬开始了真正的'讨伐'。兵士中间不知不觉开始把讨伐叫作霍乱作战，或者再具体一点儿，叫霍乱菌探索作战。"②林茂美以亲身经历证实了长岛勤的"断定"。他说：8月末，第四十四大队卫生部员"在南馆陶卫河河岸的缓流处散布了霍乱细菌，其霍乱原菌连同蛋白质水溶液100只"，是"根据第五十九师团防疫给水班长冈田春树中尉的命令"，由他经手交给第四十四大队军医柿添忍中尉的。③

在华北日军细菌部队乘1943年8月末大雨成灾之机，在以聊城、馆陶、范县、朝城、阳谷为中心的卫河沿岸鲁西地区投放霍乱细菌时，遵照第五十九师团长命令，难波博选择了"掘毁卫河地点为馆陶至临清中间的弯曲

---

① 《长岛勤笔供：散布霍乱细菌后的"讨伐"作战》（1954年8月29日），中央档案馆藏，日本侵华战犯档案，191-2-5-2-4。

② 本多胜一、长沼节夫著，刘明华译：《天皇的军队——"衣"师团侵华罪行录》，警官教育出版社1996年版，第173、184页。

③ 《林茂美的笔供》（1954年8月24日），中央档案馆藏，日本侵华战犯档案，119-2-619-1-5。

点"①，芳信雅之提出"在临清高村以西掘堤放水地点"②。8月27日，第五十三旅团四十四大队大队长广濑利善指挥盘踞在临清的第五中队和机枪中队，将临清大桥附近卫河堤防破坏③，随后，盘踞在南馆陶的第三中队将南馆陶东北方约距4公里处卫河拐弯处堤防决溃④，盘踞在馆陶的第二中队决溃临清县尖冢镇附近卫河堤防。⑤ 由于卫河西岸堤防三处被决溃，洪水向冀南解放区倾泻而下。这样，日军以水患掩盖，扩展了散布霍乱细菌的灾难。

第二，用"扫荡"隐蔽霍乱作战。投放霍乱细菌和掘堤放水后，日本华北方面军于9月上旬至10月中旬，以山东省境内的第十二军第五十九师团为主力，调配装甲兵、航空兵及防疫给水细菌战部队实施鲁西雀乱作战。为隐蔽和掩护鲁西霍乱作战，同时调集第三十二、三十五师团及伪军共2万余兵力，由南而北对冀鲁豫边区根据地进行分区大"扫荡"，9月21日至28日首先"扫荡"六分区，10月6日至14日"扫荡"五分区，10月12日至24日"扫荡"二、三分区，10月8日至11月13日"扫荡"一分区，10月26日至11月24日"扫荡"四分区。⑥ 如此重大作战，日本防卫厅战史室编著的《中国事变陆军作战史》⑦ 与《华北治安战》⑧ 两书，均讳莫如深，只字未提，内中玄机，可想而知。

---

① 《难波博的笔供》（1954年6月17日），中央档案馆藏，日本侵华战犯档案，119－2－1058－1－5。

② 《芳信雅之的口供》（1954年9月13日），中央档案馆藏，日本侵华战犯档案，119－2－869－1－4。

③ 《小岛隆男的口供》（1954年11月），中央档案馆藏，日本侵华战犯档案，119－2－780－1－4。《金子安次的笔供》1954年10月21日，中央档案馆藏，日本侵华战犯档案，119－2－255－1－4。

④ 《大石熊二郎的笔供》（1954年10月18日），中央档案馆藏，日本侵华战犯档案，119－2－134－1－5。

⑤ 《矢崎贤三的笔供》（1954年）（原文无月日——笔者注），中央档案馆藏，日本侵华战犯档案，119－2－516－1－6。《菊地近次的笔供》（1954年8月15日），中央档案馆藏，日本侵华战犯档案，119－2－918－1－5。

⑥ 《冀鲁豫军区1943年军事工作总结报告》，《中共冀鲁豫边区党史资料选编》第二辑，文献部分（中），河南人民出版社1988年版，第936页。

⑦ 日本防卫厅战史室编著，田琪之译：《中国事变陆军作战史》，中华书局1979年版。

⑧ 日本防卫厅战史室编著，天津市政协编译组译：《华北治安战》，天津人民出版社1982年版。

二、日军鲁西霍乱战的规模

如前所述，日军1943年秋鲁西作战，是一次在水患、"扫荡"隐蔽下的大规模霍乱细菌作战。日军战俘的供词，反复佐证了这一点。

从作战兵力与作战地域看，林茂美在一份检举材料中写道："这是一次大规模的作战行动"。参加作战的有第五十九师团五十三旅团司令部及独立步兵四十一、四十二、四十三、四十四大队，五十四旅团之一〇九大队、一一〇大队、一一一大队，师团工兵和防疫给水班，总计约3500人，另有华北防疫给水部济南支部及第十二军防疫给水部、第十二军直辖汽车联队、野战重炮联队一部，蒙疆坦克部队、航空部队的一部，保定陆军医院一部。直接指导霍乱作战的机构，是第五十九师团司令部"防疫本部"，由师团参谋长江田稔任防疫本部部长，其任务是："了解在散布霍乱菌后中国人民被杀害的情况"，"指导在霍乱作战中利用霍乱菌进行的侵略活动"，"指挥在霍乱菌散布地区所进行的抵制试验"。作战地域，"包括阳谷县、莘县、堂邑县、范县、朝城县、濮县、观城县、东昌县、临清县、夏津县和馆陶县附近一带"。[①] 这一霍乱作战地区，正是日军细菌部队投放了霍乱细菌的以聊城、馆陶、朝城、阳谷、范县为中心的卫河沿岸鲁西平原地带！

从日军作战的进程来看，据日军战俘供词，8月末，散布霍乱细菌，掘溃卫河河堤，是鲁西霍乱作战的开始。之后，利用霍乱疫病突然爆发之前的一段时间，紧锣密鼓地进行了各种备战。自9月上旬起发动了霍乱"抵抗试验""蔓延霍乱"和调查霍乱细菌效力"三位一体"的霍乱作战。作战分为三期：第一期作战，以试验日军在散布霍乱地区作战的耐久力、抵抗力，即所谓"抵抗试验"为主；第二期作战，以驱赶霍乱患者外逃而致霍乱蔓延为主；第三期作战，以掠夺粮食等战略物资为主。此役至10月下旬结束，历时40多天。

---

① 《林茂美检举长岛勤的材料》（1954年7月17日），中央档案馆藏，日本侵华战犯档案，119-2-5-9-13。

日军第四十四大队和坂本甲支队的作战，凸显了此次霍乱作战的内情。

第五十三旅团四十四大队 500 余人，于 9 月上旬，未经注射霍乱疫苗，即奉命在霍乱疫病突发期，由广濑利善大队长指挥，发起以"抵抗试验"为主的讨伐作战。侵入山东省临清、馆陶、堂邑县一带。历时约一星期，寻找八路军及国民党军予以攻击，驱赶携带霍乱菌者掺杂在农民之中去各地避难。9 月中旬，四十四大队返回临清、馆陶驻地，用 2 个星期时间，开展霍乱"防疫"工作和在霍乱疫区作战的训练，以便为下一阶段以"蔓延霍乱"为主的讨伐做好准备。① 据林茂美的证言，9 月 14 日，根据第五十九师团长和军医部长的命令，他带领师团防疫给水班卫生下士官等 5 人，赴临清、馆陶，与济南防疫给水支部派出的黑川军医检查班 15 人会合，合作进行"防疫"调查。当时，携带采便管 500 支、霍乱用蛋白质水溶液 500 支、霍乱培养器 100 个、消毒器 1 个、消毒药若干以及其他霍乱检查所需材料。在南馆陶，他与黑川检查班发现该地霍乱初发患者，是日军某一等兵密码员，随即电报给师团长细川忠康。此后，10 天内，对第四十四大队全体人员进行验便。结果，自 9 月 17 日确定发生真性霍乱后，"四十四大队内陆续发现霍乱患者达 200 名"。②

第四十四大队经过 2 个星期防疫和训练，9 月下旬至 10 月上旬，实施以"蔓延霍乱"为主的讨伐作战。在山东省聊城、堂邑、馆陶、临清、冠县等地，一面进行讨伐，迫使霍乱病人四处避难，以达到大量传染杀害中国人的目的，一面继续在霍乱地区进行日军"抵抗试验"，同时调查散布霍乱细菌的效力。此次行动中，四十四大队携带九八式卫生滤水机丙、丁、戊，用以供水，严禁吃生的食物和饮用生水，每人携带净水液和杂酚油各 1 瓶。大队军医柿添忍总是走在部队的前面，了解各村霍乱的传染情况。他

---

① 《矢崎贤三的笔供》（1954 年），中央档案馆藏，日本侵华战犯档案，119 - 2 - 516 - 1 - 6。
② 《林茂美检举长岛勤的材料》（1954 年 7 月 17 日），中央档案馆藏，日本侵华战犯档案，119 - 2 - 5 - 9 - 13。

说："所有的村子都有霍乱病人和死者，找不到可以宿营的地方。"①

第四十四大队蔓延霍乱讨伐作战一周后，返回临清驻地，由师团防疫给水班和华北防疫给水部给全体人员验便。由师团军医部长铃木敏夫、师团防疫给水班长冈田春树，利用2天时间，对四十四大队官兵进行了防疫训练。②。10月上旬至10月20日，第四十四大队参加了以掠夺物资为主的第三期作战。继续在上述地区，压迫因日军散布霍乱细菌而患病的中国民众逃走，进一步使霍乱蔓延于中国居民中。同时，日军大量掠夺粮食等战略物资。第四十四大队掠夺了约1万袋小麦（每袋60公斤），棉花42500袋以上，牛800头。③

与四十四大队不同，五十四旅团一一一大队配属第十二军，由大队长坂本嘉四郎率部编成坂本甲支队，在特别编制——战车防疫给水班配合下，由军参谋长直接指挥，深入散布霍乱细菌地区作战。战前，该支队在济南日陆军医院实施了霍乱预防接种，进行了预防药品使用法、餐具消毒法等霍乱防疫的训练，并下达命令：禁止掠夺一切吃食，禁止使用防疫给水以外的水，宿舍要有军医许可才能使用，如若发生违者以连带责任处罚。作战地域包括聊城、堂邑、冠县、范县、朝城、阳谷及莘县、濮县、观城、大名地区，其目的，表面上为防疫霍乱，探找霍乱发源地，实质上是为试验日军在霍乱发生地带的作战力、防疫力、抵抗力，调查中国人民中霍乱传播的状况，并实验石井式防疫器材的效力。该支队的作战行动，也为三期：第一期，1943年9月15日至1943年9月18日，后隔离一星期；第二期，1943年9月25日至1943年10月2日，后在阳谷解除防疫；第三期，1943年10月5日至10月15日。④

① 《林茂美检举长岛勤的材料》（1954年7月17日），中央档案馆藏，日本侵华战犯档案，119-2-5-9-13。

② 《林茂美检举长岛勤的材料》（1954年7月17日），中央档案馆藏，日本侵华战犯档案，119-2-5-9-13。

③ 《矢崎贤三的笔供》（1954年），中央档案馆藏，日本侵华战犯档案，119-2-516-1-6。

④ 《第一一一大队检举长岛勤的材料》（1954年4月6日），中央档案馆藏，日本侵华战犯档案，119-2-5-3-1。

据林茂美的证言中，一一一大队350人编成坂本甲支队后，从9月15日至18日，以济南日本陆军医院为根据地，夜间乘汽车行动，渡旧黄河，到达阳谷。白天乘汽车，夜间徒步行军，侵入中国人村庄。第十二军防疫给水部向该支队供水，通过该支队调查因散布霍乱中国人被传染的情况。三天后，甲支队返回济南，进行验便，实施在霍乱流行地区行动后的"抵制试验"，就地隔离1周。9月25日夜，坂本甲支队再次开始夜间作战行动。支队长下达命令："不经许可禁止掠夺食品和饮水。发现霍乱者时立即报告军医和军官，按其指示采取措施。在村庄宿营时，每户房屋都须经军医和军官批准方可住进。严禁在发生霍乱患者的房屋内宿营。"坂本甲支队从济南出发，经阳谷，在莘县、堂邑、朝城、濮县等地，夜间沿距公路20公里处的村庄行动，白天乘汽车行动。9月30日左右，到达范县黄河第二堤防以北的村庄时，坂本甲支队长下达命令："范县的这一带附近是霍乱的发源地，要严格消毒，一切饮料水必须按防疫给水部的指示饮用。"作战期间，第十二军防疫给水部隶属坂本甲支队，由军医调查中国人感染霍乱的情况，并对村民实行强制验便。9月30日，坂本甲支队在聊城县东昌集结，接受第十二军防疫给水部的验便和检查，再次实施在霍乱地区行动后的"抵制试验"。从10月上旬起，坂本甲支队实施以掠夺粮食等战略物资为主的第三期讨伐作战，对莘县、范县、濮县、观城、大名一带的八路军大举攻击，结果，掠夺粮草2000吨以上，集存在济南货场内，至10月中旬，此次霍乱细菌战结束。①

鲁西霍乱作战期间，在以"抵抗试验"和"蔓延霍乱"为主的两期作战后，以约5天时间，对全体参战人员进行了彻底的霍乱"抵制试验"。林茂美亲自参与了这次霍乱检查，他在证言中写道：1943年9月下旬，师团防疫给水班班长冈田春树等15人，携带全部霍乱菌检查材料，"在临清对作战通过部队进行彻底的霍乱检查。"部分参战人员共3000名，做了直接

---

① 《林茂美检举长岛勤的材料》（1954年7月17日），中央档案馆藏，日本侵华战犯档案，119－2－5－9－13。

采便，检查霍乱菌，结果发现约有 10 人是霍乱菌阳性。[①]

鲁西霍乱作战结束，第五十九师团司令部炮制了一份《关于霍乱停止发生的报告》。据负责誊清这一报告的林茂美的供词，该报告隐瞒了由于日本军散布霍乱菌而发病这一事实，把日军散布霍乱菌说成是"霍乱自然发生的"，把日军内霍乱发生说成是"从中国人那里感染的"，把日军在鲁西地区的"抵抗试验"说成是"霍乱防疫"，把霍乱作战结束说成是"霍乱停止发生"，着重总结此次霍乱作战的经验，提出了准备未来霍乱细菌战的对策。[②]

从日军鲁西霍乱作战的谋略、规模和进程可以看出，无疑这是一次大规模的霍乱细菌战：（1）以日军第四十四大队，在散布霍乱菌地区做了抵抗力对比试验，注射疫苗前，第四十四大队在散布霍乱菌地区为期 1 周的抵抗试验中，有 200 名士兵被传染，占大队全体人员约 2/5，可见散布霍乱细菌的传染杀伤力之巨大。（2）以坂本支队，与第四十四大队相比照，进行了注射霍乱疫苗，采取各种防疫措施，在散布霍乱菌疫区作战的抵抗力、耐久力试验，被传染官兵很少。（3）对参加霍乱作战官兵全员 3000 余人注射霍乱疫苗，采取严格防疫措施，在散布霍乱菌疫区作战约 2 个星期后，进行全员"抵抗试验"，验便仅有 0.3% 为霍乱菌阳性。（4）调查散布霍乱菌对中国百姓传染患亡情况，并驱赶霍乱患者各地逃亡，致使霍乱疫情急剧发展，呈现继续蔓延状态。（5）试验并提出未来霍乱作战对策，包括如何散布霍乱菌和隐蔽霍乱战的意图、日军自身免疫防护、强化霍乱菌对敌方的杀伤力等，以准备对美对苏的细菌战。

三、此次霍乱作战中国民众病亡人数

日军鲁西霍乱细菌战，分为霍乱作战地区，包括山东省卫河沿岸十数

---

① 《林茂美检举长岛勤的材料》（1954 年 7 月 17 日），中央档案馆藏，日本侵华战犯档案，119 - 2 - 5 - 9 - 13。

② 《林茂美检举长岛勤的材料》（1954 年 7 月 17 日），中央档案馆藏，日本侵华战犯档案，119 - 2 - 5 - 9 - 13。

县；以洪水扩散霍乱细菌的地区，包括山东省卫河以西、河北省邯郸以东及石家庄以南、河南省新乡以北的广大平原低洼地域，约四五十个县；以日军连续讨伐"扫荡"，驱赶霍乱病人四处避难而传染蔓延的更大地域。由于历史原因和研究状况，日军鲁西霍乱战所造成中国民众病亡人数，今天已难于确切统计，只能作出一个尽可能接近实际的初步估算。

第一，受审日军供述材料，是日军鲁西霍乱作战造成中国民众病亡人数的重要数据，但与实际病亡人数有相当的距离，应做具体分析和考证。

例如，难波博供认：

第四十四大队决溃卫河之馆陶至临清中间的湾曲点河提，又将临清大桥附近的卫河堤决溃，结果，使馆陶、曲周、邱县、临清、威县、清河等地，受害面积的 1800 平方公里，受害居民约 115 万人，因霍乱、水淹、饿死约 52500 人。这个数字，是事后由第四十四大队去调查的，我也乘飞机去视察过。①

此数据，应是可信的。因为难波博属第五十三旅团情报系，较为了解内情，参与了选择掘毁卫河堤的阴谋计划。这一供述，也是与小岛隆男、矢崎贤三等人所说掘溃卫河堤，因霍乱、水灾、饥饿而"死亡居民 3 万多人"②，大体相吻合的。但同时，亦应看到：（1）难波博的供述，没有包括在南馆陶掘溃卫河河堤。大石熊二郎的供称，第四十四大队三中队一小队掘溃此处河堤，使 44800 多名无辜农民罹病，其中霍乱致死 4500 多人。③（2）难波博的供述仅涉及卫河西岸之馆陶、曲周、邱县、威县、临清、清河 6 县的受害情况，没有包括卫河西岸其他 20 余县的受害情况，更不包括卫河东岸的受害情况。（3）难波博的供述，仅涉及散布霍乱菌、掘堤后的受害情况，没有涉及日军进行抵抗试验、调查霍乱和蔓延霍乱的讨伐作战

---

① 《难波博的口供》（1954 年 12 月 27 日），中央档案馆藏，日本侵华战犯档案，191－2－1058－1－4。

② 《小岛隆男的口供》（1954 年 11 月），中央档案馆藏，日本侵华战犯档案，119－2－780－1－4。

③ 《大石熊二郎的笔供》（1954 年 10 月 18 日），中央档案馆藏，日本侵华战犯档案，119－2－134－1－5。

所造成的灾难。因此，难波博的供述，只是鲁西地区霍乱病亡人数中的较小部分，更只是日军鲁西霍乱作战所致病亡人数中的较小部分。

又如，林茂美详细地供述了日军鲁西霍乱作战致中国人民受害的罪行：

由于日军散布的霍乱菌，从9月初在南馆陶发生，向馆陶、临清、聊城、堂邑传布，同时又向德县、夏津、大名、冠县、莘县、阳谷一带流布，9月10日前后极猖獗。9月20日，他以曹长身份指挥防疫给水班人员去调查霍乱患者，21日至25日，他亲眼看到霍乱病死者，在南馆陶有20名青壮年男女，在馆陶第四十四大队盘踞地附近有2名妇女，在临清有30名男女；在管理所在押的参加霍乱作战者所看见的有109名，前后2批强迫居民100名进行便检。济南防疫给水支部黑川检查班检验，确定为阳性霍乱菌，并将此情况电报报告第五十九师团长细川忠康。他在第五十九九师团军医部所见电报上写着：在梁水镇3000名，在馆陶、邱县、南馆陶、临清是2030名，合计5291名（原文如此——笔者注），用霍乱菌杀害。同时，又用决溃卫河，造成临清、馆陶、南馆陶、武城一带淹死人民2万名以上。奉命9月上旬发起霍乱抵抗试验作战的第四十四大队500人，部队内有200名霍乱患者。①

林茂美所说的中国民众病亡数字是可信的。因为他是第五十九师团防疫给水班卫生曹长、检查助手及书记，参与了日军鲁西霍乱作战全过程，直接进行了调查霍乱情况的便检，又直接看到师团军医部霍乱疫情电报的数字。但亦有应分析和考证之点：（1）林茂美所说中国民众因日军散布霍乱菌而死亡5291名，是9月初至25日馆陶、邱县、南馆陶、临清及聊城县梁水镇的病亡数字，未包括该地区以外的病亡数字。（2）负责调查霍乱作战效果的，除防疫给水细菌部队外，还有师团防疫本部和师团情报系人员。芳信雅之属日军第五十九师团情报系，9月初日军在范县、阳谷地区散布霍乱细菌后，他奉命"到达阳谷、寿张，利用红枪会的组织进行调查，搜集

① 《林茂美的罪行供述》（1954年8月24日），中央档案馆藏，日本侵华战犯档案，119-2-619-1-5。

发生霍乱的地区、病状等情报，将结果报告了军方"。① 片桐济三郎，是第五十九师团特别训练队医务室伍长，担任第五十九师团"防疫本部"联络系下士官，他奉命"在山东省临清四十四大队，9月25日起至10月7日止，将各地的霍乱效果状况（邱县方面700名，馆陶方面100名，南馆陶方面300名）用紧急电报报告给师团参谋长江田稔"。师团又进行了"下一期计划"，集体杀害了2万多人。② 所谓"下一期计划"，即10月中旬的霍乱作战。（3）林茂美与芳信雅之、片桐济三郎的供述相对照，9月初至10月初，在梁水镇、南馆陶、馆陶、临清、邱县，中国民众因霍乱致死至少5291人。另外，10月中旬的一期霍乱作战又致中国民众死亡2万多人。但25291人，只是上报到五十九师团的部分病亡人数，并不是日军鲁西霍乱作战中国居民病亡总人数。

再如矢崎贤三称：

通过三期霍乱讨伐作战，使撒在中国人民中的霍乱菌蔓延到鲁西地区（临清、邱县、馆陶、冠县、堂邑、莘县、朝城、范县、观城、濮县、寿张、阳谷、聊城、茌平、博平、清平、夏津、高唐），用霍乱菌杀害了227500名中国和平农民。③ 随后，又将此杀害数字订正为20万以上。④

矢崎贤三所说，鲁西地区18县因霍乱病亡20万人以上，尽管做了订正，还是不难看出有较多的主观估计成分，因为当时他作为日军一个小队的负责人，很难了解鲁西霍乱作战中国民众病亡总数，但亦有以下几点值得关注：（1）矢崎贤三在此笔供中说掘溃卫河河堤，使河西解放区960平方公里地区受害，霍乱、水灾饥饿致死32300人以上，是与难波博、小岛隆男的供述大体一致的。（2）矢崎贤三所说鲁西18县（其中临清、馆陶、邱县等隶属冀南区），系日军实施抵抗试验、霍乱调查、蔓延霍乱三期霍乱讨

---

① 《芳信雅之的笔供》（1954年6月18日），中央档案馆藏，日本侵华战犯档案，119－2－869－1－5。

② 《片桐济三郎的笔供》（1954年8月17日），中央档案馆藏，日本侵华战犯档案，119－2－206－1－5。

③ 《矢崎贤三的笔供》（1954年），中央档案馆藏，日本侵华战犯档案119－516－1－6。

④ 《失崎贤三的笔供》（1954年），中央档案馆藏，日本侵华战犯档案119－2－516－1－6。

伐作战的地区，亦与林茂美所称日军霍乱讨伐作战之地域基本吻合。

从以上对日军战俘供述的分析，可以看出：（1）日军鲁西霍乱作战，因卫河掘溃，仅冀南抗日根据地的馆陶、曲周、邱县、临清、威县、清河6县，造成灾民约120万人，霍乱、水淹、饿死约57000人；自9月初至10月7日，上报到第五十九师团司令部的中国民众霍乱病亡者，仅南馆陶、馆陶、邱县、临清4县即有2291人。就是说，据日军供述，在冀南抗日根据地6县，造成灾民约120万人，因霍乱、水灾、饥饿而死亡约6万人。实际上，这只是日军鲁西霍乱作战冀南民众病亡人数中较小的一部分。（2）鲁西地区18县确实是日军霍乱作战的重灾区。如前述，日军抵抗试验中第四十四大队500人中有200霍乱患者，日军第四十四大队军医柿添忍向大队长广濑利善报告，冠县、堂邑、聊城这带地区无论走到哪个村子都在流行霍乱，连宿营的地方都找不到。①聊城县梁水镇一处民众患霍乱死亡3000人。仅10月中旬一期霍乱作战，杀害中国民众2万多人。鲁西18县居民患霍乱死亡人数，虽然达不到矢崎贤三所供述20万人以上，但至少有数万人之多。

需要特别指出，关于日军鲁西霍乱作战所致冀南民众病亡的情况，当时冀南区抗日民主政府做过典型调查，近年来馆陶、邱县、曲周等县又做了入户调查。据《冀南革命斗争史》记载：在冀南抗日民主根据地，日军于临清大石桥等处将卫河掘口，又在鸡泽县将滏阳河掘口，并在漳河县南上村破坏漳河河堤，致使洪水泛滥，冀南地区受灾30多个县，灾民400余万人，其中以三专区的馆陶，六专区的武城、故城、清河等县受灾最重，二专区的任县、隆平也成了滏阳河的储水湖。"自9月发现霍乱流行"，"10月上旬开始自北向南、由东而西在全区蔓延"。巨鹿县霍乱病死者达3000人；曲周县东王堡村150户病死600人；馆陶县榆林、来村、法寺等村10天内病死370余人；威县南胡帐村170户病死210人；邱县梁儿庄300户死

---

① 《林茂美检举长岛勤的材料》，（1954年7月17日），中央档案馆藏，日本侵华战犯档案，119－2－5－9－13。

400 人，有 20 余户死绝；清河县黄金庄村死 200 人。① 就是说，据当时冀南抗日民主政府的调查，日军鲁西霍乱作战致冀南受害情况，不是如上面日军战俘所供述的受害县数、人口数及死亡人数，而是日军战俘所供述数字的四五倍之多，其中仅 1 个县及 7 个村因霍乱死亡计 4780 人，7 个村平均每村霍乱死亡 250 余人。

近年来在馆陶、邱县、曲周等县的入户调查表明，当年冀南抗日民主政府调查时，由于防疫体系不健全，防疫条件和医术落后，未能侦知日军鲁西霍乱细菌作战，加之群众对霍乱等恶疫的惧怕，能够登记在案的霍乱病亡人数，只占实际病亡人数的极小部分。如 1999 年版《馆陶县志》记载：1943 年，馆陶全县发生天灾，加之霍乱流行，"仅卫河以西几个区就饿死、病死 2 万多人，境内西北部一些村庄成为无人区"②。根据调查组 2002 年、2005 年入户调查，馆陶全县传染霍乱村庄 179 个，死亡 10329 人；其中，社里堡村，当时有 800 余口人，因霍乱死亡 207 人，外出逃难的 200 余口人，在社里堡村的邻村吝村有 14 人患霍乱死亡；在安静村，村民患霍乱，死亡 100 多人。此调查组还特别声明："由于年代久远，入户统计难免遗漏，因此，实际死亡人数比统计数字还要大"③。又如，据 2006 年调查，邱县那时流传一首民谣："民国三十二年，灾荒真可怜，河里发大水，把俺村庄淹，人人得了潮湿病，家家闹霍乱，先死有人拾，后死无人埋，尸横遍野地，无人敢收敛。""1942 年底邱县有 8.8 万人，到灾后，只剩下了 4.2 万人。""仅登记在册的，邱县有 160 个村染及霍乱病，死亡 15201 人"④。再如，据 2006 年曲周县专题调查，"1943 年东王堡村 150 户，约 2000 人口"，"农历七八月份村民染上霍乱病，每天死亡 20 多人，共死了 600 多

---

① 冀南革命斗争史编审委员会编：《冀南革命斗争史》，中央编译出版社 1996 年版，第 256—257 页。

② 河北省馆陶县地方志编纂委员会编：《馆陶县志》，中华书局 1999 年版，第 19 页。

③ 馆陶县抗损课题调研组：《日军在馆陶县进行的细菌战专题调研报告及有关证据》（未刊稿），2007 年 1 月，中共河北省委党史研究室资料室藏。

④ 邱县抗损课题调研组：《日军在鲁西实施细菌战过程中邱县损失情况综述》（未刊稿），2006 年 11 月 3 日，中共河北省委党史研究室资料室藏。

人。有时抬死人往村外埋，走到半路抬者就死在半路；有的埋完死人回村的路上埋者自己也就死了。全村每户每家都有死人，甚至全家死光。也有逃荒未归，整个村子一片荒芜，只剩下 400 口人"。① 馆陶、邱县 2 个实例表明，近年来调查到的死亡人数（2 县 339 个村死亡 25530 人）是当年冀南抗日民主政府所调查到死亡人数（2 县 4 个村死亡 700 人）的三四十倍之。

以上冀南受灾调查及日军供述资料表明，日军鲁西霍乱作战，造成冀南全区因霍乱流行、水灾、饥饿，致人口减少约 50 万，死亡 20 万②；造成鲁西地区居民死亡至少数万人。可以认定：日军鲁西霍乱作战造成冀、鲁、豫 3 省边区中国居民因霍乱、水灾、饥饿而死亡近 30 万人。③ 此数字是否妥实，有待研究者同行求索与商讨。

这里必须严肃地指出：《鲁西细菌战大屠杀揭秘》一书所谓"鲁西、冀南 24 县共有 42.75 万人"被霍乱病菌杀害的说法，不是该书作者调查与研究的结论，而是对日军战俘矢崎贤三（小队长）关于卫河决堤、蔓延霍乱作战的交代材料及其订正材料的随意删接和错误拼凑的结果。矢崎贤三在"笔供"中说：日军独立步兵第四十四大队决溃卫河堤防"造成的结果，在南馆陶附近 150 平方公里，从临清县尖冢镇附近到河北省威县、清河县一带 225 平方公里，从临清县（县城）到武城县、故城县、德县、景县一带 500 余平方公里，总计 875 余平方公里的土地被洪水淹没，约 30 万吨粮谷和 87500 公顷的耕田被洪水吞食，4000 户中国民房被水冲毁。总之，因散布蔓

① 曲周县抗损课题调研组：《抗战时期日军在曲周县制造细菌战专题调研报告》（未刊稿），2006 年 11 月，中央河北省委党史研究室资料室藏。

② 参见中共冀鲁豫边区党史工作组办公室：《中共冀鲁豫边区党史资料选编》第二辑、文献部分（下），河南人民出版社 1988 年版，第 160、446 页。

③ 笔者曾对日军供述资料和中方记载资料进行过统计，在《华北甲第 1855 细菌部队之研究》（《抗日战争研究》2002 年第 1 期）一文中，粗略估算日军在华北的细菌战致抗日军民染病死亡达"数十万人"；在《华北（甲）1855 部队的细菌战犯罪》（《抗日战争研究》）2003 年第 4 期）一文中，将华北抗日军民染病死亡"数十万人"具体为"27 万人以上"，但均系据资料统计，未能加以具体的分析与考证。2010 年，笔者在《日本侵华细菌战伤害中国军民人数问题之研究》（《武陵学刊》2010 年第 5 期）一文中，对日军供述资料和中方记载资料及近年来调查资料作了较为具体的分析与考证，初步认定：日军在华北的细菌战致民众染病死地死亡"30 万人以上"，其中，日军鲁西霍乱作战致冀南区民众因霍乱、水灾、饥饿死亡"20 万人"，鲁西是霍乱作战重灾区，死亡数万人。

延霍乱菌而患病死亡及因饥饿和水灾共杀害了 37500 名中国和平农民。"他接着交代日军扩大霍乱讨伐作战，说："由于上述三个时期的'讨伐'行动，使撒在中国人民中的霍乱菌蔓延到鲁西地区一带……从 1943 年 8 月下旬到 10 月下旬之间，用霍乱菌杀害了 227500 名中国和平农民。"① 随后，矢崎贤三对此交待又作出订正，其中说决溃卫河堤防造成河北省威县等地死亡人数为 "32300 人以上"；至于霍乱作战，他说："通过以上三期'讨伐'行动，在中国人民中散布的霍乱菌在鲁西一带……蔓延，从 1943 年 8 月下旬至 10 月下旬间，有 20 万以上的中国人民和无辜农民被霍乱病菌所杀害。"② 矢崎贤三的"笔供"和"订正"说得很清楚：冀南区威县等 6 县死亡 37500 人（订正为 32300 人），鲁西一带 18 县死亡 22.75 万人（订正为 20 万人以上）。

但是，《鲁西细菌战大屠杀揭秘》一书的作者，却随意将"笔供"中"总之，因散布蔓延霍乱菌而患病死亡及因饥饿和水灾共杀害了 37500 名中国和平农民"一句话删掉，又将"结果，由于上述三个时期的讨伐行动，使撒在中国人民中的霍乱菌蔓延到鲁西地区一带"及有关几段删掉，错误地把《矢崎贤三的笔供》中卫河决堤造成威县、清河、临清、武城、故城、景县一带霍乱、水灾、饥饿死亡 37500 人，一下子改换成了决溃卫河堤扩散霍乱菌"杀害冀南 6 县和平农民 22.75 万"③。不仅如此，该书作者又进而将这一随意制造出来的错误数字，与矢崎贤三另一"订正"即鲁西一带"有 20 万以上"中国人被霍乱菌杀害，错误地合计在一起，说："据实施这次细菌战的日军战俘交代，从 1943 年 8 月到 10 月，鲁西 18 个县中国农民死亡 20 万人以上；卫河决堤后，馆陶、临清两县卫河以西地方和冀南威县、清河、武城、故城、德县、景县 6 县死亡 22.75 万人。2 项合计共 42.75 万人。"宣称："最后终于查清人类有史以来，日军侵华史上规模最大、屠杀

---

① 参见谢忠厚等总主编：《日本侵略华北罪行档案》之五《细菌战》，第 261—265 页。

② 参见谢忠厚等总主编：《日本侵略华北罪行档案》之五《细菌战》，第 266—269 页。

③ 参见崔维志、唐秀娥主编：《鲁西细菌战大屠杀揭秘——侵华日军"十八秋"霍乱作战屠杀中国人民四十余万》，人民日报出版社 2003 年版，第 27 页。

和平居民人数最多"的"这次细菌战详情"。①

　　笔者认为，该书作者的正义感和对日军细菌战罪行的追索激情虽是可佩可敬的，但其做法，很不严谨，更不科学。研究日军细菌战中国受害人数，将日军战俘交代、中国受害人数加以计算，是应该的，有意义的。但是不能仅凭日军战俘的交代材料，应当进行必要的分析与考证，更不能对日军交代材料随意删接与错误拼凑。不然，研究的价值将大打折扣，甚至会带来不应有的被动。同时，这也要求历史研究者同行，尽快对日军鲁西霍乱作战进行深入调查与挖掘，尤其需要进一步调查日军散播霍乱细菌的地点和数量，并进行严谨、科学的研究，以彻底弄清楚日军鲁西霍乱作战的实情。

　　① 参见崔维志、唐秀娥主编：《鲁西细菌战大屠杀揭秘——侵华日军"十八秋"霍乱作战屠杀中国人民四十余万》，人民日报出版社 2003 年版，第 20、23 页。

日军对华北抗日部队实施毒气战史述①

毒气（化学）武器，是世界上仅次于核武器、生物（细菌）武器的大规模杀伤性武器。日本侵华战争期间，违背《日内瓦国际公约》，实施大规模的毒气（化学）战，给中国人民造成了人类历史上从未有过的劫难。但是，由于日本把毒气战列为绝对机密，战败时又下令销毁一切罪证，加之战后美国的庇护，使日本毒气战犯罪逃脱了东京国际法庭的审判。华北是日本军队实施毒气战及遗弃毒气武器的重灾区之一。但是，迄今为止相关专论不多，也未见专著问世。这个报告，主要依据国内资料，把日军在华北对抗日部队实施毒气战的罪恶事实，告诉海内外的同胞们，告诉世界上一切尚不明真相的善良的人们。

一、毒气武器的实验战场

日本全面侵华战争，自始即实施毒气战，首先把华北作为毒气武器的实验战场。1937 年卢沟桥事变后，7 月 27 日，日本大本营参谋总长闲院宫载仁根据日本天皇的命令，以临参命第 65 号命令，下达在侵华日本陆军中设置毒气部队的命令②。第二天，又以临参命第 421 号命令，指令中国驻屯军在平津地区"适时使用催泪性毒气筒"③。8 月 31 日，根据临参命第 82 号命令，下达华北方面军战斗序列，同时决定再次向华北增派毒气部队。④ 到9 月，日本大本营派往华北参战的毒气部队，已有 1 个野战瓦斯队本部、2个迫击大队、3 个乙种迫击中队、2 个迫击小队、2 个野战化学试验部和 2个野战毒气工厂。日军在华北战场迅速完成了毒气战的作战、实验及后勤

---

① 原载《抗战史料研究》2014 年第 1 辑。
② 溧屋宪太郎、吉见义明：《毒气作战的真相》，《世界》1985 年 9 月，第 79 页。
③ 溧屋宪太郎、吉见义明：《毒气作战的真相》，《世界》1985 年 9 月，第 79 页。
④ 溧屋宪太郎、吉见义明：《毒气作战的真相》，《世界》1985 年 9 月，第 79 页。

保障的部署。至 1938 年 11 月 10 日，日本华北方面军得到日本国内及东北补给的毒气武器，有九四式轻迫击炮特种发烟弹药筒、八九式催泪筒（甲、乙）、九四式山地特种发烟弹药筒、特种发烟筒（甲、乙），共计 215000 发（个）；消耗的毒气弹药，有九四式轻迫击炮特种发烟弹 2556 发，九四式山炮特种发烟弹药筒 91 发，八九式催泪筒甲 447 个、乙 2141 个，特种发烟筒甲 14271 个，共计消耗毒气武器 19506 发（个）。[①] 为满足其长期、广泛、大规模的毒气作战的需要，日军还先后在太原、济南、德州等地建立了毒气工厂，不仅能大量装填毒气筒、毒气炸弹、毒气手榴弹等，而且能就地生产大量毒气武器。自日军飞机 1937 年 7 月 27 日在河北省宛平县卢沟桥投下第一颗毒气弹，先后在华北实验推广和使用了催泪性、喷嚏性、窒息性和糜烂性的毒气武器，至武汉会战结束，在华北使用毒气 170 余次，规模较大者，如：

（1）1937 年 8 月 9 日，日军独立混成第十一旅团及第五师团展开攻击南口战役。14 日和 15 日，日军连续昼夜进攻，大量发射毒气弹。23 日，日军向横岭城、居庸关猛攻，再次大量施放毒气。中国守军汤恩伯部第四师、第八十九师死伤严重。

（2）1937 年 10 月 13 日，日军发起忻口战役，连续攻击 10 天，伤亡 3000 余人，仍未得逞。22 日，日军猛攻忻口时，发射了烟幕弹、燃烧弹，大量施放催泪性、喷嚏性毒气。23 日，中国军队反攻，日军使用燃烧弹、烟幕弹、达姆弹、毒气弹，双方伤亡各数千人以上。日军占领太原后，依据大陆命第 75 号和第 119 号及大陆指第 110 号，"严格隐匿用毒事实，注意不留痕迹"，将毒气战从战斗规模向战投规模扩展。

（3）1938 年 3 月 23 日，日军第二军第十师团以濑谷支队为主力，进攻山东台儿庄，中国第五战区守军坚守阵地。24、25 日，在激战中，日军多次重炮发射毒气弹，两度攻入台儿庄，复被击退。27 日，日军在大批飞机、坦克、重炮的支援下，向台儿庄以北守军阵地发射毒剂弹 10 余发，混用发

---

① 步平主编：《化学战》，黑龙江人民出版社 1997 年版，第 159 页。

烟弹 40 余发，造成守军多人中毒，突破北门，占领东北角。28 日起，双方展开空前惨烈的拉锯战。在台儿庄东北角，在仅距 10—20 米处，日军投掷毒气手榴弹，守军又反掷回去。4 月 3 日，中国军队向日军发动总攻，在猛烈战斗中，日军发射大量催泪性、喷嚏性和糜烂性的毒气弹，中国军队中毒伤亡甚多。4 月 7 日，日军大本营下达徐州作战命令，4 月 19 日派遣第 2 野战毒气大队由神户开往青岛转赴鲁南，5 月 8 日派遣菊池率领配属有 1 个野战毒气大队的机械化部队开往鲁南，加强毒气战攻击，致守军官兵甚至全营中毒伤亡。6 月 8 日，会战结束。据《新华日报》1938 年 4 月 22 日报道："台儿庄战役缴获敌施放毒气证据甚多。……其中敌之毒瓦斯弹（注有"昭和十二年十月制造字样"）及剧性瓦斯坏疽菌血清（注有"昭和十二年十二月十八日制造"）等，均经中国电影制片厂战地摄影队携回，昨由该厂郑厂长送呈政治部陈部长。"

（4）1938 年 4 月 4 日，日第一军集中第十六、二十、一〇八、一〇九师团各一部共 3 万余人，对晋东南抗日根据地发起"九路围攻"战役。八路军在 23 天反围攻作战中给敌军以重创，歼敌 4000 余人，收复县城 18 座，日军多次对抗日军民使用毒气。4 月 14 日，日军一部围攻阳城，遭八路军打击，遂向 10 余个地洞内放毒、放烟，致平民 700 余人丧生。4 月 15 日，日军第一〇八师团由武乡东进，途经西营村，向逃入山洞的居民施放毒气，致 70 余人全部死亡。4 月 16 日，在武乡与长乐村之间，日军第一〇八师团一部遭到八路军第一二九师第七六九、七七一、七七二团等部的状击，被歼 2000 余人，该敌残部在突围逃窜时，大量施放了喷嚏性毒气。

（5）1938 年 6 月中旬，日军第二十师团及独立混成第四旅团向晋南地区中国军队实施反击。第一军司令官梅津美治郎为第二十师团配属第 1—4 特种指导班和迫击第三大队，配发红筒 18000 个。在曲沃方面，7 月 4 日，日军第二十师团向秦岗镇中国第 2 战区部队进攻，发射毒气炮弹；7 月 5 日，向盈村、南下张急袭，发射毒气炮弹约 600 发，造成正面毒区 3.3 公里。7 月 6 日拂晓，向西阳村、白水村、西明德一带攻击，发射毒气炮弹约 1600 余发，致中国守军中毒甚多；同日晨，在仪门村、北樊村以南高地 4—

5 公里正面，施放红筒 6000—7000 个，中国守军官兵中毒 500 余人，日军乘势突入纵深 3 公里。7 月 7 日晨，日军在东韩村至南吉村一线 3 公里正面，施放红筒 5600 个，中国守军被迫撤离阵地。日军全线追击，很快占领运城。据晋察冀军区第 1 军分区部队 1939 年 5 月 20 日在河北易县大龙华战斗中所缴获日军文件，其中《日支事变中发烟攻击战例》记载，日军在曲沃作战中，共发射了毒气弹 2197 发，施放了毒气红筒 12600 个。7 月 4 日，日军向垣曲县南羊圈一带进攻，发射大量毒气弹，中国守军伤亡甚多。7 月6 日，在阳城西北之町店义战斗中，日军使用达姆弹，致八路军徐海东旅伤亡 500 人。7 月初，日步兵 136 联队在离石县金乐镇南方某村道路上，放射赤筒毒气 30 个，毒杀八路军 200 名。7 月下旬，日军一部在垣曲被中国军队包围，遂施放大量催泪性毒气和糜烂性毒气。7 月 23 日，日军第 78 联队一部在夏县西南大台村至下淹底一带，受到中国军队的重创，遂发射大量窒息性毒气弹，致中国军队中毒伤亡甚众。晋南地区作战，日军使用毒气作战起了决定性的作用。

（6）1938 年 9 月 20 日起，日本集中第一一〇、二十六、一〇九师团及第二、三、四独立混成旅团共 5 万余人，由平权、平缓、同蒲、正太铁路沿线出动，围攻晋察冀抗日根据地，企图"彻底扫除，以绝后患"。在东线：9 月 20 日，日军在曲阳七里庄和唐县店头镇，遭到冀中第 3 军分区部队有力抗击，日军死伤 250 余人，遂大量施放毒剂，冀中部队撤出战斗。9 月 28日，八路军袭击灵山镇，日军西进受阻，遂施放催泪性毒气筒 130 个，造成 200 米正面染毒区；日军又在北镇施放催泪性毒气筒 120 余个，造成 300 米正面染毒区，八路军部分官兵中毒，主动撤出战斗。10 月 4 日，日军 1000余人向阜平进犯，在东西庄、方代口地区，遭晋察冀军区第 1、3 军分区及冀中独立旅部队有力抗击，日军增援部队 1000 余人赶到后，发射毒气弹400 余发，催泪性毒气筒 200 余个，毒气覆盖八路军约 5 个营的阵地，八路军主动撤出战斗。日军于 10 月 6 日占领阜平后，22 日，进犯王快以北上下平阳、罗家峪、韩家峪一带，日机投掷了毒气弹；24 日，进犯灵山，在严城镇战斗中，施放了催泪毒气筒 85 个；26 日，在阜平附近大白化战斗中，施放催泪性毒气筒47个；27日晨，阜平日军在8架飞机掩护下，大量投掷毒气弹，弃城东窜；28日，日军2000余人退至王快附近，在激战中，施放催泪性毒气筒90余个。在西线：9月24日，日军第109师团由代县、定襄出动，与南线日军呼应，企图进占五台。10月1日，日军一部在飞机的掩护下，进至定襄以北受录、季庄一带，遭八路军一二〇师第七一四团阻击，伤亡严重，遂施放催泪性红筒2548个，造成正面2700米染毒区，几乎笼罩一二〇师的第一线阵地。10月3日，日军进占五台县城。除东、西两线外，日军还多次使用毒气。如11月29日，八路军三五九旅一部在灵丘以北杏树咀、乐陶三村，伏击正在乘车北犯的日军400余人，日军以火炮、掷弹筒发射大量毒气弹，王震旅长以下300余人中毒，撤出战斗。据统计，日军此次"图攻"战役，共使用毒气13次以上，发射毒气炮弹数百发，施放毒气筒3200个以上，八路军中毒部队有一团大部，三团1个营，七十七团4个连①。八路军歼敌5200余人，粉碎了日军摧毁晋察冀抗日根据地的企图。

日军2个野战化学试验部在毒气实战中调查，均准确判断中国军队"无有效的毒气攻击能力，且防护能力亦极不充分"②，为侵华日军在华东、华中、华南等战场普遍、残酷、肆无忌惮地对中国军队使用毒气武器，提供了实战经验。

二、对敌后抗日军民全面用毒

武汉会战结束，侵华日军为"确保占领区，促进其安定"，将进攻重点由正面战场转向敌后战场。日军为确保河北省北部、山东和山西省北部、察哈尔及绥远等占领区的"安定"，把毒气战作为大量杀伤抗日根据地军民的秘密武器。1938年12月2日，日军参谋总长闲院宫载仁下达大陆令第241号命令，指令华北方面军司令官杉山元、华中派遣军司令官畑六俊、第二十一军司令官安藤利吉在华各军可使用特种烟（赤筒、赤弹、绿筒），特

---

① 聂荣臻致中共中央军委的电报，原件存中央档案馆，第715号、第48号。
② 步平主编：《化学战》，黑龙江人民出版社1997年版，第133—136页。

令华北方面军司令官"应在占领区作战时研究黄剂及特种资材在作战时的价值","严格保守秘密","在山西实施时尽量选择偏僻地区,以利保密"①等。1938 年 12 月,日本华北方面军制订"治安肃正计划",决定在 1939 年 1 月至 1940 年 3 月,分 3 期进行"肃正讨伐"作战,首先沿平汉铁路封锁山西边界,切断晋察冀边区与冀中、晋冀豫边区与冀南的联系,尔后集中主力"扫荡"冀中、冀南和山东北部平原根据地,然后再转移兵力"扫荡"山区根据地。日军在围攻、"扫荡"中,加强了毒气攻击,在军、师团、联队中组建了各种临时毒气队,以毒气武器装备步兵大队、中队、小队乃至士兵,毒气作战范围从主要在山西迅速扩展为华北各地,由主要使用催泪性、喷嚏性等刺激性毒气,扩大为全面地使用包括糜烂性、窒息性等各种毒气。据不完全统计,1939 年和 1940 年,日军在华北使用毒气武器 400 次以上。

在晋冀豫边区:1939 年 1 月 22 日至 2 月 6 日,日军以独立混成第 4 旅团 3 个步兵大队及伪 3000 余人,进犯和顺、辽县等地区,企图封锁晋冀边界。1 月 30 日,八路军第一二九师第三八五旅在辽县东南粟城、苏亭地区与敌展开激战,敌大量施放毒气,致第三八五旅 500 余人中毒。敌窜到辽县时,再次大量施放毒气,造成第三八五旅第七六九团尾追部队 1 个连官兵中毒。朱德、彭德怀于 2 月 2 日致电程潜、阎锡山、卫立煌等,称:"此次陈锡联旅在苏亭、粟城战斗中,敌人施放毒气,我中毒者已达五百余。中毒后眩晕失神,一小时内不知放枪,重者更需扶行,轻者一小时后渐可恢复。"② 因日军使用毒气,此役致一二九师第 385 旅 1000 余人中毒。1939 年 5 月,日军第二十师团八十旅团在山西平陆县城及大神村,对中国军队施放毒气筒 4000 个,在公布战果时称:"遗弃尸体约 2000 具以上"③。1940 年 4 月 13 日,日军 2000 余人在冀南根据地永年东辛庄与八路军激战,施放烈性

---

① 日参谋总长闲院宫载仁 1939 年 5 月 13 日根据大陆命 241 号下达大陆指第 452 号。
② 朱德、彭德怀致程潜、阎锡山、卫立煌等的电报,1939 年 2 月 2 日。
③ 又川春义的笔供,1954 年 8 月 2 日。原件存中央档案馆。

毒气，致八路军官兵 1500 余人中毒。① 1940 年 9 月下旬，日军在山西省襄垣县邯郸村和西营镇制造"无人地带"，千田谦三部以 223 联队 2 大队第 7 中队代理中队长，指挥部下焚毁两村民房 347 间，用毒瓦斯毒死和杀死和平居民 20 人。②

在晋察冀边区：1938 年 11 月至 1939 年 4 月，日军对冀中平原根据地连续 5 次分区"扫荡"。1939 年 1 月 25 日，日军集中 7000 余兵力，对冀中根据地中心区的河间、献县、任丘、肃宁等地发动第三次围攻。2 月 4 日，敌第二十七师团 1000 余人向大曹村进犯，遭到一二〇师七一六团重创，遂发射毒气弹、毒气筒，在滚滚毒烟中，七一六团官兵用毛巾浸水、浸尿或帽子包上积雪，敷紧口鼻，坚持战斗，至天黑，七一六团发起反攻，歼敌 300 余人，缴获物资 80 大车，日军被迫停止第三次围攻。4 月 23 日晨，河间城日军第二十七师团吉田大队 800 余人进攻齐会村，将一二〇师第七一六团第三营包围于村内。贺龙师长亲赴前线指挥，全团发起反击。激战中，吉田命令炮兵向七一六团阵地和第一二〇师驻地大小朱村，猛烈发射毒气炮弹。贺龙师长坚持指挥战斗，在内外夹击下，敌大部死伤，残部 30 余人逃回河间城外。至此，巩固了冀中平原根据地。朱德总司令 4 月 29 日致电蒋介石、何应钦，称：经 3 昼夜连续战斗，毙伤敌 700 余，生俘日兵 7 名，缴获步枪 200 余支，短枪 7 支，轻机枪 10 余挺，掷弹筒 3 个，山炮架 1 个，炮弹 40 余箱，防毒面具 70 余个，毒瓦斯 10 余筒，望远镜 2 个，子弹万余发，大车 50 余辆（均载大米、罐头及死尸），大衣 200 余件，军毯 200 床，其他军用品一部。此次敌大施毒攻，贺龙及以下官兵中毒者 500 余名。③

百团大战期间，八路军为粉碎日军"囚笼"政策，克服国民党投降倾向，1940 年 8 月 20 日，向华北敌占交通线和据点发起大规模的进攻战役，至翌年 1 月 24 日反"扫荡"结束，历时 5 个多月，参战兵力 105 个团，毙伤俘日伪军 5 万余人，破坏铁路 474 公里，公路 1502 公里，桥梁、车站、

① 《抗敌报》，1940 年 5 月 4 日。
② 千田谦三郎的口供，1954 年 10 月 16 日。原件存中央档案馆。
③ 中央档案馆，第 140、70 号。

隧道 261 处，攻克据点 2994 处，缴获日军毒气炮弹 57 发、毒气筒 2059 个、防毒面具 1051 个。期间，日军使用毒气 20 次以上，致八路军官兵中毒者 21182 名，旅级干部中毒者有陈赓、周希汉、陈锡联、范子侠、谢富治、尹先炳等 8 人。如破击正太路时，8 月 21 日，一二九师第三八五旅一部进攻山西平定县西南冶西村，日军百余人固守碉堡顽抗，投掷大量毒气手榴弹，致旅连长以下官兵 40 余人中毒，至 8 月 25 日，敌除少数逃回平定外，大部被歼。① 一二九师第三八六旅第十七团一部攻击山西武乡西北故城敌据点，日军连续投掷毒气筒，致官兵中毒百余人，亡 50 余人。② 8 月 23 日，一二九师新编第十旅一部强攻山西阳泉以西之独峪据点，日军大肆施放毒气，致旅长范子侠、政委赖群继（际发）以下官兵 100 余人中毒；一二九师三八六旅第十七团强攻山西寿阳城，因日机 7 架狂炸，四散毒气，被迫主动撤出战斗。③ 8 月 29 日，阳泉日军 600 余人向正太路西段进犯，一二九师第 385 旅陈锡联旅长率主力一部猛烈出击，敌大量施放毒气。是役，歼敌 200 余人，第七六九团伤亡 100 余人，旅长陈锡联、政委谢富治、参谋长曾绍山以下官兵 100 余人中毒。④ 9 月 25 日，困守榆社城文庙之敌，在 5 架飞机掩护下突围，一二九师第三八六旅在城西 5 里处围歼该敌 400 余人，敌施放大量毒气，陈赓旅长、陈希汉参谋长等以下 200 余人中毒。⑤ 在攻坚战阶段，9 月 22 日，晋察冀军区部队发起涞（源）灵（邱）战役，当晚第 3 团猛攻涞源城东北之日军据点东团堡，日独立混成第 2 旅团士官教导大队 100 余人以猛烈炮火和毒气反击。23 日，第三团集中力量再度猛攻，因日军大肆放

① 百团大战战报之四。谢忠厚：《日本侵略华北罪行档案》之六《毒气战》，河北人民出版社 2005 年版，第 140 页。

② 百团大战战报之七。谢忠厚：《日本侵略华北罪行档案》之六《毒气战》，河北人民出版社 2005 年版，第 140 页。

③ 百团大战战报之二十。谢忠厚：《日本侵略华北罪行档案》之六《毒气战》，河北人民出版社 2005 年版，第 140 页。

④ 百团大战战报之三十四。谢忠厚：《日本侵略华北罪行档案》之六《毒气战》，河北人民出版社 2005 年版，第 141 页。

⑤ 百团大战战报一〇五. 纪道庄、李录主编：《侵华日军的毒气战》，北京出版社 1995 年版，第 97 页。

毒，攻击部队中毒者 300 余人。24 日，第三团将周围堡垒全部攻克，日军井田队长命令疯狂施放毒气，攻击部队大部中毒。至 25 日下午，残敌 27 人集体投火自焚。日军为此作了《大日本皇军驻东团堡井田部队长恨歌》。①10 月 2 日，军区第四团一部攻克少军梁北之阎家岭日军据点，歼敌大部，缴获轻机枪 4 挺，掷弹筒 4 个，防毒面具 36 件。② 10 月 9 日，军区第六团攻克灵丘至浑源间日军重要据点抢风岭，歼敌 60 余人，缴获迫击炮 2 门，掷弹筒 3 个，毒瓦斯 10 余筒。③ 与此同时，一二〇师在破击同蒲路北段的作战中，9 月 20 日晚，暂一师一部进袭五寨南之风子头，歼敌 40 余人，残敌大肆施放毒气，攻击部队伤亡 50 余人，中毒甚多。④ 10 月 16 日，日军百余人由离石西南李家垢进至军渡，隔黄河与一二〇师王震旅一部炮战半日，日军向宋家川发射毒气弹 70 余发，致王震旅官兵中毒 80 余人，伤亡 5 人。⑤在反"扫荡"阶段，10 月 22 日，独立混成第四旅团一部进犯山西武乡潘龙镇，八路军一二九师第三八六旅一部转移至外线作战，在温庄、南垴、漆树烹一带阻击，激战两昼夜，日军伤亡惨重，遂在毒气掩护下，向阳村撤退，又遭一二九师决死队伏击，日军再次大肆放毒，致一二九师官兵 300 余人中毒。⑥ 10 月 29 日，"扫荡"黄岩洞之日军三十六师团冈崎大队 500 余人，在关家垴，被八路军一二九师主力包围，大部歼灭。日军为报复，向榆社、辽县、武乡等地八路军总部驻地大肆施放糜烂性毒气，仅独立第 4 混成旅团水野支队即使用黄弹 47 发，致返回驻地的军民中毒者甚多。⑦

在山东根据地：1940 年 5 月，日军独立混成第 10 旅团 45 大队在泰安

---

① 《晋察冀军区抗日战争史》，军事科学出版社 1986 年版，第 193—194 页。

② 百团大战战报之一五六号。谢忠厚：《日本侵略华北罪行档案》之六《毒气战》，河北人民出版社 2005 年版，第 143 页。

③ 百团大战战报之一六一号。谢忠厚：《日本侵略华北罪行档案》之六《毒气战》，河北人民出版社 2005 年版，第 143 页。

④ 百团大战战报之一〇三号。谢忠厚：《日本侵略华北罪行档案》之六《毒气战》，河北人民出版社 2005 年版，第 142 页。

⑤ 百团大战战报之二〇一号。谢忠厚：《日本侵略华北罪行档案》之六《毒气战》，河北人民出版社 2005 年版，第 144 页。

⑥ 纪道庄、李录主编：《侵华日军的毒气战》，北京出版社 1995 年版，第 97 页。

⑦ 纪道庄、李录主编：《侵华日军的毒气战》，北京出版社 1995 年版，第 97 页。

东方之红山，发射榴弹 40 发，毒瓦斯弹 6 发，掩护步兵进攻，毒杀中共军队约 300 名；8 月，在峄县朱沟村，掩护步兵冲锋，射击毒瓦斯弹 20 发，榴弹 80 发，杀害中共军战士及居民约 350 名[①]。6 月中旬，独立混成十旅团四十二大队，进攻高唐县柳子王庄村，发射 45 发毒瓦斯弹，屠杀 60 名抗日军战士及 20 名农民[②]。9 月中旬，独立混成第十旅团四十一、四十三大队及炮兵中队共 1280 人，用瓦斯弹、大炮、机枪向被包围在峄县朱沟村的抗日军约 1500 名、居民约 500 名集中射击，致居民和抗日军几乎全被杀害。[③]

一个新特点：1939 年 5 月 13 日，日大陆指第 452 号"使用黄剂等特种资材"的命令下达后，使用糜烂性黄剂——芥子气、路易氏气，成为日军杀伤华北敌后军民的又一重要手段。9 月 29 日晨，盘踞长子城内牛岛师团岩切联队 1000 余人，向尧庙山进犯，猛扑 3 次，均不得逞，遂集中大炮猛轰达半小时之久。翌晨，中国守军全部头、面及手足各部起脓包，后接替部队也同样中毒。[④] 1939 年 12 月 3 日，日机在内蒙古店头、坦山、朱家庄一带 4 次投掷芥子气毒气弹，中毒者面部红肿、起泡以致糜烂，并兼窒息。12 月 4 日，日军在梁家山战斗中，用山炮发射芥子气毒气弹 21 发，中毒者均呈糜烂、窒息现象。同日，日军在内蒙古伐子山战斗中，又投掷二氯乙肿，中毒者恶心、呕吐，头部、肢体痉挛，胸部疼痛，皮肤刺痛以至溃烂。[⑤] 1940 年 2 月 17 日上午，日机 9 架在内蒙古临河国民党军队阵地投掷毒气弹 76 枚，致中国军民中毒 137 人。8 月下旬，日军第四十一师团山炮兵 41 联队在山西河津县上岭附近，以 600 名兵力，8 门山炮，4 门榴弹炮，向黄河对岸抗日军阵地正面长 4 公里、纵深 4 公里的地区，炮击糜烂性毒瓦斯 80 发，毒杀 30 名抗日军、100 名农民。[⑥]

---

① 芳信雅之的口供，1954 年 9 月 13 日。原件存中央档案馆。

② 久保谷幸作的笔供，1954 年 8 月 14 日。原件存中央档案馆。

③ 横山昌司的口供，1954 年 9 月 28 日。原件存中央档案馆。

④ 《新华日报》，1939 年 12 月 4 日。

⑤ 《新华日报》，1939 年 12 月 24 日。

⑥ 市毛高友 1954 年 9 月 16 日笔供。原件存中央档案馆。

三、毒气攻击愈加疯狂

1941 年和 1942 年，日军华北方面军推行"治安强化"运动和"杀光、抢光、烧光"的"三光"政策，对敌后抗日军民进行毒气攻击更加疯狂。据不完全统计，2 年间，日军在华北地区毒气作战 280 余次。[1] 仅一二九师在抗战第四周年即有官兵 4390 人中毒，比前 3 年官兵中毒总人数还多 532人[2]。但各地区的情况又有所不同：

在山东及苏鲁边区的毒气战显著增多。1941 年初，日第十二军第二十一、三十二师团及伪军 1 万余人"扫荡"鲁西抗日根据地。1 月 17 日，日军合击朝城以西之苏村、马集地区鲁西军区党政军机关，军区特务营阻击敌军，敌连续大量使用毒气，致特务营 2 个连大部中毒牺牲[3]。1 月 22 日，驻丰县、沛县（属江苏省）日军围攻韩庄、张坝口，大量使用毒气，致八路军 1 个营全部中毒。[4] 2 月间，日军第三十二师团二一〇联队第一大队，在堂邑县某村与齐子修部作战，发射催泪性、窒息性毒气弹 10 发，毒杀官兵 100 人、村民 200 人。[5] 3 月 1 日，日军一部"扫荡"惠民地区，在撤退时大量施放毒气，致八路军 200 余人中毒。[6] 3 月 15 日，日军 1500 余人"扫荡"商河、惠民以南地区，使用毒气，致八路军 300 余人中毒。[7] 4 月 7日，日工兵 32 联队在山东嘉祥李家楼，同抗日军约 1000 名作战，发射大型"赤筒" 2 发，使军民 400 人中毒。[8] 八路军在山东及苏鲁边此次反"扫荡"中，缴获了日军烟幕弹 118 发、毒气弹 86 发。[9] 9 月至 12 月，日本华北方

---

[1]　纪道庄、李录主编：《侵华日军的毒气战》，北京出版社 1995 年版，第 72 页。
[2]　刘伯承、邓小平：《关于一二九师抗战四周年的战斗收获损耗统计的报告》，1941 年 6 月 26日，原件存中央档案馆。
[3]　《中国人民解放军战史》（抗日战争时期），军事科学出版社 1987 年版，第 276 页。
[4]　《前总关于 1941 年华北春季反"扫荡"作战总结》，1941 年 6 月 17 日。
[5]　雨宫健治的笔供，1954 年 8 月 15 日。原件存中央档案馆。
[6]　中央档案馆等编：《细菌战与毒气战》，中华书局 1989 年版，第 700 页。
[7]　《前总关于 1941 年华北春季反"扫荡"作战总结》，1941 年 6 月 17 日。
[8]　铃木史行的笔供，1954 年 6 月 28 日。原件存中央档案馆。
[9]　《前总关于 1941 年华北春季反"扫荡"作战总结》，1941 年 6 月 17 日。

面军抽调第二十一、三十三、三十六师团和独立混成第三、四、九旅团各一部，加强第十二军兵力，对鲁中沂蒙山区根据地进行大"扫荡"。9月中旬，日军在莱芜县茶叶口，向八路军后方医院的地洞内投掷毒气赤筒2个，将15名伤员驱出洞外砍杀致死。① 9月30日，临沂日伪军600余人偷袭西山前村，向村内发射150余发炮弹及大量毒气，致使村民大部中毒昏倒。② 10月中旬，日军独立混成第10旅团44大队第2中队在新泰县某村，施放催泪性毒气掩护攻击，毒杀八路军30余人、平民120人③。1941年11月上旬，日军独立混成第10旅团第43、45大队，攻击蒙阴县560高地，以飞机3架轰炸扫射，以山炮发射80余发榴弹及数发毒气弹，八路军300多人及农民被炸伤、中毒。④

在中条山实施大规模毒气战。1941年5月7日，日本华北方面军集中6个师团及3个旅团约10万余兵力，进攻中条山第一战区中国军队。在北部，5月7日下午起，日军第二十一、三十五师团及骑兵第四旅团约3万余人，从豫北沁阳、博爱出动，分两路进攻孟县、济源，中国守军第九军伤亡严重；9日，敌大规模使用毒气，中国守军3个团各1/3官兵中毒；10日，日军占领封门口。在东部，5月7日起，日军第三十三师团主力及骑兵第四旅团约1万余人，进攻阳城以西之董村中国守军第九十八军阵地。当晚，第三十三师团一部攻击北木耳河、贾家山，至8日晨，在援兵及数十架机飞机支援下，大量投掷毒气弹，中国守军阵地被突破；11日，日军进攻雪泉岭，再次施放毒气，守军被迫撤离阵地；至13日，董村阵地失陷。5月14日，日军在其"维持"村苏村抢掠，施放毒气弹，村民中毒者500余。⑤ 在中部，5月7日下午起，绛县日军第四十一师团及独立混成第九旅团约3万余兵力，猛攻横（岭关）皋（落）大道中国守军第四十三军，直指垣曲。8

① 中央档案馆等编：《细菌战与毒气战》，中华书局1989年版，第706页。
② 中央档案馆等编：《细菌战与毒气战》，中华书局1989年版，第484—485页。
③ 金子安次的口供，1954年10月21日。原件存中央档案馆。
④ 铃木良雄的笔供，1954年7月29日。原件存中央档案馆。
⑤ 《三千人民的血泪与仇恨》，1948年4月。原件存中央档案馆。

日，敌数十架飞机狂轰，投掷大量毒气弹，守军官兵中毒 100 余人。当日晚，日军在贾家山地区受到中国军队阻击，遂实施毒气攻击，中国守军被迫撤退，敌攻占垣曲，中条山中国守军被敌分隔为东西两部。在西部，闻喜、夏县之日军第三十六、三十七师团及独立混成第十六旅团一部约 2.5 万余兵力，5 月 7 日下午起，对中国军队第五集团军及第八十军阵地发动猛攻，大量投放毒气弹，中国守军伤亡甚众。8 日，第八十军第二十七师由张店镇退守台寨村，敌以飞机数十架配合步炮兵四面攻击，大量发射毒气弹，中毒伤亡极重，至 9 日，师长王峻壮烈殉国，副师长梁希贤投黄河自尽。至 5 月 27 日，中条山会战结束，日军使用毒气武器攻击作战 10 次以上，致中国军队伤亡 4.2 万余人，被俘 3.5 万余人，其中，中毒伤亡 3000 余人，平民中毒 500 余人，日军也死伤 3000 余人。[①]

在太行根据地连续数日毒气作战。1941 年 10 月 31 日，日军集中第三十六师团及独立混成第六、第一、第九旅团约 15000 人，"扫荡"太行抗日根据地，夜袭八路军总部驻地西井和一二九师团部驻地赤岸，扑空后，11 月 9 日，日军一部向槐树坪、赤塔进犯，在左会遭八路军阻击，乃大量施放毒气。11 月 10 日，日军向赤塔、槐树坪猛攻 10 次，连续使用毒气，八路军虽有准备，仍有部分官兵中毒[②]。日军另一部于 11 月 9 日奔袭黄烟洞、水腰地区的八路军兵工厂，八路军与敌连续 8 昼夜激战，敌配合炮火轰击，发射毒气弹，施放毒气筒，八路军八路军特务团团长欧致富等官兵 70 余人中毒。此战斗，八路军特务团歼敌 800 余人，仅伤亡 140 余人。[③]

在冀东、冀中根据地的毒气战极端残酷且重点杀伤平民。1942 年 4 月，日军第 27 师团等部"扫荡"冀东根据地，在军分区后方医院施放毒气，造成伤病员及工作人员中毒死亡 190 余人；铃木启久旅团在丰润县鲁家峪村使用毒瓦斯攻击洞穴，惨杀八路军约 100 人，剖腹等惨杀避难农民 235 名，烧

---

① 《中条山会战及中毒死伤数字》，引自纪道庄、李录主编：《侵华日军的毒气战》，北京出版社 1995 年版，第 99—102 页。

② 《解放日报》，1941 年 11 月 24 日。

③ 《晋察冀日报》，1941 年 12 月 7 日。

毁房屋约 800 户，强奸妇女 100 人。[①] 5 月 1 日起，冈村宁次亲自指挥日军第 110、26、27、41 师团和第 7、9 旅团及 2 个联队，共 5 万余兵力，对冀中平原根据地进行大"扫荡"，规定"各部队尽量寻找机会，在地道战斗中使用赤筒和绿筒，实验使用方法"[②]。5 月 23 日至 6 月 12 日，仅 20 天内，日军在无极县、定县之间的赵户村，灵寿县朱食村和朱骇村，定县北疃村，唐县岳烟村及拒马河，无极县黑贵子村，深泽县白庄和宋庄，及冀南威县掌史村等地，用毒 10 余次。上坂胜联队 5 月 27 日在定县北疃村，向地道中使用赤筒、绿筒，致在地道中躲避的北疃及附近 10 余村群众 800 余人全部被毒死。[③]《晋察冀日报》1942 年 6 月 26 日刊载《晋察冀军区司令部通电》：日军进入北疃村后，"反复找着了地道的入口，将大量的窒息瓦斯，冲放进去。在日寇此等毒手下，我 800 百余隐藏在地道中的手无寸铁的人民，大部分为扶杖的老翁、老娘、妇女、儿童、病弱、乳婴，遂全部为毒气窒息毙命！他们的尸体塞满了地道，惨状使人目不忍睹"。"这种旷古未有的对人民大屠杀，更加证明日本法西斯已将世界的公理、公法、正义的最后的藩篱，毁弃无余。"

糜烂性毒气攻击由实验性的使用转变为大规模的实施。1941 年 6 月 29 日，国民政府军政部防毒处处长李忍涛致电何应钦，称：顷奉第一战区长官部参字第 8675 号代电开，"连日北岸之敌向我谦支队阵地及附近施放毒气，我官兵中毒者 5 人，死亡 1 人。经查敌所使用毒气系糜烂性芥气及窒息性与喷嚏性混合剂，均以炮弹发射，中毒后之症状，颜面发紫、皮肤发冷溃烂、眼部灼热疼痛、结膜充血、呕吐、鼻部刺激甚剧、呼吸困难，数小时后并发肺水肿或神经症状"。[④] 12 月 30 日，日军某联队第一大队"扫荡"太行根据地陈家河地区，撤退时，在指挥所、掩蔽部、火器阵地，布撒了糜烂性芥子气 200 余公斤，布毒面积为宽 2—3 米、长 2800 米。据日本陆军

① 铃木启久的笔供，1954 年 7 月 15 日。原件存中央档案馆。
② 上坂胜的笔供，1955 年 5 月。原件存中央档案馆。
③ 上坂胜的笔供，1955 年 5 月。原件存中央档案馆。
④ 原件存南京中国第二历史档案馆。

习志野学校 1942 年 1 月编写的《中国事变化学战例证集》记载："随扫荡队撤离而返回阵地之敌，对毒剂毫无认识，也无防护装备。瓦斯伤患者陆续出现，蒙受重大损失，狼狈放弃阵地后退，伤者达千人以上。"并视之为"用黄剂使敌阵地内主要地点毒化，给敌人造成巨大伤害的战例"。[①] 1942 年初，日军华北方面军 3 万余人对太行根据地进行毁灭性"扫荡"，大范围使用糜烂性毒气。三十六师团特种作业队专门负责布散毒气，1 月下旬在潞安完成布毒训练准备，2 月初分别配属第 222、223 联队。2 月 3 日起，日军三十六师团等部奔袭北方局和八路军总部所在地桐峪、洪水、辽县、襄垣、和顺等地，第 223 联队于 2 月 8 日至 15 日在洪水、桐峪、黄崖洞、南祝、河南店等地布毒，使用黄 1 号（芥子气）约 300 公斤，布毒场所为军队营房、洞窟、工厂、监视哨阵地等要点，日军撤退后，八路军返回根据地，有数千名官兵中毒，其中半数死亡；2 月 13 日，三十六师团第 222 联队在太行根据地西井附近东崖底村布散黄 1 号毒气，因天气酷寒（零下 25 摄氏度）芥子气冻结。上述《战例集》，将前者作为"用黄剂毒化共军根据地而予以歼灭性打击的战例"，将后者作为"因酷寒致使黄剂冻结而失去战机之例"[②]。《解放日报》1942 年 2 月 28 日、3 月 15 日先后载文，揭露了日军此次用糜烂性毒气的滔天罪行。3 月 25 日，晋西柳林日军炮兵大队向黄河西岸宋家川（陕西吴堡）八路军炮击终日，发射炮弹 1800 余发、有 1/3 是糜烂性毒气弹。[③] 5 月间，日军 2.5 万余兵力对太行区北部报复"扫荡"，日军称"C 号作战"，八路军副参谋长左权于 5 月 25 日在十字岭指挥突围作战时壮烈殉国。5 月 24 日，日军大川姚吉中尉率部进袭一二九师司令部驻地涉县赤岸村，扑空后，在司令部驻地的房屋门窗、炕、家具上布散了芥子气。八路军返回时，因采取了消毒措施，避免了毒害，附近一些村庄由于

---

① 纪学仁主编：《日本侵华战争的化学战》，军事译文出版社 1995 年版，第 202 页。步平主编：《化学战》，黑龙江人民出版社 1997 年版，第 145 页。

② 纪学仁主编：《日本侵华战争的化学战》，军事译文出版社 1995 年版，第 203 页。步平主编：《化学战》，黑龙江人民出版社 1997 年版，第 145 页。

③ 《解放日报》，1942 年 4 月 2 日。

缺乏经验，部分干部群众不慎中毒。

1942 年 3 月 14 日，八路军总参谋部曾致电各兵团："本年入春以来，敌人对华北之分区'扫荡'，除继续以往大肆烧杀、奸淫、掠夺外，并施放糜烂性毒瓦斯（如晋东南）。""中毒者全身红肿、溃烂、排液，至血肉裂口脱落而死。亦有因吸芥子气而窒息，以及腹肿、头疼。"指示军民进入敌占领过的村庄房屋，应经防毒人员检查才能住宿。凡属敌遗弃食品及民间饮水等，应经医生化验，证明无毒方得使用。[①] 蒋介石也于 4 月 9 日致电何应钦："据彭副总司令德怀寝电称，敌寇此次'扫荡'我太行区时，曾施大批糜烂性毒气，该毒为液体毒汁，敌将此毒涂于室内桌椅及各种器具之上，此种已散放毒汁之室内器物，殊多整齐如原来模样，使人不生疑窦。清漳河下流两岸及武乡东部地区，因事先未被察觉，遭毒害者颇众。毒重者全身红肿，继而溃烂。此外敌复故意遗留含有毒汁之大米、肉食、罐头、军器、服装、鞋袜等物品，涉县附近曾有一村民拾得皮鞋一双，穿在脚上，则双足肿痛渐至溃烂，东崖底附近居民数人亦遭受同样毒害等情况。为防敌再在各战场同样使用，除分电外，特电知照。"[②]

四、依赖毒气负隅顽抗

1943 年以后，日本法西斯开始陷入战略颓势，日本华北方面军由于战斗力减弱，其毒气战也转入低潮。据不完全统计，1941 年和 1942 年平均为 140 次以上，1943 年和 1944 年平均减少为 40 次以上，1945 年更减少为 10 次以上。但为挽救其失败命运，日军却更加依赖毒气战。至 1944 年 1 月 29 日，日军参谋总长杉山元还以大陆指第 1822 号命令，下达了《化学战准备要纲》，命令为应付紧急状态，将大量特种烟、特种弹"在 1944 年春季以前，配备到内地、中国、菲律宾、马来半岛及太平洋"，妄图孤注一掷地使用毒气战，以负隅顽抗。

---

① 第十八集团军总司令部致各兵团的电报，1942 年 3 月 14 日。原件存中央档案馆。
② 蒋介石致何应钦的电报，1942 年 4 月 9 日。原件存南京中国第二历史档案馆。

1943年春、夏季，日本华北方面军集中兵力，重点分区"扫荡"山东、北岳、太行根据地；9月起，又将"扫荡"重点指向北岳、冀南、冀东、晋西北和太岳地区，企图摧毁抗日根据地。至12月底，华北各根据地军民彻底粉碎了敌人的毁灭"扫荡"，根据地得到了恢复与发展。在"扫荡"作战中，日军多次使用毒气武器。如日军第十二军于1943年"扫荡"山东根据地期间，当遭到八路军阻击、包围而不支时，即实施毒气作战，达13次之多。其中，日军于2月间在临清县大张官营、费县石庄、沂水县望楼道，4月间在馆陶县大金村，5月间在冠县孔村，6月间在堂邑以北地区和冠县大金村，7月间在南馆陶以西地区，11月间在沂水县南北岱崮，先后使用毒气作战9次，计使用毒气弹、毒气筒98个，致八路军和抗日民众及齐子修部伤亡1730余人。[①] 据村山隼人的供词，1943年9月7日，第1军37师团镇目部队攻击稷山县东8公里的山底村，使用了糜烂性瓦斯，抗日军中毒很多，在调查瓦斯威力时，又将在村中的6名中毒抗日军杀死。[②]

1944年，日本华北方面军抽调一部兵力参加打通大陆交通线。据藤田茂（时任日第12军骑兵第4旅团长）的笔供，他根据军司令部指令，于1944年4月10日下令："使用瓦斯弹的权限给予联队长，在此作战期间，骑炮1门携带20发瓦斯弹，联队炮1门携带10发瓦斯弹。"5月17日午前7时多，攻击河南长水镇北洛河左岸龙头砦附近的密集部队及洛河左岸道上的抗日军纵队时，在长水镇东1公里的高地，使用了瓦斯炮弹48发。1945年3月7日至4月15日，参加第二次河南作战，在攻击马屈山时，于3月27日午前7时40分左右，骑兵第26联队炮兵中队和骑炮兵联队又发射瓦斯绿弹26发。[③]

日军为维持华北残局，一面固守据点和交通要道，一面进行小规模的"扫荡"、抢粮。当遭到八路军攻击时，常常大肆使用毒气。1944年3月，河北涞源王安镇日军外出抢粮，在马家屯，11日施放毒气筒3个，16日施

---

① 纪道庄、李录主编：《侵华日军的毒气战》，北京出版社1995年版，第252—253页。
② 村山隼人的口供，1954年5月14日。原件存中央档案馆。
③ 藤田茂的笔供，1954年8月1日。原件存中央档案馆。

放毒气筒4个，致村民300余人中毒。7月间，日军第六十三师团一部包围河北满城东西苟村，抢夺粮食，向地道内施放毒气，向水井内投毒。8月15日，八路军山东鲁中军区部队发起沂水战役，城内日军退守在碉堡内，大量施放窒息性毒气，攻城部队大部中毒，仍坚持战斗，至16日，全歼守敌，解放沂水县城。9月下旬，独立混成第五旅团独立野炮中队进攻诸城县泊里镇附近某村庄时，发射榴霰弹10发、瓦斯弹2发，杀害了居民40名以上。11月下旬，日军第五十九师团在山东进行"19秋渤海作战"，第五十四旅团第一〇九大队在广饶王家村发射毒气弹10余发，毒杀八路军官兵90余人；在利津辛集附近发射毒气弹10余发，毒杀、毒伤八路军官兵130余人。1945年4月24日，藤田茂根据第四十三军秀岭第一号作战命令，下令各大队均携带瓦斯弹和瓦斯筒，给予"各大队长使用瓦斯的权限"，第四十四大队长于5月14日攻击博山毫山约300名八路军，使用了瓦斯弹和瓦斯筒[①]。5月1日，河北定县日军300余人于拂晓包围大、小近同村，向地道内施放窒息性毒气，致干部、村民24人中毒死亡。6月13日，保定、固城、徐水的日军500余人，包围易县北七村、石相村，将地道口堵住，向地道内放毒，毒死村民70余人。

　　1945年8月15日，日本宣布无条件投降，9月2日签署投降书。但是，日伪军仍使用毒气，顽抗拒降。8月23日，八路军晋绥军区一二〇师第十七团进攻汾阳城，日军第一一四师团二〇一大队拒不投降。第十七团进入在城西北角挖好的地道，准备突入城内。日军为阻止八路军攻城，向地道内连续施放毒气，致官兵67人全部中毒殉国。10月4日，八路军冀中军区部队对石家庄外围日军据点藁城发动攻击，在炮火掩护下越过护城河，攻占了东北和西北角的城头堡垒。5日拂晓，日军施放毒气，掩护其反扑，但被攻城部队打退，15时，八路军发起总攻。7日上午解放藁城县城。

---

① 藤田茂的口供，1954年8月31日。原件存中央档案馆。

华北已查明用毒种类及伤亡人数的毒气战统计表

毒气战次数		日军毒气武器种类数量						中国军队伤亡人数	
省区	次数	催喷（个）	窒息（个）	糜烂	特烟	毒气弹（发）	毒气筒（个）	共军	国军
河北省	8	251	1			400	472		
	19							6690 余	
山西省	35	12860	110	811 发 300 公斤	3	2520	6691		
	58							16000	3600
山东省	19	32	27			142	57		
	33							5010	880
河南省	15		2	330 公斤	90	144	14996		
	17							130	2910
内蒙古自治区	3	1000	125	125 公斤					
	6								1500
华北地区	80	14143	265	1006 发 630 公斤	93	3206	22216		
	133							28130	8890

综上所述，日本军队在华北实施毒气战，在时间上，从日本全面侵华战争之初的 1937 年 7 月 27 日开始，至日本宣布投降后的 1945 年 10 月 5 日止，计达 8 年零 2 个月；在地域上，毒气战遍及华北各地 239 个县区；在战场上，使用毒气达 1000 次之多，仅据 80 次已查明其毒气种类、数量者，即使用催泪性、喷嚏性毒气 14143 筒，窒息性毒气 265 筒，糜烂性毒气弹 1006 发及液体 630 公斤，毒气弹 3206 发，毒气筒 22216 个；仅据 133 次已查明中毒伤亡人数者，即致使中国军队中毒伤亡达 37000 人以上。华北又是除东北以外，日本军队遗留化学毒弹、毒剂数量大、种类多、地域广、遗害严重的地区，据已发现者统计，分布于山西、河北、河南、内蒙古等地，约有毒气弹上万发，毒剂数百公斤。根据第 47 届联合国大会通过《关于禁止发展、生产、储存和使用化学武器及销毁此种武器的公约》，日本政府承诺 2007 年前销毁其遗留在中国领土上的所有化学武器。现已超期 5 年，日本政府何时兑现承诺？是否真正道歉谢罪？中国人民和包括日本在内的世界一切正义人士拭目以待！

日军在华第二个细菌战基地

——"北支"（甲）1855 部队[①]

日本华北派遣军（方面军）"北支"（甲）1855 部队，是日军在中国东北第 731 和第 100 部队的基础上，在中国华北建立的第二个细菌战基地。但是，由于它在战时隐藏极深，日本投降时有足够时间销毁罪证，不仅从日本华北方面军序列中涂销了"北支"（甲）1855 部队，其主要成员也几乎全部乔装打扮逃回日本国内，特别是东京国际审判过程中，美日联手掩盖日本细菌战罪责，造成自战后以来，史学界对它揭露和研究很不够。苏联伯力审判几乎没有涉及"北支"甲 1855 部队；美国学者谢尔顿·H·哈里斯著《死亡工厂》一书也未能述及该细菌部队。中央档案馆等编《细菌战与毒气战》、郭成周先生等编著《侵华日军细菌战纪实》、日本学界吉见义明先生发现的日军业务日志及西野留美子所作《"北京"（甲）1855 部队的验证》等文，为揭露该部队罪恶面目提供了第一手证据。2002 年以来，徐勇教授《侵华日军驻北平及华北各地细菌战部队研究概论》一文问世，笔者也发表了《华北甲一八五五细菌部队之研究》等文，但总的看，学术界发表论著不多，研究尚属薄弱，也有一些不同看法。因此，拟依据近年来新掌握的资料，对"北支"（甲）1855 部队的建立、机构体系及其本部驻地和反人类罪行，加以综合性的再考察、分析，以与史学界同行切磋、共商。

一、从"野战防疫部"到"防疫给水部"

1937 年七七事变、日军占领北平后，强占了天坛公园西南角原国民党

---

① 原载《军事历史研究》2017 年第 2 期。人民大学复印报刊资料《中国现代史》2017 年第 7 期全文复印。

中央防疫处生物制品所，开始利用原有设施，在华北筹建第二个细菌战基地——"华北派遣军防疫给水部"。该部队是日本华北方面军的直属部队，隶属日军大本营参谋本部与陆军省，由华北方面军司令部直接指挥，对外称代号"'北支'（甲）第1855部队"，又称"第151兵站医院"，总人数约1500人。中国方面称之为华北（甲）1855细菌部队。

（甲）1855部队，在扩建其北平本部的同时，在天津、太原、济南、石家庄、张家口、郑州、开封、青岛、包头、徐州等十数个城市，先后建立了其支部、办事处或分遣队，并在各野战师团、旅团配属了"防疫给水班""兽医防疫班"等野战细菌战班，还根据作战需要组成临时性的细菌战支队，并与各地日陆军医院及"同仁会"相互协作。这样，在华北地区构筑了一个秘密而庞大的细菌战网络，成为侵华日军在中国大陆及东南亚的整个细菌战机构体系的一个重要基地和支点。

（甲）1855部队的首脑、指导机关，是其北平本部。但是，过去长时期以来，人们为查清这支细菌战部队的存在事实，尤其它是何时编成（开设）的？本部隐藏北平城内什么地方？用了极大的气力，花费了半个多世纪，至今仍有不同的看法。

新中国在审判日本侵华战犯过程中，中央卫生部曾于1950年3月17日，召集原在（甲）1855部队工作过的部分工人举行座谈会，并作了记录①。这份十分珍贵的座谈材料，记载了天坛日军细菌部队的番号及机构，标明部队的部队长，初为黑江，继为菊池，后为西村英二。这支细菌部队，因西村英二为队长，又称西村部队，袖章上还印有"西村"字样。材料还记载了该部队关押中国人的拘留所和研制细菌武器的场景。还简要记录了在驻铁狮子胡同清华大学的日军1800部队，即陆军总医院，中国人进去就神秘失踪的事件。但是，这份座谈材料，却没有记录有关（甲）1855部队的开设时间及其本部隐藏在天坛何处的任何信息。

---

① 此座谈会材料，见中央档案馆等合编：《细菌战与毒气战》，中华书局1989年版，第199—200页。

关于（甲）1855 部队的编成（或开设）日期，学术界众说纷纭。主要有三种看法：第一种看法，认为（甲）1855 部队的开设日期，可以确认在1938 年 2 月，按组建时间顺序仅次于东北第 731 部队。如长期研究"北支"（甲）1855 部队的日本女作家西野留美子，认为："1938 年（昭和 13 年）2月，甲 1855 部队在北京天坛设置本部。"① 松村高夫、解学诗等著《战争与恶疫》一书，采用了西野留美子的这一看法②。第二种看法，认为（甲）1855 部队"具体开设日期当在 1938 年 1 月之前"。如北京大学教授徐勇，经查阅伪北京市卫生局有关档案史料后确认："1938 年初菊池部队已经展开活动，其总部位于天坛，具体开设日期当在 1938 年 1 月之前。"③ 这两种看法，虽有不同，但区分不大。前一种看法，"1938 年 2 月"，换言之，可以说（甲）1855 部队于 1938 年初开设或编成；后一看法，"1938 年 1 月之前"，换言之，可以说（甲）1855 部队于 1937 年底开设或编成。这两种看法，判断的组建时间仅差一两个月，均认为（甲）1855 部队是继第 731 部队后日军在华组建的第二支细菌部队。第三种看法，认为（甲）1855 部队的开设或编成日期，是在抗日战争相持阶段的 1939 年。郭成周老先生 1997年在《侵华日军细菌战纪实》一书中曾写道，（甲）1855 部队"是 1939 年和华中（南京）、华南（广州）同期建立的三大防疫给水——细菌战部队之一"④。陈致远教授（湖南文理学院）采用了郭成周老先生的看法，并对前两种观点提出了质疑。陈教授认为，（甲）1855 部队应该与南京 1644 部队和广州 8604 部队一样，有一个先为"野战防疫给水部队"的过程，质疑"菊池部队"尚属于"防疫给水部队"开设之前的"野战防疫"部队的过程。据此提出，（甲）1855 部队是在相持阶段的 1939 年，"与南京 1644 部

---

① 徐勇：《侵华日军驻北平及华北各地细菌部队研究概论》，《抗日战争研究》2002 年第 2 期。

② 松村高夫等著，解学诗译：《战争与恶疫——731 部队罪行考》，人民出版社 1998 年版，第16 页。

③ 徐勇：《侵华日军驻北平及华北各地细菌部队研究概论》，载《抗日战争研究》2002 年第 2期。

④ 郭成周、廖应昌：《侵华日军细菌战纪实》，燕山出版社 1998 年版，第 219 页。

队和广州 8604 部队同时正式受命建立的可能性比较大"①。第三种看法，实际上否定了（甲）1855 部队是继东北第 731 部队后第二个细菌战基地的观点。

综合现有资料和已有研究成果，笔者认为徐勇教授的看法比较符合（甲）1855 部队组建的历史实际，具体地说，（甲）1855 部队的组建起于1937 年 8 月 31 日日本华北方面军编成之日，完成于 1938 年 1 月 18 日日本华北方面军司令部由天津迁入北平之前，可以简明地表述为：（甲）1855 部队的建立（或编成日期），当至迟在 1937 年底。其主要依据，如下：

第一，日本防卫研修所战史部参考调查负责官员，曾于 1999 年 8 月 17 日，对日本专家的调查咨询，作出答复："现在通知你调查结果。（甲）1855 部队（北支那方面军防疫给水部）的开设日期并不确定。后生省出据的部队略历中，并没有（甲）1855 部队（北支那方面军防疫给水部）的记录。因为该部队是北支那方面军的直属部队，可以认为方面军司令部于昭和 13 年 1 月 18 日迁驻北京时，该部队也同时迁入北京。"②

这一答复表明：（1）（甲）1855 部队的开设或编成日期"并不确定"。此点虽有推卸之嫌，但可以理解，因为日本投降时，（甲）1855 部队已经从日本华北方面军序列中被涂掉了；③（2）（甲）1855 部队是日本华北方面的"直属部队"。"直属部队" 4 个字标示出，它的组建日期当起于日本华北方面军 1937 年 8 月 31 日编成之时；（3）日本华北方面军司令部于 1938 年 1 月 18 日 "迁驻北京时，该部队也同时迁入北京"，"同时迁入" 四个字标示出，它的组建或编成日期当在日本华北方面军 1938 年 1 月 18 日由天津迁驻北平之前；（4）从日本防卫研修所战史部的这一答复可以推断，（甲）1855 部队的组建始于 1937 年 8 月 31 日日本华北方面军编成之时，成于 1938 年 1 月 18 日日本华北方面军司令部由天津迁驻北平之前，其具体组建或编成日

---

① 陈致远：《日本侵华细菌战》，中国社会科学出版社 2014 年版，第 184 页。
② 北京市中国人民抗日战争纪念馆馆藏日军细菌战资料："The Summer of Beijing"（日本版非卖品），李繁荣译。
③ 松井宽治证词（1950 年 1 月 9 日）。《人民日报》1950 年 2 月 21 日，第 1 版。

期当至迟在1937年底，而不当在此后，这一推断，与中国学者徐勇教授的研究结论是基本一致的，与日本学者西野留美子的研究结论也是大致吻合的。

第二，据日本防卫厅防卫研究所战史室著《中国事变陆军作战史》一书记载，1937年7月11日，日军参谋总长向关东军司令官发出临参命第56号，命令关东军司令官将管辖部队之一部派遣去华北，其中包括独立混成第一旅团主力、独立混成第十一旅团主力等部，同时包括"关东军防疫部之一部"。7月15日，根据临参命第59号，又派遣下列部队作为中国驻屯军直辖部队及兵站部队：3个野战高射炮（甲）、四个野战高射炮（乙）、野战炮兵厂等，其中包括"野战防疫部"和"兵站病马厂"。[1] 8月24日，参谋本部再决定改组中国驻屯军司令部，编成华北方面军司令部，华北方面军司令部辖2个军司令部及中国驻屯步兵旅团（8月31日后，给步兵旅团配备了"特种部队"，改称为中国驻屯混成旅团）。8月31日，根据军令陆甲第13号，编成华北方面军及其第一军、第二军的战斗序列。[2] 这就表明，自七七事变起，"关东军防疫部之一部""野战防疫部""兵站病马厂"及"特种部队"，即先后受日本军部派遣跟随日军侵入华北，由此，可以推断，这些"防疫部""野战防疫部"等，应即为（甲）1855部队正式组建或编成之前的一个准备过程。

第三，2014年华辰拍卖公司从日本拍回一批日军在天坛活动的图片，其中一张实验室图片，人物背后为实验器具，文字标明："于北平天坛野战防疫部"。这可以作为上面推断的直接影像证据：在七七事变后，日军强占了天坛原中央防疫处生物制品所，利用原有设施，开始筹建新的细菌战基地。（甲）1855部队的前身，可能正是天坛野战防疫部。

第四，据近年来在中央档案馆查阅的有关史料，其中有一份文献记载：

---

[1] 日本防卫厅防卫研究所战史室著，田琪之译：《中国事变陆军作战史》第1卷第1册，中华书局1979年版，第148、170页。

[2] 日本防卫厅防卫研究所战史室著，田琪之译：《中国事变陆军作战史》第1卷第2册，中华书局1979年版，第22页。

"1938 年 5 月间在山西省太原市西羊市街 12 号专设研究细菌战之机关：'太原防疫给水部'"；[1] 另一份文献记载："经查，济南防疫给水部于 1938 年设于济南市经六路大纬六路，至 1942 年迁至经六路纬九路"，"对内

图片右侧文字为后期修复添加

称北支那防疫给水部济南派遣支部"[2]。这 2 份文献的记载表明，太原、济南 2 个细菌战支部专设于 1938 年 5 月前后，其"北支那防疫给水部派遣支部"之名称更表明，（甲）1855 部队北平本部正式组建或编成日期，肯定当在 1938 年 5 月之前。中央档案馆的这 2 份文献记载，与前述日方资料，以及日本学者西野留美子和中国学者徐勇教授的研究结论，也是相互佐证的。因此，1938 年活动于北平城内的"菊池部队"，应即为日本华北方面军"防疫给水部队"或"北支那防疫给水部"，而不是仅有"野战防疫"的性质。

第五，《井本日记》1941 年 2 月 7 日记载，北支那防疫给水部（西村部队）发来如下联络内容："北支那现在的装备，（昭和）14 年（1939 年）秋，21 万日元用于细菌兵器的研究设施建设，已完成 90%。"[3] 这表明，（甲）1855 部队可能从 1939 年秋开始大规模扩建，到 1941 年初基本完工。这正如东北第 731 部队、第 100 部队，从 1936 年开始大规模扩建一样。（甲）1855 部队的这种加强与扩建，适应了战略相持阶段实施细菌作战的需要，同时为太平洋战争爆发后，迅即强占"静生生物与社会调查所"和

---

① 汤浅谦的认罪书，1955 年 6 月 9 日。原件存中央档案馆：119－2－81－3－36。

② 《济南市人民检查署关于济南市防疫给水部的调查报告》，1954 年 5 月 24 日。原件存中央档案馆：119－2－411－3－29。

③ 战争责任资料中心：《战争责任研究季刊1》1939 年第 2 期（冬季号），第 14 页。

"协和医院"，大力扩展细菌兵器生产，做了必要的准备。

第六，据日本防卫厅战史部专家外山操、森松俊夫编的《帝国陆军编制总览》一书记载：1937 年七七事变后，日军曾在华北设置"第一防疫给水部""第十五防疫给水部""北支那防疫部"，均属"北支那方面军直辖部队"。① 此记载，参照前述第一、第二、第三款，可以推断：（1）日本华北方面军 1937 年 8 月 31 日编成时，（甲）1855 部队即作为其"直属部队"开始组建，但可能尚未正式编成；（2）1938 年 5 月前后专设太原、济南两防疫给水支部之时，"第一防疫给水部""第十五防疫给水部"即分别改组为"北支那防疫给水部"之太原或济南"派遣支部"的可能性很大；（3）在 1938 年 5 月前后专设太原、济南两支部之前，（甲）1855 部队"北支那防疫给水部"已正式组建或编成，很可能是由"北支那防疫部"改组而来，这正如东北第 731 部队曾称"关东军防疫班""关东军防疫部""关东军防疫给水部"一样。当然，这尚需进一步考证、查实。

总之，上述资料与分析表明，华北（甲）1855 部队正式组建或编成日期，当至迟在 1937 年底，而不当在相持阶段的 1939 年；它是日军继东北第 731 部队后在华北建立的第二个细菌战基地，而不是与华中（南京）、华南（广州）同期建立的 3 支细菌部队之一。

二、从"常驻机构"到"临时支队"

（甲）1855 部队，在日军大本营参谋本部和陆军省及华北方面军司令部的统一指挥下，构建了其北平本部及三个课，各地支部及办事处、分遣队，配属野战师团、旅团的细菌战班，以及临时编组的细菌战支队等，形成了一个秘密而庞大的细菌战组织体系，

然而，关于（甲）1855 部队北平本部，究竟驻在北平城内的什么地方？迄今仍困扰着学界同仁。经过半个世纪的努力，直到 20 世纪 90 年代，人们

---

① 外山操、森松俊夫：《帝国陆军编制总览》，东京芙蓉书房昭和 2 年版，第 518 页。转引自徐勇：《侵华日军驻北平及华北各地细菌部队研究概论》，《抗日战争研究》2002 年第 2 期。

才好不容易指认原北平先农坛是日军（甲）1855 细菌部队的本部所在地。1997 年，郭成周先生在《侵华日军细菌战纪实》一书中，曾写道："第1855 部队本部设在现北京先农坛的庆成宫大殿里，是根据曾在该部队第三课工作多年的伊藤影明来北京时核实的。在大门口挂有同仁会华北中央防疫处和同仁会华北卫生研究所两块牌子。"① 笔者也曾沿用这一看法。② 后于2002 年在《华北甲一八五五细菌部队之研究》一文中作了纠正③。不过，至今还有学者持此观点。④ 实际上，郭成周先生本人不久就发现这是一个"误判"。1999—2001 年间，笔者多次拜访郭成周先生，提出（甲）1855 部队本部设在先农坛可能是一个误判，因为先农坛大门口挂的两块牌子都是"同仁会"的。这位当时已年届九旬的老教授，参考北京市崇文区地方志办公室的调查材料，重新研究了伊藤影明的指认材料，并多次实地考证，最终确认：日军"北支"（甲）1855 部队的本部设在北平天坛公园西南角的神乐署内。北平先农坛，则是日本同仁会华北中央防疫处的驻地。他还带领我们去神乐署进行了考察和拍照。

　　天坛公园西南角的神乐署，原是皇家祭天乐舞生演习礼乐的地方。建于明永乐十八年（1420 年），占地 15 亩，建筑规模宏大，包括正殿凝祈殿和后殿显佑殿及四周一圈回廊。⑤ 由于神乐署的位置极利保密，建筑十分雄伟，院落非常宽敞，因此，（甲）1855 细菌战部队的本部，就在神乐署隐藏下来。2014 年，华辰拍卖公司拍回一批日军在天坛活动的老照片，在这些老照片中，有的是神乐署的后殿显佑殿，上面有玄武大帝像，殿旁的大槐树现今还在。这就提供了（甲）1855 细菌部队本部隐藏在神乐署的直接史证。

---

① 郭成周、廖应昌：《侵华日军细菌战纪实》，燕山出版社 1998 年版，第 219—220 页。

② 谢忠厚：《华北北支（甲）1855 细菌部队之研究》，《九一八事变与近代中日关系——九一八事变 70 周年国际学术讨论会论文集》，社会科学文献出版社 2004 年版。

③ 谢忠厚：《华北甲一八五五细菌部队之研究》，《抗日战争研究》2002 年第 1 期。

④ 金成民：《日本军细菌战》，黑龙江人民出版社 2008 年版，第 304 页。陈致远：《日本侵华细菌战》，中国社会科学出版社 2014 年版，第 186 页。

⑤ 张开济：《惜哉！神乐署》，载《北京晚报》1991 年 7 月 7 日。

（甲）1855 部队本部的任务是双重的：一方面，它要负责研究与指挥华北日军的防疫给水，另一方面，它又要负责研究和生产细菌武器，指挥对华北抗日军民进行细菌作战。这表明"防疫给水"只是对日军自身来说的，而对中国抗日军民来说，它是实施细菌作战的一支特种部队。

（甲）1855 部队，适应其任务与战局变化的需要，本部机构也随之变化、扩大。该部队的部队长，如前述，"初为黑江，继为菊池，后为西村英二"①。据陈致远、徐勇教授考证，1938 和 1939 年，该部队的部队长为菊池；1940 年至抗日战争结束，该部队的部队长为西村英二。西村英二与石井四郎，是日本陆军军医学校时代的老同事，两人曾同以"陆军三等军医正"的身份，名列在该校《防疫部及防疫研究室人员表》中。② 该部队建立初期，本部及其一、二、三分遣队都隐藏在天坛公园的神乐署，将原中央防疫处生物制品所③改建为一座细菌武器工厂。为加强其本部建设，1939 年秋，日本陆军中央拨给 21 万日元，"用于细菌兵器的研究设施建设"，至 1941 年 2 月初，已完成细菌兵器研究设施建设的 90%。④ 与此同时，（甲）1855 部队本部制订了更大的扩展计划："接管"北平协和医院⑤和中国静生生物与社会调查所⑥。同年 12 月 7 日太平洋战争爆发，（甲）1855 部队本部

---

① 《天坛防疫处工人关于日军占据时情况的座谈纪要》，1950 年 3 月 7 日，第 172—174 页。原件存中央档案馆：149 - 2。

② 陈致远：《日本侵华细菌战》，中国社会科学出版社 2014 年版，第 184—185 页。

③ 中央防疫处，是为预防和控制中国传染病而设立的调查研究、治疗和从事各种生物制品的生产供应工作的机构，1919 年 3 月由北洋政府建立，1928 年 6 月由国民政府接管，一直设于神乐署内。九一八事变后，由于华北形势日趋危急，中央防疫处于 1935 年 12 月迁往南京，北平原址改为中央防疫处北平生物制品所。

④ 据《井本日记》1941 年 2 月 7 日记载，北支那防疫给水部发来以下联络内容："北支现在的装备，（昭和）14 年秋，21 万日元用于细菌兵器的研究设施建设，已完成 90%。"参见陈致远：《日本侵华细菌战》，中国社会科学出版社 2014 年版，第 185 页。

⑤ 据《井本日记》记载，第 1855 部队"14 年（1939 年）秋，……正在树立接管洛克菲勒的计划"。"洛克菲勒"，指北平协和医院。参见西野留美子：《北京甲 1855 部队的验证》，转引自郭成周、廖应昌：《侵华日军细菌战纪实》，燕山出版社 1998 年版，第 323 页。

⑥ 据夏绰琨《关于日军占据静生生物调查所及其撤退情形见闻》，日军在强占中国静生生物与社会调查所"事前一年（或有二年中），该队长篠田统就时常前来参观"。见谢忠厚等总主编：《日本侵略华北罪行档案》之五《细菌战》，河北人民出版社 2005 年版，第 7 页。原件存中央档案馆：149 - 2。

于次日（8日），由第二分遣队（第三课）强占了中国静生生物与社会调查所；几乎同时，第一分遣队（第一课）强占了北平协和医院。

（甲）1855部队本部在部队长以下为总务部，总务部部长为吉见亨。总务部设有四个课：经理课，负责制订预算和分配、管理经费，发放工资、给养，调配物资等业务；庶务课，负责经营、传达指示及同上下左右的联系，统辖本部各课；计划课，负责制定华北日军的防疫、给水和制造细菌武器等业务计划；材料课，负责当地资源的药理研究和利用，保证作战、防疫及研究所需之各种卫生材料等。本部机构，还包括第一、二、三课，此外，另有给水课及凿井班。依据中央档案馆所藏资料，参照日方资料，（甲）1855部队本部3个课的机构及其细菌研发状况，大致如下：

第一课：卫生检验课，实际上，它是研究细菌生物战剂的专门机构。该课内，设有理化检验、血清学检验、细菌检查及培养、防疫给水、昆虫、结核病、病理解剖等室。由小森源一任课长。太平洋战争爆发后，该课迁入北平协和医院。与此同时，原协和医院也更名为北平陆军医院东城分院。这表明，日军的防疫给水细菌战部队与陆军医院有着密切的业务联系。该课细菌战剂研究的规模很大，由天坛迁入协和医院后，更有了迅速发展。据原在（甲）1855部队工作过的工人座谈会材料记载：第一课迁入协和后，日人最多时有500人，平时有300人。饲养兔、鸡、荷兰猪、狗、猴、大白鼠，每天用牛肉约150斤，后改用马肉。①

第二课：细菌生产课，它是（甲）1855部队的核心部门，任务是大量生产各种细菌战剂。课长平野晟，该课设有第一细菌生产室、第二细菌生产室、血清室、检索室、培养基室等。自初建至日本投降，该课始终与本部一起，隐藏在天坛神乐署之原中央防疫处生物制品所。该生物制品所，是中国最大的一所血清、疫苗研制机构，当时由著名病毒学家汤非凡教授主持。日军占领后，在原有疫苗生产设备基础上，扩建成为一个大规模的

---

① 《天坛防疫处工人关于日军占据时情况的座谈纪要》，1950年3月7日，第172—174页。原件存中央档案馆：119－2。

细菌（生物）战剂生产机构。这里设备先进，生产规模惊人。曾在第二课工作的机械匠陈康延说：这里"有四排房屋，共约70余间，每间室内可饲养数百只甚至1000只老鼠。日寇曾用麻袋大批运来血粉，作为细菌培养剂用。""有2个工人每天专门做刷煤油桶和揭桶盖的工作，每天有大批这样做好了的煤油桶，用卡车送到静生生物调查所去"，这是培养跳蚤的工具。①

战俘长田友吉，曾于1943年7月到北平天坛华北防疫给水部参加华北卫生部候补下士官训练，同时受训的约有200人。他在笔供中说："西村防疫给水部设有细菌试验室，约有10个房间，其中有细菌培养室、灭菌室、显微镜检查室和材料室等。"正在细菌室值班的某军医中尉指着培养器，向我们解释说："这里面培养着难以数计的霍乱菌，有了这些霍乱菌，就可以一次把全世界的人类杀光。"②

第三课：细菌武器研究所，它是专门研制和使用鼠疫跳蚤武器的机构。该课设有生产、研究、特别研究、诊疗、资料、经理及事务等室，课长是篠田统。该课于1941年12月8日，由神乐署迁入北平静生生物与社会调查所。该生物与社会调查所，是为纪念著名学者范静生先生及其捐献的房地产与名贵生物标本而建筑的，建于1928年，集中了任鸿俊、翁文灏、丁文江等一大批著名的科学家，是当时中国著名的研究学府。这座建筑，位于今北海公园前门西侧的国立图书馆西邻，即文津街3号，除地下室外，有3层楼，共60多个房间。日军强占后，这座研究学府变成了日军研制鼠疫跳蚤细菌武器的专门机构。

1943年11月，伊藤影明被分配到（甲）1855部队第三课，其任务是以老鼠为媒体饲养跳蚤。饲养室在3层建筑的3楼，室内搭起几排木架子，工作时他身上只裹一条兜裆布，脚上穿一双拖鞋，先把老鼠装进笼子里，再放进石油桶里，往里面撒上麦糠、血粉、豆饼等饲料，然后，再往里面

① 卫生部陆世焜：《关于日军驻北京细菌部队情况调查》，1950年。原件存中央档案馆：149-104。

② 长田友吉的笔供，1954年11月1日，谢忠厚总主编：《日本侵略华北罪行档案》之五《细菌战》，河北人民出版社2005年版，第4页。

放进跳蚤，让跳蚤吸食鼠血，跳蚤就在里面不断繁殖。他在证词中说："起初一个阶段，由十几个士兵和军属负责生产，到了 1944 年人员也增加了许多，不少下士官和军官（如军医大尉、中尉）从本部调转到该部，最终达到 50 名左右，逐渐进入正式大量生产的体制。"①

据《井本日记》1941 年 12 月 22 日的记载：当时"北支那有（饲养跳蚤的）石油桶 2 万"。在总参谋部 1943 年 4 月"保号碰头会"上，曾有人报告说，"北支那给水部生产跳蚤 100 克，老鼠 1000 只，12 月末可以生产1000 公斤跳蚤，但所需老鼠急待补充供应"。②据真田镶一郎（日军总参谋部第一部部长）1944 年 11 月 28 日的日记记载，部长会议简报的内容：准备 1945 年细菌攻击的计划，每月生产鼠疫跳蚤 300 公斤，其中，分配华北防疫给水部每月生产鼠疫跳蚤 20 公斤。③

另据卫生部陆世烺调查报告，日本投降后，中国接管人员在原静生生物与社会调查所的地下室内，发现篠田部队第三课所留下的一张工作室说明图，图上注明："平时只二层楼西半部养蚤种，作战时二、三层楼可全部养蚤。作战时最大生产能量是 2.47 万瓦（24.7 公斤）。平时养蚤最适合的数量是 1600 瓦（1.6 公斤）。在同一地方还发现了跳蚤幼虫期的饲料和成虫发生量的关系的图表，以及该部队在各地所搜集的跳蚤、老鼠、苍蝇的像片。"④

（甲）1855 部队，除北平本部及 3 个课外，据西野留美子《北京（甲）1855 部队的验证》一文和 1944 年 9 月 30 日制成的《北支那防疫给水部编

---

① 伊藤影明的证言，转引自郭成周、廖应昌：《侵华日军细菌战纪实》，燕山出版社 1998 年版，第 235—236 页。

② 据 4 月 17 日《医事会报》，郭成周、廖应昌：《侵华日军细菌战纪实》，燕山出版社 1998 年版，第 236 页。

③ 真田镶一郎 1944 年 11 月 28 日日记，转引自郭成周、廖应昌：《侵华日军细菌战纪实》，燕山出版社 1998 年版，第 86 页。

④ 卫生部陆世烺：《关于日军驻北京细菌部队情况调查》，1950 年。原件存中央档案馆：149－104。

成表》① 的记载，参考战俘竹内丰的口供，② 1855 部队还在天津、太原、济南、大同、保定、张家口、石家庄、包头、运城、郑州、开封、新乡、郾城、碭山、青岛、徐州 16 个城市先后建立了支部及办事处、分遣队。目前，学术界对这些支部的内情还知之甚少。据笔者查阅的资料，（甲）1855 部队在各地支部（分部）的编制、人数及其管辖的办事处或分遣队的情况有所不同，仅以建立较早的济南支部（分部）和太原支部（分部）为例，加以大致分析。

（甲）1855 部队太原防疫给水支部，建立于 1938 年 5 月，地址：太原市西羊市街 12 号。其组织机构包括：防疫给水教育室、细菌培养室、细菌检查室、特殊实验室、消毒所、解剖室、焚尸炉等。该支部的支部长，先后为军医少佐近藤、军医少佐桥本。其他机构、主要成员：庶务室，有课长卫生大尉福井、卫生少尉近藤安作；诊疗室，有课长军医大尉笠及军医大尉野口龙雄、内田、波川；药剂室，有药剂中尉武居、卫生准尉宫川奎海。另有，下士官 16 人左右，兵士 40 余人，军属 10 余人。该支部在山西运城设有一个防疫给水班，在驻运城的野战师团作战时，担当防疫给水细菌战的任务。该支部配属日本华北派遣军驻太原第一军。石井四郎于 1942 年 8 月至 1944 年夏，曾担任第一军军医部长，直接指挥过太原支部的细菌战活动。太原支部研究和培养的致病细菌有：伤寒、副伤寒、霍乱、鼠疫、疟疾等。其人员多数是曾在传染病院工作过的军医，各处陆军病院的病理试验室负责经常向该支部运送由患者分离的细菌。据汤浅谦的笔供：1942 年 8 月，石井四郎来太原担任第 1 军军医部长，曾命令防疫给水支部使用中国人进行各种生体实验。1943 年夏天，潞安日陆军病院军医中尉青羽博次

① 西野留美子：《北京甲1855部队的验证》，《北支那防疫给水部编成表》（昭和19年9月30日），转引自郭成周、廖应昌：《侵华日军细菌战纪实》，燕山出版社1998年版，第233—234页。
② 竹内丰的口供，1953年1月31日，中央档案馆藏：119-2-411-2-12。竹内丰，化名刘宝森，日本东京都荏原区人，日本东京医学专门学校毕业。1936年12月来中国，曾在内蒙古海拉尔市、山东省济南市等日本陆军医院任中尉军医、大尉军医等职。日本投降后，于1946年3月滞留山西国民党阎锡山部。1950年12月在太原被依法逮捕。于侵华期间，参与活体解剖八路军俘房，培养制造细菌武器，训练细菌战人员。

去太原，听石井四郎谈道："现在已能大量地培养滤过性病源体，将此物如撒布在美国加州，使其连一草一木也不能剩。"1945 年初，第 1 军军医部长军医大佐近藤治三郎主谋，集合驻山西的军医约 30 名，以中国人俘虏为材料，实行了一星期的手术演习。当时的教官是潞安陆军病院外科主任军医中尉青羽博次（北海道人，北海道帝大医学部毕业）和原平镇陆军病院卫生部见习士官新谷（大坂帝大医学部讲师）。[①] 在日本投降时，潞安日陆军医院撤到太原，与太原防疫给水细菌战支部合并，更名为太原第三红十字医院。

（甲）1855 部队济南防疫给水支部，与太原防疫给水支部同期建立，其地址，前期在济南市经六路大纬六路，1942 年迁至经六路纬九路，它对外称"北支那防疫给水部济南派遣支部"，又称"日本陆军防疫处"，或"第 1875 部队"。该支部，配属日本华北方面军第 2 军（后配属接防的第 11 军、第 43 军），总人数 150 名左右，其中日本人百余人，并在青岛设有一个办事处。据竹内丰的供词，该支部的内部，设有庶务班、卫生材料班、计划班、卫生研究班、给水凿井班、防疫班、生菌制造班和经理班等机构，[②] 还设有解剖室和焚尸炉。并拥有培养细菌的特殊设备，包括孵卵器（高 2 米、宽 1 米）4 个，培养器械（试管、玻璃皿、白金棒等），显微镜 3 架（全是 1800 倍），病源检索器 2 具，干热灭菌器（高 1 米、宽 2 米）3 个，S·K·消毒器 1 具，野战蒸馏器 1 具等。它是专门研究和生产细菌的一个重要基地[③]。

据现有资料分析，（甲）1855 部队配属在野战师团、旅团中的"防疫给水班"和"兽医防疫班"，其人数是不相同的，有的每班 10 余人，有的每班多达三四十人。但这些野战细菌战班的活动内情，目前还远未揭露出来。下面，以驻山东第五十九师团防疫给水班为例，加以简要分析：

---

① 汤浅谦的笔供，1953 年 1 月 31 日。载谢忠厚总主编等：《日本侵略华北罪行档案》之五《细菌战》，河北人民出版社 2005 年版，第 27—30 页。

② 竹内丰的笔供，1953 年 2 月 2 日，载谢忠厚总主编等：《日本侵略华北罪行档案》之五《细菌战》，河北人民出版社 2005 年版，第 18 页。

③ 《济南市人民检查署关于济南市防疫给水支部的调查报告》，1954 年 5 月 24 日。原件存中央档案馆：119－2－411－3－29。

该师团防疫给水班，是1942年4月8日，随着第五十九师团编成而秘密编成的。1942年12月1日至1944年4月，它驻山东泰安；1944年4月至1945年7月，它驻济南市太马二路。其内部设置有，培养细菌室、培养基制作室、检索细菌室、检查水质室、药室、事务室及小鼠室等部门。其编制为，班长1人、附军医军官1人、下士官2人、卫生兵25—30人。各种设备比较齐全，一日检便能力最大时为1000名，结核菌检查一次为500名（每月二次）。可以培养霍乱、伤寒、赤痢、结核菌，还培养流行性脑脊膜炎菌。其细菌培养室，在1942年12月至1944年4月期间，一回可以培养300件细菌；在1944年4月至1945年7月期间，由于孵卵器增为2个，每天可以培养细菌500件，最大可以培养800件。据战俘林茂美说：第五十九师团防疫给水班是"准备细菌战的特殊机关"，"实质上，实行过师团内给水的事实完全没有，称谓师团的检便、检查，普遍地与培养生菌有关"。①

（甲）1855部队除以上经常性的机构体系，还根据作战需要，编成临时性、机动性的野战防疫给水支队。据甲1855部队《业务详报》第11号，部队长西村英二于1944年4月6日17时签发命令："本部根据方面军作命第521号编成野战防疫给水部一个……4月7日17时编成完结。"共计178人，其中包括（甲）1855部队本部总务部部长吉见亨军医中佐等16名将校。编成后，立即投入打通中国大陆交通线的平汉作战（コ号作战）。6月中旬，平汉作战结束，转入粤汉作战。西村英二于6月21日又签发命令："一、方面军直辖野战防疫给水部完遂其任务，据コ作命丙第251号归还北京本部；二、本部6月21日前解散该部队编成。"②然而，目前学术界对这类临时性、机动性，因而更隐蔽的野战细菌部队，还关注甚少。

同时，（甲）1855部队与各地陆军医院，统一由军医部长指挥，有着紧

---

① 林茂美检举藤田茂的材料，1954年7月28日。原件存中央档案馆：119-2-2-3-8。

② 转引自徐勇：《侵华日军驻北平及华北各地细菌部队研究概论》，《抗日战争研究》2002年第1期。另参见日本防卫厅战史室编：《华北治安战》（下），天津人民出版社1982年版，第398—403页。

密的细菌战业务联系。如驻山西潞安日陆军医院，代号（乙）第 1837 部队，院长为军医中佐西村庆次，后为军医少佐酒井满。该病院直属日军三十六师团军医部领导，与日军三十六师团野战防疫给水班及太原防疫给水支部有着密切的业务联系。据汤浅谦的证言："潞安陆军病院以细菌战为目的，保存平时从患者所取的新菌，将此补给于潞安防疫给水班，制造使用最强毒力菌。即病院做成强力的菌株，防疫给水班将此增菌，使用于细菌战。"他担当病理试验室附军医期间，亲自送给过 7 回或是 8 回。[①] 他还受该院院长之命，1942 年 5 月和 1943 年 5 月期间，先后 2 批训练了卫生兵 410 人，亲自讲授散布细菌的方法。[②] 此外，（甲）1855 部队与日本的所谓"同仁会防疫处"，也有着秘密关联。据战俘林茂美的证词，为准备鲁西霍乱作战，他作为第五十九师团防疫给水班曹长，与 2 名兵长等主要成员，曾在济南"同仁会[③]防疫处"接受该处处长神山茂夫关于细菌培养法的教育，该班所需的第一次霍乱原菌，也是从济南"同仁会防疫处"处长那里领取的。[④] 目前学术界对此几乎还无人涉猎。

三、从"计划"到"自由"解剖

目前，很多人知道，日军在东北地区活杀解剖了 3000 多名中国人。实际上，那只是东北第 731 部队在 1940 年至 1945 年所谓"特殊输送"的统计人数，还没有把 1933 年至 1940 年被活杀解剖的人数算上去。有专家已经指出，第 731 部队进行人体实验，解剖至少 7000 至 8000 人，甚至 1.2 万人。[⑤]

---

① 汤浅谦的笔供（1954 年 7 月 18 日）。原件存中央档案馆：119 - 2 - 81 - 2 - 25。

② 汤浅谦的口供（1955 年 8 月 31 日），载谢忠厚等总主编：《日本侵略华北罪行档案》之五《细菌战》，河北人民出版社 2005 年版，第 53—54 页。

③ 日本"同仁会"，前期隶属兴亚院领导，后来隶属外务省领导。

④ 林茂美的笔供，1954 年 8 月 24 日。原件存中央档案馆：档案号 119 - 2 - 619 - 1 - 5。

⑤ 杨玉林、辛培林：《细菌战》，黑龙江人民出版社 2002 年版，第 5 页。辛培林：《"特殊输送"之剖析》，中国黑龙江省档案馆、中国黑龙江省人民对外友好协会、日本 ABC 企划委员会：《"七三一"部队罪行铁证——关东宪兵队"特殊输送"档案》，黑龙江人民出版社 2001 年版，第 409—414 页。

然而，过去，一些著述仅能列出在华北活杀解剖十数个中国人[①]。

据有关资料，日军（甲）1855 部队与第 731 部队一样，犯下了人体细菌实验和解剖观察的反人类罪行，所不同的是，在华北的广大城乡，特别在偏远的乡村、山地，这种犯罪，更加随意，更加普遍，更加丧心病狂！日军 1933 年侵入华北，这种反人类罪行就开始了。是年 4 月 6 日，种村文三在热河省古北营子，用 10 名中国工人，做了将左腿锯掉的手术练习。[②]七七事变至 1940 年间，随着（甲）1855 部队本部及其支部、办事处、分遣队的建立，这种反人类罪行逐步扩展。1938 年 8 月 14 日，杉下兼藏在太原市西羊市街工业学校运动场房内，将一名抗日军俘虏活体解剖，并拍摄了相片。[③] 此后，人体细菌实验和解剖观察犯罪，不论在（甲）1855 部队的本部、支部内，还是在各地陆军医院内，都是很平常、很普遍的，既有按计划进行的，又有上级批准临时进行的。1941 年，抗日战争进入最困难、最艰苦的时期，在华北敌后，"围攻"与反"围攻""扫荡"与反"扫荡""蚕食"与反"蚕食"的斗争，极其激烈、残酷、复杂，（甲）1855 部队的人体细菌实验和解剖观察犯罪，不仅在其本部、支部及陆军医院内更加频繁，而且有不少大队、中队甚至小队的军医，或在偏远的县城、乡村、山沟驻地，或在"扫荡"中，或在制造"无人区"时，在不经上级批准、不需任何手续的情况下，随意使用抗日战俘，或利用民夫，或抓来居民，进行着五花八门的"自由"解剖。在华北地区，日本军医除了用活人实验细菌杀伤力外，还用活人培制细菌战剂，用活人实验各种解剖手术和杀人方法，有时甚至不打一点麻药，就把活生生的中国抗日战士、老人、少年给解剖残杀了。

"甲"1855 部队本部，把"当作动物做实验"的活人称为"猿"[④]。据在第三课工作过的平川喜一的证词：当时，第三课二楼的 40、41、42、43、

①　刘庭华：《侵华日军使用细菌武器述略》，《学习时报》2005 年 6 月 16 日。

②　种村文三的口供（1954 年 8 月 21 日），中央档案馆藏：119 - 2 - 1106 - 1 - 4。

③　杉下兼藏的笔供（1954 年 11 月 29 日），中央档案馆藏：119 - 2 - 74 - 1 - 6。

④　沈沣：《揭开侵华日军 1855 细菌部队之谜》，《北京晚报》2001 年 1 月 18 日，第 26 版。

44、25、26……是饲养跳蚤的房间。收容实验者是 4、5、6、11、12 号房间。在丰台日军步兵训练队有俘虏收容所。1944 年夏天,他担任特别警戒,和翻译广田(军属),连续 3 次用汽车将俘虏由丰台押运到第三课,第一天 6 人,第二天 5 人,第三天 6 人,关押在监禁室内,由军医给他们注射细菌,观察感染变化,然后进行解剖。①

太原防疫给水支部的人体实验,是与日军太原陆军医院共同实施的。1944 年 1 月,驻太原第一军司令部调集军医 20 人,在太原防疫给水支部受训。3 天内,使用抗日战俘 8 名,进行活体解剖实习。宣布"这是军事极秘,不可说于别人"。活体解剖实习分为 4 组进行,有盲肠炎、虫样切除、疝气、气管切开、动脉结扎、粪漏形成、四肢切断等手术。解剖完后,人还活着,向脑脊髓内注入 5CC 石炭酸将其杀死。最后,太原防疫给水支部笠中尉和井河中尉又把头盖骨切开,取出脑髓,把胸部切开,取出心脏。②

济南防疫给水支部不仅使用抗日战俘做细菌实验,而且研制生菌战剂。据竹内丰的证词,他于 1943 年 8 月 1 日至 31 日,由济南陆军医院调入济南防疫给水支部,与该支部军医大尉木村一起,使用 11 名八路军俘虏,将 2 名接种鼠疫菌感染,抽取其静脉血;用 9 名接种伤寒菌感染,穿刺胆囊抽取胆汁,并收集其粪便,然后加以培养,制造作战用的鼠疫生菌和伤寒生菌。在短短一个月时间,制造出肠伤寒及巴拉伤寒生菌 16 桶半,以容量来计算,约有 999 公斤。③

据汤浅谦的笔供,潞安陆军医院为研究所谓"战争医学",开办了一个"潞安军医教育班"。为此,在该医院运动场一角,设置了解剖室、露天火葬场和灵堂。每年都要以俘虏为材料,进行四五次活体解剖。这附近一带,埋满了尸体,几乎再没有挖新坑的地方了。可以看到,野犬不时地挠开泥

---

① 平川喜一的证词(1993 年 12 月),日本《战争责任研究》(季刊)1993 年 12 月第 2 期。

② 中村三郎的口供(1954 年 8 月 21 日),中央档案馆藏:119 - 2 - 1105 - 1 - 4。

③ 竹内丰的笔供(1954 年 11 月),中央档案馆藏:119 - 2 - 411 - 1 - 7。竹内丰的笔供(1954 年 8 月 21 日),中央档案馆藏:119 - 2 - 411 - 1 - 5。竹内丰的口供(1955 年 6 月 25 日),中央档案馆藏:119 - 2 - 411 - 1 - 6。

土，咬食尸体。他还按照院长酒井满的命令，亲手拟订过 1944、1945 两个年度的军医教育计划，规定每年度用活人进行 6 次手术演习，每次解剖 2 名活人。①

据吉泽行雄的供词，日军在河北阜平东下关作战的时候，1940 年 11 月上旬，使用（法华或附近村）1 名患肺炎死亡的民夫，做了头部、胸部、腹部的手术解剖，将尸体埋入东下关村东北方约 200 米的田地里，并用木板标示："中国无名战士之墓"。同年 11 月中旬，又到东下关村，将一名八路军俘虏（25 岁），缚在门板上，没有注射一点麻药，就做了气管切开的解剖手术，随后，把尸体埋在那个中国民夫墓的左侧，也用木板标示："中国人无名战士之墓"。②

据菊地修一的笔供，1941 年 9 月中旬，在山西偏关城，他批准中队军医河原信二将楼沟堡村 1 名 16 岁少年，做了肠子切断缝合的解剖实验。并说："如不是在偏关这样的地方，是不能自由解剖的。今后再捉到俘虏，还可以多做些研究和解剖。"③

这些资料表明，华北（甲）1855 部队的人体实验和活杀解剖观察的反人类罪行，是极为广泛而严重的。

但是，关于华北（甲）1855 部队进行人体实验和活杀解剖的人数问题，目前还实难做出确切的统计，以再现其罪恶真相。这是因为，在战时，该部队进行人体实验和解剖观察，实在是地区太广，名目繁多，且是绝对保密的；战后，苏联和新中国所审讯的日本细菌战犯，只是极小的一部分，绝大多数和最主要的细菌战犯都逃回了日本，又逃脱了远东国际军事法庭的审判，日本政府一直未公布过细菌战及其人体实验的档案文件。迄今，除了人们已知的，还有很多未知的。例如，1955 年，日本学者鳟泽彰夫发

---

① 汤浅谦的口供（1955 年 8 月 31 日），中央档案馆藏：119 - 2 - 81 - 1 - 5；汤浅谦的笔供（1955 年），中央档案馆藏：119 - 1 - 174，第 70～75 页。
② 吉泽行雄的口供，1954 年 9 月 1 日。原件存中央档案馆，档案号 119 - 2 - 732 - 1 - 5。
③ 菊地修一的笔供，1955 年。原件存中央档案馆，档案号 119 - 2 - 12 - 1 - 4。

现了极密资料《驻蒙军队冬季卫生研究成绩》①，中国学者金成民 2002 年在国内公开了这一冻伤实验的极密资料②，资料反映出参加部队有：北支那方面军、驻蒙军、大同陆军医院、（甲）1855 部队张家口支队、张家口陆军医院、第 26 师团、独立混成第 2 旅团、北支那野战货物场，德化特务机关为协同机关。由这些部队抽调人员，编成冬季卫生研究班。这个研究班，有部员等 56 人。1941 年 1 月 31 日至 2 月 11 日（昭和 16 年 1 月 31 日至 2 月 11 日），在今内蒙古自治区锡林郭勒盟苏尼特右旗的西方盆地，使用潘春（22 岁）、刘春（27 岁）、下关（15 岁）、高付（33 岁）、高百（49 岁）、张义（21 岁）、郝贵（35 岁）、陈远（38 岁）8 名中国男子进行了人体冻伤实验和活体解剖。其目的，是研究杀人手段和医学实验，以解决日军在东北和内蒙古高寒地区作战问题，做好进而侵略苏联和蒙古的北进准备。在此极密资料被发现、公开以前，人们对（甲）1855 部队的冻伤试验和解剖观察犯罪，还是一无所知的！

目前，虽然还无法作出精确的统计，不过，考察、分析以下几个数据，我们还是可以作出初步估算，该部队在华北地区，至少解剖活杀了 5000 名以上中国人：

（1）（甲）1855 部队北平本部，据平川喜一的证词，1944 年夏天，连续 3 天押运抗日俘虏 17 人（每天 6 人、5 人、6 人），在第三课注射细菌，观察感染变化，进行解剖。③ 据松井宽治证词，同年夏天，解剖了 2 名中国人。④ 依此估算，该部队北平本部，一个月，可能解剖残杀约 50 余名抗日人士。

（2）济南防疫给水支部，据韩国人崔亨振《日军在中国的第二支细菌部队》一文记载：在该支部，日本军医先在中国俘虏身上注射鼠疫等病菌，

---

① 渡边登：《给细菌战罪行国际研讨会的一封信》，载湖南文理学院细菌战罪行研究所：《揭开黑幕》，中国文史出版社 2003 年版。

② 金成民著：《日本军细菌战》，黑龙江人民出版社 2008 年版，第 317—318 页。

③ 郭成周、廖应昌：《侵华日军细菌战纪实》，燕山出版社 1998 年版，第 237 页。

④ 松井宽治证词（1950 年 1 月 9 日），《人民日报》1950 年 2 月 21 日，第 1 版。

然后观察发病过程。平均每 3 个月进行一次人体实验，每次使用 100 多名俘虏，一年要杀死 400—500 多名俘虏。在崔亨振当中文翻译期间，该支部共使用 1000 多名中国俘虏和韩国流浪民，进行了人体细菌实验。他说：该支部，在"实验对象不足时，军医们就到附近村庄随便抓来中国大人和小孩，进行实验"。[①] 依此来推断，抗战期间，该济南支部进行人体实验和活杀解剖，残杀约达 2000 人。

（3）太原防疫给水支部，据汤浅谦的口供，1942 年 4 月初，该支部与太原陆军医院，调集 20 名军医，解剖 4 名抗日军俘虏，进行细菌战训练。同年 8 月，石井四郎担任第 1 军军医部部长后，大大加强了人体实验。[②] 如前述中村三郎的笔供，1944 年 1 月，太原防疫给水支部在 3 天内，使用 8 名抗日军俘虏，进行了活人解剖演习。由此可以估算，该太原支部，1 个月可能进行活杀解剖中国人约 30—60 名。

以上，仅依据对（甲）1855 部队北平本部及济南、太原 2 个支部的反人类罪行，粗略的估算，在华北地区，进行人体实验和解剖观察，可能活杀解剖了约 5000 名中国人！其北平本部，是在华北地区进行人体实验和活杀解剖的总机关；太原防疫给水支部曾在石井四郎的直接领导下，其人体实验和活杀解剖犯罪，比济南支部有过之而无不及。那么，（甲）1855 部队在华北各地有 16 个支部、办事处、分遣队，进行人体细菌实验和解剖观察，可能要残杀多少中国同胞呢？

（4）笔者依据中央档案馆所藏审判日本战犯资料之 29 名日本军医的供述材料和部分中国受害者的控诉材料，编制了一张日本在华北地区人体细菌实验和解剖观察犯罪简表。如下：

---

① 郭成周、廖应昌：《侵华日军细菌战纪实》，燕山出版社 1998 年版，第 243—244 页。
② 汤浅谦的口供（1955 年 8 月 31 日），中央档案馆藏：119 - 2 - 81 - 1 - 5。

日军在华北人体实验和活杀解剖犯罪简表

责任者	时间	地点	解剖人数	依据资料	资料来源
种村文三	1933 – 4 – 6	热河古北营子村	1 名工人	种村文三笔供 (1954 – 8 – 21)	中央档案馆 119 – 2 – 1106 – 1 – 4
太田秀清	1938 – 12	承德陆军医院	1 名抗日战士	太田秀清笔供 (1954 – 8 – 15)	中央档案馆 119 – 2 – 435 – 1 – 5
伊藤（军曹）	1939 – 12	河北沙河佐野中队	1 名老百姓	《晋察冀日报》1944 – 3 – 8	
毛利（军医）	1940 – 5	河北通县宪兵分队	1 名抗日战俘	逢见谷正夫笔供 (1954 – 11 – 20)	中央档案馆 119 – 2 – 746 – 1 – 7
德久知正	1940 – 6	天津陆军医院	2 名抗日军官	德久知正笔供 (1954 – 8 – 25)	中央档案馆 119 – 2 – 997 – 1 – 5
楢尾元治	1940 – 7	河北密云石匣镇	1 名抗日战俘	重广富一笔供 (1954 – 8)	中央档案馆 119 – 2 – 873 – 1 – 4
野田实	1942 – 10 下旬	河北保定陆军医院	1 名伪军	野田实罪行供述 (1954 – 7 – 10)	中央档案馆 119 – 2 – 901 – 1 – 5
吉泽行雄	1943 – 11 上旬	河北阜平东下关村	1 名担架农民	吉泽行雄笔供 (1954 – 11 – 15)	中央档案馆 119 – 2 – 732 – 1 – 7
吉泽行雄	1943 – 11 下旬	河北阜平东下关村	1 名八路军俘虏	吉泽行雄笔供 1955	中央档案馆 119 – 1 – 179，第 96—99 页
野田实	1944 – 5 中旬	保定第 66 旅团司令部	2 名八路军战俘	野田实罪行供述 (1954 – 7 – 10)	中央档案馆 119 – 2 – 901 – 1 – 5
野田实	1944 – 6	保定人体实验场	15 名八路军战俘	野田实罪行供述 (1954 – 7 – 10)	中央档案馆 119 – 2 – 901 – 1 – 5
二宫正三	1944 – 7	河北平谷井儿峪村	1 名老人（男）	二宫正三笔供 (1954 – 7 – 30)	中央档案馆 119 – 2 – 87 – 1 – 5
松井宽治	1944 夏	北平本部第三课	2 名中国人	松井宽治证词 (1950 – 1 – 9)	《人民日报》 (1950 – 2 – 21)

责任者	时间	地点	解剖人数	依据资料	资料来源
林吾夫	1945－5	保定陆军医院	2 名抗日战俘	林吾夫笔供（1954－4－20）	中央档案馆 119－2－855－1－4
野田实	1939－8	河南阳武西门外	1 名农民	德久知正笔供（1954－8－25）	中央档案馆 119－2－997－1－5
大道文男	1944－9	河南新乡	1 名男子	长田政雄笔供（1954－8－18）	中央档案馆 119－2－269－1－5
野田实	1944－10 下旬	郑州第 12 军兵站医院	1 名抗日战俘	野田实罪行供述（1954－7－10）	中央档案馆 119－2－901－1－5
铃木启久	1945 春	郑州第 12 军兵站医院	1 名抗日战俘	野田实罪行供述（1954－7－10）	中央档案馆 119－2－901－1－5
野田实	1945－4	河南焦作 117 师团野战医院	1 名八路军工作人员	野田实罪行供述（1954－7－10）	中央档案馆 119－2－901－1－5
长田友吉	1942－4 至 6	济南陆军医院	2 名农民	长田友吉笔供（1954－8－4）	中央档案馆 119－2－270－1－5
小岛隆男	1942－7	山东章丘	1 名农民（男）	小岛隆男口供（1954－11－3）	中央档案馆 119－2－780－1－4
铃木	1842－9 中旬	山东陆军医院	2 名中国男子	长田友吉笔供（1954－11－1）	中央档案馆 119－1－131
冈野广	1943－7 中旬	山东临清	2 名中国爱国者	石田松雄笔供（1954－8－20）	中央档案馆 119－2－490－1－5
竹内丰	1943－8	济南防疫给水支部	11 名八路军战俘	竹内丰口供（1955－6－25）	中央档案馆 119－2－411－1－6
矢崎太郎	1943－八九月间	山东章丘	1 名农民	永滨健男口供（1954－10－8）	中央档案馆 119－2－826－1－4
小岛隆男	1944－6	山东朝城	1 名农民	小岛隆男口供（1954－11－3）	中央档案馆 119－2－780－1－4
种村文三	1944－10－16	山东兖州	1 名抗日战俘	种村文三笔供（1954）	中央档案馆 119－2－1106－2－15

责任者	时间	地点	解剖人数	依据资料	资料来源
筑馆熊雄	1938－4	山西潞安西关村	1名农民	高梨文雄笔供（1954－11－24）	中央档案馆119－2－744－1－6
筑馆熊雄	1938－4月初	山西潞安西关村	1名农民	高梨文雄笔供（1955）	中央档案馆119－1－179，第56—59页
中井（军曹）	1938－8－14	长治萌城与韩店间	1名抗日战俘	杉下兼藏口供（1954－8－13）	中央档案馆119－2－74－1－5
吉泽行雄	1940－3	崞县轩岗镇河滩	1名男子	吉泽行雄（1954－11－15）	中央档案馆119－2－732－1－7
吉泽行雄	1940－7	崞县原平陆军医院	2名八路军	吉泽行雄笔供（1954－11－15）	中央楼案馆119－2－732－1－7
相乐圭二	1940－7	山西宁武	1名八路军伤员	相乐圭二笔供（1954－11－22）	中央档案馆119－2－11－1－5
某军医中尉	1941－6－30	大同陆军医院诊疗所	1名共产党员	松永光穗笔供（1953－11－7）	中央档案馆119－2－738－1－4
菊地修一	1941－9中旬	山西偏关楼沟堡	1名16岁少年	菊地修一笔供（1953－3－12）	中央档案馆119－2－12－1－4
菊地修一	1941－9中旬	山西偏关马王庙	1名农民	菊地修一笔供（1953－3－12）	中央档案馆119－2－12－1－4
西村庆次	1941－10及1942－阴历十月初二	山西潞安陆军医院	郭金富、黄有成、斐胖狗长治人等4名	郭成则等控诉（1954－8－10）	中央档案馆119－2－1106－1－7
汤浅谦	1942－3	山西潞安陆军医院	2名抗日战俘	汤浅谦笔供（1954－11－20）	中央档案馆119－2－81－1－7
汤浅谦	1942－4－14	太原第1军工程队	4名抗日战俘	汤浅谦笔供（1954－11－20）	中央档案馆119－2－81－1－7
汤浅谦	1942－8	山西潞安陆军医院	2名抗日战俘	汤浅谦笔供（1954－11－20）	中央档案馆119－2－81－1－7

责任者	时间	地点	解剖人数	依据资料	资料来源
汤浅谦	1943 - 3 月底	山西潞安陆军医院	2 名抗日战俘	汤浅谦笔供（1954 - 11 - 20）	中央档案馆 119 - 2 - 81 - 1 - 7
汤浅谦	1944	山西潞安陆军医院	4 名抗日战俘	汤浅谦笔供（1954 - 11 - 20）	中央档案馆 119 - 2 - 81 - 1 - 7
汤浅谦	1945	山西潞安陆军医院	计划隔月一次，一次 2 名抗日战俘	汤浅谦笔供（1954 - 11 - 20）	中央档案馆 119 - 2 - 81 - 1 - 7
汤浅谦	1942 - 1945	潞安军医教育班	每年四五次用抗日战俘做解剖演习	汤浅谦笔供（1954 - 11 - 20）	中央档案馆 119 - 2 - 81 - 1 - 7
中野卫生上等兵	1943 - 6 至 9 月	山西稷山仁义村	1 名抗日伤兵	森野博笔供（1954 - 11）	中央档案馆 119 - 2 - 747 - 1 - 6
远山哲夫	1944 - 1 - 15	山西临汾陆军医院	洗印神纳光治解剖 10 人照片	远山哲夫笔供（1954 - 11 - 18）	中央档案馆 119 - 2 405 - 1 - 6
中村三郎	1944 - 1	太原防疫给水支部	8 名抗日战俘	中村三郎笔供（1954 - 8 - 21）	中央档案馆 119 - 2 - 1105 - 1 - 4
吉泽行雄	1944 - 2 下旬	山西原平陆军医院	2 名中国男子	吉泽行雄笔供（1954 - 11 - 25）	中央档案馆 119 - 2 - 732 - 1 - 7
吉泽行雄	1944 - 7	山西东营盘村陆军医院	远神村民贾招来	张三多证词	中央档案馆 119 - 2 - 732 - 3 - 49
吉泽行雄	1944	原平菊地部队	神山村 1 名青年农民	陈水池检举材料（1954 - 12）	中央档案馆 119 - 2 - 732 - 3 - 49
吉泽行雄	1944 - 9	崞县陆军医院	3 名抗日干部	段心宽控诉（1943 - 8 - 11）	中央档案馆 119 - 2 - 732 - 3 - 50
种村文三	1944 - 10 - 15	潞安陆军医院	1 名工人	种村文三口供（1954 - 8 - 21）	中央档案馆 119 - 2 - 1106 - 14
远山哲夫	1944 - 11 中旬	临汾 114 兵站医院	1 名男子，拍照 20 张	远山哲夫笔供（1954 - 11 - 18）	中央档案馆 110 - 2 - 405 - 1 - 6

责任者	时间	地点	解剖人数	依据资料	资料来源
远山哲夫	1944－11 中旬	临汾 114 兵站医院	3 名中国人	远山哲夫笔供（1954－11－18）	中央档案馆 110－2－405－1－6
松下纪文	1954－4	山西桐旭医专附属医院	5 名学生皮肤实验	竹川德寿口供（1954－9－13）	中央档案馆 119－2－730－1－5
菊地修一	1945－6 下旬	崞县西贾村	1 名居民送原平陆军医院解剖	菊地修一口供（1943－3－12）	中央档案馆 119－2－12－1－4
菊地修一	1945－7 上旬	崞县陆军医院	2 名居民	菊地修一口供（1954－3－12）	中央档案馆 119－2－12－1－4
中村三郎	1945－7 下旬	原平陆军医院	2 名抗日战俘	中村三郎口供（1954－8－21）	中央档案馆 119－2－1105－1－4
中岛京子	1939－7	山西潞安陆军医院	4 名抗日战俘，参与解剖 1 名	中岛京子笔供（1956）	中央档案馆 119－1－174
安达千代吉	1945－6 中旬	绥远托克托县	1 名居民	安达千代吉口供（1954－7－31）	中央档案馆 119－2－58－1－5
合计	29		133		
备注	在华北地区，仅日军 29 名军医，解剖 133 名中国人；如果算入汤浅谦上面所供称每年计划解剖四五人，去除个别可能重复计算者，则共约解剖 150 名中国人。				

注：此表，依据谢忠厚、张瑞智、田苏苏总主编《日本侵略华北罪行档案》第 5 卷《细菌战》一书制成。

从上表可以看出，日军在华北地区，早在 1933 年 4 月就开始人体实验，至 1945 年 7 月结束，29 名军医共解剖活杀了约 150 名中国人。（甲）1855 部队系统有多少军医？华北各地日陆军医院，有多少军医？华北各地日军野战师团、旅团、联队、大队、中队、小队，又有多少军医呢？这些军医犯下了多少人体实验和活杀解剖中国人的反人类罪行呢？汤浅谦在一份笔供中，间接地回答了这个问题。他在山西曾先后参与解剖了 18 名中国人。

他认为："非常多的军医、护士和卫生兵都参加过活体解剖手术，也许是几万人。仅华北方面日军就有 40 至 50 万人，下面约有 20 所陆军医院。"他供认："我们没有把中国人的生命当回事。"进行活杀手术时，采用粗暴的手法，进行腰麻或全麻，甚至在没有任何麻醉，就进行活杀手术演习。他反省写道：现在的"年轻人，也许不会理解，为什么会犯这种罪行。这是由于蔑视别的民族的教育和军国主义教育的欺骗性造成的"。①

四、从"小规模"到"大规模"散播细菌

长期以来，人们并不知道日军在华北地区实施了细菌战。近年来，虽有了一些研究与揭露，但有些著述对日军在华北地区实施细菌战的严重性还估计不够。

实际上，在华北地区，日军不论是在中心城市，还是在偏远山村，或分散，或集中，都曾使用细菌武器。不过，在华北地区，广大乡村是抗日根据地，日军占据着城市和交通要道，呈现出犬牙交错的态势，细菌武器又有返回传染的弱点，因而，华北（甲）1855 部队实施细菌战，与东北和南方有所不同。它主要针对中国抗日军队和抗日根据地人民，与"扫荡"作战相结合，打着"防疫"的旗号，采用十分原始又极其隐蔽的方式散播细菌，更隐蔽、更分散、更频繁、地域更广，有时规模也相当大。往往霍乱、鼠疫等恶疫突然爆发性流行，广大民众还以为是"天灾"，所造成的疫情病亡，是难以想象的。日军在华北地区使用细菌武器，大致可划分为三个时期：战争初期，即抗战爆发到武汉会战结束，日军企图向山西与陕北交界地区，集中投放细菌炸弹，以吓阻八路军开赴华北抗日前线，其图谋失败后，又向平汉等华北交通要道附近村镇投放霍乱等细菌，企图干扰与阻止八路军由山地向冀鲁豫平原地区实施战略展开。武汉会战后，1939 年和 1940 年，随着华北广大地区敌我犬牙交错战略态势的形成，日军为自身安全、防止细菌武器返回传染之计，暂时放弃大规模细菌攻击之企图，在

---

① 郭成周、廖应昌：《侵华日军细菌战纪实》，燕山出版社 1998 年版，第 71 页。

"围攻""扫荡"抗日根据地之时，"不能大量使用"，而以各种方式，实施各种细菌攻击的试验，如以特务向村庄及水井、水池内投放细菌，或在河水中投放细菌。这一时期，日军实施细菌战，表现为主要针对抗日部队，规模比较小，间隔时间也较长，妄图"只等把八路军压缩到山地，或日本军队撤退时，才大规模地采用细菌战术"①。1941 和 1942 年，抗日战争进入相持阶段的最艰苦时期，日军在华北地区实施细菌战，其使用对象，由以军队为主，改为群众为主；其使用时机，由间隙施放为主，改为经常施放为主；其"使用分量，由小规模为主，改为大规模为主"。② 1943 年 4 月，日军参谋本部召开"保号碰头会"，石井四郎提出准备细菌武器，"大量攻击，先发制人"，"不必介意国际问题"③。会后，（甲）1855 部队使用霍乱、伤寒、鼠疫等细菌攻击，达到了顶峰。既在一些村庄、城市撒播细菌，又在数县进行大规模细菌攻击。据中央档案馆、中国第二历史档案馆所藏档案资料的不完全统计，从七七事变至抗战胜利的 8 年期间，华北（甲）1855 部队在河北、山西、山东、内蒙古、河南、陕西、宁夏和北京、天津等省、市、自治区撒播霍乱、鼠疫、伤寒等细菌约 70 次④，疫情蔓延达 110 多个县（旗）。⑤ 仅举六例：

（1）1941 年 12 月，日军进攻黄河西岸柴磴口等地，撤退时由细菌部队 40 余人散布带鼠疫菌的老鼠。经过不到 10 天的潜伏期，在黄河西岸的西沙圪堵、十三河头、惠德成南岸等处发生鼠疫，"整个西北前哨顿呈严重局面"，由绥远，向宁夏、陕西、山西等省传染蔓延，造成至少 500 人以上死亡。⑥

---

① 石桥揭露日军曾在定县施放菌毒（1950 年），中央档案馆藏：149－2，第 163—164 页。

② 晋察冀军区司令部通报（1942 年 5 月 9 日于军区司令部队军字第 5 号），载谢忠厚：《中国华北的细菌战——日军 1855 部队细菌战华北受害情况调研报告》，中共党史出版社 2010 年版，第 198—201 页。

③ 郭成周、廖应昌：《侵华日军细菌战纪实》，燕山出版社 1998 年版，第 84 页。

④ 谢忠厚：《侵华日军细菌战研究报告》，中共党史出版社 2016 年版，第 154—163 页。

⑤ 谢忠厚：《侵华日军细菌战研究报告》，中共党史出版社 2016 年版，第 212 页。

⑥ 国民政府军事委员会办公厅快邮代电（1941 年 2 月 7 日，办四渝字 164 号）。中央档案馆藏：149．3。卫生署快邮代电（1942 年 6 月 13 日），三一防字第 9846 号，中国第二历史档案馆藏：476，2050。战时防疫联合办事处疫情旬报（1942 年 4 月上旬，第 4 号），中国第二历史档案馆藏：476，198。

（2）1942 年，日军在晋东北制造"无人区"期间，菊地修一奉命以武装掩护太原第 1 军防疫给水部细菌小组，在五台、阜平地区 3 个村庄投放了带鼠疫菌的老鼠，造成鼠疫突发蔓延。7 月至 8 月间，麻子岗村共 118 人，其中患鼠疫病 48 人，死亡 35 人。经调查和医学鉴定："是由于人工散布带有鼠疫病菌的老鼠所造成的鼠疫病流行。"①

（3）1943 年春季，日军向河北灵寿等地八路军进攻，在日军撤退后，在上、下石门村，发现到处都有老鼠、跳蚤。开始有几个儿童病死，鼠疫在上、下石门村，吕生庄，西岔头，万司言一带流行。患者发高热、鼻出血、头痛、股淋巴腺肿大。疫情严重期间，上、下石门村，共 200 多户，每天病死 40—60 人；万司言村，有 70 多户，每天病死 10—20 人。当时，晋察冀军区第八区队的一个团部、四个连，驻在万司言村，被传染鼠疫 80 人左右，死亡 36 人。②

（4）1943 年春天，华北（甲）1855 部队本部秘密策划在北京城内进行霍乱实验，指使伪"北京防疫委员会"炮制出台《霍乱预防实施计划》。7 月间，组织 200 名卫生下士官候补者进行 2 个星期霍乱、伤寒、赤痢的检索教育。8 月间，西村部队在城内撒布霍乱菌，试验霍乱菌的繁殖力、杀伤力。仅日军军医检查霍乱死者尸体达 1050 具。③ 伪《北京新民报》披露，自 1943 年 9 月 5 日发生霍乱，至 10 月底，仅北平市内，就发现：霍乱患者 2136 人，病亡者 1872 人，路倒死亡 92 人。④

（5）1943 年 9 月至 10 月，日军发起"代号方面军第十二军十八秋鲁西作战"，这是在华北平原人口稠密地区进行的一次大规模的霍乱细菌作战。

---

① 山西省西坡乡麻子岗村张英南等控诉书（1954 年 12 月 21 日）。中央档案馆藏：119 - 2 - 12 - 11 - 149。山西医学院内科传染病学副教授何其英、山西学院内科学讲师曹鸿山：《医学鉴定书》（1956 年 5 月 13 日）。中央档案馆藏：119 - 2 - 12 - 14 - 12。

② 河北省军区卫生部整理关于日军细菌战罪行材料（1950 年 2 月 23 日），中央档案馆藏：149 - 2，第 165—167 页。

③ 长田友吉笔供（1954 年 11 月 1 日），中央档案馆藏：119 - 1 - 131；长田友吉口供（1954 年 10 月 30 日）。中央档案馆藏：119 - 2 - 270 - 1 - 4。

④ 北京市崇文区地方志办公室：《揭开侵华日军 1855 细菌部队之谜》，《北京晚报》2001 年 1 月 18 日，第 26 版。

作战前夕，华北方面军召开所谓"防疫会议"，由石井四郎提出"华北防疫强化对策"，将"北平说成是疫源地"。① 日军乘连日大雨、卫河暴涨之机，在聊城以南、馆陶等地撒布霍乱生菌。② 派第四十四大队在清河大桥、尖家镇、馆陶北方等 3 处掘溃卫河西岸河堤，制造了卫河洪灾，掩盖其霍乱菌攻击，淹毁卫河西岸冀南抗日根据地，同时防止冲毁津浦、石德铁路。广濑三郎（第五十九师团高级副官）在一份笔供中写道：鲁西霍乱作战的计划，"是由（师团）参谋起草的，我参加研究并提出了有关派遣部队与作战日期的具体意见"。他供称：这次作战，"是在山东鲁西地区"，作战目的"是试验细菌武器的效力，同时也是为了试验日军在霍乱传播地区进行作战时的防疫力与耐久力"③。参战部队，有第五十九师团五十三、五十四旅团约3500 人，1855 部队济南支部、第十二军防疫给水部和蒙疆坦克部队及保定陆军医院等一部。霍乱作战地区，包括临清、馆陶、堂邑、濮县、范县、观城、阳谷、朝城、莘县、东昌、夏津、大名等县。9 月上旬起，实施霍乱抵抗试验、蔓延霍乱、掠夺物资等 3 期作战，历时 40 余天。结果，使卫河下游广大平原低洼地区，包括山东省之卫河两岸，卫河以西河北省之邯郸以东、石家庄以南，河南省之新乡以北，共约五六十个县，遭受严重的水灾和霍乱深重。时任第五十九师团第五十三旅团情报主任的难博波后来供认：馆陶、曲周、邱县、临清、威县、清河 6 县，约有 1800 平方公里地区受灾，居民受害约 115 万人，因霍乱、水淹、饿死者，共约 52500 人。聊城梁水镇霍乱死亡 3000 人。④ 据冀南抗日民主政府的调查材料：冀南全区，有 30 多个县受灾，灾民 400 余万人，9 月间，发现霍乱流行，10 月上旬开始，自北向南，由东而西，在全区蔓延。当时，初步的统计，巨鹿县霍乱病死 3000 人；曲周县东王堡村共 150 户，霍乱病死 600 人；馆陶县榆林、

---

① 长岛勤的笔供（1954 年 11 月 30 日），中央档案馆藏：119－2－5－12－5。

② 长岛勤的笔供：散布霍乱菌后的"讨伐"作战（1954 年 8 月 29 日），中央档案馆藏：119－2－5－2－4。

③ 广濑三郎的口供（1954 年 8 月 16 日），中央档案馆藏：119－2－988－1－5。

④ 难波博的口供（1954 年 12 月 27 日），中央档案馆藏：119－2－1058－1－4。林茂美的笔供（1954 年 8 月 24 日），中央档案馆藏：119－2－619－1－5。

来村、法寺等村，10 天内霍乱病死 370 余人；威县南胡帐村共 170 户，霍乱病死 210 人；邱县梁儿庄共 300 户，霍乱病死 400 人，其中有 20 余户死绝；清河县黄金庄村，霍乱病死 200 人。合计，霍乱病死 4780 人。①

（6）1944 年在河南林县散播霍乱细菌。当时，日本已面临四面楚歌，发动了打通中国大陆交通线的"一号作战"。据师团长铃木启久的笔供，1944 年 11 月间，他曾亲自下达命令："命令八十七旅团长吉武秀人，指挥步兵 3 个大队、十二军配属的 1 个骑兵队及 1 个防疫给水班，攻击林县及漕县东方地区的八路军"；并"命令步兵队和骑兵队，分别进攻林县北部地区和南部地区，要彻底消灭抗日游击队"。在这份笔供中，他写道："步兵队在撤出林县南部地区时，防疫给水班根据我的命令，在三四个村庄里散布了霍乱菌"。而后，他还收到了长野武治（师团军医部长）的报告："在林县，有 100 名以上居民患霍乱病，死亡人数很多。"②

以上，（甲）1855 部队细菌作战犯罪的史实表明，华北地区是日本侵华细菌战的一个重灾区，受害地区之广、染病与死亡人数之多，是今天的人们难于想象的。

但是，我们不得不承认，由于历史的原因与研究的不足，对于日军实施细菌战在华北地区所造成军民染病与死亡的总人数，时至今天，仍实难确切统计，只能作出一个初步的估算：

首先，据我们掌握的资料，在日军约 70 次散播细菌的罪行中，只有 27 次有具体的染病、死亡人数的记载。除鲁西霍乱作战外（下面，单作具体分析），其他 26 次，共约染病、死亡六七万人。③ 这些记载，有的是中方的，有的是日方的。由于历史的原因，与实际的染病、死亡人数，可能存在一定的距离，需做进一步的考证。但是，日军散布细菌的历史事实，是无可怀疑的。

---

① 冀南革命斗争史编审委员会：《冀南革命斗争史》，中央编译出版社 1996 年版，第 256—257 页。

② 铃木启久的口供（1955 年 5 月 6 日），中央档案馆藏：119 - 2 - 1 - 1 - 4。

③ 谢忠厚：《侵华日军细菌战研究报告》，中央党史出版社 2016 年版，第 154—163 页。

其次，在日军散播细菌犯罪的历史记载中，有具体染病、死亡人数的，只占极少部分，而其他多数则没有具体染病、死亡数字。而且，所记载的染病、死亡人数，多不是较完整的数字，有些只是一天、几天、一月的数字，或是局部地方的数字，或是概数、约数等。显然，这些记载数字的简单累加，不可能反映日军细菌战所致华北军民受害的实际情况。但另一方面，我们今天的初步估算，又只能依据少数有具体染病、死亡人数的记载来作出，也就是说，日军散播细菌所造成华北军民染病、死亡的实际数字，与我们初步估算的数目，仍会有一定的距离。

第三，在国内有关档案中，包括国民政府的文电，或敌后抗日根据地的文电，有具体染病、死亡人数的记载。但是，由于防疫体系不健全，医术落后，群众惧怕鼠疫、霍乱等恶疫，因此，那时能够登记在案的，可能在实际染病、死亡人数中，只是极少的一部分。如前述日军鲁西霍乱作战中，馆陶县染病、死亡的人数，冀南区抗日民主政府当时的调查，仅有榆林、来村、法寺等村，在10天内，病亡370余人。而据近年出版的《馆陶县志》记载：馆陶全县，1943年，"发生旱灾，霍乱流行"。当年，"仅卫河以西几个区，就饿死、病死2万多人"，"境内西北部一些村庄成为无人区"。① 据馆陶县2005年调查，全县登记在册的，传染霍乱地区，达179个村庄，死亡居民10329人。当时，安静村村民患霍乱，上吐下泻，死亡100多人；社里堡村，共800余口人，霍乱死亡207人，有200余口人外出逃难；社里堡的邻村杳村，霍乱死亡14人。该调查组还申明："由于年代久远，入户统计，难免遗漏"。② 又如，在邱县，在冀南区抗日民主政府的调查中，仅仅记载了"梁儿庄，300户，死400人，有20余户死绝"。而据邱县近年来入户调查材料：在1942年底，邱县全县8.8万人，经过1943年旱、涝、霍乱后，全县还有4.2万人，全县染及霍乱病，"有160个村"，

①《馆陶县志》，中华书局1999年版，第19页。
② 中共河北省委党史研究室资料室：《日军在馆陶县进行的细菌战专题调研报告及有关证据》（未刊稿）。

"死亡 15201 人"。① 这 2 个例证表明，近年来的调查，鲁西霍乱作战的实际死亡人数，与战时调查的死亡人数之比，约为三四十倍之多。

第四，日军受审时供述的细菌战所致染病、死亡人数，是日军细菌战罪行的重要依据。但是，亦应做具体的分析，如日军鲁西细菌战所致中国民众染病、死亡人数，难波博（时任日军第五十九师团第五十三旅团情报主任）的供述数字是较为可信的，因为他是这一阴谋计划的参与者和中国民众受害情况的调查者之一，其供述的数字，与林茂美、小岛隆男等人的供述，大体上相吻合。但同时，亦应看到：一是难波博的供述，仅包括卫河西岸地区的受害情况，而卫河东岸地区的受害情况，则没有谈及。二是难波博的供述，仅包括卫河西岸 6 个县的受害情况，即临清县、馆陶县、曲周县、邱县、清河、威县 6 县，约有 115 万人受害，水灾、饥饿、霍乱，致死约 52500 人。② 三是难波博的供述，仅谈及鲁西作战前半段的受害情况，即：掘溃卫河西岸河堤、散播霍乱菌的受害情况；没有谈及鲁西作战后半段的受害情况，即：日军的抵抗实验、霍乱调查、蔓延霍乱的讨伐作战等造成的劫难。就是说，难波博供述的数字，仅仅是冀南地区受害、死亡人数的一部分，更仅仅是鲁西霍乱作战全部受害、死亡人数的一小部分。因此，如果以近年来的馆陶、邱县的调查数字（2 县人口减少七八万，被传染霍乱 339 个村，死亡 25510 人），参照难波博的供述数字（6 县，受害约有 115 万人，水灾、饥饿和霍乱致死约 52500 人）来进行估算，冀南地区，那时受灾 30 多县，灾民 400 多万，那么，按照冀南地区受害状况，全区人口可能锐减约 50 万，水灾、饥饿、霍乱致死可能有约 20 万人，大部分为病死。

又如，矢崎贤三供称，日军三期讨伐，使霍乱在鲁西 18 县蔓延，致死亡 20 万人以上（另说 22.75 万人）③。对于此数字，亦应进行分析与考证，因为矢崎贤三是日军的一个小队负责人，当时是很难了解鲁西霍乱战病亡总人数

① 中共河北省委党史研究室资料室：《日军在鲁西实施细菌战过程中邱县损失情况综述》（未刊稿）。
② 难波博的口供（1954 年 12 月 27 日），中央档案馆藏：119－2－1058－1－4。
③ 矢崎贤三的笔供（1954 年），中央档案馆藏：119－2－516－1－6。

的，此供称数字可能有较多的主观成分。但是，亦有值得特别关注之点：一是矢崎贤三说，掘溃卫河西岸，结果，河西地区受害面积约960平方公里，由于霍乱、水灾、饥饿，死亡32300人以上。这一数字，与难波博、小岛隆男等的供述，是大体上相吻合的。二是矢崎贤三所称，鲁西一带18县，系日军第一〇九、第一〇一、第一一一及第四十四、第四十五等大队，实施抵抗实验、霍乱调查、蔓延霍乱"三位一体"讨伐作战的地区，这与第五十九师团防疫给水班曹长林茂美所称霍乱讨伐作战地区，也是基本一致的。三是当时鲁西一带霍乱的确在流行。当时，日军第四十四大队长广濑利善，收到大队军医柿添忍中尉的报告，称：在冠县、堂邑、聊城一带地区，"无论走到哪个村子，都在流行霍乱，连宿营的地方都找不到"[1]。而日军抵抗实验中，第四十四大队500人，其中有200名霍乱患者和2名死亡者；仅聊城的一个梁水镇霍乱死亡者即达3000人[2]。由此，可以判断，鲁西地区，因日军散播霍乱菌，受害也是惨重的，死亡者可能也有约几万人。

上述史料与分析表明，目前，虽然还无法作出精确的统计，但是，毫无疑问，日本侵华细菌战给华北人民造成了深重的灾难。据我们的初步估算：（甲）1855部队的细菌作战，造成华北地区恶疫暴发，华北民众被传染致病者约百万人，其中民众被染病而死亡者约30万人。

以上研究与揭露，仅是华北（甲）1855部队及其反人类罪行的冰山一角。隐瞒历史真相，包藏着复活日本军国主义的祸心。实现中日长期友好，世界持久和平发展，那么揭开历史真相，是不可或缺的一环。

---

① 林茂美检举长岛勤的材料（1954年7月17日），谢忠厚等：《日本侵略华北罪行档案》之五《细菌战》，河北人民出版社2005年版，第239页。

② 林茂美的笔供（1954年8月24日），中央档案馆藏：119 - 2 - 619 - 1 - 5。

（四）西柏坡精神研究

关于西柏坡精神研究的几个问题^①

中国共产党在领导人民革命的长期实践中，形成了中国革命精神，包括井冈山精神、延安精神、西柏坡精神等。目前，学术界对西柏坡精神的认识尚不一致。我认为，西柏坡精神产生于中共中央在西柏坡时期，即促进和组织新民主主义革命取得全国胜利，党的工作重心从农村转变到城市，由革命战争转变到和平建设，进而由新民主主义转变到社会主义的历史转折时期，是一种代表历史转折的时代要求的革命精神，即历史转折之魂。只有对这段历史进行全面、系统地考察，抓住这个转折时期的历史主题，及与此相关的重要课题，才能阐明西柏坡精神的科学含义，揭示出西柏坡精神的特殊本质和基本内容，弄清楚西柏坡精神与井冈山精神、延安精神的联系与区别，从而深刻认识弘扬西柏坡精神的现实意义和深远影响。

一、关于西柏坡精神的科学含义

西柏坡精神研究是近年来兴起的一门新学问。1987 年，苏斯民在《四川党建》杂志上发表文章，提出西柏坡精神永放光芒的论点；时隔 3 年，《河北日报》予以重发。^② 自此，学术界围绕什么是西柏坡精神及其基本内容展开广泛讨论，提出了各种不同的论点。

一是把它作为一种革命历史精神来研究。1991 年，王聚英连续发表《西柏坡精神永放光芒》^③《试论西柏坡精神的形成及历史作用》^④ 等文，提出西柏坡精神是中共中央在西柏坡时期形成的一种革命历史精神，指出，

---

① 原载《河北学刊》1998 年第 3 期。

② 《河北日报》，1991 年 7 月 17 日，以《继承和发扬西柏坡精神》为题，重新发表苏斯民 1987 年在《四川党建》上发表的《西柏坡精神永放光芒》一文。

③ 载《党史博采》1991 年第 5 期。

④ 载《党史博采》1991 年第 12 期。

"应根据当时历史的基本事实来进行科学的抽象概括，而不能根据今天的需要任意解释"，"也不应与其他历史精神表述相互雷同"。由此出发，他认为西柏坡精神的内涵包括4点：敢于决战、敢于和善于胜利的大无畏精神；一往无前，将革命进行到底的彻底革命精神；艰苦创业，讲究工作效率的奋力拼搏精神；注重团结、加强纪律性的团结统一精神。并认为西柏坡精神独特的风格，在于它的历史连续性、创新性和革命性。由于学术界当时尚未着力考察那段革命历史，因而，未能真正从西柏坡精神的特殊本质上，阐明它的科学含义。

二是把它作为一种彻底革命精神来研究。1994年，戴广田发表《论西柏坡精神》① 一文，薛建中发表《历史周期率与西柏坡精神》② 一文，他们提出西柏坡精神是中共中央解决中国革命转变问题所体现的彻底革命精神。前者指出，"必须弄清那个时代的主题"，才能从本质上掌握西柏坡精神。后者认为，"西柏坡精神主要是一种历史性转变的精神"，包括：万众一心的团结精神，艰苦奋斗的创业精神，戒骄戒躁的谦虚精神，敢于斗争、敢于胜利的大无畏精神，坚定不移的彻底革命精神等，其核心内容"是坚定不移的彻底革命精神"。他们强调历史转变和时代主题，颇有新意，实际上几乎概括了西柏坡精神的科学含义，但是，由于缺乏对那时的"彻底革命"口号作具体的历史考察，还是未能对西柏坡精神的科学含义作出确当表述。

三是把它作为党魂来研究。1995年，时运生、王彦坤发表《弘扬西柏坡精神的时代意义》③ 一文，提出：西柏坡精神主要包括敢于斗争，敢于胜利；严守纪律，团结一致；谦虚谨慎，实事求是；依靠群众，为民创业；艰苦奋斗，不断革命。而这一精神的主旨（主题）是"两个务必"，即务必使同志们继续地保持谦虚、谨慎、不骄、不躁的作风，务必使同志们继续地保持艰苦奋斗的作风。他们认为，"两个务必"鞭策共产党人面向未来，把中国社会主义事业不断推向前进，因此，不仅应当成为共产党人永远保

① 戴广田：《论西柏坡精神》《毛泽东思想研究》1994年第1期。
② 薛建中：《历史周期率与西柏坡精神》，《河北日报》，1994年1月5日。
③ 时运生、王彦坤：《弘扬西柏坡精神的时代意义》，《人民日报》，1995年11月18日。

持的优良作风，成为中国共产党永远拥有的党魂，而且应当成为世代相传的民族之魂。由于该文意在论证西柏坡精神的时代意义，实际是从执政党建设角度来概括西柏坡精神，因而立即在学术界引起了争议。

四是把它作为一种探索中国特色社会主义道路的精神来研究。

1996年，石仲泉发表《中国特色社会主义道路的探索之源——兼谈"西柏坡精神"》[①] 一文，指出，有的同志从党的建设角度，提出"两个务必"，这无疑是西柏坡精神的重要内容，但不能局限于此。他认为，从政治方向、道路的角度讲，在西柏坡，确实体现了从中国实际出发，探索适合中国国情转变到社会主义，进而建设社会主义的道路的精神。他说："西柏坡精神是这两条伟大道路的交汇处和衔接点。毛泽东开辟的农村包围城市的有中国特色的民主革命道路在西柏坡即将走完，这里是最后一站；同时始于毛泽东的建设有中国特色的社会主义道路又从这里开始，是最初的原始源头。"因此，"在中国共产党历史上的意义是很重大的"。石仲泉的分析十分精辟，开拓了西柏坡精神研究的新视野。但由于是"兼谈"，并没有从总体上阐明西柏坡精神的科学含义。

上述一些观点，不同程度地反映了中共中央在西柏坡时期的历史实际，揭示了西柏坡精神的内容，有些提法，如"应当依据历史事实进行抽象概括"，"必须弄清历史主旋律"，"西柏坡精神主要是一种历史转变的精神"，"西柏坡精神是两个伟大道路的转换处"等，是非常深刻的。因而，为比较全面、系统地研究西柏坡精神，开辟了前进的道路。但是，由于对中共中央在西柏坡时期的历史未能进行全面、系统地考察，紧紧抓住那段历史的主题，因而，尚未能从历史转折的时代要求的全局上，来确当地阐明西柏坡精神的科学含义。

那么，究竟什么是西柏坡精神？如何界定？我觉得，在以往的研究中，除了上面指出的问题外，还有一些误区。如，把西柏坡精神的科学含义与

---

① 石仲泉：《中国特色社会主义道路的探索之源——兼谈"西柏坡精神"》，《中共党史研究》1996年第3期。

西柏坡精神的内容混为一谈，以为从不同角度指出有关内容，就等于阐明了西柏坡精神的科学含义，结果，列举了若干条内容，还是弄不清楚究竟什么是西柏坡精神。又如，把西柏坡精神的科学含义与党的优良传统和作风混为一谈，以为革命史上形成的一整套党的优良传统、作风，都是西柏坡精神，结果，搞得太杂，几乎变成无所不包了。再如，忽视西柏坡精神的特殊本质，有一些表述，与井冈山精神、延安精神相互雷同。

实际上，西柏坡精神的科学含义，是对其内涵和外延的概括说明。内涵是它的本质属性，也就是它的内容；外延是它涵盖的范围。就是说，西柏坡精神的内涵即内容，是有限的，限于中共中央在西柏坡时期，只有在这一特定的时限内所形成的代表历史转折的时代要求的那些思想、心境、道德和风貌（革命传统和作风），才构成西柏坡精神的内涵即内容。西柏坡精神的科学含义，是对西柏坡时期所形成的反映历史主旋律的思想、心境、道德和风貌（革命传统和作风）的概括或抽象，而不是指这些思想、心境、道德和风貌（革命传统和作风）本身。虽然西柏坡精神与井冈山精神、延安精神是一脉相承的，都可称之为中国革命精神、党魂、民族之魂，但是，它同井冈山精神、延安精神产生在不同的历史时期，要解决的历史主题不同，相关的课题不同，规定了它的特殊本质和基本内容，在表述上亦应有独特的风格。

因此，我认为，西柏坡精神是中共中央在西柏坡时期，领导中国人民夺取民主革命彻底胜利，实现党的工作重心由农村转变到城市、由革命战争转变到和平建设，进而由新民主主义转变到社会主义的历史性转折的伟大实践，所铸就的一种代表历史转折的时代要求的革命精神，即历史转折之魂，它是中国革命精神发展的一个新阶段。这个定义，突出地表明了西柏坡精神的时代特征：一是概括了西柏坡精神形成的特殊历史条件；二是概括了当时所解决的历史主题和相关课题；三是概括了西柏坡精神的本质属性；四是概括了西柏坡精神与井冈山精神、延安精神等其他革命精神的内在联系和根本性区别。因而，弥补了以往之不足。当然，它是否科学、确当，还有待进一步研究。

二、关于西柏坡精神的本质与基本内容

关于西柏坡精神的本质与基本内容，如前所述，学术界的看法也不尽一致。我认为，西柏坡精神是一种代表历史性转折的时代要求的革命精神，它的本质是单一的，从根本上体现历史性转折的时代要求；它的内涵，也就是内容，是本质的属性，从不同角度、侧面体现历史性转折的时代要求。

那么，西柏坡精神的本质是由什么决定的呢？应该如何表述呢？

我认为，西柏坡精神的本质是由中共中央在西柏坡时期的历史主题所决定的。在中国共产党领导人民革命的伟大历程中，每个历史时期都有其特定的历史主题，它决定着党和人民的革命实践和革命的本质和方向。中共中央在西柏坡时期，中国革命处在伟大的历史性转折时期。这一时期特有的历史主题，是将新民主主义革命进行到底，进而向社会主义转变，并进行社会主义建设，即走完中国式的革命道路，并走上中国式的建设道路。这个历史主题，规定了西柏坡时期党和人民的基本实践和理论思考的方向，规定了西柏坡精神的本质。1948年党的九月政治局会议和1949年3月党的七届二中全会，是这一历史转折时期的主要标志。九月政治局会议重点是组织战略决战、夺取民主革命的全国胜利。毛泽东在会上讲了国际形势、战略方针、加强纪律、党内民主、财经统一等8个问题。讲到新民主主义向社会主义的过渡问题，他批评了发展新资本主义的观点和农业社会主义的观点，明确指出："新民主主义社会中有社会主义的因素，在政治、经济、文化各方面都是这样，并且是领导的因素。""我们要努力发展经济"，"首先是国营经济，第二是由个体向集体发展的农业经济，第三是私人经济"，"由发展新民主主义经济过渡到社会主义"①。毛泽东在七届二中全会的报告中，对国际国内形势和基本国情作了深刻的分析，明确地提出了党的工作重心转移和向社会主义过渡的目标和方法。指出："从1927年到现在，我们的工作重点是在乡村，在乡村聚集力量，用乡村包围城市，然后取得城

---

① 《毛泽东文选》第5卷，人民出版社1996年版，第140—146页。

市，采取这样一种工作方式的时期现在已经完结。从现在起，开始了由城市到乡村并由城市领导乡村的时期。"在这个历史转变时期，"党和军队的工作重心必须放在城市，必须用极大的努力去学会管理城市和建设城市"，必须"彻底地打倒国内的反革命势力和帝国主义势力"，"在革命胜利以后，迅速地恢复和发展生产，对付国外的帝国主义，使中国稳步地由农业国转变为工业国，在中国建设成一个伟大的社会主义国家"。① 毛泽东通过具体分析国情，指出中国经济基础薄弱，现代工业只占10%，分散落后的农业占90%，夺取政权后不能像苏联那样直接搞社会主义，必须先搞一段新民主主义，逐步过渡到社会主义社会。并进一步阐明了新中国的经济构成，指出："国营经济是社会主义性质的，合作经济是半社会主义性质的，加上私人资本主义，加上个体经济，加上国家和私人合作的国家资本主义经济，这些就是人民共和国的几种主要的经济成分，这些就构成新民主主义的经济形态。"并指出："单有国营经济而没有合作社经济，我们就不可能领导劳动人民的个体经济逐步地走向集体化，就不可能由新民主主义社会发展到将来的社会主义社会。"这些论述表明：通过这一新民主主义建设阶段，逐步过渡到社会主义社会，是从中国的实际出发所选择的中国自己的发展道路。因此，我认为：在西柏坡时期，为历史转折的主题所决定，党中央、毛泽东的理论思考和一系列重大决策，体现了一种继新民主主义之往，开社会主义之来，"从中国实际出发，探索适合国情转变到社会主义，进而建设社会主义的道路的精神"②。为简明起见，可以把西柏坡精神的本质，概括为继往开来，走中国特色建设道路的探索精神。

目前，学术界对西柏坡精神的本质（有人谓之"核心"，或"灵魂"，或"主题"，或"主旨"），其说各异：一说是"彻底革命精神"，一说是"团结求是精神"，一说是"两个务必"，即"务必使同志们继续地保持谦虚、谨慎、不骄、不躁的作风，务必使同志们继续地保持艰苦奋斗的作

---

① 《毛泽东文选》第4卷，人民出版社1991年第2版，第1426—1427、1437页。
② 《中共党史研究》1996年第3期。

风"。这些看法，各有一番道理，但有一个缺憾，就是没有紧紧把握住中共中央在西柏坡时期的历史主题，而正是这段历史的主题决定着西柏坡精神的本质。

第二，西柏坡精神的基本内容是什么？它们是由什么决定的？

既然西柏坡精神的本质是由那段历史的主题所决定的，那么，西柏坡精神的基本内容，就是由围绕那段历史主题的重要课题所决定的，只要弄清楚围绕历史主题的有关重要课题是什么，西柏坡精神的基本内容就迎刃而解了。

如前所述，中共中央在西柏坡时期的历史主题，是将新民主主义革命进行到底，向社会主义转变，进而进行社会主义建设。纵观那段历史，可以看到，中共中央围绕解决历史转折的主题，所面对的重要课题，即必须完成的重要任务，大致有4项：一是如何彻底打倒国民党反动派；二是如何建立新中国；三是如何建设新中国；四是如何进行执政党建设。党和人民正是在紧紧把握历史转折的主题，完成4项重要课题的伟大实践和理论思考中，造就了西柏坡精神的基本内容，它包括：

（1）两个"敢于"（敢于斗争，敢于胜利）的进取精神。1948年中共中央九月政治局会议提出了"打倒国民党"的战略方针。当时，人民解放军进行战略决战的时机已经成熟，但是国民党军队在数量上还占优势，还有美国的支持。党中央对"困难和克服困难的可能性作了充分的估计"，敢于歼灭敌人重兵集团，敢于同敌人决战，当机立断，抓住有利时机，发动了辽沈、淮海、平津三大战役，歼灭了国民党赖以维护其反动统治的主要军事力量。1948年底、1949年初，蒋介石发表"求和"声明，国际上也有人提出"划江而治"的主张。在此风云变幻的关头，党中央、毛主席以敢于全胜的精神，号召全党、全军、全国人民将革命进行到底，在全国范围内推翻国民党的反动统治，决不允许使革命半途而废。敢于斗争，敢于胜利的进取精神，正是在这种实行战略决战，将革命进行到底的伟大实践中所形成的，这是一种抓住机遇，顶住压力、挑战，争取彻底胜利的革命进取精神。

（2）两个"坚持"（坚持依靠群众，坚持人民参政）的民主精神。1948 年中共中央九月政治局会议决定"建立人民民主专政的国家"。为此，我们党依靠群众、发动群众，进行了土地制度的彻底改革，极大地调动了广大农民参战和生产的积极性，"获得了足以战胜一切敌人的最基本的条件"。同时，党中央把加强纪律性作为由局部胜利过渡到全国胜利的"一个中心环节"，要求克服某些无纪律、无政府状态，克服地方主义、游击主义，将一切可能和必须集中的权力集中于中央和中央代表机关手里。党中央、毛主席特别强调，把加强纪律性与发展民主结合起来，采用民主集中制，不必搞资产阶级的议会制和三权鼎立，实行人民代表大会制度，在共产党领导下与民主党派、民主人士长期合作，以建立和巩固无产阶级领导的以工农联盟为主体的人民民主专政的共和国。这种在建立新中国的创举中所形成的依靠群众、人民参政的民主政治，体现了一种确立党、政权、军队与人民群众的新型关系的民主精神。

（3）两个"善于"（善于破坏旧世界，善于建设新世界）的科学精神。西柏坡时期，毛主席、党中央面临如何建设新中国的艰巨而伟大的任务。在九月政治局会议和七届二中全会上，对新中国建设的国情进行了最初的基础分析，确定了从农业国变为工业国，从新民主主义过渡到社会主义的目标和方向，并考察了新中国的主要矛盾和 5 种经济结构，规定了全国胜利后在政治、经济、文化、外交等方面的基本政策，提出了进城后要以生产建设为中心的思想，要求全党在战略上藐视困难，在战术上重视困难，很快地学会生产、商业、银行等技术和管理工作，强调"政治和策略是党的生命"，郑重地宣布："我们不但善于破坏一个旧世界，我们还将善于建设一个新世界。"两个"善于"，是中国共产党人在对"建设新中国"的道路问题进行最初的探索之中，极其鲜明地表现出来的一种按着中国的国情搞建设的科学精神，体现了中国共产党人对建设伟大社会主义国家的坚定信念和科学精神的高度统一。

（4）两个"务必"（务必保持谦虚、谨慎、不骄、不躁的作风，务必保持艰苦奋斗的作风）的创业精神。在西柏坡，执政问题摆在党的面前。共产党人会不会变成李自成？能不能经受得住胜利与执政的考验？这关系到革命的成果能否巩固，社会主义目标能否实现，中国式的建设道路能否走下去。在解决这个重要课题时，毛泽东在党的七届二中全会上郑重地指出："因为胜利，党内的骄傲情绪，以功臣自居的情绪，停顿起来不求进步的情绪，贪图享乐不愿再过艰苦生活的情绪，可能生长。""我们必须预防这种情况。"告诫全党："务必使同志们继续地保持谦虚、谨慎、不骄、不躁的作风，务必使同志们继续地保持艰苦奋斗的作风。"① 毛主席、党中央强调执政党建设，提出"两个务必"，"就是要使它成为一个政治保证"。这里所体现的，正是一种不以功臣自居，不受权力腐蚀，不被"糖弹"击中，勤政廉政，艰苦奋斗的继续创业精神。

西柏坡精神的本质与基本内容是相互关联、不可分割的，本质决定内容，内容体现本质，构成一个整体。因此，从总体上讲，可以说，西柏坡精神是继往开来，走中国特色建设道路的精神。当然，西柏坡精神是历史上形成的，是客观的。但是，人们对它的认识，却是无限的，如何阐述得更客观、更科学、更富时代特色，有待学术界群体的长期研究和切磋。

三、关于西柏坡精神研究的基本思路

鉴于上面的看法，我认为研究和弘扬西柏坡精神具有重要的现实意义和深远的影响。从世界范围看，共产主义运动处于低潮时期，"社会主义的旗帜打得多久"的问题有待回答。我国社会主义改革开放和现代化建设同步进行，社会生活处在由计划经济转变到市场经济的历史性转折时期。在这种情势下，研究和弘扬西柏坡精神，对于在全党建立"走中国特色发展道路"的探索精神，高举邓小平理论的伟大旗帜，坚持"一个中心、两个基本点"的基本路线不动摇，把中国特色的社会主义事业全面推向 21 世纪；对于在全党发扬开拓进取精神，在战略上藐视困难，在战术上重视困难，敢于和善于抓住机遇，敢于和善于顶住挑战、压力，有步骤地实施

---

① 《毛泽东选集》第 4 卷，人民出版社 1991 年第 2 版，第 1438 页。

"三步走"的发展战略，争取改革开放和现代化建设的伟大胜利；对于在全党发扬依靠群众、人民参政的民主精神，实施"鱼水工程"，密切党政军民的联系，更紧密地团结在以江泽民为核心的党中央周围，为全面推进中国特色的社会主义事业而奋斗；对于在全党发扬善于按照国情搞革命和建设的科学精神，把对中国特色社会主义事业的坚定信念与解放思想、实事求是的科学态度统一起来，充分发挥人民群众的历史主动性和创造性；对于改善和加强执政党的建设，使全党牢记2个"务必"，在社会主义改革开放和现代化建设的新长征中，不但能经得起执政的考验，而且能经得起改革的考验、开放的考验、富起来的考验，使我们党真正成为全面推进中国特色社会主义事业的政治保障，有着极大的激励和推动作用。简言之，研究和弘扬西柏坡精神，是使全党的精神状态来一个大的转变，适应、代表新的历史性转折的时代要求，推进中国特色社会主义事业的需要，也是对"社会主义的旗帜打得多久"问题的实际而有力的回答。

因此，我认为西柏坡精神研究的基本思路应该是：把西柏坡精神作为一种代表历史性转折的时代要求的革命精神，即作为历史转折之魂来研究，而不是作为一般的革命精神或党魂、民族魂来研究；通过全面地、系统地考察中共中央在西柏坡时期的历史，来阐明西柏坡精神形成的过程和客观必然性；通过剖析中共中央在西柏坡时期所必须解决的历史主题和相关的重要课题，来论证西柏坡精神的特殊本质和基本内涵；进行西柏坡精神与井冈山精神、延安精神的比较研究，阐明西柏坡精神是中国革命精神发展的新阶段，即是井冈山精神、延安精神的继承和发展；揭示社会主义改革开放和现代化建设的新时期的新特点、新考验，来说明弘扬西柏坡精神对未来21世纪社会发展的意义与对策。具体说，西柏坡精神研究大致应包括以下4个相互关联的方面：

第一，西柏坡精神的产生和形成。首先，要分析解放战争中后期中国革命指挥中心东移西柏坡的社会历史条件，说明西柏坡是西柏坡精神的发祥地和诞生地。其次，要考察中共中央在西柏坡的辉煌历史，说明西柏坡精神产生的客观必然性。再次，要分析西柏坡精神的具体形成过程，着重揭示中共中央在西柏坡时期是一个伟大历史转折时期，阐明西柏坡精神是一种代表历史转折的时代要求的革命精神，是中国革命精神发展的一个新阶段。从而，阐明西柏坡精神的科学含义。

第二，西柏坡精神的本质与内涵。认识西柏坡精神的本质与内涵，必须从中共中央在西柏坡时期的历史主题与相关课题入手。首先，要着力分析中共中央在西柏坡时期中国历史发展的总趋势，深刻揭示历史主题或时代主旋律，即将民主革命进行到底，向社会主义转变，进而进行社会主义建设；从而，阐明西柏坡精神的本质是继往开来，坚持走中国特色建设道路的探索精神。其次，要具体考察当时为历史主题所决定的各项历史任务，即中共中央围绕解决历史主题所面对的有关重要课题，从而阐明西柏坡精神的基本内涵，包括：两个"敢于"（敢于斗争，敢于胜利）的进取精神；两个"坚持"（坚持依靠群众，坚持人民参政）的民主精神；两个"善于"（善于破坏旧世界，善于建设新世界）的科学精神；两个"务必"（务必保持谦虚、谨慎、不骄、不躁的作风，务必保持艰苦奋斗的作风）的创业精神。再次，要分析西柏坡精神各项内容的相互关联，论证它是一个有机整体。最后，分析西柏坡精神是在两个历史阶段、两条伟大道路的转换时期所形成的，揭示出西柏坡精神的时代特征，阐明它与井冈山精神、延安精神的根本区别。

第三，西柏坡精神的渊源。西柏坡精神作为中国无产阶级革命精神发展的一个新阶段，它与井冈山精神、延安精神是一脉相承的，既要考察它们的密切关联，揭示其共同的政治思想、价值趋向、文化传统和理论基础，又要分析其产生的不同革命历史时期和不同的内涵及时代特征，论证西柏坡精神是井冈山精神、延安精神的继承和发展，是中国革命精神发展的又一个里程碑。还要分析西柏坡精神与中华民族传统文化的关系，论证西柏坡精神是中华民族精神的精髓和升华。

第四，西柏坡精神的弘扬和发展。要在历史与现实的结合点上下一番功夫。首先，应考察建国初期在反腐蚀斗争和"三大改造"中弘扬西柏坡精神的经验，总结在曲折前进的 10 年，特别是"文化大革命"中西柏坡精神遭受破坏的教训，解剖大庆精神和雷锋精神，阐明西柏坡精神的强大生命力。要深入分析在社会主义改革开放和现代化建设的新时期，党和人民所面临的新情况、新问题，研究弘扬西柏坡精神与改革开放、现代化建设、精神文明建设、执政党建设等重要专题，阐明弘扬西柏坡精神的时代意义和深远影响。分析 21 世纪的机遇和挑战，对未来弘扬西柏坡精神进行展望，提出思路与对策。

目前，关于西柏坡精神研究的基本思路和科学体系，学术界已经涉及到有关方面，有的已经写出了专著。但是西柏坡精神研究，还只有 10 多年，很年轻，是一门新兴的学问，要形成一个基本的科学体系，得到全国学术界的公认，决非易事，需要群体的长期探求和研讨。上面，只是一个粗浅的思路，希望能起到抛砖引玉的作用。

西柏坡精神的科学体系①

人们对西柏坡精神有了一个较为全面、系统的了解以后，可能会问：能不能从理论的高度，构建一个西柏坡精神的科学体系呢？我们认为这是西柏坡精神研究的一个重要课题，对于使西柏坡精神研究更科学、更系统，提高学习、宣传西柏坡精神的水平，更好地发挥西柏坡精神的社会效应，是至关紧要的。同时也是一个很大的难题。要比较全面地、科学地解决这个课题，需要长期、深入的研究。我们学习和研究西柏坡精神才刚刚起步，头脑中只是形成了一个粗略的轮廓。尽管这样，我们还是愿意把它整理出来，也可以看作是我们的研究结论吧。

一、西柏坡精神的逻辑结构

西柏坡精神研究的任务是探求其产生、发展的规律，揭示其本质和内涵，阐明其历史地位，探讨其弘扬的途径和方法，构建其科学体系。这里包括纵、横两个方面的关系，纵的关系主要是其产生和演变的规律；横的关系主要是其本质与内涵的内在联系即逻辑结构。可以从这两个方面着手，来构建西柏坡精神的科学体系。下面，先从横的关系来谈谈对西柏坡精神的逻辑结构的初步看法：

1. 如何探求西柏坡精神的逻辑结构。

目前，学术界对西柏坡精神诸项内涵的内在联系，看法不尽相同。这不仅在于西柏坡精神本身内涵丰富、博大精深，而且主要在于研究者的视角不同。有的从大决战来界定，认为西柏坡精神的突出表现是敢于斗争、敢于胜利和严守纪律的精神，并以此为核心来探讨西柏坡精神的逻辑结构。

---

① 原载谢忠厚主编：《历史转折之魂——西柏坡精神》，河北人民出版社1999年版。

有的从执政党建设来界定，认为西柏坡精神的突出表现是谦虚谨慎、艰苦奋斗和严格执行政策的精神，并以此为主旨来说明西柏坡精神的体系。有的从建设新中国来界定，认为西柏坡精神的突出表现是善于破坏旧世界、善于建设新世界的精神，并以此为核心来构建西柏坡精神的框架。这种现象不仅表明可以从不同的视角来研究西柏坡精神，建立各自的理论体系；而且表明西柏坡精神作为中共中央在西柏坡时期的革命实践和理论思考的总结和结晶，作为近代以来中国人民反帝反封建斗争的总结和结晶，它尽管博大精深、内涵丰富，但毫无疑问它是一个有机的整体，是党魂、军魂、民族魂的统一，具有可以把握的有机联系。

那么，应当如何探求西柏坡精神的逻辑结构呢？

我们认为，既然中共中央在西柏坡时期的革命实践和理论思考的总的历史特征是中国革命的伟大历史性转折，既然基于这种革命实践和理论思考之上的西柏坡精神总的讲是一种代表历史转折的时代要求的革命精神，因此只要围绕着"什么是中国革命的伟大历史性转折""为什么要实现中国革命的伟大历史性转折""怎样实现中国革命的伟大历史性转折"等问题，弄清楚西柏坡精神的来龙去脉，由表及里，发现其规律性，就能够弄清楚西柏坡精神诸项内涵的有机联系，把握西柏坡精神的逻辑结构。这是因为：第一，围绕"什么是中国革命的伟大历史性转折"的问题进行研究，才能弄清楚中共中央在西柏坡时期特定的历史条件，概而言之，是夺取革命的全国胜利，实现从乡村到城市、从革命战争到和平建设、准备进而由新民主主义向社会主义过渡，从而牢牢把握"革命的历史性转折"这一革命实践和理论思考的总的历史特征。这一点正是我们打开西柏坡精神科学含义之门的一把金钥匙。第二，围绕"为什么要实现中国革命的伟大历史性转折"的问题来研究，才能弄清楚中共中央在西柏坡时期这一特定历史阶段的理想目标，简而言之，是把新民主义革命进行到底，准备进而向社会主义转变，即走完中国式的革命道路、走上中国式的建设道路，从而把握其革命实践和理论思考的出发点和归宿点。这正是能否矫正视角、站在历史之巅峰，透析西柏坡精神的本质或核心内涵的关键。第三，围绕"怎样实现中国革命的伟大历史性转折"的问题来考察，才能弄清楚中共中央在西柏坡时期为实现特定的理想目标，虽然所面对的问题繁多，任务繁重，百事待兴，但归纳起来主要是四个重大课题：如何组织战略决战，解放全中国；如何组织阶级和人民，建立新中国；如何按照国情，建设新中国；如何使党经受住胜利与执政的考验，保持先锋队本色。从而把握中共中央在西柏坡时期的革命实践和理论思考的基本点。这些基本点，正是透过现象，拨开枝节，审视西柏坡精神的基本内涵的坦途。

2. 西柏坡精神的逻辑结构。

我们认为，西柏坡精神作为中共中央在西柏坡时期，基于领导全党、全军、全国人民实现伟大的历史性转折的革命实践和理论思考之上的一种代表历史性转折的时代要求的革命精神，它的本质或核心是单一的，从根本上代表着西柏坡时期革命转折的时代要求；它的基本内涵是多样性的，从不同角度、不同侧面代表着西柏坡时期革命转折的时代要求。西柏坡精神的本质或核心与基本内涵是相互关联、相互渗透、不可分割、缺一不可的，是一个完整的有机整体。具体说，西柏坡精神的逻辑结构包括以下五个要素层面：

第一，理想要素层面：继往开来，走中国式的建设道路。这种革命探索精神，是由中国共产党的最高理想和在西柏坡时期的阶段性理想所决定的，它在整个西柏坡精神大厦中处于灵魂、核心地位。

理想规定精神的性质，是精神的活的灵魂和生命力，失去理想，整个精神大厦就会坍塌下来。中国共产党的理想包括最高理想和阶段性理想。最高理想是实现社会主义、共产主义。"共产主义是无产阶级的整个思想体系，同时又是一种新的社会制度。"这种思想体系和社会制度，"是自有人类历史以来，最完全最进步最革命最合理的。"① 这个最高理想具有长期性和稳定性，是长久起作用的，管数十年、一百年、几百年，直至世界大同。它使共产党人和先进分子彻底地摆脱了任何狭隘的、剥削阶级的、自私自

---

① 毛泽东：《新民主主义论》，《毛泽东选集》第2卷，人民出版社1991年第2版，第686页。

利的观念，为创造新的中国和新的世界，为创造人类的幸福，而奋斗终生。因此，"无论过去、现在和将来，这个最高理想都是我们共产党人和先进分子的力量源泉"。①

阶段性理想是在实现最高理想的征途中，在一定历史时期所追求的政治方向和理想目标。以中国革命来说，分为新民主主义和社会主义两个历史阶段，以新民主主义革命而言，又分为大革命时期、土地革命战争时期、抗日战争时期和解放战争时期这样四个历史时期，每个大的历史阶段及各个历史时期，又都有特定的政治方向和理想目标。阶段性理想具有现实性和时限性，是直接、现实的革命实践和理论思考的出发点和归宿点，最能反映一定历史时期的时代特征，构成一定历史时期的革命精神的本质或核心内容。中共中央在西柏坡时期的阶段性理想，是打倒蒋家王朝，解放全中国，实现由乡村转变到城市、由革命战争转到和平建设，并准备进而由新民主主义向社会主义过渡。这个阶段性理想，本质上就是结束过去、开启未来，走完中国式的革命道路，走上中国式的建设道路。这正是西柏坡精神的本质或核心内涵之所在。

第二，意志要素层面：敢于斗争、敢于胜利。这种革命进取精神，是西柏坡时期全党、全军、全人民那种决战决胜的革命意志的集中表现，是整个西柏坡精神大厦的一个重要支柱。

意志是由理想决定的心理状态，是主观能动作用的内在动力，它在实践中形成和发展，又受到客观规律的制约。失去意志，不能发挥主观能动作用，理想也就变成了空想。西柏坡时期是中国革命的高潮时期，中国共产党的最高理想与阶段性理想的统一，决定了全党、全军和全国人民那种决战决胜的钢铁意志，在三大战役决战中高度发挥其主观能动作用，铸成了在战略上蔑视敌人，在战术上重视敌人，敢于斗争、敢于胜利，善于斗争、善于胜利的革命进取精神。西柏坡精神的这一基本内涵，是党的革命加拼命、一不怕苦二不怕死、压倒一切困难、战胜一切敌人的大无畏精神

① 见2018年《中共中央关于社会主义精神文明建设指导方针的决议》。

在西柏坡时期的继续和发展。

第三，民主要素层面：坚持依靠群众、坚持团结统一。这种民主精神，是中国共产党一贯坚持的民主制度和民主作风在西柏坡时期的新发展、新体现，它是西柏坡精神大厦的又一个支柱。

民主包括民主制度和民主作风，理想规定民主的性质，民主是理想得以维持和实现的基本条件。一个革命的党，如果不愿意丧失自己的理想，不愿意自己腐化和失败，就必须实行民主。中共中央在西柏坡时期，为着把新民主主义革命进行到底，进而实现社会主义、共产主义的崇高理想，坚定地依靠广大群众的自觉革命行动，推翻了几千年封建土地制度，依靠广大群众的人力、物力、财力，组织了埋葬蒋家王朝的大决战，并依靠全国各族人民，团结一切民主党派、民主人士和无党派人士，按照民主集中制原则，把无产阶级和革命人民组织成为人民民主专政的共和国。同时，在革命队伍内部高度地发扬了密切联系群众、理论联系实际、批评与自我批评的优良作风，形成了顾全大局、集中统一、执行政策、严守纪律的新风尚。这种依靠群众、团结统一的民主精神，是土地革命战争和抗日战争时期各根据地民主制度和民主作风在新的历史条件下的重大发展和集中体现。

第四，科学要素层面：善于破坏旧世界、善于建设新世界。这种科学精神，是中国共产党历来倡导的革命理想与求实态度高度统一的科学精神在西柏坡时期的新发展，它是西柏坡精神大厦的第三个支柱。

科学是对必然王国的认识和对客观世界的改造，理想以科学为依据，科学是理想得以实现的基石和桥梁。必须具备科学精神，把理想目标与科学态度统一起来，用科学的态度和方法来观察客观事物，对待一切问题，才能使理想得到巩固和加强，为人民群众所拥护，在斗争中逐步实现。中共中央在西柏坡时期，在领导全党、全军、全国人民走完中国式的革命道路，走上中国式的建设道路的伟大斗争中，面对能否学会建设、能否搞好建设的问题，从国情出发，解决了目标设定和途径道路问题，针对国内外一些人的怀疑和悲观论调，作出了科学的结论："我们能够学会我们原来不懂的东西。我们不但善于破坏一个旧世界，我们还将善于建设一个新世界。"① 这种把马列主义与中国基本国情相结合，把科学精神与建设新中国的理想信念相结合的精神，构成了西柏坡精神的一个基本内涵。这种按照国情、规律搞建设的科学精神，是党的实事求是、理论联系实际、调查研究的科学精神在西柏坡时期的进一步发扬和发展。正如周恩来所指出："毛泽东同志一向提倡调查研究、实事求是。从延安整风到七大，到全国解放，我们发扬了这种精神，取得了全国胜利。"②

第五，道德要素层面：两个"务必"的继续创业精神。谦虚、谨慎、不骄、不躁，艰苦奋斗的继续创业精神，是中国共产党一贯倡导的道德和价值准则在革命胜利和执掌政权的历史条件下的新发展和新体现，它是西柏坡精神的第四个支柱。

理想决定道德风尚和价值观念的性质，道德风尚和价值观念是理想得以维系和实现的基本保证。道德和价值标准是人生观、世界观的重要内容。中国共产党人的道德和价值标准是全心全意为人民服务，把个人的价值与自由同中国人民和世界人民的解放、自由和幸福融为一体，来规范和衡量自己的行为。西柏坡时期，革命取得了伟大的胜利，革命后巩固政权、建设伟大的社会主义国家的理想目标使党的优良道德风尚和价值观念发展到一个新的阶段，不因胜利骄傲，不以功臣自居，不为权力腐蚀而贪图享受、停顿不前，不被糖弹击中而贪污腐化、堕落变质，谦虚、谨慎、不骄、不躁和艰苦奋斗成为人民"公仆"所"务必"继续保持的两大美德和风范。这种继续艰苦创业的精神作为西柏坡精神的道德要素，是党长期在马列主义、毛泽东思想教育下所形成的全心全意为人民服务、大公无私、依靠群众、自力更生、艰苦奋斗的道德风尚和创业精神，在进入历史新时期的丰富和发展，是使党经受住执政的考验，永葆无产阶级先锋队本色的精神动力和基本保证。

---

① 毛泽东：《在中国共产党第七届中央委员会第二次全体会议上的报告》，《毛泽东选集》第4卷，人民出版社1991年第2版，第1439页。

② 周恩来：《加强调查研究》，《周恩来选集》下卷，人民出版社1980年版，第313页。

由于西柏坡精神内涵丰富，博大精深，我们并不反对从不同角度把它归纳为若干条款。但是，我们认为西柏坡精神作为一种体现中国革命伟大历史性转折的时代要求的革命精神，主要包括上述理想、意志、民主、科学、道德五个要素层面。继往开来，走中国式建设道路的探索精神，集中地体现了中国共产党在西柏坡时期的崇高理想。敢于斗争、敢于胜利的革命进取精神，依靠群众、团结统一的民主精神，善于破坏旧世界、善于建设新世界的科学精神，是达到实现其理想目标的动力、手段和基石。谦虚、谨慎、不骄、不躁和艰苦奋斗的创业精神，是中国共产党永葆其青春的根本保证，也是实现其阶段性理想，进而实现社会主义、共产主义远大理想的根本保证。这五个要素层面相互联结、相互渗透、相辅相成，缺一不可，是西柏坡精神的基本逻辑结构。

二、西柏坡精神的体系构架

构建西柏坡精神的科学体系，不仅要从横的关系来探求西柏坡精神的逻辑结构，而且要从纵的关系来探求西柏坡精神产生和演进的规律，以确立西柏坡精神的基本体系构架。我们初步构想，西柏坡精神的基本体系构架主要是：通过考察中共中央在西柏坡时期的历史，来阐明西柏坡精神形成的历史必然性，回答西柏坡精神是客观存在，还是主观臆断的问题；通过剖析中共中央在西柏坡时期所面对的历史主题和相关重要课题，来论证西柏坡精神的特殊本质和基本内涵，回答西柏坡精神究竟是什么的问题；进行西柏坡精神与井冈山精神、延安精神的比较研究，来阐明西柏坡精神是中国革命精神发展的一个新阶段，回答有无必要再提西柏坡精神研究的问题；揭示社会主义改革开放和现代化建设新时期的新特点、新考验，来探讨未来21世纪弘扬西柏坡精神的意义、课题和对策。具体说，西柏坡精神的基本体系大致应包括以下五个基本构架：

第一个基本构架，西柏坡精神的科学含义。要给西柏坡精神下一个定义是非常困难的。这是因为西柏坡精神博大精深，很不容易概括抽象为一个科学概念，而我们的研究又还很不深入。因此，首先从回顾近年来西柏坡精神研究的概况入手，分析学术界观点分歧的根本原因，根据中共中央在西柏坡时期的总的历史特征，阐明"西柏坡精神是一种代表中国革命伟大历史性转折的时代要求的革命精神"这一科学概念。接着，根据那段革命转折时期的历史主题、主旋律，来界定西柏坡精神的本质；根据围绕历史主题的相关重要课题，来界定西柏坡精神的基本内涵，从而初步弄清楚究竟什么是西柏坡精神。这个方面，带有研究入门的性质。

第二个基本构架，西柏坡精神的产生和形成。有些人觉得中共中央在西柏坡时间不长，不好说形成了西柏坡精神。实际上，这是一种很狭隘的模糊观念。因为一种革命精神的形成，虽然需要一定的时间条件，但主要是革命实践和理论思考的结晶，它一方面以马列主义、毛泽东思想为理论基础；另一方面以中国共产党及其领导下的人民革命活动为物质载体。因此，这一部分中心是阐明西柏坡精神产生的历史条件和主要标志。西柏坡具有悠久历史文化和光荣革命传统。中共中央工委留驻西柏坡是中共中央东移华北的重大步骤。毛泽东率领中共中央机关与中央工委会合，西柏坡成为中国人民解放战争指挥中心和中国革命圣地。这样就决定了西柏坡成为西柏坡精神的诞生地和发祥地。中共中央在西柏坡时期是中国革命的伟大历史性转折时期，中国革命取得了辉煌胜利，毛泽东思想获得了重要发展，从政治、经济、文化、外交等各方面为建立新中国和进而由新民主主义向社会主义过渡作了准备，可以说中国共产党及其领导下的人民群众的革命实践和理论思考达到了新的高度、新的水平。这些特殊的历史条件，决定了西柏坡精神产生的客观必然性。西柏坡精神早在抗日战争后期已开始孕育，到解放战争中后期形成，其主要标志是中共七届二中全会。这次会议充分地表明：西柏坡精神是一种代表中国革命历史性转折的时代要求的革命精神，其历史特征主要是时代性、探索性和创造性。

第三个构架，西柏坡精神的本质和基本内涵。这一部分展开论述西柏坡精神究竟是什么，实际上是西柏坡精神的基本结构。

（1）西柏坡精神是继往开来、走中国式的建设道路的探索精神。要阐明：这是西柏坡精神区别于井冈山精神、长征精神、延安精神的特殊本质。

这种探索精神是由走完中国式的革命道路，走上中国式的建设道路这一历史主题、主旋律所决定的，是毛泽东、党中央对革命转变理论新探索和对新中国经济建设理论最初探索的珍贵结晶。它不仅包含着爱国主义精神和社会主义、共产主义理想，马列主义基本原理与中国实际相结合、实事求是、从实际出发、走中国自己的发展道路等传统精神，尤其特别增添了适合国情实现革命转变、适合国情进行经济建设等新的内容。

（2）西柏坡精神是敢于斗争、敢于胜利的革命进取精神。要论证：这种革命进取精神是由如何组织战略决战以解放全中国的重要历史课题所决定的，是全党、全军、全国人民那种抓住机遇、迎接挑战、决战决胜的伟大实践和一整套战略战术原则的精神积淀。它使不怕困难，不怕流血牺牲，前仆后继，一不怕苦、二不怕死等传统革命精神发扬光大，又增添了帝国主义和一切反动派都是纸老虎，将革命进行到底、决不半途而废，战略上藐视敌人、藐视困难，战术上重视敌人、重视困难，敢于斗争、敢于胜利和善于斗争、善于胜利等新的精神财富。

（3）西柏坡精神是依靠群众、团结统一的民主精神。要论证：这种民主精神是由如何组织无产阶级和各族人民以建立新中国这一重要历史课题所决定的，是中国共产党及其领导下的广大人民群众动员、组织起来，彻底摧毁国民党反动统治，在全国范围内建立人民民主专政的共和国的重大实践的结晶和体现。它继承和发展了群众路线、民主集中制、发扬民主、加强纪律、增强团结、步调一致等传统革命精神，又包含了党委会议、党代表大会和请示报告制度，政治协商和人民代表大会制度，严守纪律、执行政策，统一战线和各族人民大团结等一套民主制度和民主作风。

（4）西柏坡精神是善于破坏旧世界、善于建设新世界的科学精神。要论证：这种科学精神是由如何建设新中国以使中国人民"活得比帝国主义国家要好些"这一重要历史课题所决定的，是毛泽东、党中央对中国革命经验的科学总结，特别是对新中国经济建设道路进行最初成功探索的高度概括。它是实事求是、从实际出发，善于学习，把革命精神和科学态度结合起来等优良传统思想和作风的继续，又具有了从国情出发、按照客观经济规律搞建设，革命和建设都要走自己的道路，要善于学习工业、学习管理、学习国内外一切好的东西，要把社会主义的坚定信念与善于建设的科学精神高度统一起来等新的精神财富。

（5）西柏坡精神是两个"务必"的继续创业精神。要论证：这种继续创业精神是由中国共产党如何经受住胜利和执政的考验，走出所谓"历史周期率"的重要课题所决定的，是毛泽东、党中央对长期革命经验的总结，特别是对和平建设条件下加强党的建设，巩固人民政权，保证新中国沿着社会主义道路走下去，进行科学探索的精神硕果。它继承了全心全意为人民服务，自力更生、艰苦奋斗、谦虚、谨慎、戒骄、戒躁等优良传统思想美德，又把谦虚、谨慎、不骄、不躁与艰苦奋斗相联结，提高到执政条件下党的建设的原则高度，包含了不因革命胜利而骄傲，不因执政而腐化，不以功臣自居而不图进取，不因和平而图安逸享乐，不被糖衣炮弹所击中，永葆革命青春，永做人民公仆，巩固革命成果，开创社会主义大业等新的风纪和美德。

第四个构架，西柏坡精神的科学地位。有一种偏见，以为有了井冈山精神、延安精神，都包容进去了，可以不提西柏坡精神了。我们认为，不论井冈山精神、延安精神，还是西柏坡精神，都是中国无产阶级革命精神发展的一个阶段，前者不能包容后者，后者也不能代替前者。因此，这一部分中心是阐明西柏坡精神是中国革命精神发展的一个新阶段，是中华民族精神的升华。首先，考察西柏坡精神与井冈山精神、延安精神的关联和区别，指出其共同的理想目标、价值取向、理论基础和文化渊源，而着重分析其产生的不同革命历史时期、不同时代特征及其特殊的本质，论证西柏坡精神是井冈山精神、延安精神的继续和发展，是中国无产阶级革命精神发展的又一个里程碑。接着，考察西柏坡精神与中华民族传统文化精神的关系，论证西柏坡精神是中华民族精神的精髓和升华，从而阐明西柏坡精神在中国革命精神和中华民族精神发展中的科学地位。

第五个基本构架，弘扬西柏坡精神的时代意义和思路方法。这一部分着力在历史与现实的结合上下功夫，阐明西柏坡精神在新中国建设史上，特别是在社会主义改革开放和现代化建设条件下的重大意义，以及弘扬西柏坡精神的途径与方法。首先，考察新中国成立初期在反腐蚀斗争和三大改造中弘扬西柏坡精神的经验，总结在曲折前进的 10 年，特别是"文化大革命"中西柏坡精神遭受破坏的教训，阐明西柏坡精神的强大生命力，进而深入分析在社会主义改革开放和现代化建设的新时期党和人民所面临的新情况、新问题，根据党和国家第二代、第三代领导集体对革命精神和革命传统的弘扬与发展，阐明弘扬西柏坡精神的时代意义和深远影响。在此基础上，分析世纪之交的机遇和挑战，对未来弘扬西柏坡精神进行展望，提出思路与方法。

附　录

有关著述文目

一、文献整理

1. 河北省社会科院历史研究所等四单位合编（黎典、谢忠厚等）：《晋察冀抗日根据地史料选编》（上、下册），河北省重点项目，河北人民出版社 1983 版。

2. 谢忠厚等：《晋察冀抗日根据地史料专辑》，《河北学刊》1985 年 7 月特刊。

3. 晋察冀抗日根据地编审委员会（谢忠厚、肖银成任编辑组长，主持编纂业务）：《晋察冀抗日根据地》第一册（文献选编上、下册），中共中央党史资料征集委员会重点项目，中共党史资料出版社 1989 年版。

4. 谢忠厚、张圣洁主编：《冀鲁豫边区群众运动资料选编》，河北省重点项目，河北人民出版社出版 1987 年第 1 版、1992 年第 2 版。

5. 谢忠厚、张圣洁主编：《冀鲁豫边区群众运动资料选编》增订本，河北人民出版社 1992 年版。

6. 中央档案馆、河北省社会科学院（谢忠厚、蔡廷光主编）：《中共中央在西柏坡文献选编》，河北省重点项目，海天出版社 1998 年版。

7. 中央档案馆、河北省社会科学院（谢忠厚、蔡廷光主编）：《晋察冀解放区文献选编》，河北省重点项目，档案出版社 1998 年版。

8. 中央档案馆、河北省社会科学院（谢忠厚、张瑞智、田苏苏总主编）：《日本侵略华北罪行档案》10 卷本，河北省重点项目，河北人民出版社 2005 年版；其中，谢忠厚编辑《细菌战》和《毒气战》2 卷。

9. 晋察冀边区研究会（谢忠厚、宋学民主编）：《晋察冀边区民主政权建设文献选编》上、中、下册，河北省重点项目，河北人民出版社 2013

年版。

10. 河北省政协（李保平等主编，谢忠厚等副主编）：《抗日根据地史料汇编》（《晋察冀抗日根据地史料汇编》上、中、下卷，《晋冀鲁豫抗日根据地史料汇编》上、中、下卷），河北省重点项目，河北人民出版社 2015 年版（分管晋冀鲁豫）。

二、史料整理

1. 谢忠厚等：《晋察冀抗日根据地大事记》，载《晋察冀抗日根据地史料选编》，河北人民出版社 1983 年版。

2. 谢忠厚：《晋察冀抗日根据地党组织沿革》，载《晋察冀抗日根据地史料专辑》，《河北学刊》1985 年 7 月特刊。

3. 居之芬、谢忠厚：《抗日战争时期晋察冀边区政权组织沿革概述》，《晋察冀抗日根据地史料专辑》，《河北学刊》1985 年 7 月特刊。

4. 谢忠厚：《河北省大事记（远古——1988）》之《现代部分》，河北人民出版社 1992 年版。

5. 郭金平、赵金山主编（谢忠厚编审）：《中国抗战与民族振兴》（河北省纪念抗战胜利 50 周年论文集），新华出版社 1996 年版。

6. 谢忠厚主编：《西柏坡精神研究文集》，河北人民出版社 1998 年版。

7. 王瑞璞主编、谢忠厚等副主编：《抗日战争歌曲集成》东北卷，花山文艺出版社 2003 年版。

8. 王瑞璞主编、谢忠厚等副主编：《抗日战争歌曲集成》晋察冀、晋冀鲁豫（第一、第二卷），花山文艺出版社 2003 年版。

9. 谢忠厚、申玉山：《彭真年谱·晋察冀部分》，全国人大重点项目，中央文献出版社 2001 年版。

10. 晋察冀边区研究会（谢忠厚主编）：《晋察冀边区革命历史编年》，河北人民出版社 2007 年版。

11. 谢忠厚、朱文通主编：《河北省志·人物志》下卷（近现代人物），河北人民出版社 2015 年版。

三、专著与合著

1. 谢忠厚、居之芬、李铁虎合著：《晋察冀抗日民主政权简史》，河北省重点项目，河北人民出版社 1985 年版。

2. 谢忠厚、方尔庄、刘刚范等合著：《近代河北史要》，河北人民出版社 1990 年版。

3. 谢忠厚、肖银成主编：《晋察冀抗日根据地史》，国家社科基金 1989 年资助项目，改革出版社 1992 年版。1994 年获河北省社会科学优秀成果一等奖。

4. 谢忠厚著：《河北抗战史》，北京出版社 1994 年版。

5. 谢忠厚主编、田苏苏副主编：《历史转折之魂——西柏坡精神》，河北省社科规划项目，河北教育出版社 1998 年版。获河北省社科规划课题二等奖。

6. 谢忠厚著：《河北通史》第十卷《民国时期》（下卷），河北人民出版社 2000 年版。2002 年获河北省社会科学优秀成果荣誉奖。

7. 谢忠厚、李昌远、申玉山、李翠艳合著：《新民主主义社会雏形——彭真关于晋察冀抗日根据地建设思想与实践》，河北省重点项目，人民出版社 2002 年 8 月版。2002 年获河北省社会科学优秀成果三等奖。

8. 谢忠厚主编、田苏苏、何天义副主编：《日本侵略华北罪行史稿》，中日历史问题研究中心规划资助项目，中国社会科学文献出版社 2005 年版。

9. 谢忠厚、李翠艳、李春峰合著：《华北抗日战争史》第三卷《局部武装抗日斗争》，河北人民出版社 2012 年版。

10. 谢忠厚、申玉山合著：《彭真传》第一卷晋察冀部分，中央文献出版社 2012 年版。

11. 谢忠厚编著：《日本侵华细菌战研究报告》，国家社科基金特别委托项目，中共党史出版社 2016 年版。

12. 谢忠厚编著：《日本在华北进行的细菌战——日军 1855 部队华北细菌战受害情况调研报告》，国家社会科学基金特别委托项目，中共党史出版社 2017 年版。

13. 谢忠厚著：《日军在华北反人类罪行丛书》之《细菌战》，知识产权出版社 2020 年版。

14. 谢忠厚著：《日军在华北反人类罪行丛书》之《毒气战》，知识产权出版社 2020 年版。

15. 谢忠厚著：《领导河北人民抗日战争胜利》，载《中共河北地方史》第一卷，（未刊稿）。

16. 谢忠厚、肖银成主编：《晋察冀抗日根据地史》（新修版），山西人民出版社（未刊稿）。

17. 谢忠厚著：《河北抗日战争史》，知识产权出版社 2020 年版。

四、部分论文、文章

（一）晋察冀根据地史研究

1. 谢忠厚、居之芬：《民主建设的一个创举——略论 1940 年晋察冀边区民主大选》，《河北学刊》1982 年创刊号。

2. 谢忠厚：《抗日战争时期晋察冀边区的知识分子政策》，《河北学刊》1984 年第 5 期。

3. 谢忠厚、居之芬：《论晋察冀抗日根据地的创建与历史地位》，入选中共中央宣传部等主办纪念中国抗日战争暨世界反法西斯战争胜利 40 周年学术讨论会；其中，第六部分《晋察冀抗日根据地的历史地位》，载《社科联通讯》1985 年增刊。

4. 谢忠厚：《晋察冀边区抗日民主政权的创建和特点》，入选晋察冀边区史国际学术研讨会，南开大学出版社 1991 年《论文集》。

5. 谢忠厚：《论晋察冀边区抗日根据地的历史经验》，入选中日关系史国际研讨会，中国抗日战争史学会 1991 年《论文集》。

6. 谢忠厚：《关于晋察冀抗日根据地史研究的几个问题》，《抗日战争研究》1992 年第 2 期。

7. 谢忠厚：《关于〈为筹建晋察冀边区政府致聂荣臻电〉成文时间的考证》，载《河北学刊》1993 年第 1 期；又载《中共党史资料》第 45 辑，中共党史出版社 1993 年版。

8. 谢忠厚：《抗日与民主改革》，载《中共党史研究》，1995 年第 5 期。原题为《论抗日与民主改革——兼论抗战时期国内政治力量演变的内部原因》，载中共中央党史研究科研部编《纪念抗日战争胜利五十周年学术讨论会论文集》上卷《全民御侮》，中央党史出版社 1996 年版。

9. 居之芬、谢忠厚：《晋察冀抗日根据地综述》，载《中共党史资料》第 39 期，中共党史出版社 1988 年版。

10. 谢忠厚：《敌后第一个抗日根据地——晋察冀边区》，载《中共中央北方局》抗日战争时期下卷，中央党史出版社 1999 年版。

11. 谢忠厚：《晋察冀根据地与抗日战争》，载《党史博采》2005 年第 11 期。

12. 谢忠厚：《晋察冀边区军政民代表大会之研究》，载《军事历史研究》2015 年第 3 期。

13. 谢忠厚：《建设新中国的积极探索——敌后华北晋察冀边区建设》，载《中国社会科学报》，2015 年 10 月 20 日。

14. 谢忠厚：《抗日战争与民族复兴——以晋察冀抗日根据地为例 》，载《晋察冀根据地与中国抗战文集》，河北省晋察冀边区研究会、重庆聂荣臻研究会合编，中共党史出版社 2016 年版。

（二）抗日战争（河北）史研究

1. 谢忠厚：《对中国抗日战争反攻阶段之管见》，载《河北学刊》1987 年第 6 期。《中国现代史》人大复印资料 1988 年第 1 期全文转载，获全国中共党史优秀成果二等奖。

2. 谢忠厚：《冀鲁豫边区民主民生运动述论》，载《党史博采》1989 年第 3 期。

3. 谢忠厚：《冀鲁豫解放区土地改革运动述论》，载《党史博采》1989

年第 10 期。

4. 谢忠厚、周振印：《冀鲁豫边区群众运动概述》，载《冀鲁豫边区群众运动资料选编》，河北人民出版社 1990 年版。

5. 谢忠厚：《论抗日与民主改革——兼论抗战期间国内政治力量演变的内部动因》，载《中国抗战与民族振兴》论文集，新华出版社 1996 年版。

6. 谢忠厚：《抗日与民主改革》，载《中共党史研究》，1995 年第 5 期；载中共中央党史研究室科研部编《纪念抗日战争胜利五十周年学术讨论会论文集》上卷《全民御侮》，中央党史出版社 1996 年版。1997 年获河北省社会科学优秀成果三等奖。

7. 谢忠厚：《论河北抗战在中国抗战中的地位和作用》，载《河北抗战论丛》，河北人民出版社 1996 年版。

8. 谢忠厚：《河北抗战概述》，载《河北抗战三亲录》，河北人民出版社 2000 年 8 月。

（三）日本侵华及生化战罪行研究

1. 谢忠厚：《华北（甲）1855 细菌战部队之研究》，载《抗日战争研究》2001 年第 1 期。

2. 谢忠厚：《鲜为人知的华北（甲）1855 细菌战部队》，载《党史博采》2002 年第 7 期，载《都市周报》2001 年 9 月 14 日。

3. 谢忠厚等：《华北（甲）1855 部队的细菌战犯罪》，载《抗日战争研究》2003 年第 4 期。

4. 谢忠厚：《揭开被掩盖的历史真实—华北的 731—日军（甲）1855 细菌部队揭秘》，载《档案天地》2004 年第 1 期。

5. 谢忠厚：《日本侵略华北罪行概述》，载《日本侵略华北罪行档案》，河北人民出版社 2005 年 8 月。

6. 谢忠厚：《华北（甲）1855 细菌部队的活人试验和活人解剖犯罪》，载中国社会科学院近代史所编《中国抗战与世界反法西斯战争——纪念中国人民抗日战争暨世界反法西斯战争胜利 60 周年学术研讨会文集》（中卷），社会科学文献出版社 2005 年版。

7. 谢忠厚：《毒气武器遗患华北人民》，载《档案天地》2005 年第 3 期。

8. 谢忠厚：《华北（甲）1855 细菌部队的活人试验和活人解剖犯罪》，载中国社会科学院近代史研究所编：《中国抗战与世界反法西斯战争——纪念中国人民抗日战争暨世界反法西斯战争胜利 60 周年学术研讨会文集》中卷，社会科学文献出版社 2009 年版。

9. 谢忠厚：《侵华日军的细菌战犯罪》，载中国社会科学杂志社：《中国社会科学报》，2010 年 9 月 7 日第 3 版。

10. 谢忠厚：《侵华日军细菌战研究述论》，载《抗日战争研究》，2011 年第 3 期；又以《侵华日军细菌战罪行研究概述》，载中国抗日战争史学会等编：《中华民族的抗争与复兴——第一、二届海峡两岸抗日战争史学术研讨会论文集》，团结出版社 2010 年版。

11. 谢忠厚：《日本侵华细菌战伤害中国军民人数问题之研究》，载《武陵学刊》（原《湖南文理学院学报》）2010 年第 5 期。

12. 谢忠厚：《抗战期间华北敌灾情况的调研报告》，载《抗战史料研究》2012 年第 2 期。

13. 谢忠厚：《日军鲁西霍乱作战研究》，载《抗日战争研究》2013 年第 2 期。

14. 谢忠厚：《日军对华北抗日部队实施毒气战史述》，载《抗战史料研究》2014 年第 1 期。

15. 谢忠厚：《日军在华第二个细菌战基地——"北支"（甲）1855 部队》，载《军事历史研究》2017 年第 2 期；人大复印资料《中国现代史》2017 年第 7 期全文复印。

（四）西柏坡精神研究

1. 谢忠厚：《关于西柏坡精神研究的几个问题》，《河北学刊》1998 第 3 期。

2. 蔡廷光、谢忠厚：《中共中央在西柏坡历史概述》，载《中共中央在西柏坡文献选编》，海天出版社 1998 年版。